Sprachenfreiheit im Verbrauchervertragsrecht

Studien zum vergleichenden und internationalen Recht -
Comparative and International Law Studies

Herausgeber: Bernd von Hoffmann und Erik Jayme

Band 73

PETER LANG

Frankfurt am Main · Berlin · Bern · Bruxelles · New York · Oxford · Wien

Markus Dreißigacker

Sprachenfreiheit im Verbrauchervertragsrecht

Der Verbraucher im Spannungsfeld zwischen kultureller Identität und Privatautonomie

PETER LANG
Europäischer Verlag der Wissenschaften

Die Deutsche Bibliothek - CIP-Einheitsaufnahme

Dreißigacker, Markus:

Sprachenfreiheit im Verbrauchervertragsrecht : der Verbraucher im Spannungsfeld zwischen kultureller Identität und Privatautonomie / Markus Dreißigacker. - Frankfurt am Main ; Berlin ; Bern ; Bruxelles ; New York ; Oxford ; Wien : Lang, 2002
(Studien zum vergleichenden und internationalen Recht ; Bd. 73)
Zugl.: Heidelberg, Univ., Diss., 2002
ISBN 3-631-50147-1

D 16
ISSN 0930-4746
ISBN 3-631-50147-1

www.peterlang.de

Meinen Eltern und Britta

Das gesamte Geistige ist von der Sprache nicht zu trennen

(Victor Klemperer)

Vorwort

Dies ist meine Dissertation. Bis Ende Mai 2002 erschienene Rechtsprechung und Literatur ist berücksichtigt. Auch die umfangreichen Änderungen durch das Schuldrechtsmodernisierungsgesetz habe ich eingearbeitet.

Großen Dank schulde ich meinem Lehrer und Doktorvater Prof. Dr. Dr. h.c.mult. Erik Jayme. Niemand anders hat mich mehr motiviert, die Rechtswissenschaft als mein Fach anzunehmen.
Danken möchte ich auch Herrn Privatdozent Dr. Carsten Schäfer für die Erstellung des Zweitgutachtens.

Heidelberg im Juli 2002,

Dr. Markus Dreißigacker.

Inhaltsverzeichnis

Einleitung

In dem Urteil vom 05. 10. 1984 erwähnt das Amtsgericht Köln[1] bislang unbekannte Normen im Rahmen eines altbekannten Problems. Einem ausländischen, nicht deutsch sprechenden Versicherungsnehmer gewährte das Gericht mit dem Hinweis auf Art. 14 EMRK[2] einen Anspruch darauf, dass die Versicherungsbedingungen vom Versicherer in seine Heimatsprache übersetzt werden; d. h. in diesem speziellen Fall eines ausländischen Versicherungsnehmers und eines inländischen Versicherers führen die Wertungen übergeordneten Rechts zu einer Entlastung des Ausländers vom sog. Sprachrisiko[3]. Dieser Begriff dient der Umschreibung der viel diskutierten Problematik[4], wer die Folgen des sprachlichen Nichtverstehens einer rechtsgeschäftlichen Erklärung zu tragen hat. Dieser Grundfrage fügt die genannte Entscheidung einen Aspekt hinzu, der bislang in Rechtsprechung[5] und Literatur unbeachtet geblieben ist. Das Gericht nimmt die Tatsache, dass sich in dem Vertragsverhältnis eine strukturelle Unterlegenheit einer Partei feststellen lässt, zum Anlass, der unterlegenen Partei -freilich „über" die Generalklausel des § 242 BGB- den Schutz völkerrechtlicher[6] Diskriminierungsverbote[7] zuteil kommen zu lassen.
Das Gericht hätte neben diesem Gedanken der Wirkung übergeordneten Rechts im Privatrechtsverkehr auch einen verwandten aber originär zivilrechtlichen Gesichtspunkt anführen können. Die Tatsache einer strukturellen Vertragsdisparität nämlich war ein erster Ansatzpunkt, der zur Beeinflussung und Modifizierung der Zivilrechte durch nationalen und europäischen Verbraucherschutz geführt hat. Einen besonderen Stellenwert nahmen und nehmen dabei Maßnahmen zur umfänglichen Information des Verbrauchers ein, was der überlegenen Marktstellung[8] auf Anbieterseite gegensteuern soll[9]. Die Europäische Kommission etwa

---

[1] AG Köln vom 05. 10. 1984, in ZfS 1985, 22.

[2] Art. 14 der Europäischen Konvention zum Schutz der Menschenrechte und Grundfreiheiten vom 04. 11. 1950 (BGBl. II 1968, 1111, 1120) verbietet eine Diskriminierung aufgrund der Sprache und der nationalen Herkunft.

[3] Der m. E. missverständliche Terminus des Sprachrisikos wird in dieser Arbeit nicht mehr verwendet. Vorzugswürdig erscheint mir der von Ulrich Spellenberg verwendete Begriff des „Verständigungsrisikos", in FS für Ferid, 463 ff..

[4] Exemplarisch seien hier die Dissertationen von Klaus Beckmann, Das Sprachenstatut bei internationalen Geschäftsverträgen, Bochum 1980 sowie für den Bereich des Arbeitsrechts von Ulrich Jancke, *Das Sprachrisiko des ausländischen Arbeitnehmers im Arbeitsrecht*, München 1987, genannt.

[5] Vgl. etwa BGH vom 27. 10. 1994, in NJW 1995, 190 ff. .

[6] Soweit in der vorliegenden Arbeit etwas ungenau von völkerrechtlichen Regelungen gesprochen wird, sind damit regelmäßig die auf völkerrechtlichen Verträgen basierenden deutschen Rechtsnormen gemeint.

[7] Etwas überraschend ist allerdings, dass Art. 3 III GG nicht einmal erwähnt wurde.

[8] Zu dem Gesichtspunkt der Marktunterlegenheit des Verbrauchers vgl. Kemper, Verbraucherschutzinstrumente, 36 ff. .

äußert in einem jüngeren Aktionsplan die Auffassung, dass „*Information ... die entscheidende Voraussetzung dafür*" ist, „*dass der Verbraucher sich die Vorteile des Binnenmarktes zunutze macht*"[10]. Ebenso stellt der Europäische Gerichtshof in seiner Entscheidung GB-INNO-BM gegen Confédération du commerce luxembourgeois fest, „*dass das Gemeinschaftsrecht eines der grundlegenden Erfordernisse des Verbraucherschutzes in der Unterrichtung der Verbraucher sieht*"[11].

Obwohl also vor allem auf europäischer Ebene ein Bewusstsein für diese Problematik besteht, fehlt es bezüglich eines Teilaspekts dieser Informationsmaxime, nämlich der Frage, in welcher Sprache dem Verbraucher gegenüberzutreten ist, an einer Gesamtkonzeption, die sowohl die Frage des anwendbaren Rechts im Blick hat, als auch die nationale Herangehensweise an „*die Sprachenfrage*"[12] in die Überlegungen einbezieht[13]. Dies muss um so mehr wundern, als sich mit der vorbereiteten EU-Osterweiterung das Sprachenproblem sowohl institutionell als auch auf vertraglicher Ebene verschärft stellt[14].

Die „alte" Diskussion um die Verteilung des Verständigungsrisikos bedarf also einer Einbettung in die europäische Rechtsumwelt und ist erstmals an verfassungs- und völkerrechtlichen Grundsätzen zu messen[15].

Die Untersuchung gliedert sich dabei in drei Teile. Zunächst werden die Grundsätze des Verständigungsrisikos auf internationalprivatrechtlicher und materiell-

---

[9] Vgl. etwa die Entschließung des Rates der europäischen Gemeinschaft vom 14. April 1975 betreffend ein erstes Programm zum Schutz und zur Unterrichtung des Verbrauchers, in ABl. EG vom 25. 04. 1975, Nr. C 92/1 ff. und die Entschließung des Rates vom 19. 01. 1999 über die Verbraucherdimension der Informationsgesellschaft in ABl. EG 1999 Nr. C 23/1 ff..

[10] Kommission, Verbraucherpolitik, Zweiter dreijähriger Aktionsplan (1993-1995), KOM 93, 378 endg., 19

[11] EuGH vom 07. 03. 1990, Rs. C-362/88, in Slg. 1990, I-667, Rn. 17

[12] Einige Staaten sehen detaillierte Regeln vor in Bezug auf die Sprachverwendung im öffentlichen oder privaten Bereich: für Frankreich s. J.O. vom 05. 08. 1994, Gesetz Nr. 94/665 (Loi Toubon) vom 4.8.1994, sowie Délégation générale à la langue francaise, Dictionnaire des termes officiels, Paris 9. Auflage 1994; für Belgien etwa Décret du 19 juillet, adopté par le Conseil culturel de la Communauté culturelle néerlandaise, Moniteur belge 1973, p. 10089; für Portugal: Decreto-Lei Nr. 238/86 vom 19. 08. 1986, Lei pelo uso da lingua portuguesa, Diário da República, 1. Serie, Nr. 189 vom 19. 08. 1986; vgl. das Gesetz zum Schutz des Katalan, Boletín Oficial del Estado Nr. 36, 1998: Gesetz 1/98 de enero de Política Linguística; für Polen vgl. die Besprechung von Gärtner/Hempel, in ZfRV 2001, 9 ff. und für die Slowakei Hosková, WGO-Monatshefte für Osteuropäisches Recht 1996, 177 ff..

[13] Vgl. die Kritik von Reich, Europäisches Verbraucherrecht, S. 307 (Gliederungsnummer 143 c).

[14] Im Sprachendienst der Europäischen Kommission steigt mit dem Polnischen als mögliche zwölfte Amtssprache die Anzahl der Übersetzungswege auf 132; Analyse bei Martiny, Babylon in Brüssel ?, in ZEuP 1998, 237.

[15] Untersuchungen zum verfassungs- sowie völkerrechtlichen Diskriminierungsschutz im Privatrechtsverkehr als Teilfrage des Verständigungsrisikos fehlen bislang -soweit ersichtlich- völlig.

rechtlicher Ebene dargestellt. In einem zweiten Schritt werden die Ergebnisse dieser Untersuchung mit den europarechtlichen Informationsrechten der Verbraucher in Beziehung gebracht. Drittens wird dieser Befund an übergeordnetem Recht gemessen.

I. Verständigungsrisiko: Internationales Privatrecht und Sachnormen

A. Verständigungsrisiko und Internationales Privatrecht

Ein Vertrag zwischen einem Anbieter und einem Verbraucher verschiedener Nationalität wird in aller Regel einen Auslandsbezug im Sinne von Art. 3 I EGBGB aufweisen, so dass die den materiellen Problemen vorrangige[16] Frage des anwendbaren Rechts zu stellen ist. Der Stellenwert der kollisionsrechtlichen Fragestellung sollte dabei nicht unterschätzt werden, steht doch das vitale (und legitime) Interesse jeder Partei in Rede, dass dasjenige Recht auf das streitige Rechtsverhältnis zur Anwendung kommt, mit der sich die jeweilige Partei am engsten verbunden fühlt. Zwar sind die Interessen jeder Partei im Grundsatz als gleichwertig zu betrachten[17], nichtsdestotrotz bietet bereits das Internationale Privatrecht die Möglichkeit schutzwürdige Belange und gesetzgeberische Wertentscheidungen zu beachten, so geschehen auf der Ebene des Verbraucherschutzes. Der Verbraucher kommt nach Art. 29 bzw. Art. 29 a EGBGB unter bestimmten Voraussetzungen in den Genuss der Bestimmungen des Rechts des Staates seines gewöhnlichen Aufenthaltes. Auch eine entsprechende Rechtswahl des Anbieters, der in der Regel dazu tendieren wird, auf das ihm günstige Recht auszuweichen, kann nach diesen Normen nicht dazu führen, dem Verbraucher zwingende Bestimmungen des Staates seines gewöhnlichen Aufenthaltes zu entziehen.
Abseits dieser verbraucherrechtlichen Kollisionsregeln sind eine Fülle von Auffassungen darüber zu finden, welches Recht über die, aufgrund der Verwendung einer bestimmten Vertragssprache entstandenen Probleme entscheidet. Dabei wird insbesondere diskutiert, ob die Grundregel der einheitlichen Anknüpfung aller, die Wirksamkeit des Rechtsgeschäfts betreffenden Fragen nach Art. 31 EGBGB zugunsten einer Sonderanknüpfung nach Art. 31 II aufgegeben werden sollte[18]. In älteren Abhandlungen wird noch weiter gehend vertreten, die Sprachenproblematik von der grundsätzlichen vertraglichen Anknüpfung zu entkoppeln und einem eigenen Statut zu

[16] Kegel, Internationales Privatrecht, 53.
[17] Vgl. Kegel, IPR, § 2 I, 106 ff.
[18] Jayme, „Sprachrisiko" und internationales Privatrecht beim Bankverkehr mit ausländischen Kunden, in FS für Bärmann, 514 f.; wie Jayme vertritt auch Fischer die Anknüpfung durch Art. 31 II EGBGB bei Distanzgeschäften: Verkehrsschutz im internationalen Vertragsrecht; vgl. auch Petzold, Das Sprachrisiko im deutsch-italienischen Rechtsverkehr, Jahrbuch für italienisches Recht 2, 77 ff..

peln und einem eigenen Statut zu unterwerfen[19]. Andere sehen die Frage, welche Sprache in einem (vor)vertraglichen Verhältnis massgeblich sein soll, als einen Aspekt, der der Form des Vertrags zuzuordnen ist und als solche unter Art. 11 EGBGB zu fassen ist[20]. Dieser holzschnittartige Überblick über die aktuelle Diskussion macht deutlich, dass sich der Facettenreichtum des Sprachenproblems nicht auf die materiellrechtliche Ebene beschränkt, sondern im Internationalen Privatrecht ihren Widerhall findet.

B. Verständigungsrisiko und Sachnormen

Das sprachliche Nichtverstehen rechtlich verbindlicher Äusserungen beschäftigt etwa seit Beginn der 70er Jahre in grösserem Umfang Gerichte und Wissenschaft. Insbesondere die vermehrte Zuwanderung ausländischer Arbeitnehmer, die von ihren Arbeitgebern zu der Abgabe von Willenserklärungen veranlasst wurden, die sie nicht verstanden, führte zu gerichtlichen Auseinandersetzungen[21]. Die in diesen Verfahren aufgestellten Grundsätze wurden in Folge auch von den Zivilgerichten etwa bei Fragen der wirksamen Einbeziehung von AGB in den Vertrag aufgegriffen[22]. Auffällig ist dabei, dass es die Rechtsprechung bislang versäumt hat, das Verständigungsrisiko in die allgemeine zivilrechtliche Dogmatik einzuordnen. Vielmehr wird auf der Grundlage des Grundsatzes der Verhandlungs- oder Vertragssprache[23] der einen oder anderen Partei Übersetzungsobliegenheiten auferlegt[24]. Im kaufmännischen Geschäftsverkehr, der nur am Rande Gegenstand dieser Untersuchung sein wird, sollen dabei in der Regel strengere Maßstäbe gelten als etwa im Arbeitsrecht, auch wenn sich die entsprechenden Urteile im Ergebnis selten unterscheiden[25].

---

[19] Beckmann, in Sandrock (Hrsg.), Handbuch der internationalen Vertragsgestaltung, § 9, Rn.195 ff.

[20] von Mohrenfels spricht diesen Aspekt an: in Staudinger, Art. 11, Rn. 149; auch Freitag erwähnt die Möglichkeit, die Problematik als eine Angelegenheit der Form anzusehen, betrachtet die Instrumentarien des Kollisionsrechts insgesamt aber als eher ungeeignet, der Sprachenproblematik „Herr" zu werden, Sprachenzwang, Sprachrisiko und Formanforderungen im IPR, IPRax 1999, 148 ff..

[21] LAG Frankfurt, Urteil vom 07. 06. 1974, in BB 1975, 788; LAG Düsseldorf, Urteil vom 24. 10. 1967, in BB 1968, 125; vgl. auch Küster, Probleme der Ausgleichsquittung, in BB 1968, 1204

[22] Vgl. die Übersicht von Schlechtriem, in Festgabe für Weitnauer, 129 ff. (131ff.).

[23] Dieser Grundsatz findet sich etwa in den folgenden Urteilen: BGH, Urteil vom 27. 10. 1994, in NJW 1995, 190 ff.; OLG Bremen, Urteil vom 19. 05. 1994, in TransportR 1995, 32 ff; BGH, Urteil vom 10. 03. 1983, in NJW 1983, 1489 ff.; OLG Stuttgart, Urteil vom 19. 07. 1962, in AWD 1962, 260 ff..

[24] OLG München, Urteil vom 16. 11. 1987, in WM 1988, 1408 und vom 20. 03. 1975, in IPRspr. 1975 Nr.11; OLG Koblenz, Urteil vom 09. 12. 1974, in VersR 1975, 893.

[25] Zum kaufmännischen Bereich vgl. etwa die Urteile LG Köln vom 24. 03. 1992, in ZIP 1992, 851; OLG Stuttgart vom 16. 06. 1987, in IPRax 1988, 293; OLG Karlsruhe vom 09. 05. 1972,

Im Gegensatz dazu versuchen sich grundlegende wissenschaftliche Untersuchungen an einer Einordnung des Problems des sprachlichen Nichtverstehens in die allgemeine Rechtsgeschäftslehre, d. h. man bemüht sich um die Anwendung der Grundsätze des Zugangs, der Form, der Auslegung, des Dissenses oder der Irrtümer[26]. Aufgrund dieser grundsätzlich unterschiedlichen Herangehensweise von Literatur und Rechtsprechung an das Verständigungsproblem werden diese beiden „Quellen“ für Lösungen des Sprachenproblems auch jeweils gesondert untersucht. Es wird dabei parallel die vor und nach dem Inkrafttreten des Gesetzes zur Modernisierung des Schuldrechts vom 26. 11. 2001[27] geltende Gesetzeslage bearbeitet, indem auf durch die Schuldrechtsreform eingetretenen Änderungen hingewiesen wird.

II. Verbraucherinformation und Sprachenfreiheit

Die europarechtlichen Informationsgebote im Zusammenhang mit der Problematik des Verständigungsrisikos zu diskutieren, mag auf den ersten Blick überraschen. Die Verbindungen und Rückkoppelungen der Problemkreise werden aber schon durch eine erste einfache Überlegung deutlich: Eine korrekte und ausreichende Information in einer, dem Verbraucher verständlichen Sprache, wird sicherlich dazu führen, dass es überhaupt nicht zu Vertragsschlüssen kommt, in deren Rahmen spätere (gerichtliche) Auseinandersetzungen aufgrund sprachlicher Missverständnisse zu befürchten wären; d. h. eine Beschäftigung mit dem Problem des Verständigungsrisikos würde weitestgehend obsolet.
Obwohl dem Gemeinschaftsgesetzgeber der Stellenwert dieses Informationsgedankens wohl -wie eingangs erwähnt- bewusst ist[28], führt die Diskussion, in welcher Sprache die jeweilige Information zu fassen ist, ein Schattendasein. Im Lebensmittelrecht, zu dem auch der EuGH bereits Gelegenheit zur Äusserung hatte[29], erkannte die Europäische Wirtschaftsgemeinschaft erstmals die Bedeu-

---

in NJW 1972, 2185; zum arbeitsrechtlichen Bereich vgl. bereits 1967: ArbG Gelsenkirchen vom 04. 01. 1967, in BB 1967, 999 ff..h

[26] vgl. Fn. 4 ; Brinkmann, Der Zugang von Willenserklärungen, Berlin 1984, 95 (zum Zugang bei Sprachunfähigkeit); Trinkner, Anmerkung zum Urteil des ArbG Gelsenkirchen vom 04. 01. 1967, in BB 1967, S. 999 ff.; Roth, Internationales Versicherungsrecht: das Versicherungsverhältnis im internationalen Vertragsrecht – zugleich ein Beitrag zum Schutz des schwächeren Vertragspartners im IPR und zur Dienstleistungsfreiheit in der europäischen Gemeinschaft, Tübingen 1985; Baumgärtel, Das Sprachrisiko.

[27] BGBl. I, S. 3138.

[28] Skeptisch aber Roth, in JZ 1999, 529 ff..

[29] In „Piageme II“ stellt der EuGH fest, dass es Sache der nationalen Gerichte ist, in jedem Einzelfall festzustellen, was unter einer leicht verständlichen Sprache zu verstehen ist, EuGH, Urteil vom 12. 10. 1995, Rs. C-85/94, in Slg. I-2955, 15 u. 29 ff.; im Fall Goerres hat er diese Rechtsprechung bestätigt, vom 14. 07. 1998, Rs. C-385/96, in Slg. I-4431, 16 ff.. Vgl. ausführlich unten Teil II.

tung von Sprachenregelungen für den Wirtschaftsverkehr im Binnenmarkt[30]; im Vertragsrecht regeln aber nur vereinzelte richtlinienrechtliche Informationsgebote ausdrücklich die Frage, in welcher Sprache die geforderte Information darzubieten ist[31], insbesondere Art. 4 zweiter und dritter Gedankenstrich der Timesharing-RL sowie Art. 31 i.V.m. Anhang II der Dritten RL-Lebensversicherung statuieren explizit, die Vertragsinformationen oder den Vertragstext in der vom Verbraucher gewünschten Sprache zu verfassen. In den Erwägungen zu der sog. Fernabsatzrichtlinie deutet sich aber auf europäischer Ebene die Tendenz an, die Bestimmung der Sprache den Mitgliedstaaten zu überlassen[32].
Auch die Richtlinie über den Verbrauchsgüterkauf bestimmt, dass es Sache der Mitgliedsstaaten ist zu bestimmen, in welcher Sprache eine Garantieerklärung abzufassen ist[33]. Soweit Richtlinien also nur allgemein eine verständliche Information fordern -genannt sei an dieser Stelle die „prominenteste", die sog. Klauselrichtlinie[34], wird die vorgelegte Untersuchung der Frage nachspüren, ob sich aus einer solchen oder ähnlichen Formulierung Hinweise auf eine Regelung der Sprachenfrage ergeben könnten und ob -bejahendenfalls- eine solchermassen ausgelegte Richtlinie auf die unter I. b. gefundenen Auslegungsergebnisse von Einfluss sein könnte. Dabei wird eine vertiefte Diskussion bezüglich der vertragstheoretischen Begründung von Informationspflichten geführt werden, die auch die „Abgleichung" europarechtlicher Informationspflichten mit deutschen Rechtsinstituten, die sich der Entschärfung bestehender Wissensgefälle annehmen -wie beispielsweise die culpa in contrahendo[35]- nicht ausser acht lässt.
Die vertragstheoretische Absicherung von Informationspflichten und die in diesem Rahmen unausweichliche Auseinandersetzung mit übergeordneten Wertungsprinzipien des Privatrechts führt dann auch zwingend zu der Diskussion in der neueren Rechtsprechung erkennbarer Ansätze zu einer ethischen „Unterfütterung" des Privatrechts. An exponierter Position ist da sicherlich die Entscheidung des Bundesverfassungsgerichts zu nennen, in der es um Aufklärungspflichten gegenüber dem Beschwerdeführer geht, der sich gegen die Wirksamkeit einer

---

[30] Art. 14 der RL 79/112/EWG vom 18. 12. 1978 fordert eine „leicht verständliche Sprache" bezüglich der geforderten Angaben über die Lebensmittel, in ABl. EG Nr. L 33 vom 08. 02. 1979, 1 ff..

[31] RL 94/47/EG vom 26. 10. 1994, in ABl.EG 1994 Nr. L vom 29. 10. 1994, 280/83; RL 92/96/EG vom 10. 11. 1992, in ABl.EG 1992 Nr. L vom 09. 12. 1992, 360/1; vgl. auch den Vorschlag zur Fernabsatzrichtlinie, in ABl.EG 1993 Nr. C vom 07. 10. 1993, 308/18; in der Richtlinie selbst ist die Sprachregelung nicht mehr enthalten, s. RL 97/7/EG vom 04. 06. 1997, in ABl. EG 1997 Nr. L vom 20. 05. 1997, 144/19.

[32] Vgl. Erwägungsgrund Nr. 8 zur RL 97/7/EG vom 20. 05. 1997, in ABl. EG 1997 Nr. L vom 04. 06. 1997, 144/19.

[33] Art. 6 IV der RL 1999/44/EG vom 17. 05. 1999, in ABl. EG Nr. L 171 vom 07. 07. 1999, 12 ff..

[34] RL 93/13/EWG vom 05. 04. 1993, in ABl. EG Nr. L 95 vom 21. 04. 1993, 29 ff..

[35] Vgl. etwa Reich, in NJW 1995, 1857 ff. (1860); Hildenbrand, in NJW 1998, 2940 ff.; Heinrichs, in NJW 1996, 2190 ff. (2197).

formularmässigen Übernahme einer Bürgschaftsverpflichtung wendet[36]. In dieser Entscheidung macht das Gericht deutlich, dass das aus Art. 20 I GG abzuleitende Sozialstaatsprinzip auch im Privatrechtsverkehr zu beachten ist -insbesondere in Fällen struktureller Unterlegenheit der Vertragspartner- und gleichsam als Korrektiv zur in Art. 2 I GG gewährten Vertragsfreiheit zu verstehen ist.
Abschliessend wird die Möglichkeit erörtert werden, inwieweit auf europäischer Ebene dem Bedürfnis nach Rechtssicherheit im Bereich der Sprachenfrage Rechnung getragen werden könnte. Es kann sicherlich nicht bestritten werden, dass der Verbraucher, der sich zunehmend im gesamten europäischen Wirtschaftsraum bewegt, ein Interesse daran hat, zu wissen, ob und möglicherweise in welchem Ausmass ein für ihn fremdsprachlicher Vertrag rechtliche Wirkungen entfaltet. Diesem Interesse könnte beispielsweise durch eine sprachenrechtliche Rahmenrichtlinie[37] oder eine Art Generalklausel in einem zukünftigen europäischen Zivilgesetzbuch[38] genügt werden.

III. Sprachenfrage und Diskriminierungsschutz

Die einleitend genannte Entscheidung des AG Köln deutet eine Dimension des Sprachenproblems an, die über die rein wirtschaftlichen Interessen des Verbrauchers hinausweist. Im Zentrum verbraucherschutzrechtlicher Überlegungen steht in aller Regel der Schutz allein marktorientierter Interessen des Verbrauchers als „homo oeconomicus passivus“, dessen Wahl- und Entscheidungsfreiheit es zu bewahren gilt[39], nicht aber die juristische Beachtung des Verbrauchers als Individuum, das sich auch und im besonderem über die eigene kulturelle Identität definiert, die nicht zuletzt in der Sprache ihren Niederschlag findet; denn Sprache bedeutet nicht allein die Fähigkeit der Mitteilung. Des Menschen Bild von der Wirklichkeit ist vielmehr ein von Sprachmechanismen gezeichnetes Abbild eines sprachlich determinierten Denkens[40]. Auch steht und fällt mit der Sprache der Versuch einer Kultur, die Welt für sich zu strukturieren[41]. Damit wird wie für

---

[36] BVerfG, Beschluss vom 19. 10. 1993, in NJW 1994, 36 ff.; vgl. auch BVerfG, Beschluss vom 07. 02. 1990, in NJW 1990, 1469 ff..

[37] Auf die Möglichkeit einer solchen Rahmenrichtlinie hat das Europäische Parlament in einer Entschließung vom 22. 04. 1994 hingewiesen, in ABl. EG Nr. C 128/469 ff. (471), Ziff. 8.

[38] Eine solche Generalklausel, die jeder Partei die Pflicht auferlegt, seinem Vertragspartner diejenigen Informationen zu beschaffen, an denen dieser ein berechtigtes Interesse hat, schlägt Lurger vor: Vertragliche Solidarität. Entwicklungschancen für das allgemeine Vertragsrecht in Österreich und in der Europäischen Union, 81.

[39] Reich, Europäisches Verbraucherrecht, 27.

[40] Vgl. Benjamin Lee Whorf, Language, Thought and Reality, 213 f.; Tschirch spricht von der Sprache als „Prisma, das die Strahlen der Wirklichkeit einzelsprachlich in jeweils anderem Blickwinkel bricht.“, Weltbild, Denkform und Sprachgestalt, 88.

[41] Foucault, The Order of Things, S. XV.

die Kultur[42] für den Einzelnen die Bewältigung von Kommunikationsproblemen zur Schicksalsfrage. Der Verlust der Möglichkeit sich mitzuteilen wird allerorts als das Ende gesellschaftlichen Lebens gesehen[43]. In der Literatur findet sich die Anerkennung der kulturellen Identität als originäres Menschenrecht[44].
Angesichts des kulturell und individuell hohen Ranges der (Mutter)Sprache erscheint das vertragsrechtliche Sprachenproblem nicht angemessen behandelt, liesse man diesen nicht ökonomischen Aspekt beiseite. Inspiriert ist ein solcher doch offensiver Ansatz durch das Verbraucherleitbild aus der Sozialwissenschaft, das von dem juristischen doch stark divergiert[45].
Vom soziologischen Standpunkt aus ist das Bild des aktuellen und zukünftigen Verbrauchers nicht das eines passiven. Der citoyen der Moderne beginnt in der Medienwelt seine Chancen zu sehen als „consumer as rebel" oder „consumer as activist"[46]. Mutige sozialwissenschaftliche Modelle ordnen diesen Marktakteur der Zukunft in eine ökonomische Umgebung ein, in der Großunternehmen –vor allem Banken und Versicherungen- Aufgaben des an Einfluss verlierenden Sozialstaates übernehmen müssen. Ein Teil dieser Idee soll auch die Verpflichtung zu „ethischem" Handeln[47] sein. Im deutschen Versicherungsvertragsrecht existiert

---

42 Vgl. Genesis 11, 6: „Er (Gott) sprach: Seht nur, ein Volk sind sie, und eine Sprache haben sie alle. Und das ist erst der Anfang ihres Tuns. Jetzt wird ihnen nichts mehr unerreichbar sein, was sie sich auch vornehmen."

43 Vgl. etwa das Urteil des BVerwG vom 12. 11. 1996, in Das Standesamt 1998, 13-16; Großfeld verweist auf ein Institut des Kirchenrechts (cc. 2268-2277 cic) sowie einen angeblichem Persönlichkeitsmangel Taubstummer, Kernfragen der Rechtsvergleichung, Tübingen 1996, 66; vgl. auch Klemperer über den umfassenden Wert der Sprache: „Das gesamte Geistige ist von der Sprache nicht zu trennen." ... „Im Sprachstrom schwimmen sämtliche Kulturelemente ... .", Nowojski (Hrsg.), Klemperer, Ich will Zeugnis ablegen bis zum letzten - Tagebücher 1942-1945, 322.

44 Vgl. Jayme, Identité culturelle et integration : Le droit international privé postmoderne, Recueil des Cours, 251 (1995), 56, 167 ff. mit dem Hinweis auf den Schutz der kulturellen Identität von Kindern durch Art. 30 des Übereinkommens über die Rechte des Kindes (BGBl. II, 1992, 122); zu sprachlichen Aspekten vgl. Seite 189 ff.; aus verfassungsrechtlicher Sicht jüngst umfassend Britz, Kulturelle Rechte und Verfassung.

45 Die Rechtsprechung sieht den Verbraucher eher als wenig aufmerksamen Marktteilnehmer: vgl. BGH, Urteil vom 15. 12. 1999, in NJW-RR 2000, 704; vom 15. 07. 1999, in NJW 1999, 3638; vom 15. 12. 1996, in NJW 1996, 2161; vom 25. 04. 1996, in NJW 1996, 3280; LG Düsseldorf, Urteil vom 30. 08. 1995, in NJW-RR 1996, 167; Emmerich findet in seiner 4. Auflage zum Recht des unlauteren Wettbewerbs, (S. 235) deutlichere Worte, indem er behauptet, die Rechtsordnung schütze noch den letzten „Trottel" gegen die Gefahren einer Irreführung durch die Werbung; interessant ist auch das brasilianische Verbraucherkonzept, das die Würde der Armen in den Vordergrund stellt, vgl. Carlos A. Ghersi, La posmodernidad jurídica-Una aproximación al analisis de los excluidos en el Derecho, in La Ley (Buenos Aires) LXI Nr.88 (8.5.1997), S. 1 ff., 3 f.

46 Gabriel/Lang, The Unmanageable Consumer, Contemporary Consumption and its Fragmentation, Kapitel 8 und 9.

47 Reifner, Soziale und ökologische Marktwirtschaft, Werkstattpapier, Stand 2/14/1996; vgl. auch Amaryllis Verhoeven, Privatisation and EC law: is the European Commission „neutral"

sogar bereits ein vergleichbarer Gedanke[48], der eine Diskriminierung aufgrund bestimmter – u.a. auch ethnischer- Merkmale verbietet.
Der methodische Leitgedanke eines solchen „menschlichen Verbraucherleitbildes“ entstammt Strömungen der Postmoderne[49], die auch in der Rechtswissenschaft einen Widerhall gefunden hat[50], erkennbar etwa in der Tendenz der stärkeren Betonung kultureller Momente bei der Bewertung rechtlicher Verhältnisse[51], eine Entwicklung also, die auf die integrative Wirkung von Recht besonderen Wert legt[52]. Das heisst, gesellschaftliche Pluralität muss nicht allein als politische Forderung verstanden werden, sondern findet als eigener Rechtswert[53] Beachtung, aus dem eine Art von „droit à la différence“[54] abgeleitet werden könnte. Die vorgelegte Arbeit ist angeregt durch diese Rechtsentwicklungen und

---

with respect to public versus private ownership of companies, 45 International and Comparative Law Quarterly 1996, 861 ff. (870).

[48] Vgl. § 81 e VAG

[49] für die philosophische Basis dieser Theorie vgl. Lyotard, La condition postmoderne, Paris 1994.

[50] Vgl. Jayme, Multicultural Society and Private Law – German Experiences, Rom 1999, 9 f. ; ders., Osservazioni per una teoria postmoderna della comparazione giuridica, Rivista di diritto civile 1997 I, S. 813 ff.; für das Familienrecht vgl. Lemouland, Le pluralisme et le droit de la famille, postmodernité ou pré-déclin ?, Dalloz, Chronique, 1997, 133 ff.; Tuori zweifelt allerdings an, ob der Begriff der Postmoderne an dieser Stelle sachgerecht ist, Post-Modern-Law ?, in Wilhelmsson/Hurri, From Dissonance to Sense: Welfare State Expectations, Privatisation and Private Law, 39 ff..

[51] s. etwa Art. 20 III 2 der UN-Konvention über die Rechte des Kindes; Jayme, Multiculturism and law in a postmodern society, 11; auch die Änderung der Rechtsprechung des BGH zur Blankobürgschaft (BGH, Urteil vom 29. 02. 1996, in NJW 1996, 1467) soll so eine Art postmoderne Formgerechtigkeit widerspiegeln, so Jayme, Rechtsvergleichung - Ideengeschichte und Grundlagen von Emerico Amari zur Postmoderne, 116 f..

[52] Vgl. Ende, Kulturelle Identität als notwendige Ergänzung des gemeinschaftsrechtlichen Gleichheitssatzes - Die UN-Kinderkonvention im Kontext der Unionsbürgerschaft, IPRax 1998, 244 ff.; Vgl. schon den Titel von Jaymes Arbeit in Recueil des Cours 251 (1995), 9-268: Identité culturelle et integration : Le droit international privé postmoderne; OLG Karlsruhe, Urteil vom 25. 11. 1996, in IPRax 1999, 49, mit Anmerkung Jayme; LG Hamburg, Urteil vom 07. 04. 1998, in IPRax 1998, 490 f.; vgl. auch Aud. prov. Granada, 25. 04. 1995, Revista espanola de Derecho internacional 47 (1995), 415 mit Anmerkung Moya Escudero, und die „nueva filosofía en relación con el menor“, Código Civil, Aranzadi 1996, 704; anders der italienische Kassationshof in einer Adoptionsentscheidung, Cass. Nr. 9576 vom 04. 11. 1996, Giustizia civile 1996 I, 3131-3133; AG Essen vom 24. 09. 1997, in IPRax 1998, 213 mit Anmerkung Jayme; Becker, Integration und kulturelle Identiät - Entwicklungen des IPR in Europa, Symposium in Trier, IPRax 1992, 336;

[53] Aus öffentlich-rechtlicher und politikwissenschaftlicher Sicht stellt Ford für die US-amerikanische Gesellschaft fest, dass das Recht auf kulturelle Identität insbesondere zur Herstellung kultureller Vielfalt zu gewähren ist, The Boundaries of Race: Political Geography in Legal Analysis, in Harvard Law Review 107, 1844 ff..

[54] Dupuy, La clôture du système international-La cité terrestre, 115; Umberto Eco betont weniger ein Recht auf Individualität als den Wert der (Sprachen)vielfalt, La ricerca della lingua perfetta nella cultura europea, Rom 1996, 342 ff..

Die vorgelegte Arbeit ist angeregt durch diese Rechtsentwicklungen und versucht eine Projektion in das Verbrauchervertragsrecht.
Wie aber kann nun ein nicht nur wirtschaftliches Interesse des Verbrauchers an der Verwendung seiner Sprache de lege lata Beachtung finden, und ist dies de lege ferenda zufriedenstellend ?
Die Antwort ist scheinbar naheliegend. Im deutschen Recht gewährt Art. 3 III GG Schutz vor Diskriminierungen aufgrund von sprachlicher Unterschiedlichkeit. Im Bereich des Arbeitsrechts wird die These, dass der grundrechtliche Schutz vor Diskriminierung auch im Privatrechtsverkehr gelten muss, nahezu unbesehen vorausgesetzt[55]. Die aktuell allerorten hoch gehaltene Schutzwürdigkeit des Verbrauchers kann hinter der des Arbeitnehmers doch nicht derart zurückbleiben, dass es nicht lohnte, über den Schutz des Verbrauchers vor Diskriminierung in der Sprachenfrage im Privatrecht nachzudenken. Jüngste Gesetzesvorhaben zeigen, dass der deutsche Gesetzgeber bereits „Tuchfühlung" mit einem für das Privatrecht bislang singulären Paradigmenwechsel aufgenommen hat[56].
Aber auch völkerrechtliche Abkommen bieten zumindest einen ersten Ansatz, indem etwa Art. 2 I des Internationalen Pakts über bürgerliche und politische Rechte die Vertragsstaaten auf die Wahrung aller in dem Pakt genannten Rechte ohne Unterscheidung etwa hinsichtlich der Sprache verpflichtet, und Art. 2 II verbietet jegliche Diskriminierung aufgrund dieses Merkmals[57].
Auch die EMRK[58] und die Rassendiskriminierungskonvention[59] enthalten ähnliche Verbote. Zur Bekämpfung ethnischer oder rassischer Diskriminierung enthält Art. 13 des Vertrags von Amsterdam eine eigene Kompetenznorm[60]. Auch mit dem Inkrafttreten der europäischen Charta der Minderheitensprachen -in der Bundesrepublik Deutschland mit dem Ratifizierungsgesetz zum 01. 01. 1999[61]- wird in neuerer Zeit der sprachliche Minderheitenschutz verstärkt Diskussionsgegenstand. Auch wenn zwar zu vermuten ist, dass dieses Abkommen weniger für den privaten als den öffentlich-rechtlichen Bereich Geltung zugesprochen

---

[55] Jancke setzt seiner Arbeit „Das Sprachrisiko des ausländischen Arbeitnehmers im Arbeitsrecht". Art. 3 III GG auf der ersten Seite gleichsam als Leitmotiv der Untersuchung voran, geht allerdings kaum darauf ein.
[56] Vgl. die Besprechung des Gesetzesentwurfs des Bundesministeriums für Justiz vom 10. 12. 2001 zur Verhinderung von Diskriminierungen im Zivilrecht von Braun in JuS 2002, 424 f..
[57] Abkommen vom 19. 12. 1966, in BGBl. II 1973, 1596.
[58] Europäische Konvention zum Schutz der Menschenrechte und Grundfreiheiten vom 04. 11. 1950 (BGBl. II, 1968, 1111, 1120).
[59] International convention for the elimination of all forms of racial discrimination vom 07. 03. 1966, Ratifizierungsgesetz vom 09. 05. 1969, in BGBl. II, 962.
[60] Im Rahmen dieser Ermächtigungsnorm erging bereits die Richtlinie 2000/43/EG vom 29. 06. 2000, in ABl. EG Nr. L 180 vom 19. 07. 2000, 22.
[61] BGBl. II, vom 09. 07. 1998, 1314 ff. und in Bundesministerium der Justiz (Hrsg.), Handbuch der Rechtsförmlichkeiten, 2. Auflage, Köln 1999.

werden wird[62], ist doch augenfällig, dass das Sprachenproblem im weitesten Sinne in das Bewusstsein von politischen Entscheidungsträgern dringt[63].
An diesem „übergeordneten" Recht werden sich die unter I. und II. gefundenen Untersuchungsergebnisse messen lassen müssen.

[62] Vgl. Hattenhauer, der die Frage stellt, ob die Wertungen der europäischen Charta für Minderheitensprachen nicht zu dem Schluss zwingen, dass § 184 GVG nur noch bedingte Geltung beanspruchen kann, in JZ 2000, 551.
[63] In Deutschland war Hauptgegenstand der Diskussion der letzten Jahre weniger die rechtliche als die linguistische Sprachproblematik, vgl. die kritische Äusserung von Sendler, in NJW 2001, 2449.

I. A. Verständigungsrisiko und Internationales Privatrecht

Der folgenden Untersuchung der Frage, welches Recht auf die Problematik des Verständigungsrisikos anzuwenden ist, sei folgende fallmässige Grundkonstellation vorangestellt:
Nach Verhandlungen zwischen den zukünftigen Vertragsparteien, die in der Muttersprache einer der Parteien oder in einer Drittsprache geführt werden, kommt es zu der einseitigen oder gemeinschaftlichen, regelmässig schriftlichen Festlegung des Vertragsinhalts. Im Anschluss daran wird dieser Vertragsinhalt in einer Vertragsurkunde festgehalten, die wiederum in einer der Muttersprachen oder einer Drittsprache -häufig in der Form von allgemeinen Geschäftsbedingungen- abgefasst wird. Da sich die vorliegende Untersuchung auf den sprachenrechtlichen Schutz in der BRD lebender, ausländischer[64] Verbraucher konzentriert, wird als Ort der Verhandlungen und des Vertragsschlusses die BRD angenommen.
Welches Recht entscheidet nun über Streitigkeiten der Parteien aufgrund sprachlicher Missverständnisse ?

1. Sachverhalt mit Auslandsbezug

Um die Frage nach dem anwendbaren Recht überhaupt stellen zu können, bedarf es nach deutschem Internationalen Privatrecht eines Sachverhalts mit Auslandbezug[65]. Bei reinen Inlandsfällen ist dagegen deutsches Recht massgebend[66]. Welcher Art die nach Art. 3 I 1 EGBGB erforderliche Auslandsberührung sein muss, sagt diese Norm aber nicht; nahezu unbestritten ist, dass dabei sehr grosszügig zu verfahren ist, und jegliche, rechtlich relevante Verbindung zu einem ausländischen Recht ausreicht, wie etwa verschiedene Staatsangehörigkeiten, ein

---

[64] Es sei an dieser Stelle aber angemerkt, dass es auch angesichts der Zunahme von Doppelstaatlern nicht mehr angebracht erscheint, auf das Kriterium der Staatsangehörigkeit abzustellen. Die Ergebnisse dieser Untersuchung gelten folglich auch ohne weiteres für deutsche Verbraucher, die der deutschen Sprache nicht mächtig sind. Vgl. im übrigen zu dem sich stetig abschwächenden Einfluss des Merkmals der Staatsangehörigkeit im IPR Sonnenberger, in ZVglRWiss 2001, 111, 115, 135.

[65] Durch die Kodifikation dieses Grundsatzes in Art. 3 I 1 EGBGB bedarf es nicht mehr des Zurückgreifens auf ein allgemeines Leitprinzip wie es etwa Friedrich Carl von Savigny in seinem „System des heutigen Römischen Rechts", Bd. VIII (1849), 28, 108 formuliert hat: „ ... dass bei jedem Rechstverhältnis dasjenige Rechtsgebiet aufgesucht werde, welchem dieses Rechtsverhältnis seiner eigentümlichen Natur nach angehört oder unterworfen ist".

[66] Vgl. Lüderitz, Internationales Privatrecht, Rn. 8; anderer Ansicht ist allerdings Kegel, der zu der Anwendung deutschen Rechts direkt über die jeweils massgebliche Kollisionsnorm gelangt, die ja automatisch auf deutsches Recht verweisen muss: IPR, § 1 III; ähnlich v. Hoffmann, der die Vorüberlegung, ob eine Sachverhalt mit Auslandsberührung vorliegt, für entbehrlich hält: IPR, § 1, Rn. 21-22.

ausländischer Wohnort oder gewöhnlicher Aufenthalt[67]. Keinesfalls notwendig ist für die vorliegende Fragestellung etwa ein grenzüberschreitender Vertrag, bei dem die Partner in verschiedenen Staaten leben.
In der eingangs dargestellten Fallgestaltung wird ein solcher Auslandsbezug grundsätzlich vorliegen, etwa weil die Vertragsparteien verschiedener Staatsangehörigkeit sind. Zwingend ist dies aber keinesfalls. Vielmehr stellt sich das untersuchte Problem durchaus auch im Rahmen reiner Inlandssachverhalte, da es allein darauf ankommt, dass die Parteien im Wortsinne nicht dieselbe Sprache sprechen. Insbesondere durch die Novellierung des deutschen Staatsangehörigkeitsrechts[68], die den Erwerb der deutschen Staatsangehörigkeit erheblich erleichtert[69], sind sprachliche Missverständnisse weniger an eine unterschiedliche Nationalität als ethnische Herkunft gekoppelt. Möglicherweise ist dies auch ein Grund dafür, dass die Gerichte in der Mehrzahl der Fälle die Frage nach dem anwendbaren Recht gar nicht erst stellten[70]. Im Ergebnis ist eine Verbindung zu einem ausländischen Recht aber nicht per se ausgeschlossen, so dass im folgenden zu erörtern ist, welche kollisionsrechtlichen Möglichkeiten bestehen, das Sprachenproblem anzuknüpfen.

2. Grundsätze des Internationalen Vertragsrechts

Nach Art. 28 I EGBGB unterliegt ein Vertrag dem Recht, zu dem er die engste Verbindung aufweist. Absatz II konkretisiert diese enge Verbindung in dem Sinne, dass eine solche in der Regel zu dem Recht des Staates vorliegt, in dem die Partei, die die vertragscharakteristische Leistung erbringt, ihren gewöhnlichen Aufenthalt hat. Aus dem Bericht von *Giuliano/Lagarde*[71] zum Römischen EWG-Übereinkommen über das auf vertragliche Schuldverhältnisse anzuwendende Recht[72] -die Art. 27 bis 37 EGBGB inkorporieren dieses Übereinkommen- ergibt sich, dass dies die vertraglich geschuldete Nicht-Geld-Leistung ist. Dies wird in der Regel nicht die Leistung des Verbrauchers sein, der als Nachfrager die Zahlung eines bestimmten Geldbetrags schulden wird, d. h. nach der Gestaltung des Ausgangsfalls wird es in der Regel zu der Anwendung deutschen Rechts kommen.

---

[67] Vgl. Erman/Hohloch, EGBGB Art. 3, Rn. 2.
[68] StAG-ReformG vom 15. 07. 1999, in BGBl. I, 1618.
[69] Zu den daraus entstehenden kollisionsrechtlichen Problemen vgl. aber Gruber, Kollisionsrechtliche Implikationen des neuen Staatsangehörigkeitsrechts, in IPRax 1999, 426 ff. .
[70] Vgl. die Kritik von Jayme, Allgemeine Geschäftsbedingungen und internationales Privatrecht, in 142 ZHR (1978) 105 ff., 110 ff. (111).
[71] Bericht Giuliano/Lagarde, BTDrucks. 10/503, 33-79 (52-53).
[72] Übereinkommen vom 19. 06. 1980, BGBL. 1986 II, 810.

Grundsätzlich gilt das Vertragsstatut nach Art. 31 I und Art. 32 EGBGB für Voraussetzungen, Auslegung und Wirkungen des Vertrags[73], aber auch für Fragen der Vertragsanbahnung und vorkonsensuale Elemente[74].
Häufig wird der Anbieter aber auch im Rahmen seiner, im Internationalen Vertragsrecht durch Art. 27 I 1 EGBGB eingeräumten Parteiautonomie die Möglichkeit nutzen, ein ihm vorteilhaft scheinendes Recht zu wählen. Die Wirksamkeit einer solchen Rechtswahl, die häufig in dem Vertragstext beigefügten AGB erfolgt[75], richtet sich nach Art. 27 IV i. V. m. Art. 31 I EGBGB nach dem Recht des hypothetisch wirksamen Vertrags, d. h. wenn der Anbieter französisches Recht wählt, beurteilt sich die Wirksamkeit dieser Rechtswahl eben nach den Regeln des französischen Zivilrechts[76]. Gerade aber in Bezug auf Vertragsbeziehungen mit Verbrauchern ist die Möglichkeit einer solchen Rechtswahl eingeschränkt. Bevor auf die Einschränkungen dieser Rechtswahlmöglichkeiten eingegangen wird, soll aber die Frage gestellt werden, welches Recht der Vertragspartner im eigenen Interesse wohl wählen wird oder sollte. Denn insbesondere im Bereich des Sprachenproblems ist es nicht eben einfach, diesbezüglich eine Feststellung zu treffen.
Die Intensität der Diskussion über das Verständigungsrisiko in der deutschen Rechtswissenschaft kann ohne Zweifel als beispiellos bezeichnet werden. So gestaltet es sich nicht einfach, überhaupt Informationen über die Behandlung des Verständigungsrisikos in anderen Rechtsordnungen zu erlangen, da dieser Problematik häufig schon kein eigener Gehalt zugewiesen wird[77]. Im folgenden wird daher freilich ohne Anspruch auf Vollständigkeit die Rechtslage in anderen Rechtsordnungen dargestellt, wobei insbesondere auf die Sprachenproblematik im AGB-Recht Bezug genommen wird[78]. Es sei aber festgestellt, dass dieser Überblick keinesfalls den Anspruch einer rechtsvergleichenden Analyse des Verständigungsrisikos erhebt.

---

[73] v. Hoffmann, IPR, § 10, Rn. 84.
[74] v. Hoffmann, a. a. O., Rn. 85.
[75] Vgl. v. Hoffmann, § 10, Rn. 31.
[76] Vgl. die Beispiele bei Petzold, Jahrbuch für italienisches Recht, Bd. 2, 77 ff. (97), und v. Hoffmann, § 10, Rn. 41.
[77] Vgl. zum Beispiel den U.S.-amerikanischen Länderbericht von Schroth in Jaymes Kongressbericht Langue et droit, 167, in dem unter dem Stichwort „Sprachrisiko" der Fall Garcia v. Spun Steak Company zitiert wird, der mit der Frage, welche der Parteien in einem Vertragsverhältnis das Risiko sprachlicher Missverständnisse zu tragen hat, nichts zu tun hat.
[78] Einen allgemeinen Überblick über das AGB-Recht in den Staaten der Europäischen Gemeinschaft gibt Ulmer in Ulmer/Brandner/Hensen, Einl. zum AGBG, Rn. 86 ff. –freilich ohne jeweils die Rechtslage bezüglich der Sprachenfrage anzusprechen.

a. Das Verständigungsrisiko: Internationale Lösungsansätze

aa. Verständigungsrisiko in England

In einer Entscheidung des Court of Appeal ging es um die Wirksamkeit eines Bürgschaftsvertrags eines der englischen Sprache nicht mächtigen Kunden einer englischen Bank[79]. Das Gericht verneinte eine Möglichkeit des Kunden, den Vertrag aufgrund eines möglichen Unverständnisses des Vertragsinhaltes anzufechten. Der Court of Appeal vergleicht dabei die Situation geistig Unfähiger oder Betrunkener, die sich anerkanntermaßen von derartigen Erklärungen lösen können, mit der einer Vertragspartei ohne Englischkenntnisse. Die Situationen könnten aber nicht übertragen werden, weil sich der Sprachunfähige ja der Tatsache bewusst sei, dass er eine, ihm unverständliche Erklärung unterschreibe. Aus diesem Grund wird der Kunde an seiner Erklärung auch dann festgehalten, wenn der Bank die Sprachunkenntnis ihres Vertragspartners bekannt ist[80]. Bezüglich der Einbeziehung Allgemeiner Geschäftsbedingungen gilt der Grundsatz, dass all das wirksam in den Vertrag einbezogen wird, was der Empfänger der AGB unterzeichnet, selbst wenn er den AGB-Text nicht gelesen hat[81].

bb. Verständigungsrisiko in Süd-Afrika

Wie den meisten Rechtsordnungen sind dem Recht Süd-Afrikas keine „*hard and fast rules*"[82] zur Lösung des Sprachenproblems im privaten Rechtsverkehr bekannt. Dennoch ist in Süd-Afrika nicht nur im Verhältnis der Bürger zum Staat die Tendenz erkennbar, die Verwendung keiner bestimmten Sprache zu bevorzugen. Ebenso besteht im Einzelfall ein weitgehender Schutz der unterlegenen Vertragspartei[83]. Insbesondere mit dem Hinweis auf die hohe Zahl der Analphabeten wird begründet, dass eine Partei in der Regel nicht an einem Vertrag festgehalten wird, der in einer, dieser Partei unbekannten Sprache abgefasst ist[84]. Vor allem auch im Darlehensrecht bestehen sehr weitgehende Sprachenrechte des Darlehensnehmers. Im Credit Agreements Act 75 von 1980[85] ist niedergelegt, dass der Darlehensnehmer jederzeit die Verwendung einer der elf Amtssprachen verlangen kann. Es besteht allerdings keinerlei Verpflichtung für den Kreditgeber, auch

---

[79] Court of Appeal, Urteil vom 21. 06. 1995 (Barklays Bank v. Schwartz), in RIW 1996, 247; vgl. auch Chitty On Contract, Volume 1, 8-001, 462.

[80] Court of Appeal, Urteil vom 21. 06. 1995 (Barklays Bank v. Schwartz), a. a. O..

[81] Vgl. mit Rechtsprechungshinweisen der Bericht von Salvat/Tallon, in Revue internationale de droit comparé 1982, 959 ff. (966); allgemein zum Unfair Contract Terms Act 1977 Kretschmar, die Richtlinie 93/13/EWG, 70 ff. und Müller/Otto, 196 ff..

[82] Du Plessis, in Jayme (Hrsg.), Langue et droit, 58.

[83] Du Plessis, a. a. O. ("... the rescue of the more vulnerable of the parties ...").

[84] Du Plessis, a. a. O..

[85] zitiert nach du Plessis, a. a. O. (59).

einen Vertrag mit einer Partei abzuschließen, die ein derartiges Verlangen vorbringt, so dass sich der Schutz dieser Normen de facto als weniger wirksam erweisen wird als de iure angestrebt[86].

cc. Verständigungsrisiko in Frankreich

Wie in England so wird auch in Frankreich der Unterschrift insbesondere unter den AGB-Text eine große Bedeutung zugemessen. So gilt es mit der Unterschrift als bewiesen, dass die unterzeichnende Vertragspartei die AGB zur Kenntnis genommen hat oder jedenfalls kennen musste (was ausreicht)[87]. Ansonsten gilt ein Gleichlauf von Vertragssprache und Sprache der AGB, d. h. Abweichungen des AGB-Verwenders von der Vertragssprache gehen zu dessen Lasten[88]. Anders soll dies aber immer dann sein, wenn sich aus den Umständen ergibt, dass die eine Vertragspartei die verwendete Sprache eben doch beherrscht, so etwa wenn der Vertrag in Frankreich geschlossen wurde, französischem Recht unterliegt, der Vertrag selbst in der deutschen Sprache abgefasst ist und die AGB in französischer. In einem solchen Fall wird nach den Vertragsumständen davon ausgegangen, dass der Vertragspartner der französischen Sprache mächtig ist[89].

dd. Verständigungsrisiko in Italien

In der -soweit erkennbar- einzigen Veröffentlichung zum Sprachrisiko in Italien von *Petzold*[90] wird deutlich, dass das Sprachproblem in Italien an Art. 1341 codice civile zu messen ist[91]. Nach Art. 1341 I codice civile werden Allgemeine Geschäftsbedingungen dann Vertragsbestandteil, wenn der Vertragspartner von den AGB[92] im Zeitpunkt des Vertragsschlusses Kenntnis hatte oder diese bei Anwendung der erforderlichen Sorgfalt kennen konnte, nach Art. 1341 II c. c. bedürfen die meisten bedeutsamen Vertragsklauseln aber einer schriftlichen Bestätigung[93]. In der italienischen Rechtsprechung wird allerdings bezüglich des

---

[86] Du Plessis, a. a. O. (59).
[87] Lamberterie/Rieg/Tallon, in Revue internationale de droit comparé 1982, 1059 ff. (1063).
[88] Wenner/Schödel, in v. Westphalen (Hrsg.), Handbuch des Kaufvertragsrechts der EG-Staaten, 417 ff. (430 f.).
[89] Wenner/Schödel, a. a. O. (431); einen deutschsprachigen Abriss des AGB-Rechts bietet Müller/Otto, 129 ff. und Kretschmar, Die Richtlinie 93/13/EWG, 76 ff..
[90] Petzold, in Jahrbuch für italienisches Recht, Bd. 2, 77 ff., widmet allerdings nur wenige Gedanken der Sprachenproblematik in Italien, sondern konzentriert sich auf die deutsche Literatur und Rechtsprechung. Auch die italienische Veröffentlichung von Memmo, La lingua nel diritto. Il rischio linguistico nella dichiarazione contrattuale, in Contratto e Impresa 1985, Seite 468 ff., beschäftigt sich vorwiegend mit der deutschen Rechtslage.
[91] Allgemein vgl. Müller/Otto, 170 und Kretschmar, Die Richtlinie 93/13/EWG, 80 ff..
[92] Zur Umsetzung der Klauselrichtlinie 93/13/EG vgl. Alpa, EPL 5 (1997), 181 ff., allerdings ohne Bezug auf die Sprachenfrage.
[93] Müller/Otto, 170 f...

Sorgfaltsmaßstabes kein Unterschied zwischen in- und ausländischen Vertragspartnern gemacht[94]. Insofern gelten also die Artikel 1341, 1342 und 1370 c. c. für in- und ausländische Kaufleute *und* Verbraucher[95]. Im internationalen Geschäftsverkehr ist allerdings zu beachten, dass Art. 1341 I c.c. nicht als international zwingende Norm zu betrachten ist[96].
Unabhängig von der Einbeziehung Allgemeiner Geschäftsbedingungen stellt *Sacco* fest, dass das Sprachproblem im Rahmen der allgemeinen Normen der Artikel 1326 und 1334 c. c. zu diskutieren ist, und zwar bezüglich der Frage, ob vom Vorliegen eines Vertragskonsenses ausgegangen werden kann. Eine eingehende Diskussion, unter welchen Voraussetzungen von einem solchen Konsens bei der Verwendung unterschiedlicher Sprachen ausgegangen werden kann, erfolgt allerdings nicht[97].

ee. Verständigungsrisiko in Belgien

„*Belgien wäre nicht Belgien, würde man nicht im internen als auch internationalen Rechtsverkehr der Sprache eine besondere Bedeutung beimessen*", so jedenfalls drückt es *Moons* in seiner Bearbeitung des belgischen AGB-Rechts aus[98]. Grundsätzlich sind Allgemeine Geschäftsbedingungen in der Sprache des Empfängers abzufassen[99]. Dabei muss der Verwender beweisen, dass sein Vertragspartner den Inhalt der AGB verstanden hat. Aus diesem Grund wird auch empfohlen, in Belgien jeweils zu prüfen, aus welchem Landesteil der Vertragspartner stammt[100]. So erklärt die Rechtsprechung regelmäßig beispielsweise französischsprachige Vertragsbedingungen gegenüber flämischen Kunden für unwirksam[101]. Von diesem Grundsatz werden allerdings zwei Ausnahmen gemacht. Einerseits steht dem Verwender der AGB der Beweis offen, dass der Vertragspartner die AGB tatsächlich verstehen konnte, und andererseits soll auch die Sprache ausreichen, in der Vertragsverhandlungen geführt worden sind[102].
Obwohl in Belgien also zwar die Tendenz erkennbar ist, die Wirksamkeit der Verwendung einer anderen Sprache als der des Empfängers zu verneinen, wird in

---

[94] Vgl. Bonnell, in ZVglRWiss 1979, 1 ff. (11 f.).
[95] Wenner/Schödel, a. a. O. (596, Rn. 36).
[96] Wenner/Schödel, a. a. O. (599, Rn. 46, m. w. N.).
[97] Vgl. Sacco, in Jayme (Hrsg.), Langue et droit, 252 f..
[98] Moons, in v. Westphalen (Hrsg.), Handbuch des Kaufvertragsrechts der EG-Staaten, 76 (Rn. 27); Ghestin/Marchessaux, in Les clauses abusives dans les contrats-types en France et en Europe, 1 ff. (18), gehen allerdings insgesamt davon aus, dass sich die Rechtslage in Belgien mit der in Frankreich decken wird.
[99] Moons, in v. Westphalen (Hrsg.), Handbuch des Kaufvertragsrechts der EG-Staaten, 76, mir Rechtsprechungshinweisen.
[100] Vgl. Müller/Otto, 149.
[101] Zit. nach Müller/Otto, 150 (Fn. 76).
[102] Moons, a. a. O. (Rn. 28) mit weiteren Hinweisen auf abweichende Ansichten in der Literatur.

einigen Entscheidungen auch die Kenntnis der verwendeten Sprache bei einer *Unterschrift* unter den Vertragstext vermutet[103].

ff. Verständigungsrisiko in Griechenland

Eine generelle Beantwortung der Frage, ob in Griechenland auch die Verwendung fremdsprachiger AGB wirksam ist, ist nicht möglich, sondern es wird jeweils im Einzelfall nach Gesichtspunkten wie der Gebräuchlichkeit der Sprache, den Sprachkenntnissen des Vertragspartners und einem möglicherweise bestehenden Handelsbrauch entschieden[104]. Für in Griechenland verwendete und auch für den griechischen Geschäftsverkehr gedachte AGB ist allerdings zwingend die Verwendung der griechischen Sprache vorgeschrieben[105]. Bei internationalen Transaktionen gilt diese strenge Anordnung der griechischen Sprache freilich nicht[106]

gg. Verständigungsrisiko in den Niederlanden

Seit dem 1. Januar 1992 enthält das niederländische Bürgerlijk Wetboek spezielle Regelungen bezüglich der Einbeziehung Allgemeiner Geschäftsbedingungen. Bei der Verwendung von AGB gegenüber einem Konsument gelten die Regeln der Artikel 6:231 bis 6:247 des Bürgerlichen Gesetzbuches, und zwar wegen Artikel 6:247 unabhängig davon, welches Recht auf das Vertragsverhältnis anwendbar ist[107]. Die Einbeziehung der AGB ist danach zunächst vergleichsweise einfach, denn es kommt nach Art. 6:232 nicht darauf an, ob der Verwender wusste, dass der Vertragspartner den Inhalt der AGB nicht kannte oder kennen konnte. Andererseits muss der Verwender nach Art. 6:233 dem Empfänger die Möglichkeit verschaffen, von dem Inhalt der AGB Kenntnis zu nehmen und im Rahmen von Konsumentenverträgen gilt nach Artikel 6:236 bzw. 6:237 eine

---

[103] Trib. Liège, vom 10. 03. 1989, J.L.M.B., 1314; Trib. Comm. Anvers, vom 07. 12. 1976, in R. W. 1976-77, col. 1657; Trib. Comm Namur, vom 25. 07. 1974, in J. L. 1974-75, 126; Trib. Comm. Tournai, vom 02. 12. 1969, in J. C. B., 243; Trib. Comm. Bruxelles, vom 19. 10. 1961, in R. W. 1961-62, col. 809; Trib. Comm. Hasselt, vom 24. 05. 1959, in J. C. B., 566; vgl. auch Bourgoignie, in Les clauses abusives dans les contrats-types en France et en Europe, 239 ff. (253) ; ders./Domont-Naert, in Revue internationale de droit comparé 1982, 519 ff. (536).

[104] Chaldoupis, in v. Westphalen (Hrsg.), Handbuch des Kaufvertragsrechts der EG-Staaten, 494 (Rn. 32), mit Nachweisen zur Rechtsprechung; vgl. auch Voulgaris, in Revue internationale de droit comparé 1982, 757 ff. (768).

[105] Chaldoupis, a. a. O. mit dem Hinweis auf Art. 22 III des Gesetzes 1961/1991. Zur Umsetzung der Richtlinie 93/13/EG in das griechische Recht insbesondere in Bezug auf das Transparenzgebot Alexandridou, in EPL 5 (1997), 173 ff., 174 f..

[106] Alexandridou, in ERPL 5 (1997), 175.

[107] Zitiert nach Bitter/Drion/Groenewegen, in v. Westphalen (Hrsg.), Handbuch des Kaufvertragsrechts der EG-Staaten, 701 (Rn. 45).

„schwarze" bzw. „graue Liste" verbotener Klauseln[108]. Ob diese Regelungen allerdings auch für ausländische Verbraucher gelten, lässt sich der Normierung nicht entnehmen. Die h. M. in den Niederlanden entscheidet wohl so, dass auch der Ausländer sich auf das im Bürgerlichen Gesetzbuch geregelte AGB-Recht berufen kann, wenn auf den Vertrag niederländisches Recht anwendbar ist[109]. Bereits vor der Geltung des „neuen" Bürgerlichen Gesetzbuches in den Niederlanden erging eine Entscheidung des Hohen Rats, in der die Verschaffung einer Kenntnisnahmemöglichkeit auch dann verneint wurde, wenn der Empfänger der AGB diese unterzeichnet hat, der Verwender aber entgegen der bisherigen Verhandlungssprache die AGB in der holländischen Sprache verfasste[110].

Bezüglich der Rechtslage in anderen Staaten kann zumindest in vorsichtiger Annäherung die Tendenz festgestellt werden, dass eine Koppelung der Einbeziehung Allgemeiner Geschäftsbedingungen im Geschäftsverkehr an das anzuwendende Recht besteht, dass also bei Anwendung des nationalen Rechts kein Unterschied zwischen inländischem und ausländischem Vertragspartner gemacht wird[111]. Einer Rechtswahl käme somit in Bezug auf die Sprachenfrage erhebliche Bedeutung auch für das materielle Ergebnis bei.

---

[108] Bitter/Drion/Groenewegen, in v. Westphalen (Hrsg.), Handbuch des Kaufvertragsrechts der EG-Staaten, 699 (Rn. 40).

[109] Bitter/Drion/Groenewegen, in v. Westphalen (Hrsg.), Handbuch des Kaufvertragsrechts der EG-Staaten, 701, (Rn. 46). Nach deutschem Verständnis wäre dies freilich eine Selbstverständlichkeit.

[110] Hooge Raad, vom 09. 12. 1977 (Towell & Co Agencies/Kuwait ./. Janson Shipyard), in Nederlandse Jurisprudentie 1978, 187.

[111] In dem von Jayme in FS für Bärmann (S. 519) zitierten amerikanischen Fall stützt das Gericht die Auferlegung des Sprachrisikos auf den AGB-Verwender insbesondere auf das Argument, die deutsche Klägerin meinte, deutsches Recht sei anwendbar; für Spanien vgl. Martí, in v. Westphalen (Hrsg.), Handbuch des Kaufvertragsrechts der EG-Staaten, 993 (Rn. 3), das Sprachenproblem soll wohl in Art. 10 des Verbraucherschutzgesetzes vom 19. 07. 1984 zu verorten sein (vgl. Müller/Otto, 176 f., die zudem darauf hinweisen, dass in Spanien der Verbraucherschutz Verfassungsrang zukommt); für Portugal gilt eine Verpflichtung zur vollständigen und deutlichen Mitteilung nach Art. 5 und 6 des Gesetzesdekrets 446/85 vom 25. 10. 1985 (zit. nach Ulmer, in Ulmer/Brandner/Hensen, Einl. zum AGBG, Rn. 97), zur Umsetzung der RL 93/13/EG siehe Monteiro, in ERPL 5 (1997), 197 ff.; für Luxemburg Thiel/Mersch, a. a. O. (653), in Luxemburg existiert interessanterweise keine spezielle Vorschrift bezüglich der Einbeziehungsvoraussetzungen von AGB, vgl. Kretschmar, a. a. O. (94); für Irland vgl. Conrads/Hassel, a. a. O. (547); für Dänemark Steinrücke, a. a. O. (141), allgemein Kretschmar, a. a. O. (96) ff.; für Schweden allgemein Kretschmar, a. a. O. (98 ff.); für die Schweiz Keller/Schwegler, a. a. O. (887), vgl. auch zum Grundsatz der Unterschrift unter ein ungelesene Urkunde in der Schweiz Müller/Otto, 155; für Österreich Heller, a. a. O. (783), und auch Kretschmar, a. a. O. (102), der darauf hinweist, dass mir der Einfügung von § 864 a in das ABGB überraschende Klauseln nicht Vertragsbestandteil werden können.

b. Internationales Verbrauchervertragsrecht: Art. 29 EGBGB

Sowohl die für den Verbraucher oftmals nachteilige Regelung in Art. 28 II EGBGB als auch die Möglichkeit der ausdrücklichen sowie konkludenten Rechtswahl in Art. 27 I 1 und Art. 27 I 2 EGBGB gaben in der Literatur Anlass zur Kritik. Der im materiellen Recht schon früh entwickelte[112] Gedanke des Verbraucherschutzes verlöre jede Wirkung, könnte die marktüberlegene Partei stets auf das ihr günstigere Recht ausweichen[113]. In Art. 29 EGBGB/Art. 5 EVÜ wurde durch eine Kombination zweier in der Literatur vertretener Auffassungen[114] den Bedenken Rechnung getragen, indem gewisse Verbraucherverträge, zu deren Abschluss es unter den, in Art. 29 I EGBGB genannten, Bedingungen gekommen ist, auch dann den zwingenden Bestimmungen des Staates unterliegen, in dem der Verbraucher seinen gewöhnlichen Aufenthalt hat, wenn gerade dieses Recht durch eine Rechtswahl ausgeschlossen wurde.

Mangels einer solchen Rechtswahl kommt nach Art. 29 II EGBGB das Recht des gewöhnlichen Aufenthaltes des Verbrauchers zur Anwendung.
In Bezug auf das Sprachenproblem könnte sich der Verbraucher also trotz einer Rechtswahl auf Sprachregelungen berufen, die als zwingende Verbraucherschutznormen anzusehen sind. Abgesehen von der Ausnahme in § 3 I Teilzeitwohnrechtegesetz, sind solche Sprachregelungen in den bedeutendsten Verbraucherschutzgesetzen[115] jedenfalls explizit nicht enthalten[116]. Weder im Haustürwiderrufsgesetz noch im AGB-Gesetz, Verbraucherkreditgesetz oder in § 651 a V BGB i. V. m. der Verordnung über Informationspflichten von Reiseveranstaltern[117] wird ausdrücklich die Verwendung einer bestimmten Sprache vorgeschrieben. Hat der Verbraucher allerdings seinen gewöhnlichen Aufenthalt in einem anderen Staat, sind zwingende verbraucherschützende Sprachregelungen dieser Rechtsordnungen zu beachten. Berühmtes Beispiel ist das französisches

---

[112] Die Entwicklungen zeichnet Yeun in IPRax 1994, 257 ff. nach.

[113] Vgl. Hübner in NJW 1980, 2601 ff.; Kropholler in RabelsZ 42 (1978), 634 ff.; Staudinger-Reinhart, Art. 29 EGBGB, Rn. 5, 7 ff.; weiterführend vgl. Eckhard Schwarz, Schutzkollisionen im internationalen Verbraucherschutz, Diss. Heidelberg 1990.

[114] v. Hoffmann forderte bestimmte zwingende Normen gesondert anzuknüpfen: in RabelsZ 38 (1974), 396 ff. (400 f.); Kropholler erwog die Schaffung von, für den Verbraucher günstigeren Anknüpfungskriterien: Kropholler a. a. O., 641 f. .

[115] Vgl. die Rechtsprechungshinweise in MüKo-Martiny, Art. 29 EGBGB, Rn. 27.

[116] Wie im materiellen Teil darzustellen sein wird, ist es aber nicht ausgeschlossen, bestimmte Formulierungen in Verbraucherschutzgesetzen als Sprachenregelung auszulegen; Norbert Reich etwa sieht in der Formulierung des Art. 4 II der Fernabsatzrichtlinie („klare und verständliche" Information) die Verpflichtung für den Unternehmer, die „am Ort des Verbrauchers typischerweise verstandene Sprache" zu gebrauchen, Die neue Richtlinie 97/7/EG über den Verbraucherschutz bei Vertragsschlüssen im Fernabsatz, EuZW 1997, 584 ff. .

[117] Verordnung des Bundesministerium der Justiz vom 14. 11. 1994, in BGBl. I, 3436.

Sprachschutzgesetz vom 04. August 1994[118],genannt seien aber auch portugiesische[119], italienische[120], spanische[121], belgische[122], niederländische[123] sowie griechische[124] Regelungen.
Trotz dieser ausländischen oder möglicherweise auch deutscher Schutznormen bleibt der, durch Art. 29 EGBGB gewährte Schutz in weiten Teilen lückenhaft. Denn gerade die Konstellation, in der sich ein ausländischer, sprachunkundiger Verbraucher der seinen gewöhnlichen Aufenthalt bereits seit Jahren in der BRD hat, eine Vertragsbindung eingeht, die er bei rechtem Verständnis nicht eingegangen wäre, wird nicht eben selten sein. Dann fehlt es an einem gewöhnlichen Aufenthalt im Ausland. In der anderen Konstellation des „euromobilen" Verbrauchers, der die Freizügigkeit des europäischen Binnenmarkt nutzen möchte, werden häufig die Voraussetzungen der Nummern 1 bis 3 von Art. 29 I EGBGB nicht erfüllt sein. Dieser aktive Verbraucher, der sich ohne vorherige Initiative des Anbieters auf den „fremden" Markt begibt, lässt nach dem Norm-

---

118 Art. 2 Gesetz 94/665 vom 04. 08. 1994 (FN 11). Das Gesetz schreibt auch allgemein die Verwendung der französischen Sprache im Handels- und Arbeitsrecht vor. In den Anwendungsbereich fallen auch allgemeine Werbemaßnahmen ausländischer Hersteller. Verstöße können mit einer Geldbusse geahndet werden, zivilrechtliche Folgen sind nicht vorgesehen, Decrét Nr. 95-240, in Journal officiel vom 05. 03. 1995, abgedr. in Sémaine Juridique 1995, III, Nr. 67346.

119 Art. 1, Art. 3 Decreto-Lei Nr. 238/86 vom 19. 08.1986; auch Werbung muss nach Art. 7 III des Novo Código da Pobilicidade von 1990 (Decreto-Lei Nr. 330/90 vom 23. 10. 1990, deutsche Übersetzung abgedr. in GRUR Int. 1994, 830 ff.) in portugiesischer Sprache erfolgen. Verstösse werden mit einer Geldbusse von bis zu 500 000 Escudos geahndet.

120 abgesehen von Art. 3 IV des Decreto Legislativo Nr. 185 vom 22. 05. 1999 sind Sprachenregeln unbekannt, es werden vielmehr Fragen des Schutzes sprachlicher Minderheiten gestellt, vgl. Grigolli, Sprachliche Minderheiten in Italien, insbesondere Südtirol, und in Europa. Der Gebrauch der Sprache vor Behörden und Gerichten und die Vergabe öffentlicher Stellen.

121 Art. 23 des katalonischen Verbraucherstatuts vom 17. 02. 1992. Für Fernabsatzverträge gilt die Regelung in Art. 47 Ley 7/1996 de 15 de enero, de Ordenación del Comercio Minorista, BOE Nr. 15 vom 17. 01. 1996, wonach der Vertrag in der Sprache abgefasst werden muss, in der das Angebot abgegeben wurde; Verstösse sind bussgeldbedroht (vgl. Rauscher, in RIW 1998, 26 ff. (31)).

122 Art. 13 Gesetz über die Information und den Schutz des Verbrauchers. vom 14. 07. 1991, in Moniteur belge vom 29. 08. 1991. Für den französisch sprachigen Landesteil folgt Belgien der französischen Regelung, vgl. Decrét vom 27. 06. 1978, in Moniteur Belge 1133, vom 09. 09. 1978.

123 Art. 3 der „Regeling gegevensverstrekking op grond van artikel 14 b van de Wet op het Consumentenkrediet, regeling staatssecretaris van Economische Zaken, 16 maart 1993" (Stcrt 1993, 57).

124 Art. 22 Verbraucherschutzgesetz 1961/1991 in Regierungsblatt/Official Gazette Nr. 132/A/03. 09. 1991; Art. 4 § 9 des Verbraucherschutzgesetzes von 1994 (Gesetz Nr. 2251/1994 vom 16. 11. 1994, Regierungsblatt A 191, deutsche Übersetzung in Kapnopoulou, Das Recht der missbräuchlichen Klauseln in der Europäischen Union, fordert bei Fernabsatzverträgen schriftliche Vertragsdokumente in der Sprache, die bei Vertragsschluss verwendet wurde. Ansonsten ist der Vertrag nichtig.

gedanken sein eigenes Verbraucherschutzrecht an der Grenze zurück[125] und kann aus diesem Grund nicht auf Schutznormen hoffen, die er aus seinem Heimatstaat kennt[126]. Eine weitere Einschränkung enthält Art. 29 IV Nr. 2 EGBGB für Verträge, die Dienstleistungen betreffen, die in vollem Umfang im Ausland erbracht werden.

Über die Angemessenheit dieser Einschränkungen des Art. 29 EGBGB auf den Schutz „passiver" Verbraucher[127] wird in der Literatur nachgedacht[128]. Gerade durch die fortschreitende Rechtsangleichung in der Europäischen Union trägt nämlich das Argument, der Verbraucher könne nicht darauf vertrauen, auch im Ausland auf einen vergleichbaren Schutzstandard zu treffen, in nur noch geringem Maße[129], und zwar nur noch insoweit wie sich die jeweilige nationale Umsetzungsgesetzgebung im Rahmen der richtlinienrechtlichen Vorgaben hält. In Fällen, in denen es diesen Vorgaben an ausreichender Klarheit mangelt, wie etwa beim sogenannten Transparenzgebot der Klauselrichtlinie[130], kann doch die Schutzwürdigkeit des Vertrauens des Verbrauchers in eine Umsetzungsgesetzgebung, die der in seinem Heimatstaat entspricht, nicht quasi durch Grenzübertritt negiert werden, insbesondere da es häufig auch in den jeweiligen Staaten alles andere als unumstritten ist, wie die richtlinienrechtlichen Vorgaben zu interpretieren sind[131]. Diese Bedenken sind umso beachtenswerter, angesichts des Umstands, dass es das europäische Binnenmarktkonzept ja gerade anstrebt, dass sich der Verbraucher auch aus eigenem Antrieb ins Ausland begibt[132].

Trotz dieser Erwägungen werden sich Erweiterungen des Schutzniveaus angesichts des klaren Wortlautes von Art. 29 nur schwerlich auf eine einschränkende Auslegung der Nummern 1 bis 3 von Absatz 1 dieser Norm stützen lassen[133], so

---

[125] Diese Formulierung verwendet v. Hoffmann, IPR, § 10, Rn. 70.

[126] Dies ist aufgrund des Wortlautes von Art. 29 I EGBGB nahezu unbestritten. Vgl. etwa Reithmann/Martiny, Rn. 440; Klingsporn, in WM 1994, 1095 f. .

[127] Zu der Begrifflichkeit vgl. Joerges, in ZEuP 1995, 181 ff. (195).

[128] Vgl. Kothe, in EuZW 1990, 150 ff.; Coester-Waltjen, in FS für Lorenz, 297 ff. (309 f.); und insbesondere Reinhart, in Staudinger, Art. 29 EGBGB, Rn. 69, mit dem Hinweis auf die insoweit eindeutige Entscheidung des Gesetzgebers, die auch wenig Raum für Analogiebildungen lässt.

[129] so auch das LG Aachen, Urteil vom 20. 12. 1990, in NJW 1991, 2221.

[130] RL 93/13/EWG vom 05. 04. 1993, in ABl. EG Nr. L 95 vom 21. 04. 1993, 29 ff. .

[131] Die Rechtsprechung sieht in aller Regel im sog. Transparenzgebot keine Pflicht zur Übersetzung in die Sprache des Verbrauchers, BGH, Urteil vom 10. 03. 1983, in NJW 1983, 1489; Reich sieht hierin eine eindeutige Sprachregel, Kreditbürgschaft und Transparenz, in NJW 1995, 1857 (1860); einschränkend Heinrichs, Das Gesetz zur Änderung des AGB-Gesetzes, in NJW 1996, 2190 (2197); ähnlich auch Pfeiffer, in Grabitz/Hilf (Hrsg.), Bd. II, A 5, Rn. 20 (ausführlich vgl. unten Teil II.).

[132] So Downes/Heiss, in ZVglRWiss 98 (1999), 28 ff. (39).

[133] Reinhart, in Staudinger, Art. 29 EGBGB, Rn. 71, beschreibt jedenfalls eine Konstellation, in der eine planwidrige Regelungslücke in Art. 29 EGBGB zu vermuten ist, schlägt aber anschließend (Rn. 72) vor, eher das Exklusivitätsverhältnis zu Art. 34 EGBGB anzuzweifeln.

dass viel eher über eine grundsätzliche Überarbeitung des EVÜ nachgedacht werden müsste.

c. Internationales Verbrauchervertragsrecht: Art. 29 a EGBGB

Für Vertragsverhältnisse, die nach dem 27. 06. 2000 geschlossen werden[134], gilt allerdings in bestimmten Bereichen eine Sonderregelung. Durch Art. 2 II des sogenannten Fernabsatzgesetzes[135] hat der bundesdeutsche Gesetzgeber den neuen Art. 29 a ins EGBGB eingeführt, und damit einen Teil der in Art. 15 I der Richtlinie über den Verbraucherschutz bei Vertragsabschlüssen im Fernabsatz[136] niedergelegten Vorgaben -wenn auch verspätet[137]- erfüllt.
Art. 29 a EGBGB, der nach der Entwurfsbegründung nach Art. 29 EGBGB zu prüfen ist[138], unterstellt die sogenannte Klauselrichtlinie, die Richtlinie über Teilzeitnutzungsrechte sowie die Fernabsatzrichtlinie[139] einer Sonderanknüpfung, indem trotz einer Rechtswahl die in Umsetzung der genannten Richtlinien ergangenen Vorschriften des Staates Anwendung finden[140], in dem der Verbraucher[141] seinen gewöhnlichen Aufenthalt hat, soweit ein „enger Zusammenhang“

---

[134] Mangels einer ausdrücklichen intertemporalen Regelung ist diese Frage allerdings nicht eindeutig. Nach der Ansicht des Gesetzgebers sollen die Grundsätze des Art. 220 EGBGB ergänzend herangezogen werden (BTDrucks. 14/2658, 50.). Gerade aber im Bereich der praktisch wichtigen Timesharing-Verträgen führt dies zu erheblicher Rechtsunsicherheit, da die intertemporale Regelung bei Dauerschuldverhältnissen in Rechtsprechung und Lehre äusserst umstritten ist (zum Streitstand vgl. Staudinger-Dörner, Art. 220 EGBGB, Rn. 62). Die wohl h. M. vertritt eine wandelbare Anknüpfung, d. h. der Vertragsschluss selbst unterliegt –soweit er vor der Neuregelung liegt- noch „altem“ Recht, während auf „die weitere Entwicklung des Vertragsprogramms“ (Staudinger/Dörner a. a. O.) „neues“ Recht angewandt wird. D. h. für die hier relevanten Informationspflichten aus § 3 I TzWrG ergibt sich für „Altverträge“ eine Anwendung des Internationalen Vertragsrecht ohne Art. 29 a EGBGB.

[135] Gesetz vom 27. 06. 2000, in BGBl. I, 897.

[136] RL 97/7/EG vom 04. 06. 1997, in ABl. EG 1997 Nr. L vom 20. 05. 1997, 144/19.

[137] Art. 15 I der Fernabsatzrichtlinie fordert eine Umsetzung bis 04. 06. 2000.

[138] BTDrucks. 14/2658, 50.

[139] RL 93/13/EWG vom 05. 04. 1993, in ABl. EG Nr. L 95 vom 21. 04. 1993, 29 ff.; RL 94/47/EG vom 26.10.1994, in ABl.EG 1994 Nr. L vom 29. 10. 1994, 280/83; RL 97/7/EG vom 04. 06. 1997, in ABl. EG 1997 Nr. L vom 20. 05. 1997, 144/19.

[140] Der Referentenentwurf zum Fernabsatzgesetz (abgedr. in IPRax 1999, Heft 4, VII) war noch einseitig konstruiert und sah bei einem engen Bezug zu einem EU- oder EWR-Staat die Anwendung deutschen Rechts vor. Nachdem diese Regelung auf umfangreiche Kritik gestossen war (vgl. unter vielen Jayme/Kohler, in IPRax 1999, 401 ff. (403, 412), Freitag/Leible, in ZIP 1999, 1296 ff. (1299 f.), Pfeiffer, in NJW 1999, 3674 ff. (3679 f.), Roth/Schulze, in RIW 1999, 924 ff. (931) ist Art. 29 a in seiner endgültigen Fassung nun zur allseitigen Kollisionsnorm ausgebaut worden.

[141] Art. 29 a EGBGB selbst setzt diesen Begriff im Gegensatz zu Art. 29 EGBGB allerdings nicht voraus.

mit einem[142] Staat des Europäischen Wirtschaftsraumes oder der Europäischen Union besteht. Art. 29 a II EGBGB spricht eine Vermutung aus, wann von einer solchen engen Verbindung auszugehen ist. Zu beachten ist dabei, dass die Voraussetzungen von Art. 29 a II Nr. 1 EGBGB und Nr. 2 kumulativ vorliegen müssen, d. h. es muss sowohl eine Absatztätigkeit des Anbieters in der EU oder im Europäischen Wirtschaftsraum vorausgehen, als auch der Vertragspartner seinen gewöhnlichen Aufenthalt in einem Vertragsstaat haben muss. Diese Kumulation der Voraussetzungen führt insbesondere in Fällen in Bezug auf Drittstaaten zu gewichtigen Schutzlücken, etwa wenn ein deutscher Tourist während seines Aufenthaltes in Jamaica für ein Timesharing-Objekt in der Karibik geworben wird[143]. Eine Anwendung des deutschen TzWrG (insbesondere § 3 I TzWrG) wäre in einem solchen Fall ausgeschlossen.
Kam es zu einer vorangehenden Werbetätigkeit des Anbieters, wird sich aber für den hier relevanten Inlandsfall in einer Vielzahl von Fällen die Anwendung der deutschen Umsetzungsgesetzgebung ergeben. Im Rahmen von Timesharing-Verträgen ist zudem die gesonderte Anknüpfung in Art. 29 a III EGBGB zu beachten. Liegt danach das Timesharing-Objekt im Gebiet eines EU- oder EWR-Staates –etwa Gran Canaria[144]- dann ist zwingend das deutsche TzWrG anzuwenden. Mag diese Regelung auch insbesondere in Bezug auf die weitgehende Sprachenregelung im deutschen TzWrG für den Verbraucher von Vorteil sein, so ist die Kritik an dieser Sonderanknüpfung nicht unberechtigt[145], führt Absatz III doch zu einer anknüpfungsmässigen Dissonanz innerhalb derselben Norm. Es ist zudem schwer zu begründen, weshalb bei einer subjektiven Anknüpfung nach Absatz I das Recht des Staates, in dem die Immobilie belegen ist, anwendbar sein soll, und bei objektiver Anknüpfung deutsches Recht[146].

---

[142] In der Entwurfsbegründung (BTDrucks. 14/2658, 50) wird deutlich, dass diese Formulierung so zu verstehen ist, dass der Vertrag einen engen Bezug zu „mindestens" einem EU- oder EWR- Staat aufweisen muss, also auch ein Bezug zu mehreren Staaten möglich ist. Dies entspricht auch den Vorgaben in Art. 6 II der RL 93/13/EWG und Art. 12 II der RL 97/7/EG (vgl. dazu Leible, in Schulte-Nölke/Schulze, Europäische Rechtsangleichung und nationale Privatrechte, 353 ff. (360 ff.)).
[143] Beispiel nach Staudinger, in RIW 2000, 416 ff. (418).
[144] Rechtsprobleme in Bezug auf, auf Gran Canaria belegenen Timesharing-Immobilien haben insbesondere durch die Entscheidung des BGH, Urteil vom 26. 10. 1993 in BGHZ 123, 380 ff. Berühmtheit erlangt; vgl. auch BGH, Urteil vom 19. 03. 1997, in NJW 1997, 1697 und zu der grundsätzlichen Problematik der Sonderanküpfung in Bezug auf die „Gran Canaria-Fälle" jetzt Backert, Kollisionsrechtlicher Verbraucherschutz.
Auch der Aufsatz von Felke, in RIW 2001, 31 ff. zeigt, dass die Problematik der Sonderanknüpfung von Verbraucherschutznormen bis heute nicht geklärt ist. Staudinger sieht seit dem Urteil des EuGH vom 09. 11. 2000 (in NJW 2001, 2007) sogar Anlass dazu, die gesamte Herangehensweise in Bezug auf das Kollisionsrecht in Verbraucherschutzrichtlinien zu überdenken (in NJW 2001, 1974).
[145] Freitag/Leible, in ZIP 1999, 1296 ff. (1298, 1301).
[146] Zu diesem Widerspruch vgl. auch Staudinger, in RIW 416 ff. (419).

Nicht nur aufgrund dieser Sonderanknüpfung in Absatz III ist Art. 29 a in sprachenrechtlicher Hinsicht bedeutsam, da Art. 29 a IV EGBGB eine dynamische Verweisung enthält und sich daher die in Absatz IV enthaltene Liste der verbraucherschützenden Richtlinien nach Bedarf erweitern lässt. Zu denken wäre hier etwa an die Richtlinie zu bestimmten Aspekten des Verbrauchsgüterkaufs und der Garantien für Verbrauchsgüter[147]. Bislang bleibt der Schutz in Art. 29 a EGBGB aber auf die genannten drei Gebiete beschränkt, so dass im folgenden nun zu prüfen ist, welche Ansätze in Bezug auf eine Abweichung von der Grundsatzanknüpfung des Art. 28 i. V. m. 31 I EGBGB existieren.

3. Sonderanknüpfungen des Sprachenproblems

a. Art. 31 II EGBGB

Von dem Grundsatz des einheitlichen Statuts in Art. 31 I EGBGB macht Art. 31 II EGBGB eine Ausnahme zugunsten des Rechts des gewöhnlichen Aufenthaltes. Die durch das IPR-Gesetz vom 25. 07. 1986[148] eingeführte Norm knüpft an die frühere Rechtsprechung des BGH an. In der sogenannten „Küchenmöbelentscheidung"[149] äusserte der BGH die Ansicht, dass eine Sonderanknüpfung vorkonsensualer Vertragselemente nicht per se ausgeschlossen ist, sondern dass es möglicherweise unbillig ist, einen Ausländer mit einem Rechtsinstitut zu konfrontieren, das in seiner „Heimatrechtsordnung" gänzlich unbekannt ist. Der ausländische Empfänger eines kaufmännischen Bestätigungsschreibens muss nach der Entscheidung des BGH nicht damit rechnen, dass seinem Schweigen ein rechtsgeschäftlicher Erklärungswert beigemessen wird. In einer Vielzahl von Entscheidungen wurde diese Rechtsprechung bestätigt bzw. weiterentwickelt[150] und von den Verfassern des EVÜ in Art. 8 II umgesetzt.
Den Schluss von dieser Rechtsprechung auf eine Sonderanknüpfung hat freilich nicht diese selbst gezogen, sondern Vertreter der Literatur, und dies bereits vor der Neuregelung des IPR[151]. Argument für diese Übertragung ist insbesondere,

---

[147] RL 1999/44/EG vom 17. 05. 1999, in ABl. EG Nr. L 171 vom 07. 07. 1999, 12 ff. .

[148] BGBl. I, 1142.

[149] BGH, Urteil vom 22. 09. 1971, in NJW 1972, 391 ff..

[150] OLG Frankfurt, Urteil vom 16. 12. 1986, in VersR 1988, 33 ff.; KG Berlin, Urteil vom 29. 05. 1986, in RIW/AWD 1986, 905; BGH, Urteil vom 05. 06. 1981, in VersR 1981, 975 ff; OLG Frankfurt, Urteil vom 23. 04. 1980, in VersR 1981, 27 ff.; BGH, Urteil vom 07. 07. 1076, in NJW 1976, 2075 ff.; OLG Hamburg 01. 06. 1979, in NJW 1980, 1232 ff.; BGH, Urteil vom 13. 07. 1973, in NJW 1973, 2154 ff.;

[151] Insbesondere Jayme vertrat bereits im Jahre 1975 diese Sonderanknüpfung an das Umweltrecht: in FS für Bärmann, 509 ff. (512 ff.); bejahend auch: Baumgärtel, Das Sprachrisiko, 104 ff.; Beckmann fordert ein eigenes Sprachstatut, Das Sprachenstatut, 12 ff., sowie in Sandrock, Handbuch der internationalen Vertragsgestaltung, 337 ff.; Drobnig, in FS für Mann, 591 ff. (607); Egeler, Konsensprobleme, 206 ff.; Jancke, Das Sprachrisiko des ausländischen Arbeitnehmers, 93 ff.; Petzold, in Jahrbuch für italienisches Recht, Bd. 2, 77 ff. (94 f.); Reinhart, in

dass die Situation des sprachunkundigen Ausländers mit der des, auf ein kaufmännisches Bestätigungsschreiben schweigenden, durchaus vergleichbar sei. In beiden Fällen fehle es dem Betroffenen an dem Willen, sich rechtsgeschäftlich zu binden[152]. Das Vertrauen des Ausländers, dass die Regelungen seines Heimatrechtes in ähnlicher Weise auch in einer anderen Rechtsordnung gelten, seien in beiden Konstellationen schützenswert[153]. Ob dieser Schluss vom kaufmännischen Bestätigungsschreiben zum Sprachenproblem im Lichte des Art. 31 II EGBGB zwingend ist, wird im folgenden ausgeführt.

aa. Anwendungsbereich von Art. 31 II

Anders als Art. 31 I EGBGB spricht Art. 31 II EGBGB nur davon, dass die Partei dem Vertrag nicht zugestimmt habe. Entsprechend stellten die Verfasser des EVÜ klar, dass sich Art. 8 II nur auf das Zustandekommen der Einigung, nicht aber auf deren Wirksamkeit bezieht.[154]. Verstünde man den Wortlaut der Norm sehr eng, dann fiele lediglich das Angebot und die Annahmeerklärung unter Art. 31 II EGBGB. Gerade aber die Fälle der Einbeziehung von AGB oder die Wirkung eines kaufmännischen Bestätigungsschreibens sollten nach der amtlichen Begründung vom Anwendungsbereich erfasst sein[155], so dass nach ganz überwiegender Auffassung der Begriff der Zustimmung weit auszulegen ist[156]. Unter Art. 31 II EGBGB ist aber nicht nur das rechtsgeschäftliche Schweigen zu fassen, sondern jede verhaltenssteuernde Regel, also jedes Verhalten, dass zum äusseren Vornahmetatbestand und nicht zum inneren Vertragsabschlusstatbestand zu zählen ist[157]. Wie aber diese Tatbestände voneinander abzugrenzen sind, ist äusserst unklar[158], was folgende Fallkonstellation illustrieren kann: Ein deutscher Urlauber nimmt im Ausland im Rahmen einer Unterhaltung an, sein Gesprächspartner wolle ihm lediglich seinen PKW vorführen. Tatsächlich nimmt der deutsche Urlauber ein, von seinem Gesprächspartner entgegengebrachtes Angebot

---

IPRax 1982, 226 ff. (227); Schurig, in IPRax 1994, 27 ff. (32); Sonnenberger, in FS für Ferid, 393 ff. (396); Weimar, in DB 1978, 243; ablehnend dagegen: v. Bar, IPR, Bd. 2, Rn. 536; Freitag, in IPRax 1999, 142 ff. (144 f.); Kost, Konsensprobleme, 116; Linke, in ZVR 79, 1 ff.; Mayer, Vereinbarung Allgemeiner Geschäftsbedingungen, 69; Otto, Allgemeine Geschäftsbedingungen, 196; Reithmann-Martiny, Rn. 146, S. 155; Schlechtriem, in FS für Weitnauer, 129 ff. (135); Schwarz, in IPRax 1988, 278 ff. (279); Spellenberg, in FS für Ferid, 463 ff. (466).

[152] Jayme spricht davon, dass es in beiden Fällen fraglich sei, ob „Erklärungsbewusstsein und Geschäftswille als psychische Realität vorhanden sind", a. a. O., 515.

[153] Vgl. Jayme, a. a. O., 515; Jancke, a. a. O., 99.

[154] Bericht Giuliano/Lagarde BTDrucks. 10/504, 82.

[155] BTDrucks. 10/504, 82.

[156] Kost a. a. O., 97 ff., 180 ff.; Erman/Hohloch, Art. 31 EGBGB, Rn. 14; Schwenzer, in IPRax 1988, 86; MüKo-Spellenberg, IPR, Art. 31 EGBGB, Rn. 55.

[157] MüKo-Spellenberg, IPR, Art. 31 EGBGB, Rn. 62.

[158] Eine Abgrenzung im materiellen Recht versucht Leenen, in AcP 188 (1988), 381 ff. (386 f.).

an, ohne dass dieser Willensmangel in irgendeiner Weise erkennbar war[159]. Falls das ausländische Vertragsstatut trotz fehlenden Erklärungsbewusstseins einen Vertragsschluss bejaht, bestände ein nachvollziehbares Interesse des deutschen Urlaubers, sich auf sein eigenes Umweltrecht berufen zu können. Ob das Fehlen des Erklärungsbewusstseins aber eher unter den inneren oder unter den äusseren Erklärungstatbestand fällt, kann je nachdem welche Perspektive man einnimmt, verschieden beurteilt werden. Stellt man die Frage, ob ein mangelndes Erklärungsbewusstsein dazu führt, dass man den Erklärungstatbestand äusserlich nicht zurechnen kann, dann fiele die Problematik sicherlich unter Art. 31 II EGBGB[160]. Nimmt man dagegen die Sichtweise ein, dass der Fall eher unter dem Aspekt eines inneren Willensmangel zu beurteilen ist, dann bewegte man sich im Bereich eines inneren Vertragschlusstatbestandes und ausserhalb des Anwendungsbereiches von Art. 31 II EGBGB[161].

Dieses Beispiel[162] zeigt, dass die Abgrenzung im Einzelfall nicht nur schwierig sondern sogar willkürlich sein kann. Es liegt daher nahe, die Abgrenzung weniger nach den formalen Kriterien des äusseren bzw. des innneren Erklärungstatbestands vorzunehmen als nach der Ratio Legis[163]. Art. 31 II soll verhindern, dass einer Partei zugemutet wird, einer vertraglichen Bindung zu unterliegen, die sie nicht will, bzw. nach einem Recht beurteilt zu werden, das diese nicht kennt, und auf dessen Verhaltensregeln sie sich folglich nicht einstellen konnte. Handelt es sich dagegen um eine Fallkonstellation -wie oben-, in der sich die Partei aufgrund einer Unkenntnis der tatsächlichen Umstände in das Vertragsverhältnis begeben hat, und nicht in der fraglichen Weise agiert, weil diese Partei davon ausging, ihrem Verhalten würde in der fremden Rechtsordnung ein anderer Erklärungswert beigemessen, dann ist ein solches Verhalten vom Zweck des Art. 31 II EGBGB nicht erfasst[164]. An dieser Ratio hat sich folglich primär die Frage der Sonderanknüpfung des Sprachenproblems zu orientiern.

---

[159] Beispiel nach Freitag, in IPRax 1999, 142 ff. (145).
[160] Vgl. Kost a. a. O., 118.
[161] Mäsch, in IPRax 1995, 371 ff. (373).
[162] Als ebenso problematisch wird die Anwendung von Art. 31 II EGBGB seitens der Rechtsprechung (etwa LG Giessen, Urteil vom 14. 12. 1994, in IPRax 1994, 395 ff.; LG Aachen, Urteil vom 20. 12. 1990, in NJW 1991, 2221 ff.) auf die Wirkungen des Vertrages, insbesondere auf die Widerruflichkeit des Vertrages nach dem deutschen Haustürwiderrufsgesetz gesehen: Beise, in NJW 1995, 1724 ff.; MüKo-Spellenberg, a. a. O., Rn. 59.
[163] Vgl. MüKo-Spellenberg, a. a. O., Rn. 65.
[164] Für den obigen Fall verneint Freitag, a. a. O. mit dieser Erwägung eine Anwendung von Art. 31 II; vgl. auch Kost, a. a. O., 118.

bb. Art. 31 II EGBGB und das Verständigungsrisiko[165]

Nach dem oben Gesagten ist eine Sonderanknüpfung also immer dann ausgeschlossen, wenn sich die Partei zunächst binden wollte, und die auf diese Bindung hin abgegebene Erklärung insoweit auch eindeutig ist. Daraus folgt, dass die von der Rechtsprechung[166] häufig bejahte Sonderanknüpfung eines Widerrufs nicht -d. h. auch nicht im Rahmen des Verständigungsrisikos- mit der Ratio von Art. 31 II vereinbar ist. Denn derjenige, der sich, nachdem er bereits eine bindende Erklärung abgegeben hat[167], von dieser Erklärung lösen wollte, irrt ja nicht etwa bezüglich der rechtlichen Bewertung seiner ursprünglichen Erklärung, sondern allenfalls über die rechtlichen Möglichkeiten, sich von dieser Erklärung zu lösen. Und auch der Widerrufserklärung selbst wird es nicht an Eindeutigkeit fehlen, so dass auch hier der Normzweck gegen eine Sonderanknüpfung spricht. Gleiches muss dann aber auch für eine Anfechtung gelten[168]. Gerade der im Rahmen des Verständigungsrisikos häufige Fall des Inhaltsirrtums fällt folglich nur unter Art. 31 I EGBGB[169]. In Fällen mangelnden Erklärungsbewusstseins[170] ist allerdings zu differenzieren. Soweit ein Ausländer scheinbar eine Erklärung abgibt, dieser aber keine rechtlich relevante Äusserung -ohne dass dies für den potentiellen Vertragspartner erkennbar war- vornehmen wollte, bewegt sich dieser Fall auf einer Schnittstelle zwischen Anfechtbarkeit (wegen Erklärungsirrtums) und dem Vorliegen einer Willenserklärung. Zwar wird im deutschen Recht in dieser Konstellation in der Regel das Vorliegen einer Willenserklärung bejaht, aber auch die Möglichkeit einer Anfechtung gewährt[171]. In anderen Rechtsordnungen kann dies anders sein. Wollte die Partei aber keine rechtlich verbindliche

---

165 Die Diskussion um die Sonderanknüpfung des Verständigungsrisikos vor der Einführung von Art. 31 II EGBGB entbehrte an vielen Stellen an dogmatischer Klarheit, indem etwa auf tatsächliche Schwierigkeiten der Ermittlung ausländischen Rechts abgestellt wurde, Schlechtriem, a. a. O., 135. An anderer Stelle wird mit der Billigkeit argumentiert, da insbesondere der Kaufmann „wendig genug" sei, entsprechende Erklärungen zu verstehen, Beckmann in Sandrock, 366 f.. Beckmann, a. a. O., hält einer Sonderanknüpfung zudem entgegen, der Sprachunkundige könne sich ja im Gegensatz zum Schweigenden um das richtige Verständnis bemühen.

166 Vgl. Fn. 122.

167 Die Bindung tritt auch nicht etwa erst ein mit Ablauf der Widerrufsfrist, es handelt sich also bis dahin nicht etwa um eine schwebende Unwirksamkeit, sondern die Partei ist dann nicht mehr gebunden, wenn sie widerrufen sollte (vgl. § 361 a BGB).

168 Erman/Hohloch, Art. 31 EGBGB, Rn. 15. Absolut zwingend ist dieser Schluss allerdings nicht, denn insbesondere aufgrund der ex tunc-Wirkung der Anfechtung lag rechtlich ja zu keinem Zeitpunkt eine Willenserklärung vor. Allerdings ist dieses Argument als doch sehr formaljuristisches eher wenig schlagkräftig.

169 MüKo-Spellenberg, IPR, Art. 31 EGBGB, Rn. 49.

170 Vgl. etwa den „berühmten" Fall einer Bürgschaftserklärung einer Ausländerin: BGH, Urteil vom 27. 10. 1994, in NJW 1995, 190 ff..

171 Staudinger-Dilcher, Vorbemerkung zu §§ 116 ff., Rn. 9-48; BGH, Urteil vom 07. 06. 1984, in BGHZ 91, 324 ff.; BGH, Urteil vom 29. 11. 1994, in NJW 1995, 953 ff..

Erklärung abgeben und befand sich dabei in dem Irrtum, diese Erklärung werde nach einer der Rechtsordnungen schon nicht als rechtlich relevante Äusserung behandelt, dann muss Art. 31 II hier Anwendung finden. D. h. die fragliche Erklärung ist nach den Regeln der fremden Rechtsordnung auszulegen, um anschliessend festzustellen, welche rechtlichen Folgerungen nach diesem Recht zu ziehen sind[172].

Im Ergebnis ist aber festzustellen, dass es nur selten Sachverhaltskonstellationen geben wird, in denen eine Anwendung von Art. 31 II EGBGB auf das Verständigungsrisiko opportun erscheint[173]. Die generelle Sonderanknüpfung des Verständigungsrisikos ist folglich abzulehnen[174].

cc. Die Umstände des Vertragsschlusses

Allein die Unterschiedlichkeit der Sachrechte rechtfertigt keine Anwendung des „Umweltrechtes". Nach Art. 31 II EGBGB muss die Anwendung des Rechts aus Absatz I den Umständen nach nicht gerechtfertigt sein. Diese Formulierung deutet auf eine einzelfallbezogene Abwägung aller in der konkreten Situation relevanten Tatsachen hin[175]. Es müssen also nicht lediglich subjektive Kriterien, nämlich dass die Partei mit dem fremden Recht nicht rechnen musste, erfüllt sein[176], sondern auch objektive Momente, die die Anwendung eines fremden Rechts überhaupt nahelegen[177]. Zumindest muss sich die Partei in zurechenbarer Weise in eine internationale Geschäftsbeziehung begeben haben[178]. Wird es an dieser Voraussetzung in einer Vielzahl von Fallgestaltungen zum Verständigungsrisiko –etwa bei reinen Inlandsgeschäften- nicht schon fehlen, so ergeben sich jedenfalls Probleme im Rahmen der von Literatur und Rechtsprechung daraus gezogenen Schlüsse. Der BGH beschränkt nämlich die Sonderanknüpfung des Schweigens auf Fälle, in denen die Partei nicht, nachdem sie sich in eine

---

172 Vgl. MüKo-Spellenberg, IPR, vor Art. 11, Rn. 53.

173 Eine insoweit eindeutige Konstellation wäre sicher die, dass ein Sprachunkundiger auf ein, ihm unverständlichen Vertragsentwurf nicht reagiert und diesem Verhalten ein Erklärungswert beigemessen wird. Denn diese Fallgestaltung ist bereits unter die allgemeine Problematik der Sonderanknüpfung des Schweigens zu fassen, vgl. dazu die Beispiele in Reithmann-Martiny, Rn. 152, S. 166.

174 Janckes Argumentation, a. a. O., S. 99 f., „baut" doch stark auf allgemeine Erwägungen, wie auf die wirtschaftliche Übermacht des Arbeitgebers, die dogmatisch hätten abgestützt werden müssen. Insbesondere bedarf es ausführlicherer Begründung, warum die Sonderanknüpfung davon abhängig gemacht werden kann, ob der Vertragspartner (hier der Arbeitnehmer) sich gesellschaftlich „isoliert" oder aber integriert hat (Jancke, a. a. O., 101).

175 Vgl. Mankowski, in RIW 1996, 383.

176 Dass die neuere untergerichtliche Rechtsprechung vermehrt nur noch auf diese subjektiven Kriterien abstellt, kritisiert Spellenberg, in MüKo, IPR, Art. 31EGBGB, Rn. 85.

177 Mäsch, in IPRax 1995, 373.

178 MüKo-Spellenberg, IPR, Art. 31, Rn. 87.

fremde Rechtsordnung begeben hat, ein reines Inlandsgeschäft getätigt hat, sondern auf sogenannte Distanzverträge[179].

Ebenso wird in der Literatur ganz überwiegend vertreten, das Verständigungsrisiko nur dann einer gesonderten Anknüpfung zu unterwerfen, wenn die Vertragspartner von ihrem jeweiligen Sitz aus verhandeln[180], denn der Vertragspartner könne bei reinen Inlandsgeschäften nicht auf die Anwendung seines Umweltrechts vertrauen[181]. Andere schränken dieses Vertrauensschutzargument dahingehend ein, dass zumindest beim erstmaligen Vertragsschluss im Inland der Vertragspartei ihr Unwissen nicht vorgeworfen werden kann[182]. Insbesondere *Jancke* weist daraufhin, dass es doch keinen Unterschied machen könne, ob der Vertragspartner den (Arbeits-) Vertrag noch in seinem Heimatstaat unterzeichne oder bereits im Inland, bzw. ob die Partei einen schriftlichen Vertrag zusende oder aber einen Vertreter schicke[183].

So überzeugend dieses Argument zunächst scheinen mag, so ist doch die geringere Schutzwürdigkeit der Partei, die sich eben in personam oder mittels eines Vertreters in die fremde Rechtsordnung „begibt", kaum von der Hand zu weisen. Liesse man *Janckes* Argument uneingeschränkt gelten, dann wird eine konturscharfe Anwendung und Begrenzung von Art. 31 II EGBGB zunehmend schwierig bis unmöglich, denn welche Kriterien wären dann noch anzulegen, wenn der Umstand einer noch hinreichenden Beziehung zu einer anderen, fremden Rechtsordnung ausscheidet. Die beachtenswerten Argumente der strukturellen Unterlegenheit des Arbeitnehmers sollten daher nach der hier vertretenen Auffassung im materiellen Recht Beachtung finden.

Im Ergebnis wird die ohnehin geringe Zahl der Anwendungsfälle durch die Beschränkung auf Distanzverträge weiter minimiert[184], so dass die Frage zu stellen ist, ob nicht weitere, andere Möglichkeiten einer Sonderanknüpfung bestehen.

b. Formstatut

Soweit das Sprachenproblem als eine Frage der Form zu qualifizieren wäre, genügte es nach Art. 11 I EGBGB wenn entweder die Ortsform oder die Geschäfts-

---

179 BGH, Urteil vom 17. 03. 1973, NJW 1973, 2154 ff. (2155); anders aber LG Aachen, Urteil vom 20. 12. 1990, in NJW 1991, 2221 ff. (2222), das Art. 31 II EGBGB nicht schon deswegen ablehnen will, weil sich die Partei – insbesondere nur vorübergehend- im Inland aufhält; vgl. auch die Rechtsprechungshinweise in Fn. 111.

180 Fischer, Verkehrsschutz im internationalen Vertragsrecht, 342 f.; Kemper, in JA 1992, 88 ff. (89); Drobnig a. a. O., 605.

181 Reithmann-Martiny, Rn. 144, S. 151; a. A. Linke, a. a. O., 28.

182 Jayme, a. a. O., 514; Hübner, in NJW 1980, 2606, Baumgärtel, a. a. O., 111 ff..

183 Jancke, a. a. O., 100 f..

184 An dieser Stelle wird der Frage, ob durch neue technische Möglichkeiten die Herstellung einer Art künstlichen Distanz erzeugt werden kann, nicht näher nachgegangen. Eine gerichtsfeste Beeinflussung der Anknüpfungsmomente gestaltet sich aber auch im Rahmen von Medien wie dem Internet nicht eben einfach, vgl. Mankowski, in RabelsZ 1999, 203 ff. (228 ff.).

form eingehalten werden würde. Die Qualifikation als Formfrage hat grundsätzlich vertragsautonom zu erfolgen, da Art. 11 EGBGB auf Art. 9 EVÜ beruht[185]. Der Begriff der Form ist in Art. 9 EVÜ allerdings nicht definiert und wird auch im Bericht von *Giuliano/Lagarde* nicht näher konkretisiert. Auch deswegen bereitet die Subsumtion eines rechtserheblichen Sachverhaltes unter den Begriff der Form erhebliche Schwierigkeiten. Von einer Definition ist man bislang weit entfernt[186]. Als gesichert kann wohl angesehen werden, dass die *materiellrechtliche* Einordnung als Formfrage nicht zwingend bedeutet, dass auf kollisionsrechtlicher Ebene dieses Ergebnis übernommen werden muss[187]. Mindestens von einer Indizwirkung ist aber doch auszugehen[188]. Trotz der Qualifikationsprobleme existieren aber doch gewisse Leitlinien zur Subsumtion des Formbegriffs.

Formvorschriften beziehen sich immer auf das Äußerliche eines Rechtsgeschäftes[189]. Zudem erfüllen Formvorschriften in der Regel einen bestimmten Formzweck, zu denen etwa Übereilungsschutz und Beweissicherung gehören[190].

Ob das Verständigungsrisiko angesichts dieser Vorgaben als eine Formfrage zu qualifizieren ist, ist daher seit jeher unklar. Es wird argumentiert, dass die Sprache sich als eine bestimmte Art der Entäußerung eines Willens auf das äußerlich Wahrnehmbare beziehe und insofern nicht als unmittelbar inhaltlich anzusehen sei. Die sprachlich bedingte Unverständlichkeit führe somit zur Formunwirksamkeit[191]. Andere stellen die Anwendbarkeit von Art. 11 EGBGB mit dem Gedanken in Frage, dass „*die Verwendung einer bestimmten Sprache unter dem Gesichtspunkt der Erklärungsform unterhalb der Schwelle rechtlicher Erfassung*" liege[192], und damit etwa die Vorschrift der Schriftform oder die der notariellen Beurkundung von der Verwendung einer bestimmten Sprache unabhängig seien[193]. Gegen eine Qualifizierung als Formfrage spricht auch, dass die Vielschichtigkeit des Sprachenproblems auf materieller Ebene, nämlich die Möglichkeit der Verortung im Rahmen des Zugangs, der Irrtümer oder des Dissenses zumindest

---

185 zu diesem Verhältnis vgl. Reithmann-Martiny, Rn. 525, 528.

186 MüKo-Spellenberg, IPR, Art. 11 EGBGB, Rn. 78.

187 Vgl. Grundmann, Qualifikation gegen die Sachnorm, 204.

188 vgl. MüKo-Sonnenberger, Einl. IPR, Rn 460 ff.

189 Giuliano/Lagarde, ABl. EG 1980, Nr. C 282/1 (61).

190 Für die Qualifikation mit Blick auf die Formfunktionen s. MüKo-Spellenberg, IPR, Art. 11, Rn. 78 a.

191 Reinhart, in RIW/AWD 1977, 16 ff. (19), stützt diese Argumentation auf die materiellrechtlichen Ausführungen von Flume, Allgemeiner Teil des Bürgerlichen Gesetzbuches, Bd. 2, 249 f.. Ob dieser Schluss Flumes Ausführungen zu entnehmen ist, ist allerdings nicht eindeutig, da Flume jedenfalls fordert, dass „dem Adressaten der Erklärung das sprachliche Verständnis zurechenbar ist". Formvorschriften sind aber solche Fragen der Zurechenbarkeit oder der Wertung –anders etwa als im Rahmen des Zugangs- unbekannt (vgl. Freitag, a. a. O., 145).

192 Baumgärtel, a. a. O., 45 ff..

193 Für schriftliche Willenserklärungen sieht das BGB keine bestimmte Sprache vor, für notarielle Beurkundungen ermöglicht § 16 BeurkG auch die Verwendung von Fremdssprachen.

indiziell dagegen spricht, dieses Problem pauschal als Formfrage anzusehen. Zudem kann nur schwerlich abgestritten werden, dass die Wahl der Sprache oder die gesetzliche Anordnung einer bestimmten Sprache nicht nur die Art und Weise betrifft, in der sich der Zusammenhang zwischen Sprache und Inhalt manifestiert[194], sondern eine unmittelbare Auswirkung auf das Mitgeteilte bedeutet und somit stark inhaltliche Elemente enthält. Denn Sprache transportiert inhaltliches Verständnis und Authentizität bei der Beurteilung eines juristischen Norm- oder Vertragstextes. In dieser Authentizität liegt ein Verbot der Trennung von Sprache und Inhalt[195] und der Reduzierung der Sprachproblematik auf lediglich formelle Aspekte. Dies vermag umso mehr überzeugen, als bei der Beurteilung und Formulierung eines Vertragstextes doch stets die speziellen inhaltlichen und insbesondere terminologischen Besonderheiten der jeweiligen Rechtsordnung wirkkräftig sind. Und auch die Struktur und Begrifflichkeit der Rechtssysteme wird nicht lediglich in formeller Weise durch die Sprache beeinflusst, sondern die Sprache wirkt in der abendländischen Kultur in einer umfassenden Weise auf den Inhalt der Normen zurück[196]. In einer sprachbetonten Rechtskultur ist die Sprache also Medium und Maßstab, sowie Ursprung und Lösung rechtlicher Problemstellungen[197].
Es spricht daher vieles dagegen, auf das Verständigungsrisiko Art. 11 I EGBGB anzuwenden.

Die obige Diskussion bliebe allerdings unvollständig, integrierte man in jene nicht den speziell verbraucherrechtlichen Aspekt, der Gegenstand dieser Untersuchung ist. Vertragliche Sprachregelungen[198] wie etwa § 3 TzWrG[199] erfüllen eine typische Formfunktion, indem sie der besseren Verständlichkeit dienen und

---

[194] von Mohrenfels in Staudinger, IPR, Art. 11, Rn. 149.

[195] vgl. Wittgenstein, Tractatus logico-philosophicus Nr. 4, 4. 001, 4.0031.

[196] vgl. nur Eckmann, Rechtspositivismus und sprachanalytische Philosophie; Günther, Recht und Sprache; Horn, Rechtssprache und Kommunikation.

[197] Pieper, Was heisst Interpretation ?, 17; Kantorowicz nennt die Sprache „den heimlichen Herrn des Denkens", aber auch als ungetreuen Knecht, Der Begriff des Rechts, 19.
Dass der Stellenwert der Sprache in anderen Kulturen keinesfalls ebenso sein muss, zeigt der Vergleich mit fernöstlichen Gepflogenheiten: „Predigt die Lehre ohne Worte." (Laotse, Das Buch vom Tao, Fischer Bücherei, Bd. 89, Hrsg. Lin Yutang, 1. Buch, Das Wesen des Tao); den japanischen Shintoismus kennzeichnet „stumme Unausgesprochenheit" (Schwalbe, Japan, 78).

[198] Zu den vorvertraglichen Informationspflichten vgl. sogleich zum c.i.c.-Statut.

[199] Art. 11 EGBGB kann hier natürlich nur zur Anwendung gelangen, falls nicht bereits Art. 29 a EGBGB einschlägig ist, vgl. Palandt-Heldrich, Art. 29 a EGBGB, Rn. 7, der Art. 11 EGBGB grundsätzlich anwenden will. Wenn der Vertrag danach aber als wirksam zu betrachten ist, sollen aber dennoch die Vorschriften zur Umsetzung der EG-Richtlinie, also beispielsweise die §§ 3 und 4 TzWrG zu prüfen sein, was schwerlich mit dem Sinn von Art. 11 EGBGB in Einklang zu bringen ist. Andere Veröffentlichungen zu Art. 29 a EGBGB konzentrieren sich eher auf das Verhältnis zu Art. 6 und Art. 34 EGBGB und lassen Art. 11 EGBGB gänzlich beiseite, vgl. Staudinger, Internationales Verbraucherschutzrecht made in Germany, in RIW 2000, 419 f..

damit vor Übereilung schützen[200]. Eine Einordnung als Formfrage liegt daher bei derartigen Sprachregeln nahe, was auch durch § 3 I 5 TzWrG unterstützt wird, der auf § 125 BGB verweist. Dagegen spricht wiederum, dass die Anwendung von Art. 11 I EGBGB auf derartige verbraucherschützende Sprachregeln den auf materieller Ebene angestrebten Schutz auf kollisionsrechtlicher Ebene wieder zunichte machte. Dieser Widerspruch ergibt sich aus dem Normzweck des Art. 11 EGBGB, nämlich der Zurückdrängung der Formungültigkeit von Rechtsgeschäften[201]. Mit der Zulassung der Orts- oder der Geschäftsform verhilft das Recht, das die geringeren Anforderungen an die Form stellt, dem Rechtsgeschäfte zur Gültigkeit. Das wird in der Regel das Recht sein, das auch das niedrigere Verbraucherschutzniveau aufweist[202].

Bei dieser Argumentation darf sicherlich nicht ausser Acht gelassen werden, dass im Anwendungsbereich von Art. 29 EGBGB die nachteiligen Folgen von Art. 11 EGBGB durch Art. 29 III EGBGB stellenweise ausgeglichen werden, indem das Recht des gewöhnlichen Aufenthaltes des Verbrauchers auf die Formfrage angewandt wird[203]. Aber auch dieser „Schutz“ ist eher lückenhaft. Wie bereits dargestellt sind die Voraussetzungen, die Art. 29 EGBGB aufstellt mannigfach. Zudem gilt die Verweisung auf das Recht des gewöhnlichen Aufenthaltes ohne Günstigkeitsvergleich, so dass Art. 29 III EGBGB dem Verbraucher auch eine vorteilhafte Rechtsposition wieder entziehen kann. In der dieser Untersuchung primär zugrunde gelegten Fallkonstellation befindet sich der gewöhnliche Aufenthalt des Sprachunkundigen zudem ohnehin im Inland, so dass der durch dieses Kriterium gewährte Schutz an dieser Stelle an seine Grenzen stösst, und man de lege ferenda darüber nachdenken sollte, entweder das Günstigkeitsprinzip im internationalen Privatrecht neu zu beleben[204] oder aber alternative Anknüpfungsmerkmale in Erwägung zu ziehen[205].

Neben dieser Abstimmung der materiellrechtlichen und der internationalprivatrechtlichen Systematik findet sich bezüglich der Qualifikation verbraucherrechtlicher Sprachregeln als Form zudem ein Argument, das auch oben bereits angedeutet wurde. Nicht nur das Sprachenproblem im allgemeinen fällt durch seine

---

200 So auch Downes/Heiss, a. a. O., 41 f..

201 Sog. favor negotii, vgl. Müko-Spellenberg, IPR, Art. 11, Rn. 1.

202 Zwingend ist dies sicher nicht. Roth etwa meint, dass der Informationsgedanke in der Europäischen Gemeinschaft übertrieben wird und dadurch das eigentliche Ziel der besseren Unterrichtung des Verbrauchers gar nicht erreicht wird, EG-Richtlinien und Bürgerliches Recht, in JZ 1999, 529, 533.

203 Eine Anwendung von Art. 11 EGBGB scheidet dann also aus, vgl. MüKo-Martiny, IPR, Art. 29, Rn. 50.

204 Durch die Niederlegung einer fakultativen Ausnahmeanknüpfung in Art. 40 I EGBGB hat das Günstigkeitsprinzip im Deliktsrecht eine gewisse Schwächung erfahren. Zur Wahrung der grundsätzlichen Neutralität des IPR gegenüber materiellen Inhalten wird dies teilweise begrüsst (Kropholler, IPR, 137 f.).

205 Zu denken wäre etwa in besonders sensiblen Bereichen an eine Art Anknüpfungsmerkmal der ethnischen Herkunft.

Komplexität im materiellen Bereich auf, sondern auch die verbraucherrechtlichen Sprachenvorschriften. Denn diese „halten" sich nicht an die Systembegriffe des BGB, da sie häufig nicht auf den Vertragsschluss bezogen sind, sondern die vorvertragliche Phase betreffen[206]. Ausserdem erfüllen diese Formvorschriften in der Regel eine bestimmte „Ergänzungs-" bzw. „Substitutionsfunktion" in Bezug auf die materiellen Verbraucherschutzinstrumente, die durch eine Alternativ- oder Sonderanknüpfung gestört würde[207].

Festzustellen ist folglich, dass sowohl in Bezug auf das allgemeine Verständigungsrisiko als auch auf verbraucherrechtliche Sprachvorschriften die besseren Argumente gegen eine Anwendung von Art. 11 EGBGB sprechen.

c. Sonderanknüpfung nach Art. 34 EGBGB

Art. 34 EGBGB zwingt den Richter, unabhängig vom anwendbaren Recht die inländischen[208], zwingenden Normen anzuwenden. Unter zwingende Normen fallen inländische Eingriffsnormen und eingeschränkt auch inländisches Sonderprivatrecht[209]. Eingriffsnormen dienen primär Interessen der Allgemeinheit bzw. des Staates und nicht Individualinteressen[210].

Verbraucherschützende Sprachregeln dienen sicherlich auch, aber keinesfalls primär staatlichen Interessen[211], fallen folglich allenfalls unter Sonderprivatrecht. Die Fassung solcher, auch individualschützender Normen des Verbraucherrechts unter Art. 34 EGBGB ist aber nicht unumstritten[212]. Zwar nennt der Bericht von *Giuliano/Lagarde* als Beispiel für international zwingende Normen auch Verbraucherschutzvorschriften, auch aufgrund der Existenz von Art. 29 EGBGB ist man sich gleichwohl nicht einig. Die Rechtsprechung hat dies insbesondere in Fällen bejaht, in denen es darum ging dem Verbraucher ein Widerrufsrecht nach dem Haustürwiderrufsgesetz zu gewähren[213]. Dies wird aber gerade mit dem Argument, Art. 34 diene primär überindividuellen Interessen, abgelehnt[214]. Dem

[206] Vgl. nur Art. 31 i. V. m. Anhang II Dritte RL-Lebensversicherung.

[207] Downes/Heiss, Ausschluss des favor offerentis bei Formvorschriften des Verbrauchervertragsrechts, IPRax 1999, 137 ff..

[208] Die BRD hat gegenüber Art. 7 I EVÜ, der auch die Anwendung zwingender ausländischer Normen ermöglicht, einen Vorbehalt nach Art. 22 I lit a. eingelegt (BTDrucks. 10/504 vom 20. 10. 1983, 100).

[209] v. Hoffmann, IPR, § 10, Rn. 93.

[210] v. Hoffmann, a. a. O..

[211] Vgl. MüKo-Martiny, IPR, Art. 34, Rn. 79.

[212] Überblick zum Meinungsstand bei Mäsch, Rechtswahlfreiheit und Verbraucherschutz, 126 ff..

[213] Der BGH erwägt die Anwendung von Art. 34 EGBGB in Fällen, in denen sich die Regelung des Art. 29 EGBGB als lückenhaft erweist, Urteil vom 26. 10. 1993, in BGHZ 123, 391; vgl. auch LG Detmold, Urteil vom 29. 09. 1994, in NJW 1994, 3301; LG Berlin, Urteil vom 09. 11. 1994, in NJW-RR 1995, 754; LG Weiden, Urteil vom 27. 10. 1995, in NJW-RR 1996, 438.

[214] Mankowski in RIW 1995, 368 und in RIW 1993, 460 f..

wird zu Recht entgegnet, dass eine exakte Abgrenzung von individual- gegenüber allgemeinschützenden Normen praktisch nicht möglich ist[215].
Gerade im Bereich von Verbraucherschutznormen überzeugt diese Argumentation, da diese Vorschriften in der Regel auch sozialpolitische Ziele verfolgen[216]. Eine pauschale Lösung[217] kann für diesen Streit aber sicherlich nicht gefunden werden. Für die vorliegende Untersuchung ist dieser aber auch aus zwei Gründen nicht relevant:
Zur Anwendung zwingender inländischer Normen führt in der Regel bereits die grundsätzliche Anknüpfung nach Art. 28 I EGBGB. Möglicherweise zwingende ausländische Sprachregeln sind dagegen von Art. 34 EGBGB nicht erfasst. In Frage kämen in diesem Bereich allenfalls französische oder portugiesische Sprachschutzvorschriften. Das französische Sprachschutzgesetz zielt aber lediglich auf Verträge ab, die in Frankreich mit einem Franzosen geschlossen werden[218]. Zudem geht die französische Rechtsprechung wie Literatur neuerdings davon aus, dass die Sprachregelung nicht international zwingend ist[219]. Das noch zu beachtende portugiesische Decreto-Lei 238/86 fällt aber -wie bereits erwähnt- als ausländische Norm aus dem Anwendungsbereich von Art. 34 EGBGB.

d. Eigenes Sprachenstatut

Auch unter den Oberbegriff einer Art Sonderanknüpfung zu fassen ist die insbesondere von *Beckmann* vertretene Theorie vom Sprachenstatut[220]. Nach dieser Theorie bestimmt sich die Vertragssprache nicht etwa durch materielle Normen, sondern durch ein sogenanntes Sprachenstatut. Dieses ergibt sich entweder aus einem Gleichlauf mit dem Vertragsstatut, d. h. es ist die Sprache des Staates, dessen Recht zur Anwendung kommt, die allein beachtliche Vertragssprache, oder es bestimmt sich direkt durch eine Sprachenwahl der Parteien[221]. Dieser Ansatz

---

[215] So Mäsch, a. a. O., 138; W.-H. Roth, in Schnyder-Heiss-Rudisch, 42 f..
[216] Borchert, Verbraucherschutzrecht, 1.
[217] Im Einzelfall dagegen wurde die Anwendung des HausTWG bejaht von Kothe, in EuZW 1990, 153 f.; Jayme/Kohler, in IPRax 1995, 353 ff., Palandt/Heinrichs, Art. 34 EGBGB, Rn. 3. Ablehnend dagegen: Lüderitz, in IPRax 1990, 218; Taupitz, in BB 1990, 649; Beise in NJW 1995, 1725; Mankowski, in RIW 1995, 368. Unentschieden BGH, Urteil vom 19. 03. 1997, in NJW 1997, 1697.
[218] Vgl. Delaporte, Revue critique de droit international privé 1976, 447 ff. (458).
[219] Vgl. Cour de Cassation, Urteil vom 19. 03. 1986, Receuil Dalloz Sirey 1987, 359; Rapport des Richters Rémery zur Entscheidung der Cour de Cassation vom 11. 03. 1997 , Revue critique de droit international privé 1997, 537 ff. (539); Gaudemet-Tallon, in Revue critique de droit international privé 1997, 544 ff.. Vgl. auch den Überblick von Somma, Sprachgesetzgebung in Frankreich und Italien, ZEuP 1998, 701 ff., der mit seinem Titelzusatz „Rechsnationalismus oder Schutz des Schwächeren ?" die Problematik auf den Punkt bringt.
[220] Beckmann: Das Sprachenstatut bei internationalen Geschäftsverträgen.
[221] Beckmann, a. a. O., 22, 24 ff..

satz verlagert also die materiellrechtlich mögliche Koppelung der Vertragssprache an die Verhandlungssprache ins Kollisionsrecht. Unklar ist dabei allerdings die von Beckmann eingeführte Begrifflichkeit. Ob unter „Sprachenstatut" die Regeln des Internationalen Privatrechts zu fassen sind, die der Bestimmung der Vertragssprache dienen[222], oder ob damit vielmehr die Sprache selbst gemeint ist[223], geht aus *Beckmanns* Ausführungen nicht hervor.
Neben dieser begrifflichen Ungenauigkeit begegnet *Beckmanns* Grundansatz des Gleichlaufs von Vertrags- und Sprachenstatut aber auch systematischen Bedenken. Es ist nicht erkennbar, weshalb die Partei, der bereits der Vorteil zuteil wird, dass das eigene, dieser Partei vertraute Recht zur Anwendung gelangt, auch auf sprachlicher Ebene noch zu bevorzugen sein soll. Im übrigen geben die nationalen Rechtsordnungen dafür auch keinerlei Anhaltspunkt[224]. Im Rahmen des Verbrauchervertragsrechts kollidiert eine solche Bevorzugung auf der Ebene des Internationalen Privatrechts mit den materiellen Zielen des Verbraucherschutzes.
Aber auch die Zulässigkeit einer Sprachenwahl im Rahmen des Kollisionsrechtes kann nicht unabhängig davon beurteilt werden, welche strukturelle Stellung den Parteien zukommt. Dass eine solche Sprachenwahl grundsätzlich von der Parteiautonomie gedeckt ist[225], kann wohl kaum bestritten werden, *Beckmann* bleibt aber die Antwort darauf schuldig, wie sich die Wirksamkeit einer solchen Sprachenwahl beurteilt. Die Tatsache, dass *Beckmanns* Ausführungen darauf hinweisen, dass bei der Beurteilung einer solchen ausdrücklichen oder konkludenten Sprachenwahl mindestens indirekt materielle Kriterien anzulegen sind[226], spricht doch stark dafür, die Feststellung der maßgeblichen Sprache dann auch in toto dem materiellen Recht zu „überlassen"[227]. Denn dadurch wirkt die materiellrechtliche Komplexität des Sprachenproblems zuletzt doch in die Klarheit dieses kollisionsrechtlichen Lösungsansatzes hinein und widerlegt damit die eigene Prämisse.
Die Theorie vom Sprachenstatut ist folglich abzulehnen.

---

[222] So Beckmann, in RIW/AWD 1981, 80.
[223] Beckmann, Das Sprachenstatut, 46 lit. c.
[224] So Schlechtriem, in FS für Weitnauer, 134; Jancke, a. a. O. 92.
[225] Beckmann, Das Sprachenstatut, 31.
[226] Beckmann spricht von einer notwendigen Einigung, Das Sprachenstatut, 33.
[227] Sicherlich verliert dieses Argument etwas an Überzeugungskraft, da etwa auch der eigenständig zu beurteilende Rechtswahlvertrag bestimmten materiellen Vorschriften unterliegt. Die Bestimmung der Sprache ist aber im Gegensatz zur Rechtswahl auch kein Umstand der de lege lata dem Kollisionsrecht unterliegt.

4. Die Anknüpfung der culpa in contrahendo

Da es im Rahmen allgemeiner oder speziell verbraucherrechtlicher Informationspflichten, die sich häufig auch im vorvertraglichen Bereich bewegen[228], zu einer Haftung nach den Grundsätzen der culpa in contrahendo kommen kann, muss hier die Frage beantwortet werden, welches Recht auf die Verletzung solcher vorvertraglicher Pflichten anzuwenden ist.
Im EVÜ selbst ist die c. i. c. nicht geregelt. Da diese im materiellen Recht aber eine Zwischenrolle einnimmt, nämlich ein zwischen Vertrag und Delikt stehendes Rechtsinstitut darstellt, liegt es nahe, nicht alles, was nach deutschem Recht der c. i. c. unterfällt auch einem einheitlichen Statut zu unterwerfen[229]. Angesichts der Tatsache, dass sich die hier in Rede stehenden möglichen Aufklärungs- oder verbraucherrechtlichen Informationspflichten in aller Regel aus der Anbahnung oder aus dem Abschluss eines Vertragsverhältnisses ergeben und sich auf dieses auswirken[230], ist in Analogie zu Art. 31 I und Art. 32 I Nr. 3 und 5 EGBGB[231] die Verletzung derartiger Pflichten an das Vertragsstatut zu koppeln.
Da der abzuschließende oder abgeschlossene Vertrag häufig deutschem Recht unterliegen wird, beurteilt sich auch die Verletzung von Informations- oder Aufklärungspflichten nach diesem Recht.
Allerdings ist kein Grund ersichtlich, warum sich die Analogie zu Art. 31 EGBGB auf dessen Absatz I beschränken soll. Folglich unterliegt auch die Verletzung einer Informations- oder Aufklärungspflicht unter den Voraussetzungen von Art. 31 II EGBGB einer Sonderanknüpfung. Die Anwendung des Vertragsstatuts muss also für den Vertragspartner unzumutbar sein, und objektiv müssen sich die Vertragsbeziehungen nach der, unter I. c. aa. ccc. geführten Diskussion auf einen Distanzvertrag beziehen. Während das zweite Kriterium in der untersuchten Fallgestaltung nur selten erfüllt sein wird, ist bezüglich der ersten Voraussetzung zwischen Pflichten des Anbieters und denen des Nachfragers, sprich Verbrauchers, zu unterscheiden. In der Regel richten sich die sekundärrechtlichen Informationspflichten an die Anbieterseite. Eine Berufung auf Art. 31 II EGBGB wird hier in der Regel nicht in Frage kommen.
Aber auch dem Verbraucher werden –und was das Verständigungsrisiko betrifft von Seiten der Rechtsprechung ja sogar primär- bestimmte (vor-) vertragliche

---

[228] Vgl. etwa Art. 4 der RL 97/7/EG, in ABl. EG 1997 Nr. L vom 20. 05. 1997, 144/19.
[229] MüKo-Spellenberg, IPR, Art. 32, Rn. 44.
[230] Etwa durch die Verlängerung von Widerrufsfristen (vgl. Art. 6 I der RL 97/7/EG).
[231] Vgl. OLG Köln, Urteil vom 29. 05. 1967, in IPRspr. 1966/67, Nr. 25, 78 (80); OLG Hamburg, Urteil vom 02. 06. 1965, in IPRspr. 1964/65, Nr. 46, 153 (158); Bernstein, Kollisionsrechtliche Fragen der culpa in contrahendo, in RabelsZ 41 (1977), 281 ff. (289); Degner vertritt eine generelle Anknüpfung nach dem Vertragsstatut, in RIW 1983, 825 ff. (830).

Pflichten auferlegt, insbesondere Übersetzungsobliegenheiten[232]. Ob sich der Verbraucher bezüglich dieser Pflichten auf sein Umweltrecht berufen kann, wird sich aber von der Frage der Sonderanknüpfung des Verständigungsrisikos kaum unterscheiden, da sich dieses ja primär auf die Verteilung von Aufklärungs- und Übersetzungsobliegenheiten bezieht. Verneint man im Rahmen der internationalprivatrechtlichen Behandlung des Verständigungsrisikos also eine Sonderanknüpfung nach Art. 31 II EGBGB, so kann das Ergebnis in Bezug auf die Anknüpfung vorvertraglicher Pflichten kaum anders lauten.
Abschließend ist somit festzustellen, dass auch die Voraussetzungen und Folgen der Verletzung der hier relevanten vorvertraglichen Pflichten dem Vertragsstatut unterliegen, d. h. abgesehen von den seltenen Fälle einer Sonderanknüpfung nach Art. 31 II EGBGB deutschem Recht.

Zusammenfassung

Vertragsrechtliche Verständigungsprobleme –und auch mögliche, daraus resultierende Ansprüche aus der culpa in contrahendo- unterliegen nach Art. 28 I, II EGBGB grundsätzlich dem Recht des Staates, in dem der Erbringer der vertragscharakteristischen Leistung seinen Sitz hat. Dies ist regelmäßig nicht der Wohnsitz des Verbrauchers. Unter das Vertragsstatut fallen nach Art. 31 I EGBGB gerade auch die, die Probelmatik des Verständigungsrisikos häufig betreffenden Fragen der Wirksamkeit und des Zustandekommens des Vertrags.
Auf der Grundlage von Erwägungen der Schutzwürdigkeit der ausländischen Vertragspartei, die im Vertragsverhältnis häufiger als Empfänger der Leistung auftreten wird, existieren eine Reihe von Vorschlägen, sprachliche Verständnisschwierigkeiten nicht der allgemeinen vertraglichen Anknüpfung zu unterwerfen, sondern gesondert zu behandeln. Diese Möglichkeit der Sonderanknüpfung besteht in den eng umgrenzten Bereichen der Verbraucherverträge nach Art. 29 EGBGB und für die Sondergebiete in Art. 29 a EGBGB. Da der Schutz dieser Normen sich aber als eher lückenhaft darstellt, wurde bereits vor der IPR-Reform von 1986[233] eine Anknüpfung an das Umweltrecht des Sprachunkundigen gefordert. Seit der Reform muss sich eine solche Anknüpfung an den Voraussetzungen des Art. 31 II EGBGB messen lassen. Der Anwendungsbereich dieser Norm in Bezug auf die Problematik des Verständigungsrisikos wiederum ist gering. Zum einen ist die Reduzierung des Art. 31 II EGBGB auf Fälle des mangelnden Erklärungsbewusstseins nach dem Normzweck geboten, zum anderen ist die Sonderanknüpfung nach Art. 31 II EGBGB auf Distanzverträge zu beschränken. Art. 31 II EGBGB kann also nicht als Norm verstanden werden, die eine generelle Sonderanknüpfung des Verständigungsrisikos gebietet.

---

232 OLG Koblenz vom 9. 12. 1974, in VersR 1975, 893; OLG München vom 20. 3. 1975, in IPRspr. 1975 Nr.11 und vom 16. 11. 1987, in WM 1988, 1408.
233 BGBl. I, 1142.

Die Theorie vom Sprachenstatut begegnet einer Reihe schwerwiegender, systematischer Bedenken und bedeutet im Rahmen von Verbraucherverträgen eine weitere, nicht zu begründende Bevorzugung des Erbringers der vertragscharakteristischen Leistung. Es muss zudem bezweifelt werden, dass diese, vor der IPR-Reform aufgestellte Theorie heute so noch vertreten werden würde.
Die Untersuchung hat zudem ergeben, dass auch die Bedeutung von Art. 34 EGBGB in der hier relevanten Konstellation eine geringe ist, vor allem weil Art. 34 EGBGB lediglich inländischen Verbrauchernormen zur Geltung verhelfen kann, und darüber hinaus ausländische Sprachschutzvorschriften ihre Anwendung auf ihr eigenes Hoheitsgebiet begrenzen.
Die Qualifikation des Verständigungsrisikos im allgemeinen als Frage der Form wird an dieser Stelle mit dem Argument abgelehnt, dass insbesondere die Vielschichtigkeit des Sprachenproblems gegen eine pauschale Anwendung von Art. 11 I EGBGB spricht. Bezüglich der Anknüpfung spezieller verbraucherrechtlicher Sprachvorschriften ist zu beachten, dass diese bestimmte Funktionen übernehmen, die mit der Anordnung der Wirksamkeit nach dem Geschäfts- *oder* dem Ortsstatut nicht zu vereinbaren sind. Im übrigen widerspricht dieser sogenannte favor negotii gerade dem allgemeinen Anliegen von Verbraucherschutznormen.
Was bleibt, ist somit die Grundsatzanknüpfung nach Art. 28 –gegebenenfalls modifiziert durch Art. 29 bzw. Art. 29 a EGBGB- und die Forderung, das verbraucherspezifische Anknüpfungssystem des deutschen Internationalen Privatrechts zu überdenken.

I. B. Verständigungsrisiko und materielles Recht

Während die Problematik des Verständigungsrisikos im Bereich des Internationalen Privatrechts insbesondere seitens der Rechtsprechung häufig als solche gar nicht erkannt wird, ist sich sowohl die Rechtsprechung als auch die Literatur der materiellen Probleme sehr wohl bewusst. Gleichwohl fehlt es bislang an einer einheitlichen Herangehensweise. Die insbesondere zum kaufmännischen Verkehr ergangenen Entscheidungen lösen das Problem durch eine Art Gleichlauf zwischen Verhandlungs- und Vertragssprache, indem die maßgebliche Vertragssprache sich nach der, in den vorvertraglichen Verhandlungen überwiegend verwendeten Sprache richtet[234]. Verbraucherspezifische Interessen finden bei diesem Grundsatz der Rechtsprechung allerdings keine Beachtung, es sei denn der endgültige Vertragstext ist in der Form Allgemeiner Geschäftsbedingungen abgefasst. Bedeutende Abweichungen von dem Grundsatz der Verhandlungs- und Vertragssprache lässt die Rechtsprechung vor der Existenz des AGBG allerdings

[234] BGH, Urteil vom 27. 10. 1994, in NJW 1995, 190 ff.; OLG Bremen, Urteil vom 19. 05. 1994, in TransportR 1995, 32 ff; BGH, Urteil vom 10. 03. 1983, in NJW 1983, 1489 ff.; OLG Stuttgart, Urteil vom 19. 07. 1962, in AWD 1962, 260 ff. .

nicht erkennen, diese nimmt lediglich eine Ergänzung durch das Kriterium der Branchenüblichkeit vor[235].
Aber auch die Einführung des AGBG am 9. Dezember 1976[236] hat in sprachenrechtlicher Hinsicht kaum Veränderungen gebracht, denn auch unter der Geltung von Art. 2 I Nr. 2 AGBG lehnt es die Rechtsprechung ab, den Vertragspartner zu verpflichten, eine Übersetzung der AGB bereitzuhalten[237]. In der Literatur wird dies teilweise abgelehnt[238].
Gerade aber der Bereich bankenrechtlicher und versicherungsrechtlicher AGB bietet doch erhebliche Potentiale, das Problem des Verständigungsrisikos in einem sehr bedeutenden Umfang zu lösen, ohne dass -angesichts der Vielzahl der Geschäftsvorgänge- im Einzelfall Kosten entstünden, die maßgeblich ins Gewicht fielen. Der Behandlung des AGB-rechtlichen Aspekts des materiellen Verständigungsproblems wird daher in dieser Untersuchung besondere Aufmerksamkeit gewidmet[239].
Die auf der Ebene der allgemeinen Rechtsgeschäftslehre seitens der Literatur vertretenen Lösungsansätze des Verständigungsrisikos sind mannigfach und lassen sich zudem –anders als der Grundsatz der Verhandlungs- und Vertragssprache- in die Dogmatik des BGB einordnen.
Systematisch an erster Stelle steht da die Auslegung der Erklärungen der Vertragsparteien nach den §§ 133, 157 BGB. Sollte sich danach eine inhaltliche Nichtübereinstimmung der Erklärungen ergeben, wäre festzustellen, ob darin ein Dissens zu sehen ist[240]. Die Anzahl der Fälle inhaltlicher Widersprüche bei schriftlichen Vertragsdokumenten wird aber zu vernachlässigen sein, denn der zugrundegelegte Vertragstext gilt ja unterschiedslos für beide Parteien, was nur dann Raum für einen Dissens lässt, wenn die Parteien verschiedene Vorstellungen über die Auslegung eines bestimmten Begriffs haben[241]. Bei mündlichen Vertragsabschlüssen ist ein Dissens sicher wahrscheinlicher[242], nur wird es zwi-

---

[235] Vgl. BGH, Urteil vom 18. 06. 1971, in NJW 1971, 2126 ff.; OLG München, Urteil vom 20.03. 1975, in WM 1976, 45 ff.; OLG Bremen, Urteil vom 22. 06. 1973, in WM 1973, 1228 ff.. Das Kriterium der Branchenüblichkeit wird in neueren Entscheidungen explizit nicht mehr genannt, vgl. BGH, Urteil vom 04. 02. 1992, in NJW-RR 1992, 626.
[236] BGBl. I, 3317. Aktuelle Fassung vom 29. 06. 2000, in BGBl. I, 946.
[237] Der BGH, Urteil vom 10. 03. 1983, in BGHZ 87, 115 ff., wendet den Grundsatz der Verhandlungs- und Vertragssprache auch im Rahmen von Art. 2 I Nr. 2 AGBG an.
[238] Meier/Wehlau, in VuR 1991, 147.
[239] Im übrigen ist auch nicht zu erwarten, dass sich durch die geplante Inkorporation des AGBG ins BGB (§§ 305-310 durch den Regierungsentwurf eines Gesetzes zur Modernisierung des Schuldrechts vom 09. 05. 2001 in der aktuellen Fassung unter http://www.bmj.bund.de/ggv/schuldre.pdf. an der sprachenrechtlichen Behandlung des AGB-Rechts etwas ändern wird. Zu der Umstellung vgl. Ulmer, in JZ 2001, Seite 491 ff..
[240] Staudinger-Bork, § 155 BGB, Rn. 5.
[241] Grdlegend Raiser, in AcP 127 (1927), 13.
[242] MüKo-Kramer, § 155, Rn 8 ff..

schen Parteien, die sich in verschiedenen Sprachen artikulieren eher selten zu nicht schriftlichen Vertragsabschlüssen kommen.
Ergibt sich nach der Auslegung eine objektive Übereinstimmung der fremdsprachlichen Willenserklärungen, so ist zu fragen, ob diese abgegeben und gemäß § 130 BGB auch zugegangen sind. An der Abgabe einer Willenserklärung könnte in den Fällen gezweifelt werden, in denen der Sprachunkundige ein Vertragsdokument unterzeichnet, das er nicht versteht, und was der Verwender möglicherweise sogar erkennt. Da eine Abgabe erfordert, dass die Erklärung vom Erklärenden in zurechenbarer Weise in den Verkehr gebracht worden ist[243], könnte man bei der Unterzeichnung eines, für die Partei absolut unverständlichen Vertragstextes bereits an einer zurechenbaren Erklärung zweifeln[244].
Bejaht man aber die Abgabe einer Erklärung, so muss diese auch zugehen. Bei mündlichen Erklärungen nimmt die Vernehmungstheorie dies dann an, wenn der Erklärungsempfänger unter normalen Verhältnissen die Möglichkeit hat, die Erklärung zur Kenntnis zu nehmen[245], d. h. die Sprachunkenntnis wirkt regelmäßig zu Lasten des Erklärenden[246]. Eine schriftliche Erklärung (unter Abwesenden) dagegen geht zu, wenn die Erklärung in den Machtbereich des Empfängers gelangt, so dass er bei normalem Lauf der Dinge von der Erklärung Kenntnis erlangt[247]. Schwierigkeiten bei Sprachunkenntnis einer Partei bereitet dann sicherlich die Frage, wann von einem „normalen Lauf der Dinge" auszugehen ist. Liegt somit eine zugegangene Erklärung vor, könnte die Verwendung der „falschen" Sprache dazu führen, dass diese Erklärung formfehlerhaft und somit nach § 125 S. 1 BGB nichtig ist. Dies hängt davon ab, ob man die Sprache allgemein als eine Sache der Form ansieht[248], oder ob man bestimmte Formvorschriften sogar so auslegt, dass sie selbst eine Aussage über die Sprache treffen[249]. Ein letzter, vereinzelt in der Rechtsprechung erkennbarer Ansatz ist die Anwendung von § 138 I BGB auf Rechtsgeschäfte, die unter Ausnutzung der sprachlichen Unterlegenheit des Ausländers zustande gekommen sind[250].
Eine schließlich dennoch wirksame Willenserklärung könnte nun mit dem Argument angefochten werden, der Sprachunkundige irrte bei der Abgabe seiner

[243] Palandt-Heinrichs, § 130, Rn. 4.
[244] So Baumgärtel, Sprachrisiko, 57 ff..
[245] Dies ist allerdings bereits die abgeschwächte sog. eingeschränkte Vernehmungstheorie: MüKo-Förschler, § 130 BGB, Rn. 3, 20.
[246] MüKo-Förschler, § 130 BGB, Rn. 20.. Eine Einschränkung erfährt die Vernehmungstheorie aber aus Erwägungen des Verkehrsschutzes, wenn der Erklärende nach den für ihn erkennbaren Umständen davon ausgehen konnte, dass er richtig verstanden werden würde (vgl. Soergel-Hefermehl, § 130, Rn. 21).
[247] Palandt-Heinrichs, § 130, Rn. 5.
[248] Vgl. oben I. A. c. bb.; Flume, Allgemeiner Teil des Bürgerlichen Gesetzbuches, Bd. 2, 249.
[249] So hat der BGH in seinem Urteil vom 27. 10. 1994 gefragt, ob durch einen fremdsprachigen Bürgschaftsvertrag das Schriftformerfordernis nach § 766 BGB gewahrt wird, in NJW 1995, 150 ff..
[250] OLG Hamm, Urteil vom 22. 04. 1991, in NJW-RR 1991, 1141.

Erklärung über dessen Inhalt, befand sich also in einem Inhalts- bzw. Erklärungsirrtum[251], mit der Folge, dass das Rechtsgeschäft nach § 142 I BGB als von Anfang an nichtig angesehen werden würde. Ein Anfechtungsgrund könnte sich auch ergeben, nähme man eine Pflicht des Vertragspartners an, die sprachunkundige Partei aufzuklären. Unterließ dieser eine Aufklärung in arglistiger Weise, so berechtigte dies den Sprachunkundigen zur Anfechtung nach § 123 I BGB[252].
Mit diesen Anfechtungsmöglichkeiten müssten dann allerdings die Grundsätze des Unterschreibens unter eine bewusst ungelesene Urkunde[253] in Einklang gebracht werden.
Zu einer nachträglichen Vertragsaufhebung könnte es zudem kommen, bejahte man das Vorliegen besonderer Aufklärungspflichten, da die Verletzung einer solchen Pflicht zu einem Anspruch auf Vertragsaufhebung aus den Instituten der culpa in contrahendo oder der positiven Forderungsverletzung begründen kann[254].
Im folgenden werden aufgrund der dogmatischen Unterschiede Rechtsprechung und Literatur getrennt behandelt.

1. Das materielle Problem des Verständigungsrisikos in der Rechtsprechung

a. Grundsätze der Rechtsprechung zum Verständigungsrisiko

Die –soweit ersichtlich- erste grundlegende Entscheidung des Bundesgerichtshofs zum Prinzip der Verhandlungs- und Vertragssprache stammt aus dem Jahre 1983[255]. Der Bundesgerichtshof hatte zu entscheiden, wie der Einwand der Beklagten zu behandeln ist, sie hätte die AGB der Klägerin sprachlich nicht verstehen können. Dann könne –so die Beklagte- die Forderung der Klägerin, die sich auf eine Klausel der AGB stützt, die bei Rücktritt vom Vertrage eine Abschlagszahlung von 5 % des ursprünglichen Entgelts vorsieht, nicht begründet sein.
Der Bundesgerichtshof beurteilte die Tatsache, dass die Parteien im Vorfeld und bei der Abwicklung des Vertragsverhältnisses stets in der deutschen Sprache miteinander kommunizierten, als konkludente Wahl einer bestimmten Sprache. Mit dieser Sprachenwahl entstehe eine Übersetzungsobliegenheit der sprachunkundigen Partei, deren Verletzung dazu führt, dass sich diese nicht auf das Nichtverstehen des Vertragstextes oder der AGB berufen kann. Ist der Vertragstext oder die AGB also in der Verhandlungssprache verfasst, so führt dies zur Verlagerung des Verständigungsrisikos auf die sprachunkundige Partei. Was genau unter der Verhandlungs- bzw. Vertragssprache zu verstehen ist, wurde in

[251] Diese Konstellation enthält sicherlich Elemente beider Irrtumsarten, vgl. Staudinger-Dilcher, § 119, Rn. 17, 18.
[252] So etwa LG Köln, Urteil vom 16. 04. 1986, in WM 1986, 821 ff..
[253] Grundlegend Henrich, in RabelsZ, 35 (1971), 55 ff..
[254] Vgl. Reich, in NJW 1995, 1857 ff. (1860).
[255] BGH, Urteil vom 10. 03. 1983, in NJW 1983, 1489 ff..

späteren obergerichtlichen Entscheidungen präzisiert. Die Verhandlungssprache soll danach das, von den Geschäftspartnern bei der Aufnahme des geschäftlichen Kontaktes und bei der Vertragsdurchführung übereinstimmend und tatsächlich verwendete Verständigungsmittel sein[256]. Die Vertragssprache ist dagegen die, dem endgültigen, schriftlichen Vertragsdokument zugrundegelegte Sprache[257].
Diese Definitionen beantworten allerdings nicht die Frage, von welchen dogmatischen Überlegungen sich die Rechtsprechung bei der Festlegung jener konkludenten Sprachenwahl und den daraus folgenden Grundsätzen leiten ließ. Möglicherweise wurde insbesondere im Rahmen der Einbeziehung von AGB bislang kein Bedürfnis gesehen, eine systematische Einordnung vorzunehmen, da es in diesen Fällen ja tatsächlich nur um die Möglichkeit der Kenntnisnahme des AGB-Textes bzw. des Hinweises auf diese geht[258]. Denn in diesen Fällen geht es allein um die Auslegung von § 2 I AGBG[259].
Anders ist dies aber, wenn es -zumindest auch- um Probleme der Einbeziehung und Verständlichkeit sonstiger Vertragsinhalte -wie in der Entscheidung des BGH- geht[260]. In diesen Fälle wäre ein klärender Hinweis des BGH (oder anderer Gerichte) auf die dogmatischen Ursprünge des eigenen Ansatzes sehr hilfreich, um in Einzelfall ein hinreichendes Maß an Rechtssicherheit zu gewähren. Aus diesem Grund wird an dieser Stelle eine dogmatische Spezifizierung des Grundsatzes der Verhandlungs- und Vertragsprache versucht. Auf der Basis dieser Einordnung soll dann eine Behandlung der Einzelfragen des Grundsatzes Verhandlungs- und Vertragssprache erfolgen.

aa. Dogmatische Grundlagen der Rechtsprechung

(1) Sprachenwahl als Formvereinbarung

Die vorwiegend zum kaufmännischen Bereich ergangenen Entscheidungen[261] konzentrieren sich insbesondere auf Fallgestaltungen, in denen es um die Wirk-

---

[256] OLG Stuttgart, Urteil vom 16. 06. 1987, in IPRax 1988, 293; und später OLG Bremen, Urteil vom 19. 05. 1994, in TransportR 1995, 32 ff. (34).
[257] LG Köln, Urteil vom 05. 05. 1988, in IPRspr. 1988, Nr. 158.
[258] Zur Frage, in welcher Sprache der Hinweis auf die AGB verfasst sein muss: OLG Koblenz, Urteil vom 16. 01. 1992, in IPRax 1994, 46 ff. (48); LG Köln, Urteil vom 05.05. 1988, in IPRspr. 1988, Nr. 158, 342; OLG Stuttgart, Urteil vom 16. 06. 1987, in IPRax 1988, 293 (294); OLG Hamm, Beschluss vom 18. 10. 1982, in NJW 1983, 523 (524); OLG Hamburg, Urteil vom 01. 06. 1979, in NJW 1980, 1232 (1233).
[259] Zur Frage der verwendeten Sprache bei der Auslegung der Verständlichkeit im Sinne von § 2 AGBG vgl. Wolf in Wolf/Horn/Lindacher, AGB-Gesetz, § 2, Rn. 28.
[260] Vgl. auch OLG Stuttgart, Urteil vom 16. 06. 1987, in IPRax 1988, 293 (294).
[261] Da sich in der Rechtsprechung nur selten eine unterschiedliche Behandlung des Problems etwa in Bezug auf Verbraucher findet, erscheint es gerechtfertigt, auch diese Entscheidungen der vorgelegten Untersuchung zugrunde zu legen. Ohne Anspruch auf Vollständigkeit seien hier folgende Entscheidungen genannt: OLG Bremen, Urteil vom 19. 05. 1994, in TransportR

samkeit von Auftrags- bzw. Lieferbestätigungen oder allgemein die Frage des maßgeblichen Vertragstextes geht. Soweit die Rechtsprechung davon ausgeht, dass in der Verwendung einer bestimmten Verhandlungssprache eine konkludente[262] Wahl dieser Sprache zu sehen ist, könnte dies dogmatisch als eine Vereinbarung eingeordnet werden, in welcher Form die oben genannte Dokumente vorliegen müssen[263].
Grundsätzlich gilt eine rechtsgeschäftliche Formfreiheit, es sei denn besondere Normen schreiben eine solche Form vor oder aber die Parteien bestimmen einvernehmlich eine solche (sogenannte gewillkürte Schriftform)[264]. Möglich ist dabei die Vereinbarung nicht nur gesetzlich vorgesehener, sondern jeder nur denkbaren Art und Weise der Kommunikation[265], d. h. unproblematisch auch die Zugrundelegung einer bestimmten Sprache.
Im Rahmen der kollisionsrechtlichen Erörterungen wurde deutlich, dass gegen eine Qualifizierung der Sprachenfrage als formelles Problem insbesondere Erwägungen des Sinn und Zwecks des materiellen Verbraucherschutzrechts sprechen, d. h. vorwiegend systematische Argumente, da allein die Auslegung des Begriffs der Form keine eindeutigen Ergebnisse ermöglicht. Auch auf materieller Ebene soll der Begriff der Form daher vorwiegend nach teleologischen Gesichtspunkten betrachtet werden.
Die gewillkürte Form hat insbesondere im Bereich von Geschäften größeren wirtschaftlichen Umfanges Bedeutung, in denen es um die exakte Festlegung der Geschäftsinhalte und des Geschäftsabschlusses, sowie um die Schaffung klarer Beweislagen geht[266]. Von der Wahlfreiheit ist dabei umfasst, ob die übereinstimmend vereinbarte Form konstitutive oder lediglich deklaratorische Bedeutung haben soll[267], also ob die Gültigkeit des Geschäftes von der Einhaltung der

---

1995, 32 ff.; OLG Koblenz, Urteil vom 16. 01. 1992, in IPRax 1994, 46 ff.; BGH, Beschluss vom 31. 10. 1989, IPRax 1991, 326; LG Köln, Urteil vom 05.05. 1988, in IPRspr. 1988, Nr. 158, 342 ff.; OLG Frankfurt, Urteil vom 28. 01. 1987, in EWiR 1987, 631; OLG Hamm, Beschluss vom 18. 10. 1982, in NJW 1983, 523; OLG Frankfurt, Urteil vom 28. 04. 1981, in IPRax 1982, 242; OLG Hamburg, Urteil vom 01. 06. 1979, in NJW 1980, 1232 f.; OLG München, Urteil vom 04. 04. 1974, in NJW 1974, 2128; OLG Düsseldorf, Urteil vom 02. 11. 1973, in AWD 1974, 103; OLG Karlsruhe, Urteil vom 09. 05. 1972, in NJW 1972, 2185; OLG Stuttgart, Urteil vom 19. 07. 1962, in AWD 1962, 260.

262 Obwohl eine ausdrückliche Sprachenwahl insbesondere im internationalen Geschäftsverkehr sicherlich empfehlenswert wäre, liegen -soweit ersichtlich- zu der Frage einer ausdrücklichen Sprachenwahl keine Entscheidungen vor.

263 Wie unter I. A. c. bb. bereits angedeutet, lässt die internationalprivatrechtliche Qualifizierung nicht eo ipso einen Schluss auf die materiellrechtliche Einordnung zu, so dass es nicht zwingend widersprüchlich ist, an dieser Stelle anders als im Rahmen der kollisionsrechtlichen Frage zu entscheiden.

264 MüKo-Förschler, § 125 BGB, Rn. 1.

265 Vgl. die Beispiele bei Staudiger-Dilcher, § 125, Rn. 5.

266 MüKo-Förschler, § 125, Rn. 76; Grdl. Heldrich, in AcP 147 (1941), 89 ff..

267 MüKo-Förschler, a. a. O. (Fn. 224).

Form abhängt, oder ob diese lediglich Beweiszwecken dient. Auch bezüglich der Rechtsfolgen folgt die gesetzliche Regelung der gewillkürten Form nicht der strengen Nichtigkeitsfolge des § 125 S. 1 BGB, sondern die Nichtigkeit ist nach § 125 S. 2 BGB nur „im Zweifel" anzunehmen. Zudem ist in der Rechtsprechung anerkannt, dass eine Aufhebung der Formvereinbarung jederzeit und auch stillschweigend[268] möglich ist.

Angesichts der Zwecke der Formvereinbarung und der Flexibilität bezüglich der Vereinbarung und der Rechtsfolgen spricht vieles dafür, eine konkludente Sprachenwahl als eine solche Formvereinbarung anzusehen. Die genaue Markierung des geschäftlichen Rahmens entspricht nämlich ebenso den Interessen der Parteien, die eine Sprachvereinbarung (konkludent) treffen, wie es in der Regel auch interessengerecht ist, je nach den Umständen des Einzelfalls beim Verstoß gegen die Sprachvereinbarung lediglich im Zweifel die Nichtigkeit des gesamten Geschäftes anzuordnen. Denn in vielen Fällen wird es auch der Partei, die sich auf ihre mangelnde Sprachkenntnis beruft, nicht darauf ankommen den abgeschlossenen Vertrag in toto zu Fall zu bringen, sondern wird sich möglicherweise darauf berufen, gerade einen bestimmten Teil nicht verstanden zu haben. Beträfe dieser Teil etwa nur unwesentliche Nebenabreden, so erstreckte sich die Nichtigkeit auch nur auf diesen Bereich[269].

Eine Reihe von Argumenten sprechen daher für eine Einordnung der Sprachenwahl als Formvereinbarung[270].

(2) Verständigungsrisiko und Abgabe der Willenerklärung

Nur zu erwähnen ist die Möglichkeit, bei von den der Verhandlungssprache abweichenden Willenserklärungen bereits die Abgabe einer solchen Erklärung zu verneinen. Dies ist in den Fällen denkbar, in denen der Erklärende positiv wusste, dass die Erklärung aufgrund der für den Empfänger absolut unverständlichen Sprache unter keinen Umständen zugehen konnte[271]. Im kaufmännischen Verkehr wird dieser Fall aber praktisch nicht vorkommen, denn der Erklärende wird doch in der Regel damit rechnen, dass seine Erklärung zumindest verstanden werden kann, ansonsten machte bereits die Absendung einer solchen Erklärung keinen Sinn.

---

[268] BGH, Urteil vom 05. 02. 1968, in BB 1968, 559; BGH Urteil vom 05. 02. 1968, in BGHZ 49, 364 ff.; BGH, Urteil vom 20. 06. 1962, in BB 1962, 03; BGH, Urteil vom 20. 05. 1958, in NJW 1958, 1231; weitere Nachweise bei Böhm, in AcP 179 (1979), 425 ff..

[269] Vgl. MüKo-Förschler, § 125, Rn. 19.

[270] Spellenberg vertritt den denkbaren Ansatz, dass die Verwendung einer bestimmten Sprache viel eher für eine Vereinbarung spricht, unter welchen Voraussetzungen ein Zugang erfolgen soll, vgl. Spellenberg, in FS für Ferid, 463 ff. (482 f.). Da aber in § 130 BGB für die Möglichkeit einer solchen Zugangsvereinbarung keine Anhaltspunkte ersichtlich sind, liegt die Anwendung von § 125 S. 2 BGB doch näher.

[271] Staudinger-Dilcher, § 130, Rn. 5.

(3) Verständigungsrisiko und der Zugang der Willenserklärung

Neben der Einordnung als gewillkürte Formvereinbarung besteht auch die Möglichkeit, bei der Zusendung eines von der Sprachenwahl abweichenden Vertragstextes den Zugang dieser Erklärung im Sinne von § 130 BGB zu verneinen. Denn dann könnte die „Möglichkeit der Kenntnisnahme unter den normalen Umständen" zu verneinen sein[272]. Dies wiederum hängt davon ab, ob unter normalen Umständen auch zu verstehen ist, dass der Vertragspartner sich stets eine Übersetzung verschaffen muss. Da die Formel vom Machtbereich insbesondere der sachgerechten Verteilung der Risiken des Erklärungsablaufes dient, und nur Tatsachen, die ausschließlich in dem Einflussbereich einer Partei wurzeln zu einer einseitigen Risikoverlagerung führen[273], kann ein Zugang pauschal nicht immer dann verneint werden, wenn ein von der Verhandlungssprache abweichender Vertragstext zugesandt wird. Vielmehr besteht auch die Möglichkeit, das Übermittlungsrisiko dem Erklärenden aufzubürden, da die Formulierung des Vertragstextes seiner Einflusssphäre entstammt, und dieser häufig über die mangelnde Sprachkenntnis des Empfängers informiert ist.
Ein voluntatives Element kann nun dazu dienen, die Fälle der Formvereinbarung von denen des Zugangs abzugrenzen, denn diese Ansätze der dogmatischen Einordnung schließen sich nicht gegenseitig aus, sondern haben jeweils ihren eigenen Anwendungsbereich. Soweit die Geschäftsbeziehung nämlich noch nicht so weit gediehen ist, dass überhaupt Anhaltspunkte für eine konkludente Sprachenwahl erkennbar sind -dies sicherlich im Rahmen der ersten Kontaktaufnahme-, dann wird man fragen müssen, ob der Zugang einer fremdsprachlichen Erklärung zu bejahen ist. Da der Erklärende beim Empfänger nicht das Verständnis jeder denkbaren Sprache voraussetzen kann, ist die Möglichkeit der Kenntnisnahme in Fällen zu verneinen, in denen der Erklärende eine gänzlich unübliche Sprache wählt. Aber auch bei der Verwendung einer verkehrsüblichen Sprache ist die Kenntnisnahme dann nicht „zu erwarten", wenn der Absender von der mangelnden Sprachkenntnis des Empfängers –möglicherweise sogar vor der Aufnahme des ersten „offiziellen" Kontaktes- wusste. Auch in diesen Fällen ist lediglich auf den Zugang jener Erklärung abzustellen.
Hat sich in der Kommunikation der Parteien aber bereits eine bestimmte Sprache als die primär verwendete herausgestellt, liegt die Anwendung der doch stark

---

[272] Da die überwiegende Zahl der Entscheidungen Sachverhalte mit einem Zugang unter Abwesenden behandeln, konzentriert sich die Diskussion auch auf diese Fälle. Im übrigen ergeben sich auch bei schriftlichen Erklärungen unter Anwesenden kaum Abweichungen, vgl. Erman-Brox, § 130, Rn. 17.
Im Bereich des Zugangs unter Abwesenden ist es ganz h. M., dass eine Erklärung zugeht, wenn diese in den Machtbereich des Empfängers gelangt, und die Kenntnisnahme unter normalen Umständen zu erwarten ist, vgl. MüKo-Förschler, § 130, Rn. 10; Palandt-Heinrichs, § 130, Rn. 5; Staudinger-Dilcher, § 130, Rn. 21.
[273] MüKo-Förschler, § 130, Rn. 12.

durch objektive Kriterien geprägten Zugangsregeln eher fern. Die Parteien haben durch ihr Verhalten deutlich gemacht, dass sie die verwendete Sprache beherrschen und werden wohl auch in aller Regel mit einem in dieser Sprache abgefassten Vertragstext rechnen. Aufgrund dieser subjektiven Momente liegt dann eine Formvereinbarung näher.

Auf der Grundlage dieser dogmatischen Ansätze und Abgrenzungen folgt nun die Erörterung der Inhalte und insbesondere Modifizierungen des Grundsatzes der Verhandlungs- und Vertragssprache.

bb. Verhandlungssprache und Weltsprache

Insbesondere im kaufmännischen Verkehr soll der Schluss von der Verhandlungssprache zur Vertragssprache nicht zwingend sein. Eine Abweichung von der übereinstimmend verwendeten Verhandlungssprache soll zugunsten einer „Weltsprache" zulässig sein, was sich aus der besonderen Wendigkeit der im kaufmännischen Bereich agierenden Beteiligten erklären soll[274]. Diese Rechtsprechung entspricht der allgemeinen gesetzgeberischen Intention im Handelsrecht, höhere Anforderungen an die Pflichten und an die Sorgfalt des Kaufmanns zu stellen, um einen einfacheren und reibungsloseren Geschäftsverkehr zu ermöglichen und der gesteigerten –auch rechtlichen- Versiertheit der Parteien Rechnung zu tragen[275]. Zu fragen ist aber, ob auch in Bezug auf die Kenntnis einer oder mehrerer Weltsprachen dieser Grundsatz der erhöhten Pflichtenanforderungen gelten kann.
Eine spezielle handelsrechtliche Norm, die die Beantwortung dieser Frage erleichterte, existiert in diesem Bereich nicht. Legt man diesem Problem die oben gewonnenen Erkenntnisse zugrunde, dann müsse folgende Voraussetzungen erfüllt sein, um eine Ausnahme vom Grundsatz der Verhandlungs- und Vertragssprache zu rechtfertigen:
Im Rahmen eines ersten geschäftlichen Kontaktes müsste der Erklärende allgemein mit der Kenntnis der verwendeten Weltsprache seitens des Erklärungsempfängers rechnen dürfen. Nur in diesem Fall wäre der Zugang einer derartigen Erklärung zu bejahen. Eine pauschale Antwort für „den" kaufmännischen Geschäftsverkehr ist hier allerdings kaum sachgerecht. Zunächst kann nicht allgemein beantwortet werden, welche Sprache in dem jeweiligen Geschäftskreis als Weltsprache anerkannt ist. So können je nach Geschäftskreis und Abschlussort Kenntnisse der englischen, französischen, spanischen sicher aber auch der chine-

---

[274] LG Köln, Urteil vom 24. 03. 1992, in IPRspr. 1992, Nr, 73, 170; OLG Koblenz, Urteil vom 16. 01. 1992, in IPRax 1994, 46 ff. (48); OLG Hamburg , Urteil vom 01. 06. 1979, in NJW 1980, 1232 ff. (1233); vgl. auch MüKo-Spellenberg, IPR, Art. 31, Rn. 39.

[275] Karsten Schmidt verweist in Handelsrecht, § 1 IV 1, auf die folgenden handelsrechtlichen Bedürfnisse, die bei der Normgebung zu beachten sind: Internationalität, Einfachheit und Schnelligkeit, Rechtsklarheit, Publizität und Vertrauensschutz.

sischen Sprache erwartet werden. Unterschiede sind aber auch in Bezug auf Größe des Unternehmens und Umfang des internationalen Geschäftsvolumens zu machen. Im Rahmen des Geschäftsverkehrs der viel zitierten „Global Players" wird die Verwendung einer anderen Sprache als der englischen -auch bei vorhergehender Kontaktaufnahme etwa in der deutschen Sprache- eher verwundern als die Verwendung eben dieser „Weltsprache". Eine allgemeinverbindliche Feststellung, wann von einem Zugang auszugehen ist, kann daher an dieser Stelle nicht getroffen werden. In dieser stark einzelfallbezogenen Abwägung ist auch der Grund dafür zu sehen, dass sich, abgesehen von den genannten Entscheidungen, ein allgemeiner Grundsatz der „Weltsprache" in der Rechtsprechung bislang nicht durchsetzen konnte. Zu erwarten ist allerdings, dass im Zeitalter der internationalen Vernetzung auch von lediglich regional agierenden Kaufleuten die Kenntnis des Englischen zunehmend erwartet wird.

Bezüglich einer konkludenten Sprachenwahl als gewillkürte Formvereinbarung muss gefragt werden, ob in der Abweichung von der zunächst verwendeten Verhandlungssprache zugunsten einer „Weltsprache" die stillschweigende Abwahl der ursprünglichen Formvereinbarung zu sehen ist[276]. Auch hier sind ähnliche Kriterien wie im Rahmen des Zugangs anzulegen, nur wird der Erklärende in einer deutlich geringeren Zahl von Fällen auch damit rechnen können, dass der Erklärungsempfänger mit der Abwahl der ursprünglich getroffenen Sprachvereinbarung einverstanden ist und von einem Einverständnis schlicht ausgehen kann, wenn der Empfänger trotz abweichender Vertragssprache nicht reagiert. Rechtskonstruktiv könnte in der stillschweigenden Hinnahme des Vertragstextes in einer „Weltsprache" die Annahme des Angebots auf Abwahl der Verhandlungssprache gesehen werden. Auf den Zugang dieser Annahme würde nach § 151 BGB konkludent verzichtet werden. Bereits dieser dogmatische „Aufwand" einer solchen Konstruktion macht deutlich, dass eine Abweichung von der Verhandlungssprache nach mehrmaligen geschäftlichen Kontakt der Ausnahmefall bleiben wird, da insbesondere dem Erklärungsempfänger sowohl anfänglich eine Sprachenwahl unterstellt wird, als auch daran anschließend eine Änderung dieser ersten –fingierten- Vereinbarung. Dies ist wohl nur im Einzelfall mit erheblichem Argumentationsaufwand begründbar.

Für dieses Ergebnis spricht auch der Vergleich mit der stillschweigenden Änderung einer Schriftformvereinbarung[277]. Dabei wird stets gefordert, dass mindestens konkrete Anhaltspunkte für einen entsprechenden Änderungswillen erkennbar sind[278]

---

[276] Vgl. zu der Frage, ob die Unterschriftsleistung unter den fremdsprachlichen Text die Abänderung der Sprachenwahl bedeutet, BGH, Beschluss vom 31. 10. 1989, in IPRax 1991, 326. Beantwortet hat der BGH diese Frage allerdings nicht.

[277] Spellenberg sieht diese Ähnlichkeit mit der Abänderung einer Schriftformvereinbarung, in FS für Ferid, 463 ff. (483).

[278] MüKo-Förschler, § 125, Rn. 77; Larenz, AT, § 21 I c, 416.

cc. Das allgemeine Verhältnis von Verhandlungs- und Vertragssprache

In den Fällen, in denen eine Partei von der Verhandlungssprache abweicht, nimmt die ganz überwiegende Zahl der Entscheidungen an, dass der Vertrags- bzw. AGB-Text dann nicht Bestandteil des Vertrages wird. Es liegen aber auch von diesem Grundsatz abweichende Urteile vor. So hat das OLG München in einem deutsch-italienischen Fall eine in deutscher Sprache abgefasste Gerichtsstandsvereinbarung für wirksam erachtet, obwohl die Verhandlungssprache zwischen den Parteien stets italienisch war[279]. Die Beklagte hatte die maßgebliche Vereinbarung unterschrieben an die Klägerin zurückgesandt und habe sich damit -so das Gericht- des Schutzes, der ursprünglich bestand, begeben.
Die entgegengesetzte Meinung vertritt das OLG Stuttgart in Bezug auf eine deutsch-portugiesische Geschäftsbeziehung, in dem von der englischen Verhandlungssprache zugunsten der deutschen Vertragssprache abgewichen wurde[280]. Das Gericht räumt zwar ein, dass im Einzelfall –insbesondere bei Distanzverträgen- vom Grundsatz der Verhandlungs- und Vertragssprache abgewichen werden könne, dass aber in aller Regel die Verhandlungssprache von maßgeblichem Einfluss auf die Vertragssprache ist.
Diese gegensätzlichen Entscheidungen belegen, dass die Handhabung der Fälle, in denen von der Verhandlungssprache abgewichen wird, der Rechtsprechung größte Schwierigkeiten bereitet, möglicherweise auch aufgrund einer mangelnden dogmatischen „Absicherung". Ein Zurückgreifen auf die oben genannten Grundsätze erscheint daher angezeigt.

Die Abweichung von der Verhandlungssprache bewirkt somit die Nichtigkeit der veränderten Vertragsteile nach § 125 S. 2 BGB, es sei denn, ein gemeinsamer Wille der Parteien wird hinreichend deutlich, die –konkludent getroffene- Sprachenwahl abzuändern. Die Unterschrift seitens einer Partei ist da sicher ein starkes Indiz für einen derartigen Willen, wird aber als einziger Umstand nicht ausreichen.

dd. Verständliche Vertragssprache statt Verhandlungssprache

Eine weitere Sonderkonstellation betrifft die Fälle, in denen eine Partei von der Verhandlungssprache abweicht, aber dies zugunsten einer, dem Erklärungsempfänger verständlichen Sprache geschieht. Die Rechtsprechung hält dies zumindest unter gewissen Umständen für ausreichend[281], lehnt dies ohne Einschrän-

[279] OLG München, Urteil vom 04. 04. 1974, in NJW 1974, 2181 f..
[280] OLG Stuttgart, Urteil vom 16. 06. 1987, in IPRax 1988, 293 f..
[281] Bezüglich des Hinweises auf AGB vgl. OLG Koblenz, Urteil vom 16. 01. 1992, in IPRax 1994, 46 ff. (48); allgemein OLG Hamburg, Urteil vom 01. 06. 1979, in NJW 1980, 1232 ff. (1233).

kungen ab[282] oder aber lässt an anderer Stelle Abweichungen zugunsten der Muttersprache des Erklärungsempfängers zu[283].
Mangels grundsätzlicher materiellrechtlicher Begründungen in den genannten Entscheidungen ist auch diese Problematik anhand der dogmatischen Einordnung unter I. 2. a. aa. zu bearbeiten.
Befindet sich danach die Geschäftsbeziehung noch in ihren Anfängen gelten allein Zugangsregeln. Nimmt der Erklärungsempfänger die Erklärung tatsächlich wahr, dann kann auch ein Zugang nicht mehr verneint werden[284]. Bei entsprechender Sprachkenntnis -sei es der Muttersprache oder einer später erlernten- ist auch mit einer entsprechenden Kenntnisnahme den Umständen nach zu rechnen. Diese Konstellation wirft folglich keine weiteren Probleme auf.
Liegt aber aufgrund häufiger Geschäftskontakte bereits eine Sprachenwahl vor, dann ist bei einer Abweichung von dieser Wahl „im Zweifel" (§ 125 S. 2 BGB) die Nichtigkeit des Geschäftes anzunehmen. Diese Auslegungsregel lässt Raum für einen unter Umständen entgegenstehenden Parteiwillen. Wie bereits erwähnt[285] bedarf es, wenn eine ausdrückliche Abänderung nicht erfolgt ist, für die Annahme eines stillschweigenden Parteiwillens besonderer Umstände. Zur widerspruchslosen Entgegennahme der Erklärung müssen konkrete Anhaltspunkte für einen entsprechenden Willen, etwa eine alsbaldige Durchführung des Vertrags oder eine Bezugnahme auf den fraglichen Vertragstext in einer späteren Korrespondenz, hinzukommen.
Sollte sich die Partei in entsprechender Weise verhalten haben, drängt sich auch die Parallele zu den Fällen einer Berufung auf nicht eingehaltene Formerfordernisse auf, denn häufig wird es als rechtsmissbräuchlich angesehen, wenn sich der Vertragspartner auf ein Formerfordernis beruft, obwohl er durch sein Verhalten deutlich gemacht hat, dass er das Geschäft als gültig behandeln will[286]. Allerdings führt das Verhalten der Partei unter der getroffenen dogmatischen Einordnung nicht dazu, dass sich die Partei nach § 242 BGB nicht auf die ursprüngliche Sprachenwahl berufen kann, sondern eben, dass eine konkludente Abänderung der anfänglichen Vereinbarung angenommen wird.
Im Ergebnis sind also Fälle denkbar, in denen auch die Verwendung der Muttersprache des Erklärungsempfängers nicht zu einem wirksamen Vertragsschluss führt. Dies kann im Einzelfall als unbillig angesehen werden, etwa wenn die Abweichung von der Verhandlungssprache gerade aus dem Grund vorgenommen wurde, der anderen Partei durch die Verwendung ihrer Muttersprache einen besonderen Gefallen zu erweisen. Im Grundsatz vermögen solche Einwände den

---

282 OLG Frankfurt, Urteil vom 28. 04. 1981, in IPRax 1982, 242; OLG Düsseldorf, Urteil vom 02. 11. 1973, in AWD 1974, 103.
283 LG Köln, Urteil vom 24. 03. 1992, in ZIP 1992, 851; OLG Frankfurt, Urteil vom 28. 01. 1987, in IPRspr. 1987, Nr. 15, 40.
284 Vgl. Medicus, AT, Rn. 276; John, in AcP 184 (1984), 385 ff. (409 f.).
285 I. B. a. cc.
286 Sogenanntes venire contra factum proprium, vgl. MüKo-Roth, § 242, Rn. 324.

dogmatischen Ansatz aber nicht in Frage zu stellen, denn zum einen ist die Zahl solcher Fallgestaltungen äußerst gering, und zum anderen ermöglicht die dogmatische Konkretisierung des Grundsatzes der Verhandlungs- und Vertragssprache eine verlässlichere Voraussage, wie bisher unentschiedene Fallvarianten zu behandeln sind. An der Einordnung als Frage des Zugangs bzw. der Formvereinbarung ist daher trotz im Einzelfall möglicher, unbilliger Ergebnisse festzuhalten.

Im folgenden werden die gewonnenen Ergebnisse in Beziehung zu Entscheidungen der Rechtsprechung, in denen ein Verbraucher zu den Verfahrensbeteiligten zählte, gesetzt.

b. Im speziellen: Verbraucher und Verständigungsrisiko in der Rechtsprechung

Die folgende Darstellung wird sich auf die Rechtsprechung konzentrieren, die in Bezug auf Verträge von Banken und Versicherungen mit Verbrauchern erging. Diese Beschränkung der Untersuchung ergibt sich aus der einfachen, bereits angedeuteten Überlegung, dass gerade der banken- und der versicherungsrechtliche Bereich besondere Möglichkeiten bietet, die Sprachenproblematik zu bewältigen. Durch die Vielzahl abgeschlossener, inhaltlich identischer Verträge ließen sich die Übersetzungskosten, die anteilig pro Einzelvertrag anfielen, auf ein Minimum senken[287]. Daneben sind es die Gefahren, die von einem, auf Massenverkehr gründenden Wirtschaften und der in diesem Bereich typischen vertraglichen Disparität ausgehen, die banken- und versicherungsrechtliche Verträge für diese Untersuchung prädestinieren. Denn das vertragliche Verhältnis von Banken und Versicherungen zum Verbraucher ist ein besonders sensibles, das nicht nur in wirtschaftlicher Hinsicht für den Verbraucher bedeutende, ja oftmals existenzbedrohende Folgen mit sich bringt –man denke nur an den Bereich der Bürgschaften und der Verbraucherkredite-, sondern auch hinsichtlich möglicher Diskriminierungen besonders „anfällig" ist. Denn im Rahmen der Risikobewertung fließen häufig Merkmale mit ein, die eine diskriminierende Wirkung haben können[288], wenn dies auch auf der Grundlage statistischer Erhebungen passieren

---

[287] Drei Viertel des Prämienumsatzes der Versicherungswirtschaft entfallen auf die Verbraucherverträge, das sind 178, 9 Milliarden DM (Gesamtverband der Deutschen Versicherungswirtschaft e.V. (Hrsg.) Jahrbuch 1997: Die deutsche Versicherungswirtschaft, 1997, S. 2). Bezüglich der Anzahl der Verträge ist der Anteil noch höher (Weyers, Versicherungsvertragsrecht, Rn. 79).
Im bankenrechtlichen Bereich nimmt die Zahl der wichtigsten Verbraucherverträge stetig zu. So hat lediglich 6 % der Bevölkerung kein Girokonto (Reifner/Brutschke/Alleyne, Zugang zum Girokonto 1994). Bis September 1998 bestanden Verbraucherkredite in der Höhe von 413, 9 Milliarden Mark (Deutsche Bundesbank, Monatsbericht Januar 1999, 29).

[288] Für den Bereich des Versicherungsrechts vgl. die Darstellung von Huls, Critical Insurance Law, in Wilhelmsson (Hrsg.), Perspectives of Critical Contract Law, 1992, 149 ff. (155).

mag[289]. Nachdem aber etwa im versicherungsrechtlichen Bereich eine Prämiendifferenzierung aufgrund ethnischer Merkmale wegen § 81 e Versicherungsaufsichtsgesetz nicht mehr möglich ist, werden Verträge mit Ausländern weniger gern abgeschlossen[290]. Dass dies möglicherweise zufällig ist und eben schlicht auf statistischen Ursachen beruht, wird dabei glaubwürdig bedauert[291].

aa. Verständigungsrisiko im bankenrechtlicher Bereich

Die ganz überwiegende Zahl der verbraucherrechtlichen Entscheidungen im Bankenrecht konzentrieren sich auf die Frage, ob die jeweiligen AGB wirksam einbezogen wurden[292]. Im Rahmen dieser Rechtsprechung sind drei Grundansätze zu erkennen, die die Frage zu beantworten versuchen, wann die Einbeziehung von AGB zu bejahen ist. Dies sind die Kriterien der Branchenüblichkeit, der Verhandlungs- und Vertragssprache und der Grundsatz der Unterschrift unter eine ungelesene Urkunde.

(1) Branchenüblichkeit

Im Jahre 1971 hat der BGH in einer grundlegenden Entscheidung die wirksame Einbeziehung allgemeiner Geschäftsbedingungen einer deutschen gegenüber einer niederländischen Privatbank mit dem Argument bejaht, allgemeine Geschäftsbedingungen seien im Bankgewerbe branchenüblich und sind daher vom Kunden so hinzunehmen, es sei denn er hätte der Einbeziehung ausdrücklich widersprochen[293]. Die Entscheidung erging zwar nicht in Bezug auf einen Verbraucher, ist an dieser Stelle aber zu erwähnen, weil der BGH von einer allgemeinen Geltung dieses Grundsatzes ausging[294].

---

[289] Vgl. Lemor, in VW 1994, 1133 ff. (1192).

[290] Vgl. BAV, Rundschreiben R 6/95, VerBAV 1995, 372. Zur Abweisung von Versicherungsanträgen Homosexueller vgl. Weichert, in VersR 1997, 1465 ff..

[291] Surminski, in ZfV 1994, 669.

[292] BGH, Urteil vom 27. 10. 1994, in NJW 1995, 190 ff.; OLG Celle, Urteil vom 15. 06. 1994, in BB 1995, 219 ff.; OLG Köln, Urteil vom 08. 01. 1993, in RIW 1993, 414 ff.; OLG Hamm, Urteil vom 22. 04. 1991, NJW-RR 1991, 1141; OLG Hamm, Urteil vom 12. 09. 1990, in WM 1991, 1460 ff.; OLG Nürnberg, Urteil vom 20. 06. 1990, in NJW 1991, 232 ff.; OLG München, Beschluss vom 16. 11. 1987, in WM 1988, 1408 ff.; LG Köln, Urteil vom 16. 04. 1986, in WM 1986, 821 ff.; OLG Hamm, Urteil vom 24. 10. 1984, in WM 1985, 1221 ff.; OLG Bremen, Urteil vom 22. 06. 1973, in WM 1973, 1228 ff.; OLG München, Urteil vom 20. 03. 1975,in WM 1976, 45 ff.; LG Memmingen, Urteil vom 30. 10. 1974, in WM 1975, 578.; OLG München, Urteil vom 29. 01. 1974, in NJW 1974, 1659 ff..

[293] BGH, Urteil vom 18. 06. 1971, in NJW 1971, 2126 ff..

[294] BGH, Urteil vom 18. 06. 1971, a. a. O. (2127).

Diese Rechtsprechung wurde von anderen Gerichten übernommen[295] und in der Weise verschärft, dass bei geschäftlichem Kontakt mit Ausländern dieser sich auf die deutschen AGB einstellen müsse und gegebenenfalls einen Dolmetscher hinzuziehen müsse[296]. Das heißt, dass den sprachunkundigen Vertragspartner bei branchenüblichen AGB stets eine Übersetzungsobliegenheit trifft. Zumindest im kaufmännischen Geschäftsverkehr beansprucht dieser Grundsatz weiterhin uneingeschränkte Geltung, da § 2 AGBG nach § 24 S. 1 Nr. 1 AGBG auf Verträge keine Anwendung findet, die zum Betriebe eines Handelgewerbes gehören[297].

(2) Verhandlungs- und Vertragssprache

Auch in der verbraucherrechtlichen Rechtsprechung wird der Grundsatz der Verhandlungs- und Vertragssprache angewandt und teilweise mit dem Kriterium der Branchenüblichkeit kombiniert[298]. Wenn also die Verhandlungssprache Deutsch ist –was die Regel sein wird etwa bei Gesprächen am Bankschalter-, muss der Kunde die gesamten AGB gegen sich gelten lassen, und zwar unabhängig davon, ob dem Kunde die rechtliche Erheblichkeit des Vertrages überhaupt klar war[299].

Der Grundsatz der Verhandlungs- und Vertragssprache wird sogar in den Fällen angenommen, in denen der ausländische Kunde der deutschen Sprache überhaupt nicht mächtig ist, so dass ja von einer stillschweigenden Sprachenwahl in vorangehenden Verhandlungen nicht die Rede sein kann[300]. Die Bank soll dagegen keinerlei Übersetzungsobliegenheit treffen[301].

---

[295] OLG München, Urteil vom 20. 03. 1975, in WM 1976, 45 ff.; LG Memmingen, Urteil vom 30. 10. 1974, in NJW 1975, 451 ff.; OLG München, Urteil vom 29. 01. 1974, in NJW 1974, 1659 ff.; OLG Bremen, Urteil vom 22. 06. 1973, in WM 1973, 1228 ff..

[296] OLG München, Urteil vom 20. 03.1975, a. a. O. (48); OLG Düsseldorf, Urteil vom 14. 10. 1974, in NJW 1975, 452; OLG Bremen, Urteil vom 2. 06. 1973, a. a. O. (1229).

[297] Aber auch im kaufmännischen Verkehr erfolgt die Einbeziehung von AGB nicht im rechtsfreien Raum. Sowohl hinsichtlich der Einbeziehung als auch der Angemessenheit des Inhalts wird von einer mindestens mittelbaren Wirkung von § 2 AGBG ausgegangen. Eine Einbeziehung ist also jedenfalls dann zu bejahen, wenn die Voraussetzungen von § 2 AGBG vorliegen oder aber wenn die fraglichen AGB insofern üblich sind als sie einem anerkannten Handelsbrauch nach § 346 HGB entsprechen (vgl. MüKo-Kötz, § 2 AGBG, Rn. 22 ff.).

[298] BGH, Urteil vom 27. 10. 1994, a. a. O. (190); OLG Hamm, Urteil vom 12. 09. 1990, a. a. O. (1462); LG Köln, Urteil vom 16. 04. 1986, a. a. O. (822); OLG Hamm, Urteil vom 24. 10. 1984, a. a. O. (1222); BGH, Urteil vom 10. 03. 1983, in NJW 1983, 1489; OLG Bremen, Urteil vom 22. 06. 1973, a. a. O. (1229);

[299] OLG Hamm, Urteil vom 24. 10. 1984, a. a. O..

[300] Das OLG Bremen sah im Urteil vom 22. 06. 1973 (a. a. O.) die gemeinsame Wahl der Verhandlungssprache in der Unterschrift des –hier iranischen- Kunden unter ein Antragsformular zur Eröffnung eines Wertpapierdepots.

[301] Da die Rechtsprechung kaum eine Unterscheidung zwischen der Hinweispflicht aus § 2 I Nr.1 AGBG und der Kenntnisgabepflicht aus § 2 I Nr. 2 macht, sondern unterschiedslos auf

(3) Unterschrift unter eine ungelesene Urkunde

Dieser Grundsatz beantwortet die Frage, ob in der Unterschrift unter eine ungelesene Urkunde eine Willenserklärung zu sehen ist, und was sich durch diese Unterschrift in Bezug auf eine mögliche, irrtumsbedingte Anfechtbarkeit ergibt. Aufgrund der Unterschriftsleistung soll dem Unterschreibenden eine Berufung auf einen möglichen Irrtum oder ein mangelndes Erklärungsbewusstsein[302] versagt sein[303]. Denn derjenige, der trotz eines vorhandenen Bewusstseins, dass die unterschriebene Erklärung möglicherweise seinem Willen widerspricht, eine solche Erklärung abgibt, muss sich an einer solchen Erklärung festhalten lassen[304]. Die Rechtsprechung überträgt diesen Grundsatz auch auf den Fall, dass die Urkunde zwar gelesen, aber zumindest teilweise oder vollständig nicht verstanden, aber dennoch unterschrieben wurde[305]. So formuliert das OLG Köln im Rahmen der Frage, ob ein Erklärungsbewusstsein des Unterschreibenden verneint werden kann, dass derjenige, der *„einen Vertrag unterschreibt, den er nicht oder nicht in vollem Umfang versteht, ohne sich über den Inhalt zu vergewissern, die damit verbundenen Nachteile in Kauf nehmen muss"*[306].
Im Bereich des Ausschlusses einer Irrtumsanfechtung setzt die Rechtsprechung dogmatisch schlicht an der Definition des Irrtums an, der ja nur das unbewusste Auseinanderfallen des inneren Willens zum tatsächlich Erklärten erfasst[307]. Im Falle einer Unterschrift unter eine nicht verständliche Urkunde soll in aller Regel der innere Wille und das objektiv Erklärte gar nicht auseinanderfallen, da sich die Partei regelmäßig über das Unterschriebene gar keine Gedanken mache[308].
Im Rahmen des allgemeinen Grundsatzes der Unterschrift unter eine ungelesene Urkunde wird noch danach differenziert, ob sich der Erklärende zumindest ir-

---

beide Pflichten anwendet, findet auch hier keine Differenzierung statt, vgl. Schmidt, in Ulmer/Brandner/Hensen, AGBG, Anhang zu § 2, Rn. 15 u. 16..

[302] Mit der Entscheidung des BGH vom 07. 06. 1984 in BGHZ 91, 324 ff. ist das Erklärungsbewusstsein allerdings nicht (mehr) als konstitutives Merkmal einer Willenserklärung anzusehen, sondern als ein Umstand, dessen Fehlen zur Anfechtung berechtigt; ebenso MüKo-Kramer, § 119, Rn. 92 ff., 100.

[303] Der Unterfall zur Problematik der Unterschrift unter eine ungelesene Urkunde der falsa demonstratio non nocet spielt in hier relevanten Konstellationen regelmässig keine Rolle, vgl. MüKo-Krämer, § 119 BGB, Rn. 36 ff. (37); Staudinger-Dilcher, § 119 BGB, Rn. 22 ff..

[304] Seit RG, Urteil vom 22. 12. 1905, in RGZ 62, 201 ff. (205); RG, Urteil vom 24. 10. 1931, in RGZ 134, 25 ff. (31); BGH, Urteil vom 21. 09 1967, in DB 1967, 2115; BGH, Urteil vom 15. 06. 1951, in NJW 1951, 705 ff.; vgl. auch Siegel, in AcP 111 (1914), 1 ff.; Heldrich, in AcP 147 (1941), 89 ff..

[305] BGH, Urteil vom 27. 10. 1994, a. a. O.; OLG Köln, Urteil vom 08. 01. 1993, a. a. O.; OLG Hamm, Urteil vom 22. 04. 1991, a. a. O.; OLG Hamm, Urteil vom 12. 09. 1990, a. a. O.; OLG München, Beschluss vom 16. 11. 1987, a. a. O.; LG Köln, Urteil vom 16. 04. 1986, a. a. O.; LG Memmingen, Urteil vom 30. 10. 1974, a. a. O..

[306] OLG Köln, Urteil vom 08. 01. 1993, a. a. O. (415).

[307] Staudinger-Dilcher, § 119, Rn. 1.

[308] Vgl. OLG Hamm, Urteil vom 22. 04. 1991, a. a. O..

gendwelche konkreten Gedanken gemacht oder eben die Urkunde „tel quel“[309] ohne Rücksicht auf ihren Inhalt unterschreibt. Eine Anfechtung kann dann nicht versagt werden, wenn unrichtige Vorstellungen vom Inhalt der Urkunde existieren, beispielsweise wenn der Unterzeichnende die AGB bereits von einem früheren Vertragsschluss zu kennen glaubt und er diese unterschreibt, obwohl Änderungen eingefügt wurden[310].
In Anlehnung an diese Differenzierung gewährt der BGH ein Anfechtungsrecht, wenn der Sprachunkundige aufgrund seiner mangelnden Sprachkenntnis sich konkrete Vorstellungen über den Inhalt der AGB gemacht hat[311]. Das OLG München sieht dagegen keinen Grund die Fallgruppe, in der der Sprachunkundige wegen nur lückenhafter Sprachbeherrschung den Vertragsinhalt missversteht, anders zu behandeln. Verstehe der Ausländer die AGB nicht vollständig, dann könne er davon ausgehen, dass sich der Inhalt nicht mit seiner Vorstellung decke und ist daher nicht zur Anfechtung berechtigt[312].

(4) Neue Ansätze in der Rechtsprechung

Die soeben aufgeführten Grundsätze bleiben aber auch in der Rechtsprechung nicht unwidersprochen, bzw. sind Ansätze in Entscheidungen erkennbar, die eine uneingeschränkte Geltung der angesprochenen Prinzipien in Frage stellen. So versagte etwa das OLG Hamm in einem Urteil vom 12. 09. 1990[313] dem ausländischen Kunden zwar ein Anfechtungsrecht, wies aber darauf hin, dass in bestimmten Fällen eine solche Versagung nicht sachgemäß wäre. In dieser Entscheidung beruft sich der französische Beklagte darauf, dass er von der Höhe der Kreditverpflichtung aufgrund seiner Sprachunkenntnis nie erfahren habe und die Klägerin –eine deutsche Bank- auch keinerlei Versuche unternommen habe, ihn dahingehend aufzuklären. Das Gericht ließ diesen Einwand des Beklagten mit dem Argument nicht gelten, dass die Bank keine Aufklärungspflicht trifft, da die mangelnde Sprachkenntnis des Beklagten für diese nicht erkennbar war[314]. Aus dieser Urteilsbegründung ließe sich die allgemeine Feststellung ableiten, dass bei Erkennbarkeit der mangelnden Sprachfähigkeit die Bank eine Aufklärungspflicht trifft.

In einem weiteren Verfahren desselben Gerichts legte eine Spanierin dar, dass sie nur über unzureichende Deutschkenntnisse verfüge, und die klagende Bank diesen Umstand dazu ausgenutzt hatte, sie zu der Unterschrift eines Bürgschaftsver-

---

309 Vgl. Siegel, a. a. O. (91).
310 MüKo-Kramer, § 119, Rn. 47 ff., 51; RGZ, Urteil vom 22. 12. 1905, a. a. O. (205).
311 BGH, Urteil vom 27. 10. 1994, a. a. O..
312 OLG München, Beschluss vom 16. 11. 1987, a. a. O. (1409).
313 OLG Hamm, Urteil vom 12. 09. 1990, in WM 1991, 1460 ff..
314 OLG Hamm, Urteil vom 12. 09. 1990, a. a. O. (1462).

trags zu bewegen[315]. Das Gericht lehnte zwar eine Anfechtbarkeit der Willenserklärung der Beklagten ab, weil die Einlassung der vermeintlichen Bürgin nicht nachgewiesen werden konnte, stellte aber fest, dass es nicht sein könne, dass die Bank einen Kunden zum Abschluss eines Bürgschaftsvertrages veranlasst, ohne dass sie diesen Kunden bei erkennbaren Sprachschwierigkeiten entsprechend über den Vertragsinhalt aufklärte. Die gesetzliche Stütze dieser Argumentation soll § 138 BGB sein; den ausländischen, sprachunkundigen Vertragspartner zur Unterschrift unter eine ihm unbekannte Urkunde zu bewegen, kann also als sittenwidrig angesehen werden.

Eine vergleichbare Äußerung findet sich in einem Urteil des LG Köln vom 16. 04. 1986[316]. Ein griechischer Beklagter wandte gegen das Zahlungsbegehren einer deutschen Bank aus einer selbstschuldnerischen Bürgschaft ein, dass er bei der Unterzeichnung des vermeintlichen Vertragstextes davon ausgegangen sei, lediglich den Abschluss des Darlehensvertrages zwischen der Bank und dem Hauptschuldner zu bezeugen. Das LG Köln prüfte die Möglichkeit einer Täuschung nach § 123 I BGB, lehnte diese aber mit der Begründung ab, dass selbst wenn eine solche Täuschung über den Vertragsinhalt vorgelegen haben sollte – was nicht nachgewiesen werden konnte-, dann musste der griechische Beklagte die diesbezügliche Äußerung ja überhaupt verstehen, wozu dieser nicht in der Lage war.
So schlüssig die Argumentation zunächst erscheinen mag, dass eine Täuschung nur dann bejaht werden kann, wenn das Vorstellungsbild des Gegenüber auch beeinflusst wurde, so ist der Gedankengang nicht frei von logischen Brüchen. Denn einerseits arbeitet das Gericht mit einer stillschweigender Zustimmung zu einem Vertragstext und andererseits wird die Möglichkeit der kommunikativen Beeinflussung des Vertragspartners mit den bestehenden Sprachbarrieren begründet. Entweder aber besteht die Möglichkeit, dass sich die Parteien konkludent untereinander verständigen oder sie besteht eben nicht. Insofern erscheint die Entscheidung nicht konsequent. Zudem betreffen die Urteilsbegründung und der Einwand seitens des Beklagten zwei unterschiedliche Aspekte des Problems, denn der griechische Staatsangehörige fühlte sich hier weniger aktiv getäuscht als vielmehr nicht ausreichend aufgeklärt. Es hätte hier also vielmehr die Frage beantwortet werden müssen, ob gegenüber erkennbar sprachunkundigen Bankkunden eine besondere Aufklärungspflicht besteht.

Das OLG Celle wiederum vertritt in seiner Entscheidung vom 15. 06. 1994[317] einen mit dem des OLG Hamm[318] vergleichbaren Ansatz. Der Fall lag so, dass

---

[315] OLG Hamm, Urteil vom 22. 04. 1991, in NJW-RR 1991, 1141.
[316] LG Köln, Urteil vom 16. 04. 1986, in WM 1986, 821 ff..
[317] OLG Celle, Urteil vom 15. 06. 1994, in BB 1995, 219 ff..
[318] OLG Hamm, Urteil vom 22. 04. 1991, a. a. O..

eine, nicht deutsch sprechende, vietnamesische Staatsangehörige aus einem ihrem Ehemann gewährten Darlehen gesamtschuldnerisch mithaften sollte.
In dieser Entscheidung orientierte sich das Oberlandesgericht an der Rechtsprechung des Bundesverfassungsgerichtes zur Mithaftung von Familienangehörigen[319], indem es ein sittenwidriges Missverhältnis zwischen dem Umfang der gesamtschuldnerischen Haftung der Ehefrau und deren Leistungskraft annahm. Bezüglich der subjektiven Seite der Sittenwidrigkeit soll besonders schwer wiegen, dass die in Anspruch genommene der deutschen Sprache nicht mächtig sei[320]. Aus diesem Umstand heraus und der existentiellen Bedeutung des Geschäfts leitet das Gericht eine besondere Fürsorgepflicht der Bank ab, unter die auch eine Obliegenheit fällt, die Partei über Umfang und Risiken des Vertrags aufzuklären.

Mit besonderem Bezug auf das AGB-Recht sind zwei Entscheidungen bemerkenswert, die um eine Modifizierung des Grundsatzes der Verhandlungs- und Vertragssprache im Bereich allgemeiner Geschäftsbedingungen bemüht sind.
Der Entscheidung des OLG Nürnberg lag folgender Sachverhalt zugrunde: Ein italienischer Staatsangehöriger hatte gegenüber der klagenden deutschen Bank eine Bürgschaft übernommen, die zwar als Höchstbetragshypothek bezeichnet worden war, die aber Klauseln enthielt, die die Haftung auf Zinsen, Spesen und Provisionen erweiterten[321]. Der Bürge wandte in dem Verfahren ein, dass er diese Erweiterung aufgrund seiner mangelnden Deutschkenntnisse nicht verstanden hatte. Obwohl die Vorinstanz noch die Gegenansicht vertreten hatte, stellte das OLG Nürnberg fest, dass zwar grundsätzlich die jeweilige Verhandlungs- und Vertragssprache maßgeblich sei, dass dies aber keinesfalls die Anwendung von § 3 AGBG ausschließe. Eine Klausel aber, die in einem gewissen Widerspruch zu der anfänglichen Bezeichnung des Vertrages stehe, sei überraschend im Sinne dieser Norm[322], so dass im Ergebnis die fragliche Klausel für unwirksam erklärt wurde.
In einem Urteil des OLG Hamm[323] ging es um die Frage, ob sich die Haftung des jugoslawischen Bürgen auch auf alle weiteren Kredite der Bank gegenüber dem Hauptschuldner bezieht. Außerdem sollte nach den zugrundeliegenden AGB die Bürgschaft durch die (vorübergehende) Erfüllung der Darlehensschuld nicht erlöschen. Auch dieses Gericht griff auf § 3 AGBG zurück, der trotz des Grundsatzes der Verhandlungs- und Vertragssprache angewendet werden müsse, da dadurch nicht ausgeschlossen werden würde, dass eine Klausel überraschend sei[324]. Als solches sah das Gericht schließlich eine Klausel gegenüber einem, der deut-

[319] BVerfG, Urteil vom 19. 10. 1993, in ZIP 1993, 1775 ff..
[320] OLG Celle, Urteil vom 16. 06. 1994, a. a. O. (220).
[321] OLG Nürnberg, Urteil vom 10. 06. 1990, in NJW 1991, 232 ff..
[322] OLG Nürnberg, Urteil vom 10. 06. 1990, a. a. O. (235).
[323] OLG Hamm, Urteil vom 24. 10. 1984, in WM 1985, 1221 ff..
[324] OLG Hamm, Urteil vom 24. 10. 1984, a. a. O. (1222).

schen Sprache nicht mächtigen Kunden an, die eine Bürgschaft auf weitere Darlehen erstreckt und unabhängig von einer Erfüllung dieser Schulden weiterbesteht.

Schließlich wird erwogen, bei der Auslegung gesetzlicher Schriftformerfordernisse -in der Entscheidung des BGH vom 27. 10. 1994[325] handelte es sich um § 766 BGB- eine möglicherweise bestehende Vertragsdisparität bei der Betrachtung der Teleologie der Norm miteinzubeziehen. Der BGH hat dann zwar die Frage aufgeworfen, ob die Warnfunktion gesetzlicher Formvorschriften auch durch die Unterschrift einer, des Deutschen nicht mächtigen Bürgin erfüllt werde, bejahte diese Frage aber letztlich jedenfalls für den Fall, dass die Bürgin selbst die Warnfunktion missachtet habe[326].

An den dargestellten Entscheidungen wird deutlich, dass versucht wird, den strengen Grundsatz der Verhandlungs- und Vertragssprache stellenweise abzumildern, sei es durch die Aufstellung von Aufklärungspflichten im Rahmen von § 123 I bzw. § 138 BGB, sei es durch Formerfordernisse oder durch eine Annahme von § 3 AGBG.

(5) Diskussion

Die Rechtsprechung zum bankenrechtlichen Bereich fällt sicherlich durch zwei Umstände besonders auf: Erstens ist in der Summe der Entscheidungen kein einheitlicher dogmatischer Ansatz erkennbar, unter welchen Voraussetzungen fremdsprachige AGB in den Vertrag einbezogen werden. Scheinbar wahllos werden verschiedene Prinzipien einmal unabhängig voneinander angewendet, ein anderes Mal miteinander kombiniert.
Zum zweiten wird die spezifische, vom kaufmännischen Verkehr zu unterscheidende Vertragssituation einer Bank gegenüber einem Verbraucher kaum gewürdigt.
An dieser Stelle wird daher die These vertreten, dass die von der Rechtsprechung aufgestellten Grundsätze zumindest uneingeschränkt so nicht haltbar sind.
Gemessen an § 2 AGBGB wird der Grundsatz der Branchenüblichkeit im Verkehr mit Verbrauchern[327] nicht standhalten können. Denn § 2 AGBG schreibt einen ausdrücklichen Hinweis auf die Geltung entsprechender AGB vor, so dass das Argument, der Vertragspartner müsse schlicht mit der Geltung branchenüblicher AGB rechnen, gerade den Anforderungen dieser Norm widerspricht. Aber auch unabhängig von dieser Vorschrift begegnet das Kriterium der Branchenüb-

---

[325] BGH, Urteil vom 27. 10. 1994, in NJW 1995, 190 ff..
[326] BGH a. a. O. (190/191).
[327] Bei Geschäften mit Kaufmännern bleibt die Branchenüblichkeit ein wichtiges Indiz, vgl. BGH, Urteil vom 20. 03. 1985, in NJW 1985, 1838 ff. (1840), und Urteil vom 17. 10. 1989, in NJW 1990, 513 ff. (514).

lichkeit selbst grundsätzlichen Bedenken. Zum einen ermöglicht die Unbestimmtheit des Begriffs keinerlei Voraussage, wie die Rechtsprechung im Einzelfall bezüglich der Wirksamkeit der Einbeziehung entscheiden würde. Zum anderen sprechen allgemeine konsenstheoretische Erwägungen gegen die Einbeziehung branchenüblicher AGB. Während es im kaufmännischen Verkehr noch zu begründen ist, dass Vertragsbestandteile ohne ausdrückliche Verständigung darüber einseitig durch eine Partei in den Vertrag eingebracht werden, liegt ein solcher stillschweigender Einbeziehungswillen bei einem Verbraucher eher fern. Von einem Kaufmann kann die Kenntnis allgemeiner Geschäftsbedingungen, die er möglicherweise selbst benutzt, da er in derselben Branche tätig ist, noch erwartet werden. Dem Verbraucher dagegen, zumal dem ausländischen, kann ein solches Wissen kaum unterstellt werden[328]. Letztlich liefe die Fiktion eines solchen Wissens auf eine Vertragszustimmung durch Schweigen hinaus, was als Rechtsinstitut anerkanntermaßen nur im kaufmännischen Geschäftsverkehr seine Berechtigung hat[329].
Die einseitige Bevorzugung eines Vertragspartners, der „seine" Vertragsinhalte der anderen Partei nicht zur Kenntnis bringen muss, sondern lediglich auf die Branchenüblichkeit verweisen kann, ist sachlich folglich nicht zu begründen.

Aber auch der Grundsatz der Verhandlungs- und Vertragssprache enthält Elemente, die auf die geschäftlichen Beziehungen mit Verbrauchern nicht so recht passen. Die Argumente sind mit den oben genannten vergleichbar. Die anfangs[330] vorgenommene materiellrechtliche Einordnung des Grundsatzes der Verhandlungs- und Vertragssprache als stillschweigende Formvereinbarung lässt sich im Rahmen eines Verbrauchervertrags nicht ebenso einfach konstruieren. Denn der Einfluss des Verbrauchers auf die Inhalte des Vertrags ist vergleichsweise gering. In der Regel beschränkt sich das „Mitspracherecht" lediglich auf die wenigen wesentlichen Punkte des Vertrags. Zwar liegt auch hinsichtlich der, von der anderen Seite -sprich der Bank- „diktierten" Vertragsbestandteile ein materieller Konsens vor, denn formal gibt der Verbraucher eine Zustimmung auch zu den Bestimmungen ab, auf die er keinen Einfluss hat. Will der Verbraucher den maßgeblichen Vertrag -etwa ein Darlehen- abschließen, wird sich ihm dazu auch keine Alternative bieten. Dieser faktische, in der überlegenen Vertragsstellung der Bank begründete Zwang führt dann auch zu der Schwierigkeit, eine stillschweigende Zustimmung des Verbrauchers zu der in der Regel einseitig vorgenommen Bestimmung der Verhandlungssprache zu konstruieren. So mag man schon bei einer ausdrücklichen Zustimmung zu vorgegebenen Vertragsinhalten daran zweifeln, dass ein solcher Wille auch wirklich und nicht nur

[328] Vgl. MüKo-Spellenberg, vor Art. 11 EGBGB, Rn. 79; BGH, Urteil vom 07.07. 1976, in NJW 1976, 501.
[329] Die Vergleichbarkeit mit der rechtsgeschäftlichen Wirkung des Schweigens sieht Pleyer/Ungnade, in NJW 1972, 681 ff..
[330] I. B. a. aa. 1.

gezwungenermaßen vorliegt, so kann die schlichte Verwendung der deutschen Sprache durch das Bankpersonal, beispielsweise direkt am Schalter, kaum dazu führen, dass in jeder Äußerung des Verbrauchers -und sei diese noch so gebrochen deutsch- die konkludente Zustimmung zu einer Sprachenwahl der Bank zu sehen ist. Dies muss insbesondere deswegen überzeugen, weil auch rein rechtlich die Verwendung einer bestimmten Sprache im deutschen Rechtsverkehr -im Gegensatz etwa zum französischen oder portugiesischen- nicht vorgeschrieben ist: Der Verbraucher muss folglich mit der Wahl der deutschen Sprache in der BRD vom rechtlichen Standpunkt aus nicht rechnen.
Zudem kann es im Einzelfall doch stark dem Zufall überlassen sein, ob tatsächlich die deutsche Sprache im Rahmen der ersten Geschäftskontakte verwendet wird. Trifft der potentielle Kunde etwa auf Schalter- oder Beratungspersonal, das zufällig über besondere Sprachkenntnisse verfügt, und daher den ausländischen Kunden aus Freundlichkeit spontan beispielsweise auf Englisch anspricht, und sei es in wenigen, dürren Worten, und der Englisch sprechende Verbraucher geht auf diese Ansprache ein, dann lägen bereits gewichtige Anhaltspunkte für eine Wahl der englischen Sprache vor. Derartigen Zufälligkeiten sollte die Entscheidung des Problems aber nicht überlassen werden. Da aber eine, bereits im Rahmen der Vertragsanbahnung anzustrebende, tatsächliche Abstimmung über die zwischen den Parteien allein geltende Vertragssprache praktisch nicht durchführbar sein wird, ist doch sehr zu empfehlen, die bestehenden allgemeinen Geschäftsbedingungen in die wenigen relevanten Sprachen zu übersetzen. Die Kosten hierfür fielen lediglich einmalig an und verminderten erheblich die Zahl der zu erwartenden Prozesse, im Rahmen derer immerhin ein geringes Risiko verbleibt zu unterliegen. Sicherlich werden sich allein durch eine Übersetzung für den Verbraucher bezüglich des Inhalts der Vertrages keine Verbesserungen ergeben. Insoweit bliebe der faktische Zwang bestehen. Immerhin besteht aber dann zumindest die Möglichkeit, von dem Vertragsinhalt Kenntnis zu nehmen, und auf dieser Grundlage auch eine Entscheidung zu treffen. Konsensprobleme sowohl bezüglich der Sprache als auch des Inhalts wären damit aber regelmäßig ausgeräumt.

Soweit der Grundsatz der Unterschrift unter eine ungelesene Urkunde auf die Verständnisproblematik angewendet wird, müssen Überlegungen angestellt werden, ob die Interessen des redlichen Rechtsverkehrs[331] in einem angemessen Verhältnis zu der zu schützenden Privatautonomie des Verbrauchers stehen. Bei der Frage, ob eine nach außen hin existierende Willenserklärung auch real als solche vorliegt, ist abzuwägen, ob im Einzelfall das Interesse des Erklärenden überwiegt, über Inhalt und Ausmaß seiner Rechtsgeschäfte selbst zu bestimmen,

[331] Davon spricht der BGH in seinem Urteil vom 29. 11. 1994, a. a. O. (953). Konkret ging es um die Voraussetzungen der Zurechenbarkeit einer Erklärung trotz mangelnden Erklärungsbewusstseins.

oder das des Rechtsverkehrs im Vertrauen auf die reale Entsprechung von Willen und Erklärtem[332].

Angesichts dieser Vorgaben wird in einer Vielzahl von Fällen bereits ein schutzwürdiges Vertrauen des Rechtsverkehrs, sprich der Bank, fehlen, wenn dieser die mangelnde Sprachbeherrschung seitens des Kunden positiv bekannt war. Im Gegenteil sind kaum Fälle denkbar, in denen sich die Sprachunkundigkeit des Verbrauchers der anderen Vertragspartei verschließt. Beispielsweise wird doch im Rahmen des Abschlusses eines Bürgschaftsvertrages eine recht intensive vorvertragliche Kommunikation stattfinden, durch die in aller Regel die mangelnde Sprachbeherrschung des Verbrauchers offen zu Tage tritt. In jedem Fall informieren sich die Sicherungsnehmer sehr genau über die Identität des Sicherungsgebers und somit über dessen Staatsangehörigkeit. Diese werden sich daher kaum der Kenntnis über die reduzierten Verständnismöglichkeiten des Verbrauchers entziehen können.

Besteht also auf der einen Seite keinesfalls eine intensive schutzwürdige Position, so ist auf der anderen Seite das Interesse des Verbrauchers an der Wahrung der eigenen wirtschaftlichen Entscheidungsfreiheit in nur unwesentlichen Maße verringert. Insbesondere das, in anderen Bereichen sicherlich anerkennenswerte Argument, der Verbraucher habe sich aktiv in eine fremde Rechtsordnung begeben und müsse sich daher auf die Geltung eines, ihm unbekannten Rechts einstellen[333], lässt sich nur schwerlich auf die Problematik sprachlicher Missverständnisse übertragen. Denn wie bereits erwähnt, bestehen im deutschen Recht keine Vorschriften bezüglich der zu verwendenden Sprache. Das Vertragsverhältnis ist also keinesfalls in irgendeiner Weise zugunsten der deutschen Sprache vorgeprägt, sondern vielmehr in sprachlicher Hinsicht offen. Die einseitige Auferlegung von Übersetzungsobliegenheiten zuungunsten des Verbrauchers lässt sich daher de lege lata nicht begründen.

Aber auch die Ansicht der Rechtsprechung zur irrtumsbedingten Anfechtbarkeit von, trotz sprachlichen Nicht- oder Missverstehens abgegebenen Willenserklärungen ist argumentativ angreifbar. Bereits der angestellte Vergleich mit Unterzeichnenden, die sich keinerlei Gedanken über den Vertragsinhalt machen und aus diesem Grunde definitionsgemäß gar nicht irren könnten, geht hier fehl. Man wird kaum verneinen können, dass ein doch wesentlicher Unterschied zwischen der Vergleichsgruppe besteht, die aus einer eher gleichgültigen Bewusstseinslage heraus auch einen ungelesenen Text unterzeichnet, obwohl sie diesen Text verstehen könnte, gegenüber den sprachunkundigen Verbrauchern, denen nicht einmal die Möglichkeit der Kenntnisnahme des Vertragsinhaltes gegeben ist. Von einer solchen gleichgültigen Bewusstseinslage, deren Bejahung maßgeblich den Grundsatz der Unterschrift unter eine ungelesene Urkunde stützt, kann hier keine

---

[332] Diesen konträren Interessen widmet der BGH in seiner Entscheidung, in der dieser erstmals das Erklärungsbewusstsein als für eine Willenserklärung nicht konstitutives Merkmal ansieht, besondere Aufmerksamkeit (Urteil vom 07. 06. 1984, a. a. O. (329)).

[333] So z. B. OLG Bremen, Urteil vom 22. 06. 1973, a. a. O. (1228).

keine Rede sein. Wollte man sich dieser tatsächlichen Unterschiedlichkeit der Vergleichsgruppen hier verschließen, so muss jedenfalls die Fraglichkeit einer allgemeinen Prämisse bezüglich des Ausschlusses des Anfechtungsrechtes gesehen werden. Denn die Annahme, dass der die ungelesene Urkunde Unterzeichnende sich schlicht keinerlei Gedanken über den Vertragsinhalt mache, ist eine kaum begründbare Unterstellung. Es wird praktisch nicht vorkommen, dass sich der Unterzeichnende überhaupt keine Gedanken macht. Eine solche Vermutung spricht gegen die Natur normaler bewusstseinsmäßiger Vorgänge[334]. Auf der Basis einer solche Annahme kann der Ausschluss eines Irrtums daher nicht begründet werden.

So problematisch also die Ansätze von Teilen der Rechtsprechung zur Lösung sprachlich bedingter Missverständnisse sein mögen, so bemerkenswert sind auf der anderen Seite die diskutierten, wenn auch oftmals nur im Detail und nicht im Ergebnis abweichenden Entscheidungen. Insbesondere die Statuierung besonderer Aufklärungspflichten im Rahmen der Anwendung von § 123 I und § 138 BGB muss hier als richtungsweisend angesehen werden, da dadurch der allgemeinen und europarechtlichen Informationsmaxime[335] im Verbraucherschutz Rechnung getragen wird. Dass dabei nicht häufiger auf die Rechtsprechung des Bundesverfassungsgerichts zur sittenwidrigen Mitverpflichtung von wirtschaftlich leistungsschwachen Familienangehörigen eingegangen wird, überrascht doch sehr angesichts der Ähnlichkeit der Fallkonstellationen. Einmal ist der Sicherungsgeber aufgrund geschäftlicher Unerfahrenheit nicht in der Lage, die Folgen seiner rechtsgeschäftlichen Handlungen abzusehen, im anderen Fall geht dieser die Vertragsbindung nicht aufgrund semantischen Nichtverstehens ein, sondern wegen sprachlicher Defizite. Die Vertragssituation bleibt dieselbe. In beiden Fällen besteht eine erkennbare, intellektuelle Fehleinschätzung der vertraglichen Lage, die den Vertragsabschluss letztlich erst ermöglicht[336]. Dass diese Parallele bislang seitens der Rechtsprechung missachtet wurde muss verwundern[337], zumal der Bundesgerichtshof bereits seit langem den Einwand der man-

---

[334] So auch Siegel, in AcP, 111 (1914), 1 ff. (86 f.).

[335] Brigitta Lurger sieht die umfassende Information des Verbrauchers in ihrer gleichlautenden Untersuchung als ein Element eines europarechtlichen Vertragsparadigmas der „Vertraglichen Solidarität", Baden-Baden 1997.

[336] Sicherlich muss es nicht in allen Fällen so sein, dass bei korrektem sprachlichen bzw. semantischen Verständnis der Vertrag nicht eingegangen wäre. Nicht selten ist die persönliche Abhängigkeit von einem erfolgreichen Vertragsabschluss so groß, dass ein Vertragsangebot unter allen Umständen angenommen wird. Dann kann sich die Annahme einer Sittenwidrigkeit des Geschäftes natürlich nicht auf Versäumnisse bezüglich der sprachlichen Erhellung des Sachverhaltes gestützt werden, aber auf die bekannten inhaltlichen Momente.

[337] Den Aspekt der Sittenwidrigkeit aufgrund mangelnder Geschäftserfahrung von Ausländern sieht Staudinger-Sack, § 138, Rn. 29, 205.

gelnden geschäftlichen Erfahrung beispielsweise aufgrund des Alters gelten lässt[338].

Der seitens des OLG Nürnberg[339] vertretene „Ansatz", fremdsprachige Vertragsklauseln als überraschend im Sinne von § 3 AGBG anzusehen, trägt zwar einer gewissen vertraglichen Ungleichgewichtslage Rechnung, beantwortet aber keine strukturellen Fragen des Verständigungsrisikos, die –im bankenrechtlichen Bereich- vielmehr im Rahmen der Auslegung von § 2 AGBG zu suchen sind[340]. Auch hat der Bundesgerichtshof bislang in keiner Entscheidung die Anwendung von § 3 AGBG ausdrücklich abgelehnt, so dass die in diesem Urteil vertretenen Thesen sich auch nicht im Widerspruch zu der bislang herrschenden Rechtsprechung befinden. Die Wertungen des Gerichts enthalten auch weniger speziell sprachenrechtliche Erwägungen als allgemeine Erörterungen bezüglich der Auslegung von § 3 AGBGB[341]. Zur Lösung der typischen Vertragssituation von nicht deutschsprachigen Verbrauchern trägt diese Entscheidung folglich nichts bei.

Bezüglich des Ansatzes des BGH, die vertragliche Ungleichgewichtslage möglicherweise durch eine verbraucherspezifische Auslegung des Schriftformerfordernisses des § 766 BGB zu würdigen, sind einige allgemeine Bedenken anzuführen. Das Gericht geht davon aus, dass in Bezug auf die Verletzung der Warnfunktion der Formvorschrift durch die fremdsprachliche Fassung der Vertragsurkunde deswegen keine Bedenken bestehen, weil die Bürgin den Vertragstext überhaupt nicht zur Kenntnis genommen habe[342]. Dieser Feststellung liegen aber zwei nicht unbedenkliche Prämissen zugrunde. Zum ersten setzt das Gericht stillschweigend voraus, dass die Warnfunktion auch erfüllt ist, wenn der Vertragspartner zwar keine Kenntnis vom Vertragsinhalt genommen hat, diese Kenntnisnahme aber möglich war. Zum zweiten kann der Hinweis des BGH auf die Missachtung des Vertragstextes seitens der Bürgin nur so verstanden werden, dass in diesem Verhalten ein konkludenter Verzicht auf das Schriftformerfordernis gesehen wird, und der Bürge den Vertrag in jedem Fall abgeschlossen hätte.

Beide Prämissen werden an dieser Stelle angezweifelt. Die Warnfunktion ist nicht schon dann erfüllt, wenn eine nur potentielle Kenntnisnahme vorliegt. Normzweck von § 766 BGB ist nämlich, einen gewissen Schutz vor einer, möglicherweise existenzbedrohenden Bürgschaftsverpflichtung zu gewähren, indem dem Bürgen durch die Schriftlichkeit sowohl der Vertragsinhalt in seiner Gänze vor Augen geführt wird, als auch die Ernsthaftigkeit des abzuschließenden Ge-

---

[338] BGH, Urteil vom 25. 03. 1966, in NJW 1966, 1451.

[339] OLG Nürnberg, Urteil vom 10. 06. 1990, in NJW 1991, 232 ff..

[340] Vgl. dazu unten die Diskussion der Sprachproblematik in der Literatur.

[341] Bezüglich der Frage, wann eine entsprechende Klausel als überraschend anzusehen ist, legt das OLG Nürnberg, a. a. O. (235) auch das Verständnis eines deutschsprachigen Durchschnittskunden als Maßstab an.

[342] BGH, Urteil vom 27. 10. 1994, in NJW 1995, 190/191.

schäfts[343]. Angesichts dieses Zwecks kann es kaum ausreichen, dass der Vertragspartner die abstrakte Möglichkeit hat, den Vertragsinhalt zur Kenntnis zu nehmen. Denn dann beschränkt sich die Handlung des zukünftigen Bürgen auf den formalen Akt der Unterschrift ohne jedes Moment des Innehaltens oder der Abwägung. Lässt man also eine rein potentielle Kenntnisnahme schriftlicher Vertragsurkunden ausreichen, dann nähern sich diese an rein mündliche Vertragserklärungen an, die aufgrund ihrer Flüchtigkeit und Unüberlegtheit gerade im Bereich von Bürgschaften gänzlich unangemessen sind.
Zum zweiten wurde bereits erörtert, dass stillschweigende rechtsgeschäftliche Handlungen an besondere Voraussetzungen geknüpft sind, insbesondere dass dem Handeln der Partei ein solcher Wille ohne Zweifel entnommen werden kann. Dies kann aber doch dann nicht angenommen werden, wenn es sowohl an einer tatsächlichen Grundlage für einen möglicherweise stillschweigend gebildeten Willen fehlt –der Vertragstext war für die Bürgin völlig unverständlich-, als auch der Erklärende die Folgen seiner Erklärung gänzlich nicht absehen kann. Des weiteren muss im Rahmen des Formerfordernisses des § 766 BGB die generelle Möglichkeit eines (konkludenten) Verzichts auf das Formerfordernis überhaupt angezweifelt werden[344].
Auch ist die Prämisse, die Warnfunktion sei deswegen erfüllt, weil die bewusste Nichtkenntnisnahme zeige, dass der Vertrag in jedem Fall abgeschlossen werde, nicht anzuerkennen. Dies bedeutete ja, dass die Warnfunktion von Formerfordernissen Schutz davor gewähren soll, überhaupt ein Vertragsverhältnis einzugehen. Dies widerspricht aber der Rechtsprechung des BGH, wonach alle wesentlichen Vertragsbestandteile in der Bürgschaftsurkunde niedergelegt werden müssen[345]. Denn das weist darauf hin, dass die Warnfunktion vielmehr der Schaffung einer vollständigen Entscheidungsgrundlage dient, auf deren Basis eine objektive Risikoabschätzung durch den Bürgen möglich ist.
Die Rechtsprechung des BGH ist angesichts dieser Widersprüchlichkeiten jedenfalls mit der gegebenen Begründung nicht haltbar. Anders wäre dies sicherlich zu beurteilen, wenn der Sicherungsgeber trotz mangelnder Sprachfähigkeit behauptet, den Vertragstext vollständig verstanden zu haben. Dann kann dem Sicherungsgeber keine weitere Übersetzungspflicht aufgebürdet werden. Ansonsten muss die Partei, die einen bestimmten Vertragsinhalt in das Geschäftsverhältnis einbringen will auch dafür sorgen, dass dies in einer, für die andere Partei verständlichen Form geschieht. Denn es ist nur sachgerecht, dass derjenige, der die Vorteile daraus zieht, dass er bestimmte Vertragsinhalte diktieren kann, auch

[343] Vgl. Staudinger-Horn, § 766 BGB, Rn. 1.
[344] Auch Änderungsvereinbarungen und Nebenabreden sind nach § 766 BGB formbedürftig (Palandt-Sprau, § 766, Rn. 3).
[345] Die Rechtsprechung des BGH, Urteil vom 02. 02. 1989, in NJW 1989, 1484 ff., dass in der Bürgschaftsurkunde die wesentlichen Teile der Abmachung enthalten sein muss, und insbesondere auch der Umfang der Bürgschaftsverpflichtung niederzulegen ist, wird an keiner Stelle bestritten.

aus diesem Umstand entstehende Nachteile, nämlich dass er der anderen Seite diese Inhalte zur Kenntnis bringen muss, trägt[346].

Zusammenfassung zur bankenrechtlichen Rechtsprechung

Die Auseinandersetzung mit der Rechtsprechung zum Verständigungsrisiko im bankenrechtlichen Bereich hat ergeben, dass eine einheitliche Herangehensweise an diese Problematik nicht zu erkennen ist. Von den gegebenen Lösungsansätzen der Branchenüblichkeit, der Verhandlungs- und Vertragssprache und dem Grundsatz der Unterschrift unter eine ungelesene Urkunde ist jedenfalls der der Branchenüblichkeit mit dem geltendem Recht nicht vereinbar. Dieser Grundsatz verstößt gegen § 2 AGBG.

Aber auch die Rechtsprechung zur Verhandlungs- und Vertragssprache bedarf im Geschäftsverkehr mit Verbrauchern einer Modifikation. Es wird an dieser Stelle angezweifelt, dass in der Vielzahl der Fälle von einer stillschweigenden Zustimmung des Verbrauchers zu der Wahl einer Verhandlungssprache gesprochen werden kann. Gegen eine solche Zustimmung sprechen sowohl die besondere Vertragssituation zwischen Verbraucher und Bank als auch die Tatsache, dass rechtlich mit der Verwendung der deutschen Sprache nicht gerechnet werden muss, so dass es besonderer Anhaltspunkte für einen derartigen Willen bedarf.

Die Übertragung der Rechtsprechung zum Grundsatz der Unterschrift unter eine ungelesene Urkunde auf das Verständigungsrisiko ist jedenfalls dann abzulehnen, wenn die sprachlichen Defizite des Kunden für die Bank erkennbar waren. Dies ergibt sich daraus, dass im Rahmen einer Abwägung der gegenläufigen Interessen das Vorliegen einer zurechenbaren Erklärung abzulehnen ist. Bezüglich des Ausschlusses der Anfechtbarkeit ist es nicht haltbar, das Vorliegen eines Irrtums abzulehnen. Diese These ist unbelegt und wenig realitätsnah. Zudem muss danach unterschieden werden, ob der Vertragsinhalt nicht verstanden werden will oder kann.

Angesichts dieser Erwägungen werden die vereinzelten Ansätze in der Rechtsprechung begrüßt, der Vertragsdisparität durch die Annahme von Aufklärungspflichten bei der Auslegung von § 123 I oder 138 BGB Tribut zu zollen[347]. Letztlich ist auch in der erweiternden Auslegung von § 766 BGB dahingehend, dass die Schriftform nur bei der Verwendung der Sprache des Verbrauchers gewahrt ist, die Auferlegung einer solchen, nur eben schriftlichen Aufklärungspflicht zu sehen.

---

346 Vgl. auch die im Ergebnis übereinstimmende Äusserung von Reich, in NJW 1995, 1857 ff. (1859).

347 Bei Jayme (in FS für Bärmann, 509 ff. (515)) und Linke (in ZVR (79) 1980, 48) findet sich die Forderung nach speziellen Aufklärungspflichten bereits in einer Zeit, in der der verbraucherrechtliche Aspekt der Sprachproblematik noch nicht aktuell war.

Entgegen der herrschenden Meinung in der Rechtsprechung obliegt also dem Kreditinstitut die Übersetzung des Vertragstextes in die Sprache des Kunden. Im Massenverkehr der Darlehen und Bürgschaften ist eine solche Übersetzungsobliegenheit mit Blick auf die geringere Zahl der zu erwartendenden Prozesse auch wirtschaftlich gesehen vertretbar, da die Übersetzungskosten einmalig anfallen bzw. in einem vernachlässigbaren Umfang bei späteren Aktualisierungen oder Veränderungen.

bb. Verständigungsrisiko im versicherungsrechtlichen Bereich

Ein zweiter besonderer Augenmerk soll nicht nur wegen der wirtschaftlichen Bedeutung für den Verbraucher auf den versicherungsrechtlichen Bereich gelegt werden. In Vertragsverhältnissen von Versicherungen mit Verbrauchern kommt es zudem besonders häufig zu diskriminierungsrechtlich relevanten Effekten[348]. Neben die Problematik der wirksamen Einbeziehung allgemeiner Geschäftsbedingungen tritt dabei ein speziell versicherungsrechtlicher Gesichtspunkt, nämlich welche sprachlichen Anforderungen an die diversen speziellen Aufklärungspflichten zu stellen sind. Dabei handelt es sich häufig nicht um typische Aufklärungspflichten aus dem vorvertraglichen Bereich, die die Funktion erfüllen könnten, bereits den Abschluss eines Versicherungsvertrages unter den gegebenen Umständen zu verhindern[349], sondern um Belehrungen bei der Vertragsdurchführung, die dem Versicherungsnehmer möglicherweise sprachlich völlig unverständlich sind. Bei Nichtbeachtung dieser Belehrungen können sich rechtliche Nachteile für den Versicherungsnehmer ergeben, etwa wenn dieser die sechsmonatige Klagefrist nach § 12 III 1 VVG[350] trotz wirksamer Ablehnung des Anspruches nach § 12 III 3 VVG seitens des Versicherungsgebers nicht einhält.

(1) Rechtsprechung zur Einbeziehung allgemeiner versicherungsvertraglicher Bedingungen

Die herrschende Meinung in der Rechtsprechung zum versicherungsvertraglichen Bereich[351] verfährt bezüglich der Einbeziehung von allgemeinen Versiche-

---

[348] Vgl. unter III.

[349] Dies wäre im übrigen auch in dem praktisch wichtigen Bereich der Pflichtversicherungsverträge wenig sinnvoll, vgl. das Gesetz über die Pflichtversicherung für Kraftfahrzeugshalter vom 05. 04. 1965, in BGBl. I, 213, in der geänderten Fassung vom 21. 07. 1994, BGBl. I 1630.

[350] Gesetz über den Versicherungsvertrag vom 30. 05. 1908, in RGBl. 263, in der geänderten Fassung vom 09. 03. 2000, in BGBl. I, 182.

[351] Aus der umfangreichen Zahl versicherungsrechtlicher Entscheidungen mit verbraucherspezifischem Bezug seien hier exemplarisch die folgenden genannt:
OLG Nürnberg, Urteil vom 22. 10. 1994, in NJW-RR 1995, 481 ff.; OLG Köln, Urteil vom 16. 06. 1994, in VersR 1995, 201 ff.; OLG Köln, Urteil vom 04. 10. 1990, in VersR 1990, 1381 ff.; LG Köln 03. 08. 1988, in R+S 1988, 352, AG Köln, Urteil vom 05. 10. 1984, in ZfS 1985, 22; AG Köln, Urteil vom 05. 06. 1984, in ZfS 1984, 240 ff.; KG Berlin, Urteil vom 28. 06. 1983,

rungsvertragsbedingungen nicht anders als im bankenrechtlichen Bereich, d. h. lässt den Einwand der Sprachunkundigkeit von vorneherein nicht gelten. In älteren Entscheidungen findet sich sogar die Auffassung, dass allgemeine Versicherungsvertragsbedingungen auch dann Vertragsbestandteil werden, wenn diese vom Versicherungsgeber gar nicht ausgehändigt wurden, der Versicherungsnehmer diese also gar nicht zur Kenntnis nehmen konnte. Argument dafür war auch hier, dass der Versicherungsnehmer aufgrund der allgemeinen Üblichkeit derartiger Bedingungen mit diesen auch rechnen musste[352]. Der sprachunkundige Versicherungsnehmer soll daher wie im bankenrechtlichen Bereich nach einer Vielzahl von Entscheidungen die Übersetzungslast[353] tragen, d. h. auch das volle Verständigungsrisiko bei einer Unterschrift unter eine sprachlich nicht verständliche Urkunde[354]. Das LG Köln und das LG Kassel begründen eine Übersetzungsobliegenheit und die Ablehnung einer Aufklärungspflicht seitens des Versicherungsgebers bereits mit dem Umstand, dass der Versicherungsnehmer am ausländischen Rechtsverkehr teilnimmt[355]. Hier kann daher bezüglich der zweifelhaften Anwendung der genannten Grundsätze auf das Verständigungsrisiko auf die vorgehend gemachten Ausführungen verwiesen werden. Die Vertragssituation zwischen Versicherungsnehmer und -geber ist auch von der bankenspezifischen nicht so artverschieden, dass sich eine Übertragung der Argumentation von vornherein verbietet.

Allerdings muss bei einer großen Zahl von Entscheidungen die vor dem 21. 07. 1994 noch unterschiedliche Gesetzeslage beachtet werden. Mit dem Dritten Durchführungsgesetz/EWG zum Versicherungsaufsichtsgesetz[356] wurde die bislang geltende „Privilegierung“ in § 23 III AGBG eingeschränkt. Bis zu diesem Zeitpunkt abgeschlossene Versicherungsverträge sollten dann nicht der Kontrolle nach § 2 I Nr. 1 und 2 AGBG unterliegen, wenn die allgemeinen Versicherungsbedingungen von der zuständigen Aufsichtsbehörde genehmigt worden wa-

---

in VersR 1984, 977 ff.; OLG Hamm, Urteil vom 28. 01. 1981, in VersR 1981, 970 ff.; AG Siegen, Urteil vom 24. 08. 1979, in VersR 1980, 326; LG Köln, Urteil vom 16. 06. 1979, in VersR 1979, 1145; OLG Koblenz, Urteil vom 11. 12. 1975, in VersR 1976, 1080 ff.; OLG Koblenz, Urteil vom 19. 12. 1974, in VersR 1975, 893 ff.; LG Stuttgart, Urteil vom 19. 04. 1974, in VersR 1976, 826; AG Krempe, Urteil vom 13. 11. 1973, in VersR 1974, 229; OLG Stuttgart, Urteil vom 02. 03. 1972, in VersR 1972, 824; OLG Hamm, Urteil vom 10. 12. 1969, in VersR 1970, 315 ff.; LG Berlin, Urteil vom 20. 06. 1969, in VersR, 1969, 845 ff.; LG Nürnberg-Fürth, Urteil vom 30. 09. 1964, in VersR 1965, 651 ff..

[352] OLG Stuttgart, Urteil vom 02. 03. 1972, a. a. O. (825). Prölss-Martin erkennt in der versicherungsrechtlichen Rechtsprechung letztlich keine anderen Grundsätze als den der Brachenüblichkeit und den der Unterschrift unter eine ungelesene Urkunde, VVG, Vorbem. I, Rn. 22 f.

[353] Vgl. nur OLG Stuttgart, a. a. O.; OLG Köln, Urteil vom 04. 10. 1990, a. a. O. (1382).

[354] OLG Stuttgart, a. a. O..

[355] LG Kassel, Urteil vom 04. 06. 1993, in VersR 1994, 590; LG Köln, Urteil vom 05. 12. 1984, in VersR 1985, 381 ff..

[356] BGBl. I vom 28. 07. 1994, 1630.

ren[357]. Allerdings war dies auch unter der früheren Gesetzeslage nicht unumstritten. Teilweise wurde bezweifelt, ob durch die aufsichtsrechtliche Genehmigung jeglicher Konsens der Parteien über die Einbeziehung der allgemeinen Versicherungsbedingungen unnötig würde[358], oder ob nicht auch weiterhin eine entsprechende Erklärung des Versicherungsnehmers vonnöten sei[359].
Nach heute geltender Gesetzeslage[360] ist folglich § 2 I AGBG auch auf die Einbeziehung allgemeiner Versicherungsvertragsbedingungen anzuwenden, wobei mögliche Modifizierungen durch die §§ 5 a VVG und 10 a VAG zu beachten sind[361].
Dass sich mit dieser Gesetzesänderung auch die bisherige Haltung der Rechtsprechung zugunsten verbraucherspezifischer Aufklärungspflichten verändern wird, ist allerdings angesichts der im bankenrechtlichen Bereich schon seit längerem geltenden Gesetzeslage nicht zu erwarten. Aus dieser Befürchtung heraus wird den, von der h. M. in der Rechtsprechung abweichenden Entscheidungen - wie dem einleitend genannten Urteil des AG Köln vom 05. 10. 1984- an späterer Stelle[362] besondere Aufmerksamkeit gewidmet. Denn der Gedanke des Verstoßes gegen „höherrangiges Recht" aufgrund einer Desinformation des ausländischen Verbrauchers blieb bislang in Rechtsprechung und Lehre unbeachtet.
Nur im Rahmen besonderer Belehrungspflichten des Versicherungsvertragsrechts sieht die Rechtsprechung einen Anlass für eine verbraucherfreundliche Auslegung.

(2) Versicherungsrechtliche Aufklärungs- und Belehrungspflichten

Die Mehrzahl der Entscheidungen bezüglich der sprachlichen Anforderungen an Belehrungspflichten beziehen sich auf die Belehrung nach § 12 III 2 VVG, wonach die sechsmonatige Klagefrist für den Versicherungsnehmer erst mit der schriftlichen Ablehnung des erhobenen Anspruchs und einer entsprechenden Rechtsbelehrung über die Folgen einer Fristversäumung zu laufen beginnt. Wenn auch unter diesen nicht wenige zu finden sind, die die mangelnden Sprachkenntnisse des Versicherungsnehmers in dem Maße für nicht relevant halten, dass kei-

---

[357] BGH, Urteil vom 05. 09. 1990, in NJW-RR 1990, 1115.
[358] Vgl. Loewenheim, in AcP 180 (1980), 433 ff. (444); Nörenberg, in NJW 1978, 1086.
[359] So Prölss-Martin, VVG, 26. Auflage, Vorbem. I, Rn. 17, 22; Weber, in VersR 1986, 1 ff..
[360] Zu den Änderungen vgl. Lorenz, in VersR 1995, 616 ff. (617); Dörner/Hofmann, in NJW 1996, 153 ff..
[361] Zu diesen Modifizierungen vgl. Dörner/Hoffmann, a. a. O. (154 f.).
[362] I. B. 1. b. aa. (4).

nerlei Aufklärungspflichten bestehen[363] bzw. auch keine Verpflichtung zur Übersetzung[364].
Aber auch in Entscheidungen, die den Einwand des Verbrauchers für beachtenswert halten, eine sprachlich unverständliche Belehrung verfehlte gänzlich ihren Zweck, wird keine Übersetzung der Belehrung gefordert, sondern vielmehr lediglich ein Hinweis in der Heimatsprache des Versicherungsnehmers, dass es sich um eine Belehrung handelt, die rechtliche Konsequenzen nach sich ziehen kann[365]. Unbedingte Voraussetzung soll aber auch sein, dass die mangelnden Deutschkenntnisse erkennbar waren[366].

In der Literatur wird die Begrenzung der Übersetzungsobliegenheit auf den Hinweis nicht unkritisch gesehen. *Gruber* weist darauf hin, dass Wertungswidersprüche mit der Sprachregelung in § 10 a II VAG verhindert werden könnten, wenn nicht nur der Hinweis, sondern die vollständige Belehrung in der Heimatsprache des ausländischen Versicherungsnehmers abgefasst würden[367]. § 10 a II VAG fordert eindeutig formulierte und gegliederte Verbraucherinformationen bezüglich der Umstände, die in Anhang D zu § 10 a VAG genannt sind. Darunter ist etwa auch unter Abschnitt I g) die Belehrung in Bezug auf einen Rücktritt und oder Widerruf genannt. Eine sprachlich mangelhafte Belehrung kann dann beispielsweise Auswirkungen auf den Beginn des Laufes von Fristen etwa nach § 5 a II VVG oder § 8 IV VVG[368] haben[369]. Mit Recht entgegnet *Gruber* zudem einer Ansicht in der Literatur[370], dass es nicht darauf ankommen könne, ob der Vertrag aufgrund allgemeiner Vertragsbedingungen deutschem Recht unterliege oder die Vertragssprache Deutsch sei, da es hier um die Anwendung zwingenden Rechts gehe[371].
Den gedanklichen Anschluß an *Grubers* Ansicht findet das OLG Koblenz[372], indem die Übertragung von Übersetzungspflichten aus anderen Bereichen, darunter auch öffentlichen wie etwa § 185 Gerichtsverfassungsgesetz oder § 16 II Beurkundungsgesetz, auf versicherungsrechtliche Belehrungspflichten vorgeschla-

---

[363] OLG Köln, Urteil vom 04. 10. 1990, in VersR 1381 ff. (1382); LG Köln, Urteil vom 03. 08. 1988, in R+S 1988, 352 ff. (353).
[364] OLG Nürnberg, Urteil vom 22. 12. 1994, a. a. O. (482); OLG Köln, Urteil vom 16. 06. 1994, a. a. O. (201).
[365] Vgl. OLG Nürnberg, Urteil vom 22. 12. 1994, a. a. O.; OLG Koblenz, Urteil vom 19. 12. 1974, a. a. O. (894).
[366] Von einer solchen Erkennbarkeit kann nicht schon allein dann ausgegangen werden, wenn der Versicherungsnehmer einen ausländischen Namen trägt, vgl. OLG Köln, Urteil vom 16. 06. 1994, a. a. O. (201); Gruber, in Honsell, VVG, § 12, Rn. 70.
[367] Gruber, in Honsell, VVG, § 12, Rn. 71.
[368] § 5a ist nach § 8 aber insoweit vorrangig, vgl. § 8 VI VVG.
[369] Vgl. zum Ganzen Roth, in Honsell, VVG, Europäisches Versicherungsrecht, Rn. 119 f..
[370] Schmalzl, in VersR 1995, 1224 ff..
[371] Gruber, a. a. O. (Rn. 71).
[372] OLG Koblenz, Urteil vom 19. 12. 1974, a. a. O..

gen wird. Allerdings kann allein der Verweis auf öffentlich-rechtliche, insbesondere prozessrechtliche Übersetzungspflichten sicherlich nicht ausreichen[373], wenn der Frage nachgegangen werden soll, ob hinter diesen öffentlich-rechtlichen Normen ein verallgemeinerungsfähiger Rechtsgedanke steckt.
Wollte man diese Normen auf den Versicherungsbereich ausdehnen, dann ginge man von der These aus, dass durch diesen Bereich –auch soweit es sich um originär privatrechtliche Versicherungen handelt- in so großem Maße allgemeinstaatliche Aufgaben übernommen werden, dass eine Anwendung öffentlich-rechtlicher Normen, die in dieser Hinsicht keinen Rechtsanwendungsbefehl enthalten[374], auch hier gerechtfertigt erscheint. Abgesehen von einigen sozialwissenschaftlichen Modellen[375] ist dies de lege lata wohl nicht begründbar.

cc. Im Überblick: sonstige Entscheidungen mit verbraucherrechtlichem Bezug

Abseits der spezifisch banken- bzw. versicherungsrechtlichen Rechtsprechung seien an dieser Stelle drei Entscheidungen erörtert, denen möglicherweise Aussagen in Bezug auf Sprachenregelungen entnommen werden können.
Im von der praktischen Bedeutung her nicht zu überschätzenden Bereich ärztlicher Aufklärungspflichten ist seit jeher unbestritten, dass das Verhältnis zwischen Arzt und Patient insbesondere von dem Selbstbestimmungsrecht des Patienten geprägt ist[376] -gerade im Rahmen der Einwilligung in, dieses Recht beeinträchtigende Eingriffe[377]-, und daher stets eine individuelle Unterredung stattzufinden hat[378]. Der Arzt hat vor allem darauf zu achten, dass der Patient in seiner Aufnahmefähigkeit nicht überfordert wird und er namentlich von diesem auch verstanden wird[379]. In diesem Sinne entschied in jüngerer Zeit das OLG Frankfurt[380] einen Fall, in dem die Patientin zwar einräumte, über gewisse umgangsprachliche Deutschkenntnisse zu verfügen, aber die Aufklärung über eine angeblich erforderliche Sterilisation nicht verstehen konnte. Das Gericht verlangte von dem behandelnden Arzt, dass es diesem obliegt auszuschließen, dass er missverstanden werden könnte. Zur Erfüllung dieser Pflicht -und zur Vermei-

---

[373] Zur Klarstellung sei hier angemerkt, dass das OLG Koblenz die eigene Meinung zu § 12 III VVG keineswegs nur auf den Hinweis auf § 185 GVG und § 16 II BeurkG stützt, sondern vielmehr auf eine Auslegung des VVG.
[374] Anders als etwa das VVG oder das VAG.
[375] Vgl. Fn. 46.
[376] Laufs, in NJW 1991, 1516.
[377] Der Einwilligung hat die Aufklärung sachlogisch vorauszugehen. Zur Einwilligung im Arztrecht vgl. Doris Voll, Die Einwilligung im Arztrecht.
[378] Francke/Hart, Ärztliche Verantwortung und Patienteninformation, 30.
[379] So formuliert der BGH in seinem Urteil vom 16. 01. 1959, in BGHZ 29, 176 ff. (184)=NJW 1959, 815: „Dabei das richtige Wort gegenüber seinem Patienten zu finden, ist auch hier seine ärztliche Aufgabe."
[380] OLG Frankfurt, Urteil vom 19. 05. 1993, in VersR 1995, 986 ff..

dung von (hier) Schmerzensgeldansprüchen- hat der Arzt daher zu der Aufklärung eine dritte Person hinzuzuziehen, die möglicherweise unverständliche Passagen übersetzten kann[381].
Zwar kann man dahingehend nicht von einer gefestigten höchstrichterlichen Rechtsprechung sprechen, aber nicht weil eine Vielzahl von diesem Ansatz abweichender Entscheidungen der Obergerichte vorliegen, sondern weil dieses Problem weniger als speziell (fremd)sprachliches auftaucht, sondern unter allgemeine Probleme der Verständlichkeit fällt[382].

Ähnlich liegt es bezüglich der Rechtsprechung zu Belehrungspflichten nach § 7 II 2 Verbraucherkreditgesetz[383] und § 2 I 2 Haustürwiderrufsgesetz[384]. Eine einheitliche Linie der Rechtsprechung in Bezug auf die sprachliche Ausgestaltung dieser Belehrungen kann mangels ausreichender Anzahl von Entscheidungen nicht festgestellt werden[385]. In einem Urteil des AG Kirchhain vom 11. 08. 1988[386] zum „alten" § 1b II 2 Abzahlungsgesetz wird aber deutlich, dass in diesem Bereich mit einer weitgehenden „Großzügigkeit" der Gerichte zu rechnen ist. Nach dieser Entscheidung soll der gewerbsmäßige Verkäufer, wenn diesem die mangelnden Deutschkenntnisse bekannt waren, gehalten sein, die Widerrufsbelehrung nicht nur in deutscher, sondern hier auch in türkischer Sprache bereit zu halten. Ob diesem Urteil allerdings eine generelle Aussage zu einer Sprachenregelung im Abzahlungsgesetz entnommen werden kann, muss bezweifelt werden. Denn das Gericht argumentierte in diesem besonderen Fall damit, dass wesentliche Teile des Vertragstextes bereits in türkischer Sprache verfasst waren, und der ausländische Verbraucher dann nicht damit rechnen musste, dass ausgerechnet die rechtlich doch bedeutsame Widerrufsbelehrung

---

[381] OLG Frankfurt, Urteil vom 19. 05. 1993, a. a. O. (987).

[382] Auch die umfangreiche Arbeit von Voll (auf den Seiten 113 ff.) widmet sich keinen spezifisch sprachlichen Aspekten der Aufklärungspflichten.

[383] Beachte aber ab 1. 10. 2000 die geänderte Fassung von § 7, vgl. Verbraucherkreditgesetz in der Fassung vom 29. 07. 2000, in BGBl. I, 940.

[384] Auch hier gilt ab 1. 10. 2000 die neue Fassung von § 2, vgl. Gesetz über den Widerruf von Haustürgeschäften und ähnlichen Geschäften in der Fassung vom 29. 06. 2000, in BGBl. I 955.

[385] Es bleibt an dieser Stelle anzumerken, dass das Fernabsatzgesetz vom 27. 06. 2000, in BGBl. I 887, zu einer Zusammenführung verbraucherrechtlicher Belehrungspflichten und Widerrufsrechte in § 361 a und b geführt hat. Die Kommentierung von Heinrichs in Palandt zeigt aber, dass der sprachenrechtliche Aspekt von § 361 a in Rechtsprechung und Lehre bislang keine Rolle spielt, § 361 a, Rn. 10 ff. (13). In der Kommentierung von Werner, in Staudinger (13. Auflage 1998), § 2 HausTWG, Rn. 36, wird der Sprachenfrage bezüglich der Belehrungspflicht nach § 2 I 2 HausTWG immerhin ein Satz gewidmet. Danach hat die Belehrung grundsätzlich in deutscher Sprache zu erfolgen, hängt aber im Einzelfall von den Sprachkenntnissen des Empfängers ab. Eine Auseinandersetzung mit „der Literatur" in diesem Bereich erscheint daher wenig hilfreich.

[386] AG Kirchhain, Urteil vom 11. 08. 1988, in VuR 1989, 21 ff..

rechnet die rechtlich doch bedeutsame Widerrufsbelehrung ausgerechnet in deutscher Sprache niedergelegt worden war[387].

In ähnlicher Weise kann auch der Entscheidung des LG Berlin[388] in einem Fall aus dem Reisebereich kaum Grundsätzliches entnommen werden. Das LG Berlin sieht einen Verstoß gegen § 2 I Nr. 2 AGBG darin, dass eine Fluggesellschaft ihre allgemeinen Beförderungsbedingungen auch im Geschäftsverkehr mit deutschen Passagieren lediglich in englischer Sprache verfasst, stützt diesen Verstoß aber vor allem auch darauf, dass der Hinweis auf die Beförderungsbedingungen auf der Rückseite des Flugtickets abgedruckt war und daher nicht ausreichend einfach zur Kenntnis genommen worden konnte[389]. Ob also das Gericht einen Verstoß gegen § 2 I AGBG allein mit der Verwendung einer Fremdsprache begründen würde, kann daher nicht mit Sicherheit prognostiziert werden.

Die genannten Entscheidungen erfüllen aber jedenfalls den Zweck zu belegen, dass die Rechtsprechung Ansätze erkennen lässt, allgemeine oder auch gesetzlich normierte Aufklärungspflichten im Sinne einer Sprachenregelung auszugestalten.

Zusammenfassung und Schluss

Die Behandlung der Sprachenproblematik in der Rechtsprechung hat gezeigt, dass es häufig nicht angebracht erscheint, eine Position *der* Rechtsprechung feststellen zu wollen. Einige Entscheidungen haben allerdings deutlich gemacht, dass die im kaufmännischen Bereich geltenden Grundsätze zum Verständigungsrisiko auch im Geschäftsverkehr mit Verbrauchern Geltung beanspruchen sollen. Diese Übertragung wird an dieser Stelle für den Fall, dass die Sprachunkundigkeit des Verbrauchers für den Vertragspartner erkennbar war, abgelehnt. Argumente gegen eine Anwendung der im kaufmännischen Bereich geltenden Grundsätze sehen sich insbesondere in der bürgerlich-rechtlichen Dogmatik begründet, insofern als Probleme bei der Konsensbildung aufgezeigt wurden, sowie im Bereich des allgemeinen gedanklichen Fundamentes des Grundsatzes der Verhandlungs- und Vertragssprache, der seine Berechtigung in den Besonderheiten des kaufmännischen Verkehrs findet, vor allem in einem vertraglichen Machtgleichgewicht.
Der Grundsatz der Unterschrift unter eine ungelesene Urkunde wird bezüglich des Bereichs des Verständigungsrisikos des Verbrauchers abgelehnt. Dies ergibt eine Interessenabwägung, bei der der These besondere Bedeutung beigemessen

---

[387] AG Kirchhain, Urteil vom 11. 08. 1988, in VuR 1989, 21 ff. (22).
[388] LG Berlin, Urteil vom 10. 06. 1981, in NJW 1982, 343 ff..
[389] LG Berlin, Urteil vom 10. 06. 1981, in NJW 1982, 343 ff. (344).

wird, dass im deutschen Vertragsverkehr mit der deutschen Sprache rechtlich nicht gerechnet werden muss.

In anderen Entscheidungen können Überlegungen ausgemacht werden, die der Begründung allgemeiner Aufklärungspflichten in der Heimatsprache des Verbrauchers dienen. Ihre gesetzliche Grundlage wird von Fall zu Fall in Normen wie beispielsweise § 123 I BGB oder § 138 BGB identifiziert, deren Tatbestandsmerkmale verbraucherfreundlich ausgelegt werden, indem etwa festgestellt wird, dass die bewusste Ausnutzung der mangelnden Sprachkenntnis des Ausländers sittenwidrig sein kann. In dem Urteil des AG Köln werden derartige Informationspflichten aus einer verfassungs- bzw. völkerrechtskonformen Auslegung von § 242 BGB gewonnen.
Der BGH spricht die Möglichkeit an, bei der Auslegung von § 766 BGB vertragliche Ungleichgewichtslagen zu beachten.

Die Untersuchung des versicherungsrechtlichen Bereichs ergab, dass hier eine sprachliche „Färbung" von Informationspflichten weniger kritisch gesehen wird als im bankenrechtlichen Sektor. Aber nicht nur für die versicherungsrechtlichen Belehrungspflichten, z. B. nach § 12 III VVG, wird deutlich, dass sich hier vor allem aufgrund der rechtlichen Folgen, die sich aus einer Nicht-Beachtung der Belehrungen ergeben, die Forderung nach Übersetzungspflichten eher werden durchsetzen können, als auch für Informationspflichten aus den typischen Verbrauchernormen des Haustürwiderrufsgesetzes und dem Verbraucherkreditgesetz.
Der geringe Aufwand der Übersetzung derartiger Belehrungen sowie die bedeutsamen rechtlichen und persönlichen Konsequenzen des korrekten Verständnisses legen es somit nahe, auch in anderen versicherungsrechtlichen oder allgemein verbraucherspezifischen Normen, die Rechtsbelehrungen fordern, Sprachenregelungen zu sehen. Im übrigen wäre dies im Hinblick auf die vereinzelten Sprachenregeln in § 10 a II VAG und § 3 TzWrG einer größeren Einheitlichkeit und Rechtsklarheit förderlich.

2. Das materielle Problem des Verständigungsrisikos in der Literatur

Anders als die Rechtsprechung ist die Literatur um eine dogmatisch abgesicherte Behandlung des Verständigungsrisikos bemüht. Die Lösungsvorschläge decken dabei nahezu die gesamte Breite der Rechtsgeschäftslehre des Allgemeinen Teils des BGB ab. Die Autoren verorten das Problem des mangelnden sprachlichen Verständnisses in den Bereich der Auslegung[390], des Zugangs[391], der Zurech-

---

[390] Spellenberg, in FS für Ferid, 466 ff.; Jancke, a. a. O. (123, 170 ff.).
[391] Medicus, Allgemeiner Teil des BGB, § 22, Rn. 295 ff.; Schlechtriem, in FS Weitnauer, 136; John, in AcP 184 (1984), 385 ff. (398).

nung[392], der Form[393] oder der Anfechtung[394] einer Willenserklärung. Lediglich ältere Abhandlungen fordern dabei, dass die Sprachproblematik einem einzigen von diesen Bereichen zugeordnet wird. In neueren Untersuchungen wird erkannt, dass sich die diversen rechtsgeschäftlichen Aspekte des Problems nicht gegenseitig ausschliessen, sondern dass das Problem verschiedene Ebenen des Vertragsschlusses betreffen kann, und je nach der konkreten Konstellation auf der einen oder der anderen Ebene nach einer angemessenen Lösung gesucht werden muss[395].
Neben den Überlegungen im Rahmen des allgemeinen rechtsgeschäftlichen Bereichs finden sich auch Autoren, die die Problematik nur unter dem speziellen Aspekt der Einbeziehung von Allgemeinen Geschäftsbedingungen behandeln[396]. Mit Blick auf die besondere Bedeutung der Allgemeinen Geschäftsbedingungen im Geschäftsverkehr mit Verbrauchern soll diesem Bereich nach der Erörterung der rechtsgeschäftlichen Grundlagen auch ein eigener Abschnitt gewidmet werden, dies insbesondere auch deswegen, weil sich im allgemeinen AGB-rechtlichen Transparenzgebot am ehesten Ansätze für sprachlich ausgestaltete Informationsrechte des Verbrauchers finden lassen[397].

a. Verständigungsrisiko und Auslegung

Vor der Feststellung eines objektiven Widerspruchs zwischen zwei Willenserklärungen liegt die Auslegung dieser Erklärungen. Aufgabe der Auslegung ist es zu ermitteln, nicht nur ob eine Erklärung vorliegt[398], sondern auch welchen Inhalts diese ist. Dabei ist darauf abzustellen, wie der Erklärungsempfänger die Erklärung gemäss §§ 133, 157 BGB nach Treu und Glauben mit Rücksicht auf die Verkehrssitte verstehen musste[399].

---

[392] Baumgärtel, Das Sprachrisiko, 70.
[393] Reinhart, in RIW/AWD 1977, 16 ff. (19); Flume, Das Rechtgeschäft, § 15 I 5, 249/250; Schütze in DB 1978, 2301 ff. (2304) und in DWiR 1992, 89 ff. (90).
[394] Sonnenberger, in FS für Ferid, 393 ff. (396); vgl. auch Schlechtriem, in FS für Weitnauer, 138 f.; Jayme, in ZHR 142 (1978), 105 ff. (111):
[395] So Schlechtriem und Spellenberg. Baumgärtel, Das Sprachrisiko, 38, dagegen versucht sich an der Entwicklung einer einheitlichen Lösung für alle denkbaren Fallgestaltungen.
[396] Beckmann, in RIW/AWD 1981, 79 ff.; Canaris, Bankvertragsrecht, Rn. 2511 ff.; Drobnig, in FS für Mann, 594 f.; Schmidt-Salzer, Allgemeine Geschäftsbedingungen, 112 ff.; Schurig, in IPRax 1994, 27 ff. (32 f.); Schwarz, in IPRax 1988, 278 ff. (280); Ulmer, in Ulmer/Brandner/Hensen, AGB-Gesetz, § 2, Rn. 24, 51 und Schmidt, Anhang § 2, Rn. 17 ff.; Weimar, in DB 1978, 243; Wolf, in Wolf/Horn/Lindacher, AGB-Gesetz, § 2, Rn. 10, 28 und Lindacher Anhang zu § 2, Rn. 38 ff..
[397] Vgl. Reich, in NJW 1995, 1857 ff. (1860).
[398] D. h. es ist die Frage zu klären, ob überhaupt ein rechtsgeschäftliches Erklärungsbewusstsein vorliegt, vgl. MüKo-Mayer-Maly, § 133, Rn. 39; Palandt-Heinrichs, § 133, Rn. 2.
[399] MüKo-Mayer-Maly, § 133, Rn. 27.

Im Bereich von sprachlichen Verständnisschwierigkeiten wird sich diese Ermittlung des wirklichen Sinngehalts einer Erklärung auf Äusserungen der sprachunkundigen Vertragspartei konzentrieren[400]. Beispielsweise erklärt der Verbraucher durch seine Unterschrift unter einen Bürgschaftsvertrag, diesen vorformulierten Text so zu akzeptieren; oder aber eine Erklärung des gebrochen deutsch sprechenden Verbrauchers an einem Bankschalter oder eine Schadensmeldung gegenüber der Versicherung ist danach auszulegen, was wirklich gewollt war bzw. wie der Erklärungsempfänger die Erklärung verstehen durfte.
Die Kernfrage bei der Auslegung fremdsprachiger Erklärungen[401] ist also, inwieweit der eigentliche Wille des Erklärenden beachtlich ist, oder aber der Erklärungsempfänger Vertrauensschutz geniesst. Das Interesse des Einzelnen an seiner Selbstbestimmung und das Verkehrsschutzinteresse sind also in einen angemessenen Ausgleich zu bringen[402], das Rechtsgut der Privatautonomie ist also gegenüber dem Vertrauensschutz abzuwägen. Auf Seiten des Erklärungsempfängers ist insbesondere die Frage zu beantworten, welches Maß an Sorgfalt für diesen nach Treu und Glauben gehörig ist[403].
Danach vertritt insbesondere *Spellenberg*, dass der Erklärungsempfänger sich dann nicht auf den Wortlaut der Äusserung berufen kann, wenn ihm die Sprachunkundigkeit seines Gegenübers bekannt war. Dann muss dieser sich vielmehr bemühen, den wahren Willen des Erklärenden zu ermitteln[404]. *Jancke* spricht von einer Obliegenheit des Erklärungsempfängers, sich über den Willen des Erklärenden zu vergewissern, wenn erkennbare Umstände gegen den artikulierten Willen sprechen[405].
Obwohl es der ganz überwiegenden Auffassung widerspricht, dass dem Wortlaut nach eindeutige Willenserklärungen einer Auslegung gar nicht zugängig sind[406],

---

[400] Für den Bereich des Arbeitsrechtes so auch Jancke, a. a. O. (170); vgl. auch Spellenberg, a. a. O. (466 ff.); Schlechtriem, a. a. O. (138).
[401] Die Auslegung als Ansatz zur Lösung des Problems des Verständigungsrisiko sehen insbesondere folgende Autoren: Spellenberg, a. a. O. (475); Jancke, a. a. O. (170 ff.); Koch, in Fishman (Hrsg.), A language policy for the European Community, 147 ff. (150); John, in AcP 184 (1984), 398, konzentriert sich insbesondere auf das Zusammenspiel von Zugang und Auslegung.
[402] Jancke, a. a. O. (172 ff.).
[403] Staudinger-Dilcher, §§ 133, 157, Rn. 30 (mit weiteren Nachweisen). MüKo-Mayer-Maly, § 133, Rn. 27 und Jancke, a. a. O. (179 ff.) stellen dabei auf den Aspekt des Verstehendürfens bzw. Vertrauendürfens ab.
[404] Spellenberg, a. a. O. (467); Henrich, in RabelsZ 35 (1971), 68, vertritt dem Grunde nach dieselbe Ansicht, meint aber, dass im Falle der Unterschrift unter eine Urkunde seitens eines Erklärenden, der diese Erklärung erkennbar so nicht wollte, wegen eines *Dissenses* gar kein Vertrag zustande gekommen sei.
[405] Jancke, a. a. O. (182 ff., 186).
[406] Grundsatz des claris non fit interpretatio, vgl. BGH, Beschluss vom 09. 04. 1981, in NJW 1981, 1736 ff. (1737); Staudinger-Dilcher, § 133, 157, Rn. 18 (m. w. N.); anders dagegen Müko-Mayer-Maly, § 133, Rn. 42.

weiten diese Autoren ihre Ansichten auch auf diese Fälle aus. *Spellenberg* schlägt allgemein vor, die „*praktisch nicht durchführbare Unterscheidung zwischen auslegungsbedürftigen und nicht auslegungsfähigen Willenserklärungen zu verwerfen*“, da es nur graduelle Abstufungen zwischen für den Adressaten klaren und weniger klaren Erklärungen gebe[407]. *Jancke* verweist zur Begründung seiner ähnlichen Ansicht darauf, dass die Meinung zur Eindeutigkeit von Erklärungen gerade „*gegen das Verbot der Buchstabeninterpretation (§ 133 BGB)*“ verstoße[408].

Die Entscheidung dieses Problems ist in Bezug auf sprachliche Verständnisschwierigkeiten auch von besonderer Bedeutung, da der Wortlaut derartiger Erklärungen meist eindeutig sein wird –wie etwa bei einer Unterschrift unter einen vorgefertigten Text-, die Umstände des Vertragsschlusses aber gerade nicht.

Selbst aber die Ansicht zur Auslegungsunfähigkeit eindeutiger Willenserklärungen beansprucht keine unumschränkte Geltung, sondern räumt die Möglichkeit ein, dass unter besonderen Umständen dennoch eine Auslegung möglich ist, dass demjenigen, der sich auf den vom Wortlaut abweichenden Sinn beruft, aber die Beweislast obliegt[409]. Die Ansicht von *Spellenberg* und *Jancke* wird durch allgemeine Erwägungen gestützt und durch solche, die die spezifische Vertragssituation eines sprachunkundigen Verbrauchers betreffen.

Zunächst überzeugt der Hinweis auf das Verbot der Buchstabeninterpretation. So weist *Mayer-Maly* darauf hin, dass oftmals die in der Erklärung enthaltenen Worte angesichts des sonstigen Verhaltens und der Vertragsumstände „*Lügen gestraft werden*“[410]. Zudem befindet sich die „Eindeutigkeitsregel“ in einem logischen Zirkelschluss, denn die Beantwortung der Frage, *ob* eine Erklärung eindeutig ist, kann selbst nicht ohne Auslegung von statten gehen[411].

Das Vertragsverhältnis mit einem sprachunkundigen Verbraucher zeigt zudem, dass doch trotz und gerade aufgrund des scheinbar eindeutigen Wortlautes erhebliche Meinungsverschiedenheiten bezüglich des Inhaltes der Erklärung existieren. Wirklich objektives Verhalten gibt es nicht[412]. Auch entspricht der Fall des Verständigungsrisikos nicht exakt den Konstellationen, die der „Eindeutigkeitsregel“ zugrunde liegen, denn es geht häufig nicht um die Auslegung einer mehrdeutigen Erklärung, sondern um die Feststellung, ob eine Erklärung überhaupt gewollt ist[413]. Dem Wortlaut kommt letztlich nur eine Indizwirkung zu, die eine erste Vertrauensgrundlage für den Erklärungsempfänger bildet, die aber durch das sonstige non-verbale Erklärungsverhalten wieder entkräftet werden kann. Im Rahmen der Unterschrift unter einen vorformulierten Vertragstext wird dies noch

---

[407] Spellenberg, a. a. O. (467).
[408] Jancke, a. a. O. (184). So auch Kramer, Grundfragen der vertraglichen Einigung, 138.
[409] Staudinger-Dilcher, a. a. O. (Rn. 18).
[410] MüKo-Mayer-Maly, § 133, Rn. 45.
[411] MüKo-Mayer-Maly. a. a. O. (Rn. 42).
[412] Wittgenstein, Tractatus Logico-Philosophicus, 2.225, 4.25 ff..
[413] Diesen Aspekt sieht auch Jancke, a. a. O. (185).

durch § 5 AGBG gestützt, der auch auf Formularverträge entsprechend angewandt wird[414]. Nach dieser sogenannten Unklarheitenregel gehen Zweifel bei der Auslegung von AGB zu Lasten des Verwenders. Maßgeblich ist also nicht das Verständnis des Erklärungsempfängers, sondern das eines rechtlich nicht vorgebildeten Durchschnittskunden[415]. Es gilt das Prinzip, dass bei mehreren Auslegungsalternativen die kundenfreundlichste zu wählen ist[416]. In der wichtigen Fallgruppe der Unterschrift unter eine, aus sprachlichen Gründen nicht verständlichen Urkunde sprechen also nicht nur allgemeine Erwägungen gegen ein schutzwürdiges Vertrauen des Erklärungsempfänger –soweit die mangelnden Sprachkenntnisse erkennbar waren[417]-, sondern auch speziell verbraucherrechtliche.

b. Verständigungsrisiko und Zugang

Auch die Behandlung des Zugangs einer Willenserklärung trotz sprachlicher Verständnisschwierigkeiten bewegt sich im Bereich eines angemessenen Interessenausgleiches und einer solchen Risikoverteilung[418]. Die Verteilung daraus resultierender Kenntnisobliegenheiten muss sich aber nicht nur auf mündliche Willenserklärungen beschränken[419], erscheint in diesem Bereich aber sicherlich als besonders angezeigt[420].

Nach der herrschenden sogenannten Vernehmungstheorie wird nicht nur akustischer Empfang, sondern auch sprachliches Verständnis, nicht jedoch semanti-

[414] Staudinger-Dilcher, § 133, 157, Rn. 57.

[415] Erman-Hefermehl, § 5 AGBG, Rn. 9; vgl. auch die Forderung von Maidl, Ausländische AGB im deutschen Recht, 49 f., 54 ff., von einer generalisierenden Betrachtung des Durchschnittskunden abzusehen und jeweils auf einen bestimmten Kundenkreis abzustellen. Maidl weist in diesem Zusammenhang auch auf den Widerspruch zwischen einer quasi individualisierten Betrachtungsweise und dem typisierenden Grundsatz der Verhandlungssprache hin.

[416] Erman-Hefermehl, a. a. O. (Rn. 6).

[417] Jancke, a. a. O. (219), will im Bereich des Arbeitsrechts allein aus der erkennbaren „Ausländereigenschaft" des Arbeitnehmers eine Erkundigungspflicht des Arbeitgebers herleiten. Mag dies in Einzelfällen im Arbeitsrecht seine Berechtigung haben, so ist dies im Rahmen verbraucherspezifischer Verträge abzulehnen. Zum einen bleibt es dem Vertragspartner des Verbrauchers oftmals verschlossen, ob eine solche ausländische Staatsangehörigkeit vorliegt. Zudem ist der Schluss auf mangelnde Deutschkenntnisse wohl in Zukunft immer weniger zwingend. Auch ist angesichts der Zunahme doppelter Staatsangehörigkeiten die Nationalität kaum mehr ein verlässliches Kriterium, an das zivilrechtliche Konsequenzen zu knüpfen sind (ähnlich auch Spellenberg, a. a. O. (467). Die Erkennbarkeit der Sprachunkenntnis ist somit von Fall zu Fall festzustellen.

[418] Vgl. die Ausführungen unter I. B. 1. a. aa. (3).

[419] Diese Beschränkung auf nicht verkörperte Willenserklärungen vertritt Spellenberg, a. a. O. (476), aber weniger aufgrund systematisch durchgreifender Bedenken, sondern wegen der unklaren Rechtslage auf Seiten der Rechtsprechung.

[420] Schlechtriem, a. a. O. (137).

sches[421], verlangt[422]. Die Abgrenzung zur Irrtumsproblematik kann hier danach erfolgen, ob lediglich mangelhafte Sprachkenntnisse vorliegen, oder aber eben überhaupt kein fremdsprachliches Verständnis vorhanden ist[423]. Die Vernehmungstheorie, die in dem Fall des sprachunkundigen Verbrauchers unter keinen Umständen zu einem Zugang führen würde, wird allerdings von einigen Autoren aus Verkehrsschutzgesichtspunkten eingeschränkt. Der Zugang soll danach auch dann nicht ausgeschlossen sein, wenn der Erklärende annehmen durfte, der Erklärungsempfänger habe die Äusserung verstanden[424]. Der Vorteil dieser eingeschränkten Vernehmungstheorie ist, dass diese ähnliche Kriterien anlegt, wie die Lehre vom „Machtbereich“ bei verkörperten Willenserklärungen[425], also eine Art Gleichlauf innerhalb der verschiedenen Zugangsarten erreicht wird. Letztlich ist dann in beiden Bereichen die Frage zu beantworten, inwieweit das Vertrauen des Erklärungsempfängers schutzwürdig ist[426]. Hier zeigt sich auch die Überlegenheit eines solchen Ansatzes gegenüber dem Grundsatz der Verhandlungs- und Vertragssprache. Dieser wird ohne Rücksicht auf Gesichtspunkte des Vertrauensschutzes quasi reflexmäßig angewendet und ermöglicht wenig flexible Ergebnisse.

Ein wichtiger Anhaltspunkt für ein solches Vertrauen wäre die möglicherweise berechtigte Erwartung, dass ein Teilnehmer am deutschen Rechtsverkehr auch die Verpflichtung hat, Deutsch zu können. Eine solche Forderung findet sich in jüngeren Abhandlungen und Gerichtsentscheidungen allerdings nicht mehr[427]. Auch ist nicht erkennbar, dass dahingehend eine allgemeine Verkehrssitte vorherrscht, wobei schon fraglich ist, ob allein eine tatsächliche Übung Rechtsnormcharakter entwickeln kann[428]. Zwar besteht im Ergebnis keine Verpflichtung Deutsch zu können[429], der Aufenthalt in der BRD begründet aber immerhin einen ersten -widerlegbaren- Vertrauenstatbestand[430]. Widerlegt ist dieser Vertrauenstatbestand aber, wenn der Erklärende vor der Abgabe der Erklärung posi-

---

[421] Anderenfalls wäre die Figur des Erklärungsirrtums obsolet.

[422] Enneccerus-Nipperdey, Allgemeiner Teil, § 158 II B 1; Medicus, AT, Rn. 271.

[423] Vgl. Spellenberg, a. a. O. (475).

[424] Larenz, AT, § 21 II c; Erman-Brox, § 130, Rn. 18; MüKo-Förschler, § 130, Rn. 20.

[425] Vgl. die Ausführungen unter I. B.

[426] für den Bereich sprachlicher Verständnisschwierigkeiten so John, in AcP 184 (1984), 398.

[427] Diese Ansichten stammen aus den Anfängen des BGB und sind mit heutigen tatsächlichen Verhältnissen nicht mehr vereinbar, vgl. Crome, System des deutschen bürgerlichen Rechts, Bd. 1 (1900), 391 f.; Titze, Die Lehre vom Mißverständnis (1910), 69, 205; Cosack, Lehrbuch des deutschen bürgerlichen Rechts, 5. Auflage 1910, 206 f.; soweit erkennbar findet sich eine Verpflichtung „deutsch zu können“ lediglich in der Entscheidung des ArbG Stuttgart, Urteil vom 30. 04. 1964, in BB 1965, 788.

[428] Vgl. MüKo-Mayer-Maly, § 157, Rn. 15 ff. bezüglich der Entwicklung von Verkehrssitten im Handelsverkehr.

[429] Für den Bereich des Arbeitsrechtes bemerkt Schulte, in DB 1981, 937 ff. (939), dass keine Norm existiert, die den Gebrauch der deutschen Sprache vorschreibt.

[430] Vgl. Spellenberg, a. a. O. (477).

tiv wusste, dass seine Erklärung auf Verständnisschwierigkeiten stoßen werde. Diesem Fall muss wohl -auch angesichts der Tatsache, dass sich ein positives Wissen in den seltensten Fällen nachweisen lassen wird- die grob fahrlässige Unkenntnis gleichgestellt werden[431]. In diesen Fällen geht das Verständigungsrisiko also zu Lasten des Erklärenden und diesem obliegt die Übersetzung. Ansonsten wäre ein Zugang der Willenserklärung zu verneinen.

c. Verständigungsrisiko und Zurechnung

Vereinzelt wird vertreten die Bewältigung des Verständigungsrisikos als ein Element der Zurechnung einer Willenserklärung anzusehen[432]. Insbesondere *Baumgärtel* bringt den allgemeinen Ansatz der Zurechnung[433] in Beziehung zum Verständigungsrisiko. In dem Fall der Annahme einer, für die sprachunkundige Partei nicht verständlichen Erklärung oder aber einem eigenen, für den Erklärungsempfänger unverständlichen Angebot soll sich die Frage stellen, ob die Voraussetzungen für eine wirksame Willenserklärung vorliegen oder aber ob der Erklärungstatbestand als ein solcher wenigstens gelten muss[434]. Eine Willenserklärung soll jedenfalls dann in zurechenbarer Form vorliegen, wenn das Erklärte mit dem inneren Willen übereinstimmt[435]. Daneben sollen aber auch gesetzliche Zurechnungstatbestände existieren, beispielsweise die §§ 362 und 346 HGB und die Grundsätze des kaufmännischen Bestätigungsschreibens[436], aber auch ein möglicherweise bestehender Vertrauenstatbestand[437], der sich daraus ergibt, dass jede Partei für ihr eigenes Verhalten verantwortlich sei und damit rechnen müsse, an der eigenen Erklärung festgehalten zu werden[438]. *Baumgärtel* sieht eine Parallele zum Recht der unerlaubten Handlung und rechnet dem Sprachunkundigen die Erklärung vor allem dann zu, wenn er nichts anderes erwarten konnte, als in der artikulierten Weise auch verstanden zu werden[439].

In *Baumgärtels* Ansatz ist insbesondere angesichts der Ausführungen zum Vertrauensschutz aber nichts zu erkennen, was nicht mit den hergebrachten Grundsätzen der Auslegung[440] oder des Zuganges zu bewältigen wäre. Der Autor

---

[431] Medicus vertritt einen vergleichbaren Ansatz, obzwar er die Frage stellt, ob dem Erklärungsempfänger das Nichtwissen zurechenbar ist. Auch dies soll aber der Fall sein, wenn der Erklärende auf ein Verständnis der, von ihm verwendeten Sprache vertrauen konnte, so dass sich die Lösungen im Ergebnis gleichen werden, vgl. Medicus, AT, § 22, Rn. 295 ff..

[432] Einzelne Aspekt dieses Problems finden sich bereits in den Ausführungen unter I. B. 1. b. aa. (3) und der Diskussion unter I. B. 1. b. aa. (5).

[433] Vgl. Flume, § 16, 3 c; Larenz, AT, § 19 II a; Medicus, AT, Rn. 326.

[434] Baumgärtel, a. a. O., 52 ff..

[435] Baumgärtel, a. a. O. (57 ff.). Dies ist allerdings nicht mehr als eine Selbstverständlichkeit.

[436] Baumgärtel, a. a. O. (65 ff.).

[437] Baumgärtel, a. a. O. (59 ff.).

[438] Baumgärtel, a. a. O. (52).

[439] Baumgärtel, a. a. O. (52/53).

[440] Auf diese rekurriert Baumgärtel selbst an späterer Stelle, a. a. O. (60 und 70).

stellt bei seinen Überlegungen lediglich den Erklärenden in den Mittelpunkt und fragt was dieser erwarten durfte. Diese Erwartungen können aber nicht isoliert davon betrachtet werden, welchem Empfänger sich der Erklärende gegenübersieht. Auch hier muss es folglich zu der, aus den Bereichen des Zugangs und der Auslegung bekannten Abwägung kommen. Besteht aber die Möglichkeit die, seitens *Baumgärtel* eingeführten Gedanken an Normen der Rechtgeschäftslehre „festzumachen", dann ist doch die Unterordnung dieser Gedanken unter eine eigene, von den gesetzlichen Termini abweichende Kategorie nicht zu begründen. Der Lehre von der Zurechnung ist bezüglich des Verständigungsrisikos daher nicht zu folgen.

d. Verständigungsrisiko und Anfechtung

Eine Reihe von Autoren bejahen die Möglichkeit des Vorliegens eines Irrtums bei sprachlichen Verständnisschwierigkeiten sowie die Angemessenheit des Anfechtungsrechtes zur Lösung dieser Problematik[441]. Die wichtigsten Fälle der Anfechtbarkeit von Erklärungen, die trotz sprachlicher Verständnisschwierigkeiten abgegeben wurden, sind die eines teilweise oder vollständig fehlenden Erklärungsbewusstseins bzw. eines entsprechenden Rechtsbindungswillens[442], eines Inhaltsirrtums[443] und einer Anfechtung nach § 123 I BGB wegen einer Täuschung des Vertragspartners[444]. Im Prinzip können aber bei nahezu allen Tatbestandsmerkmalen einer Willenserklärung Probleme auftreten und alle Arten von Irrtümern angesprochen sein. Häufig sind allerdings die Fälle, dass die Partei sich entweder gar nicht bewusst ist, dass sie etwas Rechtserhebliches erklärt oder aber von einem anderen Geschäftsinhalt ausgeht. Im ersten Fall des mangelnden Erklärungsbewusstseins bejaht die überwiegende Meinung in Rechtsprechung und Literatur das Vorliegen einer Willenserklärung, gewährt aber ein Anfechtungsrecht[445]. Dies mag in Einzelfällen im Bereich mangelnder Deutschkenntnisse wegen der Folge der Schadensersatzverpflichtung aus § 122 BGB unbillig erscheinen, insbesondere wenn etwa im Falle eines Arbeitnehmers dieser davon ausgeht, dass er lediglich den Empfang seines Restlohnes quittiert und nicht eine

---

[441] Spellenberg, a. a. O. (470 ff.); Schlechtriem, a. a. O. (138 f.); Jayme, in ZHR 142 (1978), 105 ff. (111); Sonnenberger, a. a. O. (393 ff., 396); die Anfechtbarkeit soll sich auch nicht nur auf Individualverträge, sondern auch auf Allgemeine Geschäftsbedingungen beziehen können, Loewenheim, in AcP 180 (1980), 433 ff. (449 f.); vgl. aber Schlechtriem, a. a. O. (139).

[442] Spellenberg, a. a. O. (470 ff.).

[443] So wohl Jancke, a. a. O. (249 f.) ohne jedoch explizit zwischen Inhalts- und Erklärungsirrtum zu unterscheiden.

[444] Schlechtriem, a. a. O. (138); Jancke, a. a. O. (250 f.).

[445] Staudinger-Dilcher, Vorbemerkung zu §§ 116 ff., Rn. 9-48; Larenz, AT, § 19 III; BGH, Urteil vom 07. 06. 1984, in BGHZ 91, 324 ff.; BGH, Urteil vom 29. 11. 1994, in NJW 1995, 953 ff.; a. A. Canaris, in NJW 1974, 528.

Ausgleichsquittung unterschreibt[446]. Zum einen werden aber diese Fälle sehr selten sein[447], da es zur Bejahung des Erklärungsbewusstseins nur notwendig ist, sich über die Abgabe irgendeiner relevanten Erklärung im klaren zu sein, ohne dass sich dieses Bewusstsein auf eine konkrete Rechtswirkung beziehen muss[448]; zum anderen wird die Erklärung nur dann zugerechnet, wenn der Erklärungsempfänger schutzwürdig ist[449], so dass entweder überhaupt das Vorliegen einer Willenserklärung verneint werden oder im Einzelfall von der Schadensersatzverpflichtung des ohnehin nur analog anwendbaren § 122 BGB abgesehen werden kann.
Eine wichtigere Rolle spielen die Fälle des mangelnden Geschäftswillens, dessen Fehlen zu einer Anfechtbarkeit jedenfalls dann führt, wenn der Erklärungsempfänger nicht erkennen konnte, dass der Wille und das Erklärte nicht übereinstimmen. War dies hingegen erkennbar, liegt schon keine Willenserklärung vor[450]. Im Rahmen der Auseinandersetzung mit einem Mangeln im Geschäftswillen versäumt es die Literatur zudem nicht, den Grundsatz der Unterschrift unter eine ungelesene Urkunde[451] einer Korrektur bzw. Präzisierung zu unterziehen[452]. Insbesondere *Spellenberg* argumentiert gegen eine umfassende Anwendung dieses Gedankens der Rechtsprechung. Das Festhalten an der Unterschriftsleistung habe nur dann seine Berechtigung, wenn sich aus dieser Erklärung ein bewusst eingegangenes Risiko ergibt, dass die Urkunde auch einen möglicherweise sehr nachteiligen Inhalt habe[453]. Nur in diesen Fällen überlasse der Unterzeichnende die „Bestimmungsmacht" bezüglich des Vertragsinhaltes allein dem Verfasser der Urkunde. Andererseits könne der Vertragspartner –beispielsweise die Bank oder der Arbeitgeber- nicht damit rechnen, dass der Sprachunkundige sich völliger Fremdbestimmung unterwerfe; dies müsse umso mehr gelten, wenn der Un-

[446] Vgl. Trinkner, in BB 1967, 1000 f.; gerichtspraktisch wurden etwa Unterschriften unter Formulierungen wie „Meine Arbeitsentgelte habe ich bis zum 18. November 1975 erhalten und erhebe darüber hinaus keinerlei Ansprüche mehr" (LAG Berlin, Urteil vom 17. 04. 1978, Az. 9 Sa 130/77).

[447] Die in der Rechtsprechung zu findenden Fälle sind rar gesät, vgl. etwa ArbG Heilbronn, Urteil vom 26. 11. 1968, in BB 1969, 535; LAG Baden-Württemberg, Urteil vom 18. 08. 1971, ArbR-Blattei D-Blatt, Ausgleichsquittung, Entscheidung 5; LAG Hamm, Urteil vom 02. 01. 1976, in BB 1976, 553 ff..

[448] Erman-Brox, vor § 116, Rn. 3; Spellenberg, a. a. O. (471), weist allerdings zu Recht daraufhin, dass es Fälle rechtsgeschäftlicher Erklärungen gibt, bei denen erkennbar sein muss, welche genaue Rechtsfolge herbeigeführt werden sollte.

[449] Erman-Brox, vor § 116, Rn. 14.

[450] Erman-Brox, vor § 116, Rn. 20 f.; Jancke, a. a. O. (240) kommt zu dem Ergebnis, dass sich in den Fällen der Ausgleichsquittungen, wenn für den Arbeitgeber die Sprachschwierigkeiten erkennbar waren, eine Anfechtung erübrigt und damit auch die für den Arbeitnehmer negativen Folgen des § 122 BGB.

[451] Siehe I. B. 1. b. aa. (3).

[452] Allgemein vgl. Henrich, in RabelsZ 35 (1971), 55 ff..

[453] Spellenberg, a. a. O. (472).

terzeichnende darauf vertraute -und mangels rascher Kenntnisnahmemöglichkeit vertrauen musste-, dass es mit dieser Urkunde schon „seine Richtigkeit“ haben[454].

Der Ansicht *Spellenbergs* ist wenig hinzuzufügen, vergegenwärtigt man sich zudem die bereits oben genannten Argumente[455]. Das Verhältnis der Vertragsparteien stellt sich, jedenfalls vom wirtschaftlichen Standpunkt aus gesehen, in der Regel als ein ungleiches dar. Die sprachunkundige Vertragspartei geht das Vertragsverhältnis auch nicht selten eher nolens als volens ein, obzwar diese sich bezüglich des Zeitpunkts als auch des Inhalts nicht selten in einer Situation befindet, in der ihr kaum Entscheidungsalternativen bleiben, z. B. bei der Eingehung eines Arbeitsvertrages oder einer Bürgschaft, die die finanzielle Existenz eines Familienangehörigen sichern soll. Von einer selbstbestimmten Überlassung der vertraglichen Bestimmungsmacht im Sinne *Spellenbergs* kann in diesen Fällen nicht die Rede sein.

Die Anfechtungsmöglichkeit aus § 123 I BGB wird von einigen Autoren zwar genannt, aber im Gegensatz zu den diskutierten Entscheidungen der Rechtsprechung[456] kaum ausgeführt. *Schlechtriem* begründet die Anwendung von § 123 I BGB mit einer mangelnden Darlegung und Erklärung des Vertragsinhaltes, also mit einer Täuschung durch Unterlassen[457], während *Jancke* lediglich die Möglichkeit erwähnt, dass der Arbeitgeber durch eigenes arglistiges Verhalten die Kenntisnahme bestimmter Erklärungsinhalte durch den Arbeitnehmer noch erschwert[458]. Zu Recht weist *Jancke* auch darauf hin, dass derartige Fälle kaum von praktischer Relevanz sein dürften, oder aber jedenfalls nur sehr schwer beweisbar[459]. Beide Autoren versäumen allerdings eine eingehendere Begründung von Informationspflichten im Rahmen des § 123 I BGB, die zu einer Täuschung durch Unterlassen führen könnten, so dass auf die Ansätze der Rechtsprechung an dieser Stelle nochmals hingewiesen sei.

e. Verständigungsrisiko und Form

Zuletzt sei der Ansatz erwähnt, sprachliche Verständnisschwierigkeiten als Problem der gewillkürten Form zu würdigen. *Schütze* sieht bereits in der erstmaligen und einseitigen Verwendung einer bestimmten Verhandlungssprache ein Formproblem[460]. Mag dieser grundsätzlich Ansatz im kaufmännischen Bereich seine

---

[454] Spellenberg, a. a. O. (472).
[455] Vgl. die Diskussion unter I. B. 1. b. aa. (5).
[456] I. B. 1. b. aa. (4) und (5).
[457] Schlechtriem, a. a. O. (138).
[458] Jancke, a. a. O. (250 f.), zitiert ein Beispiel von Stahlhacke (in NJW 1968, 582), in dem der Arbeitgeber den Verzicht in einer Ausgleichsquittung besonders versteckt unterbringt, damit der Arbeitnehmer diesen übersieht.
[459] Jancke, a. a. O. (251).
[460] Schütze, in DWiR 1992, 90.

Berechtigung haben, so stößt er –wie gesehen[461]- im Geschäftsverkehr mit ausländischen Verbrauchern auf nicht auszuräumende Bedenken in Bezug auf die Feststellung eines wirklichen Konsenses. Von dem Erfordernis einer tatsächlichen Form*vereinbarung* scheint *Schütze* allerdings auch eher Abstand zu nehmen, sieht er doch auch in der lediglich einseitigen und erstmaligen Verwendung einer Sprache bereits ein Formproblem. Soweit er so verstanden werden muss, befindet sich die Ansicht dieses Autors eher praeter legem und ist damit abzulehnen.

Spellenberg wiederum fordert eine „echte vertragliche Vereinbarung“[462] über die Verhandlungs- und Vertragssprache, wobei allein in der Verwendung einer bestimmten Sprache nicht schon ein solcher rechtsgeschäftlicher Akt gesehen werden kann[463]. Dieser Autor sieht zwar die Ähnlichkeit derartiger Vereinbarungen mit einer gewillkürten Form, betrachtet den Schluss von der Verhandlungs- auf die Vertragssprache allerdings als Absprache über die Voraussetzungen des Zugangs. Angesichts der Tatsache, dass keine gesetzlichen Anhaltspunkte für die Möglichkeit einer solchen Vereinbarung existieren[464] und *Spellenberg* selbst darauf hinweist, dass auch juristisch versierten Parteien eine Absprache über den Zugang einer Willenserklärung nicht in den Sinn kommen wird[465], ist die vom Gesetz vorgesehene –und praxisnähere- Formvereinbarung vorzuziehen. Zudem ist festzustellen, dass die Frage der Form der des Zugangs systemlogisch vorrangig sein muss. So kann eine formunwirksame Willenserklärung zwar zugehen, diese wird aber dadurch keinesfalls wirksam.

Im Ergebnis bleibt sich dieser Streit allerdings gleich, da *Spellenberg* bezüglich des Konsenses über das Vorliegen der Zugangsvereinbarung allgemeine Grundsätze anlegt, und sich in beiden Fällen die Rechtsfolge ergibt, dass keine wirksame Willenserklärung vorliegt, hielten sich die Parteien nicht an die Form- bzw. Zugangsabsprachen.

Zusammenfassung

Zwar existieren bislang keine Überlegungen in der Wissenschaft, das Sprachenproblem der verbraucherspezifischen Vertragssituation anzupassen, allerdings sind Erwägungen, die sich im Bereich des Vertrauensschutzes bewegen und um die Herstellung einer angemessenen Vertragsparität bemüht sind, zu erkennen. Solche Erwägungen finden ihren Platz in verschiedenen Bereichen der Rechtsgeschäftslehre, die nach den neueren Ansichten sich nicht gegenseitig ausschliessen, sondern vielmehr ergänzen und von Fall zu Fall jeweils anzuwenden sind. Die Aspekte der Schutzwürdigkeit finden dabei besondere Beachtung bei Fragen

---

[461] I. B. 1. b. aa. (5).

[462] Spellenberg, a. a. O. (483).

[463] Spellenberg, a. a. O. (485).

[464] Dies bedeutet allerdings keinesfalls, dass eine solche Vereinbarung nicht möglich wäre.

[465] Spellenberg, a. a. O. (484).

der Auslegung, des Zugangs und der Anfechtbarkeit bei durch die deutschsprachige Partei erkennbaren Irrtümern.
Die Literatur zeichnet sich zwar durch eine systematischere Herangehensweise an das Problem des Verständigungsrisikos als die Rechtsprechung aus, unterlässt es aber die vereinzelt in der Rechtsprechung erkennbaren Gedanken zur Herleitung allgemeiner Informationspflichten –z. B. im Rahmen von § 123 I BGB- aufzugreifen und weiterzuentwickeln.

f. Verständigungsrisiko und AGB

Der Behandlung des Sprachenproblems durch die Literatur im Bereich Allgemeiner Geschäftsbedingungen wird an dieser Stelle gesonderte Aufmerksamkeit gewidmet, da hier nicht nur die praktisch relevantesten Fragen angesiedelt sind, sondern dem AGB-Recht im Verbraucherschutz eine starke Symbolwirkung zukommt, und sich gleichzeitig durch ein großes Rationalisierungspotential in hohem Maße positive wie negative Effekte erzielen lassen[466]. Ein zweiter speziell verbraucherschutzrechtlicher Aspekt soll dagegen an dieser Stelle ausgespart werden, was aber nicht zu dem Schluss auf einen geringen Stellenwert verführen soll. Für sprachenrechtliche Probleme im Bereich der *Fernabsatzverträge* mangelt es bislang schlicht an einer grundsätzlichen Auseinandersetzung in der Literatur[467] wie auch an einer erkennbaren Haltung der Rechtsprechung, was angesichts der kurzen Geschichte des Fernabsatzgesetzes nicht verwundert[468]. Der Schwerpunkt der Behandlung dieses Bereichs soll daher direkt in der Auslegung der Fernabsatz*richtlinie* im zweiten Teil dieser Untersuchung liegen[469].
Die Symbolwirkung des Rechts der Allgemeinen Geschäftsbedingungen im Bereich von Informationspflichten lässt sich anschaulich mit dem prägnanten Begriff der *Transparenz*[470] umschreiben. Zu dieser in jüngerer Zeit beinahe zu einem

---

[466] Vgl. v. Hippel, Verbraucherschutz, 118 f..

[467] Heinrichs widmet in seiner Kommentierung im Palandt dem sprachenrechtlichen Aspekt des Informationsgebotes aus § 2 II Fernabsatzgesetz gerade einen halben Absatz und belässt es bei dem Hinweis auf die „parallele Problematik", im Recht der Allgemeinen Geschäftsbedingungen, § 2 FernAbsG, Rn. 1. In der vergleichsweise umfangreichen Kommentierung in ZIP 2000, 1273 ff. (1277) vermutet auch Andreas Fuchs, dass in der Praxis wohl darauf vertraut wird, dass sich die Rechtsprechung auch „im Fernabsatz" am Grundsatz der Verhandlungs- und Vertragssprache orientieren wird.

[468] Gesetz vom 27. 06. 2000, in BGBl. I, 887.

[469] Auch Downes/Heiss in ihrem, soweit erkennbar in der Literatur einzig gebliebenen Aufsatz aus dem Bereich und mit dem Titel „Sprachregulierungen im Vertragsrecht: Europa- und internationalprivatrechtliche Aspekte", in ZVglRWiss 98 (1999), 28 ff. (35) konzentrieren sich auf die Behandlung der Richtlinie selbst und den „neuen Ansatz" der Kommission in sprachenrechtlicher Hinsicht.

[470] Das Gebot der Transparenz ist allerdings kein übergeordnetes Rechtsprinzip, sondern findet seine gesetzliche Grundlage in verschiedenen Normen des AGBG (vgl. sogleich). Die Wirkung des Transparenzgebotes wurde in der anfänglichen Diskussion etwas überschätzt, vgl. Känd-

allgemeinen Rechtswert erhobenen Forderung[471] der Transparenz liegen auch bezüglich des vertraglichen Aspekts eigene Untersuchungen vor[472], und auch die Zahl der Veröffentlichungen zum Verständigungsrisiko im AGB-Recht steht den allgemeinen Beiträgen zu diesem Thema nicht nach[473]. Lediglich *Reich* und *Schäfer* bringen aber explizit das Problem des Verständigungsrisiko in Verbindung mit dem Transparenzgebot[474].
Derartige Ansätze bilden allerdings die absolute Ausnahme in der Literatur. Vorherrschend ist vielmehr eine Orientierung der Rechtsprechungsgrundsätze zur Verhandlungs- und Vertragssprache. So stellen *Drobnig*, *Schmidt* und *Schmidt-Salzer* fest, dass im kaufmännischen Bereich AGB stets immer dann wirksam in den Vertrag einbezogen werden, wenn in der Verhandlungssprache oder einer „Weltsprache"[475] ein Hinweis auf die AGB erfolgt ist. Dabei wird in aller Regel zwischen dem Hinweis auf die AGB und die Fassung derselben nicht unterschieden.[476]. *Lindacher* schränkt zwar nicht den Grundsatz der Verhandlungs- und Vertragssprache ein, lässt aber neben einer „Weltsprache" zumindest auch die Heimatsprache der Partei genügen, die die AGB vorgelegt bekommt[477]. Diese herrschende Meinung begründet sich allerdings nicht auf ein möglicherweise mangelndes Problembewusstsein für spezifisch verbraucherrechtliche Fragestellungen, sondern wird gerade auch auf die verbraucherspezifische Vertrags-

---

gen, in NJW 1989, 943, 944: „Zauberformel unabsehbarer Sprengkraft". Einen prägnanten Überblick zur Entwicklung des Transparenzgebots gibt Hoyningen-Huene, in FS für Trinkner, 179 f., in Bezug auf die Rechtsprechungsentwicklung Bunte, in FS für Schimansky, 19 ff..

[471] Grundsätzliche Bedeutung kommt weniger der Forderung nach der jeweiligen vertraglichen Transparenz zu, als der allgemeinen Wirtschaftssteuerung im Rahmen der Herstellung sogenannter Markttransparenz, vgl. v. Hippel, Verbraucherschutz, 143 ff.; Wilhelmsson spricht von einem „radical transparency principle" im Binnenmarkt, Social Contract Law and European Integration, 1995, 145.

[472] Schäfer, Das Transparenzgebot im Recht der allgemeinen Geschäftsbedingungen.

[473] Ohne Anspruch auf Vollständigkeit seien hier nochmals folgende Veröffentlichungen genannt: Beckmann, in RIW/AWD 1981, 79 ff.; Canaris, Bankvertragsrecht, Rn. 2511 ff.; Drobnig, in FS für Mann, 594/595; Hübner, in NJW 1980, 2601 ff. (2606); Schlechtriem, in FS für Weitnauer, 129 ff. (136 ff.); Schmidt-Salzer, Produkthaftung, Bd. 2, 66 ff.; ders., Allgemeine Geschäftsbedingungen, 112 ff.; Schurig, in IPRax 1994, 27 ff. (32 f.); Schwarz, in IPRax 1988, 278 ff. (280); Spellenberg, in FS für Ferid, 463 ff. (480 f.); Ulmer/Brandner/Hensen, AGB-Gesetz, § 2, Rn. 24 und Anhang zu § 2, Rn. 17 ff.; Weimar, in DB 1978, 243; Wolf/Horn/Lindacher, AGB-Gesetz, § 2, Rn. 10, 28 und Anhang zu § 2, Rn. 38 ff..

[474] Reich in NJW 1995, 1857 ff. (1860), dieser weist aber auch ausdrücklich darauf hin, dass die Frage der Verhandlungs- und Vertragssprache keineswegs mit der der Verständlichkeit identisch ist; Schäfer, a. a. O. (11); auch Spellenberg, a. a. O. (480), sieht allerdings, dass die Auslegung von § 2 AGBG auch ein „Sprachproblem" darstellt.

[475] Zu der Problematik bereits des Begriffes der „Weltsprache" s. o. I. B. 1. a. bb.

[476] Drobnig,, a. a. O. (595); Schmidt, in Ulmer/Brandner/Hensen, Anhang zu § 2, Rn. 20; Schmidt-Salzer, Allgemeine Geschäftsbedingungen, D. 106, 115.

[477] Lindacher, in Wolf/Horn/Lindacher, Anhang zu § 2, Rn. 40.

situation übertragen[478], wenn zum Beispiel *Schlechtriem* insgesamt bemerkt, dass die Verteilung des Sprachrisikos nach „*frei gebildeten Rechtsregeln*" erfolgt[479]. *Canaris* zieht gar den Schluss vom anwendbaren (Vertrags)Recht auf die Verhandlungs- und Vertragssprache[480]. Dass dies mit Blick auf allgemeine Konsensgrundsätze de lege lata unvertretbar ist und auch im System des Internationalen Privatrechts keinerlei Stütze findet, wurde in der vorliegenden Untersuchung dargelegt. Vor allem die Existenz einer eigenen Kollisionsnorm im AGB-Recht, nämlich § 12 AGBG bzw. seit dem 27. 06. 2000 Art. 29 a Abs. 3 Nr. 1 EGBGB, widerlegt den Schluss vom anwendbaren Recht auf die Vertragssprache.
Aden vertritt einen vergleichbaren Ansatz, bemüht allerdings das Vorliegen von Gewohnheitsrecht zur Begründung des Vorranges der deutschen Sprache bei Bankgeschäften[481]. Ohne in der Tiefe auf die Ansicht *Adens* einzugehen, sei an dieser Stelle jedenfalls bemerkt, dass es zur Begründung von Gewohnheitsrecht mehr braucht als eine, lediglich seitens eines Teils der Rechtsprechung und Literatur und gesetzlich nicht gestützten tatsächlichen Übung[482].
Spellenberg wiederum kritisiert die schematische Vorgehensweise der Rechtsprechung[483] und bemüht sich um eine Konkretisierung des Grundsatzes der Verhandlungs- und Vertragssprache. Grundsätzlich geht er davon aus, dass § 2 AGBG die Verwendung der Muttersprache des Verbrauchers verlangt. Diesem Grundsatz setzt *Spellenberg* aber wiederum eine mögliche Schutzwürdigkeit des Vertrauens des AGB-Verwenders entgegen. Ein solches schutzwürdiges Vertrauen soll immer dann vorliegen, wenn der Empfänger der AGB den Eindruck erweckt, auch die verwendete Sprache zu beherrschen.. Für ein ausreichendes Verständnis von AGB soll es aber nicht genügen, wenn die Partei „mehr oder weniger radebrechend" deutsch spricht[484].
Insbesondere *Jayme* und *Petzold* bemerken die mangelnde rechtliche Klarheit des Grundsatzes der Verhandlungs- und Vertragssprache, und *Jayme* wirft die Frage auf, worin die rechtliche Grundlage dafür gesehen werden kann[485].
Die auch in der Literatur vorherrschende Meinung zur Verhandlungs- und Vertragssprache bleibt also zwar nicht unwidersprochen, es fehlt aber jedenfalls an einer Bearbeitung derjenigen Normen des AGB-Rechts, die in Bezug auf die zu verwendende Sprache möglicherweise eine Aussage treffen. Im folgenden wer-

---

[478] Vgl. Schlechtriem, a. a. O. (141); Schmidt-Salzer, a. a. O., D. 110, 117; Weimar, a. a. O. (243).
[479] Schlechtriem, a. a. O. (132).
[480] Canaris, Bankvertragsrecht, Rn. 2512, 2514.
[481] Aden, in NJW 1993, 834.
[482] Allgemein zu den Voraussetzungen der Entstehung von Gewohnheitsrecht: Fikentscher, Methoden des Rechts, Bd. III, 699 ff..
[483] Spellenberg, a. a. O. (482).
[484] Spellenberg, a. a. O. (480 f.).
[485] Letztlich soll dies nur ein vertraglicher Konsens sein können, vgl. Jayme, in ZHR 142 (1978), 111 (Fn. 34). Petzold bemängelt gar „das völlige Fehlen methodischer Ansätze in der Rechtsprechung", in Jahrbuch für italienisches Recht, Bd. 2, 94.

den daher diese Normen dargestellt, zu denen nicht nur § 2 AGBG, sondern auch die §§ 3, 5 und 9 zählen[486]. Soweit sich aus der Implementierung des AGB-Gesetzes in das BGB durch das Gesetz zur Modernisierung des Schuldrechts vom 26. 11. 2001[487], in Kraft getreten am 01. 01. 2002, inhaltliche Änderungen bezüglich des Sprachenproblems ergeben, wird auf diese hingewiesen.

aa. Verständigungsrisiko und § 2 AGBG/§ 305 II BGB

Mangelt es einer Klausel an Verständlichkeit, dann ist diese Klausel nach § 2 I Nr. 2 AGBG nicht wirksam in den Vertrag einbezogen, so jedenfalls die herrschende Meinung in der Literatur[488]; die Rechtsprechung sieht unverständliche Klauseln häufig als unangemessen im Sinne von § 9 AGBG an[489]. Dies soll sich nicht nur auf die einzelne Klausel beziehen, sondern auch auf den äusseren Gesamtzusammenhang des Vertragstextes[490]. In der Literatur wird die Anwendung von § 9 AGBG seitens der Rechtsprechung statt § 2 I Nr. 2 AGBG sehr kritisch gesehen[491], stellenweise zumindest die parallele Anwendung der Normen auch begrüsst[492].

Unabhängig von der normativen Einordnung interessiert für die vorliegende Untersuchung aber vielmehr, inwieweit das Gebot der Verständlichkeit auch eine Handlungsanweisung in Bezug auf die Verwendung einer bestimmten Sprache enthält[493]. Namentlich *Reich* und *Schäfer* vertreten eine Auslegung des Begriffes

---

[486] Vgl. Erman-Hefermehl, AGBG, § 9, Rn. 19; Heinrichs nennt neben den genannten Normen auch noch die Klauselverbote der §§ 10 Nr. 1, 2 und 3 und 11 Nr. 10 b, Palandt-Heinrichs, § 9 AGBG, Rn. 15.

[487] BGBl. I, S. 3138.

[488] Bunte, in NJW 1981, 2657 ff. (2661); Fell, in ZIP 1987, 690 ff. (692); Garrn, in JA 1981, 151 ff. (154); Honsell, in JA 1985, 260 ff. (263); Koller, in FS für Steindorff, 667 ff. (681 f.); Kollhosser, in ZIP 1986, 1429 ff. (1431); Niebling, in BB 1984, 1713 ff. (1717); Pflug, in Die AG 1992, 17 ff.; Reich, in NJW 1978, 513 ff. (517); Ulmer, in Ulmer/Brandner/Hensen, § 2, Rn. 50; Willenbruch, in BB 1981, 1967 ff. (1967); Wolf, in Wolf/Horn/Lindacher, § 2, Rn. 27.

[489] BGH, Urteil vom 05. 11. 1991, in NJW 1992, 180 ff. (181); BGH, Urteil vom 15. 10. 1991, in NJW 1992, 179 ff. (179); BGH, Urteil vom 10. 07. 1990, in NJW 1990, 2383 ff.; BGH, Urteil vom 17. 01. 1989, in BGHZ 106, 259 ff. (263); BGH, Urteil vom 24. 11. 1988, in BGHZ 106, 42 ff. (49).

[490] BGH, Urteil vom 10. 07. 1990, in NJW 1990, 2383 ff.; BGH, Urteil vom 17. 01. 1989, in BGHZ 106, 259 ff. (263); BGH, Urteil vom 24. 11. 1988, in BGHZ 106, 42 ff. (49); BGH, Urteil vom 23. 03. 1988, in NJW 1988, 1726 ff. (1728).

[491] Vgl. Hellner, in FS für Steindorff, 584, 585; Pflug, in Die AG 1992, 14.; Westermann, in FS für Steindorff, 817 ff. (825); Wagner-Wieduwilt, in WM 1989, 37 ff. (45).

[492] Köndgen, in NJW 1989, 943 ff. (949); Wolf, in Wolf/Horn/Lindacher, § 9, Rn. 143.

[493] Eine Besprechung der Sprachenfrage in Bezug auf § 2 AGBG, gleichsam aber in der umgekehrten Konstellation, in der einem deutschen Verbraucher in fremdsprachiger Text vorgelegt wird, nimmt Backert, Kollisionsrechtlicher Verbraucherschutz, 36 f., in aller Kürze vor.

der Verständlichkeit auch in Bezug auf eine sprachliche Aussage[494]. Nach *Schäfer* bedeutet Verständlichkeit die Ermöglichung der vollständigen geistigen Erfassung, ohne dass die äussere oder innere Gestaltung der Klauseln diese geistige Erfassung behindert. Unter eine solche Behinderung der intellektuellen Wahrnehmung durch äussere Gestaltung der Klauseln soll auch die fremdsprachliche Fassung der Klauseln fallen[495]. *Reich* weist auf die Grundsätze der richtlinienkonformen Auslegung hin[496] und auf die Rechtsprechung des EuGH zur Behandlung nicht rechtzeitig oder fehlerhaft umgesetzter Richtlinien[497]. Der EuGH hat in der genannten Entscheidung zwar die eigene Rechtsprechung bestätigt, dass auch die nicht rechtzeitige oder fehlerhafte Umsetzung von Richtlinien nicht zu einer horizontalen Direktwirkung führen kann, der EuGH bekräftigt aber auch, dass die nationalen Umsetzungsakte im Geiste der Richtlinie auszulegen sind. Ohne bereits an dieser Stelle Art. 4 und Art. 5 der sog. Klauselrichtlinie[498] einer vertieften Untersuchung zu unterziehen, sei hier aber jedenfalls festgestellt, dass der Umsetzungsverpflichtung nicht bereits mit dem Hinweis Genüge getan ist, dass im Rahmen des Transparenzgebotes bezüglich einer Änderung des AGB-Gesetzes kein Handlungsbedarf bestehe[499]. Im Sinne *Reichs* und *Schäfers* muss auch folgende Parallele überzeugen. So wie der Empfänger der AGB in der Lage sein muss, den Inhalt der AGB ihrem Sinn nach intellektuell zu erfassen – Maßstab soll ein sog. Durchschnittskunde sein-[500], so kann diesem Durchschnittskunden die intellektuelle Verstehensmöglichkeit auch etwa durch eine extrem komplizierte Wortwahl im Rahmen der Verwendung der Muttersprache unmöglich gemacht werden[501]. Es wird jedem Juristen nicht schwer fallen, Allgemeine Geschäftsbedingungen zu formulieren, die für einen Laien absolut unverständlich sind und mit der deutschen Sprache an sich nur noch wenig zu tun haben. Sieht man aber darin einen Verstoß gegen das Transparenzgebot -sei es

---

[494] Reich, in NJW 1995, 1858; Schäfer, Das Transparenzgebot, 11. Die Autoren unterscheiden sich allerdings in der Beurteilung des Standortes der Prüfung der inhaltlichen Verstehensmöglichkeit. Schäfer wendet § 2 AGBG an, während Reich das inhaltliche Verständnis unter ein materielles Missbrauchsverbot und damit unter § 9 AGBG fasst (beide a. a. O.).

[495] Schäfer, a. a. O. (11).

[496] Reich, in NJW 1995, 1858; vgl. dazu auch Teil II. dieser Untersuchung.

[497] EuGH, Urteil vom 14. 07. 1994, in EuZW 1994, 498; EuGH, Urteil vom 07. 03. 1996, in NJW 1996, 1401.

[498] RL 93/13/EWG vom 05. 04. 1993, in ABl. EG Nr. L 95, vom 21. 04. 1993, 29 ff..

[499] So Heinrichs, in NJW 1996, 2190 ff. (2197). Der Autor hinterfragt a. a. O. allerdings auch, ob im Lichte von Art. 4 und 5 der Richtlinie an dem Grundsatz festgehalten werden kann, dass eine Übersetzung in die Muttersprache des Verbrauchers nicht notwendig ist. Eine ausführliche richtlinienkonforme Auslegung der deutschen Normen zum Transparenzgebot nehmen Coester in Staudinger, § 9 AGBG, Rn. 152 ff., und Markwardt, Verbraucherverträge, 83 ff., vor.

[500] Erman-Hefermehl, § 9, Rn. 19. Hefermehl sieht allerdings die inhaltliche Verständnismöglichkeit nicht als eine Frage von § 2 AGBG, sondern von § 9 AGBG.

[501] Vgl. die Beispiele unzulässiger Ausdrücke bei Palandt-Heinrichs, § 9 AGBG, Rn. 16 a; siehe auch Schäfer, a. a. O. (11 und Fn. 10, 11).

auf der Ebene von § 2 oder § 9 AGBG-, dann ist nicht zu begründen, warum in den Fällen anders entschieden werden soll, in denen eine, für den ausländischen Verbraucher ebenso unverständliche Fremdsprache verwendet wird.
Angesichts dieser Überlegungen leuchtet ein, dass der Grundsatz der Verhandlungs- und Vertragssprache gegenüber dem Transparenzgebot nicht bestehen kann. Dieser Grundsatz kollidiert schon dann mit den gesetzlichen Voraussetzungen von § 2 bzw. § 9 AGBG, wenn unter dem „Durchschnittskunden" nicht stets ein deutschsprachiger verstanden wird. So vertritt *Reich* und auch *Brandner*, dass ausländische Kunden einen eigenständigen, homogenen Kundenkreis bilden[502]. Auch *Coester* weist darauf hin, *„dass der Bezug auf die jeweilige Vertragsart gruppentypische Differenzierungen innerhalb der Vertragspartner nicht nur ermöglicht, sondern sogar gebietet"*[503]. Nimmt man dies aber an, dann muss auch die Auslegung des Begriffes der Verständlichkeit diesem Maßstab entsprechen. So ist dann der Schluss von der Verhandlungs- und Vertragssprache auf eine transparente Klauselgestaltung unzulässig, wenn die in den AGB verwendete Sprache innerhalb des betreffenden ausländischen Kundenkreis regelmäßig nicht oder nicht ausreichend verstanden wird. Zum anderen gehen das Transparenzgebot und der Grundsatz der Verhandlungs- und Vertragssprache von zwei diametral entgegengesetzten Prämissen aus. Während der Ansatz der Rechtsprechung dem Gedanken der Verteilung des Verständigungsrisikos und der Übersetzungsobliegenheit auf eine der -in der Regel die ausländische- Vertragsparteien folgt, ist der „Geist" des Transparenzgebotes gerade, dass es die Pflicht des Verwenders der AGB ist, dafür Sorge zu tragen, dass „seine" Klauseln vom Empfänger verstanden werden. In einem Fall spricht also eine Art Vermutung *für* eine ausreichende Kenntnisnahme des Verbrauchers, in dem anderen dagegen. Der Grundsatz der Verhandlungs- und Vertragssprache müsste folglich dahingehend modifiziert werden, dass die Verwendung der deutschen Sprache gegenüber dem ausländischen Verbraucher grundsätzlich nicht genügt, es sei denn es sprächen besondere Umstände dafür, dass dieser über ausreichende Deutschkenntnisse verfügt, auch einen rechtserheblichen Text verstehen zu können.
Ein gewichtiges Argument für diese Gesetzesinterpretation findet sich auch in der seit 01. 01. 2002 geltenden Fassung des AGB-Rechts in § 305 II Nr. 2 BGB. Eingefügt wurde durch den Reformgesetzgeber, dass auf *„erkennbare körperliche Behinderung der anderen Vertragspartei"* Rücksicht genommen werden muss. Diese Regelung soll sicherstellen, dass erkennbar Sehbehinderten der Inhalt der AGB in geeigneter Weise, etwa in akkustischer Form oder Braille-Schrift, zugänglich gemacht wird[504]. *Hennrichs* will dieses „AGB-rechtliche Rücksichtnahmegebot" auch auf Analphabeten ausweiten mit dem Argument der

---

[502] Reich, in NJW 1995, 1860; Brandner, in Ulmer/Brandner/Hensen, § 9, Rn. 106.
[503] Staudinger-Coester, § 9 AGBG, Rn. 130.
[504] BT-Drs. 14/6040, 150.

auch hier fehlenden Möglichkeit der Kenntniserlangung[505]. Nicht ganz verständlich ist dann allerdings *Hennrichs* mit einem Hinweis auf die herrschende Meinung beschränkende Aussage, dass diese Argumentation auf die (soziale) Situation des Ausländers nicht übertragbar ist. Denn es macht doch keinen entscheidenden Unterschied, ob ein Schriftstück aufgrund von Analphabetismus nicht gelesen werden kann oder ob für einen Ausländer die abgedruckten Schriftzeichen nichts weiter bedeuten als ein Muster auf einem Stück Papier. Es wird in der Folgezeit abzuwarten sein, ob diese Einfügung seitens Rechtsprechung und Literatur zur Verstärkung des sprachenrechtlichen Schutzes des ausländischen Verbrauchers genutzt wird.

bb. Verständigungsrisiko und § 9 AGBG/§ 307 I, II BGB

Eine Klausel ist nach § 9 I AGBG unwirksam, wenn sie den Vertragspartner des Verwenders entgegen dem Gebot von Treu und Glauben unangemessen benachteiligt. Dafür soll eine Abweichung von dispositivem Recht, die Nachteile von einigem Recht begründet, notwendig sein[506], d. h. § 9 AGBG legt einen grundsätzlichen Wertmaßstab für die richterliche Inhaltskontrolle fest. Da einer intransparenten Klausel sowohl inhaltliche als auch formelle Bedenken entgegengebracht werden können, ist bislang unklar, ob das Transparenzgebot eine Ausformung der Normen des § 9 oder des § 2 I Nr. 2 AGBG darstellt. Wie gesehen vertreten *Reich* und *Schäfer* hier verschiedene Ansätze. Die Entscheidung über die Frage, welche Norm bei einem Verstoß gegen das Transparenzgebot angewandt werden muss, bleibt auch nicht ohne Folgen, da sich im Rahmen von § 9 AGBG zudem die Frage stellt, ob jede intransparente Klausel quasi reflexmäßig als unwirksam zu behandeln ist, oder ob darüber hinaus ein materiellrechtlicher Nachteil für den Kunden hinzukommen muss. Zu dieser Problematik kommt es insbesondere in Fällen für den Verbraucher vorteilhafter Klauseln, wenn eine solche materiellrechtliche Benachteiligung eben nicht vorliegt. Die wohl überwiegende Auffassung in der Literatur ist allerdings der Ansicht, dass allein das Vorliegen von Intansparenz zugleich auch eine solche materiellrechtliche Benachteiligung impliziert. Dies wird insbesondere mit der Gefahr, die einem intransparenten AGB-Text inne wohnt, dass nämlich der Verbraucher von einer Rechtsdurchsetzung abgehalten wird, begründet[507]. Zwar wird dieser

---

[505] Hennrichs, in Anwaltkommentar, § 305, Rn. 10; a. A. Heinrichs, in Palandt-Ergänzungsband, § 305, Rn. 40.

[506] Palandt-Heinrichs, § 9 AGBG, Rn. 7.

[507] Brandner, in FS für Locher, 319 und in Ulmer/Brandner/Hensen, § 9 AGBG, Rn. 95; Hellner, in FS für Steindorff, 586; Koller, ebenda, 667; Schäfer, a. a. O. (118 ff., 120) diskutiert dieses Problem zwar, zieht allerdings nicht den Schluss von der Intransparenz auf eine Benachteiligung; vgl. auch BGH, Urteil vom 05. 11. 1991, in NJW 1992, 180. Anderer Ansicht sind Erman-Hefermehl, § 9 AGBG, Rn. 19; Wagner-Wieduwilt, in WM 1982, 42; Wolf, in Wolf/Horn/Lindacher, § 9, Rn. 143.

Zweck auch von den Befürwortern einer zusätzlichen materiellrechtlichen Benachteiligung gesehen, diese stimmen aber dem Automatismus von Intransparenz und Rechtsbenachteiligung nicht zu[508], obwohl doch bereits die Irreführung über einen möglichen Vertragsinhalt durch unverständliche Klauseln dadurch eine kaum zu leugnende Beschwer enthält, dass der Verbraucher selbst gar nicht feststellen kann, ob die AGB für ihn von Vorteil sind[509].
Wenn auch die an zweiter Stelle genannte Auffassung also kaum überzeugt, so muss diese Auseinandersetzung hier nicht in aller Tiefe geführt werden, insbesondere da doch der oben genannte Fall der objektiven, rechtlichen Bevorteilung praktisch nicht relevant sein dürfte.
Bezüglich des Verhältnisses der §§ 2 I Nr. 2 und 9 AGBG ist jedenfalls klar, dass sich ihre Anwendungsbereiche zumindest stellenweise überschneiden[510]. Gerade die obige Diskussion um das Erfordernis einer rechtlichen Benachteiligung zeigt auch, dass im Rahmen des gesamten Vertragsverhältnisses durchaus beide Normzwecke zum Tragen kommen können. Grenzt man –wie *Reich*[511]- diese Normen nach materiellem und formellem Missbrauchsverbot ab, so schließen diese sich keineswegs aus, denn der Verbraucher nimmt einerseits bei Vertragsschluss im Falle der Verwendung einer, ihm unverständlichen Sprache den Inhalt der AGB schon nicht zur Kenntnis, und andererseits führt diese Unverständlichkeit in der Folge dazu, dass sich dieser bestimmter Rechte und Inhalte nicht bewusst ist und er diese daher nicht wahr nimmt. Gerade im Bereich sprachlicher Probleme und daraus resultierender, *völliger* Unverständlichkeit muss sich daher nicht zwingend für die Anwendung einer Norm entschieden werden, sondern es erscheint eher angebracht im Einzelfall festzustellen, ob der Schwerpunkt eher in der Unverständlichkeit im Rahmen der Vertragsanbahnung zu sehen ist oder in materiellen Problemen bei der späteren Vertragsabwicklung.
Auch an dieser Stelle sieht sich die hier vertretene Auffassung durch die mit der Schuldrechtsreform eingetretenen Änderungen bestätigt. Das Transparenzgebot erfährt durch seine explizite Niederlegung in § 307 I 2 BGB eine Stärkung, die in Bezug auf die Sprachenfrage bereits einen Umdenkungsprozess in der Literatur eingeleitet hat. *Heinrichs* fordert nun in seinem Ergänzungsband zur Schuldrechtsreform, dass sich bei Verträgen mit erheblicher wirtschaftlicher Bedeutung aus dem Transparenzgebot eine Informationspflicht des Unternehmers in der Muttersprache des Verbrauchers ergebe. Angemessene Rechtsfolge der Verlet-

---

[508] Vgl. nur Erman-Hefermehl, a. a. O..

[509] Genau genommen kann die Intransparenz auf zwei Ebenen zu einer unangemessenen Benachteiligung führen. Einmal besteht die Gefahr, dass unklare AGB eine bestimmte Rechtslage suggerieren, die dazu führt, dass der Vertragspartner seine Rechte falsch einschätzt oder gar nicht wahrnimmt. Zudem kann die Intransparenz dazu führen, dass dem Vertragspartner die Beurteilung verwehrt bleibt, ob ihm „sein" Vertrag im Marktvergleich auch günstige Konditionen bietet. Vgl. zum Ganzen Staudinger-Coester, § 9 AGBG, Rn. 125 ff..

[510] So auch Wolf, in Wolf/Horn/Lindacher, § 9, Rn. 148.

[511] Reich, in NJW 1995, 1858; vgl. auch Bueso-Guillén, in VuR 1994, 309 (311).

zung einer solchen Pflicht soll eine Schadensersatzpflicht des Unternehmers aus culpa in contrahendo sein[512]. Im folgenden wird auf diese Ansicht noch zurückzukommen sein[513].

cc. Verständigungsrisiko und § 5 AGBG/§ 305 c II BGB[514]

Zweck der Unklarheitenregel ist es, den Verwender Allgemeiner Geschäftsbedingungen zu einer klaren und unmissverständlichen Formulierung anzuhalten, indem angeordnet wird, dass Zweifel bei der Auslegung zu seinen Lasten gehen[515]. Voraussetzung soll zudem sein, dass die maßgebliche Klausel aufgrund ihrer Unverständlichkeit schlechterdings keiner sinnvollen Auslegung zugeführt werden kann[516]. Andererseits soll § 5 AGBG unanwendbar sein, wenn nach der Auslegung, die der Unklarheitenregel stets vorherzugehen hat[517], ein eindeutiger Inhalt feststellbar ist[518]. Die Abgrenzung zu § 2 I Nr. 2 AGBG soll danach erfolgen könne, ob die Klausel nicht nur „in den Randzonen, sondern in ihrem Kernbereich" unklar ist[519].
Dieser, zwar nicht unumstrittene Normzweck von § 5 AGBG macht deutlich, dass dessen Bedeutung im Bereich sprachlicher Verständnisschwierigkeiten eher gering ist. Denn in diesen Fällen geht es ja meist nicht um Zweifel, die aus verschiedenen Möglichkeiten der Auslegung des AGB-Textes resultieren, sondern um die sprachliche Unverständlichkeit eines, objektiv gesehen, eindeutigen Textes[520]. In diesen Fällen ist aber die Anwendung der §§ 2 I Nr. 2 bzw. 9 I AGBG naheliegender[521]. Andererseits sind auch im Rahmen sprachlicher Verständnisschwierigkeiten Fallgestaltungen denkbar, die in den Anwendungsbereich des § 5 AGBG fallen. So ist nämlich keinesfalls zwingend, dass sich der Verwender der AGB in deutscher Sprache auch eindeutig und unmissverständlich ausdrückt.

---

[512] Heinrichs, in Palandt-Ergänzungsband, § 310, Rn. 26.
[513] Vgl. II) 1) e) dd).
[514] Die Schuldrechtsreform bringt hier keine inhaltlichen Änderungen.
[515] Palandt-Heinrichs, § 4, 5 ABGB, Rn. 8.
[516] BGH, Urteil vom 27. 04. 1988, in WM 1988, 979 ff. (982); BGH, Urteil vom 21. 11. 1985, in NJW 1986, 924 ff. (925); BGH, Urteil vom, 29. 02. 1984, in NJW 1985, 53 ff. (56); Kothe, in AcP 185 (1985), 105 ff. (129); Schlosser, in WM 1978, 562 ff. (569); v. Westphalen, in NJW 1979, 838 ff. (840); a. A. MüKo-Kötz, § 5 AGBG, Rn. 5.
[517] Ulmer, in Ulmer/Brandner/Hensen, § 5, Rn. 25.
[518] BGH, Urteil vom 20. 10. 1992, in NJW 1993, 657 ff., 658; Palandt-Heinrichs, § 5 AGBG, Rn. 8; Erman-Hefermehl, § 5 AGBG, Rn. 1.
[519] Palandt-Heinrichs, § 5 AGBG, Rn. 8; Hefermehl, in Erman, § 5 AGBG, Rn. 2, stellt auf § 2 I Nr. 2 AGBG ab, wenn aufgrund der Vielzahl der in Betracht kommenden Bedeutungsalternativen schon gar kein Regelungsgehalt der Klauseln mehr festgestellt werden kann; der BGH wendet dagegen in seinem Urteil vom 29. 02. 1984, in NJW 1985, 53 (56), dennoch § 5 AGBG an.
[520] Vgl. auch Heinrichs, in NJW 1995, 1395 ff. (1397).
[521] Vgl. Roth, in WM 1991, 2085 ff. (2087).

Die Feststellung möglicher inhaltlicher Mehrdeutigkeiten hat nach den Grundsätzen objektiver Auslegung zu erfolgen[522]. Dabei sind die Verständnismöglichkeiten eines rechtlich nicht vorgebildeten Durchschnittskunden der normalerweise beteiligten Verkehrskreise zugrunde zu legen[523]. Wie bereits oben angedeutet[524] kommt dann der Frage entscheidende Bedeutung zu, ob auch die Bestimmung des Durchschnittskunden rein objektiv und abstrakt zu erfolgen hat, oder ob auf individuelle Verhältnisse Rücksicht genommen werden kann, indem man den maßgeblichen Kundenkreis etwas enger fasst. Bezüglich dieser Fragestellung argumentieren *Kötz* und *Roth*, dass jegliche individuellen Umstände beiseite zu lassen sind, weil damit auch verhindert werde, dass es allzu oft zur Anwendung der Dissensvorschriften käme, was in der Regel nicht im Interesse des Verbrauchers ist[525]. Die wohl überwiegende Auffassung sieht aber trotz der Anwendung des Grundsatzes der objektiven Auslegung keinen Widerspruch darin, individuelle Momente im Rahmen einer Typisierung des Kundenkreises zu berücksichtigen[526]. Eine aufgrund dieser Typisierung unterschiedliche Auslegung von AGB für inländische gegenüber ausländischen Verbrauchern widerspricht dann möglicherweise dem grundlegenden Rationalisierungszweck Allgemeiner Geschäftsbedingungen[527], muss aber angesichts des generellen, verbraucherschutzrechtlichen Anliegens von § 5 AGBG hingenommen werden[528]. Voraussetzung dafür ist aber, dass bestimmte Gruppen ausländischer Verbraucher einer solchen Typisierung überhaupt zugänglich sind. Dies muss wohl jedenfalls immer dann bejaht werde, wenn sich der AGB-Verwender gezielt an einen bestimmten ausländischen Kundenkreis richtet[529]. Allgemein müssen für diesen also gewisse Merkmale erkennbar sein, die eine genaue Identifizierung und Abgrenzung der spezifischen Verbrauchergruppe von anderen Nachfragern ermöglicht[530]. Wendet sich nun der AGB-Verwender nicht gezielt etwa an eine Gruppe deutschstämmiger Aussiedler, sondern eher diffus an eine Vielzahl von Kunden,

---

[522] Das heisst AGB sind zwar keine Rechtsnormen, sind aber nicht wie Individualvereinbarungen auszulegen, vgl. Lindacher, in Wolf/Horn/Lindacher, § 5, Rn. 6, weitere Nachweise bei Roth, in WM 1991, 2125, Fn. 1 und 2..

[523] Palandt-Heinrichs, § 4, 5 AGBG, Rn. 5.

[524] Siehe unter, I. B. 2. f. aa.

[525] MüKo-Kötz, § 5 AGBG, Rn. 2; Roth, in WM 1991, 2129; vgl. allgemein auch Lindacher, in Wolf/Horn/Lindacher, § 5, Rn. 5 und Ulmer, in Ulmer/Brandner/Hensen, § 5, Rn. 13 ff..

[526] Lindacher, in Wolf/Horn/Lindacher, § 5, Rn. 12; Meier/Wehlau, in VuR 1991, 141 ff. (149); auch Roth selbst räumt dies an späterer Stelle ein, in WM 1991, 2129; Spellenberg, a. a. O. (469), orientiert sich bei der Auslegung dagegen an inländischen Maßstäben, ohne jedoch überhaupt die Typisierung eines eigenen Kundenkreises zu erwägen.

[527] Vgl. Meier/Wehlau, in VuR, 1991, 149.

[528] Vgl. Schmidt, in JuS 1987, 929 ff. (931).

[529] Meier/Wehlau, in VuR 1991, 141 ff. (149), definieren als eigenständigen Kundenkreis etwa die Gruppe deutschstämmiger Aussiedler, bei denen wie bei einem ausländischen Verbraucher nur geringe Deutschkenntnisse nicht selten seien.

[530] Vgl. Dreher, in AcP 189 (1989), 342 ff. (362).

dann muss dies aber nicht per se heißen, dass darunter nicht auch eine solche identifizierbare Gruppe fremdsprachiger Verbraucher ist. Auch in diesen Fällen gilt dann ein Auslegungsmaßstab, der sich an dem Verständnis eines durchschnittlichen Mitglieds dieser Gruppe orientiert, dies allerdings nur wenn das Vorhandensein einer solchen homogenen Gruppe innerhalb der diffusen Zielgruppe für den AGB-Verwender auch wirklich erkennbar war. Dies wird sicherlich seltener der Fall sein als bei einer gezielten Ansprache eines ausländischen Kundenkreises durch den Verwender der AGB.
Auch aufgrund dieses Umstandes bleibt die Anwendung von § 5 AGBG im Rahmen sprachlicher Verständnisschwierigkeiten die Ausnahme. Nicht nur wird es selten vorkommen, dass bei der Auslegung eines deutschen Begriffs die Zugrundelegung zweier unterschiedlicher Empfängerhorizonte, nämlich einer deutschsprachigen und einer fremdsprachigen Zielgruppe, zu einer Deutungsdiskrepanz führt. Eher wird der maßgebliche Begriff gar nicht verstanden als missdeutet. Darüber hinaus bleibt in vielen Fällen die Erkennbarkeit des Vorliegens einer eigenen, homogenen und fremdsprachigen Verbrauchergruppe fraglich.

dd. Das Verständigungsrisiko und § 3 AGBG/§ 305 c I BGB[531]

Dem Verbot der überraschenden Klauseln des § 3 AGBG kann auch neben den diskutierten Normen ein eigener Anwendungsbereich zukommen. § 3 AGBG wird allgemein als negative Einbeziehungsvoraussetzung neben den §§ 2 I Nr. 2 und 9 I AGBG verstanden[532]. Eigenständige Bedeutung kommt dieser Norm insbesondere dann zu, wenn entgegen der hier vertretenen Auffassung[533] eine Einbeziehung nach § 2 I Nr. 2 AGBG auch für den Fall sprachlich nicht verständlicher AGB bejaht würde. So erkennt auch die herrschende Ansicht in der Literatur zum Verständigungsrisiko § 3 AGBG als ein Element des Transparenzgebots an mit einer von § 2 I Nr. 2 und § 9 AGBG zu unterscheidender Bedeutung[534]. Dabei ist zu beachten, dass § 3 AGBG keineswegs eine Begrenzung der Inhaltskontrolle nach § 9 I AGBG bezweckt -diese setzt ja eine zunächst wirksam einbezogene Klausel voraus-, sondern eher einen zusätzlichen Schutz gewähren sollte. Die Unwirksamkeit einer Klausel kann also auf das Überraschungsmoment *und* auf einen daraus resultierenden oder eigenen Aspekt der inhaltlichen Unangemessenheit gestützt werden[535]. Ob eine sprachlich unverständliche Klau-

---

[531] Auch hier verbleibt die Rechtslage auch nach dem 01. 01. 2002 unverändert.

[532] Palandt-Heinrichs, § 3 AGBG, Rn. 1; Erman-Hefermehl, § 3 AGBG, Rn. 1; Ulmer, in Ulmer/Brandner/Hensen, § 3, Rn. 1; Koller, a. a. O. (681); Schäfer, a. a. O. (96).

[533] Vgl. unter I. B. 1. b. aa. (5).

[534] Baumgärtel, Das Sprachrisiko, (70); Schlechtriem, a. a. O. (141; Spellenberg, a. a. O. (482); a. A. Meier/Wehlau, in VuR 1991, 148; Jancke, a. a. O. (110) verneint generell die Bedeutung des AGB-Rechts für das Sprachenproblem.

[535] Erman-Hefermehl, § 3 AGBG, Rn. 3; MüKo-Kötz, § 3 AGBG Rn. 2;Palandt-Heinrichs, § 3 AGBG, Rn. 1. Ulmer, in Ulmer/Brandner/Hensen, § 3, Rn. 5 ff.

sel (oder jede andere) auch überraschend ist, richtet sich danach, ob der Gebrauch objektiv ungewöhnlich ist. Eine solche Ungewöhnlichkeit kann sich beispielsweise aus einem offenen Widerspruch zu den geführten Vertragsverhandlungen oder zu dem allgemeinen Leitbild des Vertrages ergeben[536]. Des weiteren muss eine Diskrepanz des AGB-Inhalts zu den Erwartungen des Verwendungsgegners bestehen[537]. Auch hier stellt sich wiederum die Frage, welcher Maßstab bei der Festlegung dieses Erwartungshorizontes angelegt werden muss. Ohne die unlängst geführte Diskussion zu wiederholen, ist hier zu konstatieren, dass auch der Maßstab des § 3 AGBG zwar ein objektiver ist, aber auch hier stets auf den Erwartungshorizont eines Durchschnittskunden abgestellt wird[538], und der fremdsprachige Verbraucher zu einem eigenständigen Kundenkreis zu rechnen ist[539]. Dennoch kann allein aus diesem verbraucherfreundlichen Beurteilungsmaßstab nicht zwingend geschlossen werden, dass die Verwendung der deutschen Sprache gegenüber einem sprachunkundigen Verbraucher auch stets überraschend ist. Wie bereits erwähnt erschließt sich die Ungewöhnlichkeit einer Klausel aus Umständen des Vertragsschlusses oder der Vertragsnatur. Zwar bezieht sich diese Ungewöhnlichkeit nicht allein auf Sinn und Inhalt der Klausel – allein dieser ist ja durch die deutschsprachige Fassung noch nicht ungewöhnlich[540]-, sondern auch auf die Art der Abfassung[541]. Eine Ungewöhnlichkeit bezüglich des Inhaltes festzustellen, wird schon deswegen Probleme bereiten, weil die fragliche Klausel vom sprachunkundigen Verbraucher regelmäßig gänzlich nicht verstanden wird und somit auch keine Vorstellungen über einen möglicherweise überraschenden Inhalt hervorrufen kann[542]. Aber auch die *Fassung* des AGB-Textes in deutscher Sprache ist gegenüber einem fremdsprachigen Kundenkreis keineswegs ungewöhnlich. Dies zeigt schon die Vielzahl der aus diesem Grund geführten Prozesse und letztlich sicherlich auch diese Untersuchung. Im Ergebnis bleiben für eine Anwendung von § 3 AGBG kaum Fälle mit sprachenspezifischer Problematik, sondern eher eine allgemeine Fallgruppe überraschender Klauseln aufgrund unzulänglicher Information, die aber für die vorliegende Untersuchung keinen eigenständigen Wert aufweist.

---

[536] Palandt-Heinrichs, § 3 AGBG, Rn. 2.

[537] Palandt-Heinrichs, § 3 AGBG, Rn. 3; Lindacher, in Wolf/Horn/Lindacher, § 3, Rn. 18; Ulmer, in Ulmer/Brandner/Hensen, § 3, Rn. 22.

[538] Erman-Hefermehl, § 3 AGBG, Rn. 7; Palandt-Heinrichs, § 3 AGBG, Rn. 3; Ulmer, in Ulmer/Brandner/Hensen, § 3 AGBG, Rn. 13.

[539] So auch Schlechtriem, a. a. O. (142); Auch Erman-Hefermehl, § 3 AGBG, Rn. 7, stellt ausdrücklich fest, dass Beurteilungsmaßstab „die Kenntnisse und Erfahrungen des typischerweise an Rechtsgeschäften dieser Art beteiligten Personenkreises" ist. Eine Klausel könne daher zweifellos für einen Verbraucher überraschend sein und für einen Kaufmann dagegen nicht.

[540] Vgl. Meier/Wehlau, in VuR 1991, 148.

[541] Erman-Hefermehl, § 3 AGBG, Rn. 5.

[542] Schäfer, Das Transparenzgebot, 96 ff..

Zusammenfassung

Im AGB-Recht stellt sich das Sprachenproblem als ein Teilbereich des allgemeinen Transparenzgebotes dar, das seine gesetzliche Grundlage in den §§ 2 I Nr. 2, 3, 5 und 9 I AGBG findet. Besondere Bedeutung bei der Beurteilung der Frage, ob diese Normen jeweils eine Aussage in Bezug auf eine seitens des AGB-Verwenders zu benutzende Sprache enthält, kommt der Bestimmung des Empfängerhorizontes zu. Je nach der Definition eines typisierten Empfänger- bzw. Kundenkreises genügt eine Fassung der AGB in deutscher Sprache, oder aber es besteht eine Übersetzungsobliegenheit des AGB-Verwenders. An dieser Stelle wurde vertreten, dass bei der Feststellung des „Durchschnittskunden“ nicht allein objektiv abstrakt vorgegangen werden darf, sondern gefragt werden muss, ob eine Gruppe aufgrund bestimmter Merkmale innerhalb der groben Zielgruppe als abgrenzbar und homogen identifiziert werden kann. Kunden ohne ausreichende Deutschkenntnisse bilden in der Regel eine solche abgrenzbare Gruppe. Eine Verletzung daraus resultierender Übersetzungsobliegenheiten führt regelmäßig dazu, dass die unverständlichen AGB nach § 2 I Nr. 2 oder nach § 9 I AGB nicht wirksam in den Vertrag einbezogen wurden. Der auf das Sprachenproblem bezogene Anwendungsbereich der §§ 3 und 5 AGBG kann an dieser Stelle vernachlässigt werden.

II. Verbraucherinformation und Sprachenfreiheit

In diesem Teil der Untersuchung soll die Frage beantwortet werden, welchen Beitrag das europäische Sekundärrecht zur Bewältigung des Sprachenproblems leisten kann. Der allgemeine Einfluss des Gemeinschaftsrecht auf die nationalen Privatrechte nimmt in der rechtswissenschaftlichen Diskussion nicht nur der letzten Jahre einen herausragenden Platz ein[543]. Bei der Europäisierung des Privatrechts kann einerseits insbesondere die Bedeutung des Richtlinienrechts kaum überschätzt werden[544], andererseits wird häufig die Art und Weise der Harmonisierung der Privatrechte durch Richtlinien kritisiert[545]. Abgesehen von einem doch nicht zu verneinenden fragmentarischen Zustand des Gesamtregelungsgefüges des Richtlinienrechtes, gehört jedenfalls die Figur des Verbrauchers zu einem über die einzelne Rechtsquelle hinausgreifenden Konzept, was nicht zuletzt auf die hohe Dichte an Richtlinien im Verbrauchervertragsrecht zurückzuführen ist[546]. Wiederum einen Teilaspekt -und ohne Zweifel ein bedeutender- dieses Verbrauchervertragsrechtes stellt der Informationsgedanke dar, der als eine Art Minimalmodell des Verbraucherschutzes angesehen wird[547]. Eine ausreichende Information des Verbrauchers versteht sich quasi als Gegenbewegung zur Deregulierung der Leistungserbringung auf Anbieterseite im Binnenmarkt[548]. Denn die Implementierung von Informationspflichten auf Unternehmerseite fördert nicht nur den Wettbewerb am Markt und macht diesen somit effizienter, sondern ge-

[543] Vgl. nur die folgende Literatur ohne Anspruch auf Vollständigkeit: aus den sechziger Jahren: Beitzke, in ZfRV 5 (1964), 80 ff.; Ferid, in ZfRV 3 (1962), 193 ff.; Hallstein, in RabelsZ 28 (1964), 211 ff.; aus den siebziger und achtziger Jahren: Kötz, in FS für Zweigert, 1981, 481-500; Kramer, in JBl 1988, 477-489; Müller-Graff, in FS für Börner 1987, 303 ff.; ders. In EuR 1989, 107 ff; Schmid, Privatrechtsangleichung in den Europäischen Gemeinschaften; Tilmann, in FS für Oppenhoff 1985, 495-507; aus der breiten Diskussion der neunziger Jahre: Bangemann, in ZEuP 1994, 337-380; Basedow (Hrsg.), Europäische Vertragsrechtsvereinheitlichung, 1999; Blaurock, in JZ 1994, 270-276; Drobnig, in FS für Steindorff 1990, 1141 ff.; Gebauer, Grundfragen der Europäisierung des Privatrechts; Grundmann, Europäisches Schuldvertragsrecht; Hauschka, in JZ 1990, 521-532; Hirte, Wege zu einem europäischen Zivilrecht; Hommelhoff, in AcP 192 (1992), 71-107; Joerges, in ZeuP 1995, 181 ff.; Lando und Kirchner, in Weyers (Hrsg.), Europäisches Vertragsrecht, 81-102 bzw. 103-137; Müller-Graff, in NJW 1993, 13-23; ders. (Hrsg.), Gemeineuropäisches Privatrecht in der Europäischen Gemeinschaft; Ulmer, in JZ 1992, 1 ff.; Taupitz, Europäische Privatrechtsvereinheitlichung.

[544] Vgl. nur Eckert, in FS für Söllner 2000, 239 ff..

[545] Vgl. Grundmann, Europäisches Schuldvertragsrecht, 25; Hauschka, in JZ 1990, 521, 523; Kötz, in RabelsZ 50 (1986), 1-18; Steindorff, EG-Vertrag und Privatrecht, 52; Ulmer, in JZ 1992, 1-8, 4.

[546] So Pfeiffer, in Schulte-Nölke/Schulze (Hrsg.), 21.

[547] Vgl. nur Van den Bergh, in Ott/Schäfer (Hrsg.), Effiziente Verhaltenssteuerung und Kooperation im Vertragsrecht, 77 ff.; Bydlinski, System und Prinzipien des Privatrechts, 741 ff.; Dauner-Lieb, Verbraucherschutz durch Ausbildung eine Sonderprivatrechtes für Verbraucher, 1983.

[548] Vgl. Lurger, Vertragliche Solidarität, 14.

gewährleistet auch als Realisierung des Verbraucherschutzgedankens ein hohes Schutzniveau. Nicht zuletzt ermöglicht die Transparenz auf Anbieterseite die effektive Nutzung volkswirtschaftlicher Ressourcen, ohne dies durch allzu hohe Transaktionskosten[549] wieder zunichte zu machen[550]. Wie bereits einleitend festgestellt, hat sich das Verbraucherrecht auf Information in der Europäischen Union zu einer Art Informationsparadigma entwickelt[551], das als übergeordnetes Prinzip bei der Auslegung gemeinschaftlicher Rechtsakte beachtet werden sollte. *Reich* leitet ein solches allgemeines Prinzip aus der „Unterstützungsfunktion" von Art. 153 EG bei der Herleitung einer horizontalen Direktwirkung von Richtlinien ab[552]. Dieses Informationsparadigma soll bei der Auslegung von Sekundärrecht dann zu einem Grundsatz des „*in dubio pro informatione*" führen[553].
Allgemeine Ansätze zu einem verbraucherrechtlichen Grundprinzip der Information wie der von *Reich* führen im Rahmen dieser Untersuchung zu der Überlegung, dass auch bezüglich des Sprachenproblems eine eher grundsätzliche Beschäftigung mit den Zielen und der Herleitung von Informationsrechten angezeigt ist, als eine Analyse aller verbraucherrechtlicher Informationspflichten dahingehend, ob diese auch eine Aussage in Bezug auf die zu verwendende Sprache treffen. Unabhängig davon, dass dies angesichts etwa der im Produkthaftungsrecht unzählig vorkommenden Informationspflichten[554] in dieser Untersuchung gar nicht geleistet werden kann, erscheint die Erarbeitung eines grundsätzlichen Konzeptes mit Blick auf die Auslegung zukünftig noch zu erwartender Regelungen bedeutend sinnvoller. Nichtsdestotrotz werden in aller Kürze auch die wichtigsten richlinienrechtlichen Informationspflichten auf ihren sprachenrechtlichen Gehalt „abgeklopft".
Die Untersuchung wird dabei folgenden Verlauf nehmen. Zunächst werden die allgemeinen und gemeinschaftsrechtlichen Grundlagen, Ziele und vertragstheoretischen Begründungsmuster von Informationspflichten dargestellt. In einem zweiten Schritt erfolgt eine Auseinandersetzung mit den methodischen Möglichkeiten der Transformation der sekundärrechtlichen Vorgaben in das

549 Die Transaktionskostenökonomik als Kern der Neuen Institutionenökonomik geht auf den Nobelpreisträger Ronald H. Coase zurück, zusammenfassend zuletzt in The Firm, the Market, and the Law (1988).

550 Vgl. Schäfer/Ott, Lehrbuch der ökonomischen Analyse des Zivilrechts, 80 ff., 88, 422; Reich, in Journal of Consumer Policy 14 (1992), 261 ff. Zu den makrojuristischen Aspekten vgl. ausführlich unten II..

551 Diesen Begriff verwendet Reich, in VuR 1999, 1 ff. (5) und in Europäisches Verbraucherrecht, Gliederungsnummer 143 a.

552 Reich, in VuR, 1999, 5 f.; dies widerspricht allerdings der ständigen Rechtsprechung des EuGH: Rs. C-192/94 (El Corte Inglés), Urteil vom 07. 03. 1996, Slg. 1996, I-1281; Rs. C-91/92, Urteil vom 14. 07. 1994 (Faccini Dori), Slg. 1994, I-3325 (beide Entscheidungen ergingen aber noch zum „alten" § 129 a EGV).

553 Reich, in VuR 1999, 8; eingehende Besprechung des Informationsparadigmas in Bürgerrechte, 280.

554 Vgl. etwa Reich, Europäisches Verbraucherrecht, S. 445 ff.; Drexl, Die wirtschaftliche Selbstbestimmung des Verbrauchers, 334 ff..

keiten der Transformation der sekundärrechtlichen Vorgaben in das nationale Recht und -für den Fall einer mangelnden Umsetzung- mit den Grundsätzen der richtlinienkonformen Auslegung. Auf dieser theoretischen Grundlage werden schließlich einzelne Informationsgebote auf eine sprachenrechtliche Regelung hin untersucht. Ein Blick auf die Methoden der Transformation gebietet sich aus der Überlegung heraus, dass die Formulierung einer Lösung des Sprachenproblems auf sekundärrechtlicher Ebene nur gelingen kann, wenn zuvor erkannt wurde, in welcher Form das europäische Privatrecht letztlich auf der nationalen Ebene Wirkungen zeitigt.
Letztens werden die sich daraus für das deutsche Recht ergebenden Schlussfolgerungen gezogen und untersucht, inwiefern diese gemeinschaftsrechtlichen Vorgaben mit deutschem Recht abzugleichen sind.

1. Informationspflichten: eine Grundlagenbetrachtung

Die Frage, ob sich eine Vertragspartei bei der Vertragsanbahnung oder -abwicklung alle Informationen selbst zu verschaffen hat, oder aber Pflichten bestehen, die jeweiligen Wissensunterschiede auszugleichen, beschäftigt seit geraumer Zeit Wissenschaft und Rechtsprechung[555]. So wie lange Zeit der Grundsatz galt, dass der Käufer[556] selbst neugierig sein oder sich mit einem Wissensdefizit im Vertragsverhältnis abfinden muss, ist der heutige Siegeszug des Informationsgedankens beeindruckend. Im romanischen, anglo-amerikanischen und germanischen Rechtskreis sind Aufklärungspflichten ein Kernbestandteil zivilistischer Lehren geworden[557]. Dass es sich bei der Betrachtung der Frage, ob ein Vertragspartner den eigenen Wissensvorsprung zum Abschluss eines vorteilhaften Geschäftes nutzen darf oder seinen Gegenüber über die relevanten Umstände aufzuklären hat, um eine Problematik tiefgehender Interessen- und Prinzipienge-

---

[555] Vgl. die Beispiele bei Cicero, De officiis, 3, 12, 50 und 3, 16, 66.

[556] Entgegen dem Wortlaut wurde dem Grundsatzes *emptor debet esse curiosus* stets allgemeine Geltung zugesprochen, die über das Kaufrecht hinausging, vgl. Roland/Boyer, Adages du droit francais, Rn. 110; siehe auch Fleischer, Informationsasymmetrien, 747.

[557] Für Frankreich vgl. Fabre-Magnan, De l'obligation d'information dans les contrats; Terré/Simler/Lequette, Les obligations, Rn. 249-254; für Italien Sacco/de Nova, Il contratto, Tomo primo, 430 ff. ; Grisi, L'obbligo precontrattuale di informazione; für England: Beatson, Anson's Law of Contract, 257 ff.; Spencer/Turner/Sutton, The Law Relating to Actionable Nondisclosure; für die U.S.A.: Calamari/Perillo, The Law of Contracts, § 9.20; Duggan/Bryan/Hanks, Contractual Nondisclosure; für die Schweiz: Koller, Schweizerisches Obligationenrecht, Allgemeiner Teil, Bd. I, Rn. 1181-1182, 1760-1765; Wahrenberger, Vorvertragliche Aufklärungspflichten im Schuldrecht; für Österreich: Gschnitzer/Faistenberger/Barta, Allgemeiner Teil des Bürgerlichen Rechts, 620 f.; Schuhmacher, Verbraucherschutz bei Vertrgsanbahnung, 175 ff.; für Deutschland aus der allgemeinen Kommentarliteratur: Palandt-Heinrichs, § 123, Rn. 5, 5a; Soergel-Wiedemann, vor § 275, Rn. 153-171; monographisch vgl. Breidenbach, Die Voraussetzungen von Informationspflichten beim Vertragsschluss.

gensätze[558] des Privatrechts handelt, soll an einigen Beispielen veranschaulicht werden.

In einem Urteil des Reichsgerichts aus dem Jahre 1904[559] hatte ein Bankier am Vormittag des 7. April aus der Zeitung erfahren, dass der Förderschacht einer Zeche am 5. April eingestürzt war. Er verkaufte daraufhin seine Kuxe zum noch stabilen Tageskurs, ohne den Käufer über den Einsturz des Schachtes zu informieren. Dieser vor knapp hundert Jahren entschiedene Fall findet seine Entsprechung in der aktuellen Diskussion um die Verwerflichkeit des Insiderhandels im Börsengeschäft[560], die letztlich auf der grundsätzlichen Frage beruht, ob ein entsprechendes Sonderwissen ausgenutzt werden darf oder eben weitergegeben werden muss.
In anderen Fällen geht es darum, ob eine Termitenplage[561] oder ein Schwammbefall[562] im Rahmen eines Hausverkaufs angezeigt werden muss. Zahllos sind die Fälle einer möglichen Aufklärungspflicht beim Verkauf altlastenverseuchter Grundstücke[563]. Eine interessante Fallgruppe bilden auch Entscheidungen aus dem Kunsthandel, bei denen der sachverständige Käufer ein längst verschollen geglaubtes Meisterwerk -wie etwa eine Original-Vase aus der Ming-Dynastie[564], ein Notenmanuskript Mozarts[565] oder oder auch einen echten Knochen eines Plesiosaurus[566]- ersteht und den Verkäufer dabei in dem Irrtum belässt, es handele sich um wertlosen Trödel.
Diese Fälle sollen zeigen, dass im Einzelfall sicherlich nicht eindeutig entschieden werden kann, ob eine Informationsverpflichtung besteht oder ob dem Vertragspartner der aus dem eigenen Sonderwissen herrührende Vertragsvorteil verbleiben soll. Die generelle Beantwortung dieser Frage ist letztlich nur im Dia-

---

558 Fleischer, Informationsasymmetrien, 1.

559 RG, in JW 1904, 167.

560 Vgl. Lahmann, Insiderhandel; Mennicke, Sanktionen gegen Insiderhandel; Schörner, Gesetzliches Insiderhandelsverbot; Schweizer, Insiderverbote, Interessenkonflikte und Compliance; vgl. auch die Auseinandersetzungen von Scheppele, „It's Just Not Right": The Ethics of Insider Trading, 56 Law & Contemp. Prob. 123 (1993) und Allan, 56 Law & Contemp. Prob. 175 (1993), bzw. von Lawson, The Ethics of Insider Trading, 11 Harv J.L. & Pub. Pol'y 727 (1988) und Macey, 11 Harv. J.L. & Pub. Pol'y 785 (1988).

561 Cass. Civ., 1ère, vom 31. 03. 1954, D. 1954, 36.

562 RG, Urteil vom 27. 03. 1893, in RGZ 31, 162 ff.; der BGH beschäftigt sich ausführlich auch bereits mit Hausbock- und Pilzbefall, Urteil vom 09. 10. 1964, in NJW 1965, 34; Urteil vom 10. 07. 1963, in LM Nr. 8 zu § 463.

563 BGH, Urteil vom 12. 07. 1991, in NJW 1991, 2900; BGH, Urteil vom 19. 03. 1992, in BGHZ 117, 363; BGH, Urteil vom 03. 03. 1995, in NJW 1995, 1549.

564 RG, Urteil vom 22. 02. 1929, in RGZ 124, 115.

565 AG Coburg, Urteil vom 24. 04. 1992, in NJW 1993, 938.

566 Urteil des RG, berichtet von Kaiser/Lehmann/Schall, in JW 1912, 525 ff..

log mit der Grundkonzeption eines an Vertragsfreiheit orientierten Zivilrechts[567] möglich. Denn Informationspflichten nehmen diesbezüglich eine Doppelstellung ein. Sie sind einerseits unbedingte Voraussetzung für die Herstellung einer hinreichenden Entscheidungsgrundlage der Marktteilnehmer[568]; andererseits wirken sie der rechtlichen[569] und wirtschaftlichen[570] Funktion von Austauschverträgen, die auf die Verfolgung eigennütziger Interessen abzielt, entgegen, indem ein möglicherweise durch eigene Leistung erworbener Wissensvorsprung nivelliert wird[571]. Angesichts des hohen auch ökonomischen Wertes[572] von Wissen und Information ist die Auferlegung derartiger Pflichten seitens der Rechtsordnung sicherlich begründungspflichtig. Aus diesem Grund werden im folgenden die Sachgründe für Informationspflichten dargestellt. Wie bereits angedeutet wäre aber eine Auseinandersetzung allein mit den tatsächlichen Gründen lückenhaft, fügte man nicht eine Diskussion übergreifender Wertungsprinzipien an, die auf der bipolaren Ebene eines einzelnen Vertragsverhältnisses zu finden sind, sowie auf der übergeordneten Ebene der allgemeinen Wirtschafts- und Wettbewerbsordnung[573], und die letztlich den Weg zu den Sachgründen des insbesondere im Verbraucherrecht erhöhten Informationsbedarfs weisen. Die damit verzahnte Problematik der Begründungs- und Erklärungsmöglichkeit von Informationspflichten im Rahmen allgemeiner Vertragstheorien wird dann im folgenden Gegenstand dieser Untersuchung sein und trägt dem bereits geäußerten Anliegen Rechnung, nicht das Informationsproblem im allgemeinen und das Sprachenproblem im speziellen für jede einzelne Pflicht zu erläutern, sondern in einen

---

[567] Dass die Herstellung von Vertragsfreiheit auch heute zu den elementaren Anforderungen an rechtliche Dogmatik gezählt werden muss, ist allgemein anerkannt: Larenz/Wolf, Allgemeiner Teil des Bürgerlichen Rechts, § 42, Rn. 2 ff.; Atiyah, The Rise and Fall of Freedom of Contract, 726 ff.; Farnsworth, Contracts, § 4.9, 246; Ghestin, La formation du contrat, n° 473-477; Sacco/de Nova, Il contratto, Tomo secondo, 252 ff..

[568] Wolf, Rechtsgeschäftliche Entscheidungsfreiheit, 111 ff..

[569] Grundlegend dazu Bydlinski, System und Prinzipien des Privatrechts, 747 f; vgl. auch Canaris, Die Bedeutung der iustitia distributiva im deutschen Vertragsrecht, 46 ff..

[570] Die Idee der Rechtfertigung ökonomischen Egoismus durch Bezug auf die Förderung des gesamtgesellschaftlichen Wohlstandes findet sich erstmals bei Adam Smith, Wohlstand der Nationen; vgl. dazu Reich, Eigennutz und Kapitalismus, 6 ff.; der Gedanke hat sich bis heute fortgesetzt, vgl. aber aus soziologischer Sicht Baurmann, Markt der Tugend, 658: „Eine Gesellschaft mit einer demokratischen, rechtsstaatlichen und liberalen Ordnung kann nicht überleben, wenn alle Bürger ausschließlich eigennützig handeln."

[571] So Fleischer, Informationsasymmetrien, 2.

[572] Vgl. Allen, 89 Am. Econ. Rev., Papers and Proceedings 268 (1990); Fiedler/Ullrich (Hrsg.), Information als Wirtschaftsgut; Kitch, 9 J. Legal Stud. 683 (1980);

[573] Fleischer nennt diese verschiedenen Diskussionsebenen die mikro- bzw. die makrojuristische Betrachtungsweise, Informationsasymmetrien 4, 82 ff., 178 ff.. Die Begrifflichkeit ist allerdings an Alfred Conard angelehnt (macrojustice), „Macrojustice: A Systematic Approach to Conflict Resolution", in 5 Georgia L. Rev. 415 (1971).

größeren Zusammenhang zu stellen[574]. Ausdrücklich *nicht* behandelt werden - und eine negative Ausgrenzung verwandter Fragestellungen erscheint angesichts der Weite der Probleme unausweichlich- die Voraussetzungen und Folgen *falscher* Informationen sowie die Problematik materiell- und prozessrechtlicher *Auskunftsansprüche*. Auch erfolgt, entsprechend dem Anliegen der Beschränkung auf verbraucherspezifische Aspekte von Informationsasymmetrien, keine eingehende Behandlung derjenigen Normen des BGB, im Rahmen derer informationsrechtliche Konfliktlagen bekanntermaßen auftreten[575]. Zumindest ein kurzer Überblick aber wird über diejenigen Normen erfolgen, die zur Behandlung bestehender Wissensgefälle zur Verfügung stehen. Aufgrund erster Ansätze in der Literatur, die die Lösung der Sprachenfrage der culpa in contrahendo anheim stellt, wird dieses Institut allerdings vertieft behandelt.

a. Informationspflichten: Das mikrojuristische Erklärungsmodell[576]

Zu einer der grundlegenden Denkstile und prägenden Eigenheiten des Privatrechts gehört die Zerlegung komplexer Rechtsverhältnisse in bipolare Beziehungen. Beeinflusst durch ein vorwiegend auf den Prozess ausgerichtetes und aktionenrechtliches Denken des römischen und gemeinen Rechts[577] steht zunächst die Lösung eines Konfliktes in einer Zweipersonenbeziehung im Vordergrund. Dies ist nicht zuletzt auch darin begründet, dass nur durch die Atomisierung hochkomplexer Beziehungen[578] eine Konfliktlösung überhaupt möglich wird, indem die jeweilige Freiheitssphäre des Einzelnen[579] von der des Gegenüber abgegrenzt und damit erkennbar wird. *Fleischer* weist mit einem Blick auf die entscheidungstheoretische Literatur[580] darauf hin, dass trotz aller Kritik am Anspruchs-

---

[574] Fleischer drückt dies in seiner eindrucksvollen Arbeit (a. a. O. (6)) –die freilich sprachenrechtliche Probleme ausspart- sehr plastisch folgendermaßen aus: „Wichtiger als *Stoffhuberei* ist strukturierende Auswahl, wichtiger als Vollständigkeit die Suche nach übergreifenden Wertungsprinzipien. Das scheint mir im Bereich der Informationspflichten bislang nicht vollständig gelungen."

[575] Zu nennen sind insbesondere die §§ 119, 123, 463 S. 2 BGB.

[576] Zu den historischen Entwicklungslinien der Vertragsrechtstheorien und deren Bedeutung für die Erklärung von Aufklärungspflichten vgl. umfassend und auch aus rechtsvergleichender Sicht Fleischer, a. a. O. (Erster Teil, § 2).

[577] Zur prozessförmigen Problemsicht der *actio* vgl. Kaser, Das römische Privatrecht, Erster Abschnitt, § 55 I, 223 ff.; zum aktionenrechtlichen Denken Bucher, in AcP 186 (1986), 1 ff.; Medicus, in AcP 174 (1974), 313 ff.; Schapp, in JuS 1992, 537 ff..

[578] Zu dieser Begrifflichkeit vgl. Leenen, in: Symposion Wieacker, 108, 109.

[579] Zur Bedeutung der Abgrenzung individueller Freiheitssphären vgl. Coing, in FS für Dölle, 25, 39.

[580] Ballwieser, in HWB, Stichwort: Aggregation, Komplexion und Komplexitätsreduktion, Spalte 49 ff..

system[581] ohne eine Komplexitätsreduzierung aufgrund des *„überwältigenden Interdependenzenreichtums der Realität“* Entscheidungen gar nicht möglich wären[582]. Wie im Rahmen der System- und Planungstheorien[583] bleibt aber auch die Suche der Rechtswissenschaft nach einer Optimierung der Strukturierung und Vereinfachung konfliktträchtiger Sachverhalte eine Idee, die es im Bereich makrojuristischer Konzeptionen zu vertiefen gilt[584].
Ausgehend von dieser grundsätzlichen Einteilung in Zwei-Personen-Verhältnisse ist bezüglich des Ausgleichs eines im Einzelfall konkret bestehenden Wissensgefälles zu fragen, ob eine bestimmte Vertragspartei von der anderen Aufklärung verlangen kann. Aus mikrojuristischer Sicht hat die Entscheidung dieses Einzelfalls anhand praktischer Wertvorstellungen zu erfolgen.

Bei der Sichtung der anzulegenden Wertvorstellungen zur Begründung oder Ablehnung von Informationspflichten lässt sich aus privatrechtsgeschichtlicher Sicht insbesondere eine Konstante herausarbeiten. Dies ist, dass der Entscheidungsprozess und das -ergebnis aus *ethischer* Perspektive von dem aus *rechtlicher* nicht unbedeutend abweichen kann. Für die schon seit jeher existierende Spannung und Wechselwirkung zwischen Recht und Moral sind Fälle des Wissensvorsprungs einer Vertragspartei geradezu paradigmatisch. Bereits im klassischen römischen Recht galt, dass an das Vertragsrecht nicht die Postulate einer reinen Moral angelegt wird, sondern dass natürliche Gerechtigkeit (naturalis iustitia) und bürgerliche Klugheit (civilis sapientia) voneinander zu trennen sind[585]. Das sittlich Einwandfreie ist nicht und war nie deckungsgleich mit dem rechtlich Gebotenen: *Non omne quid licet honestum est*[586]. Als Sinn und Zweck des Rechts wurde gerade der Schutz von Interessen angesehen[587]. Die bürgerliche Klugheit gebiete es schon von daher, die eigenen Interessen im Rahmen des rechtlichen Schutzes wahrzunehmen. So lehrte bereits *Karneades*, dass eine rechtlich nicht gebotene Information des Käufers seitens des Verkäufers über Mängel der Kaufsache gut (bonus) und gerecht (iustus) sei, aber auch dumm

---

[581] Insbesondere Großfeld, der stets um die Feststellung übergeordneter Wertungsprinzipien bemüht ist, kritisiert die oftmals enge Sicht der Falllösungstechnik, in JZ 1992, 22, 25; vgl. auch Mayer-Maly, Rechtswissenschaft, 22.
[582] Fleischer, a. a. O. (83).
[583] Vor allen sei Luhmann genannt, Zweckbegriff und Systemrationalität, insbesondere 114 ff.; s. auch Mason/Mitroff, Challenging Strategic Planning Assumptions.
[584] Vgl. sogleich unter b..
[585] Dazu Behrends, in Bydlinski/Mayer-Maly (Hrsg.), Die ehtischen Grundlagen des Privatrechts, 16 ff..
[586] Vgl. Kaser, Das römische Privatrecht, Erster Abschnitt, § 48 III 2, 197; Wacke, in ZSS 94 (1977), 184, 204, 205.
[587] Cicero zitiert die Wendung des Skeptikers Karneades: „iura sibi homines pro utilitate sanxisse, scilicet varia pro moribus“ und anschließend „omnes et homines et alias animantes ad utilitates suas natura ducente ferri“, in De re publica, Liber Tertius, 3, 12, 21.

(stultus)[588]. Zu einer schließlich gänzlichen Scheidung von Recht und Moral, die bis heute geläufig ist[589], führte die Lehre von *Thomasius*[590], der in der Ethik lediglich intern verpflichtende Elemente erkennen wollte, die sich an das Gemüt des Einzelnen adressieren. Diese Trennung von Recht und Moral wurde im 19. Jahrhundert in Frankreich vom *„père du Code civil"*[591] *Pothier* aufgenommen, der bei der Begründung von Aufklärungspflichten ausdrücklich zwischen dem unterschied, was das Recht einerseits und das Gewissen andererseits gebietet[592]. Für die Entwicklung des deutschen Zivilrecht prägend war und ist die *Savignysche*, von *Kant* beeinflusste[593] Feststellung der Gegensätzlichkeit von rechtlicher Freiheit und ethischer Bewertbarkeit[594]. Das rechtstheoretische Fundament des Vertragsrechts sollte vielmehr der Ansatz der Willenstheorie sein. Nach *Windscheid* waren *„ethische Erwägungen nicht Sache des Juristen als solche"*[595]. Die willenstheoretische Rechtfertigung der Vertragsbindung ist letztlich auch die Basis für unsere Überlegungen unter I. B. gewesen, die vorrangig das Vorliegen oder Fehlen eines Konsenses in einer Zwei-Personen-Beziehung beleuchteten.
Die Tatsache aber, dass eine solche Trennung von Recht und Moral bestand und noch besteht ändert allerdings nichts daran, dass es stets als Ziel formuliert wurde, über das rechtliche Minimum[596] hinausgehende ethische Standards zu erreichen. Bezüglich bestehender Aufklärungspflichten formulierte dies *Story* folgendermaßen: *„The principles of natural justice and social morals do, ideed, go fur-*

---

[588] Zitiert nach Cicero, De re publica, Liber Tertius, 3, 19, 20, 31, vor allem 29 in Bezug auf eine Aufklärung des Vertragspartners: „bonus vir, inquit, si habeat servum fugitivum vel domum insalubrem ac pestilentem, quae vitia solus sciat, et ideo proscribat ut vendat, utrumne profitebitur fugitivum se servum vel pestilentem domum vendere, an celabit emptorem ? si profitebitur, bonus quidem, quia non fallet, sed tamen stultus iudicabitur, quia vel parvo vendet vel omnino non vendet; si celabit, erit quidem sapiens, quia rei consulet, sed idem malus, quia fallet. ...

[589] v. Hippel, Zum Aufbau und Sinneswandel unseres Privatrechts, 42 ff.; Luhmann, Das Recht der Gesellschaft, 39 f..

[590] Vgl. die ausführliche Behandlung dieser Lehre von Schneiders, Naturrecht und Liebesethik: Zur Geschichte der praktischen Philosophie im Hinblick auf Christian Thomasius.

[591] Vgl. Schlosser, Grundzüge der neueren Privatrechtsgeschichte, 106.

[592] Pothier nannte dies die Trennung in for de la conscience und for externe, Traité du contrat de vente, n° 234 ff.; auch angelsächsische Autoren wiesen Anfang des 19. Jahrhundert auf die Praxisferne der moralischen Postulate der Stoa hin (Kent, Commentaries on Equity, Third Edition (1842), § 491) und Ende jenes Jahrhunderts auf die grundsätzliche Unterscheidung von Recht und Moral (Oliver Wendell Holmes, The Path of the Law, 10 Harv. L. Rev. 457-478 (1897)).

[593] Zu der Kantschen Lehre vom Verhältnis von Recht und Moral vgl. Wildt, in ARSP 83 (1997), 159 ff..

[594] Savigny, Das System des heutigen römischen Rechts, Bd. I, 331 ff..

[595] Windscheid, Leipziger Rektoratsrede vom 31. 10. 1884, in ders.: Gesamelte Reden und Abhandlungen (1904), 100, 112.

[596] Die vielzitierte Wendung vom Recht als ethischen Minimum stammt von Jellinek, Die sozialethische Bedeutung von Recht, Unrecht und Strafe, 2. Auflage 1908, 45.

ther, and require the most scrupolous good faith, candour, and truth in all dealings whatever. But courts of justice generally find themselves compelled to assign limits to the exercise of their jurisdiction, far short of the principles deducible ex aequo et bono."[597]. Vergleichbare Ansichten zu der zwar generell bestehenden, aber nicht zwingend wünschenswerten Trennung von Recht und Moral finden sich bei bereits in den epochemachenden Werken von *Grotius* und *Pufendorf*[598].

Es ist also zwar festzustellen, dass außerrechtliche Pflichten im Privatrecht seit dem römischen Recht bis heute keine direkte Wirkung zeitigen, die formale Trennung von Recht und Ethik sich aber nur auf eine Form der reinen Ethik bezieht, die sich von einer Rechtsethik[599] -man könnte diese auch als Verkehrsmoral bezeichnen- unterscheidet. Denn eine Rechtsethik, die sich zur Aufgabe gemacht hat, zumindest in Näherung ein gerechtes Regelungsgefüge zu schaffen, das nicht auch gleichzeitig ethischen Ansprüchen gerecht werden muss, existiert seit jeher[600]. Was dabei im Sinne einer Verkehrsmoral noch als statthaft galt, hat sich dann auch rechtlich niedergeschlagen.

Die Maßstäbe, wieviel Einsatz an Geschäftstüchtigkeit der Einzelne unter Umständen auch zum Nachteil des Vertragspartners an den Tag legen durfte, waren da vor zweihundert Jahren sicherlich noch großzügiger als heute. Im 19. Jahrhundert galt in Einmütigkeit mit dem „laisser faire" und dem „laisser aller" der Ökonomie eine weitgehende informationelle Selbstverantwortung der Vertragspartner[601]. Das „laisser faire" des 19. Jahrhunderts befindet sich hierzulande bis in die heutige Zeit in stetiger Auflösung. Während in der BRD die Durchsetzung von Informationspflichten vor allem der Rechtsprechung des Reichgerichts und des Bundesgerichtshof zugesprochen wird[602], gehen beispielsweise in Frankreich

---

[597] Story, Commentaries on Equity Jurisprudence, Third Edition (1842), § 194.

[598] Grotius, De iure belli ac pacis, 2. Buch, 12. Kapitel, IX ; Pufendorf, De iure naturae et gentium, 5. Buch, 3. Kapitel, § 4; vgl. schon im 13. Jahrhundert in Bezug auf Informationspflichten Thomas von Aquin, Summa Theologiae, II-II, qu. 77, art. 3 und viel früher Augustinus, De trinitate, 13.3; vgl. auch die Unterscheidung des Reichsgerichts zu der im Handelsverkehr üblichen Vorgehensweise und dem Stil eines vornehm denkenden Kaufmanns in RGZ 55, 367, 371-372.

[599] Die Trennung von Rechtsethik und reiner Ethik findet sich bei Behrends, in Bydlinski/Mayer-Maly (Hrsg.), Die ethischen Grundlagen des Privatrechts, 1, 4, 16 ff..

[600] Vgl. Fleischer, a. a. O. (89).

[601] Vgl. die Vorrede von Portalis, Discours préliminaire (Nachdruck 1990), zur napoleonischen Kodifikation: „un homme qui traite avec un autre homme doit être attentif et sage; il doit veiller à ses propres intérêts, prendre les informations convenables. "

[602] So Wieacker, Das Sozialmodell der klassischen Privatrechtsgesetzbücher und die Entwicklung der modernenen Gesellschaft (1953); ders., Das bürgerliche Recht im Wandel der Gesellschaftsordnungen (1960); ders., Industriegesellschaft und Privatrechtsordnung; ders. Privatrechtsgeschichte der Neuzeit, § 25, 468 ff., § 28, 543 ff..

Ideen einer *moralisation du contrat* auf die Rechtslehre zurück[603]. In Deutschland wie in Frankreich gilt es zwar als geklärt, nach welchen rechtstechnischen Regeln Maßstäbe der Ethik ins Zivilrecht wirken können, nämlich durch die mögliche Auslegungsvarianz und Offenheit von Generalklauseln, unklar ist bislang aber das rechtstheoretische Fundament. Ausgehend von der grundsätzlichen Trennung von Recht und Moral und fußend auf der Feststellung, dass im Rahmen der Auslegung von Generalklauseln gesellschaftliche Moralvorstellungen der Gegenwart gleichsam ex manu iudicis[604] in das Recht fließen, ist noch nichts darüber gesagt, auf welche Weise eine Brücke zwischen Recht und Moral geschaffen werden kann[605]. Da für den Richter nur unter großen Mühen (empirisch) feststellbar wäre, was denn nun der aktuelle moralische Konsens in der Gesellschaft ist, verbleibt jenem lediglich die Möglichkeit zu vermuten, wie sich die allgemeinen „moral aspirations" gestalten[606]. Dass diese doch eher diffuse Wirkung von Moral auf Recht nicht unerhebliche rechts- und insbesondere demokratietheoretische Legitimationsschwächen aufweist, ist augenfällig[607].
Daran aber, dass –insbesondere im Bereich von Informationspflichten- der Verkehrsmoral weiterhin und trotz rechtstheoretischer Erklärungsdefizite ein nicht zu überschätzender Einfluss auf das Vertragsrecht und die Pflichtenverteilung unter den Parteien zukommt, lassen (deutsche) Rechtsprechung und Lehre keinen Zweifel: Aufklärung (bei Vertragsschluss) ist insoweit geschuldet als es Treu und Glauben mit Rücksicht auf *die Verkehrssitte* gebieten[608] und das Schuldver-

---

[603] Vor allem Ripert, La règle morale dans les obligations civiles (n° 6), richtete seine Kritik auf die Trennung von Moral und Recht und forderte zu einer Belebung rechtsethischer Wertungen im Vertragsrecht auf: „Les droit des obligations doit être vivifié par une montée continue de la sève morale."; vgl. auch jüngst Delebecque, Rép. Défrénois 1995, 335: „ce parfum de morale est dans l'air du temps et n'est sans doute pas propre à la seule première Chambre civile de la Cour de cassation."

[604] Corbin, Corbin on Contracts (1951), § 1157, stellt zur Wirkung von Moral ins Recht fest, dass „bargains are judged by the folkways and mores of the times" und fügt hinzu (§ 1162): „The mores of a people, those generally prevailing practices and opinions as to what promotes welfare and survival, also slowly change with the time and circumstance (...) Courts and administrative officers, as well as legislators, cannot fail to be affected by these changes in times and opinions.".

[605] Fleischer, a. a. O. (91), erwähnt, bezugnehmend auf Lyons, Ethics and the Rule of Law (Cambridge 1984), dass zunächst eine „explizite Transformation" stattzufinden hat.

[606] Eisenberg stellt in The Nature of the Common Law erste Gedanken zu jener möglichen Verbindung zwischen Recht und Moral an (14 ff.), und fragt insbesondere, wie durch richterliche Gestaltungsmacht "moral norms" von einer nicht zu unterschätzenden Wirkungsmacht auf das Recht sein können.

[607] Eine Auflösung dieser Legitimationsschwierigkeiten versucht Luhmann, Das Recht der Gesellschaft, 89.

[608] BGH, Urteil vom 6. 12. 2000, in NJW-RR 2001, 314 f.; BGH, Urteil vom 21. 10. 1997, in NJW 1998, 305 f.; BGH, Urteil vom 11. 11. 1993, in NJW 1994, 850; BGH, Urteil vom 07. 10. 1991, in NJW 1992, 300 ff., 302; BGH, Urteil vom 04. 03. 1987, in BGHZ 100, 117 ff., 120; BGH, Urteil vom 17. 03. 1976, in MDR 1976, 660 ff..

hältnis vor allem auch der Vertragsanbahnung wird von der geltenden Geschäftsmoral vorgeformt[609].
Für die Bestimmung von Informationspflichten im Einzelfall wird damit allerdings klar, dass der Stellenwert der Geschäfts- und Gesellschaftsmoral eher gering ist, auch da die Moral erst durch eine Art Verrechtlichung bei der Anwendung generalklauselartiger Normen als Maßstab herangezogen werden kann[610]. Zweifellos beachtenswert bei der Gegenüberstellung rechtlich schützenswerter Interessen der Vertragsparteien sind aber jedenfalls geschäftliche Gepflogenheiten und auch wirtschaftliche und soziale Rahmenbedingungen, soweit diese auf den Geschäftsverkehr zurückwirken[611]. Zuletzt beeinflussen auch die Erwartungen der Marktteilnehmer, die mit den tatsächlichen Verhältnissen einem ständigen Wandel unterworfen sind, die bei der Bestimmung von Aufklärungspflichten relevanten Wertvorstellungen.

b. Informationspflichten: Das makrojuristische Erklärungsmodell

Ein Begründungsmodell für Informationspflichten bliebe unvollständig, ließe man den Blick lediglich auf dem einzelnen Vertragsverhältnis verharren. Insbesondere der Behandlung von Informationsasymmetrien in der Wirtschaftswissenschaft ist es zu verdanken, dass die Aufmerksamkeit vom bilateralen Verhältnis auf einen multilateralen Makrokosmos gelenkt wurde. Dabei ist die Auseinandersetzung mit der Informationsökonomik im Vergleich zu der bereits zweitausend Jahre währenden Diskussion von Informationsproblemen im Privatrecht zwar noch jung aber nicht minder intensiv. Das wirtschaftswissenschaftliche *Journal of Economic Literature* weist jährlich mehr als einhundert Veröffentlichungen aus dem informationsökonomischen Bereich nach. Es kann nicht Aufgabe dieser Bearbeitung sein, die Prinzipien und Entwicklungslinien der Informationsökonomik nachzuzeichnen[612]. Im Rahmen der Einbettung des einzelnen Vertragsverhältnisses in einen größeren Zusammenhang wird es allerdings unerlässlich sein, auch die ökonomischen Funktionen und Auswirkungen des Vertragsrechts und der Informationspflichten zu diskutieren.

Im besonderen Maße erscheint auch angesichts der Themenstellung der vorliegenden Arbeit die Frage angezeigt, welche Forderungen die Ökonomie an ein marktrationales Vertragsrecht stellt. Denn obwohl in der deutschen Rechtswis-

---

[609] So Gernhuber, Das Schuldverhältnis, § 8 I 6, 180; vgl. entsprechend das amerikanische Restatement Second of Contract (§ 161, Comment d): „... a party need not correct all mistakes of the other and is expected only to act in good faith and in accordance with reasonable standards of fair dealing, as reflected in prevailing business ethics."
[610] Mit Hart, The Concept of Law, 92 ff., könnte man dies als eine „rule of recognition" bezeichnen, d. h. die gesetzliche Regel wirkt zuförderst in Verbindung mit sozialem Druck.
[611] Vgl. Fleischer, a. a. O. (92).
[612] Eine gedankenreiche Einführung bietet Fleischer, a. a. O. (Erster Teil, § 4).

senschaft der Gedanke *Conards* von einer macrojustice[613] bislang kaum wahrgenommen worden ist[614], findet sich eine vertragstheoretische Einbettung in einen größeren Gesamtzusammenhang insbesondere in zwei Bereichen, die auch in sprachenrechtlicher Hinsicht an dieser Stelle als besonders relevant identifiziert worden sind. Dies sind Vertragsverhältnisse, die unter der Verwendung Allgemeiner Geschäftsbedingungen zustande gekommen sind, sowie der Bereich der Versicherungsverträge[615]. Für das Versicherungsrecht spricht etwa *Deutsch* bezüglich der Versicherungstechnik und der Sonderfigur der sogenannten Gefahrgemeinschaft von einer „Entindividualisierung“ des einzelnen Vertrags[616]. Und auch das Recht der Allgemeinen Geschäftsbedingungen erfährt in der Rechts- und Wirtschaftswissenschaft eine rechtsökonomische Einordnung des Einzelvertrags in einen juristischen Makrokosmos[617]. Bezogen auf Vertragsverhältnisse mit Verbrauchern stehen sich dabei zwei ökonomische Funktionen gegenüber, die sich teilweise ergänzen und an anderer Stelle als Gegenspieler fungieren. Dies sind die zivilrechtlichen Paradigmen der Vertragsfreiheit einerseits und des Konsumentenschutzes andererseits.

aa. Vertragsrecht und Vertragsfreiheit aus ökonomischer Sicht

Der ökonomische Sinn und Zweck der Vertragsfreiheit liegt darin, dass im Rahmen eines Tauschverkehrs zwischen autonomen Wirtschaftseinheiten die Voraussetzungen für Prozesse geschaffen werden, die für beide Vertragsparteien ei-

---

[613] Conard, „Macrojustice: A Systematic Approach to Conflict Resolution“, in 5 Georgia L. Rev. 415, 419 (1971) fragt insbesondere „how the system works in aggregate of one thousand or ten thousand cases" und fügt im folgenden (420) an, dass „the sum total of effects instead of the effect in the individual case" vermehrt Aufmerksamkeit zu widmen ist.

[614] Eine gewisse Ausnahme bildet einmal mehr Großfeld, Zivilrecht als Gestaltungsaufgabe, 83 ff.; vgl. aber auch für das Haftungsrecht Taupitz, in AcP 196 (1996), 114.

[615] Für die rechtsökonomischen Aspekte des AGB-Rechts: Neumann (Hrsg.), Ansprüche, Eigentums- und Verfügungsrechte, 655 ff.; Schäfer/Ott, Lehrbuch der ökonomischen Analyse des Zivilrechts, 420 ff.; allgemein zum „consumer protection law“ Mackaay, Economics of Information and Law, 208 ff..

Zum versicherungsrechtlichen Bereich Dreher, Die Versicherung als Rechtsprodukt, 119 ff.. Anzumerken ist zudem, dass auch dem Wettbewerbsrecht, das hier keine Rolle spielen wird, ein solches Vorgehen nicht unbekannt und auch auf europarechtlicher Ebene anerkannt ist, vgl. Emmerich, in Immenga/Mestmäcker, § 18 GWB, Rn. 159 ff.; ders., Kartellrecht, 533; Rittner, Wettbewerbs- und Kartellrecht, § 9, Rn. 27.

[616] Deutsch, Versicherungsvertragsrecht, 12; die auch rechtsökonomische Analyse der versicherungsvertraglichen Informationspflichten bei Fleischer, a. a. O. (§ 12, S. 497 ff.) beschränkt sich bedauerlicherweise auf die Aufklärungspflichten des Versicherungsnehmers.

[617] Diese Begrifflichkeit verwendet in einem allgemeinen Zusammenhang Böhm, Ordo, Bd. 3 (1950), S. LI, der davon spricht, dass die ordnende Kraft des einzelnen Tauschaktes aus dem bilateralen Mikrokosmos in den multilateralen Makrokosmos hinüberwirkt.

nen ökonomischen Vorteil in sich bergen[618]. Der Marktmechanismus soll es ermöglichen, dass ein bestimmtes Gut demjenigen Marktteilnehmer zugeführt wird, für den das Gut den wirtschaftlich höchsten Nutzen hat[619]. Für die Bestimmung eines derartigen Nutzens in einem wirtschaftlichen Verteilungsprozesses hat *Vinfredo Pareto*[620] ein Effizienzkriterium entwickelt, das in wohlfahrtsökonomischer Hinsicht eine gesellschaftliche Entscheidung immer dann als nutzbringend und effizient definiert, wenn sich für ein Individuum ein Vorteil ergibt, ohne dass ein anderes einen Nachteil erleidet. Soweit die Parteien vollständig informiert sind, ist in aller Regel von einer solchen *Pareto-Effizienz* auszugehen[621]. Bliebe aber das Vertragsverhältnis und damit der Marktprozess gänzlich ungeregelt, dann ist eine Zunahme *pareto-ineffizienter* Geschäfte augenfällig, da zumindest eine Partei häufig an der Wahrnehmung und –der Wahrnehmung vorgelagert- überhaupt an der Feststellung der eigenen Interessenlage gehindert ist[622]. Dann aber liegt der Nachteil zumindest einer Partei nahe. Das Vertragsrecht hat also die Aufgabe, einen nutzenfördernden Güteraustausch zu ermöglichen, indem die Voraussetzungen eines wirtschaftlichen Vorteils auf beiden Seiten des Austauschverhältnisses geschaffen werden[623]. Dazu ist es insbesondere erforderlich, denjenigen Fallgestaltungen entgegenzuwirken, die dazu prädestiniert sind eine zumindest einseitig nachteilige Güterverteilung herbeizuführen[624].

Aus dieser Zielformulierung lassen sich eine Reihe von Aufgaben ableiten, die das Vertragsrecht aus ökonomischer Sicht zu erfüllen hat.

(1) Transaktionskosten

Eine der vorzüglichen Aufgaben des Vertragsrechts ist die Bereitstellung von Regeln, die die Eingehung und Abwicklung von Verträgen möglichst effizient gestalten[625]. Der Gesetzgeber erbringt in diesem Rahmen gleichsam eine Vorar-

---

[618] Cezanne, Allgemeine Volkswirtschaftslehre, 201; Schäfer/Ott, a. a. O. (321); Weede, Wirtschaft, Staat und Gesellschaft, 8 ff..

[619] Vgl. die Zusammenstellung von Gruber/Kleber, Grundlagen der Volkswirtschaftslehre, 42, zu den Funktionen des Wettbewerbs.

[620] Pareto, Cours d'économie pratique (1897).

[621] So Schäfer/Ott, a. a. O. (342).

[622] Friedman, in Kapitalismus und Freiheit (34), formuliert dies folgendermaßen: „Die Möglichkeit der Koordination durch freiwillige Kooperation basiert auf der elementaren –freilich häufig verneinten- Voraussetzung, dass beide Parteien einer wirtschaftlichen Transaktion von ihr profitieren, vorausgesetzt, die Transaktion geschieht auf beiden Seiten freiwillig und in vollem Wissen darüber, was geschieht."

[623] Vgl. Hirsch, Law and Economics, 94; Posner, Economic Analysis of Law, 12 ff., 94.

[624] Schäfer/Ott, a. a. O. (341); Trebilcock, The Limits of Freedom of Contract, 17.

[625] Trebilcock, The Limits of Freedom of Contract, 16 f., gibt einen Überblick über die allgemeinen Funktionen des Vertragsrecht; Williamson, Die ökonomische Institutionen des Kapitalismus, 30, 78.

beit für die Vertragsparteien, indem regelmäßig auftauchende Problemlagen aufgezeigt werden[626]. Bereits die Information über auftretende Probleme leistet dabei einen Beitrag zur Minderung der Transaktionskosten[627]. Insbesondere die dispositive Fassung von Normen entlastet zudem die Parteien von eigenen Verhandlungen, belässt den Vertragspartnern aber ein Maximum an verbleibender Gestaltungsfreiheit[628]. Ein optimales Vertragsrecht sollte sich also als Angebot von Konfliktlösungsregeln verstehen. Im Sinne vorweggenommener Vertragsverhandlungen haben sich diese Regeln möglichst eng an den zukünftig zu erwartenden Parteiwillen zu halten, um Reibungsverluste zu minimieren und damit auch die Transaktionskosten[629]. In Bezug auf Informationsprobleme ist es folglich die Aufgabe des Vertragsrechts, eine gesetzliche Auskunftspflichtenverteilung anzubieten, die mögliche Wissensgefälle in dem Vertragsverhältnis vorwegnimmt und eine Klärung bereitstellt.

(2) *Fully specified contract*

Eine weitere Aufgabe des Vertragsrechts kann zwar auch zu einer Verminderung der Transaktionskosten führen, insofern besteht also eine gewisse Artverwandtschaft, hat aber nicht die primäre Funktion der Kostenminimierung, sondern der Nutzenmaximierung. Die Gesetzgebung (und auch die Rechtsprechung) hat sich in die Situation der Parteien zu versetzen und die Risiken eines Vertragsverhältnisses angemessen zu verteilen. Diese gesetzliche Risikoverteilung soll wiederum die Lage vorwegnehmen, die die Parteien bei einer vorherigen vollständigen Aushandlung eines Vertrages selbst vorgenommen hätten[630]. Diese orientieren sich bei der Zuordnung der Vertragsrisiken regelmäßig daran, welche der Parteien das Risiko am einfachsten versichern oder minimieren bzw. vermeiden kann, was den beiderseitigen Nutzen der Parteien an der Transaktion maximiert, denn die Kosten der Risikovermeidung sind in der Regel für beide Parteien am Markt spürbar[631]. Da es den Parteien aber in der Regel –auch aus Kostengründen- nicht möglich sein wird, alle Eventualitäten im voraus zu regeln –oder sogar auch nur

---

[626] Der Gesetzgeber erbringt gleichsam eine informatorische Dienstleistung, vgl. Hirsch, Law and Economics, 94.

[627] Vgl. Behrens, Die ökonomischen Grundlagen des Rechts, 157 f..

[628] Zu der Entlastungsfunktion des dispositiven Rechts vgl. Kronman/Posner, The Economics of Contract Law, 4; Posner, Economic Analysis of Law, § 4.6, 112; Schäfer/Ott, a. a. O. (345 f.); Trebilcock, The Limits of Freedom of Contract, 16.

[629] Fleischer, a. a. O. (181 f.) vergleicht eine funktionierende Vertragsrechtsordnung mit einer stabilen Geldverfassung, die Abwesenheit beider Kriterien beenden zwar nicht Tausch und Handel zwischen den Marktteilnehmern, die Anwesenheit erhöht aber die Zahl der nutzenbringenden Transaktionen und damit die gesellschaftliche Wohlfahrt.

[630] Die Figur des vollständig spezifizierten Vertrags bleibt in der Praxis freilich unerreicht. Zum Begriff vgl. Cooter/Ulen, Law and Economics, 183; Polinsky, An Introduction to Law and Economics, 29; Trebilcock, The Limits of Freedom of Contract, 17.

[631] Behrens, Die ökonomischen Grundlagen des Rechts, 159; Schäfer/Ott, a. a. O. (325).

vorherzusehen- erfüllt der Gesetzgeber wiederum eine wichtige Unterstützungsfunktion[632]. *Trebilcock* formuliert die gesetzgeberische Aufgabe der gewinnmaximierenden Risikoverteilung so, dass *„an economic framework would tend to ask, what rule would maximize the parties' joint welfare, on the assumption that this rule would generally be the rule that rational parties would have agreed ex ante."*[633].
Wiederum bezogen auf Informationspflichten wird also bei rechtsökonomischer Betrachtung des Vertragsrechts an die Gesetzgebung die Forderung gestellt, die zu erwartende Verteilung der Informationspflichten seitens der Parteien abzubilden[634]. Es ist allerdings nicht zu bestreiten, dass dies ex ante und im allgemeinen schlechterdings vom Gesetzgeber nicht zu leisten ist. Bei einer sachgerechten Zuweisung der Informationspflichten kommt es im besonderen Maße auf die Natur des angestrebten Vertragsverhältnisses an. Eine generalisierende ex ante Verteilung der Informationspflicht etwa auf den Erbringer der Nicht-Geld-Leistung wäre da sicherlich nicht nur unangemessen, sondern schädlich[635].

(3) Verhinderung opportunistischen Verhaltens

In *Williams* Werk „Die ökonomischen Institutionen des Kapitalismus" führt dieser aus, dass Opportunismus eine der Hauptursachen für Informationsasymmetrien im Vertragsrecht sind. Die opportunistisch handelnde Vertragspartei unternimmt in der Regel alles, um eine umfassende Information des Gegenüber zu verhindern, auch um damit die eigenen Chancen auf einen lukrativen Geschäftsabschluss zu steigern[636], obwohl er selbst über ausreichende Informationen über den Vertragsgegenstand verfügt. Die Verhinderung eines solchen Opportunismus dient dem erklärten Ziel, nutzenmehrende Transaktionen möglichst zu fördern und *Pareto*-ineffiziente Geschäfte gering zu halten[637]. Am wirksamsten und kosteneffizientesten geschieht dies durch ex ante Maßnahmen, die einen ex post Opportunismus bereits im Stadium der Vertragsanbahnung vereiteln. Dies sind insbesondere vorvertragliche Aufklärungspflichten und Gewährleistungsrechte. Der Vorteil eines solchen Vertragsrechts liegt nicht nur in der Steigerung des wohlfahrtsökonomischen Nutzens, sondern auch in der Vermeidung volkswirt-

---

[632] Vgl. Schneider, Betriebswirtschaftslehre, Bd. 3, Theorie der Unternehmung, 23 f..
[633] Trebilcock, The Limits of Freedom of Contract, 17.
[634] Vgl. Adams, in AcP 186 (1986), 453, 458, 489.
[635] Im einzelnen vgl. die Diskussion zur Vereinigung der Makro- und der Mikroebene unten II. 1. c..
[636] Williamson, Die ökonomischen Institutionen des Kapitalismus, 54.
[637] Vgl. Posner, in Economic Analysis of Law (§ 4.1, 91): „The fundamental function of contract law is in order to encourage the optimal timing of economic activity and (the same point) obviate costly self-protective measures."

schaftlich gesehen schädlicher weil kostenintensiver Schutz- und Verhinderungsmaßnahmen gegen opportunistisches Verhalten[638].

(4) *Paretian dilemma*

Als quasi nachgeschaltete Sicherungsmaßnahme muss es eine weitere Aufgabe des Vertragsrechts sein, bestehende *Pareto*-ineffiziente Verträge undurchsetzbar zu machen. Bei der Bestimmung des Maßes der Wohlfahrtsminderung oder –förderung eines bereits bestehenden Austauschverhältnisses stösst das *Pareto*-Kriterium allerdings an seine Grenzen. Die nicht zu bezweifelnde These von *Pareto*, dass Verträge zwischen vollständig informierten Vertragsparteien stets wohlfahrtssteigernd sind, erweist sich im Rahmen einer ex post Behandlung des Vertragsverhältnisses als problematisch, weil die Prämisse einer vollständigen Information der Parteien in der Praxis nahezu nicht vorkommt. Ex ante betrachtet, gewährt das *Pareto*-Kriterium aufgrund der soeben genannten Prämisse jedem Vertrag eine Art Bestandsschutz, da dieser Vertrag aus der ex ante Sicht schlicht nicht verbesserungsfähig ist und die Parteien den Vertrag auch stets als vorteilhaft angesehen haben. Zum gegenteiligen Ergebnis führt die ex post Sicht, der in der Rechtswirklichkeit vorkommenden Austauschverhältnisse zwischen mangelhaft informierten Parteien, da sich ein solcher Vertrag stets als *Pareto*-ineffzient und damit nicht erhaltenswürdig darstellt.
Als Ausweg aus diesem *Paretian dilemma*[639] wird einerseits vorgeschlagen, das *Pareto*-Kriterium an ein voluntatives Element zu knüpen, indem nur freiwillige Markttransaktionen erfasst werden[640], auf der anderen Seite empfehlen insbesondere *Kaldor* und *Hicks* die Wirkungen von Informationspflichten nicht aus der mikro- sondern aus makroökonomischer Sicht zu beurteilen[641]. Die Wohlfahrtssteigerung soll dann nach der gesamtgesellschaftlichen Wirkung betrachtet werden, so dass eine solche wohlfahrtssteigernde Wirkung schon dann angenommen wird, wenn aus einem Vertrag zwar nicht beide Parteien Vorteile ziehen, die begünstigte Partei aber die benachteiligte im Nachhinein entschädigt[642]. Ein solcher Ansatz ist allerdings nicht unproblematisch, da das auf Zwei-Personen-

---

[638] Vgl. Barzel, in JITE 141 (1985), 4, 8: „What is costly, however, is not the cheating per se; rather resources are devoted to cheating and to its prevention which sharply distinguishes the outcome from what obtained in the Walrasian world."

[639] Trebilcock, The Limits of Freedom of Contract, 103.

[640] Vgl. Friedman („Bilaterally voluntary and informed"), Capitalism and Freedom, 13; vgl. auch Heyne, The Economic Way of Thinking: „In an informed and uncoerced exchange (and this is what we mean by genuine exchange), both parties gain by giving up something of greater value."; Schäfer/Ott, a. a. O. (342, 344).

[641] Sogenanntes Kaldor-Hicks-Kompensationskriterium, vgl. Kaldor, 49 Econ. J. 549 (1939) und Hicks, 49 Econ. J. 696 (1939).

[642] Vgl. Behrens, Die ökonomischen Grundlagen des Rechts, 93; Cooter/Ulen, Law and Economics, 41 f.; Mercuro/Medema, Economics and the Law. From Posner to Postmodernism, 45 ff.; Posner, Economic Analysis of Law, § 1.2, 13 ff.; Schäfer/Ott, a. a. O. (30).

Beziehungen ausgerichtete Vertragsrecht in eine der Gesetzessystematik unbekannte Makroebene gehoben wird[643], ermöglicht auf der anderen Seite aber die Beachtung der Interessen der Allgemeinheit etwa an der Herstellung optimaler Informationsstrukturen. Die systematische Vereinbarkeit dieses Ansatzes mit der Systematik des Vertragsrechts ist letztlich gekoppelt an die rechtstheoretischen Erklärungstheorien, die uns im einzelnen weiter unten beschäftigen werden[644].

(5) Verhinderung von Marktversagen

Informationsasymmetrien destabilisieren Marktprozesse und können im Extremfall zu einem Marktversagen führen. Derartige Erscheinungsformen des Marktversagens werden in der Wirtschaftswissenschaft unter den Arbeitsbegriffen der adversen Selektion und –nach dem kurzen Abriss des Verhältnisses von Recht und Ethik unter a. bezeichnenderweise- des moralischen Risikos diskutiert, und zwar je nach dem, ob die Störung des Austauschprozesses vor (dann adverse Selektion) oder nach (dann moralisches Risiko) Vertragsschluss liegt[645]. Die Aufgabe des Vertragsrechts muss sein, beide Fälle des Marktversagens nach Kräften zu verhindern und damit marktsstabilisierend zu wirken.
Beispielhaft für eine solche marktstabilisierende Wirkung sind etwa die Insidervorschriften der §§ 12 WpHG, die das Funktionieren der Wertpapiermärkte gewährleisten. Aber auch die Herausarbeitung von Aufklärungspflichten im Rahmen der culpa in contrahendo seitens Rechtsprechung kommt eine solche Wirkung zu, denn Vertrauensschutz kommt im Geschäftsverkehr nicht nur eine individuelle Funktion zu, sondern sichert auch und vor allem gesamtwirtschaftliche Abläufe[646]. Eine Art generalisiertes Vertrauen[647] erleichtert den Geschäftsverkehr, indem dem Einzelnen ein Vertrauenserweis im konkreten Geschäftsverkehr erspart bleibt. Dies wirkt nicht nur als *„Schmiermittel des sozialen Systems"*[648], sondern mindert wiederum im erheblichen Maße die Transaktionskosten[649].
In Bezug auf ein in der Phase der Vertragserfüllung wurzelndes Marktversagen sei die marktstabilisierende Funktion der Gewährleistungsregeln genannt, die Informationsasymmetrien ausgleichen. Denn dem Vertragspartner kann in aller Regel gleichgültig sein, ob ihm möglicherweise Produktinformationen vorenthal-

---

[643] Dies wendet Horn ein, in AcP, 176 (1976), 307, 313.
[644] II. 1. c..
[645] Richter/Furubotn, Neue Institutionenökonomik, 163 ff..
[646] Allgemein zur institutionellen Schutzrichtung von Informationspflichten vgl. Leenen, in Rechtsdogmatik und praktische Vernunft, Symposion Wieacker, 108 ff.; Loges, die Begründung neuer Erklärungspflichten und der Gedanke des Vertrauensschutzes, 130 ff., 154 ff..
[647] Vgl. Ripperger, Ökonomik des Vertrauens, 101 ff..
[648] Arrow, The Limits of Organisation, 23 („important lubricant of a social system"); vgl. auch Phelps (Hrsg.), Altruism, Morality and Economic Theory, 13, 26; aus soziologischer Sicht vgl. Luhmann, Vertrauen. Ein Mechanismus der Reduktion sozialer Komplexität, 50 ff..
[649] Vgl. insgesamt zur Begründung des vorvertraglichen Pflichtenprogramms im Rahmen der c. i. c. Fleischer, a. a. O. (417 ff., 420 ff.).

ten wurden, weil er durch die Gewährleistungsverpflichtung ja eine Art gesetzliche Produktgarantie genießt[650]. Das Vertragsrecht erfüllt folglich fundamentale Zwecke der Wirtschaftsermöglichung[651].

bb. Verbraucherrecht als Paradigma eines makrojuristischen Vertragsmodells

Nach der Darstellung der Funktionen des Vertragsrechts und der Aufklärungspflichten ist die Bemerkung am Platze, dass keinesfalls zu fordern ist, alle nur denkbaren Wissensgefälle einzuebnen. Erst die Bewahrung bestimmter Wissensvorsprünge hält die gesamtwirtschaftlich gesehen unentbehrliche Suche nach neuem Wissen in Gang. Eine umfassende Informationsverpflichtung förderte zwar die Effizienz der Transaktionen, führte aber zum Erliegen des Marktgeschehens und ist von daher abzulehnen[652]. Die Verteilung von Informationspflichten ist vielmehr ein komplexer Vorgang, der eine Reihe unterschiedlicher Interessen zu versöhnen hat. Als Paradigma für ein Interesse, das der Bewahrung von Wissensvorsprüngen und der Belohnung der Wissenserforschung dient und das ein Baustein dieses Verteilungsgefüges darstellt, kann beispielsweise das Patenrecht gelten[653]. Ein anderes ist das Verbraucherrecht. Mit dem Ziel, dem Verbraucher möglichst rationale und eigenverantwortliche Entscheidungen am Markt zu ermöglichen, wurden vom –nicht nur- deutschen Gesetzgeber, teilweise basierend auf Richtlinien aus der europäischen Gesetzgebung, eine Vielzahl von sondergesetzlichen Informationstatbeständen erlassen, die kaum noch überblickt werden können[654].

Immerhin aber lassen sich hinter den einzelnen Informationspflichten einige grundlegende Wertungen erkennen, die hier erörtert werden und dazu dienen sollen, Sinn und Zweck dieser Pflichten näher zu erfassen. Zu diesen Wertungen

---

[650] Vgl. Tirole, Industrieökonomik, 232.

[651] So Streissler, in Bydlinski/Mayer-Maly (Hrsg.), Die ethischen Grundlagen des Rechts, 131, 154.

[652] Köhler, in ZHR 144 (1980), 589, 591, vertritt sogar, dass auch durch Informationsasymmetrien bedingte Transaktionskosten in Wirklichkeit nicht zu verhindern und daher hinzunehmen sind; vgl. auch Henssler, Risiko als Vertragsgegenstand, 150; wie hier Fleischer, a. a. O. (187).

[653] Fleischer, a. a. O. (195 f.) weist allerdings zu Recht darauf hin, dass der Ausgleich für getätigte Investitionen nicht durch ein Patentrecht, was ein Ausschließlichkeitsrecht darstellt, geschehen muss, sondern auch durch die Erlaubnis gewährt werden kann, den eigenen Wissensvorsprung zu einem vorteilhaften Vertragsschluss auszunutzen.

[654] Vgl. den Überblick bei Quigley, European Community Law, Vol. I (1997), 255 ff.; eine Analyse der „wichtigeren" Informationstatbestände gibt auch Grundmann, Europäisches Schuldvertragsrecht, 231 ff., 270 ff., 609 ff., 683 ff., 872 ff.; zu den Rechtsfolgen der Verletzung von Informationspflichten vgl. auch Grigoleit, Vorvertragliche Informationspflichten, 52 ff.; Kemper, Verbraucherschutzinstrumente, 189 ff.; Lurger, Vertragliche Solidarität, 16 ff.; vgl. zum sprachenrechtlichen Aspekt unten II. 2..

gehören insbesondere die individuellen und kollektiven Begründungsansätze für eine verstärkte Verbraucherinformation sowie deren Schutzziele.

(1) Mikro- und makroökonomische Ursachen für Informationspflichten im Verbraucherrecht

An individuellen Sachgründen für den gesteigerten Informationsbedarf und einem daraus resultierenden Schutzbedürfnis des Verbrauchers lassen sich eine ganze Reihe ausmachen. Das Informationsverhalten auf Anbieterseite lässt sich wohlwollend doch als allenfalls nachlässig einordnen. Die gewährten Informationen sind zudem regelmäßig nicht aktuell und nicht korrekt[655]. Für den einzelnen Verbraucher lohnt es sich auch nicht eine eigene Informationssuche anzustellen, da der zu erwartende Nutzen die Kosten in der Regel bei weitem übersteigen wird[656]. Zum Schutze des Verbrauchers bei Entscheidungsprozessen bedarf es zudem einer Standardisierung und Aufbereitung des Informationsmaterials, die gesetzlich zu steuern sind, da die Information ansonsten schnell zu einer Überforderung des Verbrauchers und somit zu einem gegenteiligen Ergebnis führen kann. Dass dies durch die Dichte der Informationstatbestände im europäischen Recht bereits der Fall ist, wurde von anderer Seite kritisch bemerkt und diskutiert[657].

In der Wirtschaftswissenschaft wurde zudem schon früh erkannt, dass die Grundsätze der herkömmlichen Entscheidungstheorie bei Kundenentscheidungen häufig nicht anwendbar sind. Die moderne Entscheidungstheorie[658] identifiziert Entscheidungssituationen je nach dem jeweiligen Informationsstand des Entscheidungsträgers. Man unterscheidet danach Entscheidungssituationen bei Sicherheit, Risiko und Ungewissheit der Informationslage[659]. Die Variierbarkeit dieses Informationsstatus wird in dieser Einteilung allerdings nicht beachtet. Aus informationsökonomischer Sicht kam es dazu erst mit der Entscheidungstheorie von *Marschak*[660], die allerdings voraussetzt, dass der Einzelne bei der Beschaffung und Bewertung der Information vollständig rational vorgeht. Mit *Knight* und *Simon* wurde bemerkt, dass eine solche Annahme vollständiger Rationalität nicht der Alltagssituation der Marktteilnehmer entspricht, die unter Zeit- und

---

[655] Vgl. Carlton/Perloff, Modern Industrial Organization, 554; Mackaay, Economics of Information an Law, 148 ff..

[656] Vgl. bereits aus dem Jahre 1961 die Studie von Stigler, The Economics of Information, 69 J. Pol. Econ. 213.

[657] Van der Bergh, in Ott/Schäfer (Hrsg.), Effiziente Steuerung und Kooperation im Zivilrecht: „Wer schützt die europäischen Verbraucher vor dem Brüsseler Verbraucherschutz ? Zu den möglichen adversen Effekten der europäischen Richtlinien zum Schutze der Verbraucher.“, 77.

[658] Vgl. grundlegend Bamberg/Coenenberg, Betriebswirtschaftliche Entscheidungslehre, 10. Auflage (2000); Laux, Entscheidungstheorie, 3. Auflage, Bd. I (1995) und II (1993); Sieben/Schildbach, Betriebswirtschaftliche Entscheidungstheorie, 4. Auflage (1994).

[659] Dinkelbach, in HWB, Stichwort: Entscheidungstheorie, Sp. 929, 935.

[660] Marschak, in Thrall/Coombs/Davis (Hrsg.), Decision Processes, 187 ff..

Kostendruck agieren. *Knight* drückte dies so aus: *„It is evident that the rational thing to do is to be irrational, where deliberation and estimation cost more than they are worth."*[661]. Der Nobelpreisträger für Ökonomische Wissenschaften des Jahres 1977 *Simon* geht von der realistischen These aus, dass ein Wirtschaftssubjekt bei seinen Entscheidungen über nur sehr fragmentarische und zufallsbedingte Informationen verfüge[662], so dass ein Entscheidungsmodell sowohl den eingeschränkten Informationszugang (access to information) als auch die beschränkte Verarbeitungsfähigkeit (computational capacity) zu beachten habe[663]. Dieser im deutschen Raum von *Witte*[664] weiterverfolgte Ansatz führt uns bezüglich der Informationspflichten des Verbraucherrechts zu der Erkenntnis, dass sich die wachsende Quantität der Information nicht proportional zu einer wachsenden Qualität der Entscheidung verhält[665]. Nichtsdestotrotz ergibt sich daraus ein grundsätzliches Informationsbedürfnis des Verbrauchers, da dieser ja gerade auf vereinfachte Suchmethoden zurückgreift[666].

Dass der Verbraucher aber häufig nicht nur nicht zu einer rationalen Informationssuche in der Lage ist, sondern auch nicht zu einer sachgerechten Auswertung der Informationen wurde empirisch nachgewiesen[667]. Auch dies ist ein Sachgrund nicht nur für ein generelles Informationsbedürfnis des Verbrauchers, sondern auch für eine bestimmte Ausgestaltung der Informationspflichten. Zuletzt ist dem Verbraucher bei einer Vielzahl von Produkten eine eigene Information schon gar nicht möglich, da bestimmte Eigenschaften des Gutes erst nach längerer Verwendung offenbar werden. Der Verbraucher ist insofern also auf die Erfahrungen des Anbieters angewiesen[668].
Eine bedeutende kollektive Ursache für den gesteigerten Informationsbedarf ist sicherlich in der allgemein voranschreitenden funktionellen Arbeitsteilung und der daraus resultierenden Wissensspezialisierung[669] zu sehen[670]. Dies führt zu einem stetig steigenden und ausdifferenzierteren Waren- und Dienstleistungsangebot[671], das einer Nachfragerklientel gegenübersteht, die nicht über das Spezialwissen oder auch nur die Geschäftserfahrung verfügt, das Leistungsangebot

---

661 Knight, Risk, Uncertainty and Profit, 17.
662 Simon, Models of Men, 241 ff..
663 Simon, a. a. O..
664 Witte (Hrsg.), Das Informationsverhalten in Entscheidungsprozessen (1972).
665 Vgl. Kind, Die Grenzen des Verbraucherschutzes durch Information, 442 ff..
666 Vgl. auch Fleischer, a. a. O. (205).
667 Carlton/Perloff, Modern Industrial Organization, 557.
668 Darby/Karni, 16 J. L. & Econ. 67 (1973).
669 Zu diesem volkswirtschaftlichen Befund vgl. Richter/Furubotn, Neue Institutionenökonomik, 56 ff.; Weede, Wirtschaft, Staat und Gesellschaft, 10 ff..
670 Kemper, Verbraucherschutzinstrumente, 30 ff.; Lauer, Vorvertragliche Informationspflichten, 280 ff.; Reich, Markt und Recht, 179 ff..
671 Reuter, in AcP 189 (1989), 199, 218 f..

und ihren Wert einzuschätzen[672]. Des weiteren wird auf die Anonymisierung der Märkte hingewiesen, die dazu führt, dass zwischen den Vertragspartnern keine persönlichen Bindungen entstehen, die unter Umständen noch Garant für eine ausreichende Produktinformation waren[673].

(2) Ziele des Verbraucherschutzes durch Information

Korrespondierend mit den Ursachen sind im folgenden die sich daraus ergebenden mikro- und makroökonomischen Schutzziele von Verbraucherinformation darzustellen.
Ein grundsätzliches Ziel von Markttransparenz ist die Herstellung realer Entscheidungsfreiheit durch Schaffung einer ausreichenden Grundlage für die Ausübung von Privatautonomie[674]. Dies ist in der Literatur auch nicht bestritten, es werden aber verschiedene Wege vorgeschlagen, wie das Ziel der realen Entscheidungsfreiheit erreicht werden kann. An sich ist dies die Auseinandersetzung zwischen den verschiedenen Vertretern moderner Vertragstheorien, die uns weiter unten[675] noch beschäftigen wird. An dieser Stelle sei jedenfalls erwähnt, dass es einer Meinung darauf ankommt, die Position des Verbrauchers als der schwächeren Partei zu stärken, und zu einem Vertragsverhältnis zu kommen, das durch Begriffe wie Fairness, Kooperation und vertraglicher Solidarität geprägt ist. Diesem vertragstheoretischen Begründungsmodell folgen *Reich*, *Lurger*, *Reifner* und *Collins*[676], um nur einige der bedeutenderen Vertreter zu nennen. Dabei wird die Verbraucherinformation als eine sogenannte marktkomplementäre Maßnahme zur Herstellung realer Entscheidungsfreiheit verstanden, zu der noch sogenannte marktkompensatorische Maßnahmen, insbesondere eine Inhaltskontrolle, hinzutreten müssen[677]. Die Gegenmeinung, zu der insbesondere *Dauner-Lieb*, *Bydlinski* und *Reuter* zu zählen sind, legen den Schwerpunkt auf die Informationspflichten, die als geringster Eingriff in das freie Spiel der Marktkräfte markt-

---

672 Regelmäßg wird die dahingehende Leistungsfähigkeit der Verbraucher weniger zurückhaltend beschrieben, vgl. Grigoleit, Vorvertragliche Informationshaftung, 72 ff.; Lehmann, Vertragsanbahnung durch Werbung, 67 ff.; Schuhmacher, Vertragsaufhebung wegen fahrlässiger Irreführung unerfahrener Vertragspartner, 74 ff..

673 Richter/Furubotn, Neue Institutionenökonomik, 60.

674 Kemper, Verbraucherschutzinstrumente, 186; Reuter, in Bydlinski/Mayer-Maly (Hrsg.). Die ethischen Grundlagen des Privatrechts 105, 122; vgl. auch Calais-Auloy/Steinmetz, Droit de la Consommation, Kapitel 1: Information des consommateurs, 44 ff.; für das U.S.-amerikanische Recht Beales/Craswell/Salop, 24 J. L. & Econ. 491 (1981).

675 Siehe II. 1. c..

676 Collins, in Brownsword/Howells/Wilhelmsson (Hrsg.), Welfarism in Contract Law, 91 ff.; Lurger, Vertragliche Solidarität, 50 ff., 58 ff., 128 ff.; Reich. Markt und Recht, 198 ff., 218 ff.; Reifner, Alternatives Wirtschaftsrecht am Beispiel der Verbraucherverschuldung, 51 ff. (Ansätze zur Einbeziehung des Sozialen in die Zivilrechtsdogmatik, Anwendung vor allem auf den Seiten 187 ff., 225 ff.).

677 Zu dieser Konzeption insbesondere Reich, a. a. O..

kompensatorischen Maßnahmen vorzuziehen sein soll[678]. Auch *Fleischer* sieht diese Meinung, die den optimal informierten Verbraucher ohne Rücksicht auf inhaltliche Disparitäten an seinem Wort festhalten will, durch die Rechtsprechung des EuGH zum Wettbewerbsrecht und dessen Verbraucherleitbild[679] gestärkt[680].

Eine zweite Schutzrichtung bezieht sich auf die makroökonomische Ebene. Verbraucherinformation dient auch der Förderung des Wettbewerbs durch erhöhte Markttransparenz[681] und fördert allgemein effiziente Geschäftsabläufe[682]. Negativ gewendet hilft Verbraucherinformation bestimmten Formen –nämlich informationsbedingten- des Marktversagens entgegenzuwirken[683].

c. Vertragstheorien und Informationspflichten

Allgemeine Konzeptionen des Vertragsrechts, die die Frage untersuchen, wann einem Vertrag Bindungswirkung zukommt, wirken auch auf die Diskussion der Reichweite und Ausgestaltung von Aufklärungspflichten zurück. Es folgt daher eine Diskussion der vertragstheoretischen Denkansätze unter jeweiliger Bezugnahme auf die daraus resultierende Verteilung der Informationsverantwortung.

aa. Willenstheorie

Die willenstheoretische Begründung der Vertragsbindung basiert auf dem althergebrachten Grundsatz des pacta sunt servanda und damit darauf, dass derjenige, der aufgrund freier Selbstbestimmung einen Vertrag eingegangen ist, auch an seinem Wort festgehalten werden soll[684]. Als besonders wirkungsmächtig erweist sich dieser Gedanke im Rahmen des französischen Zivilrechts, was die berühmte Regel des Art. 1134 I CC veranschaulicht: „*Les conventions légalement formées tiennent lieu de loi à ceux qui les ont faites.*“.

---

[678] Bydlinski, System und Prinzipien des Privatrechts, 741 ff.; Dauner-Lieb, Verbraucherschutz durch Ausbildung eines Sonderprivatrechts für Verbraucher, 51 ff., 60 ff., 104 ff., 114 ff.; Reuter, in Bydlinski/Mayer-Maly (Hrsg.), Die ethischen Grundlagen des Privatrechts, 105, 122 f..

[679] EuGH Rs. C 303/97 vom 28. 01. 1999, in RIW 1999, 379 f.; EuGH Rs. C 465/198 vom 04. 04. 2000, in EWS 2000, 213; vgl. Besprechung von EuGH Rs. C 210/96 vom 16. 08. 1998, Schmid, Der aufmerksame Verbraucher beim Eierkauf, in European Law Reporter 1998, 463; EuGH vom 28. 01. 1999, in DB 1999, 528.

[680] Fleischer, Vertragsschlussbezogene Informationspflichten, in ZEuP 2000, 772 ff. (781).

[681] Dauner-Lieb, a. a. O., 64 f.; Schmidt, Wettbewerbspolitik und Kartellrecht, 39 f..

[682] Beales/Craswell/Salop, 24 J. L. & Econ. 491 (1981).

[683] Van den Bergh/Lehmann, in GRUR Int. 1992, 588, 591 ff.; Carlton/Perloff, Modern Industrial Organization, 560 ff.; Grundmann, in NJW 2000, 14, 17.

[684] Flume, Allgemeiner Teil, Bd. 2, 7; Ghestin, La formation du contrat, n° 41-51; Barnett, 86 Col. L. Rev. 269 (1986).

Eine Variation des Autonomiegedankens stellt zur Begründung der Bindung zusätzlich zum Verpflichtungswillen auf schützenswerte Interessen der Gegenseite ab[685]. Eine weitere Nuancierung ist im U.S.-amerikanischen Schrifttum zu finden, das sich eingehender mit möglichen Aufklärungspflichten auseinandersetzt. *Fried* begründet die vertragliche Bindung mit einem Versprechensprinzip (promise principle). Der Versprechende -derjenige also, der den Willen, sich vertraglich binden zu wollen, offenbart- beruft sich selbst auf einen allgemein akzeptierten Konsens, der im Gegenüber die berechtigte Erwartung weckt, das Versprechen werde auch erfüllt werden. Dies nicht zu tun, bedeutet berechtigtes Vertrauen zu missbrauchen und soll so ähnlich sein wie lügen[686]. Die Fälle des Lügens über eine vertragswesentliche Eigenschaft aber –*Fried* nimmt Bezug auf die Fälle eines Termitenbefalls an einem Haus[687]- sind einfach zu entscheiden und führen in aller Regel zu einer Haftung hier des Verkäufers. Derjenige der ein anfänglich gegebenes Versprechen nicht einhällt, lügt zwar nicht mit Worten aber mit Taten; der Käufer muss sich auch dann vom Vertrag lösen können[688]. Daraus folgert *Fried* allerdings nicht, dass über jeden Irrtum des Vertragspartner aufgeklärt werden muss[689], er plädiert vielmehr für eine umfassende Interessenabwägung im Einzelfall[690], die auch Gesichtspunkte wie die bewusste Ausnutzung eines Irrtums zu einem vorteilhaften Geschäft in Betracht ziehen muss. So soll beispielsweise das Bestehen einer Aufklärungspflicht wohl anders zu entscheiden sein, wenn eine Ölgesellschaft einem Farmer ein Grundstück billig abkauft, auf dem diese Erdölvorkommen festgestellt hat, als wenn sich eine Holdinggesellschaft mit weitläufigem Grundbesitz und eine kleine Erschließungsgesellschaft, die ihre Erkenntnisse einem keineswegs stichhaltigen Gutachten verdankt, gegenüberstehen[691].

---

685 Bydlinski, Privatautonomie und objektive Grundlagen des verpflichtenden Rechtsgeschäftes, 69; Lorenz, Der Schutz vor dem unerwünschten Vertrag, 35 ff.; Oliver Wendell Holmes, The Common Law, 242; Williston, On Contract, Third Edition (1970), Vol. 13, § 1535, n. 2.

686 Fried, Contract as a Promise, 16: „An individual is morally bound to keep his promises because he has intentionally invoked a convention whose function is to give grounds –moral grounds- for another to expect the promised performance. To renege is to abuse a confidence he was free to invite or not, and which he intentionally did invite. To abuse this confidence now is like (but only *like*) lying: the abuse of a shared social institution that is intended to invoke the onds of trust. A liar and promise-breaker each use another person. In both speech and promising there is an invitation the other to trust, to make himself vulnerable; the liar and the promise-breaker they abuse that trust."

687 Fried, Contract as a Promise, 78.

688 Fried, Contract as a Promise, 79.

689 Fried, Contract as a Promise, 79.

690 Fried, Contract as a Promise (81): „In every mistake case, it is my thesis, not promise but the competing equities must be used to resolve the inevitable dilemma caused by contractual accident."

691 Fried, Contract as a Promise, 82 f.

Die wirtschaftliche Leistungsfähigkeit kann also ein Indiz dafür sein, welcher Seite erhöhte Pflichten auferlegt werden, weil finanzielle Potenz häufig einhergeht mit Wissen und Erfahrung[692]. Überraschenderweise kommt *Fried* im Ergebnis aber auch in dem Fall der Ölgesellschaft und dem Farmer nicht zu einer Aufklärungsverpflichtung der wirtschaftlich leistungsstarken Gesellschaft, da dem Farmer ansonsten ein, ohne eine Eigenleistung begründbarer Zufallsgewinn zuteil würde, und der anderen Seite ein Gewinn verlustigt gehe, mit dem diese rechnen durfte[693]. Letztlich schenkt auch *Fried* der ökonomischen Dimension des Vertragsverhältnisses wenig Beachtung und es bleibt bei der vorrangigen Maßgeblichkeit des geäußerten Willens.

bb. Konsenstheorie

Die Rechtssoziologin *Kim Lane Scheppele* will die Bindungen und Pflichten der Parteien anhand eines vor Vertragsschluss mutmaßlicherweise von diesen festgelegten Pflichtenkatalog bestimmen. Es wird also vorweggenommen, auf was die Parteien sich vermutlich einigen würden[694]. Darunter sollen insbesondere Vorkehrungen gegen allzugroße Verluste jeder der Parteien sein und somit auch eine Aufklärungspflicht hinsichtlich all derjenigen Umstände, die zu einem großen Schaden (carastrophic losses) einer Partei führen könnte[695]. *Scheppele* rückt also vom reinen Effizienzgedanken der ökonomischen Rechtstheorie ab und implementiert einen Fairnessgedanken in das Vertragsrecht[696]. Bezüglich der Ausgleichung eines Wissensvorsprungs verwendet *Scheppele* sehr anschaulich die Unterscheidung zwischen tiefen (deep) und seichten Geheimnissen (shallow secrets): „*Deep secrets, those secrets that those kept in the dark do not know about at all, are unresponsive to effort. One can be clever and still not learn about deep secrets because one does not even know that there might be information out there that matters. One cannot rationally choose to search for information that, from the searcher's perspective, does not exist.*"[697] ... „*Shallow secrets, on the other hand, are secrets about which the target has at least some shadowy sense. One knows enough of their existence to be able to decide whether a search will be worth the effort. Shallow secrets will be responsive to effort, in the sense that*

---

692 Fried, Contract as a Promise, 80 f..

693 Fried, Contract as a Promise, 83: „I would say rather that where the better informed party cannot compensate for the other's defects without depriving himself of an advantage on which he is conventionally entitled to count, his failure to disclose will not cause the equities to tilt against him."

694 Scheppele, Legal Secrets, 66 ff..

695 Scheppele, Legal Secrets, 72 ff..

696 Scheppele, Legal Secrets, 161 ff.; gedankliches Fundament von Scheppeles Theorie ist die Rawlssche Gerechtigkeitskonzeption: Rawls, A Theory of Justice, revised ed., Oxford 1999.

697 Scheppele, Legal Secrets, 75 f..

rational individuals can make decisions to search or not to search"[698]. Aus dieser Beschreibung ergibt sich auch, dass über die ersten stets -weil der Gegenüber schlechterdings keine eigenen Nachforschungen anstellen kann- über die zweiten in aller Regel nicht informiert werden muss, weil es hier dem Einzelnen überlassen bleiben sein soll, ob er eigene Suchanstrengungen unternimmt. Voraussetzung soll im zweiten Fall aber sein, dass beide Parteien über einen vergleichbaren Informationszugang verfügen[699]. Die klassische Konstellation des termitenbefallenen Hauses löst *Scheppele* anhand dieser Kriterien so, dass eine offensichtliche Aufklärungspflicht des Verkäufers besteht, da das Geheimnis für den Käufer nicht leicht zu entdecken ist, und der Verkäufer einen überlegenen Zugang zu dieser Information (superior access to information) habe[700]. Entsprechend geht die Autorin in den Erdölfällen nicht von einer Aufklärungspflicht aus, weil der Grundstückseigentümer einen überlegenen Zugang zu Informationen über das eigenen Grundstück habe, und von daher nicht noch von der Seite des Vertragspartners aufgeklärt werden müsse[701]. Geradezu paradigmatisch für *Scheppeles* Ansatz ist die Behandlung des Insiderhandels. Die Annahme einer Aufklärungspflicht des Insiders liegt danach auf der Hand, da gerade der Insider über einen hervorragenden Informationszugang verfügt, der anderen Marktteilnehmern verschlossen bleibt[702].

Mit der Unterscheidung zwischen tiefen und seichten Geheimnissen sowie dem Zugang zur Information gibt *Scheppele* also Entscheidungsmaßstäbe an die Hand, die im einzelnen abgewogenere Ergebnisse ermöglichen als die starren Regeln der Willenstheorie[703].

cc. Wohlfahrtsökonomische Theorie

Adams geht von der These aus, dass nicht nur im klassichen Bereich des Patent- und Urheberrechts Ideen- und Informationsvorsprünge vorkommen, die auf kostenintensiven Antrengungen beruhen und insofern schützenswert sind, sondern dass auch kurzfristige nutzbare Marktdaten in der Regel eine kostspielige Informationssuche und –verarbeitung erfordern[704]. Da die Suche nach derartigen Informationen durch eine gesteigerte Ressourcenallokation sozial sinnvoll sei und gefördert werden müsse, gilt es, dem Informationssammler diesen Wissensvorsprung zu belassen[705]. Allein dadurch soll eine Deckung der

[698] Scheppele, Legal Secrets, 76.
[699] Scheppele, Legal Secrets, 78 f..
[700] Scheppele, Legal Secrets, 168 ff..
[701] Scheppele, Legal Secrets, 131.
[702] Scheppele, 56 Law and Contemp. Problems 123, 126 ff. (1993).
[703] Eine ausführliche Diskussion der verschiedenen Theorien erfolgt unter II. 1. c. ee.
[704] Adams, in AcP 186 (1986), 453; Adams Theorie basiert auf den Arbeiten von Hirshleifer, 61 Am. Econ. Rev. 561 (1971), und Kronman, 7 J. Legal Stud. 1 (1978).

sprung zu belassen[705]. Allein dadurch soll eine Deckung der Informationsbeschaffungs und –verarbeitungskosten möglich sein. Wäre der Käufer etwa gezwungen, sein Sonderwissen über ein für bestimmte Geschäfte besonders geeignetes Grundstück preiszugeben, sähe er sich der Gefahr gegenüber, die Ertragsmöglichkeiten einer kostspieligen Suche zu verlieren, was zu einer allgemeinen Verminderung der Anstrengungen bei der Informationserlangung führen würde[706]. Ein derartiges, unter eigenen Anstrengungen und Kosten erlangtes Wissen soll daher schützenswert sein[707].
Konsenstheoretisch sichert *Adams* dieses Ergebnis ab, indem er behauptet, dass sich ex ante jeder Vertragspartner auf eine solche Pflichtenverteilung einlassen würde, weil eine umfassende Aufklärungspflicht beiden Parteien nicht nützt. Auch der durch die Bemühungen des Käufers nun optimal über die Verwertungsmöglichkeiten seines Eigentums informierte Verkäufer wird nicht weiterhin Gewinn aus dieser Verteilung ziehen könne, da sein Gegenüber auf die unwirtschaftlich gewordene Informationssuche verzichten wird[708]. Bei der Beurteilung einer mutmaßlichen Zustimmung der Parteien zum zukünftigen Vertrag will *Adams* aber von Vertragspartnern ausgehen, die nicht wissen, auf welcher Seite sie in das Vertragsverhältnis eintreten werden, um gleichsam eine neutrale Beurteilungsgrundlage zu schaffen[709].
Dass auch *Adams* Kriterium der Kostenintensität der Informationssuche bei einer Vielzahl von Fällen Schwierigkeiten bereitet, wird uns im einzelnen noch weiter unten beschäftigen.

dd. Welfaristischer Ansatz

Ein moderner vertragstheoretischer Begründungsansatz nimmt insbesondere Rücksicht auf die gewandelten wirtschaftlichen und sozialen Verhältnisse und bemüht sich um einen Schutz der schwächeren Marktteilnehmer und eine entsprechende Begrenzung der Privatautonomie[710]. An die Stelle der Vertragsfreiheit tritt die Vertragsgerechtigkeit[711]. Das bislang auf die Verfolgung von Einzelinteressen konzentrierte Vertragsgebahren der Parteien soll sich in ein Verhältnis der Kooperation, der Fairness und der Solidarität wandeln[712]. *Collins*

---

[705] Adams, in AcP 186 (1986), 453, 470.
[706] Adams, in AcP 186 (1986), 469.
[707] Adams, in AcP 186 (1986), 471.
[708] Adams, in AcP 186 (1986), 470.
[709] Adams, a. a. O. (Fn. 82) nimmt dabei großzügig Bezug auf die Gedanke Rawls, der fragt, welche Regelungen die Parteien wohl im vorhinein getroffen hätten, wenn ein Schleier des Nichtwissens (veil of ignorance) über den Parteien liegen würde.
[710] Einführend in die welfaristische Theorie: Trebilcock, The Limits of Freedom of Contract, 195 ff. unter dem Stichwort „Discrimination".
[711] Grundlegend der Sammelband von Brownswell/Howells/Wilhelmsson (Hrsg.), Welfarism in Contract Law (1994).

der Kooperation, der Fairness und der Solidarität wandeln[712]. *Collins* hat diese Theorie zur Bestimmung einer Verteilungsgerechtigkeit von Aufklärungspflichten angewandt und rechtfertigt auf dieser Grundlage anbieterbezogene Informationspflichten mit folgenden Erwägungen: Die optimale Unterrichtung des Nachfragers über Waren und Dienstleistungen fördert eigenständige Entscheidungsprozesse und ist erst Voraussetzung für diese. Aufklärungspflichten wirken einem auf Wissensgefälle basierenden Marktversagen entgegen und fördern den Wettbewerb. Schließlich dienen derartige Pflichten einem Grundanliegen des Wohlfahrtstaates, zu starke Einkommens- und Vermögensunterschiede durch eine gerechtere Verteilung des Ressourcennutzens zu erreichen[713]. Dazu soll es eines grundsätzlichen Überdenkens der Rolle des Vertragsrechts und der Informationsverteilung bedürfen[714]. Bezüglich der Grenze gerade noch hinnehmbarer Wissensvorsprünge verfahren „die Welfaristen“ bedeutend strenger als die Vertreter einer freieren Marktwirtschaft[715]. An konkreten Ansätzen und leitenden Prinzipien, wie im einzelnen die Aufklärungslast zu verteilen ist, fehlt es allerdings bislang[716].

ee. Diskussion

Die jeweiligen vertragstheoretischen Erklärungsversuche müssen sich insbesondere daran messen lassen, inwiefern sie in der Lage sind, konkrete Leitlinien für die Lösung von Problemfällen an die Hand zu geben. Dabei können Aspekte der Rechtssicherheit und Vorhersehbarkeit ebensowenig außer acht gelassen werden wie auch Gesichtspunkte der Wirtschaftlichkeit und des gesellschaftlichen Nutzens. An diesem Punkt hat auch die Kritik an der willenstheoretischen Begründung der Vertragsbindung und der Bejahung oder Verneinung von Aufklärungspflichten anzusetzen[717]. Das alleinige Abstellen auf den geäusserten Willen grenzt in allzu schematischer Weise bedeutende Begleitumstände des Vertragsschlusses aus und ignoriert schlicht Interessen des Gegenüber oder des allgemei-

---

[712] Adams/Brownsword, Understanding Contract Law, 189 ff.; Collins, Law of Contract, 16 ff.; Esser/Schmidt, Schuldrecht Allgemeiner Teil, Bd. I, Teilbd. 1, 7 ff.; Ghestin, La formation du contrat, n° 227 ff.; auch Lurgers Bearbeitung Vertragliche Solidarität beruht auf einer welfaristischen Vertragsanschauung.

[713] Collins, in Brownswell/Howells/Wilhelmsson (Hrsg.), Welfarism in Contract Law (1994), 117 ff., 119 ff., 121 ff..

[714] Collins, in Brownswell/Howells/Wilhelmsson (Hrsg.), Welfarism in Contract Law (1994), 123.

[715] Vgl. Collins, in Brownswell/Howells/Wilhelmsson (Hrsg.), Welfarism in Contract Law (1994), 119 ff..

[716] Vgl. auch die Kritik bei Adams/Brownsword, Understanding Contract Law, 190: „The difficulties with consumer-welfarism appear as soon as one attempts to identify its particular guiding principles (i.e. its operative principles and conceptions of fairness and reasonableness."

[717] Vgl. Canaris, Die Bedeutung der iustitia distributiva im deutschen Vertragsrecht, 61 f.; Ghestin, La formation du contrat, n° 60.

nen Geschäftsverkehrs, die stets in einen Vertrag und in dessen Auslegung einfließen.

Eine gewisse Beachtung schenkt zwar beispielsweise *Fried* diesen Umständen, wenn er darauf abstellt, dass sich der Versprechende auf einen allgemein akzeptierten Konsens (a convention) beruft. Wenn *Fried* aber fordert, dass in Rahmen der problematischen Grenzfälle eine umfassende Interessenabwägung stattzufinden hat, dann bleibt er doch gerade schuldig, konkrete Leitlinien für diese Interessenabwägung bereitszustellen. Fehlen solche für den praktischen Rechtsanwender nicht verzichtbaren Orientierungslinien, dann „driftet" dieser mal von einem Ergebnis zum anderen, und man kann sich fragen, welchen eigenen Wert diese „Versprechenstheorie" noch hat, da man sich im Prinzip der altbekannten Formel von der Verkehrsanschauung und dem Treu und Glauben annähert. Zumal sich *Fried* selbst auch wohlfahrtsökonomische Gedanken zu eigen macht, indem er eingesteht, dass der Effizienz bei der Herausbildung jener gesellschaftlichen Konventionen eine nicht unbedeutende Rolle zukommt[718].

Einen doch beachtlichen Vorzug hat da der konsenstheoretische Ansatz, der mit der anschaulichen Unterscheidung zwischen tiefen und seichten Geheimnisses und dem gleichen Informationszugang der Parteien ein Rüstzeug an die Hand gibt, um im Einzelfall konkrete Vorhersagen zu treffen, wie die Informationspflichten zu verteilen sind. Zudem erscheint der vertragsrechtliche Gedanke der Fairness doch förderungswürdig. Allerdings sind auch hier Verbesserungen möglich und zu fordern. Allein die noch relativ grobe Ausdifferenzierung von Wissens- und Geheimnisstrukturen und das Abstellen auf einen hohen ökonomischen Verlust verhilft nur selten zu konkreten Erkenntnissen, denn wann der Verlust groß und ein Geheimnis tief ist, lässt auch der Konsenstheoretiker offen[719]. Es kann aber auch nicht die Aufgabe eines theoretischen Erklärungsversuches sein, durch eine maximale Ausdifferenzierung alle denkbaren praktischen Konstellationen zu erfassen, sondern es soll jedenfalls eine –wenn auch möglichst eindeutige- Richtung vorgegeben werden. Dies leistet die Konsenstheorie zweifellos und lässt dabei auch allgemeine Erwägungen der Schutzwürdigkeit einer Partei nicht ausser Betracht, wenn darauf abgestellt wird, dass derjenige aufgeklärt wird, der davon ausgeht, dass mit dem Vertragsgegenstand schon alles in Ordnung sei, und er schon von daher eigene Nachforschungen unterlässt. Diese auf *Rawls* Gerechtigkeits- und Gleichheitsgedanken basierende, jenen aber feinsinnig differenzierende[720] Konzeption muss sich also sowohl als Vertreter

---

[718] Fried, Contract as a Promise, 83 f.: „Many of the conventions that establish the background expectations, that establish (in the word of the Restatement) „reasonable standards of fair dealing" to tend to produce efficient results. And perhaps some of these conventions have been adopted or have evolved just because they do lead to efficiency."

[719] Vgl. auch Craswell/Schwarz, Foundations of Contract Law, 170; Duggan/Bryan/Hanks, Contractual Non-Disclosure, 201; Fleischer, a. a. O. (215).

[720] Fleischer, a. a. O. (216) bemerkt, dass Rawls Gedanke der Verteilungsgerechtigkeit durch Scheppele für das Vertragsrecht zu Recht nur zum Teil, nämlich im Rahmen des Kriteriums

eines welfaristischen Fairnessgedankens verstehen als auch als ein wohlfahrtsökonomischer Förderer des Fortgangs individueller Informationssuche[721].
Wie stark welfaristische Ansätze zu berücksichtigen sind, hängt auch davon ab, welche Elemente bei der Beurteilung der Gleichheit des Informationszugangs zu berücksichtigen sind. Da absolute Hindernisse bezüglich der Gewinnung von Information nur selten denkbar sind[722], liegt die Vermutung nahe, dass vor allem finanzielle und organisatorische Vorteile einer Vertragspartei von entscheidender Bedeutung sein müssen, obwohl dies bei *Scheppele* bislang nicht eindeutig geklärt ist. Als Vorteil muss der Konsenstheorie auch angerechnet werden, dass die Offenheit des Begriffs der shallow secrets es auch ermöglicht, von Fall zu Fall den Gedanken der Förderung von Informationsproduktion in den Vordergrund zu stellen[723]. Eine offene Flanke hat *Scheppele* allerdings noch, betrachtet man eine ihrer Grundprämissen, die Annahme nämlich, dass die Parteien bei ihrer hypothetischen Abmachung -die nach *Scheppele* ja die Grundlage der gesetzlichen Regelungen darstellen soll-, jeweils das Verlustrisiko zu minimieren, indem vom negativsten Ausgang des Unternehmens ausgegangen wird[724]. Denn dies entspricht möglicherweise nicht in allen Fällen dem Verhalten von Vertragsparteien. Die Risikokalkulation der Parteien wird sich doch in vielen Fällen bedeutend großzügiger gestalten, wobei eher mit einem durchschnittlichen bis überdurchschnittlichen Geschäftsausgang gerechnet wird. Allerdings trifft dieser Einwand -wie die von *Scheppeles* Kritikern angeführten Beispiele zeigen[725]- gerade im Bereich von Alltagsgeschäften von Verbrauchern nicht zu[726].

Der rein wohlfahrtsökonomische Erklärungsansatz, der sich an der Lösung der Frage der Verteilung von Aufklärungspflichten durch die Bildung von Informationskategorien versucht, nämlich der der kostspieligen Information und der der

---

des gleichen Informationszugangs adaptiert wird. Fleischer kritisiert aber wiederum, dass dieses Merkmal doch reichlich vage bleibt.

[721] Insofern unzutreffend die Kritik von Trebilcock, The Limits of Freedom of Contract, 111. Dass trotz des Fairnessgedankens eine insgesamt nützliche Informationsproduktion gerade gefördert werden kann und soll, macht *Scheppele* in Legal Secrets (78) auch ausdrücklich deutlich: „With a system of rules providing incentives for searching in those cases where the ignorant parties are capable of doing so, we might expect that more information will be discovered than would be the case under a regime where all information had to be immediately disclosed. Allowing shallow secrets enables the presence of enough incentives to encourage rational searches and to faciliate the discovery of information."

[722] Vgl. Easterbrook, 11 Supreme Ct. Rev. 309, 330 (1981).

[723] Anders sieht dies wiederum Fleischer, a. a. O. (216).

[724] Sog. Minimax-Kriterium, Sieben/Schildbach, Betriebswirtschaftliche Entscheidungstheorie, 51 f..

[725] Vgl. Craswell/Schwartz, Foundations of Contract Law, 171 f..

[726] Siehe die Studien von Frohlich/Oppenheimer/Eavey, 17 Journal of Political Science, 1 ff. (1987) und Frohlich/Oppenheimer/Eavey, 31 American Journal of Political Science, 606 ff. (1987).

leicht zu erlangenden, erscheint zunächst hireichend konkret und trennscharf. Bei näherer Betrachtung wirft diese Abgrenzung allerdings mehr Fragen auf, als Antworten gegeben werden. Insbesondere bereiten Fälle Schwierigkeiten, in denen Expertenwissen besteht und dies auch mühsam erarbeitet worden ist, dies aber nicht zweckgerichtet auf eine kommerzielle Nutzung. Genannt sei hier das einleitend schon erwähnte Beispiel des Kunst- oder Flohmarktes, auf dem der kunstbeflissene Laie ein wertvolles Meisterwerk entdeckt. Das was auf den ersten Blick als ein investitionsloser „Lotteriegewinn" erscheint, kann sich aus anderer Perspektive als die Entlohnung für langjährige private Studien herausstellen. Selbst wenn man eine Begrenzung auf zweckgerichtet erlangtes Wissen vornehmen möchte, stellt sich immer noch die kaum zu beantwortende Frage, wann eine solche Wissensmehrung vorliegt und wann nicht; so wird jede wissenschaftliche (Grundlagen-) Forschung zunächst um der Erkenntnis willen betrieben, nicht selten aber mit der Hoffnung, dass sich die ideele und finanzielle Investition später –möglicherweise auch per Zufall- als nützlich erweisen wird. Zudem offenbart sich der Wert mühelos erlangten Wissens oftmals erst in Verbindung mit Erfahrungen und über Jahren erworbenem Hintergrundwissen[727]. Die Abgrenzung bleibt also schwierig. Zu befürworten ist aber jedenfalls die Offenbarungspflicht von Zufallsinformationen. Dagegen spricht auch nicht das Argument der Förderung gesamtwirtschaftlich vorteilhafter Informationsproduktion, da diese durch die Einschränkung der wirtschaftlichen Verwertung von Zufallsfunden nicht behindert wird. Denn die rechtliche Tatsache, dass der Entdecker einer wertvollen Mozarthandschrift mit der Anfechtung des Flohmarkthändlers rechnen muss, hindert ihn doch nicht daran weiterhin auf Flohmärkten nach derartigen „Schätzen" zu stöbern[728].

Die Kritik an der wohlfahrtsökonomischen Theorie liegt viel eher in der grundsätzlichen Bevorzugung kostenintensiv erlangten Wissens. Auf der einen Seite wird dadurch die gesamtwirtschaftlich förderliche Informationssuche gestärkt, auf der anderen Seite werden aufgrund dieser Bevorzugung der kommerziellen Informationsproduktion dem Geschäftsgegner erhebliche Opfer abverlangt. Das Modell berücksichtigt zwar auch diese indviduellen Nachteile, geht dabei aber

---

[727] Fleischer, a. a. O. (219), spricht insbesondere die Vernetzung der Informationsstrukturen an, die eine Unterscheidung von zweckgerichtetem und zweckfreiem Wissen unmöglich machen soll.

[728] Anderer Ansicht ist Fleischer, a. a. O. (219), der auf den gesamtwirtschaftlichen Schaden hinweist, da die Offenbarungspflicht bei Zufallsinformationen dazu führe, dass die Sache beim ursprünglichen Eigentümer verbleibe, was wiederum zur Folge haben soll, dass dieser in der Folgezeit mit dem „Meisterwerk" nicht entsprechend pfleglich umgehe. Fleischers Einwand geht aber von der Prämisse aus, dass der Entdecker des Meisterwerks den Eigentümer regelmäßig in seinem Irrtum über den minderen Wert der Sache belässt, wozu der Entdecker aber, nachdem er selbst keinen Vorteil mehr aus seinem Sonderwissen ziehen kann, keinerlei Gründe hat. Eine solche Annahme ist also, was den jeweiligen Egoismus der Marktteilnehmer angeht, unbegründeterweise allzu pessimistisch.

von der wenig realistischen[729] Annahme aus, dass es aufgrund der hohen Zahl allokationsverbessernder Verträge zu einer Generalkompensation komme, die den Verlust des Einzelnen mehr als ausgleiche[730].
Aber auch der theoretische Begründungsansatz von *Adams* erweist sich bei näherem Hinsehen als lückenhaft, indem zu der Grundlage der vertraglichen Bindung ein lediglich hypothetisch geschlossener Vertrag gemacht wird; man wird aber doch in aller Regel eine tatsächlich erfolgte Absprache fordern müssen[731]. Zudem ist *Adams* Bezug auf *Rawls* mindestens fragwürdig, da dessen Gerechtigkeitskriterium die Interessen in einer ganz konkreten Zwei-Personen-Beziehung im Auge hat, was mit einem Gedanken der Generalkompensation schlecht zu vereinbaren ist[732].

Die grundsätzlichen mikro- und makroökonomischen Effekte von Aufklärungspflichten, die die welfaristische Theorie zu ihrer eigenen Fundierung heranzieht, können schwerlich bestritten werden. Die Verhinderung informationsbedingten Marktversagens und die Förderung von Wettbewerb durch erhöhte Transparenz auf der Makro- und die Herstellung realer Entscheidungsfreiheit auf der Mikroebene sind als reale Effekte der Aufklärung wohl nicht zu leugnen[733].
Ebenso überzeugt dagegen aber der grundsätzliche Vorwurf, dass der welfaristische Ansatz mit nebulösen Formeln des Schwächerenschutzes und der Vertragssolidarität wenig zur konkreten Problemlösung beiträgt[734]. Dies wird auch ganz konkreten Vorschlägen wie dem von *Gordley* entgegengehalten, der einem Vertrag immer dann die Bindungswirkung aberkennen will, wenn der Preis der Ware zum Nachteil einer Partei vom jeweiligen Marktpreis abweicht. Unter dem Titel *Equality in Exchange* fordert dieser Autor eine grundsätzliche Geltung von Gleichheitsprinzipien bei Austauschverträgen[735]. Die Weiterführung dieses Gedankens führt schließlich auch zu einer informationellen Verteilgerechtigkeit. Die Kritik an diesem Ansatz ist vielfältig. *Fleischer* wendet etwa ein, es sei nicht einzusehen, denjenigen zu schützen, der es unterlassen habe, sich selbst über die

---

[729] Auch Fleischer, a. a. O. (219) entgegnet dem Argument der Generalkompensation, dass dies insbesondere bei hohen Vermögensverlusten und sog. small-time-decision-takers eine nicht begründbare Unterstellung ist.
[730] Adams, in AcP 186 (1986), 453, 475.
[731] Vgl. Coleman, 34 Stan. L. Rev. 1105, 1123 f. (1982); Dworkin, in Kupferberg/Beitz (Hrsg.), Law, Economics an Philosophy, 123 ff..
[732] Wie hier Fleischer, a. a. O. (220).
[733] Die Welfaristen erfahren dabei auch Unterstützung durch die moderne Markt- und Wettbewerbstheorie, die Informationsasymmetrien als eine der wichtigen Ursachen unerwünschter Wettbewerbsergebnisse ansieht, vgl. Milgrom/Roberts, Economics, Organization and Management, 150 ff.; Richter/Furubotn, Neue Institutionenökonomik, 236 ff.; Schmidt, Wettbewerbspolitik und Kartellrecht, 39 f..
[734] Vgl. die Kritik bei Duggan/Bryan/Hanks, Contractual Non-Disclosure, 127; Fleischer, a. a. O. (221); auch Lurger räumt diesen Einwand nicht aus, Vertragliche Solidarität, 128, Fn. 393.
[735] Gordely, 69 Cal. L. Rev. 1587 (1981).

herrschenden Vertragsverhältnisse und inbesondere den Preis zu informieren[736]. Zudem bedeute die völlige Einebnung von Wissensunterschieden einen Stillstand der gesellschaftlichen Informationsversorgung[737]. Schließlich sollen sich die Vertreter einer Vertragssolidarität die Frage stellen, ob der Ausgleich von Einkommens- und Vermögensunterschieden nicht viel eher vom Steuer- und Sozialrecht als vom Vertragsrecht vorzunehmen ist[738].

Ohne diese Einwände im ganzen ausräumen zu können, ist anzumerken, dass die Kritik zumindest teilweise nicht stichhaltig ist. Soweit die Schutzwürdigkeit der Partei verneint wird, die es unterlässt, nähere Nachforschungen über Vertragsverhältnisse anzustellen, muss entgegnet werden, dass die unterschiedslose Auferlegung einer eigenen Informationspflicht näher begründet werden müsste. Die Aberkennung der Schutzwürdigkeit der Partei ist nämlich gleichbedeutend mit der Auferlegung eigener Nachforschungspflichten, die doch letztendlich gerade den Gegenstand der Diskussion bilden. Des weiteren überzeugt zwar, dass die völlige Einebnung aller Wissensunterschiede zu einem Erliegen der Informationsversorgung der Gesellschaft führen würde; dass ein solcher Ausgleich sämtlicher Wissensvorsprünge gefordert würde, ist aber keineswegs ersichtlich. Eigenart der welfaristischen Theorie ist der Schwächerenschutz, was zugegebenermaßen eine zu konkretisierende Zielvorgabe darstellt, also nur der Ausgleich von Wissensvorteilen gegenüber einer offensichtlich unterlegenen Partei, die den Schutz des Rechts verdient. Eine maßvolle Definition dieses Kreises schutzwürdiger Marktteilnehmer könnte da liberale und soziale Vertragsrechtler einander annähern. Nicht abzustreiten ist schließlich, dass es nicht Aufgabe des Vertragsrechts sein kann, die Steuer- und Sozialrechtsgesetzgebung zu ersetzen. Einen grunsätzlichen Ausgleich von Vermögensdifferenzen in der Bevölkerung durch das Vertragsrecht zu fordern, bedeutet die klare Dogmatik und Systematik des Vertragsrechts mit einer letztlich doch weniger rechtlichen als politisch-ideologischen Diskussion zu belasten, die in anderen Bereichen geführt werden sollte und vermutlich nie entschieden werden können wird.

Nicht zu bestreiten ist aber, dass insbesondere durch die vor circa fünfzehn Jahren beginnende Privatisierungsphase[739] und der damit einhergehenden Schwächung des Einflusses der Politik in den Bereichen der Daseinsvorsorge das Postulat der Privatautonomie und der Pflichtenkatalog überlegener Vertragsparteien, die bezüglich eigener Machtvollkommenheit mit staatlichen Gebilden konkurrie-

---

[736] Fleischer, a. a. O. (222).

[737] Fleischer, a. a. O. (222).

[738] Fleischer, a. a. O. (222); Kötz, Europäisches Vertragsrecht, 18 f.; Schäfer/Ott, a. a. O. (6 f.).

[739] Teubner prophezeit einen grundätzlichen Wandel des Rechts. Er hält die generelle Unterscheidung von Öffentlichem und Privatrecht durch die voranschreitende Privatisierung der Daseinsvorsorge für obsolet. Er nennt dies die „Fragmentierung" und „Hybridisierung" des Privatrechts: After Privatisation: The Many Autonomies of Private Law, in Wilhelmsson/Hurri, From Dissonance to Sense: Welfare State Expectations, Privatisation and Private Law, 51 ff..

ren können, neu definiert werden müssen[740]. Der Europäischen Union und dem europäischen Verbraucherschutz kann eine bedeutende Rolle in diesem Wandelungsprozess kaum mehr abgesprochen werden[741]. Dass dieser Prozess auch zu einer wechselseitigen Befruchtung und Verschränkung von Öffentlichem und Privatrecht führen wird, erkennt auch die deutsche rechtswissenschaftliche Literatur[742].

Aufgabe einer modernen Vertragstheorie sollte es schließlich also sein, diejenigen Situationen, in denen die Verhinderung von Informationsasymmetrien durch wettbewerbsrechtliche und marktstabiliserende Maßnahmen angezeigt erscheint, hinreichend genau zu konkretisieren und auch bei der Festlegung schutzwürdiger Gruppen genauer vorzugehen. Allein der Hinweis auf eine finanzielle Übermacht des Anbieters greift da sicherlich zu kurz. Die häufig zu vernehmende Forderung nach Vorhersehbarkeit und Präzision sollte da allerdings nicht übertrieben werden, eine Typisierung der Fallgestaltungen ist im Recht anerkannt und notwendig. Allein die Tatsache, dass ein bestimmter Ansatz nicht in der Lage ist, einen als paradigmatisch herausgestellten Fall zu lösen, diskreditiert diesen Ansatz nicht per se. Zum einen ist stets die Eignung eines solchen Falls als Paradogma kritisch zu hinterfragen[743], zum anderen muss gerade bei sich entwickelnden vertragstheoretischen Erklärungsmodellen eine Präzisierung er- und abgewartet werden. Besonderen Vorzug verdienen nach alledem die Ansätze, die das Interesse der Allgemeinheit an einer dynamischen Informationsproduktion nicht mißachten, und die zum anderen die Privatautonomie der im Wissen unterlegenen Vertragspartei würdigen, die in den Stand gesetzt werden muss, zumindest nicht irrationale Entscheidungen zu treffen. Dass demgegenüber zumindest ein Indiz

---

[740] Der Vergleich transnational tätig werdender privater Unternehmen mit Staaten rechtfertigt etwa im US-amerikanischen Recht eine Haftung dieser Unternehmen für Menschenrechtsverletzungen, obwohl Adressaten der Menschenrechtspakte traditionellerweise die Staaten sind, vgl. die Urteilsbesprechung von Rau, in IPRax 2001, 372 ff..

[741] Die Erwartungen an diesen Prozess könnten kaum unterschiedlicher sein. So befürchtet Pfeiffer einen weitreichenden Kontrahierungszwang durch das Verbraucherrecht, Der Verbraucherbegriff als zentrales Merkmal im europäischen Privatrecht, in Schulte-Nölke/Schulze (Hrsg.) Europäische Rechtsangleichung und nationale Privatrechte, 21 ff. (26); andere erhoffen sich viel Positives: Nyberghs Analyse bezieht sich zwar insbesondere auf den skandinavischen Rechtskreis, beleuchtet aber auch die Rolle der EU in diesem Prozeß (393 ff.), Dissonance in Freedom of Contract ? – How to make Sense of it, in Wilhelmsson/Hurri (Hrsg.) a.a.O., 373 ff..

[742] Reich, in FS für Söllner, 867 ff. (883).

[743] So sind beispielsweise die Fälle des billig verkauften Erdölfeldes und des unter Preis erworbenen Meisterwerks nicht zwingend als eine klassische Konstellation anzusehen. Gerade bezüglich des deutsche Zivilrechts drängt sich eine Parallele zum Schatzfund auf (§ 984 BGB), die nahelegt, dem Entdecker des Öls bzw. der Mozarthandschriften unabhängig von einem möglichen Anfechtungsrecht des Verkäufers zumindest die Hälfte des Mehrwertes der Sache zu belassen.

für den Schutz verdienter Wissensvorsprünge besteht im Gegensatz zu zufällig erlangtem Wissen, kann an dieser Stelle festgestellt werden.

d. Ökonomie und Ethik im deutschen Vertragsrecht

Wie selbstverständlich ist in der bis hierher geführten Besprechung der Ziele, Schutzrichtungen und vertragstheoretischen Grundlagen von Informationspflichten davon ausgegangen worden, dass ökonomische und ethische Gesichtspunkte im Rechtsfindungsprozess nicht gänzlich unbeachtlich sein können. In der deutschen rechtswissenschaftlichen Literatur ist die Aufnahme derartiger Gesichtspunkte aber keinesfalls konsentiert. Soweit zu einer makrojuristischen Fundierung des Vertragsrechts[744] überhaupt Stellung genommen wird, beschränkt man sich auf die Diskussion der Wirkung des Effizienzprinzips[745] im Vertragsrecht und kommt zu dem Schluss, dass selbst dieser Teilaspekt bei der Auslegung des Rechts nicht beachtet werden dürfe, da die Würdigung derartiger Aspekte dem Gesetzgeber zugewiesen sein soll[746]. Wie *Fleischer* sehr richtig kritisiert, kann aber allein diese allgemein gehaltene Bemerkung den neu aufkeimenden Dialog zwischen Recht und Ökonomie[747] nicht verstummen lassen[748]. Das in der Literatur zu keinem Zeitpunkt geleugnete Ziel der wirtschaftlichen Nähe der Rechtsfindung kann dabei inbesondere auch erreicht werden, ohne dass dies mit einer befürchteten Aufweichung dogmatischer Erklärungsmuster einhergehen muss. Aufgabe des Vertragsrechtlers muss es dann sein, die Gedanken der (Informations-) Ökonomie im einzelnen auf ihren juristisch verwertbaren Gehalt zu überprüfen und entsprechend zu assimilieren[749]. Ob dann in der Fallanwendung einmal rechtsethischen und ein anderes Mal ökonomischen Wertungsgesichtspunkten der Vorzug gegeben werden muss, und wann dies jeweils der Fall sein sollte, kann an dieser Stelle nicht generell geklärt werden. *Fleischer* führt dies weiter aus und kommt zu dem Schluss, dass es nur in den seltensten Fällen bei den un-

---

[744] Vgl. Fleischer, a. a. O. (223).

[745] Eidenmüller, Effizienz als Rechtsprinzip; Grundmann, Zur Legalität von ökonomischen und rechtsethischen Argumenten in Auslegung und Rechtsanwendung, in RabelsZ 61 (1997), 423; Kirchner, in Ott/Schäfer (Hrsg.), Effiziente Verhaltenssteuerung und Kooperation im Zivilrecht, 44; Kübler, in FS für Steindorff, 687; Ott, in Freundesgabe für Kübler, 21; Taupitz, in AcP 196 (1996), 114.

[746] Eidenmüller, a. a. O. (397, 450 ff.); Deckert, Folgenorientierung in der Rechtsanwendung, 105, 173 ff.; Taupitz, in AcP 196 (1996), 114 ff., 149 ff..

[747] Hadfield in 46 U. Toronto L. J. 1996, 181 spricht in seiner Würdigung von Trebilcocks Freedom of Contract von der „second wave of Law and Economics". Einen Überblick über die vielfältigen Strömungen der ökonomischen Rechtstheorie bieten Mercuro/Medema, Economics and the Law.

[748] Fleischer, a. a. O. (223).

[749] Vgl. insbesondere Assmann, in Assmann/Kirchner/Schanze, Ökonomische Analyse des Rechts, 17, der vor einer unreflektierten Vollrezeption ökonomischer Erkenntnisse warnt.

terschiedlichen Konzepten zu echten Zielkonflikten kommen wird[750], und führt als Beispiel für die Konsonanz rechtsethischer und ökonomischer Wertungsaspekte die Diskussion um die Sinnhaftigkeit eines Insiderhandelsverbotes an[751]. Sollte es zu derartigen Zielkonflikten im Einzelfall insbesondere aufgrund der unterschiedlichen Blickrichtungen des Rechts –dieses blickt mit dem Ziel der Herstellung informationeller Verteilungsgerechtigkeit vor allem zurück- und der Ökonomie –diese blickt mit dem Ziel wohlfahrtsmindernder Fehlallokationen nach vorne- kommen, so müssen die Folgen der Opferung eines Teils des einen Prinzips mit der eines anderen abgewogen werden[752].

Einen entsprechenden Spielraum für derartige Wertungen bietet das Recht jedenfalls an den verschiedensten Stellen. Wenn der Bundesgerichtshof feststellt, dass eine Aufklärung des Vertragspartners immer dann geboten sein soll, wenn dies Treu und Glauben mit Rücksicht auf die Verkehrssitte gebieten[753], dann macht diese Formel deutlich, dass diese selbst nicht nur für rechtsethische Wertungen offen ist, sondern auch für wirtschaftliche Erwägungen. Aber auch den grundsätzlichen marktlichen Schutzzielen von Sondergesetzen des Versicherungsrechts und des Verbraucherschutzrechts kann eine allgemein öffnende Wirkung auf die Auslegungsgrundsätze kaum abgesprochen werden. So spricht *Grundmann* zu Recht davon, dass sich sondergesetzliche marktliche Schutzziele schwierig voneinander trennen lassen und es schon von daher zu einer „Vorentscheidung in der Methodenfrage“ gekommen sei[754]. Trotz allem verwehrt sich die vorherrschende Meinung gegen eine solche Öffnung, indem insbesondere praktische Erwägungen angeführt werden. Zum einen wird dem Richter die fachliche Kompetenz und tatsächliche Möglichkeit abgesprochen, eine fundierte Datenlage zu schaffen[755], und zum anderen seien die Erkenntnisse der Wirtschaftswissenschaften zu den Allokationswirkungen von Rechtsregeln nicht hinreichend verlässlich und damit nicht justitiabel[756]. Die Wirtschaftswissenschaft sei insbesondere stets an Modellbildungen gebunden, die abstrakt bleiben und unter einer gewissen Wirklichkeitsferne leiden[757].

---

750 Fleischer, a. a. O. (229 f.).

751 Fleischer, a. a. O. (230).

752 Fleischer, a. a. O. (231) nimmt Bezug auf Okun, Equality and Efficiency: „If both equality and efficiency are valued, and neither takes absolute priority over the other, then, in places where they conflict, compromises ought to be struck. In such cases, some equality will be sacrificed for the sake of efficiency, and some efficiency for the sake of equality. But any sacrifice of either has to be justified as a necessary means of obtaining more of the other."

753 BGH, Urteil vom 6. 12. 2000, in NJW-RR 2001, 314 f.; BGH, Urteil vom 21. 10. 1997, in NJW 1998, 305 f.; BGH, Urteil vom 11. 11. 1993, in NJW 1994, 850; BGH, Urteil vom 07. 10. 1991, in NJW 1992, 300 ff., 302; BGH, Urteil vom 04. 03. 1987, in BGHZ 100, 117 ff., 120; BGH, Urteil vom 17. 03. 1976, in MDR 1976, 660 ff..

754 Grundmann, in RabelsZ 61 (1997), 423, 434; zustimmend auch Fleischer, a. a. O. (227).

755 Bydlinski, Fundamentale Rechtssätze, 265.

756 Schwintowski, Ökonomische Theorie des Rechts, in JZ 1998, 581.

757 Taupitz, in AcP 196 (1996), 164 f..

Sicherlich wird man aber aus dem berechtigten Einwand der Notwendigkeit der Modellierung und der kompetentiellen Grenzen nicht den Schluss ziehen dürfen, dass ökonomische Aspekte gänzlich außer acht gelassen werden müssen. Überzeugend ist dies sicherlich nur dann, wenn die Rechtsdogmatik selbst, die ja auch an Typisierungen gebunden ist, ein höheres Maß an Rechtssicherheit gewährleistete[758]. Zudem entgegnet etwa *Ott*, dass die Judizierung aufgrund unsicherer Tatsachengrundlage und vager Prognosen nichts ist, was einem deutschen Richter völlig unbekannt wäre[759]. Dem ist hinzuzufügen, dass es auch mit der rechtliche Präzision bei der Entscheidung von Fällen aus vermeintlichen „Randgebieten" nicht allzu weit her ist, wie *Koch* bezüglich der richterlichen Auslegung europäischen Privatrechts bemerkt[760].
Zuletzt wird zutreffend angemerkt, dass die Rechtswissenschaft als Entscheidungswissenschaft sich verstärkt der eigenen Verantwortung für die von ihr verursachten Allokationsdefizite bewusst sein muss[761], und dass dies endlich zu einer verstärkten Folgenorientierung und einem weitgehenden Methodenpluralismus führen muss[762]. Der Soziologe *Luhmann* will gar in der Betrachtung erwünschter oder unerwünschter Folgen des Rechts das einzig überzeugende Prinzip der Kontrolle erblicken[763], was sicherlich auch positive Aspekte der gesellschaftlichen Akzeptanz mit sich brächte, denn der Einzelne bewertet das Recht doch nicht nach seiner dogmatischen Schlüssigkeit, sondern nach der Zweckmäßigkeit der Ergebnisse.

Nach alledem ist deutlich geworden, dass Ethik, Recht und Ökonomie nicht in einem strengen Verhältnis der Alternativität stehen, sondern dass diese vielmehr einen Fundus von Wertungsaspekten darstellen, die bei der Verteilung und Ausformung von Informationspflichten im Konzert zusammenwirken. An welchen Stellen diese Wertungen im deutschen Zivilrecht zum Einsatz kommen, soll in aller Kürze in der Folge dargestellt werden.

---

[758] Dieses m. E. in hohem Maße schlüssige Argument entgegnet Fleischer, a. a. O. (228) den Kritikern makrojuristischer Methodik, indem er die „mathematische Präzision" der Ökonomik mit der rechtsdogmatischer Ableitungen vergleicht.
[759] Ott, in Freundesgabe für Kübler, 21, 43.
[760] Kochs, in Schulze (Hrsg.), Auslegung europäischen Privatrechts, 211, 214 ff..
[761] Schwintowski, in JZ 1998, 581, 588.
[762] Grundmann, in RabelsZ 61 (1997), 423 ff.; Fleischer, a. a. O. (229 f.).
[763] Luhmann, Das Recht der Gesellschaft, 378.

e. Normative Grundlagen zur Behebung von Informationsasymmetrien im deutschen Zivilrecht

Neben den in dieser Untersuchung bereits diskutierten sondergesetzlichen Vorschriften[764] erfüllt auch das allgemeine Bürgerliche Recht seine Funktion bei der Behebung von Wissensgefällen. Neben den Anfechtungstatbeständen des § 119 BGB ist vor allem bezüglich der bewußten Ausnutzung eines Informationsvorsprunges an den klassischen Tatbestand der arglistigen Täuschung (§ 123 BGB) zu denken.
Aber auch das Kaufgewährleistungsrecht stellt bei näherer Betrachtung Regelungen zu Verfügung, die eine Informationsverpflichtung begründen, indem das arglistige Verschweigen eines Fehlers mit einer Schadensersatzverpflichtung sanktioniert wird (§ 463 S. 2 BGB). Nicht zuletzt kommt dem Institut der culpa in contrahendo eine nicht zu überschätzende Bedeutung in diesem Bereich zu.

aa. Arglistige Täuschung

Der seltene Fall der arglistigen Täuschung berechtigt die getäuschte Vertragspartei, sich aufgrund jedes darauf beruhenden kausalen Irrtums von dem Vertrag zu lösen. Probleme bereitet die bedeutend häufigere Konstellation des arglistigen Verschweigens, die heute zum gesicherten Bestand der Vertragsdogmatik gerechnet werden darf[765]. Zu beantworten ist da die Frage, wann eine Vertragspartei verpflichtet ist -soweit nicht ein aktives Tun, sondern ein Unterlassen vorliegt[766]-, die andere Partei unaufgefordert über das eigene Sonderwissen zu informieren, und wann dieses überlegene Wissen zum eigenen Vorteil ausgenutzt werden kann.
Während die Rechtsprechung bei der Beantwortung dieser Frage bislang eine Systembildung vermissen lässt[767], sind in der Literatur Versuche der Strukturierung erkennbar. Verbreitet ist insbesondere die Strukturierung der Aufklärungs-

[764] Anzumerken ist natürlich, dass die bis hierher geführte Diskussion nicht im geringsten einen Anspruch auf Vollständigkeit erheben kann. Zahllose weitere sonderprivatrechtliche Informationstatbestände wären an dieser Stelle zu beleuchten. Insbesondere das Kapitalmarkt- und Gesellschaftsrecht bietet da noch ein weites Feld, vgl. dazu eingehend Fleischer, a. a. O. (§ 13, 14, S. 520 ff.).
[765] Erman-Brox, § 123, Rn. 13; Jauernig-Jauernig, § 123 BGB, Rn. 4; MüKo-Kramer, § 123 BGB, Rn. 14; Palandt-Heinrichs, § 123 BGB, Rn. 5; Soergel-Hefermehl, § 123 BGB, Rn. 6; Staudinger-Dilcher, § 123 BGB, Rn. 7, jeweils mit Rechtsprechungsnachweisen; tiefgehend wiederum Fleischer, a. a. O. (§ 8, S. 244 ff./248).
[766] Zur Abgrenzung vgl. Medicus, Allgemeiner Teil, Rn. 796; Erman-Brox, § 123 BGB, Rn. 14.
[767] Gewisse Orientierungsmarken der Rechtsprechung stellt Skibbe, in FS für Rebmann, 807 ff. zusammen.

pflichten nach den verschiedenen Vertragstypen[768]. Insbesondere die Beratungs- und Aufklärungspflichten im Bankensektor erfreuen sich erhöhter Aufmerksamkeit[769]. Eine andere Ansicht verfährt streng individualistisch, indem von generellen Aussagen überhaupt abgesehen wird und vielmehr auf die einzelne Beziehungsgeschichte und den *„Kodex des* (rechtsgeschäftlichen)[770] *Gesprächs*" zu achten sein soll[771]. *Reich*, *Hopt* und auch *Schuhmacher* verfahren dagegen eher personenbezogen. Während *Schuhmacher* und *Reich* grundgesetzliche Gewährleistungen hinzuziehen, um einen Schutz unerfahrener Vertragspartner[772] bzw. des Endverbrauchers[773] zu erreichen, begrenzt *Hopt*[774] seine Argumentation auf einen –wiederum verfassungsrechtlich gebotenen- Anlegerschutz[775].
An anderer Stelle wird nach der Natur des Vertragsverhältnisses[776] unterschieden, etwa wenn ein Austauschvertrag über ein gemeinsames Interesse abgeschlossen wird[777] oder Verträge, bei denen typischerweise eine enge Vertrauensbeziehung besteht[778].
Zwar betrachten die Autoren in aller Regel lediglich Einzelaspekte der Problematik oder gehen gar davon aus, dass eine vollständige Erfassung gänzlich unmöglich ist[779], stellenweise wird aber auch versucht, die punktuellen Systematisierungen zu einem einheitlichen Gefüge zusammenzuführen[780].

---

768 MüKo-Emmerich, vor § 275 BGB, Rn. 103-199; MüKo-Roth, § 242 BGB, Rn. 232-254; Soergel-Wiedemann, vor § 275 BGB, Rn. 265-327.

769 Hopt, Der Kapitalanlegerschutz im Recht der Banken, 234 ff., 340 ff., 393 ff., 400 ff., Vortmann, Aufklärungs- und Beratungspflichten der Banken, 6. Auflage (1999); Hadding, in FS für Schimansky, 67 ff.; Horn a. a. O. (653 ff.); Siol a. a. O. (781 ff.).

770 Anmerkung des Verfassers.

771 Druey, Information als Gegenstand des Rechts, 158, 232 ff., 313 ff., 338 ff..

772 So Schumacher, Vertragsaufhebung wegen fahrlässiger Irreführung unerfahrener Vertragspartner, 79 ff. 93 ff., mit dem Hinweis darauf, dass Informationspflichten eine Konkretiserung von Art. 20 GG darstellen.

773 Für Reich, in NJW 1978, 519, ergibt sich die Schutzverpflichtung gegenüber dem Verbraucher aus dem Sozialstaatsprinzip; vgl. auch den ähnlichen Gedanken in der italienischen Literatur der verfassungsrechtlich gebotenen Solidarität, die in einer „solidarièta contrattuale" ihre Entsprechung zu finden hat: Grisi, L'obbligo precontrattuale di informazione, 134.

774 Hopt, a. a. O. (413 ff.).

775 Gegen eine personenbezogene Systematisierung insbesondere Bydlinski, System und Prinzipien des Privatrechts, 747 und Fleischer, a. a. O. (269 f.).

776 v. Tuhr, Allgemeiner Teil, Bd. II/1 (1914), § 68, 607 f..

777 Vgl. Soergel-Hefermehl, § 123 BGB, Rn. 6; Soergel-Teichmann, § 242 BGB, Rn. 141.

778 Erman-Brox, § 123 BGB, Rn. 15; Palandt-Heinrichs, § 123 BGB, Rn. 5 b.

779 Vgl. Medicus, in BMJ (Hrsg.), Gutachten und Vorschläge zur Überarbeitung des Schuldrechts, Bd. I, 485, 539.

780 So Breidenbach, Die Voraussetzungen von Informationspflichten beim Vertragsschluss (1988); vgl. auch den eigenen Entwurf von Fleischer, a. a. O. (277 ff.).

bb. Irrtumsanfechtung

Derjenige der bei Vertragsschluss einem Irrtum über eine Eigenschaft des Vertragsgegenstandes unterliegt, kann sich von dieser, für ihn nachteiligen Bindung durch Anfechtung lösen. War dem Vertragspartner jene Fehlvorstellung bekannt, oder mußte er diese kennen, dann besteht nach § 122 II BGB nicht einmal eine Schadensersatzverpflichtung. Insofern fördert § 119 BGB einen Informationsaustausch zwischen den Parteien, und dieser Norm kommt eine Art Auffangwirkung gegenüber der Arglistanfechtung zu[781]. Sind dessen Voraussetzungen – insbesondere bezüglich einer Täuschung durch Unterlassen- häufig schwer nachzuweisen, so muss man sich im folgenden mit der Frage auseinandersetzen, ob nicht zumindest ein Eigenschaftsirrtum (§ 119 II BGB) des in unserem Eingangsbeispiel zitierten Flohmarkthändlers oder ahnungslosen Eigentümers des Grundstückes mit einem Erdölvorkommen gegeben ist. Irrtumsfälle sind stets auch Fälle der ungleichen Wissensverteilung und damit ein Feld für Überlegungen der Informationspflichtenverteilung. Wie dabei Irrtumstatbestände mit Informationspflichten systematisch abzustimmen sind, ist als dogmatische Aufgabe in Deutschland allerdings bislang kaum wahrgenommen worden[782].

cc. Kaufgewährleistung

Im Kaufgewährleistungsrecht sieht § 459 I BGB zwar eine Garantiehaftung vor, es kommt also insbesondere nicht darauf an, dass der Verkäufer den Sachmangel kannte, das Gewährleistungsrecht lässt sich aber gewissermaßen als Endstufe einer sachmängelbezogenen Informationspflicht verstehen[783]. Zudem wird durch § 460 BGB der Käufer quasi in die Informationsverantwortung einbezogen. Wenn der Käufer den Mangel kennt oder grob fahrlässig nicht kennt[784] wird der Verkäufer von der Garantiehaftung befreit. Es besteht für diesen selbst also die Möglichkeit durch Offenlegung des Mangels, die Haftung auszuschließen[785].
Weitere Normen sanktionieren einen Wissensvorsprung des Verkäufers, indem etwa eine rechtsgeschäftlich vereinbarte Gewährleistung hinfällig wird, wenn der Verkäufer einen Mangel verschwiegen hat (§ 476 BGB), die kurze Verjährungsfrist entfällt (§ 477 I 1 BGB), und insbesondere haftet der Verkäufer verschärft auf Ersatz des Nichterfüllungsschadens, wenn er einen Fehler arglistig verschwiegen hat (§ 463 Satz 2 BGB).

---

[781] Vgl. Pawlowski, Allgemeiner Teil, Rn. 533.
[782] Vgl. aber MüKo-Kramer, § 119 BGB, Rn. 102 ff. und ausführlich Fleischer, a. a. O. (§ 9); anders das österreichische und niederländische Zivilrecht, vgl. § 871 II ABGB und Art. 228 I Burgerlijk Wetboek.
[783] Vgl. Tiroler, Industrieökonomik, 232.
[784] Bei der Rechtsmängelhaftung muss positive Kenntnis vorliegen, vgl. § 439 BGB.
[785] Zur dogmatischen Einordnung vgl. umfassend Fleischer, a. a. O. (470 ff.).

An dieser Rechtslage hat sich auch durch das Gesetz zur Modernisierung des Schuldrechts nichts geändert. Die Bestimmungen zur Kenntnis des Käufers bezüglich des Mangels und zur Verjährung wurden im wesentlichen inhaltsgleich in die §§ 438 III, 442 und 444 BGB übernommen. Im Verbrauchsgüterkaufrecht wird allerdings in Anlehnung an Art. 6 II und III VerbrGüKRL[786] in § 477 BGB n. F. gesondert die Frage der Art und Weise geregelt, wie der Unternehmer eine Garantieerklärung gegenüber dem Verbraucher abzugeben hat. Die Erklärung einer Garantie im Sinne von § 443 BGB n. F. muss insbesondere einfach und verständlich sein. Dass mit dieser Bestimmung in sprachenrechtlicher Hinsicht kein neuer Weg eingeschlagen werden wird, sondern vielmehr die zum AGB-Recht bekannten Grundsätze fortgelten werden, ist nach ersten Äußerungen in der Literatur zu vermuten[787].

dd. Verordnung von Informationspflichten nach bürgerlichem Recht

Auf der Grundlage der §§ 238 bis 242 EGBGB hat das Bundesministerium für Justiz die Verordnung von Informationspflichten nach bürgerlichem Recht vom 02. 01. 2002[788] erlassen, die sich zum überwiegenden Teil mit den nach der Schuldrechtsreform im BGB zu findenden verbraucherrechtlichen Informationspflichten befasst. Die Verordnung konkretisiert die im Bürgerlichen Gesetzbuch bereits bestehenden Informationsgebote. So bestimmt § 1 der Verordnung, was zum Informationsprogramm des § 312 c BGB n. F. (Fernabsatzverträge) gehört, § 2 konkretisiert § 482 BGB n. F. (Teilzeitwohraumverträge), § 3 gestaltet § 312 e BGB n. F. (elektronischer Geschäftsverkehr[789]) aus, die §§ 4-9 beschäftigen sich mit den Informationspflichten von Reiseveranstaltern und die §§ 10 und 11 mit denen von Kreditinstituten. Mit Ausnahme der §§ 4-9 der Verordnung regelt diese aber gerade nicht die in sprachenrechtlicher Hinsicht relevante Frage der Art und Weise der Information, sondern präzisiert, was genau zum Pflichtenkatalog des Unternehmers gehört, also welchen Inhalt die Information jeweils konkret haben muss. Normative Grundlage für die Behebung von Informationsasymmetrien sind also damit zumindest auch Verordnung, sprachenrechtlich be-

---

[786] Richtlinie 1999/44/EG vom 25.05.1999 über den Verbrauchsgüterkauf, in ABl. EG vom 07. 07. 1999, Nr. L 171, 12.

[787] Putzo, in Palandt-Ergänzungsband, § 477, Rn. 6, und Büdenbender, in Anwaltskommentar, § 477, Rn. 4, sind sich einig, dass grundsätzlich die Verwendung der deutschen Sprache, falls im Geschäftsverkehr „üblich", der englischen Sprache ausreicht.

[788] BGBl. I, S. 342.

[789] Von der Behandlung der sogenannten e-commerce Richtlinie (RL vom 08. 06. 2000, in ABl. EG Nr. L 178, 1) bzw. der in § 312 e BGB n. F. erfolgten Umsetzung wurden im folgenden bewusst abgesehen, da sich die Richtlinie nicht speziell auf Verträge mit Verbrauchern bezieht. Vermutlich auch dewegen wird in diesem Bereich die Verwendung allein der deutschen Sprache bei Inlandsverträgen als völlig unproblematisch angesehen; vgl. Heinrichs im Palandt-Ergänzungsband, Anhang zu § 312 e, Rn. 1, Ring, in Anwaltskommentar, § 312 e, Rn. 24, setzt dies wohl stillschweigend voraus.

deutsam bleiben aber vorwiegend die ehemalig in den Sondergesetzen zu findenden, nun ins BGB implemetierten Informationstatbestände der §§ 312 c, e, 482, 651 l und 675 a BGB n. F..

ee. Insbesondere: die culpa in contrahendo[790]

Der culpa in contrahendo kommt im Zusammenspiel mit der arglistigen Täuschung eine grundlegende Bedeutung bei der Bestimmung von Aufklärungspflichten zu[791]. Daneben soll die c. i. c. nach ersten Äußerungen in der Literatur auch das angemessene Instrumentarium zur Lösung der Sprachenfrage darstellen. Es ist wie so häufig im Verbraucherschutzrecht *Norbert Reich*, der im Rahmen von Bürgschaftsverträgen die These vertritt, dass bei der Verletzung der Obliegenheit der Verständlichkeit einer Information -die auch durch die Verwendung der „falschen" Sprache vonstatten gehen kann- dem ausländischen Verbraucher ein Freistellungsanspruch wegen Verschuldens bei Vertragsschluss zusteht[792]. Unverkennbar ist, dass *Reichs* Ansatz für den nachfragenden Sprachunkundigen gegenüber einer Irrtumsanfechtung erhebliche Vorteile hat. Es besteht keine Schadensersatzverpflichtung auf das negative Interesse nach § 122 BGB. Anders als bei der arglistigen Täuschung muss zudem lediglich Fahrlässigkeit des Anbieters nachgewiesen werden[793]. Im folgenden ist zu klären, ob sich *Reichs* Ansatz in die allgemeine Dogmatik der Aufklärungspflichten im Rahmen der c. i. c. einpasst und ob daneben möglicherweise spezielle Aspekte für diesen Ansatz sprechen.

---

[790] Durch die geplante Einpassung der c. i. c. ins BGB durch § 305 I 2 i. V. m. § 241 II des Gesetzes zur Schuldrechtsmodernisierung (aktuelle Fassung des Entwurfs unter http://www.bmj.bund.de/ggv/schuldre.pdf) werden kaum bedeutende Änderungen inhaltlicher Art erwartet, so Grigoleit, in WM 2001, 599 mit weiterem Hinweis.

[791] Die besondere Bedeutung der c. i. c. im Bereich der Aufklärungs- und Informationspflichten hebt insbesondere Esser/Schmidt, Schuldrecht Allgemeiner Teil, Bd. 1, Teilbd. 2, 144 ff., 146 hervor, wenn er die c. i. c. als das Instrumentarium zur Steuerung eines redlichen Geschäftsverkehrs bezeichnet.

[792] Reich, in NJW 1995, 1860; diesen Ansatz nimmt jüngst auch Kallenborn, Das Sprachenproblem, 108 ff., auf, ohne allerdings genauer auf die dogmatische Begründung von Aufklärungspflichten einzugehen. Reichs Wortwahl kann hier allenfalls als Versehen bezeichnet werden, wenn er die Information in der falschen Sprache als Obliegenheit bezeichnet und aus einer solchen Obliegenheitsverletzung die beschriebene Rechtsfolge herleitet. Aus einer Verletzung von Obliegenheiten können der anderen Seite aber niemals eigene Ansprüche erwachsen. Auszugehen ist hier vielmehr von einer vertraglichen Nebenpflicht, vgl. MüKo-Kramer, Einl. vor § 241 BGB, Rn. 44, § 241 BGB, Rn. 14 ff..

[793] Vgl. zu den Voraussetzungen der c. i. c. MüKo-Roth, § 242, Rn. 231.

(1) Geltungsgrund vorvertraglicher Aufklärungspflichten

In der deutschen Judikatur wurden bislang in ganz unterschiedlichen Konstellationen einer Vertragspartei vorvertragliche Aufklärungspflichten auferlegt. Derartige Pflichten werden im Rahmen aller denkbaren Vertragsverhältnisse wie Kauf-, Werk-, Miet-, Arbeits-, Versicherungs- oder Gesellschaftsvertrag angenommen und können sich auf Wirksamkeitshindernisse des Vertrages oder alle rechtlichen oder tatsächlichen Umstände beziehen, die auf den Vertragsgegenstand von Einfluss sein können[794]. Einig ist man sich dabei zwar über die Existenzberechtigung von, aus dem Institut der culpa in contrahendo hergeleiteten Informationspflichten[795], aber nicht über deren theoretische Fundierung. Schienen da unlängst alle wesentlichen Argumente ausgetauscht, ist die Diskussion durch eine Entscheidung des Bundesgerichtshofs[796] wieder neu aufgelebt[797].
Die allgemeine Begründung der c. i. c.[798] wird nach wie vor mehrheitlich in der Enttäuschung schutzwürdigen Vertrauens gesehen[799]. In jüngerer Zeit mehrt sich aber die Kritik an der vertrauenstheoretischen Begründung, der es an hinreichen-

---

[794] Vgl. jeweils mit reichen Belegen: Staudinger-Löwisch, vor § 275 BGB, Rn. 70 –73; MüKo-Emmerich, vor § 275 BGB, Rn. 79-83; Soergel-Wiedemann, vor § 275 BGB, 265-327.

[795] Esser/Schmidt, Schuldrecht, Allgemeiner Teil, Bd. I, Teilbd. 1, § 6 V, 110; Fikentscher, Schuldrecht, Rn. 74; Gernhuber, Das Schuldverhältnis, § 8 II 7, 190 ff.; Larenz, Schuldrecht Allgemeiner Teil, § 9 I 2, 111; Medicus, Allgemeiner Teil, Rn. 449 f.; Schlechtriem, Schuldrecht, Allgemeiner Teil, Rn. 24. Differenzierend aber Grigoleit, Vorvertragliche Informationshaftung, der in einer weit ausgreifenden Analyse in einer Zusammenschau der §§ 123 I, 463 S. 2 und 826 davon ausgeht, dass im deutsche Zivilrecht für eine fahrlässige Informationshaftung an sich kein Raum sei (Seite 37). Er nennt dies das informationelle Vorsatzdogma, das aber rechtsfortbildend derogiert werden kann (Seite 40-83), so dass der Autor sich letztlich der allgemeinen Meinung wieder annähert (Seite 79-81).

[796] BGH, Urteil vom 26. 09. 1997, in NJW 1998, 302.

[797] Vgl. die Anmerkungen von Lorenz, in ZIP 1998, 1053; von Imping, in MDR 1998, 27; von Schöpflin, in JA 1998, 356; von Grunsky, in EWiR 1998, 727; vgl. jüngst auch Fleischer, in AcP 200 (2000), 91.

[798] Nicht zu verwechseln ist dieser Aspekt mit der normativen Grundlage der c. i. c., die überwiegend in § 242 BGB in der Zusammenschau mit den §§ 122, 179 und 307 BGB gesehen wird: Hopt, Kapitalanlegerschutz, 407; MüKo-Roth, § 242 BGB, Rn. 210 ff.; Soergel-Teichmann, § 242 BGB, Rn. 135 ff.; Erman-Werner, § 242 BGB, Rn. 57; Grigoleit, Vorvertragliche Informationshaftung, 44 ff., betont, dass § 242 BGB sachlich ohne Bedeutung sei und allenfalls als „Geburtshilfe" einer weitergehenden Begründung diene. Allein auf die gewohnheitsrechtliche Verfestigung der c. i. c. zu rekurrieren wird allgemein als nicht hinreichend betrachtet, so Grigoleit, a. a. O. (41 ff.) mit weiteren Nachweisen.

[799] Vgl. allgemein die Übersicht bei Emmerich, Das Recht der Leistungsstörungen, 37 ff.; zur Vertrauensgrundlage vgl. grundlegend Ballerstedt, in AcP 151 (1950/1951), 501, 506 und Canaris, Die Vertrauenshaftung im deutschen Privatrecht (1971); Henssler, Risiko als Vertragsgegenstand, 143 f.; zustimmend der BGH, Urteil vom 01. 04. 1981, in NJW 1981, 2050 f. und zuletzt Urteil vom 29. 03. 1996, in NJW 1996, 1884.

der Genauigkeit mangele[800]. Aufgabe des Informationspflichtigen könne es zudem nicht nur sein, aufkommendes Vertrauen nicht zu entäuschen, sondern er müsse im Interesse des Gegenübers auch erkennbare Fehlvorstellungen auflösen[801].

An Gegenentwürfen fehlt es in der Rechtswissenschaft nicht. Teilweise wird auf die wechselseitige Pflichtenbindung und den Gedanken der Vertragssolidarität abgestellt[802], an anderer Stelle wird die Sonderverbindung der Vertragsanbahnung als eine in das Recht transformierte Geschäftsmoral angesehen[803]. Auch werden Aspekte der Förderung des Marktgeschehens und der Verkehrserleichterung in die Diskussion eingeführt[804].

Ohne hier zu der Auseinandersetzung grundsätzlich Stellung nehmen zu können, überzeugt doch der Einwand, dass gerade bei der Vielzahl der Austauschgeschäfte im Alltagsverkehr ein schutzwürdiges Vertrauen erst gar nicht aufgebaut wird[805], sondern viel eher dem System, sprich der Rechtsordnung, eine Redlichkeitserwartung entgegengebracht wird[806]. In diesen Fällen dürfte an sich Rechtsschutz erst gar nicht gewährt werden[807]. Nach der hier vertretenen Auffassung der Beachtlichkeit gesamtwirtschaftlicher Aspekte muss zudem erwähnt werden, dass neuere Diskussionsbeiträge der c. i. c. auch eine Aufgabe des marktlichen Institutionenschutzes, also der Förderung der Funktionsfähigkeit des Geschäftsverkehrs zuweisen[808]. Das Zusammenspiel von Individual- und Institutionenschutz verstärkt dabei wechselseitig die Stabilsierung des Gesamtsystems und fördern somit die Entscheidungsfreiheit des Einzelnen[809]. Diese „Janusköpfigkeit“[810] von Individual- und Institutionenschutz dient insbesondere dem erklärten Ziel, Art und Umfang des vorvertraglichen Pflichtenprogramms zu präzisieren. Insbesondere mit dem Ziel, die Kosten der Vertragsanbahnung zu senken, wird daraus der Schluss gezogen, dass derjenige die Aufklärung des Gegenüber zu

---

800 v. Bar, in ZGR 1983, 476, 490 ff.; Emmerich, Das Recht der Leistungsstörungen, 38; Gernhuber, Das Schuldverhältnis, § 8 I 6, 177 ff.; Horn, in JuS 1995, 377, 387; Loges, Die Begründung neuer Erklärungspflichten, 70 ff.; Medicus, Probleme um das Schuldverhältnis, 20 ff.; Larenz, in FS für Ballerstedt, 397, 399 ff..

801 Soergel-Wiedemann, vor § 275, Rn. 105.

802 Köndgen, Selbstbindung ohne Vertrag, 233 ff..

803 Gernhuber, Das Schuldverhältnis, § 8 I 6, S. 180.

804 Freilich aus der österreichischen Literatur: Welser, Vertretung ohne Vollmacht, 73 ff.; Schuhmacher, Verbraucherschutz bei Vertragsanbahnung, 185 f..

805 So Soergel-Wiedemann, vor § 275 BGB, Rn. 105.

806 Luhmann, Vertrauen, 53, spricht aus soziologischer Sicht von einem „Systemvertrauen“ des Einzelnen; vgl. auch Ripperger, Ökonomik des Vertrauens, 101 ff..

807 Vgl. die Beispiele des Fehlens eines Vertrauenstatbestandes bei Fleischer, a. a. O. (421, (Gebrauchtwagen- und Insiderhandel)).

808 Vgl. Leenen, in Symposion Wieacker, 108 ff.; Loges, Die Begründung neuer Erklärungspflichten, 130 ff., 154 ff..

809 Fleischer, a. a. O. (424).

810 Fleischer, a. a. O. (424).

leisten hat, der bereits über eine erhöhte Sachkenntnis verfügt, so dass eine kostspielige Informationsbeschaffung der anderen Seite unterbleiben kann[811]. Auf der anderen Seite kann der Geschäftsverkehr ein gewisses Basiswissen der Marktteilnehmer erwarten[812]. Sicherlich gilt es dann im einzelnen zu bestimmen, was von dem jeweiligen Geschäftspartner genau erwartet werden kann. Zu bestreiten ist beispielsweise nicht, dass einem Bürgen bewusst sein muss –wenn er denn positiv weiss, dass es sich um einen Bürgschaftsvertrag handelt-, dass es auch zu einer Haftung kommen kann[813]. Als kostenineffzient werden zudem eigene Nachforschungspflichten in Bezug auf die Geschäftssphäre des Vertragspartners –es sein denn, ein offensichtlicher Irrtum läge vor- angesehen[814]. Zuletzt sollen weiterhin Anreizstrukturen zur Förderung wohlfahrtssteigernder Informationsproduktion erhalten werden[815].
Ausgehend von dieser theoretischen Grundlage, ist nun zu fragen, ob im speziellen Ansätze erkennbar sind, die zu einer Begründung einer sprachenrechtlichen Informationshaftung aus c. i. c. dienen könnten.

(2) Sprachenrechtliche c. i. c.-Haftung

Mit *Reich* wurde erstmals deutlich, dass eine rechtliche Verbindung zwischen den sprachlichen Verständnisproblemen und daraus resultierenden Aufklärungspflichten bestehen kann. In der rechtswissenschaftlichen Literatur wurde diesem Ansatz bislang allerdings keine Aufmerksamkeit geschenkt[816]. Einzig *Kallen-*

---

811 Zur Aufklärung wird dann in aller Regel -aber nicht zwingend- der Gewerbetreibende gegenüber dem Verbraucher verpflichtet sein. Fleischer, a. a. O. (425) erkennt eine solche Sachgesetzlichkeit sowohl im deutschen als auch im romanischen Rechtskreis: vgl. Schuhmacher, Verbraucherschutz bei Vertragsanbahnung; Lauer, Vorvertragliche Informationspflichten (insbesondere gegenüber Verbrauchern); Alisse, L'obbligation de renseignements dans les contrats; Grisi, L'obbligo precontrattuale di informazione.

812 Z. B. beim Geschäftsverkehrs mit dem Ausland das Wissen über eine aktuelle politische Krise, vgl. Emmerich, Recht der Leistungsstörungen, 49. Ähnliche Anforderungen werden im englischen („matters of common knowledge") , amerikanischen („public domain"), italienischen („informazione di pubblico dominio") und französischen („circonstance dans le domaine publique") Vertragsrecht gestellt: Spencer Bower/Turner/Sutton, The Law Relating to Actionable Non-Disclosure, § 4.11; Duggan/Bryan/Hanks, Contractual Non-Disclosure, 143; Grisi, a. a. O., 125; Catala, Ebauche d'une théorie juridique de l'information, D. 1984, 97 ff..

813 BGH, Urteil vom 09. 10. 1990, in NJW-RR 1991, 170.

814 Fleischer, a. a. O. (427).

815 Aus wirtschaftswissenschaftlicher Sicht Arrow, The Rate and Direction of Inventive Activity, 609.

816 Griegoleit, in WM 2001, 597 ff., bietet zwar eine rechtsfolgenspezifische Analyse der Verletzung von Informationspflichten der Richtlinie über den elektronischen Geschäftsverkehr (RL 2000/31 EG vom 08. 06. 2000, in ABl. EG, Nr. 178), bzw. der geplanten Umsetzung in § 305 b des Schuldrechtsmodernisierungsgesetzes, die einzige sprachenrechtlich relevante Pflicht zur Information über die für den Vertragsschluss zur Verfügung stehenden Sprachen (§ 305 b II Nr.

born versucht eine dogmatische Abstützung einer c.i.c.-Haftung aufgrund unterlassener Information eines Sprachunkundigen. Dabei erwähnt der genannte Autor eine Reihe von Aspekten, die mehr oder minder unverbunden nebeneinander stehen und einen ersten Begründungsansatz bieten können[817]. Im folgenden wird eine stärkere Systematisierung dieser Ansätze angestrebt und insbesondere auch eine Rückkoppelung mit der allgemeinen dogmatischen Fundierung der c. i. c.. Es sollen dabei die Gesichtspunkte des Individual- und des Institutionenschutzes einbezogen werden.

Ausgehend von der These, dass es der Herstellung individueller Entscheidungsfreiheit und der Kosteneffizienz förderlich ist, dass die Aufklärung von demjenigen ausgeht, der über die höhere Sachkunde verfügt, spricht eine generelle Vermutung für eine Aufklärungspflicht des Vertragspartners des Sprachunkundigen. In der Regel verfügt dieser über ein vergleichsweise geringes Wissen, was den allgemeinen Geschäfts- und den Rechtsverkehr angeht. Was das allgemeine Ziel der gesamtwirtschaftlichen Kostenminderung angeht, ergibt sich daraus auch, wie diese Information zu erfolgen hat, nämlich in der Sprache des des Deutschen nicht mächtigen Vertragspartners. Dies gilt jedenfalls immer dann, wenn sich eine Übersetzung der Information durch den Vertragspartner auch wirklich effektiver und kostengünstiger gestaltet, was zweifellos im alltäglichen Verkehr der Massengeschäfte der Fall ist. Wenn sich der Vertragspartner regelmäßig einer bestimmten Vertragssituation gegenübersieht, in der sprachliche Verständnisprobleme mit dem Gegenüber auftreten, dann wird in dieser Situation regelmäßig auch eine stets ähnliche oder identische Aufklärung über bestimmte Vertragsumstände vonnöten sein, auf die sich der Anbieter besser einstellen kann als der Nachfrager. Dann ist aber auch die entsprechende sprachliche Fassung der jeweiligen Information ein immer wiederkehrender und daher, auf die einzelne Transaktion umgelegt, geringer Kostenfaktor.
Problematisch ist sicherlich die vorgenommene Einschränkung der allgemeinen Informationsverpflichtung mit dem Ziel der Förderung weiterer Informationssuche sowie die Ablehnung der Nachforschungspflicht bezüglich im Geschäftskreis des Vertragspartners wurzelnder Umstände. Es könnte einerseits eingewandt werden, dass die Übersetzung von Informationen allein einen Umstand betrifft, der dem Risiko- und Geschäftsbereich des Sprachunkundigen zuzurechnen ist. Zum anderen kann eine Übersetzungspflicht eine Minderung der Suchaktivitäten des Vertragspartners nach neuen Informationen mit sich bringen. Diese Einwände greifen allerdings nicht durch, denn es geht vorliegend nicht darum, über welche Umstände des Vertrags die sprachunkundige Partei zu informieren ist, und ob unter diesen Umständen möglicherweise solche sind, über die als

---

4) soll aber gerade keine Verantwortlichkeit des Unternehmers begründen, da der Unternehmer zur Bereitstellung der Informationen in mehreren Sprachen nicht verpflichtet ist (Seite 603).
[817] Kallenborn, Das Sprachenproblem, 107 ff..

„matters of common knowledge“ von Seiten der besser informierten Partei Stillschweigen bewahrt werden kann. Vielmehr ist allein Gegenstand der Überlegung, in welcher Form eine bereits bestehende Informationsverpflichtung zu erfüllen ist, und zwar in der Sprache des Informierenden oder in der Sprache des Vertragspartners. Stellt man aber die Frage des Wie der Information, dann muss die Frage des Ob bereits positiv beantwortet sein, so dass bereits auf dieser vorgelagerten Ebene Entscheidungen getroffen werden, die zu adversen Effekten bei der Beschaffung „frischer“ Information führen könnten. Anders wäre nur zu entscheiden, wenn es auch zum allgemeinen Basiswissen zu zählen wäre, die deutsche Sprache zu beherrschen, wenn man sich im deutschen Geschäftsverkehr bewegt. Dies wurde aber bereits oben als gänzlich unzeitgemäß abgelehnt[818]. Nicht abzustreiten ist sicherlich auch, dass Fehlvorstellungen des sprachunkundigen Vertragspartners häufig zwar ihre Ursache in der Form der Information haben, aber auch auf inhaltliche Umstände zurückwirken, eine grenzscharfe Trennung zwischen dem Ob und dem Wie der Information also kaum zu ziehen ist. Allerdings wurde im Rahmen der allgemeinen Begründung der c. i. c. oben auch festgestellt, dass die Beschränkung der Nachforschungspflicht bezüglich, im Geschäftskreis des Vertragpartners anzusiedelnder Fehlvorstellungen nicht ausnahmslos gemacht werden kann. Insbesondere wenn sich eine solche Fehlvorstellung aufdrängen musste, kann dies zu weiteren Nachforschungspflichten führen. Die mangelnde Sprachkenntnis des Gegenüber ist aber in aller Regel ein Umstand, der ohne weiters erkennbar ist. Auch wenn der ausländische Vertragspartner möglicherweise sogar den Eindruck erwecken will, dass er doch über gewisse Deutschkenntnisse verfügt -was für jeden Reisenden ein sicherlich nachvollziehbarer Wunsch ist-, so ist die Auferlegung der Pflicht nachzufragen, ob die jeweilige Information auch korrekt verstanden wurde, wenn gewisse Anhaltspunkte dagegen sprechen, sicherlich keine überzogene Sorgfaltsanforderung und beugt jedenfalls weiteren Problemen -und weiteren Kosten- bei der Vertragsdurchführung vor.

Was die spezielle Begründbarkeit einer c. i. c.-Haftung aufgrund einer, aus sprachlicher Hinsicht mangelhaften Information angeht, stellt *Kallenborn* insbesondere auf die Verbrauchereigenschaft ab und versucht sich an einer Herleitung der Verantwortlichkeit des Anbieters anhand des Verbraucherschutzes als eigenständiges Rechtsprinzip, das bei der Auslegung des allgemeinen Zivilrechts stets beachtet werden muss[819]. Wie bereits oben ausführlich dargestellt wurde[820], existieren grundsätzliche Gedanken, den Verbraucherschutz als eines der prägenden Paradigmen eines neuen Vertragsmodells zu sehen. Die Diskussion der makro- und mikrojuristischen Ursachen und Ziele des Verbraucherschutzes haben dabei

---

[818] Vgl. etwa bei der Bestimmung des Maßstabs für einen Durchschnittskunden oben I. B. 2. f..
[819] Kallenborn, Das Sprachenproblem, 110 ff..
[820] II. 1. b. bb..

gezeigt, *dass* ein Bedürfnis für eine Überformung des allgemeinen Zivilrechts durch Elemente des Verbraucherschutzes besteht, dass dieses Bedürfnis aber keine Aussage darüber macht, *wie* der Verbraucherschutz im Zivilrecht wirken sollte[821]. Es kann da allein nicht ausreichen festzustellen, dass die allgemeine Unterlegenheit des Verbrauchers es erfordere, durch Aufklärungspflichten die materielle Vertragsgerechtigkeit wiederherzustellen[822]. Ohne bereits hier die Auswirkung der verschiedenen Vertragstheorien in Bezug auf das Sprachenproblem resümierend darzustellen, sei hier jedenfalls die Kritik an einem allgemeinen Rechtsprinzip des „Schwächerenschutzes"[823] wiederholt, was als allzu nebulöse Wendung bei der Lösung konkreter rechtlicher Problemstellungen kaum weiterhilft. Zu Recht räumt *Kallenborn* aber im folgenden ein[824], dass die grundsätzliche Wirkung des Verbraucherschutzes als Rechtsprinzip bei der Lösung der Sprachenfrage nicht entschieden werden muss, sondern dass lediglich bezüglich der bereits vordefinierten Gruppe der der deutschen Sprache nicht mächtigen Vertragsparteien zusätzlich der Gedanke des Verbraucherschutzes zu beachten ist. Überraschenderweise stellt der Verfasser dann aber auf einen weiteren Gedanken ab, der uns unten[825] noch eingehend beschäftigen wird. Nach *Kallenborn* soll es bei einer Information des ausländischen Verbrauchers in seiner eigenen Sprache letztlich um die Rückgängigmachung einer Verletzung des Gleichbehandlungsgrundsatzes aus Art. 3 III GG gehen. Allein eine solche Information ermögliche dem ausländischen Verbraucher, die Information vergleichbar mit einem inländischen Verbraucher zu verwerten[826]. Mit Verbraucherschutz hat dies streng genommen aber nichts mehr zu tun, sondern lediglich mit der –zweifellos notwendigen- Abstimmung mit übergeordnetem Recht.

Für den Bereich der c. i. c. verbleibt aber dennoch festzustellen, dass insbesondere dem Gedanke des Verbraucherschutzes auf europäischer Ebene eine nicht zu leugnende Wirkungsmacht auf allgemeine zivilrechtliche Strukturen des deutschen Rechts zukommt. Die zahlreichen spezialgesetzlichen Aufklärungstatbestände[827] können nicht ohne Einfluss sein auf die Ausbildung der allgemeinen Geschäftsmoral, wenn auch nicht in dem Sinne, dass sich aus der Summe der verstreuten Normen im Wege der Gesamtanalogie eine allgemeine informationel-

---

[821] Vgl. in Bezug auf die Transformation von Richtlinien in das deutsche Zivilrecht unten II. 2..
[822] So zunächst Kallenborn, a. a. O., später wiederum einschränkend auf die Fälle sprachunkundiger Verbraucher.
[823] Kallenborn, a. a. O., nimmt Bezug auf Westermann, Verbraucherschutz, 11.
[824] Kallenborn, a. a. O. (112).
[825] Vgl. unter III.
[826] Kallenborn, a. a. O. (112).
[827] Überblick bei Grigoleit, Vorvertragliche Informationshaftung, 52 ff. und Quigley, European Community Contract Law, Vol. I, 255 ff..

le Fahrlässigkeitshaftung ergeben könnte[828]. Soweit die c. i. c. aber selbst durch die Geschäftsmoral präformiert ist[829], ergibt sich jedenfalls eine mittelbare Beeinflussung der Maßstäbe zur Feststellung von Aufklärungspflichten[830]. Dies gilt umso mehr, als den sekundärrechtlichen Informationspflichten zwar eine mangelnde Feinabstimmung vorgeworfen[831], eine gewisse *„einheitsstiftende Grundidee"*[832] aber keineswegs abgesprochen wird[833]. Für das Sprachenproblem führt dies letztlich wiederum zu der Grundfrage, wie die, auf Sekundärrecht beruhenden Informationspflichten sprachenrechtlich zu verstehen sind. Nur wenn ihnen selbst eine Aussage in Bezug auf eine Sprachenregelung entnommen werden kann, besteht auch die Möglichkeit einer mittelbaren Wirkung auf die, durch die Geschäftsmoral präformierte culpa in contrahendo.
Für das AGB-Recht wurde bereits ausführlich begründet, dass regelmäßig von einer Übersetzungsobliegenheit des AGB-Verwenders auszugehen ist. Im folgenden wird für das AGB-Recht und weitere Richtlinien dieses Ergebnis anhand der richtlinienrechtlichen Vorgaben unten unter drittens überprüft. Ob sich ein mittelbarer Einfluss spezialgesetzlicher Informationspflichten auf die culpa in contrahendo überhaupt ergeben kann[834], lässt sich nach alledem erst mit der abschließenden Behandlung der sprachenrechtlichen Aspekte der existierenden Informationspflichten feststellen.

Im folgenden nimmt *Kallenborn* eine Entwicklung aus dem Bürgschaftsrecht auf[835], die sich möglicherweise eignet, den Ansatz von *Reich* näher zu begründen. Dabei kommt dem Bundesverfassungsgericht bei der Begründung besonderer Verhaltens- und Aufklärungspflichten der Sicherungsnehmer eine hervorgehobene Stellung zu. In einem Beschluss vom 19. Oktober 1993, in dem es um die Wirksamkeit einer formularmäßigen Bürgschaftsübernahme geht, betont das Gericht, dass in einem solchen Vertragsverhältnis verfassungsrechtliche Wertungen

---

828 Ebenso Fleischer, a. a. O. (436); Grigoleit, Vorvertragliche Informationshaftung, 59; Soergel/Wiedemann, vor § 275 BGB, Rn. 154. Reich, in NJW 1995, 1860 und in Die AGB-Banken, 63, will dagegen ohne nähere Begründung im EG-Recht eine allgemeine Erklärungs- und Verständlichkeitsobliegenheit erblicken, die bei einem Verstoß die c. i. c.-Haftung auslöst.
829 So Gernhuber, Das Schuldverhältnis, § 8 I 6, S. 180.
830 Auch Kallenborn, a. a. O. (117), entnimmt dem „EG-Recht" einen solchen Einfluss, ohne jedoch auf die Wechselwirkung mit der Geschäftsmoral einzugehen.
831 Fleischer, a. a. O. (436) mit dem Hinweis auf die Strukturierungsversuche bei Lurger, Vertragliche Solidarität, 14 ff..
832 Fleischer, a. a. O. (436).
833 Vgl. Kemper, Verbraucherschutzinstrumente, 33 ff., 186 ff.; Ott, in Freundesgabe für Kübler, 21, 25 ff..
834 Richtiger wäre es hier sicherlich im Futur zu formulieren, denn selbst wenn eine Auslegung aller nur denkbaren Informationstatbestände zu einer positiven Antwort in Bezug auf eine Sprachenregelung führte, so wird dies ohne Einfluss auf die Geschäftsmoral bleiben, wenn in der Praxis weiterhin so wie bisher judiziert wird.
835 Kallenborn, a. a. O. (113 ff.).

wie die Freiheit der rechtlichen Selbstbestimmung sowie der allgemeine Grundsatz der Privatautonomie nicht unbeachtet bleiben könnten. Zudem stellt es fest, das dabei auch das in den Artikeln 20 und 28 GG verankerte Sozialstaatsprinzip wirkungsmächtig sein soll[836]. Aus diesen verfassungsrechtlichen Grundentscheidungen soll sich folgern lassen, dass in Vertragsverhältnisse, die durch faktische Fremdbestimmung und strukturelle Unterlegenheit einer Partei geprägt sind, von staatlicher Seite korrigierend eingegriffen werden muss. Der Vertragsinhalt muss dabei gänzlich unangemessen und ungewöhnlich belastend sein, was insbesondere auf einem bestehenden Verhandlungsungleichgewicht zu beruhen hat. Allein der Grundsatz der Vertragsfreiheit dagegen könne sich nur bei annähernd ausgewogenem Kräfteverhältnis der Parteien durchsetzen[837]. Des weiteren korrigiert das Bundesverfassungsgericht die Fehlvorstellung des BGH, dass allein das Vorliegen einer Vertragsdisparität nicht zu einer Aufklärungspflicht der Banken führen muss. Gerade die Statuierung einer solchen Pflicht über § 242 BGB soll der sehr weitgehenden Nichtigerklärung des Vertrags über § 138 oder § 315 BGB vorzuziehen sein[838]. *Kallenborn* vergleicht bei der Besprechung dieser Entscheidung die Situation des Sprachunkundigen mit der des geschäftlich Unerfahrenen, dem nach dem Gericht ein besonderer Schutz zukommen soll, da diesem von vornherein die Möglichkeit genommen wird, den Umfang und die wirtschaftlichen Zusammenhänge des Geschäftes abzusehen[839]. Bereits bei Vertragsschluss bestehe dann ein nicht behebbares Informationsdefizit[840].

Kallenborns Hinweis auf die Ähnlichkeit der Situationen eines geschäftlich unerfahrenen Vertragspartners mit einem Sprachunkundigen ist sehr treffsicher. Auch diesem verschliesst sich von vorneherein die Beurteilung des angestrebten Geschäfts. Im Gegensatz zu dem im Geschäftsverkehr nicht gewandten Vertragspartner besteht beim Sprachunkundigen nicht einmal potentiell die Möglichkeit, den Vertragsinhalt richtig einzuschätzen. Es spricht daher nichts dagegen, die Rechtsprechung des Bundesverfassungsgerichts auch auf Fälle auszudehnen, in denen die strukturelle Unterlegenheit auf sprachlichen Verstehensmängeln beruht[841]. Ob allerdings mit *Kallenborn* diese Rechtsprechung so verstanden werden kann, dass eine Aufklärungsverpflichtung für alle Fälle gelten

---

[836] BVerfG, Beschluss vom 19. 10. 1993, in NJW 1994, 36 ff..

[837] BVerfG, Beschluss vom 19. 10. 1993, a. a. O..

[838] BVerfG, Beschluss vom 19. 10. 1993, a. a. O. (39).

[839] Kallenborn, a. a. O. (115). Entsprechende Ansätze existieren bei Meier/Wehlau, in VuR 1991, 148 und bei MüKo-Roth, § 242 BGB, Rn. 220.

[840] Kallenborn, a. a. O..

[841] Joswigs Analyse der im Anschluss an das Urteil des Bundesverfassungsgerichts ergangenen zivilrechtlichen Rechtsprechung (in FS für Schimansky, Seite 335 ff.) schliesst sich eine Übertragung der bundesverfassungsgerichtlichen Begrifflichkeit in bestimmte Bereiche des Zivilrechts an (Seite 345 ff.). Jedenfalls für das Verhältnis Verbraucher-Produzent soll eine Anwendung des Begriffs der strukturellen Unterlegenheit angezeigt sein. Joswig weist zudem auf Arbeiten hin, die eine Übertragung ins Familienrecht und ins Gesellschaftsrecht versuchen (Seite 348 ff.).

muss, in denen sich der Sprachunkundige einem mächtigen Vertragspartner gegenübersieht und sich sein Einfluss auf die Unterschriftsleistung unter einen Formularvertrag beschränkt, wird an dieser Stelle bezweifelt.
Die Entscheidung des Bundesverfassungsgerichts fand in der Literatur ausdrückliche Zustimmung[842], wobei auch auf die dadurch bewirkte Verstärkung von Aufklärungspflichten auf Seiten des überlegenen Verhandlungspartners hingewiesen wurde[843]. Der Entscheidung aber eine allgemeine Aussage zu entnehmen, dass über die Fallgruppe der Bürgschaften hinaus bei einer übermächtigen Stellung eines Vertragspartners eine allgemeine –zumal sprachlich „gefärbte"-Aufklärungspflicht besteht ist in der Literatur –soweit ersichtlich- bislang einzigartig geblieben[844]. Letztlich liefe dies darauf hinaus, dem Bundesverfassungsgericht die grundsätzliche Implementierung eines welfaristischen Vertragsmodells zu unterstellen. Nicht anzuzweifeln ist, dass die ausdrückliche Erwähnung der Wirkung des Sozialstaatsprinzips im Vertragsrecht den Welfaristen bei einer dogmatische Abstützung ihres Modells hilfreich sein kann. Das Bundesverfassungsgericht hat allerdings nicht mehr festgestellt als auch bisher ohnehin bekannt war: Das Verfassungsrecht stellt eine objektive Wertordnung dar, die bei der Auslegung des gesamten (Zivil-) Rechts zu beachten ist[845]. Dass das Gericht mit seiner Entscheidung grundlegend zu einer vertragstheoretischen Begründung von Aufklärungspflichten Stellung nehmen wollte, muss zurückhaltend als eher unwahrscheinlich bezeichnet werden. Allein der Hinweis auf eine solche Auffassung muss zudem als Argument für einen allgemeinen vertragsrechtlichen Welfarismus als gänzlich unzureichend betrachtet werden. Freilich darf auch nicht der Stellenwert der Entscheidung für den allgemeinen Massenverkehr unterschätzt werden. Der Ansicht des Bundesverfassungsgerichts wird man am ehesten entsprechen, wenn der Aspekt der Sprachunkundigkeit bei der allgemeinen Feststellung einer strukturellen Unterlegenheit und ungewöhnlich belastender Folgen des Vertrags als einer von vielen Gesichtspunkten zu würdigen ist, die bei einer umfassenden Abwägung im Einzelfall zu einer Aufklärungspflicht führen können. Dass der BGH unter dieser Prämisse bestimmte Entscheidungen nochmals überdenken sollte, muss dabei an dieser Stelle aber auch betont werden. Beispielsweise wird es zukünftig nicht genügen, die Wirksamkeit der Bürgschaft mit dem Argument zu bejahen, die ausländische Bürgin habe ja selbst die Warnfunktion der Schriftform

---

[842] Vgl. die Stellungnahmen im unmittelbaren Anschluss an die Entscheidung von Heinrichsmeier, in FamRZ 1994, 129 ff. und Preis/Rolfs, in DB 1994, 261 ff..

[843] Wellkamp, in VuR 1994, 61 ff..

[844] Auch der Äußerung von Löwe, in ZIP 1993, 1759, wird man das in dieser Schärfe nicht entnehmen können.

[845] Zur Drittwirkung von Grundrechten vgl. hier nur Honsell, in NJW 1995, 565 ff. (566); zur Wirkung des Sozialstaatsprinzips insbesondere im Verkehr mit Verbrauchern vgl. Hübner, in FS für Börner, 717 ff. (721).

tion der Schriftform missachtet[846]. Angesichts der mangelnden Bezugnahme des BGH auf das Bundesverfassungsgerichts steht aber zu vermuten, dass die Verbindung zwischen struktureller Unterlegenheit und mangelnder Sprachkenntnis bislang nicht gesehen wird[847].

Festzuhalten bleibt also, dass zur Begründung einer c. i. c.-Haftung wegen einer sprachlich gefärbten Aufklärungspflicht ein Hinweis auf eine mögliche Vertragsdisparität und die Erfordernisse des Sozialstaatsprinzip nicht ausreichen kann. Nähere Erkenntnisse erfordern vielmehr eine grundsätzliche Auseinandersetzung mit den vertragstheoretischen Begründungsmodellen.

f. Informationstheorie und Sprachenfrage: Anwendung und Zusammenfassung

Gemünzt auf die Lösung der Sprachenproblematik können die in diesem Abschnitt erlangten Erkenntnisse bezüglich der theoretischen Grundlagen von Informationspflichten dazu behilflich sein, eine Aufklärungsverpflichtung in der Sprache des Verbrauchers mit mikro- und makrojuristischen Argumenten abzusichern. Was die Geschäftsmoral als ein mikrojuristisches Element angeht, hilft dies in diesem Sinne nur dann weiter, wenn das sprachenrechtlich entsprechend ausgelegte Sekundärrecht zu einer *Veränderung* der herrschenden Geschäftsmoral zukünftig führt. Denn bislang ist es gängige Geschäftspraxis, die Herbeiführung sprachlicher Verständlichkeit dem Informationsberechtigten zu überlassen. Dass sich diese Praxis ändert, wird trotz der starken europa- und verfassungsrechtlichen[848] Wertungen hier eher pessimistisch beurteilt.
Ein stärkerer Impuls wird da von makrojuristischer Seite erwartet, insbesondere weil derartige Elemente in dem sprachenrechtlich bedeutsamen Bereich des Versicherungs- und AGB-Recht auch in Deutschland anerkannt oder jedenfalls in der Diskussion existent sind. Eine Desinformation aufgrund sprachlicher Unverständlichkeit vereitelt dabei die Erfüllung nahezu aller makroökonomischen Aufgaben des Vertragsrechts. Zum einen sind unter derartigen Umständen geschlossene Verträge in aller Regel *Pareto*-ineffizient und bewirken keine Transaktionskostenminderung, da entweder jede sprachunkundige Vertragspartei die Information oder den Vertragstext übersetzt, anstatt dass dies effizienterweise einmalig durch die informierende Partei geschieht; oder aber –und dies wird

---

[846] Vgl. das bereits angesprochene Urteil des BGH vom 27. 10. 1994, in NJW 1995, 190 ff., das nach der Entscheidung des Bundesverfassungsgerichts ergangen ist und insofern als nur unzureichend begründet angesehen werden muss.
[847] Auch Barnerts (Diss. Augsburg 1998) ansonsten lückenlose Untersuchung zum Spannungsverhältnis einer formellen Vertragsethik zum Verbraucherrecht und zur Rechtsprechung mit Bezug zu einer generellen Vertragsdisparität lässt sprachliche Aspekte gänzlich beiseite, bietet im übrigen aber eine vollständige Analyse der Rechtsprechung (Seite 206 ff.).
[848] Vgl. unten III..

weitaus häufiger der Fall sein- die Information wird schlicht überhaupt nicht zur Kenntnis genommen, so dass nicht einmal die ja getätigte, aber eben in falscher Art und Weise vorgenommene Informationsanstrengung, zu einem ausgleichenden, positiven Effekt auf Empfängerseite führen könnte. Auch führt eine Verneinung einer entsprechenden Übersetzungspflicht nicht zu einer Verteilung der Informationsverantwortung im Sinne des Grundsatzes des *fully specified contract* auf die Partei, die das daraus entstehende Risiko am effektivsten minimieren kann. Eines der Hauptrisiken einer sprachlichen Unverständlichkeit im Rahmen eines Vertragsverhältnisses ist nämlich die Gefahr einer späteren auch prozessualen Auseinandersetzung. Da ist es aber wiederum der Anbieter, der aufgrund seiner regelmäßig überlegenen rechtlichen und vertragsgegenstandsbezogenen Kompetenz die Rechts- und Tatsachenlage möglichst klar und widerspruchsfrei her- und dem Vertragspartner darstellen kann. Es macht wenig Sinn, dass der sprachunkundige Vertragspartner sich selbst Informationen über einen Vertragsgegenstand übersetzt, den der Anbieter am besten kennt, und über eine Rechtslage, die unter Umständen von seinen gewohnten Normen und Systembegriffen ganz erheblich abweicht. Weiterhin wirken Übersetzungspflichten einem zu erwartenden ex ante Opportunismus entgegen und bewirken eine Marktstabilisierung durch die Herstellung bzw. Verfestigung eines generalisierten Vertrauens. Nicht selten nämlich wird es der Fall sein, dass der Anbieter gerade gegenüber einem fremdsprachigen Vertragspartner verleitet ist, diesen sprachlichen Vorteil auch zu einem über die Maßen gewinnbringenden Vertragsabschluss zu nutzen. Dem Anbieter wird dies bedeutend schwerer fallen, legt man ihm die Verpflichtung auf, die ohnehin geschuldete Information auch in der Sprache seines Gegenüber zu fassen. Besteht aber eine solche generelle Verpflichtung zumindest für einen bestimmten Bereich –etwa das Banken- und Versicherungsgewerbe- so führt dies reflexartig zu einer Reduktion des, seitens der ausländischen Kunden gegenüber dem übermächtigen Vertragspartner regelmäßig bestehenden anfänglichen Misstrauens. Die Verstärkung von Vertrauen im Geschäftsverkehr erhöht dessen Reibungslosigkeit und bewirkt somit eine Marktsstabilisierung.

Entsprechend der bereits erwähnten Feststellung, dass der Verbraucher zu einer ausreichenden Informationssuche und –verwertung gar nicht in der Lage ist, und er aus diesem Grund häufig nicht-rationale Entscheidungen trifft, zwingt zu einer näheren Konkretisierung der Übersetzungspflicht. Im Sinne der Herstellung optimaler marktstabilisierender Verhältnisse ist eine Übersetzung allein da nicht einmal ausreichend. Zu fordern ist vielmehr eine angemessene Aufbereitung der Information, die auch der Förderung semantischer Verständlichkeit dient und die sich von dem grundlegenden Primat der Qualität vor der Quantität leiten lässt[849]. So wie auch dem deutschsprachigen Empfänger einer rechtlich relevanten Infor-

---

[849] Auch dieses Primat hat seine Ursprünge in der Informationsökonomik, wonach es nicht auf ein Maximum, sondern auf ein Optimum an Information ankommt (S. Fleischer, Informationsasymmetrie, 116); vgl. auch Rogers/Agarwala, Communication in Organizations, 90: „The major communication problem is information overload.").

mation stets offenbar sein soll, was der genaue Inhalt der Erklärung ist, sollte dies auch bei dem der deutschen Sprache nicht mächtigen Informationsberechtigten der Fall sein. Plädiert wird daher an dieser Stelle für die Verwendung einer einfachen und klaren deutschen wie fremden Sprache unter Vermeidung der Verwendung für den Laien unverständlicher Rechtsbegriffe.

Die vertragstheoretische Fundamentierung erfolgt hier durch eine modifizierte Konsenstheorie[850], die sowohl welfaristische als auch wohlfahrtsökonomische Elemente kombiniert. Dabei sprechen auch aus sprachenrechtlicher Sicht all diejenigen Kriterien, die bei Verteilung der Informationsverantwortung zu beachten sein sollen, für eine vorwiegende Auferlegung von Pflichten auf Anbieterseite. Zu nennen ist an erster Stelle der häufig hohe Verlust, der dem Nachfrager, mindestens auch resultierend aus der sprachlichen Unverständlichkeit der Information, droht. Des weiteren wird der Sprachunkundige im Sinne der Konsenstheorie eigene Nachforschungen, sprich eine eigene Übersetzung deswegen unterlassen, weil er von einem möglicherweise anderen, unverfänglichen Vertragsinhalt ausgeht, also darauf hofft, dass mit dem Vertragsgegenstand schon alles in Ordnung gehe. Auch die mangelnde Gleichheit des Informationszugangs, das heißt die unterschiedlichen finanziellen und organisatorischen Möglichkeiten der Vertragspartner, die Information in die Sprache des Informationsberechtigten zu übersetzen, spricht für eine einseitige Auferlegung dieser Pflicht auf den Anbieter. Schließlich widerspricht dies auch nicht dem oben geforderten maßvollen Vorgehen bei der Definition des Schwächeren und der damit einhergehenden Begrenzung welfaristischer Aspekte. Denn welcher Gruppe aus der Summe unterlegener Marktteilnehmer soll denn eher Schutz gewährt werden als derjenigen, die sich zum einen aufgrund ihrer Eigenschaft als Verbraucher als geschäftlich meist unerfahren erweist, und deren insbesondere intellektuelle Schutz- und Verteidigungsmöglichkeiten zum anderen durch das zusätzliche „Handicap" einer mangelnden Sprachkenntnis erschwert werden.

Nach der Herleitung dieser Informations- und Übersetzungspflichten verbleibt die Frage, was die Folgen der Verletzung einer solchen Pflicht sind. Existieren diesbezüglich keine sondergesetzlichen Tatbestände, so bietet sich eine Haftung aus dem Rechtsinstitut der culpa in contrahendo an, die sich durch eine gewisse Flexibilität der Ergebnisse auszeichnet[851].

---

[850] Diese wurde oben (II. 1. c. ee.) als vorzugswürdig herausgestellt.

[851] Nach neuerer Ansicht beschränkt sich die Rechtsfolge einer c. i. c. auch nicht auf den Ersatz des negativen Interesses, sondern es ist das Leitprinzip des § 249 S. 1 und S. 2 BGB (Gedanke der Naturalrestitution) zugrunde zu legen, so dass sowohl die Rechtsfolge der Abstandnahme vom Vertrag wie auch der Erfüllung des Vertrags denkbar sind (Esser/Schmidt, Schuldrecht Allgemeiner Teil, Bd. I, Teilband 2, 151 f.)

2. Die Methode der Transformation

Wie auch das Gemeinschaftsrecht bezüglich der Rechtsangleichung im Vertragsrecht keinen allgemeinen systematischen Ansatz verfolgt[852], entspricht dies der bis zum 01. 01. 2002 erkennbaren Umsetzungsstrategie des deutschen Gesetzgebers[853]. Mit wenigen Ausnahmen erfolgt die Umsetzung durch Erlass eines Sondergesetzes oder einer Einfügung einzelner Normen in das BGB oder HGB oder einer Korrektur bereits bestehender Vorschriften[854]. So wurden die Haustürwiderrufsrichtlinie[855], die Verbraucherkreditrichtlinie[856], die Timesharingrichtlinie[857] und die Fernabsatzrichtlinie[858] in entsprechenden Sondergesetzen umgesetzt. Die Pauschalreiserichtlinie[859] und die Banküberweisungsrichtlinie[860] führten dagegen zu einer Ergänzung des BGB[861], ebenso wie die Klauselrichtlinie[862] zur Hinzufügung von § 24 a AGBG und die Dritte RL-Lebensversicherung[863] zu einer Einfügung bzw. Änderung von § 5 a VVG bzw. § 10 a VAG führte.
Hauptgrund für die mangelnde systematische Umsetzungsstrategie sind sicherlich die relativ kurzen Umsetzungsfristen, die keine Zeit für die Entwicklung eines grundsätzlichen Regelungsansatzes lassen. Daneben strahlt aber auch der fragmentarische Charakter des Gemeinschaftsrechts auf die nationale Umsetzungsgesetzgebung aus. Wenn *Grundmann* moniert, das gemeinschaftsrechtliche Konzept sei nur für den Betrachter fragmentarisch, der in juristisch-konstruktiven Systemen denkt[864], dann muss er sich den Vorwurf gefallen lassen, dass bei der Umsetzung der gemeinschaftsrechtlichen Vorgaben eben nationale

---

[852] So Steindorff, EG-Vertrag und Privatrecht, 51; Ulmer, in JZ 1992, 1, 4; Taupitz, in JZ 1993, 533 (535); Kötz, in RabelsZ 50 (1986), 1, 5, nennt den Regelungsansatz der Gemeinschaft „pointillistisch"; anderer Ansicht ist dagegen Grundmann, Europäisches Schuldvertragsrecht, 1. Teil, Rn. 36 ff., der ein „einendes Band in einer Metaebene" ausmachen will, das die unverbunden nebeneinander stehenden Harmonisierungsmaßnahmen verbinden soll.

[853] Bezüglich der vergleichbaren Umsetzungspraxis in anderen Staaten vgl. (zur Pauschalreiserichtlinie) Grabitz/Hilf-Tonner, Bd. II, A 12, Vorbem., Rn. 8, Art. 9, 10, Rn. 3; (zur Klauselrichtlinie) Grabitz/Hilf-Pfeiffer, Bd. II, A 5, Vorbem. Rn. 47-79; (zur Timesharing-Richtlinie) Grabitz/Hilf-Martinek, Bd. II, A 13, Vorbem. Rn. 11 ff., nach Art. 13, Rn. 260-275.

[854] Einzig in Umsetzung der gesellschaftsrechtlichen RL 78/660/EWG vom 25. 07. 1978, in ABl. EG 1978, Nr. L 222/11 und der RL 83/349/EWG vom 13. 06. 1983, in ABl. EG 1983, Nr. L 193/1 hat der deutsche Gesetzgeber die Gelegenheit zu einer umfassenden Novellierung des Rechts der Rechnungslegung genutzt (§§ 238-342 a HGB).

[855] RL 85/577/EWG vom 20. 12. 1985, in ABl. EG 1985, Nr. L vom 31. 12. 1985, 372/31.

[856] RL 87/102/EWG vom 22. 12. 1986, in ABl. EG 1987, Nr. L vom 12. 02. 1987, 42/48.

[857] RL 94/47/EG vom 26. 10.1994, in ABl.EG 1994, Nr. L vom 29. 10. 1994, 280/83.

[858] RL 97/7/EG vom 04. 06. 1997, in ABl. EG 1997, Nr. L vom 20. 05. 1997, 144/19.

[859] RL 90/314/EWG vom 13. 06. 1990, in ABl. EG 1990, Nr. L vom 23. 06. 1990, 158/59.

[860] RL 97/5/EG vom 27. 01. 1997, in ABl. EG 1997, Nr. L 43/25 vom 14. 02. 1997.

[861] Änderung und Ergänzung der §§ 651 a ff. BGB und Einfügung der §§ 676 a ff. BGB.

[862] RL 93/13/EWG vom 05. 04. 1993, in ABl. EG 1993, Nr. L vom 21. 04. 1993, 95/29.

[863] RL vom 10. 11. 1992, in ABl. EG 1992, Nr. L vom 09. 12. 1992, 360/1.

[864] Grundmann, Europäisches Schuldvertragsrecht, 1. Teil, Rn. 37.

juristische Denksysteme zugrunde gelegt werden, denen im übrigen auch ein Denken von der „Gestaltungsaufgabe“[865] her mitnichten fremd ist. Zudem ist ja eine Art verstärkt zielorientierte Gesetzgebung der Gemeinschaft gar nicht Gegenstand der Kritik, sondern eine, die hinter den Zielen ein schlüssiges Gesamtkonzept erkennen lässt, an dem sich die nationalen Gesetzgeber bei der Umsetzung orientieren könnten. Als Beispiel sei an dieser Stelle etwa der unterschiedliche Regelungsansatz bezüglich des Kollisionsrechtes in den verschiedenen Richtlinien genannt. Weshalb die Haustürwiderrufsrichtlinie, die Verbraucherkreditrichtlinie und die Pauschalreiserichtlinie auf Regeln bezüglich des anwendbaren Rechts verzichten, bei der Klauselrichtlinie, der Timesharing-Richtlinie und der Fernabsatzrichtlinie diese aber für erforderlich gehalten wurden, bleibt dunkel. So erscheint es insbesondere dem deutschen Gesetzgeber eher opportun, gemeinschaftsrechtliche Regelungen aus tradierten Gesetzesgefügen rauszuhalten, vielleicht auch weil die systematische Andersartigkeit wie ein störender Fremdkörper in einem sensiblen Normenkomplex wirkte[866]. Auch kann die Übernahme des punktuellen Harmonisierungskonzeptes seitens des nationalen Gesetzgebers diesem nicht vorgeworfen werden, wenn wie so oft nicht nur eine Regelung zu erwarten ist, sondern beispielsweise deren drei wie im Falle des Versicherungsrechts, das verschiedene, bedeutende Änderungen von 1973 bis 1992 erfahren hat[867].

Trotz dieser verständlichen punktuellen Umsetzungspraxis auch der Informationstatbestände sollen im folgenden die Möglichkeiten einer systematischen Einbindung auch des Informationsrechts und die dahingehenden gemeinschaftsrechtlichen Maßstäbe und Vorgaben angesprochen werden, auch wenn diese Überlegungen zumindest zum Teil aufgrund des Gesetzes zur Modernisierung des Schuldrechts und des Erlasses der bereits erwähnten Informationsverordnung rechtsgeschichtlichen Charakter haben. Denn die Frage zu stellen, welche Möglichkeiten der Transformation im nationalen Recht bestehen, ist nicht nur bei der Suche nach einer Lösung des Sprachenproblems auf europarechtlicher Ebene notwendig, sondern kann sich zudem allein mit der Entscheidung des Gesetzgebers für eine Lösung nicht per se verbieten. Des weiteren verbleibt angesichts der nicht enden wollenden Tätigkeit des europäischen Gesetzgebers in diesem Bereich gerade die Frage, welche „Existenzform“ dem verbraucherrechtlichen Informationsrecht zugewiesen werden soll.

a. Systematisierung der Umsetzungsgesetzgebung

Unproblematisch dürfte die Erfüllung des Umsetzungsauftrages im Rahmen einer Einbindung in das nationale System regelmäßig dann sein, wenn die fragli-

---

[865] Grundmann, Europäisches Schuldvertragsrecht, 1. Teil, Rn. 37.
[866] Vgl. Rittner, in JZ 1995, 849, 851; Steindorff, EG-Vertrag und Privatrecht, 51 f.; ders. in ZHR 163 (1999), 395, 423 f. 432 ff.; Reich, in Grundmann, Systembildung, 481 ff., 505.
[867] Vgl. dazu Roth, in NJW 1993, 3028.

che Richtlinie in den rechtlichen Zusammenhang integriert werden muss, an den diese angelehnt ist, wie es beispielsweise bei der Handelsvertreterrichtlinie der Fall ist[868], die sich an der deutschen Regelung in den §§ 84 ff. HGB orientiert[869]. Schwierigkeiten ergeben sich dann allenfalls bei der Rechtsanwendung, die die richtlinienspezifische Begrifflichkeit und den Grundsatz der richtlinienkonformen Auslegung zu beachten hat[870]. Wenig problematisch gestalten sich auch die Fälle, in denen die Richtlinie lediglich Zielvorgaben gibt und sich eines exakten Regelungsauftrags an das mitgliedstaatliche Recht enthält[871].
Ein besonderer, systematischer Regelungsansatz kann aber immer dann verfolgt werden, wenn die gemeinschaftsrechtliche Vorgabe dazu genützt wird, das richtlinienrechtliche Anliegen umfassend zu würdigen und über den persönlichen und sachlichen Anwendungsbereich hinauszugehen. Dies ist insbesondere dann zu empfehlen, wenn eine nur punktuelle Umsetzung zu Wertungswidersprüchen im nationalen Recht führt. Der deutsche Gesetzgeber verfolgte diesen Ansatz beispielsweise bei der Novellierung von § 15 III HGB[872] oder auch bei der Umsetzung der Verbraucherkreditrichtlinie[873].

Dabei bieten sich im Rahmen des Verbraucherschutzes zwei Systematisierungsvarianten an. Das ist einerseits die Schaffung eines einheitlichen Verbrauchergesetzbuches oder die Einpassung verbraucherrechtlicher Normen in das BGB. Über die allgemeine Diskussion zur Umsetzungspolitik[874] hinaus fordert beispielsweise *Staudenmayer* speziell in Bezug auf Informationspflichten, diese Pflichten auf einen gemeinsamen Kern zu reduzieren und zu der Grundlage eines Allgemeinen Teils eines europäischen Verbrauchervertragsrechts zu machen[875]. Ein in diese Richtung weisender Systematisierungsversuch findet sich zum Beispiel in Frankreich. Angesichts der Vielzahl von Einzelvorschriften verfolgt der französische Code de la Consommation[876] eine Politik der Vereinfachung und

---

[868] RL 86/653/EWG vom 18. 12. 1986, in ABl. EG 1986, Nr. L 382/17.

[869] Vgl. dazu Hommelhoff, in AcP 192 (1992), 71, 81 f..

[870] EuGH, Urteil vom 06. 10. 1982, Rs. 283/81, Slg. 1982, 3415, 3430, Rn. 19; Brechmann, Die richtlinienkonforme Auslegung; Grundmann, in ZeuP 1996, 399; Franzen, Privatrechtsangleichung, 291 ff.; vgl. auch unten II. 3..

[871] Beispiele bei Roth, in Grundmann, Europäisches Kaufgewährleistungsrecht, 113 ff. (119).

[872] Beispiel nach Roth, in Grundmann, Europäisches Kaufgewährleistungsrecht, 121.

[873] Das deutsche Verbraucherkreditgesetz regelt anders als die Richtlinie auch sogenannte Existenzgründungdarlehen, s. § 3 I Nr. 2 VerbrKrG.

[874] Vgl. allgemein (ohne speziellen Bezug auf Informationspflichten) den Überblick von Roth, in JZ 2001, 475 ff. (484 ff.).

[875] Staudenmayer, Die Richtlinien des Verbraucherprivatrechts-Bausteine für ein europäisches Privatrecht, in Schulte-Nölke/Schulze (Hrsg.), Europäische Rechtsangleichung, 63, 74 ff.; ders. in RIW 1999, 7333, 736, 737.

[876] Einführende Darstellung von Witz/Wolter, in ZEuP 1995, 35 ff.; ebenso kennt Österreich seit 1979 ein Konsumentschutzgesetz.

Zusammenfassung[877]. Dieser Zusammenstellung verstreuter Normen des Verbraucherschutzes wird ein erstes Buch mit dem Titel „Information des consommateur et formation des contrats" vorangestellt, das zwischen verschiedenen Typen von Informationspflichten unterscheidet. Aus der Grundnorm des Art. L. 111-1 CConsom ergibt sich eine Pflicht für den Dienstleister bzw. für den Verkäufer, den Verbraucher vor dem Vertragsschluss über die grundlegenden Eigenschaften des zu leistenden Gutes zu informieren[878]. In Art. L. 113-3 Cconsomm findet sich die Verpflichtung über Preise, Verkaufsbedingungen und insbesondere auch die vertragliche Haftung zu informieren[879]. Der eindeutige rechtssystematische Gewinn eines solchen Allgemeinen Teils ist sicherlich die nicht zu bestreitende Förderung rechtlicher Klarheit[880], wenn auch wünschenswert wäre, nicht wie das französische Modell lediglich Normen in einer Kodifikation zusammenzustellen, sondern vielmehr grundsätzliche Verhaltensmaßstäbe bei der Information des Verbrauchers zu errichten, die sich auch in Bezug auf die zu verwendende Sprache äussern.

Problematisch bei der Schaffung eines einheitlichen Verbrauchergesetzbuches ist aber sicherlich, dass nicht alle Informationspflichten auch an die Eigenschaft als Verbraucher gekoppelt sind. Beispielsweise unterscheidet die bereits erwähnte Pauschalreiserichtlinie sowie die versicherungsrechtlichen Richtlinien nicht nach privaten oder gewerblichen Vertragspartnern eines Reise- bzw. Versicherungsvertrags[881]. Daher wird auch vertreten, weniger auf die Verbrauchereigenschaft abzustellen, als auf eine bestehende, typisierte informatorische Vertragsdisparität[882]. Der Nachteil einer solchen nicht-personellen Anknüpfung besteht wiederum darin, dass es im Einzelfall große Schwierigkeiten bereiten kann, ein mögliches Informationsgefälle[883] positiv festzustellen. Ein rechtsvergleichender Blick zeigt aber, dass sich Informationspflichten ja keinesfalls auf Verbraucher be-

---

[877] Vgl. zu der schwierig zu durchschauenden Rechtslage in Bezug auf Informationspflichten Terré/Simler/Lequette, Les obligations, Rn. 248.

[878] Art. L. 111-1 CConsom lautet: «Tout professionnel vendeur de biens ou prestataire de service doit, avant la conclusion du contrat, mettre le consommateur en mesure de connaître les caractéristiques essentielles du bien ou du services. »

[879] Art. L. 113-3 CConsomm im Wortlaut: « Tout vendeur de produit ou tout prestataire de services doit, par voie des marquage, d'étiquetage, d'affichage, ou par tout autre procédé approprié, informer le consommateur sur les prix, les limitations éventuelles de la responsabilité contractuelle et les conditions particulières de la vente, selon des modalités fixées par arrêtés du ministre chargés de l'économie, après consultation du Conseil national de la consommation. » ; vgl. insgesamt Calais-Auloy/Steinmetz, Droit de la Consommation, 4. Auflage, 1996 ; Calais-Auloy, Code de la Consommation, Livre Premier, Titre Premier (4. Auflage, 1999).

[880] Vgl. Staudenmayer, in RIW 1999, 733, 737.

[881] Dreher, in JZ 1997, 167, 168; Roth, in JZ 1999, 529, 532 und in JZ 2001, 485, wonach bei der Anwendung der Schutzvorschriften situativ anzusetzen ist.

[882] Lurger, Vertraglicher Solidarität, 80; vgl. auch allgemein oben II. 1..

[883] Den Begriff des Informationsgefälles verwendet Bydlinski, System und Prinzipien des Privatrechts, 749.

schränken[884], und dass im Einzelfall auch ein Laie zur Aufklärung angehalten sein kann[885]. Die Verbrauchereigenschaft wird daher beispielsweise von *Bydlinski* nur als Indiz für möglicherweise bestehende Informationsrechte angesehen[886].

Jenseits der Informationspflichten sprechen eine ganze Reihe von Argumenten für die Schaffung eines eigenen Verbrauchergesetzbuches im allgemeinen und in Bezug auf Informationspflichten im speziellen[887]. Die verbraucherrechtlichen Richtlinien weisen bezüglich ihrer Regelungsgegenstände eine gewisse Schnittmenge auf. In der Regel definieren sie die sich gegenüberstehenden Vertragspartner, regeln Informationspflichten oder die Bereitstellung von Prospekten, stellen Form- bzw. Spracherfordernisse auf und gewähren Widerrufsrechte. Aufgrund dieser übereinstimmenden Grundstrukturen böte sich auch eine einheitliche Kodifikation an. Andererseits wäre ein solches Vertragsgesetzbuch nur in Verbindung mit dem BGB und auch mit dem HGB, das auch Verträge von Gewerbetreibenden mit Privaten erfasst[888], zu verstehen. Dies wiederum widerspricht dem Anliegen der Einfachheit und dem Verbraucher wünschenswerterweise selbst zu ermöglichen, sich über die Rechtslage kundig zu machen, wenn auch überhaupt die Möglichkeit des Bürgers -und des Juristen-[889], Gesetzestexte intellektuell nachzuvollziehen, vergebliche Mühe sein wird.

Auch aus diesem Grund vertritt etwa *Medicus* die Integration des Verbrauchervertragsrechts in das BGB[890], ein Ansatz den auch der niederländische Gesetzgeber bei der Formulierung des neuen Bürgerlijk Wetboek vom 1. Januar 1992 verfolgt hat[891]. Dabei verwirft *Medicus* seinen früher noch vertretenen Gedanken[892],

---

[884] Vgl. etwa Art. 3.8 der Principles of International Commercial Contracts, die auf internationale Handelsverträge anwendbar sind, aber dennoch spezielle Informationspflichten enthalten: „A party may avoid the contract when it has been led to conclude the contract by the other party's fraudulent reprasentation, including language or practices, or fraudulent nondiscolsure of circumstances which, according to reasonable commercial standards of fair dealing, the latter party should have disclosed."

[885] Vgl. Cass. Civ. lére, 24. 11. 1976, Bull. Civ. I, Rn. 370, S. 291: «Celui qui traite avec un professionel n'est pas dispensé de lui fournir les renseignements qui sont en sa possesion et dont l'absence altère le consentement de son cocontractant. »

[886] Bydlinski, System und Prinzipien des Privatrechts, 746 ff.,749.

[887] Vgl. die Gegenüberstellung der Argumente von Roth, in JZ 2001, 485 f..

[888] Vgl. etwa folgende Vorschriften des HGB: §§ 352 II; 355-357, 358-361, 362, 363-365, 366 f. und die Regeln über den Handelskauf mit Ausnahme der §§ 377-379.

[889] Vgl. Roth, in JZ 2001, 486, der dies offensichtlich nicht ironisch meint.

[890] Für die RL 1999/44/EG vom 17. 05. 1999, in ABl. EG Nr. L 171 vom 07. 07. 1999, 12 ff. stellt Medicus umfassend dar, wie Verbraucherrecht in das deutsche System kodifikatorisch einzupassen ist: Verbraucherrecht und Verbrauchsgüterkauf in einem kodifikatorischen System-Bürgerrecht, Handelsrecht und Sonderprivatrecht, in Grundmann (Hrsg.), Europäisches Kaufgewährleistungsrecht, 219 ff..

[891] Vgl. aus der deutschsprachigen Literatur die Besprechung von Hondius, in VuR 1996, 295 ff..

[892] Medicus, in ZIP 1996, 1925, 1930.

eine sogenannte kleine Lösung, die bloß „additiv" Normen an bereits bestehende Vorschriften anfügt, im Rahmen des Verbrauchsgüterkaufs etwa die §§ 480 a ff. BGB[893]. Nunmehr fordert *Medicus* eine umfassende Integration der Vorgaben der Richtlinien in das BGB (sog. große Lösung), die insbesondere zu beachten hat, wie sich die Veränderung bestehender Normen systematisch auswirkt[894]. Auch besteht die, auch in der vorliegenden Untersuchung angesprochene Gefahr, dass bei der Auslegung der integrierten Normen ihre europäische Herkunft missachtet wird. So hat *Basedow* vorgeschlagen, entsprechende Normen mit einem E zu kennzeichnen[895], was aus gesetzesästhetischer Sicht sicherlich noch zu diskutieren ist[896].

Bezüglich (vor)vertraglicher Informationspflichten empfiehlt sich eine Einpassung in das BGB vor allem aufgrund der Tatsache, dass bislang derartige Pflichten von Einzelfall zu Einzelfall seitens der Rechtsprechung hergeleitet werden, ohne die Festlegung bestimmter genereller Kategorien erkennen zu lassen[897]. Eine systematische Ordnung würde sich daher auch im deutschen Recht empfehlen. Wenn diese Erforderlichkeit nach systematischer Ordnung auch noch kein zwingendes Argument für eine Eingliederung in das BGB ist, so jedenfalls ein beachtliches Argument gegen ein Verbraucherschutzgesetz, wie *Roth* am Rande in Bezug auf Informationspflichten anmerkt. Ein Verbrauchergesetzbuch mit detailliert geregelten Informationstatbeständen machte den Eindruck der Vollständigkeit, was aber nur dann der Realität entspricht, wenn auch die von der Rechtsprechung unter dem „Dach" der culpa in contrahendo entwickelten Informationspflichten kodifiziert würden[898]. Zwingend ist dies aber m. E. nicht, da sich dieses Problem, wenn man die gesetzliche Niederlegung der Rechtsprechung als ein solches bezeichnen will, deckungsgleich in Bezug auf das BGB stellt. Folgte man *Roths* Ansicht dann müssten konsequenterweise auch die aus § 123 BGB hergeleiteten Informationspflichten ins Gesetz übernommen werden. Es spricht ausserdem nichts dagegen, in einem Verbrauchergesetzbuch entsprechend klarzustellen, dass über die speziell verbraucherrechtlichen Informationspflichten hinausgehende Pflichten unberührt bleiben.

---

[893] Medicus, in Grundmann (Hrsg.) Europäisches Kaufgewährleistungsrecht, 221.
[894] Medicus, a. a. O., erwähnt etwa, dass die Veränderung der Verjährungsfrist des § 477 BGB auch § 638 BGB nicht unberührt lassen könne; vgl. auch das Reformgutachten von Medicus, in BMJ (Hrsg.), Gutachten und Vorschläge zur Überarbeitung des Schuldrechts, Bd. 1, 485, 543.
[895] Basedow, in AcP 200 (2000), 445, 484.
[896] Medicus, a. a. O. (224), verweist auf das Mietrecht, in dem bestimmte Normen für zwingend erklärt werden, was bei der Umsetzung europäischer Verbrauchernormen entsprechend getan werden könnte und damit auf die europarechtliche Herkunft hinweisen würde.
[897] Zu den Aufklärungs- und Informationspflichten vgl. allgemein Breidenbach, Die Voraussetzungen von Informationspflichten beim Vertragsschluss; Palandt-Heinrichs, § 123, Rn. 5 ff. und § 276, 80 ff.; Soergel-Wiedemann, vor § 275, Rn. 153 ff..
[898] Roth, in JZ 2001, 486.

Ein noch darüber hinausgehender Vorschlag wäre schließlich die Einpassung des Verbrauchervertragsrechts in ein Europäisches Zivilgesetzbuch[899]. In diesem Rahmen wurde gar die Schaffung einer umfassenden Generalklausel gefordert, die jeder Vertragspartei die Pflicht auferlegen soll, der anderen Seite all diejenigen Informationen zu verschaffen, an denen diese ein berechtigtes Interesse haben kann[900]. Ohne an dieser Stelle grundlegend zu den Für und Wider eines Europäischen Zivilgesetzbuches Stellung nehmen zu können[901], sei jedenfalls bezüglich einer solchen allgemeinen und umfassenden Informationsverpflichtung angemerkt, dass es nicht die Aufgabe des Rechts sein kann, den typischen Interessengegensatz innerhalb eines Vertragsverhältnisses aufzuheben und die Parteien des Wirtschaftslebens im allgemeinen und des Vertrags im speziellen zu einem grundsätzlichen Informationsaustausch zu verpflichten[902], womit allerdings nicht eine Absage an eine Generalklausel überhaupt ausgedrückt werden soll.

Mit der Definition des Verbrauchers in § 13 BGB[903] und der Integration der §§ 241 a, 361 a und b und 661 a BGB waren diese Systemfragen in einer gewissen Weise schon vorentschieden. Im Entwurf eines Gesetzes zur Modernisisierung des Schuldrechts[904] (und auch der Endfassung) folgte der Gesetzgeber schließlich den grundlegenden Vorstellungen von *Medicus* in Bezug auf eine Einpassung des Verbraucherrechts ins BGB und geht den einmal eingeschlagenen Weg konsequent weiter. Es existiert nun ein eigener Abschnitt über Haustürverträge und Fernabsatzgeschäfte, es findet sich ein spezieller Informationstatbestand für Vertragsschlüsse via Internet, und die AGB-Normen werden in das Allgemeinen Schuldrecht eingestellt.

Gerade aber in Bezug auf Informationspflichten wird das anerkennenswerte Anliegen nach Systematisierung konterkariert. Die aus EG-Verbraucherschutzrichtlinien herrührenden Informationspflichten finden sich außerhalb jeglichen Regelungszusammenhangs in einer Verordnung über Informationspflichten nach Bürgerlichem Recht, deren Abschnitt 1 die Informationspflichten bei Verbraucherverträgen behandelt. Dabei handelt es sich um die neugefasste und erweiterte bisherige Verordnung über die Informationspflichten von

---

899 Zu neuen rechtlichen Konzepten zur Umsetzung von Verbraucherschutz vgl. Drobnig, in Heusel (Hrsg.), Vertragsrecht, 201 ff.; Hirte, Wege zu einem europäischen Zivilrecht.

900 Lurger, Vertragliche Solidarität, 81; einschränkend Bydlinski, a. a. O. (749).

901 Vgl. den aktuellen Überblick über den Stand der Diskussion von Schmid, in JZ 2001, Seite 674 ff. (675) insbesondere mit dem Hinweis auf die problematische Frage der Kompetenz der Gemeinschaft für ein solches Gesetzesvorhaben.

902 So auch Fleischer, in ZEuP 2000, 773 ff. (798).

903 Vgl. Reich, Das Phantom „Verbraucher" (endlich !?) im Gral des BGB, in VuR Heft 8 2000, 261 ff. (Editorial).

904 Regierungsentwurf eines Gesetzes zur Modernisierung des Schuldrechts vom 09. 05. 2001 in der aktuellen Fassung unter http://www.bmj.bund.de/ggv/schuldre.pdf.

Reiseveranstaltern. Kritisch anzumerken ist hier aber vor allem, dass bestimmte sondergesetzliche Informationstatbestände insbesondere auch die §§ 10 a VAG und 5 a VVG von der Zusammenfassung nicht erfasst sind[905].
Die Forderung nach einer weitergehenden Systematisierung von Informationstatbeständen auf der einen und der Sprachenfrage auf der anderen Seite bleibt also auch angesichts der Reform des Schuldrechts bestehen. Sowohl bei der Schaffung eines eigenen Verbrauchergesetzbuches als auch bei einer Integration in das BGB[906] sind einer Reihe von systematischen Problemen Beachtung zu schenken, was wiederum in der praktischen Gesetzgebungstätigkeit aufgrund der zeitlichen Vorgaben in den Richtlinien eine umfassende Kodifizierung erschwert. Die besseren Argumente sprechen meines Erachtens aber gegen eine Inkorporation in das BGB. Eine systematisch stimmige Eingliederung erscheint angesichts der Unterschiedlichkeit der auf europäischer Ebene geregelten Bereiche unmöglich. Das AGB-Recht beispielsweise enthält Vorschriften, die sich ohne erkennbare Systematik auf die verschiedensten Normen des BGB auswirken können[907], und besitzt eine Eigengesetzlichkeit, die sich mit der kodifikatorischen Typizität des BGB nicht verträgt[908]. Ein grundlegendes Problem ist aber zuletzt darin zu sehen, dass nicht vorherzusehen ist, ob das Europäische Verbraucherrecht in dieser Form so weiterbesteht und nicht möglicherweise in Bezug auf die eine oder andere Regelung in Verordnungsform erlassen wird[909]. Die empfindliche Störung der BGB-Systematik wäre dann umsonst geschehen. An dieser Stelle wird daher vertreten, Informationspflichten mit einer Sprachregelung versehen als Generalklausel in ein Verbrauchergesetzbuch zu integrieren[910].
Eine dahingehend leitende Wirkung auf die nationale Gesetzgebung könnte mit einer entsprechenden Rahmenrichtlinie mit Sprachenregelung erzielt werden.

---

[905] Vgl. auch Grigoleit mit dem Hinweis auf verschieden Informationspflichten aus dem Kapitalanleger- und Wertpapierrecht, in WM 2001, Seite 597 (Fn. 6).

[906] In der Literatur blieb nicht unwidersprochen, ob das BGB der richtige Standort für eine Integration des Verbrauchervertragsrechts darstellt. Grundmann sieht das Verbrauchervertragsrecht eher im Recht der Unternehmerverträge angesiedelt und fragt daher, ob jenes nicht vielmehr im HGB beheimatet sein sollte, das sich seit dem „Handelsrecht des laisser faire des 19. Jahrhunderts" zu einem „Unternehmensaussenprivatrecht der sozialen Bindung" entwickelt habe: Europäisches Schuldvertragsrecht, 1. Teil, Rn. 14 ff..

[907] Gegenüberstellung von Ulmer, in JZ 2001, 491 ff. (494).

[908] Ulmer, a. a. O. (495 ff.).

[909] Vgl. die Äusserung vo Müller-Graff auf der Sondertagung der Zivilrechtslehrervereingung am 30/31. März in Bonn, abgedruckt in JZ 2001, 497.

[910] Ebenso Roth, Europäisches Kaufgewährleistungsrecht, 139 und wohl auch Brüggemeier/Reich, in BB 2001, 213 ff. (216).

b. Umsetzung und Gemeinschaftsrecht

In der Regel finden sich im Gemeinschaftsrecht keine Vorgaben, wie und an welcher systematischen Stelle die Mitgliedsstaaten die Umsetzung der Richtlinien vorzunehmen haben. So enthält sich die Timesharing-Richtlinie einer Definition des Timesharing als dinglicher, schuldrechtlicher oder gesellschaftsrechtlicher Vertrag[911], ebenso wie etwa die Produkthaftungsrichtlinie offen lässt, ob die Umsetzung im Vertrags- oder im Deliktsrecht zu erfolgen hat. Grundsätzlich bleibt es also Sache des mitgliedsstaatlichen Gesetzgebers zu bestimmen, ob er die jeweilige Richtlinie systematisch einbindet oder in ein Sondergesetz „verbannt".

Unklar ist allerdings, ob jene nationalen Gesetzgeber auch die Gelegenheit für eine umfassende Regelung des, durch die Richtlinie angesprochenen Bereichs nützen dürfen und möglicherweise auch über die Vorgaben der Richtlinie hinausgehen können. So ging beispielsweise die BRD bei der Umsetzung der Verbraucherkreditrichtlinie[912] über die geforderten Vorgaben hinaus und gewährt dem Kreditnehmer in § 7 VerbrKrG ein Widerrufsrecht, das in der Richtlinie nicht enthalten ist. Da verbraucherschutzrechtliche Richtlinien meist nur Mindeststandards formulieren -wie z. B. Art. 15 der Richtlinie 87/102/EWG klarstellt- liegt der Schluss nahe, dass gegen darüber hinaus gehende Kodifizierungen nichts einzuwenden ist. Es wird aber vertreten, dass sich aus Art. 95 EG ergebe, dass sich strengere Verbraucherschutzstandards nur gegenüber inländischen Anbietern durchsetzen lassen[913]. Aus den Absätzen vier und fünf von § 95 EG[914], die unter gewissen Umständen die Aufrechterhaltung oder Einführung strengerer nationaler Normen erlauben, soll sich ergeben, dass dies ansonsten eben nicht zulässig ist. Mit diesen Ausnahmetatbeständen könne nur gemeint sein, dass dann auch die Durchsetzung gegenüber ausländischen Anbietern möglich ist, da eine Durchsetzung gegenüber inländischen Anbietern immer zulässig ist[915].

Grundmanns Ansicht ist aber unter mehreren Gesichtspunkten angreifbar. Zum einen führt die Unterscheidung zwischen inländischen und ausländischen Anbietern zu einer Rechtsspaltung innerhalb des Verbrauchervertragsrechts. Wendet man *Grundmanns* Ansatz konsequent an, führt dies also zu unterschiedlichen rechtlichen Standards innerhalb der Europäischen Union. Dies widerstrebt aber dem grundsätzlichen Ansatz der Harmonisierung der Privatrechte und wird daher

---

911 Vgl. dazu Grabitz/Hilf, Bd. II, A 13, Vorbem. Rn. 11 ff.

912 RL 87/102/EWG vom 22. 12. 1986, in ABl. EG 1987, Nr. L vom 12. 02. 1987, 42/48.

913 Grundmann, Europäisches Schuldvertragsrecht, 1. Teil, Rn. 110 ff.

914 Grundmann bezieht sich noch auf den Art. 100 a und Art. 100 b EGV, die durch den Vertrag über die Europäische Union vom 07. 02. 1992 (BGBl. II, 1253, sog. Vertrag von Maastricht) in den EG-Vertrag eingeführt worden sind.

915 Grundmann, a. a. O. (Rn. 114).

innerhalb der Literatur und Rechtsprechung abgelehnt[916]. Zum anderen bedarf diese Ansicht einer Abstimmung mit Art. 5-7 EVÜ, die *Grundmann* für den Fall der Abweichung von Mindeststandards schlicht einschränkend auslegt, ohne dies allerdings näher zu begründen[917]. Eine solche einschränkende Auslegung eines völkerrechtlichen Abkommens unter Anwendung des Maßstabs eines anderen völkerrechtlichen Vertrages (nämlich Art. 95 EG) erscheint doch sehr problematisch, dies umso mehr als die generelle Anwendbarkeit von Art. 95 IV EG für die Fälle in Frage zu stellen ist, in denen die maßgeblichen Richtlinien in Mindestschutzklauseln gerade ein intensiveres Schutzniveau zulassen[918].
Für die vorliegende Untersuchung muss diese Auseinandersetzung aber nicht in aller Tiefe geführt werden. Möglicherweise intensivere Schutzstandards in Bezug auf sprachliche Regelungen betreffen ja vorwiegend inländische Anbieter, die gehalten sein könnten, die Sprache des Nachfragers zu verwenden. In Bezug auf Regelungen gegenüber inländischen Anbietern besteht aber in Rechtsprechung und Literatur weitgehende Einigkeit. Diesbezüglich spricht also nichts dagegen, richtlinienrechtliche Vorgaben zu einer umfassenden systematischen Regelung zu nutzen.

Zuletzt sind bei einer solchen, über die jeweilige Richtlinie hinausgehenden Umsetzung noch zwei Aspekte zu berücksichtigen. Das zu vermutende Ziel des Gesetzgebers eine einheitliche Regelung zu schaffen und damit auch eine solche Rechtsprechung zu fördern, wäre nicht erreichbar, wenn an die umgesetzte Normierung verschiedene Auslegungsmaßstäbe angelegt werden. Zu unterschiedlichen Auslegungsparametern könnte man deswegen kommen, weil ja nur ein Teil der nationalen Umsetzungsgesetzgebung auch in den Anwendungsbereich der Richtlinie fällt. Empfehlenswert ist dann aber eine einheitliche Interpretation des gesamten Normenkomplexes, die sich an gemeinschaftsrechtlichen Vorgaben orientiert. Entsprechend stellt der EuGH das Interesse der Gemeinschaft fest, dass die nationalen Normen ohne Rücksicht auf die speziellen Anwendungsvoraussetzungen einheitlich ausgelegt werden müssen[919]. Die gemeinschaftsrechtlichen Vorgaben sind folglich für das gesamte Umsetzungswerk verbindlich. Das

---

[916] Dougan, in CMLRev. 2000, 853, 878 ff. (insbesondere, wenn ein solches Vorgehen auf Art. 153 gestützt werden soll (880)); Grabitz/Hilf-Pfeiffer, Bd. II, A 5, Art. 8, Rn 20 ff; Merkt, in RabelsZ 61 (1997), 647, 665, 670 f.; Steindorff, EG-Vertrag und Privatrecht, 265; Streinz, in Everling/Roth (Hrsg.), Mindestharmonisierung, 9, 19, 30, 31; BGH, Urteil vom 15. 07. 1999, in NJW 1999, 3267 ff.; der EuGH befindet immerhin in seinem Buet-Urteil eine französische Regelung, die über die Mindestschutzklausel in Art. 8 der Haustürwiderrufsrichtlinie hinausgeht, für wirksam und auch auf grenzüberschreitende Verträge anwendbar: EuGH, Urteil vom 16. 05. 1989, Rs. 382/87, in Slg. 1989, 1235, 1252, Rn. 16.

[917] Grundmann, a. a. O. (Rn. 115).

[918] Vgl. Wyatt/Dashwood, European Community Law, 367.

[919] EuGH, Urteil vom 17. 07. 1997, Rs. C-28/95 (Leur-Bloem), in Slg. 1997, I-4161, 4201, 4202, Rn. 32; EuGH, Urteil vom 17. 07. 1997, C-130/95 (Giloy), in Slg. 1997, I-4291, 4304, Rn. 28.

wird insbesondere damit begründet, dass bei einer nach der jeweiligen Herkunft differenzierenden Auslegung die Gefahr besteht, dass sich die Auslegung eines Begriffes, der aus einem Teil des Gesetzgebungswerkes stammt, der nicht in den Anwendungsbereich fällt, auf andere Teile auswirkt und damit den Zielen des Gemeinschaftsrechts zuwiderläuft[920]. Eine gespaltene Interpretation einer einheitlichen Normierung ist aber nicht nur aus dem, vom EuGH angesprochenen Blickwinkel des Gemeinschaftsrechts problematisch, sondern aus praktischen Erwägungen heraus nicht durchführbar. Einem Richter die Pflicht aufzuerlegen, bei der Anwendung eines Gesetzes eine Norm an den gemeinschaftsrechtlichen Begrifflichkeiten auszurichten und eine andere an nationalen Vorstellungen, ist schlechterdings undenkbar.

Zum anderen wird es im Rahmen des Angleichungsprozesses häufig zu Dissonanzen mit den gegebenen Rechtsstrukturen kommen auch aufgrund der Tatsache, dass sich das Gemeinschaftsrecht nicht nur Einflüssen einer Rechtsordnung ausgesetzt sieht, sondern Wertungen unterschiedlicher Rechtssysteme enthält[921]. Da der Gemeinschaftsgesetzgeber selbst ein bestimmtes Rechtsgebiet in der Regel nicht „in einem Wurf" regelt, steht der nationale Gesetzgeber auch immer wieder neu vor Problemen der Rückkoppelung und Angleichung des alten Rechts mit dem angeglichenen[922]. Dabei ist die Empfehlung, vor einer umfassenden systematischen Regelung seitens des nationalen Gesetzgebers zunächst den Abschluss einer aus einzelnen Vorhaben bestehenden Gesetzgebungsphase abzuwarten, eben aufgrund der gegebenen Umsetzungsfrist -und einer sich aus der Nichteinhaltung unter bestimmten Voraussetzungen ergebenden Schadensersatzverpflichtung des Mitgliedsstaates[923]- zwar anerkennenswert, aber nicht umsetzbar.

Aus diesem Grund erscheint es also sachgerechter, eine prinzipiell punktuelle Umsetzungspolitik -auch in sprachenrechtlicher Hinsicht- zu betreiben und einen erkennbaren Abschluss einer Gesetzgebungsphase dazu zu nutzen, die einzelnen Stücke zu einem einheitlichen Gefüge zusammenzusetzen[924]. Bei der Konzeption der einzelnen Vorhaben ist dabei allerdings darauf zu achten, dass diese später möglicherweise einmal zu einem Gesamtwerk zusammengefasst werden[925].

---

[920] Vgl. die Analyse der Rechtsprechung bei Habersack/Mayer, in JZ 1999, 913.

[921] Rittner, in JZ 1995, 849, 851.

[922] Roth, in Grundmann, Europäisches Kaufgewährleistungsrecht, 130, nennt diese Problematik die „Kohärenz des nationalen Rechts"; auch die Rechtsprechung ist bemüht, bestehende Dissonanzen möglichst gering zu halten. So hat der BGH seine eigene Rechtsprechung in Bezug auf das autonome Zivilprozessrecht an die des EuGH zu Art. 5 Nr. 3 EuGVÜ angeglichen, vgl. EuGH, Urteil vom 27. 09. 1988, Rs. 189/87 (Kalfelis), in Slg. 1988, 5565, 5585-5586, Rn. 19 f. und BGH, Urteil vom 28. 02. 1996, in IPRax 1997, 187, 190.

[923] Vgl. EuGH, Urteil vom 05. 03. 1996, in NJW 1996, 1267 ff..

[924] Roth, a. a. O. (130 f.)

[925] Einen ähnlichen Ansatz scheint der deutsche Gesetzgeber bei der Erstellung des Fernabsatzgesetzes und der Einführung von § 361 a und § 361 b BGB verfolgt zu haben, das auch dazu

c. Richtlinienkonforme Auslegung

Die Methode der Auslegung nationalen Rechts, das auf EG-Richtlinien basiert, unterscheidet sich entscheidend von den, dem deutschen Rechtsanwender bekannten *canones* der Auslegung[926]. In der Rechtslehre haben sich für das Prinzip, dass nationales Recht, das in Umsetzung von Gemeinschaftsrecht erging, an der gemeinschaftsrechtlichen Grundlage zu orientieren hat, zwei Begrifflichkeiten herausgebildet; das ist zum einen der Begriff der richtlinienkonformen Auslegung von *Di Fabio*[927] und der der Auslegung angeglichenen Rechts von *Lutter*[928].
Der Begriff der richtlinienkonformen Auslegung bezeichnet dabei die Aufgabe, nationales Recht zumindest bis an den Mindeststandard, der nach Auslegung der Richtlinie seinerseits festgestellt werden kann, heranzuführen[929]. Die Anwendungserlaubnis für eine richtlinienkonforme Auslegung ergibt sich aus verfassungsrechtlicher Sicht aus Art. 24 GG[930], aus gemeinschaftsrechtlicher Sicht aus Art. 189 III EG-Vertrag[931]. Soweit sich die Auslegung angeglichenen Rechts davon überhaupt unterscheidet, allenfalls nur hinsichtlich des Aspekts, dass diese als ein Teil der nationalen Methodenlehre erscheint und insoweit unbeeinflusst ist vom Gemeinschaftsrecht[932].
Als Zweck der richtlinienkonformen Auslegung wird in der aktuelleren Literatur insbesondere gesehen, diejenige Schutzlücke zu schließen, die dadurch entsteht, dass EG-Richtlinien keine horizontale Wirkung entfalten[933] und allgemein eine einheitliche Rechtsentwicklung innerhalb der einzelnen Mitgliedsstaaten zu gewährleisten[934]. Dabei soll der Grundsatz der richtlinienkonformen Auslegung

---

genutzt wurde, die bislang in Sondergesetzen enthaltene Verbraucherdefinition in § 13 BGB einzuführen.

926 Vgl. grundsätzlich Fikentscher, Methoden des Rechts, Bd. III, 67 f., 668 ff.; Larenz/Canaris, Methodenlehre der Rechtswissenschaft, 141 ff.; Pawlowski, Methodenlehre für Juristen, 359 ff..

927 di Fabio, Richtlinienkonforme Auslegung als ranghöchstes Normauslegungsprinzip ?, in NJW 1990, 947.

928 Lutter, Die Auslegung angeglichenen Rechts, in JZ 1992, 593.

929 Grundmann, in Schulze (Hrsg.), Auslegung europäischen Privatrechts, 64.

930 Vgl. BVerfG, Urteil vom 12. 10. 1993, in BVerfGE 75, 223, 237-244.

931 Art. 249 III des EG-Vertrags in der Amsterdamer Fassung. Grundmann, a. a. O. (70, Fn. 27) weist darauf hin, dass die wohl herrschende Meinung auf Art. 5 EG-Vertrag (Art. 10 EG-Vertrag in der Amsterdamer Fassung) abstellt.

932 Grundmann, a. a. O..

933 So Grundmann, a. a. O. (68); zur Frage der horizontalen Wirkung von Richtlinien: Joerges/Brüggemeier, in Müller-Graff (Hrsg.), Gemeinsames Privatrecht in der Europäischen Gemeinschaft, 346 ff., 348; Di Majo, Efficacia diretta delle direttive inattuate, in Riv. dir. Europ. 1994, 501, 509 f.; Emmert, Horizontale Wirkung von Richtlinien ?, in EWS 1992, 56, 61.

934 Schmidt, in RabelsZ 59 (1995), 570 ff..

den nationalen Auslegungsmaximen generell vorgehen[935]. Diese sogenannte Vorrangthese kann allerdings nicht darüber hinwegtäuschen, dass in der rechtlichen Praxis dem Instrument der richtlinienkonformen Auslegung wenig Beachtung geschenkt wird[936].
Auch aus diesem Grund sollen für die vorliegende Untersuchung aus der Breite der Problemkreise zur richtlinienkonformen Auslegung insbesondere zwei eingehender untersucht werden. Das ist zum einen schlicht aufgrund des praktischen Stellenwerts die Rechtsprechung des EuGH zu den Grundsätzen der richtlinienkonformen Auslegung[937] und zum anderen die Besonderheiten, die sich bei der Auslegung verbraucherschutzrechtlicher Umsetzungsgesetzgebung ergeben. Zunächst sei aber ein in der Literatur zu findender Ansatz dargestellt, der von dem Erfordernis der richtlinienkonformen Auslegung gänzlich entledigt, da eine *horizontale Direktwirkung* angenommen wird.

---

[935] Brechmann, Die richtlinienkonforme Auslegung, 131-168 (mit weiteren Nachweisen); Dänzer-Vanotti, in StVj 1991, 1, 9-11; Everling, in ZGR 1992, in ZGR 1992, 376, 388, sieht den Vorrang sogar trotz eines entgegenstehenden Wortlautes; Grundmann, in ZEuP 1996, 399 und ders. in Schulze (Hrsg.), Auslegung europäischen Privatrechts, 68; Lutter, in JZ 1992, 593, 607. Dies ist allerdings keineswegs unumstritten. Eine nicht unbedeutende Meinung sieht in der richtlinienkonformen Auslegung eine von mehreren möglichen Auslegungsvarianten, und es ist letztlich eben diejenige zu wählen, die zu einem richtlinienkonformen Ergebnis führt, vgl.: Di Fabio, in NJW 1990, 947, 953; Gellermann, Beeinflussung des bundesdeutschen Rechts durch Richtlinien der EG, 107-109; Heß, in JZ 1995, 150, 151; Jarass, Grundfragen der innerstaatlichen Bedeutung des EG-Rechts, 93-96; Zöckler, in JJZ 1992, 141, 150-152, 156 f..

[936] Vgl. nur Schmidt, in RabelsZ 59 (1995), 571 f. und das von Schmidt zitierte Beispiel aus der Rechtsprechung des Court of Appeal, *Henn and Darby* v. *Director of Public Prosecutions*, 1981, A.C. 850 und das düstere Bild, das Kochs, in Schulze (Hrsg.), Auslegung europäischen Privatrechts, 212 f., 214 f., von den europarechtlichen Kenntnissen und der täglichen Arbeit deutscher Gerichte zeichnet.
Der geringe Stellenwert der richtlinienkonformen Auslegung in der richterlichen Praxis mag auch darin ihren Grund haben, dass in den Standardwerken der Methodenlehre, wie etwa den Werken von Fikentscher und Larenz/Canaris ein eigener Canon der richtlinienkonformen Auslegung bislang vergeblich gesucht wird, anders dagegen etwa das Werk von Pawlowski, Rn. 363, 363 a.

[937] Dazu ist festzustellen, dass im Gemeinschaftsrecht ein Grundsatz des stare decisis zwar nicht existiert, die jeweilige Entscheidung ist in anderen rechtlichen Auseinandersetzungen also nicht bindend, bislang sieht die deutsche Rechtsprechung aber von einer offenen Abweichung von der EuGH-Rechtsprechung ab, vgl. auch Grundmann, in Schulze (Hrsg.), Auslegung europäischen Privatrechts, 64. Sollte eine solche Abweichung angestrebt werden, bedarf es zunächst der Einholung einer Vorabentscheidung des EuGH nach Art. 234 I, lit. b. EG. Für Entscheidungen letztinstanzlicher Gerichte existiert nach Art. 234 III EG eine Einholungspflicht, die im deutschen Recht über Art. 101 I 2 GG verfassungsrechtlich abgesichert ist (vgl. BVerfG, Urteil vom 22. 10. 1986, in BVerfG 73, 339, 366 ff. (*Solange II*)).

aa. Informationsrecht als Bürgerrecht

Die Rechtsprechung des EuGH zu der horizontalen Direktwirkung von Richtlinien ist eindeutig. In seiner, unter bb. noch zu diskutierenden Entscheidung Faccini Dori bestätigt der EuGH seine Rechtsprechung und stellt fest, dass *„eine Ausdehnung dieser Rechtsprechung*[938] *auf den Bereich der Beziehungen zwischen den Bürgern hieße, der Gemeinschaft die Befugnis zuzuerkennen, mit unmittelbarer Wirkung zu Lasten der Bürger Verpflichtungen anzuordnen, obwohl sie dies nur dort darf, wo ihr die Befugnis zum Erlass von Verordnungen zugewiesen ist.*"[939]. Diese Rechtsprechung hält der Gerichtshof auch unter der Geltung von Art. 129 a des EG-Vertrags in der Maastrichter Fassung in seiner Entscheidung *El Corte Inglés*[940] und in ständiger Rechtsprechung[941] aufrecht, was sich voraussichtlich auch durch Art. 153 EG[942] nicht ändern wird und der ganz überwiegenden Auffassung in der Literatur entspricht[943].

Einen davon abweichenden Ansatz vertritt nun unter der Geltung von Art. 129 a EG-Vertrag und Art. 153 EG namentlich *Reich*. Der Verfasser vergleicht das *„Informationsrecht als Bürgerrecht"*[944] mit anderen Bürgerrechten des Gemein-

---

[938] Das Gericht nimmt Bezug auf die herrschende Rechtsprechung zur Direktwirkung von Richtlinien bezüglich staatlicher Stellen, vgl. zur Direktwirkung von Richtlinien gegenüber den Trägern öffentlicher Gewalt z. B.: EuGH, Urteil vom 08. 10. 1987, Rs. 80/86 (Kolpinghuis Nijmegen BV), Slg. 1987, 3969 ff..

[939] EuGH, Urteil vom 14. 07. 1994, Rs. C 91/92 (Faccini Dori), in Slg. 1994, 3325 ff. (Nr. 24).

[940] EuGH, Urteil vom 07. 03. 1996, Rs. C-192/94 (El Corte Inglés), in Slg. 1996, I-1281 ff..

[941] EuGH, Urteil vom 11. 07. 1996, in EuZW 1996, 532 mit Anmerkung Lüder; Urteil vom 04. 12. 1997, in EuZW 1998, 45; Urteil vom 16. 07. 1998, in EuZW 1998, 563; Urteil vom 22. 09. 1998, in EuZW 1999, 43 mit Anmerkung Reich; Urteil vom 13. 07. 2000, in NJW 2000, 3267.

[942] Art. 153 EG lautet: „Zur Förderung der Interessen der Verbraucher und zur Gewährleistung eines hohen Verbraucherschutzniveaus leistet die Gemeinschaft einen Beitrag zum Schutz der Gesundheit, der Sicherheit und der wirtschaftlichen Interessen der Verbraucher sowie zur Förderung ihres *Rechts auf Information*, Erziehung und Bildung von Vereinigungen zur Wahrung ihrer Interessen. Den Erfordernissen des Verbraucherschutzes wird bei der Festlegung und Durchführung der anderen Gemeinschaftspolitiken und –maßnahmen Rechnung getragen. Die Gemeinschaft leistet einen Beitrag zur Erreichung der in Absatz I genannten Ziele durch ... a) Maßnahmen, die sie im Rahmen der Verwirklichung des Binnenmarktes nach Art. 95 erläßt b) Maßnahmen zur Unterstützung, Ergänzung und Überwachung der Politik der Mitgliedsstaaten.

[943] Jarass, in NJW 1991, 2665, 2667; Scherzberg, in Jura 1993, 225, 227; Überblick über Rechtsprechung und Literatur von Gebauer, Grundfragen der Europäisierung des Privatrechts, 151 ff.; Kritik erfährt die Verneinung der unmittelbaren Wirkung insbesondere von Emmert, in EWS 1992, 56 und von Mastroianni, in EPL 5 (1999), 417. Anerkannt sind in der Literatur zudem auch Sonderkonstellationen, in denen von der mangelnden horizontalen Direktwirkung eine Ausnahme gemacht wird, etwa bei sogenannten Richtlinien mit Doppelwirkung, vgl. Gundel, in EuZW 2001, 144 ff..

[944] Reich, in VuR 1999, 6; unter sprachenrechtlicher Perspektive eines Informationsrechtes mag man auf die Vision Pfeils, in ZfRV 1996, 11 ff. (19), hinweisen, in einem zukünftigen Grundrechtskatalog der Gemeinschaft ein Recht auf Sprachenfreiheit niederzulegen.

schaftsrechts und insbesondere allgemeinen Diskriminierungsverboten, denen stellenweise auch horizontale Direktwirkung zugesprochen wird[945]. Zudem verweist er auf das subjektive Recht auf Freizügigkeit des Art. 8 a des Maastrichter Vertrags (Art. 18 EG), das auch durch die Verbesserung der Rechtsstellung des Bürgers am Markt –und damit durch verbesserte Information- zu gewährleisten ist[946]. Zur Unterstützung dieser Ansicht zieht *Reich* das Urteil des EuGH in der Rechtssache *Bosman*[947] heran, in dem der EuGH deutlich macht, dass die Schutzfunktion gemeinschaftsrechtlicher Verbürgungen auch gegenüber von privater Seite organisierten Beschränkungen Wirkungen zeitigt. Aus diesem Hinweis ist wohl auch zu entnehmen, dass die horizontale Direktwirkung auf (größere) Unternehmen beschränkt bleiben soll[948]. Bezüglich richtlinienrechtlicher Informationsgebote sieht *Reich* sogar eine „*positive horizontale Wirkung*" soweit unbedingte, konkrete und hinreichend bestimmte Informationsrechte gewährt werden. Dabei soll Art. 153 EG eine derart starke „*Unterstützungsfunktion*" von Sekundärrecht zukommen, dass dies zu einer Direktwirkung sekundärrechtlicher Informationsrechte führen soll[949]. *Reich* will dies auch aus einem durch die Änderung von Art. 129 a EG-Vertrag grundsätzlich gewandelten Verständnis der Verbraucherschutzpolitik herleiten, die sich nunmehr auch an die Mitgliedsstaaten und an Individuen richten soll[950].

Die Ansicht *Reichs* bezüglich der Direktwirkung eine Bürgerrechts auf Information blieb bislang -soweit ersichtlich- undiskutiert. Aus Erwägungen des Verbraucherschutzes heraus erscheint dieser Ansatz sicherlich unterstützenswert, verspricht aber angesichts der gefestigten Rechtsprechung des EuGH wenig Erfolg, sich in der praktischen Jurisdiktion durchzusetzen. Aber auch in der Literatur ist nicht zu erwarten, dass durch Art. 153 EG eine Wende der bislang herrschenden Meinung bezüglich der Direktwirkung von (verbraucherschützenden) Richtlinien zu erwarten ist. Zudem wird bezweifelt, dass sich aus Art. 153 lit. b EG überhaupt eine nennenswerte Erweiterung der Kompetenzen der Gemeinschaft in Bezug auf die Verbraucherpolitik der Mitgliedsstaaten ergibt[951], so dass insofern auch nicht damit zu rechnen ist, dass Art. 153 eine derart starke „*Unterstützungsfunktion*" -wie von *Reich* gefordert- beigemessen werden wird.

Daraus darf allerdings nicht geschlossen werden, dass *Reichs* These von der horizontalen Direktwirkung von Informationsrechten gänzlich zu verwerfen ist. An dieser Stelle wird vielmehr empfohlen den diskriminierungsrechtlichen Ansatz

---

[945] Reich verweist auf seine eingehende Behandlung der Rechtsprechung des EuGH in „A European Constitution for Citizens of Bits and Pieces", in Academy of European Law, Vol VI/1, 1998, 157 ff..

[946] Reich, in VuR 1999, 6.

[947] Urteil vom 15. 12. 1995, Rs. C-415/93 (Bosman), in Slg. 1995, I-5432 ff..

[948] Reich, in VuR 1999, 7 (4. a)).

[949] Reich, in VuR 1999, 7, 8.

[950] Reich, in VuR 1999, 8.

[951] Vgl. Berg, in Schwarze (Hrsg.), EU-Kommentar Art. 153, Rn. 14.

weiterzuverfolgen, aber eine Direktwirkung nur dann anzunehmen, wenn sich die Verletzung eines Informationsrechtes unter eine bestehende antidiskriminierende Vorschrift subsumieren lässt und dieser Vorschrift selbst eine Direktwirkung zukommt[952]. Unter diesen Voraussetzungen bedürfte es nicht eines eigenen „Bürgerrechts auf Information"[953] mit horizontaler Wirkung.

bb. Rechtsprechung des EuGH zur richtlinienkonformen Auslegung

In dem grundlegenden Werk von *Brechmann*[954] zur richtlinienkonformen Auslegung werden drei Phasen der Rechtsprechung des EuGH[955] deutlich. In der ersten Phase, die bis ins Jahr 1984 reicht, sieht das Gericht die Grundlage für eine richtlinienkonforme Auslegung darin, dass das vorlegende nationale Gericht eine solche Auslegung in Betracht gezogen haben musste. In dieser Phase stellt der EuGH noch klar, dass sich der europäische Gesetzgeber häufig auch an nationalen Begriffen orientiert, und dass in diesen Fällen eine richtlinienkonforme Anwendung überflüssig sei. Insofern war in den Augen des EuGH im Rahmen der richtlinienkonformen Auslegung den nationalen Rechtsordnungen noch eine hohe Bedeutung beizumessen[956].
Insbesondere aber seit der Entscheidung *Mazzalai* kann es als ständige Rechtsprechung angesehen werden, dass eine Pflicht zur richtlinienkonformen Auslegung auch dann besteht, wenn die jeweilige Richtlinie beispielsweise wegen mangelnder inhaltlicher Genauigkeit keine unmittelbare Wirkung zeitigt oder der Richtlinie ohnehin horizontale Wirkung zuzusprechen ist[957].

---

[952] Vgl. dazu Teil III dieser Untersuchung.
[953] Auch wenn dem Autor in dieser Hinsicht nicht gefolgt werden kann, soll jedenfalls das Verdienst Reichs festgehalten werden, die diversen, (nicht nur) verbraucherbezogenen Vorschriften des EG-Vertrags erstmals unter dem Aspekt der Gewährleistung subjektiver Rechte behandelt zu haben, vgl. Reich, Bürgerrechte, 272, 279 ff. (in Bezug auf Verbraucherinformation).
[954] Brechmann, Die richtlinienkonforme Auslegung – zugleich ein Beitrag zur Dogmatik der EG-Richtlinie. Einen aktuellen Überblick zur Rechtsprechung des EuGH zur richtlinienkonformen Auslegung gibt Markwardt, Verbraucherverträge, 31 ff., mit speziellem Bezug auf das AGB-Recht.
[955] Zur richtlinienkonformen Auslegung im allgemeinen vgl. EuGH, Urteil vom 13. 11. 1990, Rs. C 106/89 (Marleasing SA.), in Slg. 1990, I-4135 ff.; EuGH, Urteil vom 08. 10. 1987, Rs. 80/86 (Kolpinghuis Nijmegen BV), in Slg. 1987, 3969 ff.; EuGH, Urteil vom 15. 05. 1986, Rs. 222/84 (Johnson), in Slg. 1986, 1651 ff.; EuGH, Urteil vom 10. 04. 1984, Rs. 14/83 (Colson und Kamann), Slg. 1984, 1891 ff.. Vgl. auch die umfangreichen Hinweise von Hommelhoff, in Schulze (Hrsg.), 30 (Fn. 5) zu Entscheidungen mit Bezug auf die richtlinienkonforme Auslegung im Rahmen gesellschaftsrechtlicher Fallgestaltungen.
[956] Zum Ganzen Brechmann, a. a. O. (39 f., 42 f.).
[957] EuGH, Urteil vom 20. 05. 1976, Rs. 111/75 (Mazzalai), in Slg. 1976, 657, 666, 670.

Mit dem Urteil des EuGH in der Rechtssache *von Colson und Kamann* gegen das *Land Nordrhein-Westfalen*[958] hatte der EuGH die Loslösung der richtlinienkonformen Auslegung von den Einflüssen nationaler Begrifflichkeiten eingeleitet und eine richtlinienkonforme Auslegung auch für den Fall gefordert, dass das Gericht die nationale Norm für nicht auslegungsfähig hält. Der Fall *Colson und Kamann* betraf dabei die Frage, ob die Beschränkung des § 611 a II BGB a. F. auf den Ersatz des Vertrauensschadens für eine bei Einstellung begangene Diskriminierung der Richtinie 76/207/EWG widerspricht. Der EuGH beschrieb in dieser Entscheidung die Verpflichtung zur gemeinschaftsrechtskonformen –und richtlinienkonformen- Auslegung folgendermaßen:

„*Allerdings ist klarzustellen, daß sich aus einer Richtlinie ergebende Verpflichtung der Mitgliedstaaten, das in dieser vorgesehene Ziel zu erreichen, sowie die Pflicht der Mitgliedstaaten gemäß Art. 5 EWG-Vertrag, alle zur Erfüllung dieser Verpflichtung geeigneten Maßnahmen allgemeiner oder besonderer Art zu treffen, allen Trägern öffentlicher Gewalt in den Mitgliedstaaten obliegen, und zwar im Rahmen ihrer Zuständigkeit auch den Gerichten. Daraus folgt, daß das nationale Gericht bei der Anwendung des nationalen Rechts, insbesondere auch der Vorschriften eines speziell der zur Durchführung der Richtlinie 76/207 erlassenen Gesetzes, dieses nationale Recht im Lichte des Wortlauts und des Zwecks der Richtlinie auszulegen hat, um das in Artikel 189 Absatz 3 genannte Ziel zu erreichen.*“[959]

Das Bundesarbeitsgericht hat in Umsetzung dieser Vorgaben des EuGH § 611 a II BGB a. F. so ausgelegt, dass durch diese Norm ein Schadensersatzanspruch aus § 823 I BGB wegen der Verletzung des allgemeinen Persönlichkeitsrecht durch eine Diskriminierung nicht ausgeschlossen würde[960].

Die Ausführungen des EuGH machen deutlich, dass Grundlage der richtlinienkonformen Auslegung primär die Umsetzungsverpflichtung aus Art. 249 III EG (Art. 189 III „alte“ Fassung) ist, und die Generalklausel in Art. 10 EG (Art. 5 „alte“ Fassung) lediglich flankierend herangezogen wird[961]. So wie *Brechmann* in dieser Phase und insbesondere in einem Beurteilungsspielraum, der im Rahmen des nationalen Rechts den Gerichten verbleiben soll[962], die „*Grundlage seiner gesamten späteren Rechtsprechung zur richtlinienkonformen Auslegung*“ sieht, sollen in dieser Phase gleichzeitig auch die Grenzen dieses Grundsatzes offenbar

---

[958] EuGH, Urteil vom 10. 04. 1984, Rs. 14/83 (Colson und Kamann), in Slg. 1984, 1891 ff.; vgl. auch das Parallelverfahren EuGH, Urteil vom 10. 04. 1984, Rs. 79/83 (Harz), in Slg. 1984, 1921.

[959] EuGH, Urteil vom 10. 04. 1984, Rs. 14/83, a. a. O. (Rn. 26).

[960] BAG, Urteil vom 14. 03. 1989, in NJW 1990, 65 ff. und 67 f..

[961] Brechmann, a. a. O.(256 ff.).

[962] In den Rechtssachen Colson und Kamann und Harz wird auch deutlich, dass die nationalen Gerichte dazu verpflichtet sind, diese eingeräumten Beurteilungsspielräume auch auszuschöpfen, vgl. EuGH, Urteil vom 10. 04. 1984, Rs. 14/83 (Colson und Kamann), a. a. O. (1909) und EuGH, Urteil vom 10. 04. 1984, Rs. 79/83 (Harz), a. a. O. (1942).

werden[963]. In der darauffolgenden Entscheidung *Strafverfahren gegen Kolpinghuis Nijmegen BV*[964] betont das Gericht, dass allein der Grundsatz der richtlinienkonformen Auslegung ohne Rücksicht auf die zu ihrer Durchführung erlassenen Rechtsvorschriften die Wirkung haben kann, eine strafrechtliche Verantwortung zu begründen. *Brechmann* zieht daraus sogar den weitergehenden Schluss, es dürfe bei mehreren Auslegungsalternativen des nationalen Rechts eine bestimmte nicht nur deswegen gewählt werden, weil sie der Richtlinie am nächsten komme[965].

Die weitgehendste Rechtsprechung bricht in der nach *Brechmann* dritten Phase mit der Entscheidung *Marleasing*[966] an. Der EuGH verbietet nunmehr den nationalen Gerichten, eine richtlinienwidrige Auslegung zu wählen und konstituiert eine Verpflichtung zur richtlinienkonformen Auslegung für das gesamte nationale, auch ältere Recht, soweit es in den Anwendungsbereich der Richtlinien fällt. In der genannten Entscheidung hatte die Firma Marleasing bei dem vorlegenden spanischen Gericht die Nichtigerklärung des Gesellschaftsvertrags, durch den die Beklagte zur Entstehung gelangt war, beantragt. Während die Klägerin ihr Vorbringen auf Artt. 1261, 1275 Código civil stützte, wandte die Beklagte ein, dass der, von der Klägerin geltend gemachte Nichtigkeitsgrund in der Richtlinie 68/151/EWG vom 09. 03. 1968, die der Koordinierung gesellschaftsrechtlicher Schutzbestimmungen in den Mitgliedsstaaten dient und abschließend bestimmte Nichtigkeitsgründe vorsieht, nicht enthalten ist. Spanien hatte diese Richtlinie im Zeitpunkt der Klageerhebung noch nicht umgesetzt. Der EuGH stellt in dieser Entscheidung ausdrücklich fest, dass die Pflicht zur gemeinschaftsrechtskonformen Auslegung unabhängig davon gelte, ob die nationalen Vorschriften vor oder nach der Richtlinie erlassen wurde[967]. Das Gericht sprach damit die Verpflichtung aus im Lichte von Art. 11 der genannten Richtlinie[968], Art. 1261 und 1275 Código civil zumindest teilweise unangewendet zu lassen. In dieser Entscheidung wird seitens des EuGH also nicht nur die Pflicht zur richtlinienkonformen Auslegung verschärft, sondern für den Fall eines Normenkonfliktes auch eine Verwerfungskompetenz der nationalen Gerichte –freilich ohne Einschränkung des Vorlagerechts und der Vorlagepflicht aus Art. 234 EG- bestätigt[969], die bereits in anderen Entscheidungen ausdrücklich angesprochen worden war[970]. Die

---

963 Brechmann, a. a. O. (49).

964 EuGH, Urteil vom 08. 10. 1987, Rs. 80/86 (Kolpinghuis Nijmegen BV), in Slg. 1987, 3969 ff.

965 Brechmann, a. a. O..

966 EuGH, Urteil vom 13. 11. 1990, Rs. C 106/89 (Marleasing SA.), in Slg. 1990, I-4135 ff.

967 EuGH, Urteil vom 13. 11. 1990, Rs. C 106/89 (Marleasing SA.), a. a. O. (Rn. 8).

968 Die Richtlinie 68/151/EWG vom 09. 03. 1968 ist abgedruckt in ABl. EG, Nr. L 65/8.

969 So auch Schmidt, in RabelsZ 59 (1995), 584.

970 Vgl. die Urteile des EuGH vom 09. 03. 1978, Rs. 106/77 (Staatliche Finanzverwaltung/Simmenthal), Slg. 1978, 629, Rn. 13 ff. 25 ff. und vom 19. 06. 1990, Rs. C-213/89 (Factortame u. a.), in Slg. 1990, I-2433, Rn. 17 ff..

Grundsätze der Entscheidung *Marleasing* gehören inzwischen zur ständigen Rechtsprechung des EuGH[971].

Allerdings hat der EuGH in den Folgeentscheidungen auch klargestellt, dass die Verwerfungskompetenz der Gerichte und der Anwendungsvorrang des Gemeinschaftsrechtes nicht soweit gehe, dass es den Gerichten zustehe in Fällen, in denen schlicht keine auslegungsfähigen Tatbestandsmerkmale einer nationalen Vorschrift zur Verfügung stehen[972], sich als Gesetzgeber zu betätigen.

In der berühmten Entscheidung *Faccini Dori* hatte eine Italienerin im Jahre 1989 während eines kurzen Aufenthaltes im Bereich des Mailänder Hauptbahnhofs einen Vertrag zur Teilnahme an einem Englisch-Fernunterrichtkurs unterzeichnet. Sie überlegte es sich jedoch anders und widerrief den Vertrag innerhalb der Frist des Art. 5 der Richtlinie 85/577/EWG[973]. Der italienische Gesetzgeber hatte die Umsetzungsfrist der Richtlinie missachtet und bisslang keinerlei Umsetzungsmaßnahmen ergriffen. Der EuGH entschied mit Hinweis auf die bisherige Rechtsprechung[974], dass, soweit bislang keinerlei Umsetzung durch den nationalen Gesetzgeber erfolgt ist, eine Richtlinie keine unmittelbaren Verpflichtungen für einen Bürger entstehen lassen könne, eine direkte Berufung auf eine Richtlinie also ausgeschlossen ist[975].

Dem Kläger bleibt in diesen Fällen letztlich nur ein Haftungsanspruch gegen den (italienischen) Staat[976].

---

[971] EuGH, Urteil vom 14. 07. 1994, Rs. C 91/92 (Faccini Dori), in Slg. 1994, 3325, 3357; EuGH, Urteil vom 16. 12. 1993, Rs. C-334/92 (Wagner/Miret), in Slg. 1993, I-6911, Rn. 20.

[972] Ob bei einer existenten Vorschrift Auslegungsspielräume bestehen, entscheidet seit der Entscheidung Colson und Kamann allein das nationale Gericht, EuGH, Urteil vom 10. 04. 1984, Rs. 14/83 (Colson und Kamann), a. a. O. (1908): „Es ist allein Sache des nationalen Gerichts, über die(se) Frage der Auslegung seines nationalen Rechts zu entscheiden."

[973] RL 85/577/EWG vom 20. 12. 1985, in ABl. EG 1985, Nr. L 372/31.

[974] EuGH, Urteil vom 26. 06. 1986, Rs. 152/84 (Marshall/Southampton and South-West Hampshire Area Health Authority), in Slg. 1986, 723 (Rn. 48).

[975] EuGH, Urteil vom 14. 07. 1994, Rs. C 91/92 (Faccini Dori), a. a. O. (Rn. 20).

[976] EuGH, Urteil vom 14. 07. 1994, Rs. C 91/92 (Faccini Dori), a. a. O. (Rn. 26 f.), ständige Rechtsprechung seit der sogenannten Francovich-Entscheidung: EuGH, Urteil vom 19. 11. 1991, Rs. C-6/90 und C-9/90, Slg. 1991, I-5357. An der Rechtsprechung des EuGH zur unmittelbaren Drittwirkung ändert sich auch nichts durch die jüngst ergangene Entscheidung in der Sache Unilever Italia SpA/Central Food SpA (Rs. 443/98, Urteil vom 26. 09. 2000, in EuZW 2001, 153 ff.). In dieser Sache ging es um die Anwendbarkeit der Informationsrichtlinie 83/189/EWG vom 28. 03. 1983 in der Fassung der RL 94/10/EG vom 23. 03. 1994 (in ABl. EG Nr. L 100/30) auf ein privates Rechtsverhältnis. Der Käufer von Olivenöl hatte die Zahlung und Abnahme der Ware verweigert, weil diese nicht entsprechend den italienischen Bestimmungen etikettiert gewesen sein sollen. Der Verkäufer wandte ein, dass das entsprechende Gesetz wegen Verstosses einer, aus der Richtlinie 83/189/EWG herrührenden Mitteilungspflicht an die Europäische Kommission nicht angewendet werden dürfe. Der Gerichtshof warf nun ausdrücklich die Frage auf, ob in einem Zivilrechtsstreit unter Einzelnen über vertragliche Recht und Pflichten die Unanwendbarkeit der unter Verstoss gegen die Richtlinie ergangenen nationalen Bestimmungen gerügt werden kann (EuGH a. a. O. (Rn. 45)). Das Gericht hat dies

Für die vorliegende Untersuchung ist daher folgender Befund festzustellen: Der Rechtsprechung des EuGH ist zwar kein absoluter Vorrang der richtlinienkonformen Auslegung gegenüber den nationalen Auslegungsmethoden zu entnehmen[977], aber das nationale Gericht ist jedenfalls verpflichtet unter den Auslegungsalternativen, die das nationale Recht nach Anwendung des eigenen Auslegungskanons bereitstellt, die richtlinienkonforme zu wählen. Ob das nationale Recht derartige Auslegungsspielräume überhaupt eröffnet, bleibt der Überprüfung des EuGH entzogen. Ist dies jedoch der Fall, dann hat das nationale Gericht diesen Spielraum zur Herstellung einer richtlinienkonformen Rechtslage vollständig auszunutzen. Ein absoluter Vorrang der richtlinienkonformen Auslegung vor dem nationalen Auslegungskanon mag zwar aus gemeinschaftsrechtlicher Sicht wünschenswert sein, ist aber dem Wortlaut der Entscheidungen des EuGH bislang nicht zu entnehmen[978].

cc. Richtlinienkonforme Auslegung und Verbraucherschutzrecht

Die besondere Schwierigkeiten bei der Auslegung verbraucherrechtlicher Vorschriften soll die Darstellung einer vieldiskutierten Entscheidung des EuGH[979] deutlich machen, die besonders aufschlussreich in Bezug auf die verschiedenen, möglicherweise voneinander abweichenden sprachlichen Fassungen der Verbraucherschutzrichtlinien ist. Bereits diese Feststellung mag skeptisch stimmen, da das gesamte europäische Richtlinienrecht in allen elf Amtssprachen verfasst ist und sich daher bezüglich der Auslegungsmaxime keine speziell verbraucherrechtlichen Aspekte ergeben dürften. Zum einen ist aber vor allem bezüglich

---

in diesem Fall zwar bejaht, aber ebenso ausdrücklich festgestellt, dass dies nur mit den Besonderheiten der Informationsrichtlinie begründet werden kann und ansonsten an der Rechtsprechung zur horizontalen Direktwirkung festgehalten wird, denn der verfahrensrechtliche Verstoss der unterlassenen Mitteilung an die Kommission führt zwar zu einer Nichtbeachtung der nationalen Vorschriften, dieser führt aber nicht zu einer Begründung von Rechten und Pflichten für den Einzelnen (EuGH a. a. O. (Rn. 51)). Im übrigen kann die Entscheidung, die speziell in Bezug auf das nationale Lauterkeitsrecht erging, kaum auf andere Bereiche der europäischen Gesetzgebung übertragen werden (so Gundel, in EuZW 2001, 145, 149).

[977] So ja auch ein nicht unbedeutender Teil der Literatur: Brechmann, a. a. O. (266-273); Di Fabio, in NJW 1990, 947, 953; Gellermann, Beeinflussung des bundesdeutschen Rechts durch Richtlinien der EG, 107-109; Heß, in JZ 1995, 150, 151; Jarass, Grundfragen der innerstaatlichen Bedeutung des EG-Rechts, 93-96; Zöckler, in JJZ 1992, 141, 150-152, 156 f..

[978] Grundmann, der vor allem diese sogenannte Vorrangthese vertritt, räumt selbst ein, dass die Wortwahl des EuGH den Schluss auf eine solche „Radikallösung" nicht zulässt, vgl. Grundmann in ZEuP 1996, 413, Fn. 34.

[979] EuGH, Urteil vom 17. 03. 1998, Rs. C-45/96 (Bayerische Hypotheken und Wechselbank AG/Edgar Dietzinger), Slg. 1998, I-1199 ff.; eine ausführliche Besprechung der Entscheidung nimmt auch Schulte-Nölke, in Schulze (Hrsg.), Auslegung europäischen Privatrechts, 143 ff. vor.

des Verbraucherrechts die Herstellung einer einheitlichen europäischen Jurisdiktion und Auslegungspolitik aufgrund der stark divergierenden nationalen Verbraucherkonzepte und Verbraucherleitbilder besonders problematisch; denn diese reichen vom „anthropologischen"[980] Bild des informierten Gemeinschaftsbürgers[981] zum „consommateur moyennement avisé"[982] oder auch dem lediglich flüchtigen Durchschnittsbetrachter[983]. Zum anderen sticht die oben genannte Entscheidung doch sehr hervor, was speziell die Auslegung europäischen Verbraucherrechts anbelangt[984]. Zudem ist darauf hinzuweisen, dass die oben geführte Diskussion zur richtlinienkonformen Auslegung nicht die Frage betrifft, wie verbraucherrechtliche Richtlinien auszulegen sind, sondern sich lediglich mit der Frage der Auslegung von auf Richtlinien basierendem nationalen Recht befasst. Der Maßstab der richtlinienkonformen Auslegung kann aber nur angelegt werden, wenn sich die Auslegungsgrundlage selbst –nach einem entsprechenden Auslegungsprozess- durch eine hinreichende Klarheit auszeichnet.
Für den Vorgang der Auslegung einer verbraucherrechtlichen Richtlinie selbst mag die Darstellung der folgenden Entscheidung also als Beispiel dienen.

---

980 Keßler, European Consumer Law, in VuR 1999, 419

981 EuGH, Urteil vom 28. 01. 1999, Rs. C 303/97, in RIW 1999, 379 f.; EuGH, Urteil vom 04. 04. 2000, Rs. C 465/198, in EWS 2000, 213; vgl. die Besprechung vom Urteil des EuGH vom 16. 08. 1998, Rs. 210/96, Schmid, Der aufmerksame Verbraucher beim Eierkauf, in European Law Reporter 1998, 463; EuGH vom 28. 01. 1999, in DB 1999, 528; vgl. allgemein zum Verbraucherleitbild in der Politik der europäischen Gemeinschaft Höland, in Krämer/Micklitz/Tonner (Hrsg.) Law and diffuse Interests, 195 ff.; Meyer, Das Verbraucherleitbild des Europäischen Gerichtshofs-Abkehr vom flüchtigen Verbraucher, in WRP 1993, 215 ff..

982 TGI Paris, vom 11. 12. 1996, Contrats-Concurrence-Consommation, in Juris-Classeur April 1997, 20.

983 BGH, Urteil vom 15. 12. 1999, in NJW-RR 2000, 704; BGH, Urteil vom 15. 07. 1999, in NJW 1999, 3638; BGH, Urteil vom 12. 12. 1990, in NJW-RR 1991, 751 ; BGH, Urteil vom 15. 12. 1996, in NJW 1996, 2161; BGH, Urteil vom 25. 04. 1996, in NJW 1996, 3280; OLG Nürnberg, Urteil vom 28. 12. 1999, in RIW 2000, 227; OLG Hamburg, Urteil vom 28. 01. 1999, in NJWE-WettbR 2000, 129; LG Düsseldorf, Urteil vom 30. 08. 1995, in NJW-RR 1996, 167; vgl. auch Fn. 43 und zum Wettbewerbsrecht umfassend Niemöller, Das Verbraucherleitbild in der deutschen und europäischen Rechtsprechung.

984 Allgemein zur Auslegungspraxis des EuGH und die Probleme mehrsprachiger EG-Dokumente: Anweiler, Die Auslegungsmethoden des Gerichtshofes der Europäischen Gemeinschaft, 74 ff., 146 ff., 153 ff.; Armbrüster, in EuZW 1990, 246 ff.; Arnull, The European Union and its Court of Justice, 515 ff. (522 ff.); Bengoetxea, The Legal Reasoning of the European Court of Justice; Bleckmann, Europarecht, 201 ff.; ders. Probleme der Auslegung europäischer Richtlinien, in ZGR 1992, 364 ff.; Martiny, in ZEuP, 1998, 225 ff. ; Mertens de Wilmars, Réflexions sur les méthodes d'interprétation de la Cour de Justice des Communautés Européennes, in Cahiers de Droit Européen 1986, 5 ff. ; ders. Le droit comparé dans la jurisprudence de la Cour de Justice des Communautés Européennes, in Journal des Tribunaux 110 (1991), 37 ff. ; Millet, Rules of Interpretation of E.E.C. Legislation, in Statute Law Review 1989, 163 ff. ; Pescatore, in Les Cahiers de Droit 25 (1984), 989 ff..

Der Entscheidung des EuGH lag folgender Sachverhalt zugrunde: Die Klägerin, die Bayerische Hypotheken und Wechselbank AG, hatte dem Vater des Beklagten einen Kredit für dessen Bauunternehmen gewährt. Der Beklagte unterschrieb im elterlichen Haus eine Bürgschaftserklärung für einen Teil der Kredite des Vaters. Einige Monate später wollte die klagende Bank den beklagten Sohn nach der Kündigung der Kredite in Anspruch nehmen, dieser entgegnete aber, er könne seine Erklärung nach § 1 I des Haustürwiderrufsgesetzes widerrufen, da die Widerrufsfrist aufgrund der fehlenden Belehrung erst einen Monat nach der vollständigen Erbringung der Leistung beider Parteien ende. Diese Frist war in dem maßgeblichen Zeitpunkt noch nicht abgelaufen. Nachdem die unteren Instanzgerichte den Fall verschieden beurteilt hatten, legte der nunmehr angerufene Bundesgerichtshof dem EuGH die Frage vor, ob eine Bürgschaft deutschen Rechts unter die Richtlinie 85/577/EWG falle[985], so dass das deutsche Haustürwiderrufsgesetz möglicherweise richtlinienkonform ausgelegt werden müsse[986].

Eine besondere Schwierigkeit bei der Beantwortung der Frage, ob die Bürgschaft unter einen Vertrag „zwischen einem Gewerbetreibenden, der Waren liefert oder Dienstleistungen erbringt, und einem Verbraucher“[987] fällt, ist auch in der Tatsache begründet, dass die verschiedenen sprachlichen Fassungen der Richtlinie auf verschiedene Ergebnisse hindeuten[988]. Währende die zitierte deutsche Fassung die Deutung zulässt, dass der Gewerbetreibende nur generell mit der Lieferung oder der Erbringung von Dienstleistungen beschäftigt sein muss, aber nicht in dem jeweils fraglichen Vertrag mit dem Verbraucher[989], so lässt sich dies aus der englischen Version nicht ableiten. Diese lautet nämlich: *„This Directive shall apply to contracts under which a trader supplies goods and services to a consumer... ”*. Eine Anwendung der Richtlinie auf Bürgschaften wäre nach der englischen Fassung also nur möglich, wenn eine Bürgschaft einen Vertrag über eine Ware oder eine Dienstleistung darstellte, den der Gewerbetreibende –hier also die Bank- erbringt. Dass die Bank selbst eine Dienstleistung erbringt, könnte allenfalls dann gesehen werden, wenn man in der „Hereinnahme einer Bürgschaft“ eine Art Dienstleistung der Bank erblickte[990], was doch als allzu konstruiert erscheint. Die anderen Fassungen der Richtlinie lassen sich inhaltlich mehrheitlich

---

985 BGH, vom 11. 02. 1996, in NJW 1996, 930 ff..

986 Die deutsche höchstrichterliche Rechtsprechung war bislang gespalten bezüglich der Anwendbarkeit des Haustürwiderrufsgesetzes auf Bürgschaften, dafür ist der XI. Zivilsenat, Urteil vom 09. 03. 1993, in NJW 1993, 1594 f. und in NJW 1996, 55 ff., dagegen der IX. Zivilsenat, Urteil vom 28. 05. 1991, in NJW 1991, 2905; einen Überblick bieten Baldus/Becker, in ZEuP, 1997, 874 ff..

987 Art. 1 I 1 der Richtlinie 85/577/EWG vom 20. 12. 1985, in ABl. EG 1985, Nr. L 372/31.

988 Der BGH hatte freilich dieses Problem im Rahmen des Vorlagebeschlusses nicht, da er lediglich auf die deutsche Richtlinienfassung abstellt.

989 So Schulte-Nölke, in Schulze (Hrsg.), Angleichung europäischen Privatrechts, 145.

990 So Pfeiffer, in NJW 1996, 3297, 3301 f..

der deutschen zuordnen[991], nur die schwedische nähert sich der englischen Version an[992].
Wie mit dem Problem verschiedener Fassungen von Richtlinien im speziellen und der Auslegung verbraucherschutzrechtlicher Richtlinien im allgemeinen umzugehen ist, führt der EuGH in dieser Entscheidung -und insbesondere auch der Generalanwalt *Francis Jacobs* in seinem Schlussantrag- mustergültig vor. Da sich die Argumentationsstränge des Generalanwalts und des Gerichts doch in einigen bedeutsamen Punkten unterscheiden, werden sie im folgenden getrennt dargestellt.

Generalanwalt *Jacobs* legt seiner Betrachtung der maßgeblichen Richtlinienbestimmung dem deutschen Rechtsanwender grundsätzlich nicht unbekannte Auslegungsmaxime zugrunde, wie die Beachtung der „terms", des „scheme" und der „objectives", die darauf zu untersuchen sind, ob eine Anwendung einer Bürgschaft mit der „scope" der Richtlinie in Einklang zu bringen sind[993].
Bei der Untersuchung der „terms" orientiert sich der Generalanwalt zunächst an dem englischen und dem französischen Wortlaut der Richtlinie und bemerkt ohne nähere Begründung, dass die unterschiedlichen Fassungen nicht zu dem Schluss zwingen, dass die Richtlinie nicht auf Bürgschaften anwendbar ist[994].
Dabei wird deutlich, dass dem Wortlaut der Richtlinie und insbesondere den verschiedenen Sprachfassungen keine besondere Bedeutung zukommen soll.
Im Rahmen der systematischen Betrachtung setzt *Jacobs* die verschiedenen Absätze von Art. 1 der Richtlinie zueinander in Beziehung. Vor allem der Wortlaut von Art. 1 II soll darauf hindeuten, dass in Absatz I auch nur Verträge über die Lieferung von Waren oder die Erbringung von Dienstleistungen erfasst sein

---

[991] Die niederländische Fassung lautet: „Deze richtlijn is van toepassing op overeenkomsten die tussen een handelaar die goederen levert of dienstein verricht, en een consument worden gesloten..."; die französische Fassung: „La présente directive s'applique aux contrats conclus entre un commercant fournissant des biens ou des services et un consommateur ..."; die italienische Fassung: „La presente direttiva si applica ai contratti stipulati tra un comerciante che fornisce beni o servizi e un consumatore ..."; die spanische Fassung: „La presente Direttiva se aplicará a los contratos celebrados entre un comerciante que suministre bienes o servicios y un consumidor ..."; die portugiesische Fassung: „A presente directiva é applicável aos contratos celebrados entre um comerciante que forneca bens ou servicos e um consumidor ..."; die dänische Fassung: „Dette direktiv gaelder for aftaler indgaaet mellem en erhvervsdrivende, der leverer varer eller tjenesteydelser, og en forbrugger ...".

[992] „Detta direktiv skall gälla för avtal där en näringsidkare tillhandahaller en konsument varor eller tjänster, när besöket inte äger rum pa konsumentens uttryckliga begäran ...".

[993] Vgl. Opinion of Advocate-General Jacobs, delivered on 20 March 1997, Case C-45/96, ECJR 1998, I-1199 ff. (Nr. 16).

[994] Opinion of Advocate-General Jacobs, delivered on 20 March 1997, Case C-45/96, a. a. O. (17).

können, wenn die Norm in sich widerspruchsfrei sein soll[995]. Tatsächlich legt insbesondere der erste Halbsatz von Absatz II („Diese Richtlinie gilt *auch* für Verträge über andere Warenlieferungen oder Dienstleistungen ...“) den Schluss nahe, dass auch im ersten Absatz der Norm nicht nur Verträge mit Gewerbetreibenden gemeint sind, die generell derartige Leistungen erbringen, sondern dass auch der konkrete Vertrag von solcher Natur sein muss.
Besondere Anstrengung verwendet der Generalanwalt anschließend[996] auf die historische Auslegung des Art. 1 I der Richtlinie. Aus dem Richtlinienentwurf und der Begründung solle sich der gesetzgeberische Wille ergeben, dass nur Verträge über Warenlieferungen und Dienstleistungen erfasst sind. Jedenfalls soll sich aus dem Entwurf und seiner Begründung nur diese generelle Vorstellung ableiten lassen[997]. Auch auf den systematischen Hinweis der Kommission auf Art. 3 II lit. a.[998], der als Ausnahmeregelung keinen Sinn machen könne, wenn Bürgschaften nicht vom Anwendungsbereich der Richtlinie erfasst wären, reagiert der Generalanwalt wiederum mit einem historischen Argument, indem er einwendet, dass die Begründung des Richtlinienentwurfs deutlich macht, dass aus der Existenz dieser Ausnahmeregelung kein negativer Rückschluss für die Anwendbarkeit der Richtlinie auf Bürgschaften gezogen werden könnte[999].
Abgesehen von der inhaltlichen Richtigkeit dieser Argumentation -die nicht Gegenstand dieser Betrachtung sein soll- fällt doch bereits an dieser Stelle auf, dass der Generalanwalt zwar die „üblichen“ Auslegungsmaxime anwendet, er diese aber nach deutschem Verständnis in doch überraschender Weise zuordnet, wie hier eine Reihe historischer und systematischer Argumente unter den Oberbegriff „terms“.
Unter der Überschrift „scheme“ diskutiert *Jacobs* vor allem die Erwägungsgründe der Richtlinie. Dabei geht er auf die verschiedenen Äußerungen der belgischen Regierung und der Kommission zu der Natur der erfassten Verträge

---

[995] Opinion of Advocate-General Jacobs, delivered on 20 March 1997, Case C-45/96, a. a. O. (18), Art. 1 II lautet: "Diese Richtlinie gilt auch für Verträge über andere Warenlieferungen oder Dienstleistungen als diejenigen, für die der Verbraucher den Gewerbetreibenden um einen Besuch gebeten hat, sofern der Verbraucher zum Zeitpunkt seiner Bitte nicht gewusst hat oder aus vertretbaren Gründen nicht wissen konnte, dass die Lieferung bzw. Erbringung dieser anderen Ware oder Dienstleistung zu den gewerblichen oder beruflichen Tätigkeiten des Gewerbetreibenden gehört.“

[996] Opinion of Advocate-General Jacobs, delivered on 20 March 1997, Case C-45/96, a. a. O. (20-24).

[997] Vgl. der ursprüngliche Richtlinienentwurf in ABl. EG 1977, Nr. C 22/6 und die Begründung in Kommissionsdokument KOM (76) 544 endg..

[998] Dieser lautet: „Diese Richtlinie gilt nicht für a) Verträge über den Bau, den Verkauf und die Miete von Immobilien sowie Verträge über andere Rechte an Immobilien; Verträge über die Lieferung von Waren und über ihre Einfügung in andere Immobilien oder Verträge über die Reparatur bestehender Immobilien werden von dieser Richtlinie erfasst.“

[999] Opinion of Advocate-General Jacobs, delivered on 20 March 1997, Case C-45/96, a. a. O. (25).

ein[1000]. Während die belgische Regierung darauf verweist, dass unter „Vertrag" nur synallgmatische Verhältnisse zu verstehen sind und eine Bürgschaft eben nur einseitig verpflichtend ist, hält sich die Kommission an den ersten Erwägungsgrund der Richtlinie, der von „unilateral engagements" spricht, also auch einseitige Verpflichtungen umfassen will. Letztlich gelingt es auch *Jacobs* nicht diesen Gegensatz aufzulösen; in seinen Überlegungen spielen aber jedenfalls auch die Gesetzesmaterialien eine gewichtige Rolle. Wiederum an ungewöhnlicher Stelle erwähnt der Generalanwalt ein Wortlautargument im Rahmen der Ablehnung der Anwendung von Bürgschaften auf die Richtlinie. Bezugnehmend auf die Stellungnahmen der belgischen, der finnischen und der deutschen Regierung stellt er in Frage, dass ein Bürge überhaupt als Verbraucher anzusehen ist, weil es ja der Bürge sei, der der Bank eine Dienstleistung erbringt[1001]. Immerhin wird diesem, bereits im ersten Teil der Argumentation erwarteten Aspekt Beachtung geschenkt.

Drittens führt *Jacobs* unter den „objectives" die Einwände der deutschen Regierung auf, nämlich dass der Verbraucherbegriff im Sinne der Richtlinie gerade die Befriedigung persönlicher Bedürfnisse erfordere, was bei einem Bürgen nicht der Fall ist[1002]. Zudem soll der Verbraucher in derartigen Fallkonstellationen gar nicht schutzwürdig sein, wenn er einen Vertrag unterzeichne, der insgesamt einem Umfeld zuzuordnen ist, das auf beiden Seiten gewerblicher Natur ist, denn hier agierten Kreditnehmer und –geber im Bereich ihrer geschäftlichen Tätigkeit. Des weiteren bezieht sich der Generalanwalt auf die Äußerung der belgischen Regierung, dass die Richtlinie vor Gefahren einer spezifischen Vertragsschlusssituation schützen will, und dass im Falle einer Bürgschaft vielmehr der Hauptschuldner die Gefahr für den Bürgen darstelle. Beide, ihrer Art nach teleologischen Argumente zitiert *Jacobs* allerdings nur und lässt diese undiskutiert so stehen.

Daran anschließend nimmt er dann aber eine teleologische Auslegung vor, die wohl über die im deutschen Rechtskreis bekannten Grundsätze der Teleologie hinausgeht; er bindet nämlich die Haustürwiderrufsrichtlinie in einen umfassenden Gesamtkontext mit anderen Richtlinien sowie den politischen Programmen der Europäischen Gemeinschaft ein. Mit dem Hinweis auf die Klauselrichtlinie, die Verbraucherkreditrichtlinie sowie die Richtlinien über irreführende Werbung und die Verbraucherschutzprogramme der EG von 1975 bis 1981 folgert der Generalanwalt, dass der Verbraucherschutz nicht in jedem Fall durchgesetzt werden

[1000] Opinion of Advocate-General Jacobs, delivered on 20 March 1997, Case C-45/96, a. a. O. (27-31).

[1001] Opinion of Advocate-General Jacobs, delivered on 20 March 1997, Case C-45/96, a. a. O. (32).

[1002] Opinion of Advocate-General Jacobs, delivered on 20 March 1997, Case C-45/96, a. a. O. (36 f.).

soll, sondern eben nur in Bezug auf bestimmte Verträge oder Vorgänge[1003]. Aus der Gesamtschau der bisherigen Gesetzgebung, den in den Programmen formulierten Zielen sowie nochmals der Begründung zum Richtlinienvorschlag der Kommission, leitet *Jacobs* dann letztlich das Ergebnis ab, dass die Richtlinie nur Verträge über die Lieferung von Waren und der Erbringung von Dienstleistungen erfassen will und schliesst damit seinen Schlussantrag[1004].

Auffällig ist folglich bei der Auslegung und Argumentationsführung des Generalanwaltes, dass weniger auf heute maßgebliche Zwecke, sondern auf die historisch ableitbaren abgestellt wird. Ein besonderer Schwerpunkt liegt dabei auch auf den rechtlich gesehen unverbindlichen[1005] Zielen der Programme der Europäischen Gemeinschaft. Der Teleologie wiederum wird -abgesehen von den zitierten Stellungnahmen der Regierungen- wenig Aufmerksamkeit gewidmet, ebenso wie der Wortlautexegese, zu der insbesondere in Bezug auf die Auslegung des Verbraucherbegriffes doch eine tiefgehendere Betrachtung angebracht erscheint.

Im Urteil des Gerichtshof selbst ist eine derart klare -wenn auch im einzelnen überraschenden- Einteilung der Auslegung in die bekannten canones nicht zu erkennen. Das Gericht prüft zunächst, ob eine Bürgschaft generell unter die Richtlinie gefasst werden kann[1006] und anschließend, ob dies auch für eine deutsche Richtlinie der Fall ist[1007]. Bezüglich der ersten Frage verfolgt der Gerichtshof eine gänzlich andere Auslegungsstrategie als der Generalanwalt. Im Rahmen der Auslegung des Begriffes der Dienstleistung beschränken sich die Überlegungen nicht allein auf den Bürgschaftsvertrag oder den Kreditvertrag, sondern der EuGH stellt zunächst fest, dass der Kredit als solches betrachtet unproblematische eine Dienstleistung darstellt, und der Bürgschaftsvertrag müsse in diese Auslegung aufgrund seiner Akzessorietät mit hineingenommen werden. Zudem sei eine Bürgschaft ja auch wirtschaftlich eine Voraussetzung für die Kreditvergabe[1008]. Neben dieser wortlaut- und telosorientierten Auslegung des Begriffes Dienstleistung fügt der EuGH an, dass der Wortlaut der gesamten Richtlinie offen lasse, ob der Vertragspartner auch die Dienstleistung empfangen müsse. Der Zweck der Richtlinie, den Verbraucher vor der möglicherweise überraschenden Initiative des Gewerbetreibenden zu schützen, sei auch in den Fällen erfüllt, in

[1003] Opinion of Advocate-General Jacobs, delivered on 20 March 1997, Case C-45/96, a. a. O. (38 f., 40).

[1004] Opinion of Advocate-General Jacobs, delivered on 20 March 1997, Case C-45/96, a. a. O. (41-44).

[1005] Oppermann, Europarecht, Rn. 586 ff..

[1006] EuGH, Urteil vom 17. 03. 1998, Rs. C-45/96, a. a. O. (Nr. 17-22). Dies freilich erst im Anschluss an die Mitteilung des Sachverhaltes und der Ansichten der Verfahrensbeteiligten in Nr. 1 bis 16.

[1007] EuGH, Urteil vom 17. 03. 1998, Rs. C-45/96, a. a. O. (Nr. 22, 23).

[1008] EuGH, Urteil vom 17. 03. 1998, Rs. C-45/96, a. a. O. (Nr. 18).

denen die Partei, die von dem Vertrag begünstigt wird, selbst nicht an dem Vertrag beteiligt war[1009] -eine klassische teleologische Gedankenführung also.
Ein weiteres teleologisches Argument ist der vom Gerichtshof verfolgte Vergleich der Bürgschaft mit einer unmittelbaren Darlehensverpflichtung. Es wird betont, dass kein gewichtiger Unterschied nur aus der Erwägung gemacht werden könne, dass in dem einen Fall der Verbraucher selbst haftet und im anderen Fall nur dann, wenn der Hauptschuldner ausfällt[1010]. Nach deutschen Maßstäben der Methodik handelt es sich bei dieser Argumentation um eine Analogie[1011]. Da das verbraucherrechtliche Gemeinschaftsrecht aber gerade nicht auf Systembildung und Vollständigkeit angelegt ist[1012], dies aber als Voraussetzung der Bestimmung einer planwidrigen Regelungslücke angesehen werden muss[1013], tat das Gericht gut daran, von der Feststellung einer solchen Lücke zugunsten einer streng zweckorientierten Auslegung abzusehen. In den letzten beiden Absätzen der Urteilsbegründung geht der EuGH dann auf die konkrete Bürgschaftsverpflichtung ein und stellt klar, dass nach dem Wortlaut von Art. 1 der Richtlinie nur ein Vertrag, also hier eine Bürgschaft, die ein Verbraucher mit einem Gewerbetreibenden eingeht, erfasst wird. Aus Art. 2 erster Gedankenstrich[1014] soll sich allerdings auch ergeben, dass die Bürgschaft keine Schuld sichern darf, die in den gewerblichen Bereich des Hauptschuldners fällt[1015]. Für den vorliegenden Fall bedeutet dies, da die Kredite für das Bauunternehmen des Vaters bestimmt waren, dass die fragliche Bürgschaft nicht in den Anwendungsbereich der Richtlinie fällt.

Ohne wiederum zu der inhaltlichen Richtigkeit dieser Entscheidung Stellung zu nehmen[1016], fallen in der Argumentationsstruktur des EuGH zwei verschiedene Auslegungsstile auf. Im Rahmen der Frage, ob eine Bürgschaft generell in den Anwendungsbereich der Richtlinie fällt, sind die Argumente vorwiegend teleologischer Art. Auf die umfangreiche historische Begründung und auch die Wort-

[1009] EuGH, Urteil vom 17. 03. 1998, Rs. C-45/96, a. a. O. (Nr. 19).
[1010] EuGH, Urteil vom 17. 03. 1998, Rs. C-45/96, a. a. O. (Nr. 20).
[1011] Vgl. auch Schulte-Nölke, in Schulze (Hrsg.), Angleichung europäischen Privatrechts, 151.
[1012] Schulte-Nölke, in Schulze (Hrsg.), Angleichung europäischen Privatrechts, Fn. 49.
[1013] Zu den Voraussetzungen einer Analogiebildung und insbesondere auch der Voraussetzung einer planwidrigen Regelungslücke siehe Larenz/Canaris, Methodenlehre der Rechtswissenschaft, 191 ff..
[1014] Art. 2 erster Gedankenstrich lautet: „Im Sinne dieser Vorschrift bedeutet -Verbraucher eine natürliche Person, die bei den von dieser Richtlinie erfassten Geschäfte zu einem Zweck handelt, der nicht ihrer beruflichen Tätigkeit zugerechnet werden kann ...".
[1015] Schulte-Nölke a. a. O. (156) weist darauf hin, dass diese Rechtsprechung jedenfalls mit dem deutschen Wortlaut (und allen anderen Sprachfassungen ausser der niederländischen) kaum vereinbar ist.
[1016] Vgl. dazu nur Schulte-Nölke a. a. O. (152, 154 ff.).

lautinterpretation des Generalanwalts wird nicht eingegangen[1017]. Das mag auch daran liegen, dass die Ausgangspositionen von Generalanwalt und Gerichtshof grundverschieden sind. Bereits zu Beginn des Schlussantrags wird deutlich, dass der Generalanwalt zu dem Ergebnis gelangen will, dass nur Verträge über Warenlieferungen und Dienstleistungen unter die Richtlinie fallen[1018]. Die Zielsetzung der Richtlinie oder die Schutzbedürftigkeit des Bürgen werden schlicht ignoriert[1019]. Bei der Betrachtung der Argumente des EuGH dagegen zeigt sich, dass dieser durchaus gewillt ist, an der ursprünglichen Zielsetzung entlang eine sehr weitgehende Interpretation durchzuführen. Diese stützt sich insbesondere auch auf den zweiten Begründungsstil, der weniger eine klassische Interessen- als vielmehr eine Begriffsjurisprudenz darstellt[1020], indem das Ergebnis aus dem akzessorischen Charakter der Bürgschaft deduziert wird. Auch hier spielt der Wortlaut wiederum eine untergeordnete Rolle.

Zusammenfassend lassen sich folgende Feststellungen über die Auslegungsgrundsätze des EuGH treffen[1021]:

Insbesondere aus der Tatsache der Existenz elf verschiedener Sprachfassungen in der europäischen Gesetzgebung und der sich daraus ergebenden linguistischen Probleme[1022] ergibt sich eine Begrenzung des Einflusses des Wortlautes auf das

---

[1017] In seinen Ausführungen zur Funktion des generalanwaltlichen Schlussvortrags bemerkt auch Hommelhof, dass es nicht eben selten ist, dass sich von den umfänglich zusammengestellten Argumenten des Generalanwaltes häufig nur ein geringer Teil in der Urteilsbegründung wiederfindet, Hommelhoff, in Schulze (Hrsg.), Auslegung europäischen Privatrechts, 31 f..

[1018] Vgl. Opinion of Advocate-General Jacobs, delivered on 20 March 1997, Case C-45/96, a. a. O. (18).

[1019] Schulte-Nölke, a. a. O. (154), nennt das ergebnisorientierte Vorgehen des Generalanwaltes, bei dem entgegenstehende Argumente gar nicht erst erwähnt werden, „trivial wie desillusionierend".

[1020] Vgl. Schulte-Nölke, a. a. O. (153).

[1021] Sicherlich kann es als nicht unproblematisch gesehen werden, aus der Argumentation des EuGH in diesem einen Fall allgemeine Grundsätze für die Auslegung von Verbraucherschutzrichtlinien abzuleiten (so ausdrücklich Schulte-Nölke, a. a. O. (157 ff.)). In der Literatur wird auch vertreten, dass es keine allgemein gültigen Auslegungsmethoden gebe, sondern dass die Auslegung (des EuGH) je nach der auszulegenden Norm differieren müsse, vgl. Hoffmann-Becking, Normaufbau und Methode, 230 ff.. Es ist allerdings nicht abzustreiten, dass eine solche Vorgehensweise unter Rechtssicherheitsgesichtspunkten sehr bedenklich ist und zukünftige Entscheidungen des Gerichtshofs unvorhersehbar werden lies.

[1022] Dass Rechtstexte häufig schlicht nicht übersetzbar sind, bemerkt Martiny, in ZEuP 1998, 230 f.; vgl. auch Urban, in ERPL 2000, 51 ff. (52), der auch aus diesem Grund Skepsis bezüglich einer zukünftig möglichen umfassenden Rechtsvereinheitlichung an den Tag legt, vgl. auch bereits den Titel dieses Aufsatzes: „One legal language *and* the maintenance of cultural linguistic diversity ?"; ähnlich Campana, in ERPL 2000, 33ff..

Auslegungsergebnis[1023]. Vor allem das Abstellen auf lediglich eine Sprachfassung kann nicht zu tragfähigen Ergebnissen führen[1024]. Der optimale Auslegungsvorgang, dem man sich jedenfalls annähern sollte, legt den Wortlaut aller elf Sprachfassungen zugrunde[1025], um einen Rahmen der möglichen Bedeutungsalternativen festzulegen und die Grenze festzustellen, an der man von der Auslegung in eine Rechtsfortbildung eintritt. Aufgrund der möglichen Übersetzungs- oder Redaktionsfehler ist auch der Stellenwert der systematischen Auslegung etwa bei der Feststellung eines internen Normwiderspruchs als eher gering einzuschätzen[1026]. Auch bezüglich der historischen Auslegung ist dies die wohl vorherrschende Meinung[1027]. Der EuGH verwendet diese Auslegung in der Regel nur als begleitende Hilfsargumente[1028]. Eine Auslegung durch Eingliederung in einen politischen Kontext kann nur dann als sinnvoll erachtet werden, wenn der gemeinschaftsrechtliche Gesetzgeber überhaupt eine systematische abgerundete Gesetzgebungspolitik verfolgt und nicht –wie meist im Verbraucherschutzrecht- punktuell vorgeht. Im übrigen sind historische und systematische Argumente insoweit allenfalls als widerlegbare Indizien zu werten, die den Begründungsaufwand bezüglich der zweckorientierten Auslegung erhöhen können[1029]. Dieser zweckorientierten Auslegung ist im Kreise der Auslegungsmethoden also letztlich der Vorrang zu gewähren[1030] und ist an die veränderten Politikkonzeptionen

---

[1023] So auch Mertens de Wilmars, in Journal des Tribunaux 110 (1991), 37 ; Lutter, in JZ 1992, 602; Schmidt, in RabelsZ 59 (1995), 574 ff.; vgl. auch mit speziellem Bezug auf die gesellschaftsrechtliche Rechtsprechung Hommelhoff, in Schulze (Hrsg.), Auslegung europäischen Privatrechts, 45, These Nr. 3.

[1024] Vgl. bereits am 06. 04. 1962 die Äusserung des Generalanwaltes Lagrange im Fall 13/61: „As you know all four languages are authentic, which means that no single one of them is authentic. In such a case, just as when obscurities or contradictions arise in the interpretaion of a text in municipal law, we must look to its "context" or "spirit"." (zitiert nach Urban a. a. O. (Fn. 20)).

[1025] Vgl. insbesondere EuGH, Urteil vom 06. 10. 1982, Rs. C 283/81 (Srl C.I.L.F.I.T. und Lanificio di Gavardo S.P.A./Ministero della Sanita), in Slg. 1982, 3415 ff. (Nr. 18): „... die Auslegung einer gemeinschaftsrechtlichen Vorschrift erfordert somit einen Vergleich ihrer sprachlichen Fassungen."

[1026] Schulte-Nölke, a. a. O. (158). Der Autor weist zudem darauf hin, dass durch die politischen Interessen, die im Gesetzgebungsverfahren eine nicht unbedeutende Rolle spielen, es nicht selten zu inhaltlichen Brüchen kommen kann.

[1027] Mertens de Wilmars, in Journal des Tribunaux 110 (1991), 37 ; Lutter, in JZ 1992, 599, 602; Schmidt, in RabelsZ 59 (1995), 577; Pescatore, in ZEuP, 1998, 1 ff. (10), beurteilt die Auslegungsmaxime vom „Text zum Kontext und, von dort, zum Gesetzeszweck" angesichts der Veränderlichkeit der gemeinschaftsrechtlichen Politikkonzepte sogar als „sinnlos und irreführend".

[1028] Vgl. die Beispiele bei Lutter, in JZ 1992, 599.

[1029] Schulte-Nölke, a. a. O. (159).

[1030] Schulte-Nölke, a. a. O. (159) spricht vom „Primat der Zweckauslegung" im europäischen Recht.

der Gemeinschaft jeweils anzupassen[1031]. Der Grundsatz der teleologischen Auslegung des Gemeinschaftsrecht ist also kein „statischer", sondern orientiert sich „dynamisch" am aktuellen Stand der Gemeinschaftspolitik[1032].

Gesamtzusammenfassung und Bewertung

Die sekundärrechtlichen Informationstatbestände stehen insgesamt eher unverbunden nebeneinander und lassen bislang eine einheitliche Systematik vermissen. Eine solche Systematisierung sollte aber gerade auch aufgrund des positiven Einflusses auf die punktuelle nationale Umsetzungsgesetzgebung angestrebt werden. Auf diesem Wege kann sich die Bindung an den Verbraucherbegriff als hinderlich erweisen, da nicht alle für das Verbraucherrecht relevanten Informationstatbestände auch an die Verbrauchereigenschaft anknüpfen. Es wurde deutlich, dass allein die Eigenschaft als Verbraucher nicht zu dem Schluss zwingt, dass dem Anbieter und nicht dem Verbraucher selbst im Einzelfall die Informationsverantwortung auferlegt wird. Sachgerechter erscheint daher ein differenzierendes Vorgehen nach bestimmten Vertragstypen[1033], was aber nicht bedeutet, dass die entsprechenden Regeln nicht in einem eigenen Verbrauchergesetzbuch kodifiziert werden könnten und sollten. Dabei spricht aus europarechtlicher Hinsicht nichts dagegen, sprachenrechtlich gegebenenfalls über die Vorgaben des Sekundärrechts hinauszugehen. Ein solcher weitgehender sprachenrechtlicher Verbraucherschutz ist im Rahmen der Umsetzungsgesetzgebung zwar prinzipiell möglich, ausgehend von dem grundsätzlichen Ziel der Rechtsvereinheitlichung in der Gemeinschaft allerdings nicht wünschenswert. Primär sollte daher das Ziel verfolgt werden, durch eine Rahmenrichtlinie auf europäischer Ebene eine einheitliche Vorgehensweise in der Sprachenfrage zu erreichen und erst sekundär bestehende sprachliche Ungleichgewichtslagen im Vertragsrecht, die der Gemeinschaftsgesetzgeber offen gelassen hat, auszugleichen.
Bei der Überprüfung des Richtlinienrechts auf mögliche Sprachenregelungen sind zwei Auslegungsvorgänge zu unterscheiden. Dies ist zum einen die Auslegung des angeglichenen Rechts, bei dem der Grundsatz der richtlinienkonformen Auslegung zu beachten ist, und zum anderen die Auslegung der Richtlinien

---

[1031] Vgl. EuGH, Urteil vom 06. 10. 1982, Rs. 283/81 (Srl C.I.L.F.I.T. und Lanificio di Gavardo S.P.A./Ministero della Sanita), a. a. O. (Nr. 20): „... jede Vorschrift des Gemeinschaftsrechts" ist „... im Lichte des gesamten Gemeischaftsrechts, seiner Ziele und seines Entwicklungsstandes zur Zeit der Anwendung der betreffenden Vorschrift auszulegen."

[1032] Schulte-Nölke, a. a. O. (159).

[1033] Wie im einzelnen systematisch vorgegangen werden sollte, kann an dieser Stelle nicht weiter ausgeführt werden. Fleischer, a. a. O. (573 ff.), schlägt in seinem Entwurf einer Theorie vorvertraglicher Informationsverantwortlichkeiten beispielsweise vor, die Informationspflichten nach der Art der Verträge zu strukturieren. Er identifiziert dabei Kooperations-, Interessenwahrungs- und Austauschverträge. Des weiteren differenziert er nach dem Informationsgegenstand und den Voraussetzungen in der Person des Informationsberechtigten und –verpflichteten.

selbst. Nach der Rechtsprechung des europäischen Gerichtshof ist der Grundsatz der richtlinienkonformen Auslegung so zu verstehen, dass von den, nach nationalen Auslegungsmethoden erzielten Ergebnissen, dasjenige auszuwählen ist, das am ehesten der Richtlinie entspricht. Der nationalen Rechtsprechung kommt dabei eine eigene Verwerfungskompetenz zu. Der Grundsatz der richtlinienkonformen Auslegung gilt dabei auch für „altes" Recht, wenn dieses auch in den Anwendungsbereich der Richtlinie fällt. Zuvor ist aber die Richtlinie selbst auszulegen, der entgegen der Ansicht von *Reich* auch keine Direktwirkung zukommt, wenn ein Informationsrecht durch die Richtlinie konstituiert wird. Obwohl zwar zunächst der Wortlaut der Richtlinie bei der Auslegung beachtlich ist –und zwar der Wortlaut der elf verschiedenen Sprachfassungen-, gilt in erster Linie, so der EuGH, alle Aufmerksamkeit einer zweckorientierten Auslegung, der auch gegenüber historischen und systematischen Argumenten ein gewisser Vorrang gebührt. Vor allem also der Zweck der Richtlinien ist als Maßstab der Auslegung bei der Lösung der Sprachenfrage anzulegen.

3. Sprachenfrage im Sekundärrecht

In diesem Abschnitt sollen die in der Praxis relevanteren Richtlinien, die in den Bereich des Verbrauchervertragsrecht zu rechnen sind, in Bezug auf eine sprachenrechtliche Regelung besprochen werden. Anschließend ist zu resümieren, ob sich dadurch im Wege der richtlinienkonformen Auslegung der Umsetzungsgesetzgebung die These stützen lässt, dass den Informationsverpflichteten im Einzelfall eine Übersetzungspflicht trifft.

Bevor aber die jeweiligen richtlinienrechtlichen Regelungen zu untersuchen sind, stellt sich die vorgelagerte Frage, ob der Gemeinschaftsrechtsgesetzgeber für den Erlass von Sprachregeln überhaupt zuständig ist. Sollte diese Frage verneint werden, dann machte jede weitere Erörterung keinen Sinn mehr; mit anderen Worten: dass die EG für den Erlass der hier zu untersuchenden Richtlinien mit Bezug zum Vertragsrecht allgemein zuständig war und ist, soll nicht bestritten werden. Die Auslegung der Richtlinien in sprachenrechtlicher Hinsicht und die daraus folgende Wirkung auf die Umsetzungsgesetzgebung macht aber nur dann Sinn, wenn die Gemeinschaft zumindest auch für den Erlass von Sprachenregeln zuständig wäre.
Zudem kommt den im folgenden angesprochenen Normen des Primärrechts auch bei dem Auslegungsvorgang selbst Bedeutung zu. Nicht zuletzt ist eine nähere Betrachtung dieser Normen natürlich in Bezug auf eine zukünftig zu verfolgende Sprachenproblematik der Gemeinschaft unentbehrlich.
Nachdem nun in der Vergangenheit verbraucherschutzrechtliche Vorhaben in aller Regel auf die Kompetenzgrundlage der Binnenmarktangleichung gestützt

wurden[1034], stellen sich Kompetenzfragen im Lichte von Art. 129 a des Vertrags in der Maastrichter Fassung bzw. Art. 153 in der Amsterdamer Fassung in einem neuen Zusammenhang. Während es bezüglich der Maastrichter Vorschrift noch unklar war, ob sich hieraus abseits der Binnenmarkterheblichkeit eine eigene Kompetenznorm ergibt, oder ob Art. 129 a EGV nicht lediglich ein der Binnenmarktidee nachgereihtes Ziel darstellt[1035], das sich subsidiär auf die Fixierung von Mindeststandards beschränkt, hat sich die Verbraucherpolitik durch Art. 153 EG zu einem eigenständigen Politikbereich der Gemeinschaft emanzipiert[1036], wenn auch sicherlich nicht im Sinne einer eigenen ausschließlichen Kompetenz[1037]. Angesicht dieses rechtlichen Hintergrunds nimmt es nicht Wunder, dass die Europäische Kommission jedenfalls noch unter dem Lichte des „alten" Art. 129 a Sprachenregelungen als Angelegenheit der nationalen Gesetzgeber ansah insbesondere mit dem Hinweis auf die mangelnde Binnenmarktrelevanz derartiger Regeln sowie dem Verweis auf das Subsidiaritätsprinzip[1038]. Ob dieser Äußerung und dem Gemeinschaftsrecht somit eine grundsätzliche Absage an alle diejenigen zu entnehmen ist, die dem Sekundärrecht in sprachenrechtlicher Hinsicht eine positive Aussage entnehmen wollen, bedarf einer eingehenden Betrachtung. Denn dem Vertrag von Amsterdam steht in der Bewältigung von Sprachenproblemen im Verbrauchervertragsrecht eine Aufgabe bevor, die diffuse Interessen und rechtspolitische Strömungen zu einem Gleichklang bringen muss: der Verbraucher als „Brennglas" gemeinschaftsrechtlicher Zielvorgaben. Die Gewährung passiver Grundfreiheiten für einen aktiven Binnenmarktakteur namens Verbraucher, daneben eine effektive Binnenmarktverwirklichung erscheint da als Aporie[1039]. Und nicht nur in den Vorgaben des Art. 153 EG muss deutlich wer-

---

[1034] Soweit erkennbar wurde nur die Richtlinie 98/6/EG vom 16. 02. 1998 über Grundpreisangaben (ABl. EG Nr. L 80/27 vom 18. 03. 1998) auf die binnenmarktunabhängige Kompetenz des Art. 129 a EGV gestützt. Bezeichnenderweise geschah dies gerade mit dem Anliegen, eine „genaue" „transparente" und „unmissverständliche" Information des Verbrauchers zu gewährleisten (Erwägungsgrund 2).

[1035] Insbesondere Generalanwalt Lenz betont in der Rechtssache El Corte Inglés, dass der Begriff der spezifischen Aktionen auf nicht-gesetzgeberische Maßnahmen hindeute, vgl. Rs. C-192/94, Urteil vom 07. 03. 1996, Slg. 1996, I-1281, 1292, Ziff. 32; auch der EuGH tritt in der Rs. C-233/94, Urteil vom 13. 05. 1997, in Slg. 1997, I-2405, der Ansicht der Bundesregierung entgegen, Art. 129 a könne aufgrund der Notwendigkeit eines hohen Verbraucherschutzniveaus als Argument dafür verwendet werden, Verpflichtungen zu Lasten der Mitgliedsstaaten oder einzelner Marktbürger zu schaffen.

[1036] Reich, Verbraucherschutz und Verbraucherpolitik im Vertrag von Amsterdam, in VuR 1999, 1 ff. (5); Helmut Heiss stellt dies bereits für Art. 129 a EGV fest, Verbraucherschutz im Binnenmarkt: Art. 129a EGV und die wirtschaftlichen Verbraucherinteressen, in ZEuP 1996, 625.

[1037] Grub, in Lenz (Hrsg.), Art. 153, Rn. 6.

[1038] Mitteilung der Kommission ohne Datum, ABl. EG Nr. C-345 vom 23.12.1993, 3 ff., in EWS 1994, 126 ff..

[1039] So Reich in VuR 1999, 4.

den, dass der Vertrag von Amsterdam über die Kompetenz zur Wahrung wirtschaftlicher Interessen des Verbrauchers hinausgeht.
In der Behandlung von Sprachregeln spitzt sich „das Dilemma von Amsterdam" zu einem komplexen kompetenzrechtlichen Diskurs zu. Denn neben den angesprochenen Aspekten verpflichtet die Beschäftigung mit „Sprache" die Gemeinschaft darauf, sich ihrer Rolle als Bewahrer und Förderer des europäischen kulturellen Erbes im Sinne des Art. 151 EG, welche Gestalt dieses „Erbe" auch immer annehmen mag[1040], verstärkt bewusst zu werden. Versteht man zusätzlich Sprachregeln im Richtlinienrecht als Teil einer antidiskriminierenden Gemeinschaftspolitik, so muss auch Art. 13 EG in diesen Diskurs eingebettet werden.

a. Art. 153 EG als Kompetenzgrundlage für den Erlass von Sprachregeln

Die EG hat gemäß Art. 3 lit. t EG die Aufgabe, „einen Beitrag zur Förderung des Verbraucherschutzes" zu leisten mit den Zielen der „Förderung der Interessen der Verbraucher" und zur „Gewährleistung eines hohen Verbraucherschutzniveaus" (Art. 153 I EG). Aus Art. 153 EG ergibt sich dabei, dass primär die Mitgliedstaaten für den Verbraucherschutz verantwortlich sind[1041]. Allerdings ist die Gemeinschaft jetzt ausdrücklich befugt, Maßnahmen zur Überwachung der Politik der Mitgliedstaaten durchzuführen (Art. 153 III lit. b EG). Im Rahmen dieser Überwachung hat die Gemeinschaft insbesondere sicherzustellen, dass ein hohes Verbraucherschutzniveau nicht nur gefördert, sondern gewährleistet wird, der sogenannte „aquis communautaire" also erhalten bleibt[1042]. Dabei muss es sich aber nicht zwingend um das jeweils höchste Schutzniveau in den Mitgliedsstaaten handeln[1043]. Neben dieser Kontroll- und Überwachungsfunktion der Gemein-

---

[1040] An dieser Rolle der EU kann sich in Bezug auf die Sprachenfrage auch nichts dadurch ändern, dass der Begriff des kulturellen Erbes in Art. 151 EG im Zusammenspiel mit den Begriffen „Erhaltung und Schutz" auf materielle Kulturschätze beschränkt wird (Grabitz/Hilf-Ress/Ukrow, Bd. I, Art. 151, Rn. 47), weil dadurch jedenfalls nicht der Tätigkeitsbereich der Gemeinschaft nach Art. 3 I lit. q eingegrenzt wird.

[1041] Vgl. den Wortlaut von Art. 153 (Hervorhebungen durch den Verfasser): Zur Förderung der Interessen der Verbraucher und zur Gewährleistung eines hohen Verbraucherschutzniveaus *leistet die Gemeinschaft einen Beitrag* zum Schutz der Gesundheit, der Sicherheit und der wirtschaftlichen Interessen der Verbraucher sowie zur Förderung ihres Rechts auf Information, Erziehung und Bildung von Vereinigungen zur Wahrung ihrer Interessen. Den Erfordernissen des Verbraucherschutzes wird bei der Festlegung und Durchführung der anderen Gemeinschaftspolitiken und –maßnahmen Rechnung getragen. Die Gemeinschaft leistet einen Beitrag zur Erreichung der in Absatz I genannten Ziele durch ... a) Maßnahmen, die sie im Rahmen der Verwirklichung des Binnenmarktes nach Art. 95 erläßt b) *Maßnahmen zur Unterstützung, Ergänzung und Überwachung der Politik der Mitgliedsstaaten.* Vgl. ebenso Berg, in Schwarze (Hrsg.), EU-Kommentar, Art. 153, Rn. 18.

[1042] Berg, in Schwarze (Hrsg.), EU-Kommentar, Art. 153, Rn. 9; Grub, in Lenz (Hrsg.) Art. 153, Rn. 7.

[1043] EuGH, Urteil vom 13. 05. 1997, Rs. C-233/94, in Slg. I-2405 ff., Rn. 10, 48; Reich, in ZEuP 1994, 381, 394 f..

schaft stellt Absatz I des Art. 153 EG aber auch klar, dass es sich beim Verbraucherschutz um einen eigenen Politikbereich der Gemeinschaft handelt[1044], da diese „einen eigenen Beitrag" leistet.
Diese parallele Zuständigkeitsverteilung zwischen Gemeinschaft und Mitgliedstaaten macht es im Einzelfall besonders schwer, gemeinschaftliche und nationale Zuständigkeitsbereiche abzugrenzen. Hilfreich ist dabei zunächst die Feststellung, dass Art. 153 EG allgemein als eine Ausprägung des Subsidiaritätsgrundsatzes verstanden wird[1045], der diesen näher konkretisiert und in einer Art Wechselwirkung mit diesem steht[1046]. Ansonsten muss nach Art. 5 EG geprüft werden, ob „die Ziele der in Betracht gezogenen Maßnahmen auf Ebene der Mitgliedstaaten nicht ausreichend erreicht werden können und daher wegen ihres Umfangs oder ihrer Wirkungen besser auf Gemeinschaftsebene erreicht werden können".
Im folgenden ist daher zu diskutieren, wie weit die Kompetenzbeschränkung durch das Subsidiaritätsprinzip auch in Bezug auf die Binnenmarktkompetenz reicht, und wie die Zielvorgabe der Verwirklichung des Rechtes des Verbrauchers auf Information in Art. 153 EG aus sprachenrechtlicher Hinsicht zu verstehen ist.

aa. Subsidiaritätsprinzip und Verhältnis zu Art. 95 EG

Der Grundsatz der Subsidiarität bewirkt eine Beschränkung der Gesetzgebungsbefugnis der Gemeinschaft auf die Fälle, in denen die gemeinschaftsrechtliche Aufgaben nicht besser durch die Gemeinschaft als durch die Mitgliedsstaaten erfüllt werden können. Das Subsidiaritätsprinzip wird somit allgemein als eine Kompetenzausübungsregel verstanden[1047]. Gemünzt auf den Erlass von Sprachenregelungen stellt sich dann die Frage, ob die Gesetzgebungskompetenz der Gemeinschaft dadurch beschränkt ist, dass die Problematik der Sprachverwendung gegenüber dem Verbraucher ebensogut auf mitgliedsstaatlicher Ebene gelöst werden könnte. Problematisch ist dabei aber, dass das Subidiaritätsprinzip

---

[1044] Ebenso Grub, in Lenz (Hrsg.), Art. 153, Rn. 1; Oppermann, Europarecht, Rn. 2041; Reich, in VuR 1999, 5; Berg, in Schwarze (Hrsg.), EU-Kommentar, Art. 153, Rn. 3.

[1045] Grub, in Lenz, Kommentar zum EG-Vertrag, Art. 153, Rn. 6; Reich, in VuR 1999, 5; für Art. 129 a EGV ebenso Micklitz/Reich, in EuZW 1992, 593 ff.; Berg, in Schwarze (Hrsg.), EU-Kommentar, Art. 153, Rn. 11.

[1046] Für Art. 129 a EGV ebenso Micklitz/Reich, in EuZW 1992, 593 ff.; Berg, in Schwarze (Hrsg.), EU-Kommentar, Art. 153, Rn. 11; Reichs Äußerungen, in VuR 1999, 5, ist wohl zu entnehmen, dass das Subsidiaritätsprinzip neben Art. 153 nicht mehr gilt, was ohne bedeutende Auswirkungen sein wird, da sich Art. 5 EG und Art. 153 EG dahingehend wohl kaum unterscheiden werden.
Grundsätzlich keine Anwendung findet der Grundsatz der Subsidiarität im Bereich ausschließlicher Gesetzgebungskompetenzen, vgl. Lienbacher, in Schwarze (Hrsg.), Art. 5, Rn. 13.

[1047] Langguth, in Lenz (Hrsg.), Art. 5, Rn. 3; Lienbacher, in Schwarze (Hrsg.), EU-Kommentar, Art. 5 , Rn. 12; Müller-Graff, Binnenmarktauftrag und Subsidiaritätsprinzip, in ZHR 159 (1995), 34 f. (47 f.).

nur im Bereich nichtausschließlicher Gemeinschaftskompetenzen Anwendung findet. Gerade aber im europäischen Verbrauchervertragsrecht werden Gesetzgebungsvorhaben in aller Regel auf Art. 100 a EGV (Art. 95 EG) gestützt, also die allgemeine Norm der Binnenmarktangleichung. So war Art. 100 a EGV für die Haustürwiderrufsrichtlinie[1048], die Verbraucherkreditrichtlinie[1049], die Timesharingrichtlinie[1050], die Klauselrichtlinie[1051], die Pauschalreiserichtlinie[1052] und die Fernabsatzrichtlinie[1053] die entsprechende Kompetenzgrundlage[1054]. Die Dritte RL-Lebensversicherung[1055] stützt sich mit dem Ziel der Verwirklichung des Versicherungsbinnenmarktes auf Art. 57 II und Art. 66 EGV[1056]. Binnenmarktverwirklichung und Verbraucherschutz als Politikbereiche der EG schließen sich auch nicht grundsätzlich aus, sondern ergänzen und unterstützen einander, dadurch dass die ökonomischen Verbraucherinteressen als ein bedeutender Aspekt bei der Errichtung des Binnenmarktes verstanden werden können[1057].

Sind die Voraussetzungen der allgemeinen Kompetenz der Binnenmarktangleichung erfüllt, wird davon ausgegangen, dass der Subsidiaritätsgrundsatz daneben keine weiteren Schranken mehr aufzustellen vermag[1058]. Dies ist auch die Haltung des Europäischen Gerichtshofs[1059]. In Bezug auf Sprachenregeln ist also zu fragen, ob sich diese durch eine Binnenmarkterheblichkeit auszeichnen, oder aber ob derartige Regelungen ohne Auswirkungen auf den Binnenmarkt sind und somit in den Kompetenzbereich der Mitgliedstaaten fallen.

Der EuGH hat dabei in seiner jüngsten Entscheidung zur Tabakwerberichtlinie[1060] die Voraussetzungen der binnenmarktbezogenen Kompetenz konkretisiert. Danach muss der Gemeinschaftsgesetzgeber tatsächlich das Ziel der Verbesserung des Funktionierens des Binnenmarktes und nicht allein des Verbraucherschutzes verfolgen. Die Divergenz der nationalen Vorschriften müssen ein mindestens wahrscheinliches Hindernis für den Handel darstellen, deren Verhin-

---

[1048] RL 85/577/EWG vom 20. 12. 1985, in ABl. EG 1985, Nr. L 372/31.

[1049] RL 87/102/EWG vom 22. 12. 1986, in ABl. EG 1987, Nr. L vom 12. 02. 1987, 42/48.

[1050] RL 94/47/EG vom 26.10.1994, in ABl.EG 1994 Nr. L 280/83.

[1051] RL 93/13/EWG vom 05. 04. 1993, in ABl. EG 1993, Nr. L 95/29.

[1052] RL 90/314/EWG vom 13. 06. 1990, in ABl. EG 1990, Nr. L 158/59.

[1053] RL 97/7/EG vom 20. 05. 1997, in ABl. EG 1997 Nr. L 144/19.

[1054] Vgl. mit umfangreichen Fundstellennachweisen Grundmann, Europäisches Schuldvertragsrecht, 219, 237, 279, 304, 625, 649, 679, 709.

[1055] RL vom 10. 11. 1992, in ABl. EG 1992, Nr. L 360/1.

[1056] Grundmann, Europäisches Schuldvertragsrecht, 860.

[1057] Vgl. Heiss, Verbraucherschutz im Binnenmarkt: Art. 129 a und die wirtschaftlichen Verbraucherinteressen, in ZEuP 1996, 625 ff..

[1058] Armbrüster, in RabelsZ 60 (1996), 72, 83 f.; Jarass, Innerstaatliche Bedeutung des EG-Rechts, 20, 30 f.; Müller-Graff, in NJW 1993, 13, 17; Schwartz, EG-Kompetenzen für den Binnenmarkt.

[1059] EuGH, Urteil vom 12. 11. 1996, Rs. C 84/94, in Slg. 1996, I-5755 (5811).

[1060] Urteil vom 05. 10. 2000, in JZ 2001, 32 (mit Anmerkung Götz).

derung als Hauptzweck[1061] der jeweiligen Maßnahmen angestrebt wird, oder es müssen spürbare Wettbewerbsverzerrungen beseitigt werden[1062].
Sprachliche Unterschiede führen im Binnenmarkt dazu, dass die geschäftliche Kommunikation behindert wird. Die Notwendigkeit der Übersetzung erzeugt nicht unerhebliche Transaktionskosten und kann insbesondere beim Verbraucher im Einzelfall dazu führen, dass dieser vom Geschäft gänzlich Abstand nimmt und seine Nachfragerfreiheit nicht in ausreichendem Maße wahrnehmen kann[1063]. Denn es ist kaum zu erwarten, dass ein einzelner Verbraucher beim alltäglichen Konsumgeschäft die professionelle Hilfe eines Übersetzers oder Dolmetschers in Anspruch nimmt. Lässt sich der Verbraucher aber durch Sprachunterschiede von einer Nachfrage im Ausland abhalten, dann wirkt dies dem Ziel der Binnenmarktverwirklichung entgegen[1064] und stellt somit ein erhebliches Hindernis für den Handel dar. Diese Kosten stellen auch nicht lediglich eine psychologische Hürde für den Verbraucher dar[1065], sondern eine handfestes wirtschaftliches Hindernis.
Andererseits könnte man dem entgegnen, dass die Anbieterseite schon alles tun wird, um bestehende Sprachbarrieren abzubauen. Vor allem im Bereich der Produktkennzeichnung und -anpreisung kann dies sicherlich nicht abgestritten werden. Insofern besteht auch ein ausreichender marktlicher Anreiz für den Anbieter. Was aber den Bereich der sprachlichen Fassung des Vertragsdokuments angeht, bleibt es bei den bestehenden Sprachbarrieren, da hier das Interesse des Anbieters geringer ist, für eine Übersetzung zu sorgen. Nicht ohne Grund erachtete der Gemeinschaftsgesetzgeber es im Bereich des Timesharing für notwendig, den Anbieter, der in aller Regel zwar den unmittelbaren Kundenkontakt in der Sprache des Verbrauchers herstellt, auch zu einer Übersetzung des Vertragstextes zu verpflichten[1066]. Insbesondere in dem praktisch bedeutendsten Bereich der Allgemeinen Geschäftsbedingungen sind keine oder jedenfalls zu geringe Anreize des Marktes vorhanden, die die Übersetzung von AGB seitens der Anbieter fördern könnten. Der Verbraucher wird aber erheblich seltener Verträge abschließen, denen ein komplexes und darüber hinaus sprachlich nicht verständliches Regelwerk zugrundeliegt[1067].

[1061] Siehe das Urteil in Bezug auf Art. 129 EGV, vom 07. 03. 1996, Rs. C 192/94 (El Corte Inglés), in Slg. 1996, I-1281, 1303, Rn. 19.
[1062] EuGH, Urteil vom 05. 10. 2000, in JZ 2001, 32, Rn. 84, 86 und 106 f..
[1063] Die Nachfragerfreiheit ist Teil der durch Art. 59 EG gewährten Dienstleistungsfreiheit, vgl. EuGH, Urteil vom 07. 03. 1990, Rs. C 362/88 (GB-INNO), in Slg. 1990, I-667, 686, Rn. 8; vom 25. 07. 1991, Rs. C 76/90 (Säger/Dennemeyer), in Slg. 1991, I-4221, 4244, Rn. 14.
[1064] So auch Downes/Heiss, in ZVglRWiss 98 (1999), 36 f..
[1065] Roth, in JZ 2001, 478 f., meint dagegen, dass sich der Verbraucher regelmäßig nur psychologisch gehindert sieht, seine Nachfragerfreiheit wahrzunehmen. Dieser Aspekt soll daher nicht als Argument für eine Binnenmarktkompetenz herangezogen werden dürfen.
[1066] Weitere Beispiele bei Downes/Heiss, in ZVglRWiss 98 (1999), 37 f..
[1067] Wie hier Downes/Heiss, in ZVglRWiss 98 (1999), 37.

Auch das in dieser Arbeit in verschiedenen Kontexten verwendete Argument der ökonomischen Effizienz von Sprachregeln mag zur Unterstützung der Annahme einer Binnenmarkterheblichkeit angeführt werden. Denn durch die Auferlegung der Übersetzungspflicht auf die Anbieterseite wird eine Standardisierung der Übersetzung und damit eine Reduzierung der Kosten pro Transaktion erreicht.
An der Binnenmarkterheblichkeit und der daraus resultierenden Gemeinschaftskompetenz ändert sich auch dadurch nichts, dass unter Umständen zusätzlich kulturelle und Verbraucherschutzaspekte angesprochen sind, wenn wie gesagt das Ziel der Binnenmarktangleichung jedenfalls im Vordergrund steht[1068].

Ist somit die Frage nach der Binnenmarkterheblichkeit jedenfalls für den grenzüberschreitenden Geschäftsverkehr positiv beantwortet, so fällt die Antwort für den, im Rahmen dieser Arbeit relevanteren Bereich nicht ebenso eindeutig aus. Der Verbraucher, der seinen Lebensmittelpunkt bereits in einen anderen Staat verlegt hat, wird von einem Geschäftsabschluss nicht dadurch abgehalten, dass es in seinem Aufenthaltsstaat gebräuchlich ist, Vertragsdokumente (nur) in der Sprache dieses Staates abzufassen; denn es wird diesem regelmäßig nichts anderes übrig bleiben, als bestimmte, für seine Daseinsbewältigung grundlegende Verträge auch in jenem Staat abzuschließen, es sei denn jener Verbraucher hält sich in einem Grenzgebiet zu einem Staat auf, dessen Sprache er beherrscht. Für diese Konstellation ist das Argument, Sprachenbarrieren könnten prohibitiv auf den Abschluss von Geschäften wirken, zumindest teilweise entkräftet und somit auch die Binnenmarktrelevanz.
In diesem Bereich erscheint es als angemessen von einer Art kooperativer Kompetenzverteilung zwischen Mitgliedstaaten und Gemeinschaft auszugehen. Die Gemeinschaft kann Gesetzgebungsmaßnahmen nicht allein sondern allenfalls zusätzlich auf Art. 95 EG stützen. Daneben könnten sich gemeinschaftliche Vorhaben zur Sprachenregulierung auf Art. 153 EG berufen[1069]. Im übrigen darf die exakte Unterscheidung zwischen diesen Normen nicht überschätzt werden, da die Gesetzgebungsverfahren nach beiden Vorschriften identisch sind[1070].

[1068] EuGH, Urteil vom 08. 10. 1996, Rs. C 178/94 (Dillenkofer), in Slg. I-4845: „die Tatsache, daß die Richtlinie noch andere Ziele gewährleisten soll (den Binnenmarkt (der Verfasser))" soll „nicht ausschließen, dass ihre Bestimmungen auch auf den Schutz der Verbraucher abzielen. Gem. Art. 100a III EGV hat die Kommission nämlich in ihren Vorschlägen nach diesem Artikel unter anderem auch im Bereich des Verbraucherschutzes von einem hohen Schutzniveau auszugehen".; ebenso Herrnfeld, in Schwarze (Hrsg.), EU-Kommentar, Art. 95, Rn. 9 ff.,12.

[1069] Dass Art. 153 EG allgemein überhaupt eine ausdrückliche Handlungsgrundlage für Rechtsakte der Gemeinschaft darstellt, meinen beispielsweise Hommelhoff, Vernbraucherschutz, 2, und Reich („Charakter einer indirekten Kompetenzzuweisungsnorm"), in ZEuP 1994, 381, 386. Die Meinungen zum Verhältnis von Art. 95 zu Art. 153 EG sind allerdings mannigfaltig: Müller-Graff: „Inhaltsgestaltungsauftrag", in NJW 1993, 17; Ulmer: „Handlungsauftrag", in JZ 1992, 3 f.; Übersicht bei Gebauer, Grundfragen der Europäisierung des Privatrechts, 130 f..

[1070] Reich, Bürgerrechte, 84, verzichtet daher auf eine genaue Abgrenzung.

Eine derartige Gemengelage der Kompetenzgrundlagen führt aber jedenfalls zu einer modifizierten Geltung des Subsidiaritätsgrundsatzes. Das Vorhandensein unterschiedlicher Verbraucherschutzniveaus durch eine Alleinkompetenz der Mitgliedsstaaten bedingt eine faktischen Behinderung des Konsumenten, im Binnenmarkt ein aktiver Nachfrager zu sein. Aus diesem Umstand soll sich zwar die grundsätzliche Kompetenz der Gemeinschaft aus Art. 95 EG ergeben, die zusätzliche Betroffenheit des Verbraucherschutzes führe aber dazu, dass sich die Maßnahmen der Gemeinschaft auf die Herstellung von Mindeststandards beschränken müssen, und ansonsten die Kompetenz bei den Mitgliedsstaaten verbleibt[1071]. Begründet wird diese Ansicht in überzeugender Weise mit dem auch unter Art. 5 EG fortgeltenden Kriterium der Erforderlichkeit[1072], das auch für den Bereich der ausschließlichen Gemeinschaftskompetenz anzuwenden ist. Bei sich überkreuzenden Kompetenzen der funktional formulierten Rechtsangleichung und der sachgebietsorientierten Verbraucherpolitik ist es ausreichend zur Herstellung tatsächlicher Wettbewerbsgleichheit der Anbieter im Binnenmarkt, das Verbraucherschutzrecht auf einem Mindeststandardniveau zu harmonisieren[1073]. Ob die Gemeinschaft sich bei dem Erlass verbraucherschützender Binnenmarktregeln auf Art. 95 (III) EG oder Art. 153 EG stützt, kann dann letztlich dahinstehen[1074]. Für die Mitgliedstaaten verbleibt jedenfalls nach Art. 95 IV EG bzw. Art. 153 V EG die Möglichkeit, über den jeweiligen Mindeststandard hinauszugehen. Dass die Mitgliedsstaaten zu einer Beachtung verbraucherschützender Aspekte verpflichtet sind, ergibt sich wiederum aus Art. 153 EG I lit. b. und dem allgemeinen Grundsatz der Gemeinschaftstreue des Art. 10 EG.

Für die Kompetenzverteilung hinsichtlich von Sprachenregelungen im Verbrauchervertragsrecht bedeutet dies bis hierher, dass eine Formulierung von Mindeststandards seitens der Gemeinschaft geboten ist, wenn diese sich zumindest auch auf Art. 95 EG stützt. Wenn Maßnahmen allein auf der Grundlage von Art. 153 EG erlassen werden, gilt ein präzisierter Subsidiaritätsgrundsatz. Im grenzüberschreitenden Verkehr ist aber regelmäßig davon auszugehen, dass die Mitgliedstaaten kaum in der Lage sind, das Sprachenproblem angemessen zu lösen, so dass auch hier die Gemeinschaft tätig werden kann. Das Subsidiaritätsprinzip entfaltet dann lediglich insoweit seine Wirkung, als auf Formulierungs- und Durchführungsebene maßvoll in Bezug auf Detailschärfe und die Verwendung

[1071] Heiss, in ZEuP 1996, 637, 647; Micklitz/Reich, in EuZW 1992, 593; ähnlich Pieper, in DVBl 1993, 705 ff., 710; Reich, Bürgerrechte, 86; Wichard, in Callies/Ruffert, Kommentar zum EU- und EG-Vertrag, Art. 153, Rn. 16, 19.

[1072] Zur Anwendbarkeit des Kriteriums der Erforderlichkeit im Bereich ausschließlicher Zuständigkeiten vgl. Müller-Graff, in ZHR 159 (1995), 34 ff., 71 f..

[1073] Heiss, in ZEuP 1996, 639 ff.; zur Erforderlichkeit statt Subsidiarität: Lutter, in Due/Lutter/Schwarze (Hrsg.), FS für Everling, 765 ff., 772 f.; Steindorff, in ZHR 158 (1994), 149 ff., 168.

[1074] So Heiss, in ZEuP 1996, 646, noch in Bezug auf die Maastrichter Fassung.

von Verordnungen vorzugehen ist[1075]. Den Mitgliedstaaten bleibt allerdings vorbehalten, ein in sprachenrechtlicher Hinsicht weitergehendes Verbraucherschutzniveau zu implementieren. Praktisch könnte dies so aussehen, dass der Gemeinschaftsgesetzgeber in einer Richtlinie zu einem bestimmten Bereich oder einer allgemeinen Rahmenrichtlinie festellt, dass im Rahmen von Informationspflichten auf die unterschiedlichen Sprachkenntnisse des Vertragspartners Rücksicht zu nehmen ist. Die exakte Ausgestaltung der jeweiligen Informationstatbestände sollte dann den Mitgliedstaaten überlassen bleiben[1076]. Ob sich die Verpflichtung der Mitgliedsstaaten zu einer entsprechenden verbraucherschützenden Sprachenregelung dann direkt aus Art. 153 EG ergibt oder aus der jeweiligen, diese Norm konkretisierenden Richtlinie, bleibt dann im Ergebnis unerheblich[1077].

bb. Sprachenrechtliche Zielvorgaben in Art. 153 EG

Soweit im vorangehenden Abschnitt festgestellt wurde, dass die Mitgliedstaaten zumindest auch eine Verpflichtung trifft, die Vorgaben des Art. 153 EG zu erfüllen, wenn diese sich nicht den Vorwurf der Gemeinschaftsrechtswidrigkeit gefallen lassen wollen[1078], stellt sich nun die anschließende Frage, welche Vorgaben

[1075] Vgl. zum Vorrang der Richtlinie vor einer Verordnung und einer Rahmenrichtlinie vor einer detailgenauen Richtlinie Nr. 6 des Protokolls zum Amsterdamer Vertrag über die Anwendung der Grundsätze der Subsidiarität und der Verhältnismäßigkeit (1997), in ABl. EG 1997, Nr. C 340/105 ff.; vgl. dazu auch Reich, in VuR 1999, 5.

[1076] Ausgehend von diesem Ansatz ist die ausdifferenzierte sprachenrechtliche Regelung der Timesharing-Richlinie aus kompetenzrechtlicher Hinsicht sicherlich bedenklich.

[1077] Mit Reich, in VuR 1999, 7, 8, ergäbe sich eine Verpflichtung der Mitgliedstaaten mangels hinreichender Konkretheit der Norm wohl nicht direkt aus Art. 153 EG. Dieser Vorschrift entnimmt Reich aber eine Unterstützungsfunktion des Sekundärrechts, die die aus dem Sekundärrecht fließenden Verpflichtungen konkretisieren kann. Reich zieht daraus allerdings den doch sehr weitgehende Schluss der horizontalen Direktwirkung der Richtlinien (vgl. oben II.). Nachvollziehbar wird dies mit Reichs Theorie der subjektiven Rechte im Gemeinschaftsrecht, vgl. Bürgerrechte, 450 ff. (zusammenfassende Würdigung).

[1078] Wichard, in Callies/Ruffert, a. a. O. (Rn. 11), ist dagegen der Ansicht, dass sich aus der Verpflichtung zum Verbraucherschutz nach Art. 10 II i. V. m. Art. 3 I lit. t., Art. 153 EG keine Handlungsverpflichtung für die Mitgliedsstaaten ergeben könnte. Sicherlich richtig ist diese Ansicht aber nur, soweit sie sich ausschließlich auf die Verpflichtungswirkung der Vertragsziele (Art. 2 ff. EG) und nicht aber auch auf Art. 153 EG stützen will. Dass allein die Vertragsziele keine direkten Handlungspflichten begründen, ist ständige Rechtsprechung des EuGH (vgl. Urteil vom 29. 09. 1987, Rs. C 126/86, in Slg. 1987, 3697, Rn. 11; Urteil vom 24. 01. 1991, Rs. C 339/89, in Slg. 1991, I-107, Rn. 9). Selbst wenn vorhergehend aber eine unmittelbare Handlungsverpflichtung der Mitgliedstaaten sogar aus Art. 153 EG verneint würde, ist die Auslegung des Rechtes auf Information in Art. 153 EG keineswegs bedeutungslos. Ein in sprachenrechtlicher Hinsicht positives Auslegungsergebnis ist insbesondere im Rahmen der richtlinienrechtlichen Umsetzungsgesetzgebung zu beachten. Bei bereits erfolgter Umsetzung sind entsprechende Ergebnisse und eine Übereinstimmung mit den Vorgaben des Art. 153 EG über den

das Gemeinschaftsrecht aus sprachenrechtlicher Hinsicht an ihre Mitglieder stellt.
Insofern als der bloße Worlaut von Art. 153 EG schlicht von einem Recht auf Information spricht, kann daraus nicht viel in Bezug auf eine Verpflichtung, in sprachenrechtlicher Hinsicht tätig zu werden, geschlossen werden. Welche Maßnahmen dahingehend erforderlich sind, hängt also grundsätzlich davon ab, wie dieses Informationsrecht zu verstehen ist. Bei der näheren Konkretisierung von Begriffen des Gemeinschaftsrechts gilt der Grundsatz der autonomen Auslegung des Gemeinschaftsrechts[1079]. Dabei ist insbesondere darauf zu achten, ob der konkret benutzte Begriff bereits gemeinschaftsrechtlich in einem bestimmten Sinne determiniert ist[1080]. Soweit also auch das sekundäre Gemeinschaftsrecht nähere Ausformungen des Begriffs der Information in sprachenrechtlicher Weise enthält, können diese Aufschluss über die Auslegung des primären Gemeinschaftsrechtes geben[1081]. Im folgenden ist daher die Gesetzgebungstätigkeit der Gemeinschaft in Bezug auf Sprachenregelungen durchzusehen, um daraus möglicherweise Rückschlüsse auf die Auslegung des Primärrechts zu ziehen. Die einzelnen Gesetzgebungsmaßnahmen werden dabei in Abhängigkeit der jeweiligen Intensität ihrer Sprachenregelung in drei Kategorien eingeteilt[1082].

(1) Sekundärrecht mit optionaler Sprachenregelung

Eine gewissermaßen abgeschwächte Entscheidung des gemeinschaftsrechtlichen Gesetzgebers zum Erlass von Sprachenregelungen findet sich in Regelungen, die den Erlass einer Sprachenregelung ermöglichen, die Entscheidung darüber aber in das Ermessen der Mitgliedstaaten stellen. Beispielhaft seien dafür ohne An-

---

Grundsatz der gemeinschaftsrechtskonformen Auslegung zu erreichen. Einen solchen Ansatz verfolgt insbesondere Kallenborn, Das Sprachenproblem, 146 ff., der schlicht offen lässt, wie sich die Kompetenzlage in sprachenrechtlicher Hinsicht mit Bezug auf den Grundsatz der Subsidiarität darstellt, da die Zielsetzung von Art. 129 a EGV auch bei Nichtgeltung dieses Grundsatzes für die Mitgliedstaaten beachtlich ist.

[1079] Wegener, in Callies/Ruffert, Kommentar zum EU- und EG-Vertrag, Art. 220 EG, Rn. 7 mit umfänglichen Rechtsprechungsnachweisen; Oppermann, Europarecht, Rn. 680 ff.. Zur autonomen Begriffsbestimmung in Bezug auf den Verbraucherbegriff vgl. Reich, in ZEuP 1994, 381 ff., 389.

[1080] Lutter, in JZ 1992, 599; Wegener, in Callies/Ruffert, Kommentar zum EU- und EG-Vertrag, Art. 220, Rn. 7.

[1081] Die Suche nach einer Konkretisierung des Begriffes der Information im sekundären Gemeinschaftsrecht soll allerdings nicht darüber hinwegtäuschen, dass letztlich allein das Primärrecht und insbesondere die eigene Teleologie über Sinn und Verständnis der verwendeten Begriffe entscheiden darf. Für die Bestimmung dieser Teleologie bietet aber das Sekundärrecht eine wertvolle Hilfestellung.

[1082] Vgl. auch Kallenborn, a. a. O. (148 ff.).

spruch auf Vollständigkeit folgende Gesetzgebungsmaßnahmen mit verbraucherspezifischen Bezug[1083]:

• Art. 6 IV der Richtlinie 1999/44/EG des Europäischen Parlaments und des Rates zu bestimmten Aspekten des Verbrauchsgüterkaufs und der Garantien für Verbrauchsgüter[1084]: *„Die Mitgliedstaaten, in denen das Verbrauchsgut in Verkehr gebracht wird, können, soweit dies mit den Vorschriften des Vertrags vereinbar ist, für ihr Gebiet vorschreiben, dass die Garantie in einer oder mehreren Sprachen abzufassen ist, die der jeweilige Mitgliedstaat unter den Amtssprachen der Gemeinschaft auswählt.*“

• Art. 24 V der Richtlinie 92/32/EWG des Rates vom 30. 03. 1992 zur siebten Änderung der Richtlinie 67/548/EWG zur Angleichung der Rechts- und Verwaltungsvorschriften für die Einstufung, Verpackung und Kennzeichnung gefährlicher Stoffe[1085]: *„Die Mitgliedstaaten können das Inverkehrbringen gefährlicher Stoffe in ihrem Hoheitsgebiet davon abhängig machen, daß die Kennzeichung* (Hygiene- und Sicherheitsinformation, Gefahrenhinweise u.s.w.) *in der Amtssprache oder in den Amtssprachen abgefasst ist.*“

• Art. 16 V der Richtlinie 91/414/EWG des Rates vom 15. 07. 1991 über das Inverkehrbringen von Pflanzenschutzmitteln[1086]: *„Die Mitgliedstaaten können das Inverkehrbringen von Pflanzenschutzmitteln davon abhängig machen, daß der Text der Kennzeichnung* (Bezeichnung des Pflanzenschutzmittels, Name des Wirkstoffes, Gefahren- und Gebrauchshinweise, Anwendungszwecke u.s.w.) *in der Landessprache oder den Landessprachen verfasst ist.*“

• Art. 8 der Richtlinie 89/552/EWG des Rates vom 03. 10. 1989 zur Koordinierung bestimmter Rechts- und Verwaltungsvorschriften der Mitgliedstaaten über die Ausübung der Fernsehtätigkeit[1087]: *„Die Mitgliedstaaten können, wenn sie dies mit Rücksicht auf sprachpolitische Ziele für notwendig halten, unter Beachtung der Gemeinschaftsbestimmungen hinsichtlich einiger oder aller Sendungen der ihrer Rechtshoheit unterworfenen Fernsehveranstalter ausführlichere oder strengere Bestimmungen festlegen, die inbesondere an Sprachkriterien ausgerichtet sind.*“

• Art. 4 der Richtlinie 89/117/EWG des Rates vom 13. 02. 1989 über die Pflichten der in einem Mitgliedstaat eingerichteten Zweigniederlassung von Kreditin-

---

[1083] Mit Hervorhebungen einzelner Passagen vom Verfasser und erläuternden Ergänzungen in Klammern.
[1084] ABl. EG, Nr. L 171/12, vom 25. 05. 1999.
[1085] ABl. EG, Nr. L 154/1 ff. vom 05. 06. 1992.
[1086] ABl. EG, Nr. L 230/1 ff. vom 19. 08. 1991.
[1087] ABl. EG, Nr. L 298/23 ff. vom 17. 10 . 1989.

stituten und Finanzinstituten mit Sitz ausserhalb dieses Mitgliedstaats zur Offenlegung von Jahresabschlussunterlagen[1088]: „*Die Mitgliedstaaten können verlangen, dass die in dieser Richtlinie vorgesehenen Unterlagen in ihrer Amtssprache bzw. ihren Amtssprachen offengelegt werden und dass die Übersetzung dieser Unterlagen beglaubigt wird.*“

• Art. 8 IV der Richtlinie 88/379/EWG des Rates vom 07. 06. 1988 zur Angleichung der Rechts- und Verwaltungsvorschriften der Mitgliedstaaten für die Einstufung, Verpackung und Kennzeichnung gefährlicher Zubereitungen[1089]: „*Die Mitgliedstaaten können das Inverkehrbringen gefährlicher Zubereitungen auf ihrem Gebiet davon abhängig machen, dass die Kennzeichung* (Gefahrenhinweise, Zusammensetzung, Hygiene- und Sicherheitsinformationen u.s.w.) *in der Amtssprache oder in den Amtssprachen abgefasst ist.*“

• Art. 11 der Richtlinie 88/378/EWG des Rates vom 03. 05. 1988 zur Angleichung der Rechtsvorschriften über die Sicherheit von Spielzeug[1090]: „*Im Anhang IV ist angegeben, welche Gefahrenhinweise und Gebrauchsvorschriften auf bestimmten Spielzeug anzubringen sind. Die Mitgliedstaaten können verlangen, dass diese oder bestimmte Gefahrenhinweise bzw. Gebrauchsvorschriften sowie die Angaben gemäß Absatz IV* (Name und Anschrift des Herstellers/Einführers) *beim Inverkehrbringen in ihrer Landessprache bzw. Landessprachen abgefasst werden.*“

• Art. 7 IV der Richtlinie 78/631/EWG des Rates vom 26. 06. 1978 zur Angleichung der Rechtsvorschriften der Mitgliedstaaten für die Einstufung, Verpackung und Kennzeichung gefährlicher Zubereitungen (Schädlingsbekämpfungsmittel)[1091]: „*Die Mitgliedstaaten können das Inverkehrbringen von Schädlingsbekämpfungsmitteln in ihrem Hoheitsgebiet davon abhängig machen, dass die Kennzeichnung* (Gefährlichkeitshinweise, Gebrauchsinformation, Zusammensetzungen u.s.w.) *in der Landes- oder Amtssprache bzw. den Landes- oder Amtssprachen abgefasst ist.*“

• Art. 7 II der Richtlinie 76/768/EWG des Rates vom 27. 06. 1976 zur Angleichung der Rechtsvorschriften der Mitgliedstaaten über kosmetische Mittel[1092]: „*Sie* (die Mitgliedstaaten) *können verlangen, dass die in Artikel 6 Absatz I Buchstabe b), c) d) und f) vorgesehenen Angaben* (Gebrauchsinformation auf Verpackung und Etiketten) *zumindest in ihrer oder ihren Landes- oder Amtssprache(n) abgefasst werden.*“ Die Änderung der Richtlinie 76/768/EWG durch die Richtli-

---

[1088] ABl. EG, Nr. L 44/40 ff. vom 16. 02. 1989.
[1089] ABl. EG, Nr. L 187/14 ff. vom 16. 07. 1988.
[1090] ABl. EG, Nr. L 187/1 ff. vom 16. 07. 1988.
[1091] ABl. EG, Nr. L 206/13 ff. vom 29. 07. 1978.
[1092] ABl. EG, Nr. L 262/169 ff. vom 27. 09. 1976.

nie des Rates vom 14. 06. 1993 erweitert diese Regelung noch, indem die Verwendung einer leicht verständlichen Sprache in Betracht gezogen wird[1093]: ... *ferner können sie fordern, dass die in Artikel 6 Absatz I Buchstabe g) genannten Angaben* (Liste der Inhaltsstoffe) *in einer für den Verbraucher leicht verständlichen Sprache abgefasst werden.*"

• Art. 7 II der Richtlinie 73/404/EWG des Rates vom 22. 11. 1973 zur Angleichung der Rechtsvorschriften der Mitgliedstaaten über Detergentien[1094]: „*Die Mitgliedstaaten können das Inverkehrbringen von Detergentien in ihrem Hoheitsgebiet davon abhängig machen, dass die in Absatz I genannten Angaben* (Herkunft und Bezeichnung des gekauften Reinigungsmittels) *in ihren Landessprachen abgefasst sind.*"

• Art. 8 II lit. c. der Richtlinie 71/307/EWG des Rates vom 26. 07. 1971 zur Angleichung der Rechtsvorschriften der Mitgliedstaaten für die Bezeichnung von Textilerzeugnissen: „*Die Mitgliedstaaten können verlangen, dass die Etikettierung oder Kennzeichnung* (von Textilerzeugnissen und ihren Zusammensetzungen) *im Sinne dieses Artikels beim Angebot oder Verkauf an den Endverbraucher in ihrem Hoheitsgebiet auch in der Landessprache vorgenommen wird.*"

(2) Sekundärrecht mit der Verpflichtung zum Erlass einer Sprachregelung

Eine stärkere Inpflichtnahme der Mitgliedstaaten findet sich bei den folgenden Regelungen, die zwar die konkrete Umsetzung den einzelnen Staaten überlassen, diese aber jedenfalls zum Erlass einer Sprachregelung verpflichten.

• Art. 6 a des Vorschlags der Kommission vom 23. 12. 1992 für eine Richtlinie zur Änderung der Richtlinie 80/390/EWG zur Koordinierung der Bedingungen für die Erstellung, die Kontrolle und die Verbreitung des Prospekts, der für die Zulassung von Wertpapieren zur amtlichen Notierung an einer Wertpapierbörse zu veröffentlichen ist, im Hinblick auf die Verpflichtung zur Veröffentlichung eines Prospekts (93/C-23/04)[1095]: „*Die in Artikel 6 IV lit. d) und IV lit e) genannten Informationen sind ebenso wie alle anderen Erklärungen, Darstellungen, Plakate oder Dokumente, die die Zulassung der Wertpapiere des Emittenten zur amtlichen Börsennotierung bekanntmachen, in einer Sprache, die Investoren in dem gastgebenden Mitgliedstaat leicht verstehen können, zu veröffentlichen.*"[1096]

[1093] ABl. EG, Nr. L 151/32 ff. vom 23. 06. 1993.

[1094] ABl. EG, Nr. L 347/51 ff. vom 17. 12. 1973.

[1095] ABl. EG, Nr. L 100/1 ff. vom 17. 04. 1980 und ABl. EG, Nr. C 23/6 ff. vom 17. 01. 1993.

[1096] In der ersten und zweiten Börsenprospektrichtlinie (RL 80/390/EWG vom 17. 03. 1980, in ABl. EG, Nr. L 100/1 ff. bzw. RL 89/298/EWG vom 17. 04. 1989, in ABl. EG, Nr. L 124/8 ff.) war keine Sprachenregelung aufgenommen worden.

• Art. 3 III der Richtlinie 92/52/EWG des Rates vom 18. 06. 1992 über Säuglingsanfangsnahrung und Folgenahrung zur Ausfuhr in Drittländer[1097]: *„Die Ausfuhrerzeugnisse müssen in einer geeigneten Sprache so gekennzeichnet sein, daß das Risiko einer Verwechselung zwischen Säuglingsanfangsnahrung und Folgenahrung ausgeschlossen ist.“*

• Art. 7 II der Richtlinie 90/498/EWG des Rates vom 24. 09. 1990 über die Nährwertkennzeichnung von Lebensmitteln[1098]: *„Die Mitgliedstaaten sorgen dafür, dass die Angaben gemäß dieser Richtlinie* (Energiewert, Nährstoffe) *in einer dem Käufer leicht verständlichen Sprache abgefasst sind, es sei denn die Unterrichtung des Käufers ist durch andere Maßnahmen gewährleistet. Diese Vorschrift steht einer Angabe dieser Hinweise in mehreren Sprachen nicht entgegen.“*

• Art. 3 V, Art. 12 V, Art. 21 IV der Verordnung 2392/89/EWG des Rates vom 24. 07. 1989 zur Aufstellung allgemeiner Regeln für die Bezeichnung und Aufmachung der Weine und der Traubenmoste[1099]: *„Die Angaben nach ...* (Angaben auf Etikettierung bezüglich Weinart, Erntegebiet, Verwendungsempfehlungen) *müssen in einer oder mehreren anderen Amtssprachen der Gemeinschaft erfolgen, so dass der Endverbraucher jede dieser Angaben ohne weiters verstehen kann.“*

• Empfehlung der Kommission 88/590/EWG vom 17. 11. 1988 zu Zahlungssystemen, insbesondere zu den Beziehungen zwischen Karteninhabern und Kartenaustellern[1100]: *„Jeder Aussteller hat für die Austellung und Verwertung der Zahlungsinstrumente schriftlich vollständige und faire Vertragsbedingungen festzulegen. Diese Vertragsbedingungen sind*
-leicht verständlich und klar und
-in der Sprache bzw. den Sprachen abzufassen, die in den Regionen, wo die Vertragsbedingungen geboten werden, für derartige oder ähnliche Zwecke gewöhnlich Verwendung finden.“

• Art. 10 II der Richtlinie 89/107/EWG des Rates vom 21. 12. 1988 zur Angleichung der Rechtsvorschriften der Mitgliedstaaten über Zusatzstoffe, die in Lebensmitteln verwendet werden dürfen[1101]: *„Die in den Art. 7 und 8 vorgesehenen Angaben* (Lebensmittelzusatzstoffe, Gebrauchsanweisung, Bezeichnung des Er-

[1097] ABl. EG, Nr. L 179/129 ff. vom 01. 07. 1992.
[1098] ABl. EG, Nr. L 276/40 ff. vom 06. 10. 1990.
[1099] ABl. EG, Nr. L 232/13 ff. vom 09. 08. 1989.
[1100] ABl. EG, Nr. L 317/55 vom 24. 11. 1988. Bindungswirkung kommt einer solchen Empfehlung allerdings nicht zu.
[1101] ABl. EG, Nr. L 109/29 ff. vom 06. 05. 2000.

zeugnisses) *werden in einer für den Käufer leicht verständlichen Sprache abgefasst, es sei denn die Unterrichtung des Käufers ist durch andere Maßnahmen gewährleistet. Die Angaben dürfen jedoch in mehreren Sprachen abgefasst werden.*"

(3) Sekundärrecht mit konkreter Sprachregelung

Die folgenden Gesetzgebungsmaßnahmen schliesslich lassen einen nur noch geringen Spielraum bei der mitgliedstaatlichen Umsetzung, indem konkrete Vorgaben bezüglich der Sprachregelungen gemacht werden.

• Art. 16 I und III der Richtlinie 2000/13/EG des Europäischen Parlaments und des Rates vom 20. 03. 2000 zur Angleichung der Rechtsvorschriften der Mitgliedstaaten über die Etikettierung und Aufmachung von für den Endverbraucher bestimmten Lebensmitteln sowie die Werbung hierfür[1102]: „*Die Mitgliedstaaten sorgen dafür, dass in ihrem Hoheitsgebiet keine Lebensmittel in den Verkehr gebracht werden dürfen, auf denen die in Artikel 3 und 4 II genannten Angaben* (Verwendungsangaben, Zutaten, Anweisungen für die Aufbewahrung, Gebrauchsanleitung u.s.w.) *nicht in einer dem Verbraucher leicht verständlichen Sprache abgefasst sind, es sei denn die Information des Verbrauchers ist durch andere Maßnahmen für eine oder mehrere Angaben effektiv sichergestellt. ... .*
Die Absätze I und II stehen der Abfassung der Angaben auf dem Etikett in mehreren Sprachen nicht entgegen..

• Art. 10 II der Richtlinie 97/9/EG des Parlament und des Rates vom 03. 03. 1997 über Systeme für die Entschädigung der Anleger[1103]: „*Die in Absatz I genannten Informationen* (Anlegerentschädigungssysteme, Höhe und Umfang der Deckung) *sind in der im innerstaatlichen Recht vorgeschriebenen Form in der oder den Amtssprachen des Mitgliedstaates zugänglich zu machen, in dem die Zweigstelle ansässig ist.*"

• Punkt 7.2 des Anhangs I (grundlegende Sicherheits- und Gesundheitsanforderungen) des Vorschlags der Kommission für eine Richtlinie des Rates zur Angleichung der Rechtsvorschriften der Mitgliedstaaten über Aufzüge (92/C 62/05)[1104]: „*Jedem Aufzug ist eine Betriebsanleitung beizugeben, die in der Sprache des Landes abgefasst sein muss, in dem der Aufzug eingesetzt wird.*"[1105]

[1102] ABl. EG, Nr. L 33/1 ff. vom 08. 02. 1979.
[1103] ABl. EG, Nr. L 84/22 ff. vom 26. 03. 1997.
[1104] ABl. EG, Nr. L 62/4 ff. vom 11. 03. 1992.
[1105] In der Richtlinie 95/16/EG des Parlaments und des Rates vom 29. 06. 1995 zur Angleichung der Rechtsvorschriften der Mitgliedstaaten über Aufzüge (ABl. EG, Nr. L 213/1 ff.) ist keine Sprachregelung enthalten.

• Art. 10 I des Vorschlags der Kommission für eine Richtlinie des Rates über den Verbraucherschutz bei Vertragsabschlüssen im Fernabsatz vom 21. 03. 1992 (92/C 156/3)[1106]: „*Spätestens bei Vertragsausführung erhält der Verbraucher schriftlich und in der in der Bestellaufforderung verwendeten Sprache folgende Informationen* (über die Identität des Lieferers und die wesentlichen Vertragsbedingungen).“[1107]

• Art. 4 der Richtlinie 94/47/EG des Parlaments und des Rates vom 26. 10. 1994 zum Schutze der Erwerber im Hinblick auf bestimmte Aspekte von Verträgen über den Erwerb von Teilnutzungsrechten an Immobilien[1108]: „*Die Mitgliedstaaten sehen in ihren Vorschriften vor, ... dass der Vertrag und das in Artikel 3 I* (Vorinformationsschreiben) *genannte Schriftstück nach Wahl des Erwerbers in der oder einer zu den Amtssprachen der Gemeinschaft zählenden Sprachen des Mitgliedstaats, in dem der Erwerber seinen Wohnsitz hat, oder des Mitgliedstaats, dessen Staatsangehöriger er ist, abgefasst sein müssen. Der Mitgliedstaat, in dem der Erwerber seinen Wohnsitz hat, kann jedoch vorschreiben, dass der Vertrag auf jeden Fall zumindest in seiner oder seinen zu den Amtssprachen der Gemeinschaft zählenden Sprache(n) abgefasst ist; und dass der Verkäufer dem Erwerber eine beglaubigte Übersetzung des Vertrages in der oder einer zu den Amtssprachen der Gemeinschaft zählenden Sprachen des Mitgliedstaats aushändigen muß, in dem die Immobilie gelegen ist.*“

• Anhang II der Richtlinie 92/96/EWG des Rates vom 10. 11. 1992 zur Koordinierung der Rechts- und Verwaltungsvorschriften für die Direktversicherung (Lebensversicherung) sowie zur Änderung der Richtlinien 79/267/EWG und 90/619/EWG (Dritte Richtlinie Lebensversicherung)[1109]: „*Dem Versicherungsnehmer sind die nachfolgenden Informationen* (über das Versicherungsunternehmen und den wesentlichen Inhalt der Versicherungspolice) *entweder vor Abschluss des Vertrages oder während der Laufzeit des Vertrages mitzuteilen. Die Informationen sind eindeutig und detailliert schriftlich in einer Amtssprache des Mitgliedstaats der Verpflichtung abzufassen. Diese Informationen können jedoch in einer anderen Sprache abgefasst werden, sofern der Versicherungsnehmer dies wünscht und es nach dem Recht des Mitgliedstaat zulässig ist oder sofern der Versicherungsnehmer das anwendbare Recht frei wählen kann.*“

• Art. 4 IIa Buchstabe c) der Richtlinie 92/41/EWG des Rates vom 15. 05. 1992 zur Änderung der Richtlinie 89/622/EWG zur Angleichung der Rechts- und

---

[1106] ABl. EG, Nr. C 156/14 ff. vom 23. 06. 1992.

[1107] In der verabschiedeten Richtlinie 97/7/EG des Parlaments und des Rates vom 20. 05. 1997 über den Verbraucherschutz bei Vertragsabschlüssen im Fernabsatz (ABl. EG, Nr. L 144/19 ff.) wurde von einer Sprachenregelung abgesehen (Erwägungsgrund 8).

[1108] ABl EG, Nr. L 280/83 ff. vom 29. 10. 1994.

[1109] ABl. EG, Nr. L 360/1 ff. vom 09. 12. 1992.

Verwaltungsvorschriften der Mitgliedstaaten über die Etikettierung von Tabakerzeugnissen[1110]: „*Die spezifischen Warnhinweise* (über gesundheitliche Auswirkungen) *sind in der/den Amtssprache(n) des Landes, in dem die Tabakerzeugnisse schliesslich in den Verkehr gebracht werden, auf die Verpackungen aufzudrucken oder in anderer Weise unlösbar anzubringen.*"

• Art. 4 Absatz II und Art. 8 der Richtlinie 92/27/EWG des Rates vom 31. 03. 1992 über die Etikettierung und die Packungsbeilage von Humanarzneimitteln[1111]: „*Die Packungsbeilage ist eindeutig und für den Patienten verständlich und gut lesbar in der bzw. den Amtssprachen des Mitgliedstaats abzufassen, in dem das Arzneimittel in den Verkehr gebracht wird. Unbeschadet dieser Bestimmung kann die Packungsbeilage auch in mehreren Sprachen abgefaßt sein, sofern in allen Sprachen diesselben Angaben gemacht werden.*"
„*Die Angaben nach Artikel 2* (Name des Arzneimittels, erforderliche Dosierung, Art der Verabreichung, Verfallsdatum u.s.w.) *müssen in der Amtssprache bzw. den Amtssprachen des Mitgliedstaats abgefasst sein, in dem das Arzneimittel in den Verkehr gebracht wird. Unbeschadet dieser Bestimmung können die Angaben auch in mehreren Sprachen abgefasst sein, sofern in allen verwendeten Sprachen diesselben Angaben gemacht werden.*"

• Punkt 1.2 des Anhangs I (grundlegende Sicherheitsanforderungen) der Richtlinie 90/396/EWG des Rates vom 29. 06. 1990 zur Angleichung der Rechtsvorschriften der Mitgliedstaaten für Gasverbrauchseinrichtungen[1112]: „*Wird ein Gerät in den Verkehr gebracht, so sind*
-eine Anleitung für den Installateur beizufügen,
-eine Bedienungs- und Wartungsanleitung für den Benutzer beizufügen,
-auf dem Gerät wie auf der Verpackung die geeigneten Warnhinweise anzubringen.
Die Anleitungen und Warnhinweise müssen in der/den Amtssprache(n) des Empfängermitgliedstaates abgefasst sein."

• Punkt 1.7.4.b des Anhangs I (grundlegende Sicherheits- und Gesundheitsanforderungen bei Konzipierung und Bau von Maschinen) der Richtlinie 98/37/EWG des Rates vom 22. 06. 1998 zur Angleichung der Rechts- und Verwaltungsvorschriften der Mitgliedstaaten[1113]: „*Die Betriebsanleitung wird vom Hersteller oder seinem in der Gemeinschaft niedergelassenen Bevollmächtigten in einer der Gemeinschaftssprachen erstellt. Bei der Inbetriebnahme einer Maschine müssen die Originalbetriebsanleitung und eine Übersetzung der Be-*

[1110] ABl. EG, Nr. L 158/30 ff. vom 11. 06. 1992, ergänzt durch die Richtlinie 98/43/EG vom 06. 07. 1998, in ABl. EG, Nr. L 213/9 ff. vom 30. 07. 1998.
[1111] ABl. EG, Nr. L 113/8 ff. vom 30. 04. 1992.
[1112] ABl. EG, Nr. L 196/15 ff. vom 26. 07. 1990.
[1113] ABl. EG, Nr. L 207/1 ff. (Datum der Umsetzung in der Richtlinie nicht präzisiert).

triebsanleitung in der oder den Sprache(n) des Verwendungslandes mitgeliefert werden. Die Übersetzung wird entweder vom Hersteller oder von seinem in der Gemeinschaft niedergelassenen Bevollmächtigten oder von demjenigen erstellt, der die Maschine in dem betreffenden Sprachgebiet einführt."

• Punkt 2 des Anhangs II (CE-Kennzeichnung und Angaben) der Richtlinie 87/404/EWG des Rates vom 25. 06. 1987 zur Angleichung der Rechtsvorschriften für einfache Druckbehälter[1114]: „*In der Betriebsanleitung müssen folgende Angaben enthalten sein ... . Sie ist in der bzw. den Amtssprachen des Bestimmungsmitgliedstaates abgefasst.*

• Anhang I (Vorschlag für die offizielle Gestaltung von Hotelführern) der Empfehlung 88/665/EWG des Rates vom 22. 12. 1986 über einheitliche Informationen in Hotels[1115]: „ ... *die Einführung zu dem Hotelführer sollte auch Hinweise auf die im ganzen Land und/oder in einzelnen Landesteilen geltenden Hoch-, Zwischen- und Vor- bzw. Nachsaisonpreise und alle nützlichen Informationen in der Landessprache und in mindestens zwei weiteren Sprachen enthalten.*"

• Art. 47 der Richtlinie 85/611/EWG des Rates vom 20. 12. 1985 zur Koordinierung der Rechts- und Verwaltungsvorschriften betreffend Organisationen für gemeinsame Anlagen in Wertpapieren: „*Vertreibt eine OGAW* (Organisation für gemeinsame Anlagen in Wertpapieren) *ihre Anteile in einem anderen als dem Mitgliedstaat, in dem er ansässig ist, so sind die im letzteren Mitgliedstaat zu veröffentlichenden Unterlagen und Angaben* (Veröffentlichungen betreffend der Information der Anteilinhaber, Prospekte, Jahresberichte, Vertragsbedingungen der Investmentfonds u.s.w.) *zumindest in einer der Landessprachen des anderen Mitgliedstaats ... zu veröffentlichen.*"

• Art. 47 der Richtlinie 81/851/EWG des Rates vom 28. 09. 1981 zur Angleichung der Rechtsvorschriften der Mitgliedstaaten über Tierarzneimittel[1116]: „*Die Angaben nach Artikel 43 Absatz I Nr. 6, 7, 8, 10, 11* (behandlungsfähige Tierarten, Wartezeiten, Verfallsdatum, Vorsichtsmaßnahmen für Aufbewahrung u.s.w.) *und nach Artikel 44 dritter und sechster Gedankenstrich* (Art der Anwendung, Vermerke) *müssen auf der äußeren Umhüllung und auf dem Behältnis in der Sprache des Landes abgefasst sein, in dem die Arzneimittel in den Verkehr gebracht werden.*"

• Zuletzt sei eine Reihe von Verordnungen und Richtlinien aus dem Lebensmittelrecht genannt, in denen die Übersetzung bestimmter Begriffe in die jeweilige Landessprache vorgeschrieben wird: die Verordnung Nr. 2092/91 EWG des Ra-

---

[1114] ABl. EG, Nr. L 220/48 ff. vom 08. 08. 1987.
[1115] ABl. EG, Nr. L 384/54 ff. vom 31. 12. 1986.
[1116] ABl. EG, Nr. L 317/1 ff. vom 06. 11. 1981.

tes vom 24. 06. 1991 über den ökologischen Landbau und die entsprechende Kennzeichnung der landwirtschaftlichen Erzeugnisse und Lebensmittel[1117] und die Richtlinie 91/321 EWG des Rates vom 14. 05. 1991 über Säuglingsanfangsnahrung und Folgenahrung[1118] bezüglich der Bezeichnung „*ökologisch*“; die Verordnung Nr. 2392/89 EWG des Rates vom 24. 07. 1989 zur Aufstellung allgemeiner Regeln für die Bezeichnung und Aufmachung der Weine und der Traubenmoste[1119] bezüglich einzelner Weinartenbezeichnungen; die Richtlinie 89/395/EWG des Rates vom 14. 06. 1989 zur Änderung der Richtlinie 79/112/EWG zur Angleichung der Rechtsvorschriften der Mitgliedsstaaten über die Etikettierung und Aufmachung von für den Endverbraucher bestimmten Lebensmitteln sowie die Werbung hierfür[1120] bezüglich der Bezeichnung „*bestrahlt*“; die Richtlinie 89/108/EWG des Rates vom 21. 12. 1988 zur Angleichung der Rechtsvorschriften der Mitgliedsstaaten über tiefgefrorene Lebensmittel[1121] bezüglich der Bezeichnung „*tiefgefroren*“.

(4) Insbesondere: der sprachpolitische Ansatz der Gemeinschaftsorgane

Bei der Konkretisierung des „Rechts auf Information“ aus Art. 153 EG in sprachenrechtlicher Hinsicht kann außerdem schlechterdings nicht unberücksichtigt bleiben, wie die Organe der Europäischen Gemeinschaft selbst diesen Begriff verstehen. Dahingehend finden sich Stellungnahmen der Europäischen Kommission, des Parlaments und des Gerichtshofs.

Die Kommission äußerte in einer Mitteilung an den Rat und das Europäische Parlament betreffend den Sprachgebrauch für die Information der Verbraucher in der Gemeinschaft vom 10. 11. 1993 in der Weise, dass unter dem Eindruck des Subsidiaritätsprinzips Sprachregulierungen in den Kompetenzbereich der Mitgliedstaaten fallen[1122]. Die Kommission lässt dabei allerdings keinen Zweifel daran, dass der bei der Informationsverbreitung gewählten Sprache allgemein eine große Bedeutung zuzumessen ist[1123]. Von daher soll es in Ansehung einer verstärkten Homogenität in der Gemeinschaft angezeigt sein, in den zukünftigen Gemeinschaftsmaßnahmen, die die Information des Verbrauchers betreffen, einen sprachlichen Status festzulegen[1124]. Eine vergleichbare Bedeutung misst die Kommission der Sprachenfrage noch in einer Mitteilung über die Verwendung

---

1117 ABl. EG, Nr. L 198/1 ff. vom 22. 07. 1991.
1118 ABl. EG, Nr. L 175/35 ff. vom 04. 07. 1991.
1119 ABl. EG, Nr. L 232/13 ff. vom 09. 08. 1989.
1120 ABl. EG, Nr. L 186/17 ff. vom 30. 06. 1989.
1121 ABl. EG, Nr. L 40/34 ff. vom 11. 02. 1989.
1122 KOM (93) 456 endg. Anzumerken sei an dieser Stelle, dass die Mitteilung der Kommission in Bezug auf Produktkennzeichnungsvorschriften erging.
1123 KOM (93) 456, 1.
1124 KOM (93) 456, 17.

von Sprachen in Bezug auf Lebensmittelkennzeichnung zu[1125]. Auf der anderen Seite enthält sich der EG-Gesetzgeber gerade in Bezug auf die Vertragssprache in der Fernabsatzrichtlinie[1126] in Abkehr vom entsprechenden Vorschlag[1127] einer solchen Bemerkung und lässt es in Erwägungsgrund 8 der Richtlinie damit bewenden, dass die Kompetenz zum Erlass von Sprachregelungen bei den Mitgliedstaaten liege.

Das Europäische Parlament stimmt der Kommission zumindest in ihrer Auffassung zu, dass die Wirksamkeit der Verbraucherinformation am ehesten zu gewährleisten ist, wenn die Information in der jeweiligen Sprache des Verbrauchers erfolgt[1128]. Zudem betont das Parlament, dass die Auferlegung solcher sprachlich gefärbter Informationspflichten für die Wirtschaft kein unüberwindliches Hindernis darstelle[1129]. Das Parlament geht aber in der genannten Entschließung noch weiter, indem es die Kommission ausdrücklich auffordert, dem geänderten Primärrecht der Artikel 129 a EGV und 3 lit. s) EGV durch den Erlass einer Rahmenrichtlinie über den Sprachgebrauch für die Information der Verbraucher zu erlassen[1130].

Nicht zuletzt betont auch der EuGH für diverse Bereiche die Wichtigkeit für den Verbraucher, die jeweilige Information in einer Sprache präsentiert zu bekommen, die er auch versteht[1131]. Auf der anderen Seite iudiziert der EuGH in Bezug auf das Lebensmittelrecht in „*Piageme II*", dass es Sache der nationalen Gerichte ist, in jedem Einzelfall festzustellen, was unter einer leicht verständlichen Spra-

---

[1125] KOM (93) 532 endg., insbesondere Seite 3.

[1126] Art. 5 i.V.m. 4 der RL 97/7/EG vom 04. 06. 1997, in ABl. EG 1997 Nr. L vom 20. 05. 1997, 144/19.

[1127] Art. 10 I des Vorschlags der Kommission für eine Richtlinie des Rates über den Verbraucherschutz bei Vertragsabschlüssen im Fernabsatz vom 21. 03. 1992 (92/C 156/3), in ABl. EG, Nr. C 156/14 ff. vom 23. 06. 1992.

[1128] Entschließung vom 22. 04. 1994 zu der Mitteilung der Kommission über die Verwendung der Sprachen beim Inverkehrbringen von Lebensmitteln (Auslegung der Rechtsvorschriften) im Anschluss an das Urteil „Peeters", in ABl. EG, Nr. C 128/469 ff. vom 09. 05. 1994.

[1129] a. a. O., Ziff. 15, S. 471.

[1130] a. a. O., Ziff. 8, S. 471.

[1131] Vgl. in Bezug auf die Auslegung von Art. 30 EWG-Vertrag und Artikel 13 a der RL 79/112/EWG (Etikettierung in der Sprache des Sprachgebiets, in dem der Verkauf erfolgt): EuGH, Urteil vom 18. 06. 1991, Rs. C-369/89 (Piageme I), in Slg. 1991, I-2971 ff.; in Bezug auf die Ermöglichung für ausländische Touristen, eine Fremdenführung in eigener Sprache zu erhalten und auf einen Verstoß gegen Art. 59 EWG-Vertrag: EuGH, Urteil vom 26. 02. 1991, Rs. C-198/89, in Slg. 1991, I-727 ff.; in Bezug auf die Möglichkeit der Bevölkerungsminderheit, Fernsehsendungen in eigener Sprache erhalten zu könne und einen möglichen Verstoß gegen Artikel 52, 59, 60 und 221 EWG-Vertrag: EuGH, Urteil vom 16. 12. 1992, Rs. C-211/91, in Slg. I-6757 ff.. Vgl. auch die grundlegende Abhandlung zur Vereinbarkeit nationaler Sprachregelungen mit dem EG-Vertrag von Theme, Sprache und Gesetzgeber, 68 ff..

che zu verstehen ist[1132]; im Fall „*Goerres*“ hat er diese Rechtsprechung bestätigt[1133].
Im unlängst entschiedenen Fall „*Colim*“ entfernt das Gericht sich wiederum ein Stück weit von dieser Position und betont, dass es letztlich nicht auf die verwendete Sprache ankommt, sondern einfach darauf, dass die Information für den Verbraucher verständlich sein soll[1134]. Die Feststellung aber, dass dies im Ergebnis auf die Verwendung der Sprache des jeweiligen Verbrauchers hinausläuft, es sei denn die Information ist auf andere als sprachliche Weise möglich (Piktogramme), scheint der EuGH in dieser Entscheidung bewusst zu meiden. Das neueste Urteil „*Yannick Geffroy/Casino France*“ fasst diese Rechtsprechung zusammen und bestimmt, dass nationale Sprachregelungen, die die Verwendung einer anderen als der eigenen, vorgeschriebenen Sprache verbieten, mit Art. 28 EG nicht vereinbar sind[1135].

(5) Recht auf Information in Art. 153 in sprachenrechtlicher Hinsicht: Diskussion

Soweit die vorhergehenden Abschnitte dazu dienten, einen Überlick über sprachenrechtliche Regelungen im Sekundärrecht und in Stellungnahmen der Kommission, des Parlaments und des Gerichtshofs zu verschaffen, ist dieser Zweck in gewisser Weise erfüllt, weniger aber wurde damit eine endgültige Klärung und Präzisierung des Begriffes des „Rechts auf Information“ erreicht. Die unterschiedlichen Regelungen aus dem Wirtschaftsrecht mit verbraucherrechtlichem Bezug lassen in ihrer Gesamtschau keinen wirklich eindeutigen Schluss auf eine Sprachenregelung zu.
Zwar ist deutlich geworden, dass in einigen Bereichen die Information des Verbrauchers gerade in einer bestimmten Sprache zu erfolgen hat, auf der anderen Seite ist daraus ein allgemeiner Grundsatz der Information des Verbrauchers in seiner eigenen Sprache kaum abzuleiten. Besonders verbreitet erweisen sich Sprachenregelungen dabei in dem Bereich, der im weitesten Sinne mit Gesundheitsschutz zusammenhängt, also insbesondere für den Sektor der Arznei- und Lebensmittelkennzeichnung[1136].

[1132] EuGH, Urteil vom 12. 10. 1995, Rs. C 85/94, in Slg. I-2955, 15 u. 29 ff.; eingehende Urteilsanalyse bei Theme, Sprache und Gesetzgeber, 93 ff..
[1133] EuGH, Urteil vom 14. 07. 1998, Rs. C 385/96, in Slg. I-4431, 16 ff..
[1134] EuGH, Urteil vom 03. 06. 1999, Rs. C 33/97, in EuZW 1999, 464 ff., Rz. 29.
[1135] EuGH, Urteil vom 12. 09. 2000, Rs. C 366/98, in GRUR Int. 2001, 55; vgl. auch den Überblick von Ackermann, in WRP 2000, 807 ff..
[1136] Skeptisch in Bezug auf eine Übertragung der Behandlung des Sprachenproblems im Lebensmittelrecht auf das Vertragsrecht äussert sich auch Rott, in ZVglRWiss 98 (1999), 402 f., weist aber auch darauf hin, dass die Tatsache, dass es dem EuGH in diesem Bereich weniger auf die Verwendung einer bestimmten Sprache ankommt, sondern darauf, dass dem Verbraucher die darzustellende Information in welcher Form auch immer verständlich gemacht wird, letztlich auf die Verwendungspflicht einer bestimmten Sprache hinweist.

Sprachrechtliche Regelungen im Vertragsrecht sind dagegen nur vereinzelt vorzufinden und entziehen sich in gewisser Weise einer Kategorisierung. Soweit man den genannten Bereich der Gesundheitsvorsorge als besonders sensiblen Bereich bezeichnen möchte, der Schutzmaßnahmen auch in sprachenrechtlicher Hinsicht nahelegt, so kann dies zunächst für den Vertragstyp im Teilzeitwohnraumrecht allenfalls im minderen Maße behauptet werden. Sicherlich befindet sich gerade auch der Verbraucher, der –möglicherweise in einer fremden Umgebung- zum Erwerb eines Rechtes an einer Immobilie (wie auch immer dieses Recht ausgestaltet sein mag) bewegt wird, in einer nicht zu bestreitenden Zwangs- und Gefährdungslage, die einen auch sprachenrechtlichen Schutz nahelegt. Mit dem Schutzbedürfnis des Verbrauchers im Lebens- und Arzneimittelverkehr, in dem es um eine Lebensgefährdung des Einzelnen gehen kann, ist dies aber sicherlich nicht vergleichbar. Auch wird es sich in Fällen des Erwerbs eines Teilzeitwohnrechts kaum um eine echte –wenn auch ökonomische- Existenzbedrohung handeln. Der Versuch, die unterschiedliche Handhabung der Sprachenfrage im Sekundärrecht anhand der jeweiligen Schutzbedürftigkeit des Verbrauchers zu kategorisieren, dürfte da also per se zum Scheitern verurteilt sein. Der Erlass einer Sprachenregelung für das (Lebens-) Versicherungsrecht weist zwar wiederum in die Richtung „sensibler", d. h. existentiell bedeutsamer Bereich, das Absehen von einer Sprachregelung im Rahmen vergleichbarer Gesetzgebungsvorhaben wie beim Haustürwiderruf und vor allem dem Verbraucherkreditrecht lässt diese sprachenrechtliche Normierung wiederum eher als zufällig denn einer planvoll umgesetzten Sprachpolitik zugehörig erscheinen.

So muss an dieser Stelle auch den bislang einzigen Äußerungen in der Literatur zur Haltung der EG in der Sprachenfrage widersprochen werden, in welcher Richtung eine solche Sprachenpolitik auch vermutet werden mag. *Kallenborn* deutet die oben genannten Äusserungen der Kommission dahingehend, dass eine allgemeine Politik der Information des Verbrauchers in einer ihm verständlichen Sprache verfolgt wird und auch zukünftig verfolgt werden wird[1137]. Der Autor sieht in verschiedenen sekundärrechtlichen Regelungen eine grundsätzliche „*im Europäischen Gemeinschaftsrecht so niedergelegte Wertentscheidung*" zu einer positiven Beantwortung der Sprachenfrage, die zu einer gemeinschaftskonformen Auslegung des gesamten Verbraucher(informations)rechts zwinge[1138]. Insbesondere in Ansehung der Fernabsatzrichtlinie, die gegenüber dem Vorschlag von einer Sprachenregelung absieht, wollen *Downes* und *Heiss* dagegen einen „*neuen Ansatz*" im EG-Recht entdecken, in dem Sinne, dass sich die Gemeinschaft nunmehr eines Erlasses von Sprachenregelungen gänzlich enthalten will[1139]. Es ist aber ebensowenig möglich, aus den Äußerungen der Kommission eine eindeutig positive Antwort in Bezug auf die Zukunft der

---

[1137] Kallenborn, Das Sprachenproblem, 160, 162.
[1138] Kallenborn, Das Sprachenproblem, 162.
[1139] Downes/Heiss, Sprachenregulierungen im Vertragsrecht, in ZVglRWiss 98 (1999), 35.

eine eindeutig positive Antwort in Bezug auf die Zukunft der europäischen Sprachenpolitik insbesondere in Bezug auf das Vertragsrecht zu entnehmen, wie aus dem Gesetzgebungsverfahren zur Fernabsatzrichtlinie entsprechend negative Schlüsse gezogen werden können. Die Mitteilung der Kommission betonte die alleinige Kompetenz der Mitgliedstaaten zum Erlass von Sprachregeln, während kurz zuvor dieselbe Kommission einen Vorschlag für eine Fernabsatzrichtlinie mit entsprechender Sprachregelung vorlegt. Entsprechend vermutet *Kallenborn*, dessen Arbeit vor Erlass der endgültigen Richtlinie abgeschlossen war, eine positive Haltung der Gemeinschaft zur Sprachenfrage und *Downes/Heiss* eine negative. Die Uneinheitlichkeit des Vorgehens der Gemeinschaft und die Tatsache, dass sich das Sekundärrecht in sprachenrechtlicher Hinsicht einer Kategorisierung entzieht, legt aber viel eher den Schluss nahe, dass eine grundsätzliche Haltung zur Sprachenfrage im Vertragsrecht in der Gemeinschaft gänzlich vermisst werden muss. Bis auf die in Bezug auf den Erlass einer Rahmenrichtlinie insoweit eindeutige Äusserung des Parlaments steht zu vermuten, dass Sprachenpolitik in der Gemeinschaft weniger auf der Grundlage eines einheitlichen Konzeptes erfolgt, als vielmehr auf der Basis sehr wandelbarer Zielvorstellungen. Der Gesamtheit des Sekundärrechts und den Äusserungen der Organe einen Befund in Bezug auf die sprachenrechtliche Auslegung des Begriffes des „Rechts auf Information" des Art. 153 EG entnehmen zu wollen, ist folglich eine wenig förderliche „Kaffeesatzleserei". Die querschnittartige Betrachtung des Sekundärrechts sollte dabei vielmehr dazu genutzt werden, diejenigen Lebensbereiche zu identifizieren, die eine Sprachenregelung als besonders angezeigt erscheinen lassen, um daraus Erkenntnisse für spätere Gesetzgebungsmaßnahmen zu ziehen.

Die genannten Beispiele aus dem Kennzeichnungsrecht lassen dabei insbesondere zwei gemeinsame Sachgründe erkennen, die den Erlass von Sprachenregeln in besonderer Weise rechtfertigen. Dies ist zum einen die Tatsache, dass dem Einzelnen aufgrund der Natur des Produktes und der mitgeteilten Information eine Selbstinformation nicht oder nur unter erheblichstem Aufwand möglich ist, und der Anbieter des Produkts -häufig der Produzent- über jene Informationen verfügt und sie auch ohne größere Mühe weiterzugeben vermag. Zum anderen ist der zu erwartende (Gesundheits-) Schaden für den Informationsempfängers extrem hoch, wenn die Information nicht nur nicht mitgeteilt, sondern auch nicht tatsächlich intellektuell wahrgenommen wird etwa aufgrund sprachlicher Missverständnisse.

Augenfällig ist bei diesem Kategorisierungsversuch die Nähe zu *Scheppeles* vertragstheoretischem Ansatz zur Erklärung von Informationspflichten[1140]. Nach *Scheppele* soll ja insbesondere für eine Informationsverpflichtung des Anbieters sprechen, dass durch die Nichtmitteilung eines „*deep secret*" der Vertragspartner durch einen „*catastrophic loss*" bedroht ist. Von einer entsprechenden Überle-

[1140] Vgl. die Diskussion unter II. 1. c. ee..

gung schien sich der Gemeinschaftsrechtsgesetzgeber -vermutlich eher unbewusst- leiten zu lassen, als er mit dem Erlass von Sprachenregeln die tatsächliche Kenntnisnahme der Informationsempfänger sicherstellen wollte.
Wenn auch das Sekundärrecht diesen Ansatz gerade nicht durchgehend verfolgt, in diesem Sinne also gerade nicht kategorisiert werden kann, spricht doch vieles dafür, zumal einige der Sprachregeln diese beiden Kriterien als kleinsten gemeinsamen Nenner aufweisen, eine dahingehende zukünftige Systematisierung anzustreben. De lege lata ist jedenfalls nicht erkennbar, dass das Sekundärrecht eine grundlegende Wertentscheidung in Bezug auf die Sprachenfrage enthält, die auch die Mitgliedstaaten dazu verpflichtet, in entsprechender Weise gesetzgeberisch tätig zu werden bzw. bestehende Vorschriften gemeinschaftsrechtskonform auszulegen. Dies soll dagegen keinesfalls davon abhalten, de lege ferenda eine weitgehende Vereinheitlichung in der Sprachenfrage zu fordern.
Nach der oben[1141] festgestellten Kompetenzverteilung zwischen Mitgliedstaat und Gemeinschaft und dem soeben in vorsichtiger Näherung aus Teilen des Sekundärrechts gewonnenen Ansatz einer Sprachregelungsverpflichtung bei der Gefahr großer Schäden beim Informationsberechtigten sind somit folgende Anforderungen an die gemeinschaftsrechtliche und mitgliedstaatliche Sprachgesetzgebung im Verbraucherschutzrecht abzuleiten:

- Der Gemeinschaft kommt im binnenmarkterheblichen Bereich ohne verbraucherrechtlichen Bezug die alleinige Kompetenz zum Erlass von Sprachregeln zu.
- Bei einer neben der Binnenmarktrelevanz vorliegenden Betroffenheit des Verbraucherschutzes kann die Gemeinschaft Mindeststandards aufstellen, bei denen in Bezug auf das Wie der Gesetzgebungsmaßnahmen maßvoll vorgegangen werden muss, d. h. das Regelungsinstrument der Richtlinie ist dem der Verordnung vorzuziehen. Ausreichend erscheint da, dass den Mitgliedstaaten richtlinienrechtlich vorgegeben wird, dass den individuellen Sprachkenntnissen des Verbrauchers Rechnung getragen werden muss.

- In Bereichen, die in besonderem Maße die Gefahr hoher, auch ökonomischer Schäden aufgrund für den Verbraucher schwer zugänglicher Information in sich bergen, besteht die Kompetenz der Mitgliedstaaten, die von der Gemeinschaft vorgegebenen Mindeststandards in einer maximal verbraucherschützenden Art und Weise umzusetzen. In aller Regel bedeutet dies, dass keine andere Möglichkeit bleibt, als dem einzelnen Verbraucher ein Recht auf -auch vorvertragliche-Information in seiner eigenen Sprache zu gewähren.

- In diesem besonders sensiblen Bereich besteht im Sekundärrecht auch eine bereits so weitgehende Vordetermination von Art. 153 EG, dass sich daraus nicht

[1141] II. 3. a. aa..

nur die Kompetenz der Mitgliedstaaten für eine Sprachenregelung ergibt, sondern die Pflicht zum Erlass entsprechender Normen bei bereits bestehenden Mindeststandards bzw. zur gemeinschaftsrechtskonformen Auslegung vorhandener Vorschriften.

b. Art. 151 EG als Kompetenzgrundlage für den Erlass von Sprachregeln

Mit der Einführung eines kulturellen Tätigkeitsbereiches in den Vertrag von Maastricht kam es in kulturellller Hinsicht zu einem Paradigmenwechsel im Gemeinschaftsrecht[1142], der mit Art. 151 EG fortgeführt wurde[1143]. Wenn in Art. 3 lit. q EG als eines der Vertragsziele die Entfaltung des Kulturlebens in den Mitgliedstaaten bezeichnet wird, und die Gemeinschaft nach Art. 151 EG zur Erreichung dieses Ziels einen Beitrag leistet, dann wird deutlich, dass an die Stelle des ehemals akulturellen Interpretationsgebots als Flanke für die kultur-neutrale Integrationskonzeption des EWGV ein kulturelles Berücksichtigungsgebot mit gewissen begrenzten Handlungsbefugnissen tritt[1144].
Dabei beschränkt sich die Kompetenz der EG im Kulturbereich im wesentlichen auf *fördern*, *unterstützen* und *ergänzen*, insoweit besteht aber eine echte Gemeinschaftsaufgabe[1145]. Damit ist der Grad der Vergemeinschaftung und damit die Möglichkeit der Gemeinschaft, selbst gestaltend tätig zu werden, im Kulturbereich am schwächsten ausgeprägt. Grundsätzlich zeichnet sich die gemein-

---

[1142] Vgl. Ukrow, in Callies/Ruffert, Kommentar zum EU-Vertrag und EG-Vertrag, Art. 3 EG, Rn. 19; Ress/Ukrow, in Grabitz/Hilf, Bd. I, Art. 151, Rn. 11.

[1143] Art. 151 EG lautet: (I) Die Gemeinschaft leistet einen Beitrag zur Entfaltung der Kulturen der Mitgliedstaaten unter Wahrung ihrer nationalen und kulturellen Vielfalt sowie gleichzeitiger Hervorhebung des gemeinsamen kulturellen Erbes.
(II) Die Gemeinschaft fördert durch ihre Tätigkeit die Zusammenarbeit zwischen den Mitgliedstaaten und unterstützt und ergänzt erforderlichenfalls deren Tätigkeit in folgenden Bereichen:
...
- Erhaltung und Schutz des kulturellen Erbes von europäischer Bedeutung.
...
(IV) Die Gemeinschaft trägt bei ihrer Tätigkeit aufgrund anderer Bestimmungen dieses Vertrags den kulturellen Aspekten Rechnung, insbesondere zur Wahrung und Förderung der Vielfalt ihrer Kulturen.
(V) Als Beitrag zur Verwirklichung der Ziele dieses Artikels erlässt der Rat
- gemäß demVerfahren des Artikels 251 und nach Anhörung des Ausschusses der Regionen Fördermaßnahmen unter Ausschluss jeglicher Harmonisierung der Rechts- und Verwaltungsvorschriften der Mitgliedstaaten. Der Rat beschließt im Rahmen des Verfahrens des Artikels 251 einstimmig;
- einstimmig auf Vorschlag der Kommission Empfehlungen.

[1144] Ukrow, a. a. O..

[1145] Ress/Ukrow, in Grabitz/Hilf, Bd. I, Art. 151, Rn. 2; Blanke fordert in Callies/Ruffert, Kommentar zum EU-Vertrag und EG-Vertrag, Art. 151, Rn. 5, für eigene Maßnahmen der Gemeinschaft einen „inneren Zusammenhang“ mit der Tätigkeit der Mitgliedstaaten.

schaftliche Kulturpolitik durch ihren subsidiären Charakter aus[1146]. Auf der anderen Seite ergibt sich aus der Querschnittklausel des Absatz IV eine Art allgemeines Gebot der Rücksichtnahme auf die kulturellen Interessen der Mitgliedstaaten sowie den Schutz des gemeinsamen kulturellen Erbes[1147].
In Rahmen dieser „Kulturverträglichkeitsklausel" wird auch der Bezug zur Sprachenfrage im Vertragsrecht offenbar. Die Sprache eines jeden Individuums ist Ausdruck seiner kulturellen Identiät und auch Teil des kulturellen Reichtums Europas. Von daher muss die Frage beantwortet werden, welche sprachenrechtliche Vorgabe Art. 151 EG für das Europäische Vertragsrecht zu entnehmen ist.
Zwar ist unstrittig, dass Art. 151 EG mangels hinreichender Präzision nicht unmittelbar anwendbar ist, also auch keine unmittelbaren Wirkungen in den Beziehungen zwischen den Mitgliedstaaten und den ihrem Recht unterworfenen Personen zu zeitigen vermag[1148], dennoch ist nicht zu übersehen, dass Vorschriften bezüglich der Verwendung einer bestimmten Sprache im Wirtschaftsverkehr sowohl den Einzelnen als auch die Mitgliedstaaten in der Bewahrung und Entwicklung der eigenen kulturellen Identität beeinträchtigen können. Es ist daher zu untersuchen, ob sich aus Art. 151 EG ein Einfluss auf die Gesetzgebung oder Auslegung des Rechts der Gemeinschaft und der Mitgliedstaaten ergeben kann[1149].

aa. Kulturbegriff und kulturelle Handlungsbefugnisse in Art. 151 EG

Ob vertragsrechtliche Sprachregeln unter Art. 151 EG fallen, hängt zunächst davon ab, ob sich derartige Regeln unter das Merkmal „Kultur" subsumieren lassen. Der Kulturbegriff des EG-Vertrags entzieht sich aber ebenso hartnäckig allen Definitionsversuchen, wie auch in anderen Bereichen erheblichste Mühen auf die Definition verwendet wurden[1150]. Dies wird zudem dadurch gefördert, dass

---

[1146] Blanke, in Callies/Ruffert, Kommentar zum EU-Vertrag und EG-Vertrag, Art. 151, Rn. 6; Niedobitek, Die kulturelle Dimension im Vertrag über die europäische Union, in EuR 1995, 349 ff., 358; Ress/Ukrow, in Grabitz/Hilf, Bd. I, Art. 151, Rn. 14.

[1147] Blanke, in Callies/Ruffert, Kommentar zum EU-Vertrag und EG-Vertrag, Art. 151, Rn. 14; Hochbaum, Der Begriff der Kultur im Maastrichter und Amsterdamer Vertrag, in BayVBl. 1997, 641 ff., 680 ff., 683 f.; Ress/Ukrow, in Grabitz/Hilf, Bd. I, Art. 151, Rn. 70 ff..

[1148] Ress/Ukrow, in Grabitz/Hilf, Bd. I, Art. 151, Rn. 3.

[1149] Die Herstellung eines Zusammenhang zwischen Vertragssprache und der Bewahrung der kulturellen Identität mag auf den ersten Blick zweifellos ungewöhnlich anmuten. Sicherlich ist dies auch der Grund dafür, dass diese Thematik in der Literatur bislang nicht diskutiert wird.

[1150] Vgl. die Erklärung der UNESCO über Kulturpolitik anlässlich der Generalkonferenz vom 26. 07. – 06. 08. 1982: Kultur ist „die Gesamtheit der einzigartigen geistigen, materiellen, intellektuellen und emotionalen Aspekte. ... Dies schließt nicht nur Kunst und Literatur ein, sondern auch Lebensformen, die Grundrechte des Menschen, Wertsysteme, Traditionen und Glaubensrichtungen". (veröffentlicht unter dem Titel: Weltkonferenz über Kulturpolitik, 1983, Hrsg. Deutsche UNESCO-Kommission). In Deutschland gilt in juristischer Hinsicht ein weiter Kulturbegriff, der mit dem Bundesverfassungsgericht als Inbegriff der typischen Lebensformen, sich auch der EG-Vertrag einer Definition enthält[1151]. Aufgrund der Offenheit des Begriffs aber gänzlich von einer Defintion abzusehen, kann allerdings nicht im Interesse sowohl der Gemeinschaft als auch der Mitgliedstaaten liegen, da eine solche Ab- und Eingrenzung dieser Aufgabennorm notwendig ist, um den Anforderungen von Art. 151 EG angemessen nachkommen zu können und auch gemeinschaftsinterne Auslegungsstreitigkeiten zu vermeiden[1152]. Dabei ist zunächst die Bemerkung von entscheidender Bedeutung, dass der Kulturbegriff des EG-Vertrags keinen Gemeinschaftsrechtsbegriff darstellt[1153]. Dies wird insbesondere mit einer dahingehenden prägenden Wirkung des Schutzauftrags in Bezug auf die kulturelle Vielfalt und nationale Identitäten[1154] in Art. 6 III EG begründet. Denn die Bewahrung einer Einheit in der Vielfalt soll nur möglich sein, wenn sich in dem Begriff der Kultur das komplexe Gepräge der Kulturen der Mitgliedstaaten widerspiegelt, die primär für den Schutz und die Weiterentwicklung der eigenen Kultur verantwortlich zeichnen[1155]. In Bezug auf die Vielfalt der europäischen Sprachen hat der Ausschuss der Regionen in einer Stellungnahme vom 21. April 1995 zu dem Vorschlag des Europäischen Parlaments und des Rates für ein Programm zur Förderung künstlerischer und kultureller Aktivitäten mit europäischer Dimension (Kaleidoskop 2000)[1156] dies so beschrieben: *„Ein Beispiel dafür ist das Vereinigte Königreich, in dem es neben dem englischen Kulturkreis die eigenständigen Kulturen Schottlands, Nordirlands und Wales gibt. Walisisch, eine der ältesten Sprache Europas, kann auf 3000 Jahre ununterbrochenen Gebrauchs zurückblicken, was seine singuläre Stellung unterstreicht. Und selbst innerhalb Englands gibt es regionaltypische Ausprägungen, die anerkannt und gefördert werden müssen. In Finnland gibt es zwei Amtssprachen , und im Norden Finnlands, Schwedens, Norwegens und Rußlands lebt noch eine der Urbevölkerungen, das Volk der Lappen. In Deutschland hat die*

Wert- und Verhaltenseinstellungen innerhalb der Gesellschaft beschrieben wird. Die Kultur soll dabei historisch verwurzelte Wertüberzeugungen und Einstellungen vermitteln, auf denen der gesellschaftliche Zusammenhalt beruht (vgl. BVerfG, Urteil vom 16. 05. 1995, in BayVBl. 1995, 720 („Kruzifixurteil"). Vertreter eines engeren Kulturbegriffs dagegen verstehen unter Kultur die „Werte des Schönen, des Guten und Wahren (Thieme, Die Kulturordnung im Grundgesetz, in Annales Universitatis Saraviensis, Rechts- und Staatswissenschaften VIII, 59 ff.).

1151 Zur Schwierigkeit jeder Definition vgl. die einleitenden Worte von Hochbaum, in BayVBl. 1997, 641.

1152 Häberle, in DVBl. 1995, 762; Hochbaum, in BayVBl. 1997, 641; Ress, in DÖV 1992, 950; Blanke, in Callies/Ruffert, Art. 151 EG, Rn. 2, bezeichnet die juristische Definition von Kultur als „Quadratur des Kreises", versucht sich anschließend aber dennoch an einer solchen.

1153 Blanke, a. a. O.; Wemmer, Die neuen Kulturklauseln des EG-Vertrags, 13 f..

1154 Vgl. Bleckmann, Die Wahrung der „nationalen Identität" im Unions-Vertrag, in JZ 1997, 265, 268 f., der aus dem Unions-Vertrag die Verbürgung für eine auch zukünftig multikulturelle Gesellschaft in Europa herleiten will.

1155 Blanke, a. a. O.; Hochbaum, in BayVBl. 1997, 641 ff..

1156 ABl. EG, Nr. C 100, vom 02. 04. 1996, S. 31, Ziff. 2.7.

Bundesregierung diese Vielfalt erkannt und den Ländern die Zuständigkeit -und die finanzielle Verantwortung – für die Kultur übertragen. Auch im Falle Spaniens kann man nicht von einer einheitlichen Kultur sprechen. Nicht nur die Katalanen und Basken würden einer solchen Unterstellung widersprechen. In Belgien besteht eine scharfe Trennung zwischen dem französischsprachigen Wallonien und dem niederländischen Flandern. Die Behauptung, es gebe eine typisch belgische Nationalkultur, würde nur bewirken, dass sich beide Bevölkerungsgruppen vereint gegen eine dermaßen unsinnige Darstellung wenden."

Gleichzeitig wird aber durch die Betonung eines gemeinsamen „kulturellen Erbes" in Art. 151 II EG die europäische Dimension des Begriffes deutlich. Diese unterschiedlichen Wertungsstränge in der europäischen Kulturpolitik führen letztlich dazu, dass die Gemeinschaft an den bestehenden Kulturen anzuknüpfen hat, dass aber auch in der Loslösung von nationalen Eigenheiten und der Betonung einender, übergeordneter Wertentscheidungen ein eigener gemeinschaftsrechtlicher Kulturbegriff entwickelt werden kann[1157]. Diesbezüglich darf dann wiederum nicht unberücksichtigt bleiben, welche Haltung die Gemeinschaftsorgane zum Begriff der Kultur einnehmen.

Der Europäische Rat formulierte dabei zunächst keine über das Wirtschaftliche hinausgehende Zielsetzung angesichts der Tatsache, dass im Primärrecht der Begriff der Kultur unbekannt war[1158]. Nachdem in der Folgezeit die Wichtigkeit einer Flankierung des Wirtschaftlichen durch weitergehende politische Elemente erkannt worden war[1159], wurde fortschreitend der Versuch unternommen, einen gemeinsamen, europäischen Kulturbegriff zu skizzieren. In dem von den damals noch neun Aussenministern am 14. 12. 1973 veröffentlichten Dokument über die Europäische Identität wird diese einerseits als „*Vielfalt der Kulturen*" bezeichnet, und andererseits werden dazu die Gemeinsamkeit der „*europäischen Zivilisation*", die aus gemeinsamen „*rechtlichen, politischen und geistigen*" Werten und Prinzipien entstanden ist, zu denen „*die Grundsätze der repräsentativen Demokratie, der Rechtsstaatlichkeit, der sozialen Gerechtigkeit*" gehören, sowie die Achtung der Menschenrechte „*als die Grundelemente der europäischen Identität*" gezählt[1160]. Später wird dieser gemeinsame Wertekonsens nochmals bekräftigt, indem auf die gemeinsame „*Achtung rechtlicher, politischer, und moralischer Werte ..., die Prinzipien der parlamentarischen Demokratie, des Rechts, der sozialen Gerechtigkeit und der Wahrung der Menschenrechte*" abgestellt wird[1161]. Die Kultur soll dabei insbesondere einen Beitrag für „*die Stärkung des*

[1157] Vgl. Fechner, in von der Groeben (Hrsg.), Kommentar zum EG-Vertrag, Vorbem. zu Art. 128, Rn. 18.

[1158] So auch Hochbaum, a. a. O. (644); Oppermann/Classen, in NJW 1993, 8, 11.

[1159] Zum historischen Fortgang dieser Entwicklung siehe Hochbaum, a. a. O. (644 ff.).

[1160] Dokument über die Europäische Identität, Europäischer Rat vom 14. 12. 1973 in Kopenhagen, Europäische Politische Zusammenarbeit (EPZ), Auswärtiges Amt (Hrsg.), S. 50.

[1161] Erklärung des 10. Europäischen Rates zur Demokratie und zum Terrorismus vom 08. 04. 1978 in Kopenhagen, EPZ, S. 92.

Zusammengehörigkeitsgefühls der Bürger und die Förderung der persönlichen und menschlichen Entfaltung zum Erreichen der Gemeinschaftsziele" leisten[1162]. Unter kultureller Vielfalt wurde dabei stets auch sprachliche Vielfalt verstanden[1163]. Daraus lässt sich insbesondere ableiten, dass zum einen Kultur aus einem gemeinsamen Wertekonsens besteht und zum anderen aus einer Summe nationaler Identitäten, die in ihrer Eigenheit zu achten sind, aber erst in ihrer Gesamtheit eine europäische Dimension erhalten[1164].

Die Kommission verfolgt dagegen seit jeher eine verstärkt wirtschaftsbetonte und akulturelle Konzeption. Während die Entschließungen des Europäischen Parlaments vom 13. 05. 1974 und vom 08. 03. 1976 der Kommission noch konkrete Vorschläge und Forderungen enthalten „*wie und in welchen Bereich die Kulturpolitik der Mitgliedstaaten zu gegebener Zeit in die Europäische Union integriert werden kann*"[1165], folgt die Kommission diesem kulturpolitischen Ansatz nicht, sondern unterscheidet zwischen der Kulturpolitik als solcher, für die sie nicht zuständig sei, und dem kulturellen Bereich, der „*das sozio-ökonomische Gefüge von Peronen und Unternehmen, die Kulturgüter und kulturelle Leistungen produzieren und verteilen*" umfassen soll[1166]. Im folgenden weicht die Kommission von diesem wirtschaftlich geprägten Ansatz ab, und verfolgt eine Politik eines verstärkten Engagements der Gemeinschaft in kulturellen Fragen[1167], der auf Initiative der Kommission zu der Gründung eines Ratsausschusses für Kulturfragen führte[1168]. Nach der Unterzeichnung des Maastrichter Vertrags und damit der primärrechtlichen Implementierung der Kulturpolitik legte die Kommission die Schwerpunkte ihrer Tätigkeit in diesem Bereich fest: Sicherung

---

1162 Entschließung des Rates vom 20. 01. 1997 über die Einbeziehung der kulturellen Aspekte in der Tätigkeit der Gemeinschaft, in ABl. EG Nr. C 36, S. 4 vom 05. 02. 1997; vgl. auch den Beschluss des Rates über die künftige Tätigkeit im Kulturbereich (97/C 305/01) vom 22. 09. 1997, in ABl. EG, Nr. V 305, 1, vom 07. 10. 1997.

1163 Vgl. die Entschließung des Rates zum Bereich Kultur und Multimedia (95/C 247/01) vom 04. 04. 1995, in ABl. EG, Nr. C 247/1 vom 23. 09. 1995, in der insbesondere die Förderung der Mehrsprachigkeit und der sprachlichen Vielfalt in Europa betont wird.

1164 Ebenso Hochbaum, a. a. O. (645).

1165 Ziffer 7 der Entschließung des Europäischen Parlaments vom 08. 03. 1976 zur gemeinschaftlichen Aktion im kulturellen Bereich, in ABl. Nr. C 79, 6, vom 05. 04. 1976. Die Entschließung vom 13. 05. 1974 ist bekanntgemacht in ABl. Nr. C 62, 5, vom 30. 05. 1974.

1166 Die Aktion der Europäischen Gemeinschaft im kulturellen Bereich, Europäische Dokumentation, Zeitschrift 3/1980, Ziff. 3, Verfasser: Abt. IX/D/11, EG-Kommission.

1167 Mitteilung an den Rat vom 12. 10. 1982 über die Verstärkung der Gemeinschaftsaktion im Bereich Kultur, KOM (82) 590 endg., Bull. EG, Beil. 6/82.

1168 Entschließung 87/C 197/02 des Rates und der im Rat vereinigten für Kulturfragen zuständigen Minister vom 27. 05. 1988 über die künftige Gestaltung ihrer Arbeit, in ABl. Nr. C 197, 1, vom 27. 07. 1988 (mit der ersten Sitzung am 13. 07. 1988); und das Folgedokument Schlußfolgerungen 88/C 197/02 des Rates und der im Rat vereinigten für Kulturfragen zuständigen Minister vom 27. 05. 1988 betreffend die künftigen vorrangigen Aktionen im Kulturbereich, in ABl. C 197, 2, vom 27. 07. 1988.

rung des Fortbestehens des kulturellen Erbes in all seinen Erscheinungsformen, d.h. der regionalen, nationalen und europäischen Identitäten, Schaffung von Rahmenbedingungen für die kulturelle Entfaltung in Europa und Förderung des weltweiten Bewusstseins für die europäische Kultur[1169]. In sprachenrechtlicher Hinsicht hat die Kommission die neue Kulturklausel zum Anlass für ein Förderprogramm zur sprachlichen Vielfalt in Europa genommen, das sich auf Art. 130 III des Maastrichter Vertrags stützt[1170]. Dabei geht die Kommission von einer sehr weitgehenden Ermächtigung für kulturelle Tätigkeiten aus und setzte sich auch über die Stellungnahmen des Ausschusses der Regionen vom 12. 06. 1996 hinweg, der darauf hinweist, dass eine Nichtbeachtung der Voraussetzungen der Kulturklausel des Art. 128 EGV nur dann möglich sein soll, wenn primär wirtschaftliche Aspekte der Sprachenvielfalt in der Gemeinschaft behandelt werden[1171]. Ohne Kultur als Begriff also näher zu definieren[1172], geht die Kommission von einer eigenen Gemeinschaftsaufgabe aus[1173], was gerade durch die Konturlosigkeit des Kulturbegriffs begünstigt würde[1174].

Der Europäische Gerichtshof hat zum Kulturbegriff bisher insbesondere in dem Bereich Stellung genommen, in dem *„das Kulturelle"* (wie es der Gerichtshof bezeichnet) mit den Grundfreiheiten des Vertrags konkurriert[1175]. In Bezug auf das Buchwesen meint das Gericht, das Kulturelle zeichne sich insbesondere durch „Vielfalt" und durch die „regionalen sozialen und kulturellen Besonderheiten" aus[1176]; in der Sache *Collective Antennevoorziening Gouda* wird festgestellt,

---

1169 Mitteilung an den Rat, das Europäische Parlament und den Wirtschafts- und Sozialausschuss vom 29. 04. 1992, Das neue Kulturkonzept der Gemeinschaft, KOM (92) 149 endg., mit Schreiben des Kommissars Jean Dondelinger vom 04. 05. 1992 an den Präsidenten des Rates übermittelt (Ratsdok. 6224/92 vom 13. 05. 1992).

1170 Mitteilung vom 08. 11. 1995 über die Annahme eines mehrjährigen Programms zur sprachlichen Vielfalt, KOM (95) 486.

1171 Stellungnahme 96/C 337/08 vom 12. 06. 1996, in ABl. C 337, 45, vom 11. 11. 1996.

1172 Dies kritisiert insbesondere der Ausschuss der Regionen und bezeichnet das Konzept der Kommission als „unfundiert", Stellungnahme 96/C 100/08 vom 21. 04. 1995 zu dem Vorschlag für eine Entscheidung des Europäischen Parlaments und des Rates für ein Programm zur Förderung künstlerischer und kultureller Aktivitäten mit europäischer Dimension –Kaleidoskop 2000, in ABl. C 100, 30, vom 02. 04. 1996.

1173 Am weitesten gehend vgl. die Mitteilung „Die Aktion der Europäischen Gemeinschaft zugunsten der Kultur (Art. 128 des Vertrags über die EU)", KOM (94) 356 endg. vom 27. 07. 1994, in ABl. C 324, 5, vom 22. 11. 1994.

1174 Bericht über die Berücksichtigung der kulturellen Aspekte in der Tätigkeit der Europäischen Gemeinschaft, KOM (96) 160 endg. vom 17. 04. 1996 (insbesondere Teil V, Ziff. 3).

1175 Hochbaum, a. a. O. (650) meint, der EuGH hätte sich zum Kulturbegriff bislang überhaupt nicht geäussert, da dieser stets nur vom „Kulturellen" spricht. Darin aber eine bewusste Enthaltung des Gerichtshofs von einer dahingehenden Stellungnahme zu sehen, erscheint doch allzu konstruiert.

1176 EuGH, Urteil vom 10. 01. 1985, Rs. 229/83 (Leclerc), in Slg. 1985, 1; Urteil vom 10. 07. 1986, Rs. 95/84 (Darras und Tostain), in Slg. 1986, 2253 (Buchpreisbindung); Urteil vom 16.

dass das Kulturelle eine „*Strömung*" unter den anderen Strömungen des Geistigen und Religiösen ist[1177]. Zudem wird betont, dass immaterielle Merkmale zu erkennen sind wie eine starke emotionale Beziehung des Einzelnen zu seiner Kultur[1178] und materielle, indem Kulturgütern ein „*geschichtlicher und völkerkundlicher Wert*" zukommt, die „*einen charakteristischen Schritt in der Entwicklung der menschlichen Errungenschaften dokumentieren oder einen Abschnitt dieser Entwicklung veranschaulichen*"[1179]. Im übrigen betrachtet aber der EuGH die Sprache als eines der grundlegenden und konstituierenden Elemente des Kulturellen, die grundsätzlich Ausnahmereglungen der Mitgliedstaaten rechtfertigen können[1180], aber wiederum begrenzt durch das Verhältnismäßigkeitsprinzip und möglicherweise auch durch wirtschaftliche Interessen[1181]. Auf der anderen Seite sollen dennoch nationale Regelungen, die die Etikettierung von Waren nur in der Landes- oder Regionalsprache vorschreiben, dann gegen Art. 30 EGV und Art. 14 der Etikettierungsrichtlinie[1182] verstoßen, wenn der Käufer dadurch nicht mehr in der Lage ist, sich in einer von ihm verstandenen Sprache zu informieren. Dies wäre auch weder durch Art. 128 EGV noch durch Art. 129 a EGV zu rechtfertigen[1183]. Ebenso können Regelungen, die die kulturelle, regionale Vielfalt überbetonen, gegen die Arbeitnehmerfreizügigkeit verstoßen. In Einzelfällen kann ein solcher Verstoß aber mit dem Anliegen der Förderung der National- und Amtssprachen gerechtfertigt werden, sofern die jeweiligen Vorschriften nicht diskriminierend wirken[1184].

---

12. 1992, Rs. C 169/91 (B & Q), in Slg. I-6635 (Rechtfertigung der Beschränkung von Sonntagsverkaufszeiten aufgrund regionaler kultureller Besonderheiten).

[1177] EuGH, Urteil vom 25. 07, Rs. 288/89, in Slg. 1991, I-4007; vgl. auch Urteil vom 10. 05. 1995, Rs. C 384/93 (Alpine Investments), in Slg. 1995, I-1141.

[1178] EuGH, Urteil vom 26. 02. 1991, Rs. 154/89, in Slg. 1991, 659 (in Bezug auf Beschränkung der Erbringung einer Dienstleistung im kulturellen Bereich auf Einheimische, die durch kulturelle Aspekte gerechtfertigt werden kann (Fremdenführer)).

[1179] EuGH, Urteil vom 10. 10. 1985, Rs. 200/84, in Slg. 1985, 3363 (in Bezug auf die zollfreie Einfuhr von Kunstgegenständen).

[1180] Vgl. zur Wanderungspolitik die Rs. 281, 283, 284, 285, 287/85, in Slg. 1987, 3203.

[1181] EuGH, Urteil vom 30. 11. 1995, Rs. C 55/95 (Reinhard Gebhard/Consiglione dell' Ordine degli Avvocati e Procuratori di Milano), in Slg. 1995, I-1465; EuGH, Urteil vom 05. 06. 1997, Rs. 398/95 (SETTG), in Slg. I-1997, 3113, 3120.

[1182] Art. 14 I und III der Richtlinie 79/112/EWG des Rates vom 18. 12. 1978 zur Angleichung der Rechtsvorschriften der Mitgliedstaaten über die Etikettierung und Aufmachung von für den Endverbraucher bestimmten Lebensmitteln sowie die Werbung hierfür, in ABl. EG, Nr. L 33/1 ff. vom 08. 02. 1979.

[1183] EuGH, Urteil vom 18. 06. 1991, Rs. C-369/89 (Piageme I), in Slg. 1991, I-2971.

[1184] In Bezug auf das Einstellungserfordernis in einer öffentlichen Berufsbildungseinrichtung in Dublin das Gälische zu beherrschen vgl. EuGH, Urteil vom 28. 11. 1989, Rs. 379/87, in Slg. 1989, 3967. Zum Erforderniss von Sprachkenntnissen vgl. auch Art. 1 a der Richtlinie 89/48/EWG vom 21. 12. 1988 über eine allgemeine Regelung zur Anerkennung der Hochschuldiplome, die eine mindestens dreijährige Berufsausbildung abschließen, in ABl. EG Nr. L 19, 16, vom 24. 01. 1989 und den entsprechenden Bericht über den Stand der Anwendung der

Für die vorliegende Untersuchung lässt sich aus dieser Betrachtung der verschiedenen Vorstellungen der Gemeinschaftsorgane, was unter Kultur zu verstehen ist, trotz großer Differenzen im Detail dennoch ein gemeinsamer Nenner ableiten. Der Kulturbegriff und –auftrag des Primärrechts beinhaltet einerseits die Konzentration auf die kulturellen Gegebenheiten in den Mitgliedstaaten und fordert damit auch zu der Bewahrung kultureller Vielfalt auf, andererseits sind in kultureller Hinsicht im gesamten europäischen Raum Gemeinsamkeiten zu erkennen, die eine europäische Identität ausmachen können, die nicht zuletzt in einem grundsätzlichen Wertekonsens zu sehen ist.

Kultur ist dabei nicht zwingend etwas rein Geistiges also Nichtwirtschaftliches, sondern steht eher in einem Art Austausch- und Konkurrenzverhältnis mit Wirtschaftsprozessen. Gerade etwa bei der Verwirklichung der Arbeitnehmerfreizügigkeit zeigt sich, dass hier Kollisionen mit Zielen der Kulturbewahrung auftreten können, die im Sinne einer praktischen Konkordanz so schonend wie möglich in Einklang zu bringen sind[1185]. Nicht gezweifelt werden kann auch daran, dass unter den Kulturbegriff auch der sprachliche Facettenreichtum der Europäischen Gemeinschaft gerechnet werden muss[1186], dem insbesondere der EuGH ein besonderes Gewicht zumisst. Ebenso wird der Förderungsauftrag in Art. 151 II zweiter Gedankenstrich EG übereinstimmend so ausgelegt, dass darunter insbesondere der Schutz der sprachlichen Vielfalt in der Gemeinschaft zu verstehen ist[1187].

Wenn mit dieser Begriffsbestimmung zwar noch nicht endgültig geklärt ist, welche Anforderungen sich für die Gemeinschaft oder die Mitgliedstaaten in Bezug auf die Auslegung von Sekundärrecht oder den Erlass von Sprachenregelungen

---

allgemeinen Regelung zur Anerkennung der Hochschuldiplome gemäß Art. 13 der RL 89/48/EWG, KOM (96) 046 endg. vom 15. 02. 1996, in dem die Kommission feststellt, dass mangelnde Sprachkenntnisse eine weitergehende Eignungsprüfung oder einen Anpassungslehrgang rechtfertigen können.

[1185] Grundlage für dieses Abstimmungsgebot der verschiedenen Ziele des Gemeinschaftsrechts mit Art. 151 EG ist die sogenannte Querschnittsklausel des Absatz IV, nach dem die Gemeinschaft bei ihrer Tätigkeit in anderen Bereichen den kulturellen Aspekten Rechnung zu tragen hat, vgl. auch Blanke, in Callies/Ruffert, Kommentar zum EU- und EG-Vertrag, Art. 151, Rn. 14.

[1186] Vgl. auch jüngst das Programm Kultur 2000, Beschluss Nr. 508/2000/EG des Europäischen Parlaments und des Rates vom 14. 02. 2000, in ABl. EG, Nr. L 63, 1, vom 10. 03. 2000, insbesondere Ziffer 6: „Gemäß dem Vertrag hat die Europäische Union zur Aufgabe, eine immer engere Union der Völker Europas zu verwirklichen sowie einen Beitrag zur Entfaltung der Kulturen der Mitgliedstaaten unter Wahrung ihrer nationalen und regionalen Vielfalt sowie gleichzeitiger Hervorhebung des gemeinsamen kulturellen Erbes zu leisten; besonders wichtig ist hierbei die Wahrung des Status der kleinen Kulturräume und der weniger verbreiteten Sprachen in Europa."

[1187] Blanke, in Callies/Ruffert, Kommentar zum EU- und EG-Vertrag, Art. 151, Rn. 9; Fechner, in von der Groeben (Hrsg.), Kommentar zum EG-Vertrag, Art. 128, Rn. 18.

ergeben, so ist damit aber jedenfalls die Relevanz von Art. 151 EG (Art. 128 EGV) für die Behandlung der Sprachenfrage festgestellt[1188].

bb. Kulturklausel und Binnenmarkterheblichkeit

Nachdem also zunächst bejaht wurde, dass Art. 151 EG aufgrund des positiven Befundes in Bezug auf den Kulturbegriff für Sprachregelungen überhaupt anzuwenden ist, verbleibt zu prüfen, welche Anforderungen diese Norm an die mitgliedstaatliche Gesetzgebung der Gemeinschaft stellt. In Anlehnung an die in Bezug auf Art. 153 EG geführte Diskussion kann auch für den Kulturbereich die Erkenntnis verwertet werden, dass sich Sprachregelungen im Vertragsrecht im primären Bezug auf den innerstaatlichen Verkehr mit ausländischen Verbrauchern in einer kompetentiellen Gemengelage bewegen. Einerseits kann die Binnenmarkterheblichkeit positiv festgestellt werden –eingedenk der unlängst zitierten Urteile des Europäischen Gerichtshofs auch die Betroffenheit der Grundfreiheiten[1189]-, andererseits besteht das Anliegen des Schutzes der sprachlichen Vielfalt als ein Aspekt der „Kulturklausel". Da ist wiederum die Feststellung am Platze, dass die Gemeinschaft weiterhin auch andere Ziele des EG-Vertrags verfolgen kann, selbst wenn diese sich auf den Kulturbereich auswirken[1190]. Dass auf Art. 95 EG auch Maßnahmen gestützt werden können, die kulturpolitische Auswirkungen haben, ergibt sich im übrigen auch aus Art. 95 IV EG (Zulässigkeit der Anwendung nationaler Sonderregeln zum Schutz des nationalen Kulturguts von künstlerischem, geschichtlichem und oder archeologischem Wert im Sinne des Art. 30 EG)[1191]. Auch hier ist wieder Voraussetzung, dass die betreffende Maßnahme unmittelbar die Errichtung und das Funktionieren des Binnenmarktes zum Gegenstand hat[1192]. So wurde beispielsweise auch die Richtlinie 93/7/EWG des Rates vom 15. 03. 1993 über die Rückgabe von unrechtmäßig aus dem Hoheitsgebiet eines Mitgliedstaates verbrachten Kulturgütern auf Art. 95 EG gestützt, obwohl diese Richtlinie zweifellos starke kulturelle Bezüge aufweist. Auch nach Inkrafttreten des EU-Vertrags soll weiterhin Art. 95 und nicht Art. 151 V EG die maßgebliche Rechtsgrundlage sein[1193].

[1188] In der bislang einzigen Bearbeitung des Sprachrisikos von Kallenborn, die auch den Bezug zum Verbraucherschutz herstellt, wird die Verbindung zum Schutz der kulturellen Vielfalt nicht erwähnt.

[1189] Nochmals sei hier betont, dass zu erwarten ist, dass der Verbraucher, der auf quasi protektionistische Sprachregelungen in einem Mitgliedstaat trifft, in geringerem Maße Güter nachfragen oder auch das Angebot der Arbeitnehmerfreizügigkeit wahrnehmen wird; vgl. für das französische Sprachschutzgesetz (freilich nur in Bezug auf die Warenverkehrsfreiheit, da die französische Regelung für Arbeitsverträge eine Ausnahmeregelung vorsieht) ebenso Endrös, in RIW 1995, 17 ff., 21 f. und Gärtner/Hempel, in ZfRV 2001, 9 ff., (12 f.).

[1190] Grabitz/Hilf-Ress/Ukrow, Bd. I, Art. 151, Rn. 96.

[1191] Grabitz/Hilf-Ress/Ukrow, Bd. I, Art. 151, Rn. 104.

[1192] Grabitz/Hilf-Ress/Ukrow, Bd. I, Art. 151, Rn. 104.

[1193] Grabitz/Hilf-Ress/Ukrow, Bd. I, Art. 151, Rn. 105.

In Bezug auf die, dieser Arbeit zugrunde gelegten Fallsituation bleibt es somit bei der Kompetenz der Gemeinschaft für den Erlass von Sprachregel nach Art. 95 EG, auch hier aber durch die Wirkung des Art. 151 EG begrenzt auf Mindeststandards. Allerdings wirkt sich die Regelung der Vertragssprache der Parteien nicht in demselben Maße kulturpolitisch aus, wie der Gedanke des Verbraucherschutzes angesprochen ist, so dass der Einfluss von Art. 151 EG auf die Bestimmung der Gesetzgebungszuständigkeit und als primärrechtliche Wertentscheidung bei der Auslegung der Informationstatbestände hinter Art. 153 EG deutlich zurückbleibt.

c. Art. 13 EG als Kompetenzgrundlage für den Erlass von Sprachregeln

Im Gegensatz zu aber auch in Ergänzung von Art. 12 EG bedeutet Art. 13 EG[1194] zwar keine grundrechtsähnliche Gewährleistung, auf die sich der Unionsbürger unmittelbar berufen kann[1195], enthält aber eine allgemeine Rechtsgrundlage zur Bekämpfung von Diskriminierungen aus verschiedensten Gründen[1196]. Die Regelungszuständigkeit begrenzt sich dabei keinesfalls nur auf Diskriminierungen von Gemeinschaftsbürgern, sondern gilt auch und gerade in Hinblick auf Drittstaatenangehörige[1197].
Unter den Diskriminierungsmerkmalen finden sich auch die für den Bereich von Sprachenregelungen nicht unbedeutenden Gründe der Rasse und der ethnischen Herkunft. Denn allgemein gehalten kann in unterschiedlichen Anforderungen, die das (Privat-) Recht an die jeweiligen Marktteilnehmer in sprachlicher Hinsicht stellt, mindestens indirekt auch eine Ungleichbehandlung aufgrund der Rasse oder ethnischen Herkunft gesehen werden. Dies setzt allerdings voraus, dass, nähme man wie bislang vorherrschend die sprachenrechtliche „Neutralität" europarechtlicher Informationstatbestände an, darin tatsächlich eine Diskriminierung im Sinne dieser Norm gesehen werden muss. Dabei können unter diesen Begriff nicht nur formell-rechtliche, sondern ebenso mittelbare und auch rein faktische Diskriminierungen gefasst werden[1198]. Was aber darunter –in rein gemeinschaftsrechtlicher Sicht- zu verstehen ist, erhellt Art. 13 EG selbst nicht. Auch hier liegt es wiederum nahe, sekundärrechtliche Konkretisierungen des

[1194] Art. 13 EG lautet: „Unbeschadet der sonstigen Bestimmungen des Vertrags kann der Rat im Rahmen der durch den Vertrag auf die Gemeinschaft übertragenen Zuständigkeiten auf Vorschlag der Kommission und nach Anhörung des Europäischen Parlaments einstimmig geeignete Vorkehrungen treffen, um Diskriminierungen aus Gründen des Geschlechts, der Rasse, der ethnischen Herkunft, der Religion oder der Weltanschauung, einer Behinderung, des Alters oder der sexuellen Ausrichtung zu bekämpfen."

[1195] Epiney, in Callies/Ruffert, Kommentar zum EU- und EG-Vertrag, Art. 13, Rn. 1; Holoubek, in Schwarze, (Hrsg.), EU-Kommentar, Art. 13, Rn. 8.

[1196] Epiney, in Callies/Ruffert, Kommentar zum EU- und EG-Vertrag, Art. 13, Rn. 2; Jochum, Der neue Art. 13 EGV oder „political correctness" auf europäisch ?, in ZRP 1999, 279.

[1197] Holoubek, in Schwarze (Hrsg.), EU-Kommentar, Art. 13, Rn. 7.

[1198] Epiney, in Callies/Ruffert, Kommentar zum EU- und EG-Vertrag, Art. 13, Rn. 7.

Begriffs der Diskriminierung als Hilfestellung anzunehmen. Für den hier interessanten Bereich der Diskriminierung aus rassischen und ethnischen Gründen ist da insbesondere der Richtlinie 2000/43/EG des Rates vom 29. 06. 2000 zur Anwendung des Gleichbehandlungsgrundsatzes ohne Unterschied der Rasse oder der ethnischen Herkunft[1199] intensiver Aufmerksamkeit zu schenken. Art. 2 II lit. a der Richtlinie definiert eine unmittelbare Diskriminierung als einen Sachverhalt, bei dem eine Person „*aufgrund ihrer Rasse oder ethnischen Herkunft in einer vergleichbaren Situation eine weniger günstige Behandlung als eine andere Person erfährt, erfahren hat oder erfahren würde.*“ Im Rahmen der sekundärrechtlichen Informationstatbestände liegt aber durch die sprachenrechtliche Gleichstellung der Vertragspartner gerade keine „*weniger günstige Behandlung*“ vor. Zwar könnte man argumentieren, dass dem der deutschen Sprache mächtigen Vertragspartner die jeweilige Information in seiner Sprache gewährt wird, während der nicht deutsch sprechenden Partei dieser Vorteil nicht zuteil wird. Dies würde aber verschleiern, dass dem Ausländer (oder nicht deutsch sprechenden Inländer) eine Gleichbehandlung gerade nicht weiter hilft, sondern dieser ja gegenüber seinem Vertragspartner im Vergleich zu einem deutsch sprechenden Verbraucher ein Mehr an Leistung, nämlich die Übersetzung fordert. Die jeweiligen Informationstatbestände enthalten ja gerade keine Differenzierung in Bezug auf die zu verwendende Sprache, sondern sind in dieser Beziehung neutral gefasst. Passender erscheint aus diesem Grund die in Art. 2 II lit. b zu findende Definition der mittelbaren Diskriminierung, die vorliegt, wenn „*dem Anschein nach neutrale Vorschriften, Kriterien oder Verfahren Personen, die einer Rasse oder ethnischen Gruppe angehören, in besonderer Weise benachteiligen können.*“. Gefordert ist also lediglich eine potentielle Benachteiligung und kein statistischer Nachweis einer Diskriminierung[1200]. Ein solcher statistischer Nachweis hätte im Rahmen der vorliegenden Arbeit sicherlich nur schwerlich erbracht werden können, wenn auch die Behandlung des Verständigungsrisikos und die sprachenrechtliche Auslegung von Informationstatbeständen seitens der vorherrschenden deutschen Rechtsprechung eine solche statistische Benachteiligung zumindest nahelegt. Erleichtert wird die Feststellung einer mittelbaren Diskriminierung noch durch die Beweislastregel in Art. 8 der Richtlinie. Danach soll es, wenn der Kläger die Verletzung des Gleichbehandlungsgrundsatzes glaubhaft macht, dem Beklagten obliegen zu beweisen, dass keine Verletzung des Gleichbehandlungsgrundsatzes vorliegt. Nach alledem wird es dem Sprachunkundigen nicht schwer fallen, das tatsächliche Vorliegen einer mittelbaren Diskriminierung im Streitfall darzulegen. Die entsprechenden Informationstatbestände beispiels-

---

1199 ABl. EG, Nr. L 180/22, vom 19. 07. 2000.

1200 Im Rahmen der mittelbaren Diskriminierung aufgrund des Geschlechts wurde ein solcher statistischer Nachweis stets verlangt, vgl. unten III. und insbesondere mit Hinweisen zur Rechtsprechung des EuGH Bieback, Die mittelbare Diskriminierung wegen des Geschlechts, 78 f.; Kalisch, Die Entwicklung des Verbots der mittelbaren Diskriminierung wegen des Geschlechts im Sozialrechts, 64; Wiedemann, in FS für Friauf 1996, 135, 136 ff..

weise im AGB-Recht sind in sprachenrechtlicher Hinsicht zunächst neutral, im Rahmen ihrer Auslegung besteht aber die Möglichkeit der Benachteiligung der Gruppe der der deutschen Sprache nicht mächtigen Verbraucher. Dass diese Verbraucher in der absoluten Mehrzahl der Fälle auch einer anderen „*Rasse*" bzw. ethnischen Herkunft angehören ist nicht nur möglich, sondern augenfällig. Ist damit die Subsumtion von Sprachenregeln unter das Merkmal der mittelbaren Diskriminierung zunächst gelungen, wäre damit allerdings noch keine Verletzung der Richtlinie bejaht. Art. 2 schränkt nämlich in seinem Absatz II lit. b das Verbot der mittelbaren Diskriminierung insoweit ein als „*die betreffenden Vorschriften, Kriterien oder Verfahren ... durch ein rechtmäßiges Ziel gerechtfertigt, und die Mittel ... zur Erreichung dieses Ziels angemessen und erforderlich* (sind)". Ob ein solches rechtmäßiges Ziel und ein verhältnismäßiges Mittel im Einzelfall vorliegen, ist sicherlich nicht generell für alle verbraucherschützenden Informationstatbestände zu beantworten. Argumente für eine solche Rechtfertigung ließen sich zweifellos zahlreiche finden wie etwa die Vermeidung von Übersetzungskosten oder ganz allgemein die Bewahrung der Privatautonomie des Vertragspartners, die dazu anhält, die Risiken und Pflichten in einem Vertragsverhältnis ausgewogen und in gewissem Sinne auch nach den jeweiligen Einflusssphären zu verteilen[1201].

Ob ein derartiges Ziel und das schließlich gewählte Mittel, nämlich die Auferlegung der Übersetzungslast auf den Sprachunkundigen angemessen sind, ist letzten Endes Gegenstand der gesamten hier vorgelegten Bearbeitung. Insbesondere im Rahmen der unter II. 1. dargelegten vertragstheoretischen Fundierung wurden die entsprechenden Interessen dargestellt und abgewogen, so dass es wenig Sinn macht diese hier zu repetieren. Soweit aber weitere Interessen in diese Abwägung eintreten, werden diese im Rahmen der Behandlung des übergeordneten Rechts unten unter III. einbezogen.

Bedeutsam ist die in der Richtlinie getroffene Einschränkung für mittelbare Diskriminierungen aber jedenfalls auch für die Prüfung von Art. 13 EG als Ermächtigungsgrundlage zum Erlass von Sprachregeln. Denn es ist zu erwarten, dass auch zukünftig unter Art. 13 EG zwar auch mittelbare Diskriminierungen zu fassen sind, dass aber auch stets die Möglichkeit einer Rechtfertigung einer solchen Diskriminierung in das Sekundärrecht implementiert wird. Daraus ergibt sich jedenfalls, dass schlussendlich zwingende Anforderungen an Informationspflichten in Art. 13 EG nicht niedergelegt sind; was allerdings nicht bedeuten muss, dass derartige Regeln nicht erlassen werden können, bezüglich mittelbarer Diskriminierungen wiederum aber nur in Verbindung mit einer regelmäßig erleichterten Rechtfertigungsmöglichkeit.

[1201] Ausführliche Abwägung unter III. 3.

Für die Frage der Auslegung des Richtlinienrechts sind die Vorgaben des Art. 13 EG insofern also nicht zwingend, aber keinesfalls gänzlich ausser acht zu lassen[1202].

d. Sprachenfrage im Richtlinienrecht

Bis hierher wurde deutlich, dass für die Gemeinschaft insbesondere in Ansehung der Art. 153 und Art. 151 EG und der Binnenmarkterheblichkeit von Sprachregeln im Verbrauchervertragsrecht die Möglichkeit für den Erlass solcher Regeln besteht. Allein dieser Umstand ermöglicht dem Exegeten überhaupt eine in sprachenrechtlicher Hinsicht positive Deutung bestehender richtlinienrechtlicher Regelungen.
Hinsichtlich dieser sprachenrechtlichen Auslegung besteht aber bereits eine gewisse Vorprägung –um nicht den technischen Begriff der Vermutung zu verwenden- durch die Vorgaben der Art. 153, 151 und auch 13 EG. Die Ziele des Verbraucherschutzes und der Bewahrung der kulturellen Vielfalt, die über die Querschnittklausel bei allen Tätigkeiten der Gemeinschaft beachtet werden müssen, belasten die zunächst neutrale Waage des Auslegenden in nicht unbedeutendem Ausmaß auf einer Seite. Aber auch Art. 13 EG, der zwar eine Rechtfertigung mittelbarer Diskriminierungen anbietet, geht von einem grundsätzlichen Verbot aus, so dass nach überzeugenden Argumenten gegen eine Sprachregelung gesucht werden muss.
Um nochmals die zur Auslegung von Sekundärrecht zitierte Rechtsprechung des Europäischen Gerichtshofs präsent zu machen, wird hier darauf hingewiesen, dass zuförderst der Telos der Richtlinien Maßstab und Orientierungspunkt bei der Auslegung sein muss. Jedenfalls einen ersten Anhaltspunkt bietet aber natürlich der Wortlaut, wobei Hinweise auf Sprachregeln in von der deutschen Fassung abweichenden Formulierungen in den anderen Amtssprachen beachtenswert sind.
Danach werden die Richtlinien mit einem Bezug auf Verbraucherverträge in drei Kategorien eingeteilt, die sich nach dem Wortlaut der Richtlinien bezüglich der Informationstatbestände empfehlen. Das sind zum einen Richtlinien, die aufgrund ihrer Formulierung einen ersten Anhaltspunkt für eine in sprachenrechtlicher Hinsicht positive Antwort bieten, und zum anderen solche, die zumindest in Bezug auf den Wortlaut gänzlich indifferent erscheinen. Zuletzt werden diejenigen Richtlinien untersucht, die eine eindeutige Sprachregelung aufweisen.

aa. Richtlinien mit Hinweisen auf eine Sprachregelung

(1) Richtlinie 93/13/EWG des Rates vom 05. 04. 1993 über missbräuchliche Klauseln in Verbraucherverträgen[1203]:

[1202] Vgl. ähnlich vorsichtig noch Reich, Bürgerechte, 66.

Nach Art. 4 II sowie Art. 5 dieser Richtlinie müssen alle dem Verbraucher unterbreiteten Klauseln nicht nur schriftlich, sondern darüber hinaus klar und verständlich abgefasst sein[1204]. Dieses Verständlichkeitsgebot gibt einen ersten Anhaltspunkt dafür, dass die Klauseln in der Sprache des Verbrauchers abzufassen sind, da nur unter diesen Umständen eine tatsächliche Möglichkeit der intellektuellen Wahrnehmung gegeben wäre. Eine Bestätigung findet dieser Ansatz in in der amtlichen Begründung der Richtlinie. Danach müssen die Verträge „*in klarer und verständlicher Sprache abgefasst sein. Der Verbraucher muss tatsächlich die Möglichkeit haben, von allen Vertragsklauseln Kenntnis zu nehmen.*"[1205]. Entgegen diesem deutlichen Hinweis auf eine Sprachenregelung hielt es die Bundesregierung bei der Anpassung des AGBG an die Anforderungen der Richtlinie nicht für notwendig, Veränderungen bei den das Transparenzgebot betreffenden Vorschriften[1206] vorzunehmen[1207]. Dies wurde in der Literatur stellenweise sehr kritisch aufgenommen[1208]. Insbesondere *Reich*[1209], *Rott*[1210], *Coester*[1211] und *Heinrich*[1212] bemerken, dass die apodiktische Ablehnung einer Anpassung an die Erfordernisse der Richtlinie bezüglich des Transparenzgebots nicht befriedigt[1213].

1203 ABl. EG Nr. L 95/29 ff., vom 21. 04. 1993.

1204 Art. 4 II lautet: „Die Beurteilung der Missbräuchlichkeit der Klauseln betrifft weder den Hauptgegenstand des Vertrags noch die Angemessenheit zwischen dem Preis bzw. dem Entgelt und den Dienstleistungen bzw. den Gütern, sofern diese Klauseln klar und verständlich abgefasst sind."
Art. 5 lautet: „Sind alle dem Verbraucher in Verträgen unterbreiteten Klauseln oder einiger dieser Klauseln schriftlich niedergelegt, so müssen sie stets klar und verständlich abgefasst sein."

1205 ABl. EG Nr. L 95/30, vom 21. 04. 1993.

1206 Zu diesen Vorschriften im AGBG und deren sprachenrechtlichen Auslegung vgl. oben I. B. 2. f..

1207 BTDrucks. 13/2713, 6; vgl. auch Rechtsausschuss BTDrucks. 13/4699, 6; ebenso vertreten Brandner, in MDR 1997, 312 f., ders. in Ulmer/Brandner/Hensen, § 9, Rn. 174, Heinrichs, in FS für Trinkner, 173 f., -einschränkend für den Bereich „notarieller Verträge"- Kappus, in NJW 1994, 1847 f., Kreienbaum, Transparenz, 302 und v. Westphalen, Vertragsrecht und AGB-Klauselwerke, „Transparenzgebot", Rn. 16, dass kein weiterer Umsetzungsbedarf besteht

1208 Die Mehrzahl der Untersuchungen zur AGB-Richtlinie lassen aber Ausführungen in Bezug auf das Sprachenproblem ganz beiseite.

1209 Reich, in NJW 1995, 1857.

1210 Rott, in ZVglRWiss 98 (1999), 400, 407.

1211 Coester, in Staudinger, § 9 AGBG, Rn. 152 ff..

1212 Heinrich, in NJW 1996, 2190, 2197.

1213 Die Ausführungen von Schmidt-Salzer, in VersR 1995, 1264 f., zu den Anforderungen der Richtlinie an das deutsche AGB-Recht bezüglich der Sprachenfrage werden an dieser Stelle bewusst ausgespart. Einerseits stützt nämlich Schmidt-Salzer seine Ausführungen nur auf Art. 4 der Richtlinie, und andererseits behandelt der Autor die spezielle Frage, ob der Hinweis darauf, dass aufgrund der Europaklausel in KfZ-Versicherungen im asiatischen Teil der Türkei kein Deckungsschutz besteht, gegenüber dem türkischen Versicherungsnehmer in türkischer Sprache erfolgen muss. Im übrigen wird dies im Ergebnis verneint.

Coester leitet dabei in Übereinstimmung mit den Auslegungstopoi des EuGH eine Sprachenregelung aus der Zielrichtung der Richtlinie und dem Umstand der großen Sprachenvielfalt in der EU her[1214]. Danach soll sich aus der grundsätzlichen Teleologie der Herstellung eines gemeinsamen Binnenmarkt, die im ersten Erwägungsgrund der Richtlinie genannt ist, die Notwendigkeit einer entsprechenden Auslegung des Transparenzgebots in sprachenrechtlicher Hinsicht ergeben[1215]. *Coester* schränkt seine Ansicht allerdings auf die Fälle ein, in denen ein Unternehmen gezielt auf anderssprachigen Märkten wirbt. Dann soll dieses Unternehmen um eine **Übersetzung in alle EU-Sprachen** nicht herumkommen[1216]. Dies entspricht auch der speziellen Teleologie von Art. 5, der den Verbraucher in die Lage versetzen will, sich allein aufgrund des ihm vorliegenden schriftlichen Klauselwerks über seine Rechte und Pflichten zu orientieren[1217].

Wenn ein EU-Ausländer sich aber an ein Unternehmen richtet, das auf den deutschen Markt begrenzt ist, vertritt *Coester* ähnlich wie *Heinrich*, dass sich allenfalls mit besonderen Umständen des angestrebten Vertragsverhältnisses eine Individualaufklärung begründen lässt. Ansatzpunkt hierfür kann Art. 4 der Richtlinie sein, der ausdrücklich auf die Individualumstände abstellt[1218].

Eine solches Vorliegen besonderer Vertragsumstände halten dagegen *Rott* und *Reich* für überflüssig. *Rott* legt besonderen Wert auf die Feststellung, dass gerade die Herstellung eines gemeinsamen Binnenmarktes und eine von staatlicher Seite geförderte Globalisierung des Wirtschafts- und Arbeitslebens die allseits angenommene Vermutung für die Sprache des Marktortes entkräftet[1219]. Wie *Reich* will *Rott* eine Grenze der sprachlichen Individualaufklärung lediglich in dem Kriterium der Erkennbarkeit erblicken. Dem Aufklärungsverpflichteten kann eine mangelnde sprachliche Aufklärung immer dann nicht angelastet werden, wenn dieser die mangelhaften Deutschkenntnisse seines Gegenüber nicht erkennen konnte[1220].

Den Ausführungen von *Rott* und *Reich* zu den Anforderungen der Klauselrichtlinie ist an dieser Stelle ausdrücklich zuzustimmen. Den Einschränkungen, die *Coester* in Bezug auf nicht grenzüberschreitend tätig werdende Unternehmen vornehmen will, kann nicht gefolgt werden. Wenn der Autor diese einschränkende Auslegung des Transparenzgebots der Richtlinie implizit darauf stützt, dass nur in den Fällen grenzüberschreitender Tätigkeit auch eine entsprechende Binnenmarktrelevanz vorliegt, die eine Übersetzungspflicht der Unternehmen erst

---

1214 Coester, a. a. O. (Rn. 157).

1215 Coester, a. a. O..

1216 Coester, a. a. O.; ähnlich auch Kreienbaum, Transparenz, 309.

1217 Vgl. Grabitz/Hilf-Pfeiffer, Bd. II, A 5, Art. 5, Rn. 16.

1218 Coester, a. a. O.; Heinrich, in NJW 1996, 2190, 2197; in der deutschen Gesetzgebung wurde diese Beachtung individueller Umstände lediglich im Rahmen von § 24 a Nr. 3 AGBG gewürdigt.

1219 Rott, in ZVglRWiss 98 (1999), 403 f..

1220 Reich, in NJW 1995, 1860; Rott, a. a. O. (404).

begründen kann, so ist dem zu entgegnen, dass eine solche Binnenmarktrelevanz -wie auch *Rott* ausführt- natürlich auch gegeben ist, wenn sich zwar nicht das Unternehmen selbst, aber der Verbraucher auf verschiedenen europäischen Märkten bewegt. Mit derselben Argumentation lässt sich auch die -von *Coester* möglicherweise sogar unbewusst vorgenommene- Beschränkung einer Übersetzungspflicht in Bezug auf Verträge mit EU-Bürgern angreifen; denn die Herstellung einer Art „Euromobilität" der im geographischen Gebiet der EU lebenden Menschen bezieht sich selbstverständlich auch auf Angehörige von Drittstaaten, so wie diese auch Berechtigte und Verpflichtete der gemeinschaftsrechtlichen Informationstatbestände sind.

Wenn nun des weiteren gefordert wird, dass bei nicht grenzüberschreitend tätigen Unternehmen eine Übersetzung nur bei Vorliegen besonderer Umstände möglich ist -*Heinrich* sieht solche Umstände nur bei „*wichtigen Verträgen von großer Tragweite*" als gegeben an[1221]- so ist nicht ersichtlich, wie sich ein solches Ergebnis mit dem Wortlaut oder der Teleologie der Richtlinie begründen lässt. Denn entweder ergibt sich aus dem Erfordernis einer klaren und verständlichen Information und der Teleologie der Richtlinie eine Sprachenregelung oder eben nicht. Eine Begrenzung auf bestimmte, existentiell bedeutsame Vertragsverhältnisse muss dann aber auf Erwägungen der Zumutbarkeit gestützt werden, für die, soweit Gegenstand der Auslegung Art. 5 der Richtlinie ist, aber kein Raum besteht. Begründbar sind derartige Zumutbarkeitserwägungen nur dann, wenn die Überlegungen angestellt werden, die sich auf das Transparenzgebot als ein allgemeines Prinzip der Inhaltskontrolle im Sinne von § 9 AGBG beziehen. Zwar wird in der deutschen Rechtslehre häufig § 9 AGBG als der „Aufhänger" für das Prinzip der Transparenz gesehen[1222], in der Richtlinie selbst wird aber deutlich zwischen der Missbräuchlichkeit einer Klausel (Art. 3 I) und einer ausreichenden Information (Art. 5) unterschieden. Aus dieser Erwägung heraus muss es sich verbieten, Zumutbarkeitskriterien in das Verständlichkeitsgebot des Art. 5 der Richtlinie hinein zu „lesen", was nicht heissen muss, dass eine unverständliche Klausel nicht auch missbräuchlich sein kann[1223].

Postuliert man also, dass ein umfassendes Gebot besteht, dass sich der AGB-Verwender verständlich machen muss, dann sind auch die Ansätze abzulehnen, die mit Argumenten der Zumutbarkeit lediglich die Sprache fordern, die am gewöhnlichen Aufenthalt des Verbrauchers gesprochen wird[1224]. Der Ansicht von *Heinrich* kann also insoweit nicht gefolgt werden; im übrigen verkehrte die For-

[1221] Heinrich, in NJW 1996, 2197.

[1222] Vgl. nur Brandnder, in Ulmer/Brandner/Hensen, § 9, Rn. 87 ff., 173 ff.; Coester, in Staudinger, § 9, Rn. 121 ff..

[1223] Nur scheinbar anderer Ansicht ist Pfeiffer, in Grabitz/Hilf, Bd. II, A 5, Art. 5, Rn.16, wenn er bemerkt, dass es den Mitgliedstaaten anheim gestellt bleibt, ob das Transparenzgebot entweder in der Mißbrauchskontrolle oder in der Eingangskontrolle verortet wird.

[1224] Wolf, in Wolf/Horn/Lindacher, Art. 5, Rn. 6.

derung nach besonderen Vertragsumständen die oben hergeleitete sprachenrechtliche Vorprägung aus Art. 153, 151 und 13 EG in ihr Gegenteil.

Zuletzt sei angemerkt, dass die Ansicht von *Coester*, dass nur grenzüberschreitend tätige Unternehmen eine Übersetzungspflicht trifft, für die vorgelegte Arbeit, eine zu vernachlässigende Einschränkung darstellt, weil die Mehrzahl der Unternehmen im Banken- und Versicherungsbereich zu den sogenannten „Global Playern" der Weltwirtschaft zu zählen sind, für die also der Verkehr mit nicht deutsch sprechenden Partner zum täglichen Geschäft gehört.

Dieses bis hierher gewonnene Auslegungsergebnis sieht sich zudem durch andere Sprachfassungen bestätigt. Während die deutsche Fassung davon spricht, dass die Klauseln in der geforderten Form „*abgefasst*" (in der französischen Fassung „*redigée*") sind, fordert die englische Fassung ausdrücklich eine „*plain and intelligible language*"[1225]. Unter einer solchen „*plain and intelligible language*" wird im anglo-amerikanischen Rechtskreis eine an der Alltagssprache ausgerichtete Ausdrucksweise verstanden. Diese wendet sich häufig in der zweiten Person an den Verbraucher, indem etwa formuliert wird: Sie müssen ..., Sie dürfen ..., wir versprechen u.s.w.[1226]. In Anlehnung an diese intelektuelle Verstehbarkeit von Vertragsklauseln fordern beispielsweise *Pfeiffer* und *Coester*, dass angesichts von Art. 5 die bislang in Deutschland gängige Praxis, vorformulierte Klauseln in juristischer Fachsprache zu verfassen, überdacht werden muss –sicherlich mit Ausnahme der Fälle, in denen termini technici unentbehrlich sind[1227]. Nicht einleuchten vermag aber diese Forderung, eine verstärkt auch für den Laien verständliche Sprache zu verwenden, wenn dies für ausländische Laien nicht gelten soll. Für Verträge mit diesen mutet es dann sogar als ein bescheidenes Anliegen an, lediglich eine Übersetzung in die Sprache des Verbrauchers zu fordern und nicht auch eine Übersetzung in dessen Alltagssprache.

Es bleibt somit zu resümieren, dass sich aus der Teleologie der Klauselrichtlinie im allgemeinen und von Art. 4 und Art. 5 im speziellen das Gebot ergibt, den Verbraucher in der von ihm beherrschten Sprache über das Klauselwerk zu informieren. Dieses Ergebnis findet zudem eine Stütze in Erwägungsgrund 1 der Richtlinie und der englischen Sprachfassung von Art. 5. Die Rechtsprechung hat diesem Verständlichkeitsgebot durch eine richtlinienkonforme Auslegung der Normen, in denen das Transparenzgebot im deutschen Recht seinen Niederschlag findet, Rechnung zu tragen.

[1225] Vgl. Chitty on Contracty, Volume I, 15-066, 768, zur vorwiegenden Einordnung als ein Element der inhaltlichen Fairness.

[1226] Vgl. Grabitz/Hilf-Pfeiffer, Bd. II, A 5, Art. 5, Rn. 11.

[1227] Coester, a . a. O. (Rn. 158); Grabitz/Hilf-Pfeiffer, Bd. II, A 5, Art. 5, Rn.11.

(2) Richtlinie 97/7/EG des Europäischen Parlaments und des Rates vom 20. 05. 1997 über den Verbraucherschutz bei Vertragsabschlüssen im Fernabsatz[1228]:

Art. 4 der sogenannten Fernabsatzrichtlinie konstituiert ein mit der Klauselrichtlinie vergleichbares Informationsrecht, indem in Absatz II festgestellt wird, dass eine klare und verständliche Information des Verbrauchers zu erfolgen hat[1229]. Der identische Wortlaut findet sich in § 2 II der deutsche Umsetzung[1230]. In den Erwägungsgründen wird es dabei für notwendig erachtet, auf die Möglichkeiten und auch Risiken, die sich durch neue Technologien für den Verbraucher ergeben, einzugehen und auf Gemeinschaftsebene *„eine Mindestzahl gemeinsamer Regeln in diesem Bereich einzuführen"*[1231]. Im Rahmen der Binnenmarktermöglichung kommt dem Einsatz von Fernkommunikationstechniken eine besondere Rolle zu, da dem Verbraucher vermehrt Möglichkeiten offen stehen, sich über das Angebot in der gesamten Gemeinschaft zu informieren und grenzüberschreitende Verträge abzuschließen[1232]. Der nicht ausgedrückte aber dahinterstehende Zweck des Gesetzes ist also, den Schutz des Verbrauchers bei der Nutzung von Fernkommunikationsmitteln, die dadurch besonders gefahrenträchtig sind, dass sowohl der Vertragspartner als auch das Produkt quasi unsichtbar sind, zu verbessern und damit auch deren wirtschaftliche Ressourcen effektiver zu nutzen[1233].

Die in Ansehung dieses Anliegens niedergelegten umfangreichen Informationspflichten sollen also der Virtualität von Produkt und Vertragspartner entgegenwirken und bilden einen Eckpfeiler der Richtlinie[1234].

Die sprachenrechtliche Behandlung der Richtlinie ist trotz ihres jugendlichen Alters bereits Gegenstand rechtswissenschaftlicher Untersuchungen in der Literatur, was sich insbesondere mit der großen Relevanz der Sprachenfrage bei Vertragsabschlüssen im grenzüberschreitenden Verkehr erklären lässt. Der insoweit identische Wortlaut der Fernabsatz- und der Klauselrichtlinie veranlasst dabei die Mehrzahl der Autoren zu einer vergleichbaren Vorgehensweise, wenn häufig

---

[1228] ABl. EG, Nr. L 144/19, vom 04. 06. 1997.

[1229] Art. 4 der Fernabsatzrichtlinie lautet: (1) „Der Verbraucher muss rechtzeitig vor Abschluss eines Vertrags im Fernabsatz über folgende Informationen verfügen: ..." (alle wesentlichen Vertragsbedingungen, insbesondere Identität des Vertragspartners, Kosten und Laufzeiten des Vertrags).
(2) „Die Informationen nach Absatz I, deren kommerzieller Zweck unzweideutig erkennbar sein muss, müssen klar und verständlich auf jedwede der verwendeten Fernkommunikationstechnik angepassten Weise erteilt werden; dabei sind insbesondere die Grundsätze der Lauterkeit bei Handelsgeschäften sowie des Schutzes solcher Personen, die nach den Gesetzen der einzelnen Mitgliedstaaten nicht geschäftsfähig sind (wie z. B. Minderjährige) zu beachten."

[1230] Fernabsatzgesetz vom 27. 06. 2000, in BGBl. I 887.

[1231] S. Erwägungsgrund Nr. 4.

[1232] Erwägungsgrund Nr. 3 und 9.

[1233] Vgl. Palandt-Heinrichs, FernAbsG, Einführung, Rn. 1; Martinek, in NJW 1998, 207.

[1234] Micklitz, in ZEuP 1999, 875 ff., 880; vgl. auch Erwägungsgrund 11 der Richtlinie.

auch auf die Besonderheiten der Sprachverwendung im weltweiten Datennetz eingegangen wird. Bei der Interpretation der Wendung „klar und verständlich" in Bezug auf einen sprachenrechtlichen Gehalt wird auch kein Problem darin gesehen, dass die Gemeinschaft ausdrücklich auf die Kompetenz der Mitgliedstaaten verweist, die zu verwendende Sprache zu regeln[1235].

Anders als im AGB-Recht geht die überwiegende Zahl der Autoren -wenn die Sprachenfrage überhaupt erwähnt wird[1236]- davon aus, dass auf die Sprachgewohnheiten von Sprachminderheiten Rücksicht zu nehmen ist[1237]. Dabei deutet sich die Tendenz an, den Grundsatz der Verhandlungs- und Vertragssprache nicht oder allenfalls nur eingeschränkt zu übernehmen. So will etwa *Micklitz* dem Verbraucher zwar eine Berufung auf mangelhafte Sprachkenntnisse verwehren, wenn er sich in der Kommunikation mit dem Vertragspartner etwa auf die lingua franca des Internet, die englische Sprache, eingelassen hat, dagegen soll dem Verbraucher nicht zuzumuten sein, Allgemeine Geschäftsbedingungen in einer fremden Sprache verstehen zu müssen[1238]. Das heisst die Tatsache der räumlichen Distanz der Vertragspartner bewirkt eine Beeinflussung des Schutzniveaus der Klauselrichtlinie in sprachlicher Hinsicht. Aber auch bei den Autoren, die grundsätzlich den Fortbestand des Prinzips der Verhandlungs- und Vertragssprache proklamieren, sind Zweifel erkennbar, ob die Verwendung der deutschen Sprache gegenüber ausländischen Kunden ausreicht. So empfiehlt *Fuchs* den grenzüberschreitend tätigen Unternehmen –also all denjenigen, die ihre Produkte über das Internet anbieten-, auf ihrer Web-Site darauf hinzuweisen, dass Leistungen nur an Kunden mit Wohnsitz oder gewöhnlichem Aufenthalt im Inland erbracht werden[1239] -ein für im Internet werbende Unternehmen geradezu grotesk anmutender Vorschlag.

In diese Richtung kann im übrigen auch nicht die Äusserung *Reichs* gedeutet werden, dass sich der Unternehmer gezielt an Sprachminderheiten wenden muss. Denn es ist nicht davon auszugehen, dass *Reich* im Vergleich zur Klauselrichtlinie weitergehende Voraussetzungen aufstellen will. Ein Unternehmen richtet sich also schon dann an sprachliche Minderheiten, wenn für ihn die mangelnde Deutschkenntnis erkennbar war.

Zu diesem Ergebnis kommt auch die bislang einzige tiefgehende Untersuchung zur Sprachenfrage in Bezug auf Fernabsatzverträge von *Rott*. Auch in dieser Abhandlung wird mit dem Zweck von Art. 4 argumentiert, der die Information über

---

1235 Grabitz/Hilf-Micklitz, Bd. II, A 3, Art. 4, Rn. 62; vgl. dazu auch oben II. 3. a. bb. ddd..

1236 Ohne weitere Ausführungen in diese Richtung etwa Martinek, in NJW 1998, 207 undThorn, in IPRax 1999, 1 ff., 6.

1237 Grabitz/Hilf-Micklitz, Bd. II, A 3, Art. 4, Rn. 62; ders. in ZEuP 1999, 884; Reich, in EuZW 1997, 581 ff., 584; vgl. auch den Bericht von Schulte-Nölke zur Konferenz der Europäischen Rechtsakademie in Trier über die Auswirkungen der Fernabsatzrichtlinie, in NJW 1998, 210 f., 211.

1238 Micklitz, in ZEuP 1999, 884.

1239 Fuchs, in ZIP 2000, 1273 ff., 1277 f..

einen Gegenstand gewährleisten soll, den man nicht sehen und daher auch nicht selbst untersuchen kann. Diesem Zweck soll nur entsprochen werden, wenn sich der Unternehmer in der Muttersprache des Verbrauchers verständlich macht[1240]. Auch die Beherrschung der englischen Sprache soll vom einem Internet-Nutzer nicht verlangt werden können[1241]. Zudem darf der Unternehmer nicht schon von der Kenntnis einiger Worte einer Internet-Präsentation auf umfangreiche Fremdsprachenkenntnis des Verbrauchers schließen[1242]. Schließlich weist *Rott* zurecht darauf hin, dass dies nicht bedeutet, dass den Unternehmer unter allen Umständen eine Übersetzungspflicht trifft, sondern es trifft ihn lediglich die Pflicht, sich dem Verbraucher verständlich zu machen. Es bleibt ihm aber anheim gestellt, ob er diese Pflicht durch Sprache oder aber Symbole, Zeichnungen, Piktogramme u.s.w. erfüllt[1243].

Mit Blick auf die bezüglich der Klauselrichtlinie geführten Argumentation kann denjenigen, die der Fernabsatzrichtlinie sprachenrechtliche Regelungen entnehmen wollen, nur zugestimmt werden. Insbesondere der spezielle Informationszweck der Richtlinie, den Gefahren von Verträgen mit unsichtbaren Vertragspartnern und ebenso wenig handgreiflichen Vertragsgegenständen entgegenzuwirken, lässt kaum einen anderen Schluss zu. Dazu kommt die nachgerade sprichwörtliche Grenzenlosigkeit der Vertragsschlusssituation im Internet als einer der Hauptanwendungsfälle der Fernabsatzrichtlinie. Überraschen muss nur -angesichts der jahrelangen apodiktischen Ablehnung bei der Klauselrichtlinie- mit welcher Selbstverständlichkeit der Fernabsatzrichtlinie eine Sprachregelung entnommen wird.

Die entsprechenden Informationsgebote des deutschen Fernabsatzgesetzes (§ 2 FernAbsG[1244]) bzw. § 312 c BGB n. F. sind daher in der Weise wie die Normen des AGBG richtlinienkonform auszulegen.

(3) Richtlinie 90/314/EWG des Rates vom 13. 06. 1990 über Pauschalreisen[1245]:

In ähnlicher Weise wie in der Fernabsatzrichtlinie drängt sich auch in der Pauschalreiserichtlinie -hier durch den grenzüberschreitenden Charakter des Produkts- die Frage nach sprachlichen Verständnisschwierigkeiten auf. Allgemein verfolgt die Richtlinie den Zweck, Hindernisse für den grenzüberschreitenden Dienstleistungsverkehr zu beseitigen und dem Verbraucher die Möglichkeit zu verschaffen, Pauschalreisen in allen europäischen Mitgliedstaaten vergleichen

1240 Rott, in ZVglRWiss 98 (1999), 405 f..
1241 Rott, in ZVglRWiss 98 (1999), 405 f..
1242 Rott, in ZVglRWiss 98 (1999), 406 f..
1243 Rott, in ZVglRWiss 98 (1999), 407.
1244 Gesetz vom 27. 06. 2000 (BGBl. I, 887).
1245 ABl. EG, Nr. L 158/59 ff. vom 23. 06. 1990.

und buchen zu können[1246]. Diesem Zweck dienen auch Informationspflichten, die schriftlich oder in einer dem Verbraucher „*verständlichen und zugänglichen Form festgehalten*“ werden müssen[1247]. Neben den Erwägungsgründen legt dies auch Artikel 4 II b für alle Vertragsbedingungen unmissverständlich fest[1248].
Ob sich aus diesem Erfordernis der Schriftlichkeit und der alternativ möglichen anderen Form eine Sprachenregelung ergibt, wird in der Literatur bislang nicht diskutiert. Ein erster Anhaltspunkt ergibt sich wiederum aus der Verpflichtung der Richtlinie auf Verständlichkeit seitens des Pauschalreiseanbieters. Auch hier ist nicht ersichtlich, warum unter Verständlichkeit nur die intelektuelle und nicht auch die sprachliche Seite –falls man diese überhaupt voneinander trennen kann- gemeint sein soll. Stützen lässt sich diese Ansicht damit, dass es dem genannten Zweck, auch und gerade Vertragsabschlüsse der Verbraucher im Ausland zu fördern, zuwider liefe, wenn diese Verbraucher die von der Richtlinie statuierten Informationen sprachlich nicht verstehen können. Denn es ist zu erwarten, dass derartige Sprachbarrieren für den Verbraucher sogar einen deutlich stärkeren Hinderungsgrund darstellen, auch in anderen als dem Heimatstaat Reisen zu buchen, als die diffuse Befürchtung sich in einer unbekannten Rechtsordnung zurechtfinden zu müssen.

Auch für die Pauschalreiserichtlinie liegt also eine mit der Klauselrichtlinie kohärente Auslegung nahe. Im übrigen wird in aller Regel das mitgliedstaaliche AGB-Recht ohnehin anwendbar sein, da Pauschalreiseverträgen ganz überwiegend Allgemeine Geschäftsbedingungen angefügt sind.

Im Ergebnis hat die Information des Pauschalreisenden nach § 651 a V BGB i. V. m. der Verordnung über die Informationspflichten des Reiseveranstalters[1249]

[1246] Erwägungsgrund 2, 3, 9 f.: „Die Rechtsvorschriften der einzelnen Mitgliedstaaten über Pauschalreisen weisen zahlreiche Unterschiede auf, und die einzelstaatlichen Praktiken auf diesem Gebiet sind sehr unterschiedlich. Dies führt zu Hindernissen für den freien Dienstleistungsverkehr auf dem Gebiet der Pauschalreisen ...“. „Gemeinsame Regeln für Pauschalreisen werden zur Beseitigung dieser Hindernisse und damit zu Verwirklichung eines gemeinsamen Dienstleistungsmarktes beitragen.“ ... „Die Vorschriften über den Verbraucherschutz weisen in den Mitgliedstaaten Unterschiede auf, die den Verbraucher eines Mitgliedstaates davon abhalten, Pauschalreisen in einem andere Mitgliedstaaten zu buchen.“

[1247] Erwägungsgrund 12: „Der Verbraucher muss eine Abschrift der für die Pauschalreise geltenden Vertragsbedingungen schriftlich oder in einer anderen dem Verbraucher verständlichen und zugänglichen Form festgehalten und ihm in Abschrift ausgehändigt werden.“

[1248] Art. 4 II b. lautet: „Alle Bedingungen des Vertrages werden schriftlich oder in einer anderen dem Verbraucher verständlichen oder zugänglichen Form festgelegt und sind ihm vor Vertragsabschluss zu übermitteln.“

[1249] Verordnung des Bundesministerium der Justiz vom 14. 11. 1994, in BGBl. I, 3436, neugefasst, aber inhaltlich unverändert durch die §§ 4-9 der Verordnung über Informationspflichten nach Bürgerlichem Recht.

entsprechend dem Gehalt der Pauschalreiserichtlinie in der Sprache des Informationsberechtigten -begrenzt durch das Kriterium der Erkennbarkeit- zu erfolgen.

bb. Richtlinien ohne Hinweis auf eine Sprachregelung

Art. 4 I der Richtlinie 85/577/EWG des Rates vom 20. 12. 1985 betreffend den Verbraucherschutz im Falle von außerhalb von Geschäftsräumen geschlossenen Verträgen[1250] fordert, dass der Verbraucher über sein nach Art. 5 I bestehendes Widerrufsrecht schriftlich belehrt wird[1251]. Vergleichbares enthält Art. 6 I der Richtlinie 87/102/EWG des Rates vom 22. 12. 1986 zur Angleichung der Verwaltungsvorschriften der Mitgliedstaaten über den Verbraucherkredit[1252], weitet in Art. 4 das Schriftlichkeitserfordernis aber auch auf den Kreditvertrag selbst aus[1253]. Der zitierte Wortlaut beider Richtlinien lässt aber bis auf das Erfordernis der Schriftlichkeit keinen Hinweis auf die Art und Weise der Belehrung erkennen. Dabei sind Sprachkollisionen in beiden Fällen denkbar.
Die Haustürwiderrufsrichtlinie verfolgt das Ziel, vor missbräuchlichen Handelspraktiken zu schützen. Anlass für die Regelung war die nicht seltene Geschäftspraxis in den Mitgliedstaaten, bei der Gewerbetreibende mittels organisisierter Ausflüge oder Hausbesuchen gezielt auf Verbraucher zugehen, um sie in einer überraschenden Situation, in der Vergleichsmöglichkeiten hinsichtlich der Qualität des Produkts in der Regel fehlen, leichter zum Vertragsabschluss bewegen zu können. Nach der Einführung der Richtlinie wurden Fälle gerichtspraktisch, in denen versucht wurde, die unliebsame Widerrufsmöglichkeit durch Ausflüge ins Ausland oder solche im Rahmen einer Pauschalreise zu umgehen[1254]. Die Probleme dieser Fälle lagen zwar primär bei der Frage, welche Möglichkeiten das

---

[1250] ABl. EG, Nr. L, 372/31 ff. vom 31. 12. 1985.
[1251] Art. 4 I lautet: „Der Gewerbetreibende hat den Verbraucher bei Geschäften im Sinne des Artikels 1 schriftlich über sein Widerrufsrecht innerhalb der in Artikel 5 festgelegten Fristen zu belehren und dabei den Namen und die Anschrift einer Person anzugeben, der gegenüber das Widerusfsrecht ausgeübt werden kann."
[1252] ABl. EG, Nr. L 42/48 ff. vom 12. 02. 1987.
[1253] Art. 4 lautet: „(1) Kreditverträge bedürfen der Schriftform. Der Verbraucher erhält eine Ausfertigung des schriftlichen Vertrags .... .
(2) Die Vertragsurkunde soll auch die übrigen wesentlichen Vertragsbestimmungen enthalten."
Art. 6 I lautet: „ ... ist der Verbraucher .... vor Vertragsschluss oder zum Zeitpunkt des Vertragsabschlusses zu informieren:
- über die etwaige Höchstgrenze des Kreditbetrages; ...
- über die Modalitäten einer Beendigung des Vertragsverhältnisses.
Diese Informationen sind schriftlich zu bestätigen."
[1254] Vgl. BGH, Urteil vom 19. 03. 1997, in NJW 1997, 1697 ff. = IPRax 1998, 285 m. Anm. Ebke 263 ff.; LG Detmold, 29. 09. 1994, in IPRax 1995, 249 m. Anm. Jayme 234-236; LG Gießen, Urteil vom 14. 02. 1994, in IPRax 1995, 395 m. Anm. Mäsch; OLG Stuttgart, Urteil vom 18. 05. 1990, in NJW-RR 1990, 1081 ff.; AG Lichtenfels, Urteil vom 24. 05. 1989, in IPRax 1990, 235 ff..

deutsche Kollisionsrecht bietet, zur Anwendbarkeit der deutschen verbraucherschützenden Normen zu gelangen, der häufiger werdende Auslandsbezug belegt aber auch die zunehmende Aktualität der Sprachenfrage.
Ebenso aber besteht in sicherlich vergleichbar hohem Maße eine Schutzwürdigkeit des in Deutschland lebenden ausländischen Verbrauchers, mit dem ein „Haustürgeschäft" abgeschlossen wird, da sich dieser aufgrund der ungewohnten Vertragssituation und der mangelnden Sprachkenntnis in einer besonderen Gefährdungslage befindet. Auch insofern liegt die Sprachenproblematik hier nicht fern.

Zum Erlass der Verbraucherkreditrichtlinie sah sich der Europäische Gesetzgeber insbesondere deshalb veranlasst, weil in den verschiedenen Mitgliedtstaaten zum Verbraucherkredit die unterschiedlichsten Regelungen bestanden, und daher die Möglichkeit des Verbrauchers, einen Kredit in anderen Mitgliedstaaten zu vergleichbaren Konditionen aufzunehmen de facto nicht bestand. Mit Blick auf die Errichtung eines gemeinsamen Verbraucherkreditmarktes und der Harmonisierung des grenzüberschreitenden Kreditverkehrs sollte ein entsprechender gesetzlicher Rahmen geschaffen werden[1255]. Auch hier hätte es der grenzüberschreitende Charakter der Regelung nahe gelegt, zur Sprachenfrage eine Aussage zu treffen. Es blieb wie bei der Haustürwiderrufsrichtlinie bei der Festlegung des Schriftlichkeitsgebots.
Die Frage muss hier sein, ob wie unter aa. die Möglichkeit besteht, dieses Schriftlichkeitsgebot entsprechend einem sprachlichen Verständlichkeitsgebot auszulegen. Dagegen spricht hier jedenfalls nicht, dass man in den genannten Richtlinien in Abweichung zu aa. jeglichen Hinweis auf den Aspekt der Verständlichkeit vermisst. Denn dies kann keinesfalls als bewusste Entscheidung des Europäischen Gesetzgebers gegen eine Sprachenregelung gesehen werden, vielmehr steht zu vermuten, dass die Problematik bis dahin noch nicht in das Bewusstsein gedrungen ist, so dass diesem Unterlassen in negativer Hinsicht kein hinreichender Befund zu entnehmen ist. Festzuhalten bleibt aber, dass die Frage der Verständlichkeit eben gerade nicht geregelt wurde. Ebensowenig existieren zudem in positiver Hinsicht nähere Anhaltspunkte. Von einer reinen Anordnung der Schriftlichkeit auf eine sprachenrechtliche Regelung schließen zu wollen, findet vielmehr keine Stütze mehr im Gesetzeswortlaut. Schriftlichkeit bedeutet eben gerade keine inhaltliche, sondern eine formelle Anforderung. Die Frage der Präsentationsform und die der Verständlichkeit sind voneinander zu unterscheiden, was allerdings nicht bedeutet, dass beide Problemkreise völlig unabhängig voneinander sein müssen. Wird die Frage nach einer sprachlich verständlichen Information positiv beantwortet, dann muss sich dies auf alle Formen der zu gewährenden Information beziehen, also beispielsweis schriftlich und mündlich. Andererseits heisst das Gebot der Schriftlichkeit nicht auch gleichzeitig, sich

---

[1255] S. die Begründung zur Richtlinie in ABl. EG, Nr. L 42/48 vom 12. 02. 1987.

verständlich ausdrücken zu müssen, und zwar vor allem dann, wenn die maßgebliche Norm in Bezug auf die Verständlichkeit gerade keine Regelung trifft. Zwar mag man es unter systematischen Gesichtspunkten als wenig befriedigend empfinden, dass innerhalb der Regelungsmaterie des Verbrauchervertragsrechts, die sich in weiten Bereichen bezüglich ihrer Zielvorgaben deckt, verschiedene Auslegungsergebnisse erzielt werden, de lege lata ist dies aber nicht zu vermeiden. Wie gesehen orientiert sich die Auslegung des Sekundärrechts primär an der Teleologie der Regelung, der Wortlaut bleibt aber Maßstab und Grenze der Interpretation. Hier fehlen im Wortlaut aber auslegungsfähige Hinweise, die einer, durch die Teleologie u. U. gebotenen Sprachenregelung Bahn brechen könnte. Dass eine Systematisierung des gesamten Verbrauchervertragsrechts in sprachenrechtlicher Hinsicht de lege ferenda wünschenswert ist, hilft über den wenig aufschlussreichen Wortlaut dieser Richtlinien nicht hinweg.

Somit besteht auch kein Raum für eine richtlinienkonforme Auslegung des deutschen Haustürwiderrufsgesetzes und des Verbraucherkreditgesetzes in Verbindung mit § 361 a BGB.

Fraglich ist allenfalls, ob sich an diesem Ergebnis nicht möglicherweise etwas durch die Gebote der Art. 151, Art. 153 und Art. 13 EG ändert. Nachdem oben[1256] festgestellt wurde, dass diese Normen mit verschiedenen Einschränkungen Ermächtigungsgrundlagen für eigene Maßnahmen der Gemeinschaft auf sprachenrechtlichem Gebiet darstellen, begrenzt sich ihre Bedeutung freilich nicht auf die Möglichkeit, eine kulturerhaltende, verbraucherschützende und antidiskriminierende Politik zu betreiben, sondern verpflichtet die Gemeinschaft dazu, beim Erlass nicht ausdrücklich kultur-, verbraucherschützender bzw. antidiskriminierender Normen, diese Aspekte zu berücksichtigen. Dies ergibt sich aus dem Grundsatz der Gemeinschaftsfreundlichkeit des Art. 10 und ist im übrigen in Art. 151 IV und Art. 153 II EG explizit niedergelegt[1257]. Die Wertentscheidungen der Art. 151, Art. 153 und Art. 13 EG strahlen also in das gesamte europäische Recht aus, sind also bei der Auslegung anderer Normen des europäischen Rechts hinzuzuziehen[1258]. Europäischer Verbraucher- und Kulturschutz sind also nicht nur bei Erlass von Normen, sondern während ihres gesamten Wirkungsprozesses durchgehend zu beachten. Dies muss auch für Normen gelten, die zeitlich bereits weit vor diesen primärrechtlichen Vorschriften Gültigkeit erlangten. Ohne die sogenannten Querschnittklauseln wäre dieses Ergebnis auch schlicht über den Grundsatz der gemeinschaftsrechtskonformen Auslegung zu erreichen[1259].

[1256] S. unter II. 3. a. und b..

[1257] In Bezug auf einen gemeinschaftlichen Kulturauftrag wurde dies sogar vor der Existenz der „Kulturklausel" vertreten: Niedobitek, Kultur, 211.

[1258] Fechner, in von der Groeben (Hrsg.), Kommentar zum EG-Vertrag, Art. 128, Rn. 29.

[1259] Wie bereits erwähnt wählt Kallenborn, Das Sprachenproblem, 146 ff., diesen Weg.

Zu fragen ist also, ob die Beachtlichkeit des Kulturgüter- und des Verbraucherschutzes eine Auslegung des Schriftlichkeitsgebotes in sprachenrechtlicher Hinsicht nahelegen. Hier kann aber das Ergebnis nicht anders lauten als das, was die Ausführungen zur richtlinienkonformen Auslegung ergeben haben. Dass dem Gemeinschaftsgesetzgeber möglicherweise ein Verstoß gegen Art. 151 und Art. 153 EG dadurch vorgeworfen werden muss, dass in der Verbraucherkreditrichtlinie und der Haustürwiderrufsrichtlinie keine Sprachenregelung vorgesehen wurde, vermag nicht die dahingehende Auslegungsfestigkeit dieser Normen zu beeinflussen. Wie im Bereich der Auslegung der Richtlinie es eines Anhaltspunktes im Wortlaut der Vorschrift bedarf, können gemeinschaftsrechtliche Wertentscheidungen bei absoluter Neutralität des Normwortlauts kein grundsätzlich anderes Auslegungsergebnis bewirken. Auch hier gelangt das Instrument der Auslegung an seine Grenzen.

Der Verbraucherkreditrichtlinie und der Haustürwiderrufsrichtlinie ist also auch im Lichte der Art. 151, Art. 153 und Art. 13 EG keine Sprachenregelung zu entnehmen.

cc. Richtlinien mit ausdrücklicher Sprachenregelung

Eine umfassende und detaillierte Regelung der Sprachenfrage erfolgt in der Richtlinie 94/47/EG des Europäischen Parlaments und des Rates vom 26. 10. 1994 zum Schutz der Erwerber im Hinblick auf bestimmte Aspekte von Verträgen über den Erwerb von Teilzeitnutzungsrechten an Immobilien[1260]. Zum Schutze des Verbrauchers vor irreführenden oder unvollständigen Angaben über den Vertragsinhalt bei dem Erwerb von Teilnutzungsrechten an Immobilien stellt diese Richtlinie hohe Anforderungen an die Art und Weise und den Inhalt der Information. Art. 4 der benannten Richtlinie schreibt nicht nur vor, dass der Vertrag der Schriftform bedarf, sondern nach Wahl des Erwerbers in einer zu den Amtssprachen der Gemeinschaft zählenden Sprachen des Mitgliedstaates, in dem der Erwerber seinen Wohnsitz hat, oder des Mitgliedstaates, dessen Staatsangehörigkeit jener besitzt, abzufassen ist. Zudem hat der Verkäufer dem Erwerber eine beglaubigte Übersetzung des Vertrages in der oder einer zu den Amtssprachen der Gemeinschaft zählenden Sprache des Mitgliedstaates auszuhändigen, in dem die Immobilie gelegen ist[1261]. Dem Richtliniengeber kam es bei dieser Rege-

---

[1260] ABl.EG 1994 Nr. L vom 29. 10. 1994, 280/83.

[1261] Art. 4 lautet: „Die Mitgliedstaaten sehen in ihren Rechtsvorschriften vor,
- dass der Vertrag, der der Schriftform bedarf, mindestens die im Anhang genannten Angaben enthalten muss,
- dass der Vertrag und das in Artikel 3 I genannte Schriftstück nach Wahl des Erwerbers in der oder einer der Amtssprachen der Gemeinschaft zählenden Sprachen des Mitgliedstaates, in dem der Erwerber seinen Wohnsitz hat, oder des Mitgliedstaates, dessen Staatsangehöriger er ist, abgefasst sein müssen. Der Mitgliedstaat, in dem der Erwerber seinen Wohnsitz hat, kann je-

lung insbesondere darauf an, dass dem Interessenten die Information in seiner Muttersprache zugänglich gemacht wird, auch wenn diese nicht die Amtssprache seines Wohnsitzes oder seiner Staatsangehörigkeit ist[1262]. So kann ein zu der dänischen Minderheit zählender Vertragspartner aus Deutschland die dänische Sprache wählen, und ein Südtiroler die deutsche, und zwar unabhängig davon, ob die Sprache des Vertragspartners verstanden wird. Obwohl dieses Sprachenwahlrecht also unabhängig von dem tatsächlichen Sprachverständis des Verbrauchers besteht, soll die alleinige Zielrichtung die Sicherung des bestmöglichen Verständnisses des Timesharingvertrages sein[1263]. Damit wurde insbesondere einem Anliegen des Europäischen Parlaments im Normsetzungsverfahren entsprochen[1264]. Da aber dieses Sprachenwahlrecht gerade nichts mit der intellektuellen Verstehensmöglichkeit zu tun hat, steht zu vermuten, dass das Parlament mit der zitierten Änderung mindestens implizit einen sprachlichen Minderheiten- und Diskriminierungsschutz[1265] intendierte.
Die große Regelungsdichte der Teilzeitwohnraumrichtlinie lässt schließlich wenig Raum für eine Auslegung der Richtlinie und eine möglicherweise notwendige richtlinienkonforme Auslegung der deutschen Umsetzungsgesetzgebung[1266]. Diese ist aber auch nicht notwendig. Der deutsche Gesetzgeber hat mit dem Teilzeit-Wohnrechtegesetz vom 20. 12. 1996[1267] in zwölf teilweise recht umfänglich geratenen Paragraphen den Anforderungen der Richtlinie auch in sprachenrechtlicher Hinsicht ausreichend Rechnung getragen. In § 3 TzWrG[1268] bzw. § 483

---

doch vorschreiben, dass der Vertrag auf jeden Fall zumindestens in seiner oder seinen zu den Amtssprachen der Gemeinschaft zählenden Sprache(n) abgefasst ist; und
- dass der Verkäufer dem Erwerber eine beglaubigte Übersetzung des Vertrags in der oder einer zu den Amtssprachen der Gemeinschaft zählenden Sprachen des Mitgliedstaates aushändigen muss, in dem die Immobilie gelegen ist."

[1262] Staudinger-Martinek, § 2 TzWrG, Rn. 6; Grabitz/Hilf-Martinek, Bd. II, A 13, Rn. 132.

[1263] Grabitz/Hilf-Martinek, Bd. II, A 13, Rn. 132.

[1264] Vgl. Änderungsvorschlag Nr. 3 des Europäischen Parlaments vom 26. 05. 1993, in ABl. EG, Nr. C 176/96 vom 28. 06. 1993.

[1265] Siehe dazu sogleich III.

[1266] Die detaillierte und umfangreiche Regelung wird vielfach stark kritisiert, da es aufgrund des „Informationsbombardement" zu adversen Effekten beim Verbraucher kommen kann, der den Vertragstext je nach Konstellation in bis zu vier Sprachen erhält (vgl. Martinek, in NJW 1997, 1393 ff. (1393, 1396).

[1267] BGBl. I, 2154.

[1268] § 3 TzWrG lautet: „(1) Der Vertrag über die Teilzeitnutzung von Wohngebäuden bedarf der schriftlichen Form, soweit nicht in anderen Vorschriften eine strengere Form vorgeschrieben ist. Hat der Erwerber seinen Wohnsitz in einem Mitgliedsstaat der Europäischen Union, so ist der Vertrag in der Sprache dieses Staates abzufassen. Ist der Erwerber Angehöriger eines anderern Mitgliedstaates, so kann er statt der Sprache seines Wohnsitzstaates die Sprache des Staates, dem er angehört, wählen. Bestehen in einem der in den Sätzen 2 und 3 bezeichneten Staaten mehrere Amtssprachen der Europäischen Union, so kann der Erwerber als Vertragssprache auch zwischen diesen Amtssprachen wählen. § 125 BGB gilt entsprechend.

BGB n. F. wird die Sprachenregelung des Art. 4 der Richtlinie umgesetzt. Dabei blieb dem deutschen Gesetzgeber auch kaum eine andere Wahl, als die europarechtliche Regelung nahezu identisch in das deutsche Recht zu übertragen.

Die zweite ausdrückliche sprachenrechtliche Regelung mit verbrauchervertragsrechtlichem Bezug ist die der Richtlinie 92/96/EWG des Rates vom 10. 11. 1992 zur Koordinierung der Rechts- und Verwaltungsvorschriften für die Direktversicherung (Lebensversicherung) sowie zur Änderung der Richtlinie 79/267/EWG und 90/619/EWG (Dritte Richtlinie Lebensversicherung)[1269]. Ebenso im Kontext grenzüberschreitenden (Versicherungs-) Verkehrs[1270] regelt diese Richtlinie eine Reihe von organisatorischen und strukturellen Bereichen des Versicherungswesen sowie des versicherungsrechtlichen Aufsichtsrechts. Bezüglich der dem Versicherer gegenüber dem Versicherungsnehmer obliegenden Informationspflichten über im einzelnen näher benannte Vertragsinhalte ist aus sprachenrechtlicher Sicht Anhang II der Richtlinie besonders beachtenswert. Die vor dem Vertragsabschluss zu erfüllende Informations- und Hinweispflicht des Versicherers hat nicht allein schriftlich zu erfolgen, sondern in einer Amtssprache des den Vertragsschluss beherrschenden Mitgliedstaates oder in einer Sprache nach Wahl des Versicherungsnehmers[1271].
Auch hier wurde diese sprachlich Komponente vom deutschen Gesetzgeber in der Umsetzungsgesetzgebung beachtet. Mit dem dritten Durchführungsgesetz/EWG zum Versicherungsaufsichtsgesetz[1272] wurden die Informationspflichten der Richtlinie in § 10 a VAG[1273] i. V. m. mit der Anlage D hinreichend um-

---

(2) Ist der Vertrag vor einem deutschen Notar zu berukunden, so gelten § 5 und § 16 des Beurkundungsgestzes mit der Maßgabe, dass dem Erwerber eine beglaubigte Übersetzung des Vertrages in einer der in Absatz I Satz 2 bis 4 bezeichneten, von ihm zu wählenden Sprache auszuhändigen ist. ...
(3) ...
(4) Der Veräußerer hat dem Erwerber eine Vertragsurkunde oder Abschrift der Vertragsurkunde auszuhändigen. Er hat ihm ferner, wenn die Vertragssprache und die Sprache des Staates, in dem das Wohngebäude belegen ist, verschieden sind, eine beglaubigte Übersetzung des Vertrages in der oder einer zu den Amtssprachen der Europäischen Union zählenden Sprache des Mitgliedstaates auszuhändigen, in dem das Wohngebäude belegen ist. ...

[1269] ABl. EG, Nr. L 360/26 vom 09. 12. 1992.

[1270] Vgl. die amtliche Begründung zum Erlass der Richtlinie a. a. O..

[1271] Siehe den Hinweis in Anlage II: „Dem Versicherungsnehmer sind die nachfolgenden Informationen entweder (A) vor Abschluss des Vertrages oder während der Laufzeit des Vertrages mittzuteilen. Die Informationen sind eindeutig und detailliert schriftlich in einer Amtssprache des Mitgliedstaates der Verpflichtung abzufassen. Diese Informationen können jedoch in einer anderen Sprache abgefasst werden, sofern der Versicherungsnehmer dies wünscht und es nach dem Recht des Mitgliedstaates zulässig ist, oder sofern der Versicherungsnehmer das anwendbare Recht frei wählen kann."

[1272] Gesetz vom 21. 07. 1994, BGBl. I 1994, 1630.

[1273] § 10 a VAG lautet: „(1) Die Versicherungsunternehmer haben zu gewährleisten, dass der Versicherungsnehmer, wenn er eine natürlich Person ist, in einer Verbraucherinformation über gesetzt. Durch dasselbe Gesetz wurde ein Widerspruchsrecht des Versicherungsnehmers gegen den Vertrag in § 5 a VVG eingefügt, das dem Versicherungsnehmer, der nach § 10 a VAG nicht ausreichend informiert wurde, die Möglichkeit gibt, den Vertrag erst gar nicht wirksam werden zu lassen. Zusätzlich wird vertreten die mangelhafte Information des Versicherungsnehmers mit einer Haftung nach den Grundsätzen der c. i. c. zu sanktionieren[1274]. Sinn macht eine solche Haftung allerdings nur, wenn damit eine über § 5 a VVG hinausgehende Rechtsfolge -beispielsweise Ersatz der aus dem Vertragsanbahnungsverhältnis entstandenen Kosten- erzielt werden soll[1275].

Aus sprachenrechtlicher Sicht ist allenfalls zu fragen, ob das Institut der richtlinienkonformen Auslegung nicht insoweit bemüht werden sollte, als § 10 a II VAG das von der Richtlinie vorgesehene Wahlrecht schlicht ignoriert. Die Formulierung in Absatz II lässt zudem den Schluss zu, dass der Versicherer seine Pflicht bereits durch die Verwendung entweder der deutschen oder der Sprache des Versicherungsnehmers erfüllen kann. Aber auch ohne dass der Rechtsanwender den Richtlinientext vorliegen hat, wird sich diesem leicht erschließen, dass eine solche Auslegung wenig sinnvoll ist. Denn welche Bedeutung käme denn der zweiten Alternative noch zu, wenn stets die Verwendung der deutschen Sprache ausreichen würde. Das Wahlrecht des Versicherungsnehmers zwischen der deutschen und seiner Heimatsprache lässt sich daher unproblematisch in den Wortlaut von § 10 a II VAG hineinlesen.

Zusammenfassung und Ergebnis zu Teil II

Die Anwendung moderner vertragstheoretischer Begründungsansätze auf das Sprachenproblem hat gezeigt, dass sich dieses als ein Teilaspekt der Behandlung von Informationsasymmetrien im Vertragsrecht darstellt, allerdings als Problemstellung der Verteilung von Informationspflichten nachgereiht ist. Denn erst wenn das Vorliegen einer Informationspflicht einer Vertragspartei positiv beantwortet wurde, schließt sich die Frage der Art und Weise dieser Information an. Da eine Information in einer fremden Sprache dem Unterlassen einer Information nahezu gleich kommt, konnte festgestellt werden, dass eine solche Information den grundsätzlichen Zielen und Funktionen des Vertragsrechts entgegenwirkt; d. h. eine Information in einer fremden Sprache ist regelmäßig nicht effizient, wirkt marktdestabilisierend und fördert opportunistisches Verhalten,

---

die für das Versicherungsverhältnis maßgeblichen Tatsachen und Rechte vor Abschluss und während der Laufzeit des Vertrages nach Maßgabe der Anlage D unterrichtet wird. ...
(2) Die Verbraucherinformation hat schriftlich zu erfolgen. Sie muss eindeutig formuliert, übersichtlich gegliedert und verständlich in deutscher Sprache oder der Sprache des Versicherungsnehmers abgefasst sein."

[1274] Dörner/Hoffmann, in NJW 1996, 154, 157; Kallenborn, Das Sprachenproblem, 138.

[1275] Weder bei Dörner/Hoffmann noch bei Kallenborn wird dies deutlich gemacht.

führt also im Ergebnis nicht zu einer Gewinnmaximierung auf beiden Seiten des Vertragsverhältnisses.
Dieser Befund entlässt aber nicht aus der Verpflichtung zu analysieren, ob eine Partei zu einer -sprachlich in einer bestimmten Richtung determinierten- Information ihres Vertragspartners gehalten ist. Darauf geben verschiedene Vertragstheorien eine Antwort, die allesamt das Ziel verfolgen, die berechtigten wirtschaftlichen Interessen der Parteien in einen angemessenen Ausgleich zu bringen. Zur Lösung des Sprachenproblems wird in dieser Arbeit der konsenstheoretischer Ansatz *Scheppeles* bemüht, der zu der allgemeinen Formel führt, dass eine Übersetzungpflicht des Informierenden immer dann gegeben ist, wenn dem Informierten ein hoher Schaden zu enstehen droht und wenn die Übersetzung für den Informationsverpflichteten aufgrund überlegener Organisationsstrukturen mit vergleichsweise geringerem Aufwand möglich ist. Für den banken- und versicherungsrechtlichen Bereich führt dies in der großen Vielzahl der Fälle zu einer Übersetzungspflicht.
Schließlich wurde diskutiert und mit Einschränkungen bejaht, dass es die Strukturen des Instituts der culpa in contrahendo als geeignet erscheinen lassen, die Folgen einer Übersetzungspflichtverletzung aus diesem Bereich abzuleiten.

Die Betrachtung sekundärrechtlicher Informationstatbestände hat diesen vertragstheoretisch abgeleiteten Grundsatz teilweise bestätigt. Zunächst war es am Platze zu untersuchen, ob Sprachenregelungen in den Kompetenzbereich der EG fallen. Für den grenzüberschreitenden Wirtschaftsverkehr ergibt sich dies aus der Binnenmarktkompetenz, da Sprachbarrieren auf die Ausübung der Nachfragerfreiheit prohibitiv wirken. Soweit die Betroffenheit grenzüberschreitender Merkmale eher schwach ausgeprägt ist, tritt als Kompetenzgrundlage der Verbraucherschutz des EG-Vertrags hinzu. Art. 153 EG, dessen „Recht auf Information" nicht eindeutig in sprachlicher Hinsicht identifiziert werden kann, gebietet dabei jedenfalls ein maßvolles Wirken der Gemeinschaft, das sich auf Mindeststandards zu beschränken hat. Diese solten durch eine Richtlinie festgelegt werden. Dringend wird dabei eine Systematisierung des Verbrauchervertragsrechts in der Sprachenfrage empfohlen. Eine Art informatorische Generalklausel wurde dabei befürwortet, wobei allerdings eine Kopplung an den Begriff des Verbrauchers als problematisch identifiziert wurde. In Einklang mit der hier vertretenen vertragstheoretischen Fundierung empfiehlt sich eher eine Übersetzungspflicht bei einer massiven Schadenserwartung und überlegenen Organisationsstrukturen einer Vertragspartei. Die Umsetzung einer solchen richtlinienrechtlich festgelegten Pflicht sollte dabei in einem eigenen (Verbraucher) Gesetzbuch erfolgen, um die Orientierung für den Rechtsanwender zu vereinfachen. Kompetenzrechtlich kommt den Normen der Art. 151 und Art. 13 EG allenfalls eine unterstützende Wirkung zu. Vertragsrechtliche Informationspflichten allein aufgrund dieser Normen zu erlassen, ist dagegen nicht möglich. Als primärrechtliche Zielvorstellungen führen diese Normen aber im Zusammenspiel mit Art.

153 EG zu einer Vorprägung des Auslegungsvorgangs des Sekundärrechts, so dass verbraucherschützenden, kulturerhaltenden und antidiskriminierenden Auslegungsergebnissen ein genereller Vorrang gebührt. Für das AGB-, das Pauschalreise- und das Fernabsatzrecht führt diese Auslegung zu einer Übersetzungspflicht. Für Haustürwiderrufs- und Verbraucherkreditverträge wird dies de lege ferenda gefordert, kann aber wegen des insofern nicht auslegungsfähigen Wortlauts de lege lata nicht vertreten werden.

III. Sprachenfrage und Diskriminierungsschutz

In dem einleitend erwähnten Urteil des AG Köln wird erstmals der Blick auf einen bis dato unbeachteten Aspekt des Sprachproblems gelenkt. Nach einem Verkehrsunfall des Versicherungsnehmers hatte die Haftpflichtversicherung den Schaden gegenüber dem Geschädigten zunächst reguliert, erhob dann aber eine Regressklage gegen den Versicherungsnehmer, da dieser die Schadensanzeige unterlassen habe, wodurch die Klägerin nach §§ 7 I 2 und 7 V 1 der Allgemeinen Bedingungen für die Kraftfahrtversicherung (AKB) von der Leistungspflicht frei wird. Die Argumentation des Gerichts in Bezug auf die Sprachenfrage ist dabei mindestens als aussergewöhnlich zu bezeichnen. Zunächst führt das Gericht nämlich aus, dass nicht bewiesen sei, ob die Beklagte die AKB überhaupt verstanden habe, und die Klägerin könne sich auch keinesfalls darauf berufen, dass man sich stets der in Deutschland geltenden Rechtssprache anpassen müsse. Denn „*das beweist schon die Tatsache, dass zum Beispiel Führerscheinprüfungen heute in ausländischer Sprache abgenommen werden. Wer also mit Ausländern, die der deutschen Sprache nicht mächtig sind, Verträge schließen will, müsste diesem die entsprechenden Formulare auch in der jeweiligen Sprache mitteilen. Das Versicherungsgeschäft mit Ausländern in Deutschland ist jedenfalls so beträchtlich, dass es der Versicherungswirtschaft durchaus zuzumuten ist, die enstprechenden Formulare in den hauptsächlichen Landessprachen vorzuhalten, wie dies heute im Rechtsleben schon weithin üblich ist. Dies entspricht dem Grundgedanken des Art. 14 der Konvention zum Schutz der Menschenrechte, wonach niemand aufgrund seiner nationalen Herkunft benachteiligt werden darf*[1276]." Daran schließt das Gericht einen Vergleich mit Art. 6 III der Konvention zum Schutz der Menschenrechte an, die bewirkt haben soll, dass es „*selbstverständlich geworden ist, dass jeder ausländische Angeklagte in einer für ihn verständlichen Sprache in allen Einzelheiten in Kenntnis gesetzt wird ...* ." Dann müsse es aber in zivilrechtlichen Rechtsbereichen ebenso selbstverständlich sein, dass ein Vertragspartner über den Inhalt des Vertrages und seine Pflichten in seiner Landessprache informiert wird. Zudem existierten ja auch Formulare in den Arbeits- und Sozialämtern in anderen Sprachen.

Der vom AG Köln vorgenommene Vergleich mit der prozessualen Sprachenproblematik soll an dieser Stelle nicht weiter vertieft werden[1277], in dieser apodiktischen Weise ist der Schluss sicherlich mindestens fragwürdig. Das Verdienst des Gerichts besteht aber jedenfalls darin, den Blick auf die Vereinbarkeit der bisherigen Behandlung der Sprachenfrage mit höherrangigem Recht gelenkt zu haben.

[1276] AG Köln, Urteil vom 05. 10. 1984, in ZfS 1985, 22. Eine Übersicht zu weiteren untergerichtlichen Urteilen ist im Anschluss an das Urteil des AG Köln vom 05. 06. 1985 in ZfS 1984, 240 f. abgedruckt.

[1277] Vgl. die Arbeit von Ingerl, Sprachrisiko im Verfahren, München 1988.

Das Gericht bezieht also die Wertungen von Art. 14 MRK in seine zivilrechtlichen Überlegungen mit ein, geht dabei aber leider nicht genauer darauf ein, ob und bejahendenfalls in welcher Weise ein solches völkerrechtliches Diskriminierungsverbot bei der Beurteilung eines privatrechtlichen Vertragsverhältnisses überhaupt beachtet werden darf.
Die konzise Beantwortung dieser Frage bedarf zweifellos der Thematisierung in einer eigenen Arbeit und die Bearbeitung als eine Facette des Sprachproblems im Vertragsrecht wird dieser Problematik sicherlich nicht gerecht. Dennoch werden im folgenden die für die Sprachenfrage relevanten Gesichtspunkten in der gebotenen Kürze dargestellt.
Dabei spielen drei Fragestellungen eine Rolle: Das ist erstens die ganz grundsätzliche Frage, ob die unterschiedslose Information des in der BRD wohnhaften Verbrauchers in der deutschen Sprache überhaupt unter die Begrifflichkeit der Diskriminierung gefasst werden kann. Dass nahezu die gesamte deutsche Rechtsprechung diesem Aspekt keine Aufmerksamkeit gewidmet hat, lässt sich ohne weiteres nachvollziehen, wenn man sich den möglichen Diskriminierungstatbestand genauer betrachtet. Zwar werden an die mangelnden Sprachkenntnisse negative Rechtsfolgen geknüpft, so dass eine Diskriminierung oder Ungleichbehandlung zunächst nahe liegt, eine solche erfolgt aber eher indirekt auf der Basis eines tatbestandlich neutral gefassten Informationsgebots. Ob auch eine solche Sachlage auf verfassungs- bzw. völkerrechtliche Bedenken stößt, ist bislang aber nicht vollständig geklärt.
Zweitens ist zu fragen, welche verfassungs-, völker- und EG-rechtlichen Normen eine solche Diskriminierung verbieten, und ob dies auch im Privatrechtsverkehr Wirkung zeitigt. Zuletzt ist die Untersuchung damit abzuschließen, welche Folgen sich daraus für die ersten beiden Teile der Arbeit ergeben.

1. Diskriminierungsschutz: dogmatische Grundlegung

a. Diskriminierung als Rechtsbegriff

Diskriminierung bedeutet vom lateinischen Wortstamm her schlicht Unterscheidung[1278], hat aber im heutigen Sprachgebrauch eine deutlich negativere Konnotation im Sinne von *„jemanden herabsetzen, herabwürdigen“*[1279].
In einem sehr formalen Sinne versteht etwa das Wettbewerbsrecht (§ 20 I GWB) das Verbot der Diskriminierung als ungerechtfertigte Ungleichbehandlung. Dies deckt sich mit der Gewährleistung von Art. 3 I GG, so dass sich Gleichbehandlungsgrundsatz und Diskriminierungsverbote weitgehend überschneiden. Im menschenrechtlichen Sinne hat Diskriminierungsschutz einen eher materiellen

---

[1278] Duden, Das große Wörterbuch der deutschen Sprache: „von lat. discriminare=trennen, absondern“.
[1279] Der Kleine Wahrig – Wörterbuch der deutschen Sprache.

Gehalt. In dem Nichtdiskriminierungspakt der UN betreffend der Rassendiskriminierung wird diese als *„jede Unterscheidung, Ausschließung, Beschränkung oder Bevorzugung“* verstanden, die *„zum Ziel oder zur Folge hat, dass dadurch ein gleichberechtigtes Anerkennen, Genießen oder Ausüben von Menschenrechten und Grundfreiheiten im politischen, wirtschaftlichen, sozialen und kulturellen oder jedem sonstigen Bereich des öffentlichen Lebens vereitelt oder beeinträchtigt wird“*[1280]. Antidiskriminierung dient danach also nicht nur der Vermeidung einer ungerechtfertigten Ungleichbehandlung, sondern vor allem der Beteiligung aller Personengruppen am öffentlichen Leben.

Die verschiedenen Diskriminierungsverbote unterscheiden sich dabei insbesondere in der Definition der Personengruppen bzw. der Merkmale, die als Anknüpfung für eine Unterscheidung verpönt sind. Art. 3 III GG spricht da von den Merkmalen der Rasse, Sprache, Heimat, Herkunft, des Glaubens, religöser und politischer Anschauungen und Behinderung. Andere Normen sehen zusätzlich die nationale und soziale Herkunft, Vermögen, Geburt und sonstiger Status vor (Art. 26 IPBPR[1281]) oder auch Volkstum (Art. 1 I Rassendiskriminierungskonvention) und sexuelle Orientierung (Art. 13 EG). Häufig wird eine trennscharfe Abgrenzung der verschiedenen Merkmale schon gar nicht möglich sein, denn eine Ungleichbehandlung etwa aufgrund der Sprache geht regelmäßig Hand in Hand mit einer wegen der Rasse oder der Herkunft, diese wiederum mit einer Ungleichbehandlung wegen der Religion.

Versucht man diese Merkmale nicht unverbunden nebeneinander stehen zu lassen, so fällt auf, dass eine Einteilung möglich ist in solche, die individuell beeinflussbar sind, und andere unveränderbare, regelmäßig äusserlich wahrnehmbare Kennzeichen. Als solche askriptive Persönlichkeitsmerkmale, die nur begrenzt beeinflussbar sind, fasst das Bundesverfassungsgericht beispielsweise die Abstammung, Rasse und Sprache auf[1282]. Gerade in Bezug auf diese kaum beeinflussbaren Merkmale erscheinen Ungleichbehandlungen besonders schwer hinnehmbar[1283]. Regelmäßig wird eine diskriminierende Handlung dabei sogar alle drei Merkmale betreffen. Besondere Schwierigkeiten bei der rechtlichen Konturierung bereitet da der Rassebegriff, der sich wie gesagt mit dem Differenzierungsverbot der Sprache und der Religion vielfach überschneidet[1284].

[1280] Vgl. Art. 1 I ICERD (International Convention for the Elimination of All Forms of Racial Discrimination) vom 07. 06. 1966, BGBl. II 1969, 961.

[1281] Internationaler Pakt über bürgerliche und politische Rechte vom 19. 12. 1966, in BGBl. II 1973, 1596.

[1282] BVerfG, Urteil vom 08. 10. 1997, in BVerfGE 96, 288, 302.

[1283] Davon geht auch der IPBPR aus, wenn in Art. 4 I für den Fall des öffentlichen Notstandes Vertragsverletzungen der Staaten hingenommen werden mit der Ausnahme von Diskriminierungen wegen der Rasse, der Hautfarbe, des Geschlechts, der Sprache, der Religion oder der sozialen Herkunft.

[1284] Vgl. aber die Entscheidung des BVerfG vom 16. 12. 1981 (BVerfGE 59, 128, 157), das feststellt, dass ein Bekenntnis zum deutschen Volkstum im Sinne von § 6 BVFG bei gleichzeitigen Bekenntnis zur jüdischen Religion nicht möglich ist. Dass hier das deutsche Recht teiwei-

Die Kommentarliteratur zum Grundgesetz versteht Rasse als vererbliche Eigenschaft und nimmt Bezug auf die rassistische Diskriminierung von Juden, Schwarzen bzw. Sinti und Roma[1285], ohne freilich auf die aktuell sicherlich ebenso zahlreiche Diskriminierung orientalischer oder türkischer Volksgruppen näher einzugehen. Art. 1 der ICERD geht von einem weiteren Diskriminierungsverbot wegen der Rasse aus, wonach *„jede auf der Rasse, der Hautfarbe, der Abstammung, dem nationalen Ursprung oder dem Volkstum beruhende“* Diskriminierung erfasst wird. Soweit sich bei einer Subsumtion unter die verschiedenen Diskriminierungsverbote Unterschiede ergeben, ist darauf zu achten, dass kein Widerspruch der verfassungsrechtlichen Begrifflichkeiten mit dem Völkerrecht entsteht[1286].

Weniger bedeutsam für die vorgelegte Arbeit erscheint aber die Frage, welches verpönte Merkmal im Einzelfall einschlägig ist, sondern worin genau die Diskriminierung liegt und wie diese möglicherweise zu rechtfertigen ist. Um zur Beantwortung dieser Frage eine entsprechende Argumentationsbasis zu schaffen, ist es dienlich, sich den allgemeinen rechtspolitischen Grundgedanken von Diskriminierungsschutz zu vergegenwärtigen.

b. Diskriminierungsschutz: rechtspolitische Intention

Rechtlicher Schutz vor Diskriminierung hat in Reaktion auf gesellschaftliche Probleme regelmäßig nicht nur eine individualistische Zieldimension. Wie auch der strafrechtliche Rechtsgüterschutz verwirklicht eine effektive Antidiskriminierungspolitik vor allem auch gesellschaftspolitische Anliegen, was insbesondere in den Bezügen der Diskriminierungsverbote zu dem Begriff des Minderheitenschutzes deutlich wird[1287].

Sicherlich steht dabei die individualistische Dimension im Vordergrund. So wird beispielsweise dem Diskriminierungsverbot von Art. 3 III GG vorwiegend die Funktion der Bewahrung des individuellen Achtungsanspruchs zugesprochen, insofern wird also der Menschenwürdegehalt der Norm betont[1288]. Besonderer

---

se noch nicht in der (Post) Moderne angekommen ist, beweist auch ein Blick in einen Kommentar von 1990 zu § 6 BVFG (Häusser/Kapinos/Christ, Die Statusfeststellung nach dem BVFG, § 6, Rn. 73), in dem als die maßgeblichen Elemente der deutschen Kultur deutsche Trachten, deutsche Lieder, deutsche Märchen und deutschen Bücher genannt sind.

[1285] Jarass, in Jarass/Pieroth, Grundgesetz, Art. 3, Rn. 70; Osterloh, in Sachs (Hrsg.), GG; Art. 3, Rn. 293 f.; Sachs, in HdStR Band V, § 126, Rn. 44.

[1286] Aus der Völkerrechtsfreundlichkeit des Grundgesetzes (Art. 25) ergibt sich auch die Beachtlichkeit des Völkerrechts bei der Auslegung des Verfassungsrechts, BVerfG, Urteil vom 29. 05. 1990, in BVerfGE 82, 106 (115); vgl. speziell zum Rassebegriff Schiek, Differenzierte Gerechtigkeit, 33 f..

[1287] Ermacora, Diskriminierungsschutz und Diskriminierungsverbot, 9.

[1288] Dürig, in Maunz/ders./Herzog/Scholz, Grundgesetz, Stand 6/1998, Art. 3, Rn. 3, Art. 1, Rn. 12; Gubelt, in v. Münch/Kunig, Grundgesetz, Bd. 1, Art. 3, Rn. 3; Salzwedel, in FS Jahrreiß, 346.

Wert wird hier darauf gelegt, dass es den Einzelnen gerade nicht ausmacht, welche askriptiven Merkmale diesem zugeschrieben werden, sondern dass vielmehr die –zumindest bis zu einem gewissen Grad- individuell beeinflussbaren Lebensumstände[1289] zur Verwirklichung oder Vereitelung der selbstgesetzten Ziele führen sollen[1290]. Dieser individualistische Ansatz lässt sich auch philosophisch begründen mit dem Grundsatz der Anerkennung gleicher Würde aller Individuen[1291], was sich in den Normen jeder Rechtsordnung widerspiegeln sollte[1292]. Allerdings führt eine rein individualistische Konzeption dazu, dass unter Diskriminierung vorrangig die bewusste ungerechtfertigte Ungleichbehandlung des Einzelnen verstanden wird, d. h. Diskriminierungsschutz und Gleichheitsgarantie sind damit nahezu identisch.

Ein solcher Ansatz wird aber der gesellschaftlichen Dimension von Diskriminierungsschutz nicht gerecht. Zwar kann auch ein Individualschutz als Schutz vor einer zwangsweisen Zuordnung zu einer Gruppe definiert werden, die Auswirkungen auf die Gruppe selbst werden damit aber ausgeblendet. Die Diskriminierung von Individuen wegen eines bestimmten Persönlicheitsmerkmals führt aber in aller Regel auch dazu, dass eine Gruppe dieser Individuen von der Mehrheitsbevölkerung aufgrund dieses Merkmals als von der Norm abweichend angesehen wird. Diskriminierungsschutz verfolgt somit stets auch Ziele des Gruppen- und Minderheitenschutzes vor der Ausgrenzung vom gesellschaftlichen Leben, hat also im Idealfall integrative Wirkung.

Eine solche integrierende Antidiskriminierung sieht sich allerdings der Gefahr gegenüber, möglicherweise sogar gegen den Willen der Minderheit assimilierend zu wirken. Der völkerrechtliche Minderheitenschutz versteht sich daher - gleichsam als Gegenspieler der Integrationsidee- als Schutz vor Assimilierung[1293]. Assimilierungsschutz geht dabei von der Idee aus, dass die kulturelle Eigenart jeder Minderheit als besonderer Rechtswert schützens- und erhaltens-

---

[1289] Eine Unterscheidung aufgrund der Leistung bzw. Leistungsfähigkeit des Einzelnen ist in unserer Gesellschaft durchweg konsentiert, sollte aber nicht unter allen Umständen so hingenommen werden, vgl. auch Sacksofsky, Das Grundrecht auf Gleichberechtigung, 274; Thornton, The Liberal Promise, 19.

[1290] BVerfGE, Urteil vom 08. 10. 1997, in BVerfGE 96, 288 (302); Huster, Rechte und Ziele, 1993, 314; vgl. ebenso Marshall, 93 Yale Law Journal (1984), 1006 ff. (1009).

[1291] Aristoteles, Nikomachische Ethik, 1131 a, 25; ähnlich Platon, Gesetze, VI 757 – zitiert nach Alexy, Theorie der Grundrechte, 360, Fn. 15.

[1292] Bydlinski, Fundamentale Rechtsgrundsätze, S. XII; auch die US-amerikanische Verfassung fußt nach Dworkin auf diesem Prinzip: in Rössler (Hrsg.) Quotierung und Gerechtigkeit: eine moralphilosophische Kontroverse, 74 ff. (79).

[1293] Vgl. Art. 27 IPBPR: „In Staaten mit ethnischen, religiösen oder sprachlichen Minderheiten darf Angehörigen nicht das Recht vorenthalten werden, gemeinsam mit anderen Angehörigen ihrer Gruppe ihr eigenes kulturelles Leben zu pflegen, ihre eigene Religion zu bekennen und auszuüben oder sich ihrer eigenen Sprache zu bedienen."

wert ist, was freilich nicht unbestritten ist[1294]. Um ein möglichst stabiles Gleichgewicht zwischen diesen gruppenorientierten Zieldimensionen zu erreichen, wird vorgeschlagen, Akkulturationsmodelle auf der gemeinsamen Basis von Integration und Autonomie zu entwickeln[1295], die einerseits voraussetzen, dass die Mehrheitsbevölkerung den eigenen, universellen Geltungsanspruch zurücknimmt[1296] und andererseits die Differenz der Minderheit achtet. Diese Achtung der Differenz darf aber nicht dazu führen, dass Gruppenzugehörigkeiten ein für allemal verfestigt werden, was sich an einer Entscheidung des Bundesverfassungsgerichts zur Zuweisung an eine Sonderschule exemplifizieren lässt[1297]. Hier ist allein die Achtung der Differenz gerade nicht das hinreichende Mittel, um Diskriminierung zu verhindern, vielmehr stellt sich die allzu starke Betonung des besonderen Förderungsbedarfs des Kindes als integrationsfeindlich und diskriminierend dar[1298]. Diskriminierungschutz kann somit nicht nur den Ausschluss von öffentlichen Einrichtungen vermeiden helfen, sondern auch eine zumutbare Kompensation erfordern[1299]. Die Gleichheitsverbürgung kann also ihren Wert durch eine Assimilierung an die Mehrheitskultur verlieren, und zwar dies insbesondere auch dann, wenn eine solche Assimilierung zwar nicht staatlich verordnet wird, aber jedenfalls im wirtschaftlichen und gesellschaftlichen Leben Grundvoraussetzung ist für sozialen und beruflichen Erfolg[1300]. Ebenso kann Diskriminierungsschutz verlangen, eine Assimilierung gerade zuzulassen, indem eine Überwindung oftmals seit langer Zeit tradierter Vorstellungen und Zuordnungen ermöglicht wird. Denn ansonsten ergibt sich aus der Achtung kultureller oder anderer Diversität eine zwangsläufige, unveränderbare Festlegung auf einen bestimmten Lebenszuschnitt, der ebenso diskriminierend wirken kann[1301].

Der Idealfall des Diskriminierungsschutzes verfolgt damit die Bewahrung der kulturellen Identität auf individueller Ebene und die Förderung kultureller Viel-

---

1294 Vgl. Taguieff, From Race to Culture, in Telos Nr. 98-99, 115 ff. (121): "Racism can be expressed both in the rejection and in the praise of difference, in terms of either races or culture, intellect, tradition and belief. But its fundamentally mixophobic."

1295 Marko, Autonomie und Integration, 164 ff., 264 ff..

1296 Vgl. zur deutschen „Leitkultur"-Debatte: Die Zeit Nr. 44, 2000: „Leitkultur. Ein Gespenst geht um in Deutschland", von Jens Jessen und ders. in Nr. 45, 2000: „How Is My Leitkultur Doing. Multiculturalism Meets Germany, Unleashing Angst, Ideological Reflexes and a Long-Overdue Debate"; Nr. 46, 2000: „Leitkultur gibt es nicht" von Marion Gräfin Dönhoff (das Zeit-Archiv führt 108 Nachweise zu diesem Begriff).

1297 BVerfG, Urteil vom 08. 10. 1997, in BVerfGE 96, 288.

1298 Vgl. Jürgens, in DVBl 1995, 410 ff. (414).

1299 BVerfG a. a. O. (303).

1300 Siehe insbesondere für die vertragsrechtliche Dimension von Diskriminierungsschutz Schiek, Differenzierte Gerechtigkeit, 45.

1301 Galenkamp, Individualism versus Collectivism, 139.

falt in der Gesellschaft[1302], ohne allerdings auf die Differenz verstetigend zu wirken, also dem Einzelnen einen Gruppenwechsel zu versagen. Die besondere Schwierigkeit liegt hier dabei, dass sowohl die Beachtung als auch die Nichtachtung der Differenz der antidiskriminierenden Zieldimension entgegen wirken können[1303], was aber nicht davon abhalten sollte, zur Erreichung des Idealfalls ein ausgewogenes Gleichgewicht von diskriminierungsrechtlicher Ignoranz und Sensibilität anzustreben.

c. Diskriminierungsverbote: rechtliche Struktur

Sowohl im deutschen Verfassungsrecht[1304] wie im EG-Recht werden Diskriminierungsverbote mit Differenzierungsverboten gleichgestellt. Danach ist jede Differenzierung mit Bezug zu den in Art. 3 III GG genannten Merkmalen untersagt. Während im EG-Recht zwar die Gleichheitsgewährleistungen auch als Differenzierungsverbote angesehen werden[1305], wird eine Differenzierung wegen der Staatsangehörigkeit überwiegend als Verletzung von Art. 12 EG eingeordnet[1306]. Grundsätzlich verstehen sich Diskriminierungsverbote also als besondere Gleichheitssätze, die die Differenzierung aufgrund eines bestimmten Merkmals verbieten[1307]. Auch der allgemeine Gleichheitsgrundsatz kann vergleichbar interpretiert werden, da Differenzierungen dann nicht möglich sind, wenn das Differenzierungsmerkmal ausser Verhältnis zum Differenzierungsziel steht. Der allgemeine Gleichheitssatz greift also auch dann ein, wenn nicht eines der verpönten Merkmale –sondern ein anderes persönliches-zum Differenzierungskriterium erhoben wird, wenn die Differenzierung in Bezug auf ihr Ziel unverhältnismäßig ist[1308]. Die Anforderungen an eine Rechtfertigung der Differenzierung sind dabei allerdings weniger hoch[1309].
Aber auch eine Differenzierung aufgrund verpönter Merkmale ist nicht unmöglich. Dies liegt daran, dass diese Diskriminierungsverbote allgemein gerade

[1302] Siehe den Ansatz von Ford für die US-amerikanische Gesellschaft, in 107 Harvard Law Review (1994). 1844 ff..
[1303] Minow, Making All the Difference, Exclusion, Inclusion and American Law, 20 f..
[1304] BVerfG, Urteil vom 28. 01. 1992, in BVerfGE 85, 191 (206) (Nachtarbeitverbot für Arbeiterinnen); vom 08. 03. 1983, in BVerfGE 63, 266 (303) (Rechtsanwaltszulassung eines Kommunisten); vom 07. 05. 1953, in BVerfGE 2, 266 (286) (in Bezug auf das Differenzierungskriterium „Heimat"); Gubelt, in v. Münch, Grundgesetz, Art. 3, Rn. 94 ff.; Sacksofsky, Das Grundrecht auf Gleichberechtigung, 94 ff., 205.
[1305] EuGH, Urteil vom 15. 05. 1986, Rs. C 222/85 (Johnston), in Slg. 1651; vom 16. 10. 1980, Rs. C 147/79 (Hochstrass), in Slg. 3005; Zuleeg, in GTE-EU-EG-Vertrag, Art. 7 EWG-Vertrag, Rn. 2 ff..
[1306] Grabitz/Hilf-Bogdandy, Bd. I (Maastrichter Fassung), Art. 6, Rn. 8-10.
[1307] Huster, Rechte und Ziele, 313-323 mit weiteren Nachweisen.
[1308] BVerfG, Urteil vom 30. 05. 1978, in BVerfGE 48, 281 (287); vom 22. 01. 1954, in BVerfGE 9, 125.
[1309] Vgl. BVerfG, Urteil vom 28. 01. 1992, in BVerfGE 85, 191 (208).

nicht, wie es ihr Wortlaut vielleicht nahelegt, als absolute, sondern als relative Differenzierungsverbote aufgefasst werden. Die verfassungsrechtliche Rechtsprechung lässt eine Differenzierung anhand verpönter Merkmale zu, wenn diese nicht willkürlich erfolgt[1310]. In der Literatur wird dies grundsätzlich kaum bestritten, wenn auch über die Anforderungen an die Rechtfertigung Uneinigkeit besteht[1311].

Ebenso aber wie im deutschen Verfassungsrecht haben auch im Europarecht Ansichten, die absolute Diskriminierungsverbote fordern, angesichts der gefestigten Rechtsprechung in beiden Bereichen, wenig Aussichten gehört zu werden. Der Europäische Gerichtshof geht selbst für die zentrale Norm des Art. 12 EG davon aus, dass eine Diskriminierung wegen der Staatsangehörigkeit nur dann Art. 12 EG verletzt, wenn die Diskriminierung nicht gerechtfertigt werden kann[1312]. Trotz der bestehenden Rechtfertigungsmöglichkeit setzen sich aber beide Gerichte mit der Frage auseinander, wann die Grenze der begründbaren Differenzierung überschritten ist und tatsächlich an ein verpöntes Merkmal angeknüpft wird.

Der Rechtsprechung des Bundesverfassungsgerichts war bislang zu entnehmen, dass zwischen der Differenzierung und dem verpönten Merkmal eine kausale Verknüpfung bestehen müsse, d. h. dass die Benachteiligung der Merkmalsträger aufgrund einer gewissen Finalität von statten gehen müsse[1313]. Eine Benachteiligung, die primär auf andere Zwecke zielte, unterlag damit allenfalls der Schranke des Art. 3 I GG[1314]. Von dieser Ansicht hat sich das Gericht in einem Urteil vom 28. 01. 1992 in Bezug auf die Geschlechterdiskriminierung entfernt und tendierte in die Richtung eines echten Anknüpfungsverbots[1315]. Ob diese Rechtsprechung allerdings auch für die anderen Merkmale des Art. 3 III GG Geltung beansprucht, kann derzeit noch nicht beantwortet werden[1316].

1310 Seit BVerfG, Urteil vom 18. 12. 1953, in BVerfGE 3, 225.

1311 Dürig, in Maunz/ders./Herzog/Scholz, GG, Art. 3 II, Rn. 2; für ein absolutes Diskriminierungsverbot Sachs, in HStR, Band V, § 126, Rn. 52 ff., 65 ff..

1312 EuGH, Urteil vom 16. 10. 1980, Rs. C 147/79, in Slg. 3005, Rn. 7; vom 12. 02. 1974, Rs. C 152/74, in Slg. 153, Rn. 4; für die Literatur vgl. mit weiteren Hinweisen Zuleeg, in GTE-EU-EG-Vertrag, Art. 7 EWG-Vertrag, Rn. 2 ff.; a. A. Grabitz/Hilf-v. Bogdandy, Bd. 1, Art. 6, Rn. 23.

1313 BVerfG, Urteil vom 08. 03. 1983, in BVerfGE 63, 266 (303); vom 16. 12. 1981, in BVerfGE 59, 128 (157); vom 07. 05. 1953, in BVerfGE 2, 266 (286). Vergleichbare Ansätze existieren in der Literatur. Es wird vertreten, dass die Differenzierung gerade auf dem Merkmal beruhen muss (Starck, in Mangoldt/Klein/ders., Grundgesetz, Band 1, Art. 3, Rn. 264), eine Finalität besteht (Dürig, in Maunz/ders./Herzog/Scholz, Art. 3, Rn. 154) oder zumindest eine Begründung in Zusammenhang mit der Rechtfertigung (Heun, in Dreier, Grundgesetz, Art. 3, Rn. 110).

1314 BVerfG, Urteil vom 08. 04. 1987, in BVerfGE 75, 40 (70).

1315 BVerfGE 85, 191, (206).

1316 So aber Schiek, Differenzierte Gerechtigkeit, 51.

Für den EuGH stellt sich die Frage der Art und Weise einer verbotenen Anknüpfung an anderer Stelle, nämlich in Bezug auf die Fallgruppen der mittelbaren Diskriminierung[1317].

Für die deutsche verfassungsgerichtliche Rechtsprechung besteht danach der Schwerpunkt der Prüfung bei der Frage, inwiefern die Differenzierung aufgrund eines verpönten Merkmals gerechtfertigt werden kann. Im Sinne eines wegen der personenbezogenen Differenzierung verschärften Verhältnismäßigkeitsgrundsatzes ist eine Rechtfertigung nur ausnahmsweise zur Erreichung eines legitimen Zwecks mit geeigneten, erforderlichen und angemessenen Mitteln möglich[1318]. Abseits von dieser Rechtfertigungsprüfung wendet das Gericht noch ein weiteres Kriterium auf der Ebene der Rechtfertigung an, ohne dies aber ausdrücklich so zu bezeichnen, und zwar ist dies das Element der Vergleichbarkeit. Während in Bezug auf Geschlechterdiskriminierung hier eine Reihe von Entscheidungen vorliegen, die auf die Zulässigkeit einer Differenzierung wegen der biologischen Unterschiedlichkeit der Geschlechter eingehen[1319], hatte nun das Gericht auch in einer Entscheidung bezüglich einer Diskriminierung wegen der Heimat bzw. Sprache Gelegenheit, diese Art der Rechtfertigung zu konkretisieren. Im sogenannten Parabolantennenbeschluss[1320] begründete das Bundesverfassungsgericht aus Art. 5 I GG eine Verpflichtung der Gerichte in Zivilrechtsstreitigkeiten zwischen Vermietern und ausländischen Mietern bei der Auslegung der §§ 535, 536 und 242 BGB das gesteigerte Informationsinteresse ausländischer Mietparteien zu berücksichtigen. Dies solle regelmäßig dazu führen, dass Ausländer im Gegensatz zu Mietern mit deutscher Staatsangehörigkeit einen Anspruch auf Duldung hätten, eine Parabolantenne zum Empfang entsprechender ausländischer Sender an der Hauswand zu befestigen. Dies soll im übrigen auch kein Verstoß gegen Art. 3 III GG sein, weil deutsche und ausländische Mieter sich schon nicht in einer vergleichbaren Situation befänden. Ein deutscher Mieter könne seine Heimatprogramme bereits über Kabel empfangen, während der Ausländer auf eine Parabolantenne geradezu angewiesen sei.
Der EuGH dagegen verwendet das Kriterium der Vergleichbarkeit weniger als ein Element der Rechtfertigung, sondern vielmehr als eine Frage der tatbestandlichen Einschlägigkeit eines Diskriminierungsverbots. Wenn keine vergleichbaren Fallgruppen vorliegen, werde eben auch nicht Ungleiches gleich behandelt, wodurch die Einordnung in relative und absolute Differenzierungsverbote vermieden wird. Auch hier bietet der Bereich der Geschlechterdiskriminierung den

---

[1317] Siehe dazu sogleich d..

[1318] Vgl. BVerfG, Urteil vom 08. 05. 1993, in BVerfGE 89, 15 (22); vom 26. 01. 1993, in BVerfGE 89, 365 (375).

[1319] BVerfG, Urteil vom 24. 1. 1995, in BVerfGE 92, 91; vom 28. 1. 1992, in BVerfGE 85, 191; vom 10. 05. 1957, in BVerfGE 6, 389.

[1320] BVerfG, Beschluss vom 09. 02. 1994, in BVerfGE 90, 27.

Hauptanwendungsfall[1321]. Dass gerade diesbezüglich Diskriminierungsverbote schon tatbestandsmäßig häufig nicht einschlägig sind, und es von daher zu einer Verhältnismäßigkeitsprüfung gar nicht kommen kann, muss angesichts der Sensibilität der Fragstellungen doch kritisch hinterfragt werden[1322]. Der formalen Anwendung des Gleichheitssatzes und insbesondere der Gleichstellung mit dem Verbot von Diskriminierungen aufgrund askriptiver Persönlichkeitsmerkmale wohnt die Gefahr inne, dass überkommene Unterschiede perpetuiert werden. In der Gesellschaft unkritisch tradierte und häufig hoch irrationale angebliche Unterschiede zwischen den Geschlechtern oder einer als solche definierten Minderheit gegenüber der Mehrheit verhindern schon a priori die Anwendung von Diskriminierungsverboten. Damit wirkt das Kriterium der Vergleichbarkeit gerade der Finalität von Diskriminierungsverboten entgegen, nämlich historisch besonders häufigen Diskriminierungen entgegenzuwirken[1323].
An diese Erkenntnis knüpfen nun neue Strukturierungsansätze von Diskriminierungsverboten an, die der gruppenspezifischen Komponente vertiefte Aufmerksamkeit schenken. Von besonderem Einfluss auf das Diskriminierungsrecht als eine eigene Kategorie sind dabei der völkerrechtliche Minderheitenschutz (z. B. Art. 27 IPBPR) und die Interpretation von Diskriminierungsverboten in Rechtsordnungen, die auch eine Wirkung unter Privaten anerkennen[1324]. Im deutschen Verfassungsrecht soll nach einem solchen gruppenbezogenen Ansatz ein Diskriminierungsverbot dann einschlägig sein, wenn die Differenzierung gruppenbezogene Benachteiligung begründet oder verstärkt[1325]. Unerheblich ist insbesondere, ob die Benachteiligung in irgendeiner Weise bewusst abläuft, da gerade

[1321] EuGH, Urteil vom 15. 12. 1994, Rs. C 399/92 (Helmig u. a.), in Slg. I-5727, zu der Frage des zulässigen Auschlusses einer Überstundenvergütung zuungunsten von Teilzeitbeschäftigten.
[1322] Vgl. Schiek, Differenzierte Gerechtigkeit, 54: „Das Kriterium der Vergleichbarkeit" ... ist „für eine rationale Begründung der Rechtfertigung von merkmalspezifischen Differenzierungen völlig unbrauchbar"; Sachs, Grenzen des Diskriminierungsverbotes, 335 ff.. Siehe auch das kanadische Supreme Court vom 02. 02. 1989, Dominion Law Report 1989, 4th Series, 1, das anmerkt, dass das bekannte Gleichheitskonzept die Rechtfertigung sowohl der rassisitischen Gesetze Nazi-Deutschlands als auch die Rassentrennung in US-amerikanischen Schulen ermöglicht hat.
[1323] Zu diesem Zweck vgl. Gubelt, in v. Münch/Kunig, GG, Art. 3, Rn. 1; Jarass, in ders./Pieroth, GG, Art. 3, Rn. 66. Zur Kritik aus demokratietheoretischer Sicht Perels, in ders. (Hrsg.), Grundrechte als Fundament der Demokratie, 69 ff..
[1324] Dies sind die anglo-amerikanischen Rechtsordnungen und das niederländische Recht, vgl. MacEwan, in ders. (Hrsg.), Anti-Discrimination Law Enforcement, 1 ff.; Bell, Race, Racism and American Law; Thornton, The Liberal Promise. Anti-Discrimination Legislation in Australia; zum britischen Recht vgl. Schiek, Differenzierte Gerechtigkeit, 96 ff.; in den Niederlanden gilt ein sehr weitgehendes Verbot der (vor)vertraglichen Diskriminierung nach dem Algemen Wet Gelijke Behandeling von 1994, in Staatsblad van het Koninkrijk der Nederlanden 1994, Nr. 230, dazu Asscher-Vonk/Groenendijk (Hrsg.), Gelijke Behandeling: regels en realiteit.
[1325] Sacksofsky, Das Grundrecht auf Gleichberechtigung, 310 ff..

die unabsichtliche und unaufmerksame Diskriminierung verstärkt zur Ausgrenzung von Menschen beiträgt[1326].
Der Vorteil der Einordnung von Diskriminierungsverboten als eigene Kategorie liegt vor allem darin, dass die Gefahr der Verfestigung gesellschaftlicher Benachteiligung weitgehend vermieden wird und man sich nicht sehenden Auges in die Auseinandersetzung um die exakte Bestimmung der Art und Weise der Anknüpfung an ein verpöntes Merkmal begibt. Sowohl in der Rechtsprechung des Bundesverfassungsgerichts als auch in der des EuGH tauchen auch bereits die Aspekte der Gruppensensibilität auf[1327].

Ohne an dieser Stelle eingehend die Frage der Abkehr von der Gleichstellung von Diskriminierungsverboten zum formalen Gleichheitssatz besprechen zu können, kann zusammenfassend festgestellt werden, dass die gruppenspezifische Komponente bei der Anwendung der jeweiligen Diskriminierungsverbote schlechterdings nicht ausser Acht gelassen werden kann. Ebenso fragt sich, ob nicht von der Prüfung einer subjektiven Seite im Sinne einer bewussten Ungleichbehandlung abgesehen werden muss, da auch die Vermeidung unbewusster Diskriminierungen ein gleichsam zu verfolgendes rechtspolitisches Ziel darstellt. Dann muss aber zunächst die sich nun anschließende Frage beantwortet werden, ob auch solche unbewussten, regelmäßig nur mittelbaren Diskriminierungen von den verschiedenen Diskriminierungsverboten umfasst werden.

d. Das Verbot mittelbarer Diskriminierung

Während unmittelbare Diskriminierungen quasi die klassische Variante der Verletzung eines Diskriminierungsverbotes darstellen und grundsätzlich unzulässig sind, sind mittelbare Diskriminierungen nicht in allen Rechtsordnungen verpönt. Als mittelbare Diskriminierung wird dabei jede Differenzierung zwischen Personen oder Personengruppen verstanden, die zwar nicht aufgrund eines verpönten Merkmals erfolgt, aber vorwiegend zum Nachteil einer Gruppe mit diskriminierungsrechtlich relevanten Merkmalen wirkt[1328]. Sinn und Zweck der Figur der mittelbaren Diskriminierung ist ebenso wie das Verbot der verdeckten Diskriminierung[1329] ein Umgehungsschutz und entlastet dabei –anders als das Verbot der

---

[1326] Schiek, Differenzierte Gerechtigkeit, 59.
[1327] Vgl. den Nichtannahmebeschluss 1 BvR 496/87, in NZA 1993, 213 ff. und die Darstellung der EuGH-Rechtsprechung bei Bieback, Die mittelbare Diskriminierung wegen des Geschlechts.
[1328] Vgl. beispielsweise die Definition der mittelbaren Diskriminierung in Art. 2 II der Richtlinie 97/80/EG zur Beweislast in Fällen geschlechtsbedingter Diskriminierung vom 15. 12. 1997, in ABl. EG, Nr. L 1998, 14/6; allgemein vgl. ausführlich Schlachter, in NZA 1995, 393 ff..
[1329] Dazu siehe Heun, in Dreier, Grundgesetz, Art. 3, Rn. 96, der allerdings die Vokabel der „versteckten" Diskriminierung verwendet.

verdeckten Diskriminierung- vom Beweis einer Diskriminierungsabsicht[1330]. Teilweise wird auch eine Kausalitätsvermutung zwischen Zuordnung zu der diskriminierten Gruppe und der Benachteiligung angenommen[1331].
Ob eine solche indirekte Art der Diskriminierung unter Art. 3 III GG zu fassen ist, ist im Gegensatz zu Art. 3 II GG noch nicht vollständig geklärt. Dies wird teilweise mit der angeblichen mangelnden kollektiven Komponente von Art. 3 III GG begründet[1332]. Auch das Bundesverfassungsgericht hat dies in einer früheren Entscheidung mit sprachenrechtlichem Bezug so vertreten. Danach ist die Beschränkung der Gerichtssprache auf das Deutsche nicht als (mittelbare) Diskriminierung im Sinne von Art. 3 III GG anzusehen, da sich aus Art. 3 III GG keine Verpflichtung zum Nachteilsausgleich ergebe[1333]. Allerdings wird schon die dahinterstehende Prämisse angegriffen, dass eine mittelbare Diskriminierung eine Pflicht zum Nachteilsausgleich voraussetzt, weil ja auch der allgemeine Gleichheitssatz durch Regelungen verletzt werden könne, die nur im Ergebnis Ungleichheit produzierten[1334].
Die aktuelle Rechtsprechung des Bundesverfassungsgerichts subsumiert das Verbot der mittelbaren Diskriminierung ohne weitere Auseinandersetzung mit älteren Entscheidungen unter Art. 3 III GG[1335]. Speziell in Bezug auf die auch für die Sprachenfrage relevante Diskriminierung wegen der Rasse ist im übrigen auch eine völkerrechtskonforme Auslegung von Art. 3 III GG geboten[1336]. Denn die Rassendiskriminierungskonvention weist mit der bereits erwähnten Definition der rassistischen Diskriminierung einen deutlich ergebnisorientierten Aspekt auf[1337], wobei es weder auf die Zielsetzung einer Diskriminierung ankommt noch auf eine irgendwie geartete Intention.

Entsprechend vertritt der EuGH eine Geltung des Verbots der mittelbaren Diskriminierung für das EG-Recht, wobei bei privaten Arbeitgebern sogar ein strengerer Maßstab als bei den nationalen Gesetzgebern angelegt wird[1338]. Vor allem im Bereich der Geschlechterdiskriminierung zählt das Verbot der mittelbaren

---

[1330] Schiek, Differenzierte Gerechtigkeit, 67.

[1331] Schlachter, in NZA 1995, 393 ff..

[1332] Sacksofsky, Das Grundrecht auf Gleichberechtigung, 161, 373 f..

[1333] BVerfG, Urteil vom 17. 05. 1983, BVerfGE 64, 135 (156 f.).

[1334] Osterloh, in Sachs (Hrsg.), Grundgesetz, Art. 3, Rn. 255.

[1335] BVerfG, Urteil vom 27. 11. 1997, in BVerfGE 97, 35, (43 f.); vom 27. 01. 1998, in NZA 1998, 470; eine grammatikalische, systematische, teleologische und insbesondere völkerrechtskonforme Auslegung bietet Schiek, Differenzierte Gerechtigkeit, 70 ff..

[1336] Schiek, a. a. O. (71).

[1337] Nach Art. 1 I der ICERD wird unter Rasse „*jede Unterscheidung, Ausschließung, Beschränkung oder Bevorzugung*" verstanden, die „*zum Ziel oder zur Folge hat, dass dadurch ein gleichberechtigtes Anerkennen, Genießen oder Ausüben von Menschenrechten und Grundfreiheiten im politischen, wirtschaftlichen, sozialen und kulturellen oder jedem sonstigen Bereich des öffentlichen Lebens vereitelt oder beeinträchtigt wird*".

[1338] Vgl. dazu Bieback, Die mittelbare Diskriminierung wegen des Geschlechts, 107 ff..

Diskriminierung im Primärrecht mit Art. 141 EG und im Sekundärrecht mit der Gleichbehandlungsrichtlinie[1339] zu den anerkannten Grundsätzen des Diskriminierungsrechts. Dies gilt auch für den hier relevanten Bereich der Diskriminierung wegen der Staatsangehörigkeit[1340].
Beide Gerichte machen aber in der Regel eher implizit die Anwendung eines Diskriminierungsverbotes bei lediglich mittelbaren Eingriffen von Voraussetzungen abhängig, die von denen unmittelbarer Diskriminierungen doch erheblich abweichen.
Erstens muss eine Personengruppe durch eine merkmalsneutral formulierte Regelung statistisch gesehen ganz vorwiegend nachteilig betroffen sein, der ohnehin die Zugehörigkeit zu einer benachteiligten Gruppe (z. B. einer ethischen Minderheit) zugeschrieben wird. Zweitens darf die statistisch erwiesene Diskriminierung nicht objektiv gerechtfertigt sein. Sowohl bei der Feststellung einer statistisch überwiegenden Benachteiligung als auch bei der Frage der objektiven Rechtfertigung herrscht über die methodische Herangehensweise noch nicht vollständig Einigkeit. Insbesondere bei dem Beweis der statistisch vorliegenden Nachteile für eine Gruppe sollen weder Prozent- noch absolute Zahlen ausreichen, sondern es sollte auch eine wertende Betrachtung vorgenommen werden[1341], und sogar zukünftig zu erwartende Entwicklungen sollen eine Rolle spielen[1342]. Im Rahmen der Rechtfertigung ist weniger die Art der verfolgten Ziele maßgeblich -seien diese wirtschaftlicher oder sozialpolitischer Natur[1343]-, als vielmehr wiederum der Schwerpunkt der Überlegungen bei der Frage der Verhältnismäßigkeit liegt[1344]. Als grundlegende Einschränkung gilt allerdings, dass das verfolgte Ziel nicht auf dem askriptiven Persönlichkeitsmerkmal beruhen darf[1345].

Nach alledem stellt sich nun die Frage, ob die stets in deutscher Sprache vorgenommene Information des Verbrauchers auf der Grundlage der gegebenen, sprachenrechtlich überwiegend neutral formulierten Informationspflichten zumindest unter das Verbot der mittelbaren Diskriminierung fällt und ob diese möglicher-

---

[1339] RL 76/207/EWG vom 09. 02. 1976, in ABl. EG, Nr. L 1976, 39.
[1340] S. EuGH, Urteil vom 10. 02. 1994, Rs. C 398/92 (Mund und Fester), in Slg. I-497, Rn. 16 (zu Art. 12 EG); vom 08. 05. 1990, Rs. C 175/88 (Biehl), Slg. I-1779, Rn. 13 (zur Arbeitnehmerfreizügigkeit); Urteil vom 03. 02. 1982, Rs. C 53/81 (Seco), in Slg. 222, Rn. 8 (zur Dienstleistungsfreiheit); vom 28. 04. 1977, Rs. C 71/76 (Thieffry), in Slg. 765, Rn. 13 f. (zur Niederlassungsfreiheit); vom 12. 02. 1974, Rs. C 153/73 (Sotgiu), in Slg. 153, Rn. 11 (zur Arbeitnehmerfreizügigkeit).
[1341] Schiek, Differenzierte Gerechtigkeit, 65.
[1342] So GA Léger, Schlussanträge vom 31. 05. 1995, zu Nolte, in Slg. I-4627, Tz. 44 ff..
[1343] Vgl. EuGH, Urteil vom 14. 12. 1995, Rs. C 444/93 (Megner/Scheffel), in Slg. I-4741; vom 14. 12. 1995 (Nolte), Rs. C 317/93, in Slg. I-4625.
[1344] Bieback, a. a. O. (96).
[1345] Bieback, a. a. O. (88 f.); Fuchsloch, Das Verbot der mittelbaren Geschlechterdiskriminierung, 140.

weise zu rechtfertigen ist. Eine dieser Frage aber noch vorgelagerte Problematik ist, ob in einem Privatrechtsverhältnis wie dem zwischen einem Verbraucher und dem Informationsverpflichteten derartige Überlegungen überhaupt am Platze sind. Dies ist die Frage nach der Horizontal- oder auch Drittwirkung übergeordneten Rechts und eine der umfänglichsten Diskussionen auf der Schnittstelle von Öffentlichem und Privatrecht.
Die Bearbeitung dieser Thematik mag auf den ersten Blick als der zentrale Aspekt dieses letzten Teils der vorgelegten Untersuchung sein. Dies ist aber mitnichten der Fall. Zum einen sind im Bereich der Horizontalwirkung übergeordneten Rechts die wesentlichen Argumente ausgetauscht, zum anderen ist in Ansehung des heutigen Standes der Diskussion zumindest eines allgemein konsentiert, und zwar dass bei Auslegungsprozessen dieses übergeordnete Recht beachtlich ist, und sei es auch nur im Rahmen sogenannter Generalklauseln. Mehr oder anderes soll aber an dieser Stelle gar nicht vorgenommen werden als die Überprüfung eines Auslegungsergebnisses in Bezug auf diverse Informationstatbestände, die -wie oben erkannt- mit dem Institut der culpa in contrahendo einer intensiven Wechselwirkung unterliegen[1346]. Diese wiederum ist zumindest auch von der Generalklausel des § 242 BGB geprägt, so dass insofern eine Behandlung übergeordneter Rechtsgrundsätze angezeigt erscheint. Da aber die Diskussion um die Horizontalwirkung jedenfalls die Ausgangsbasis für die Beachtlichkeit der verfassungs-, völker- und europarechtlichen Wertungen darstellt, soll jene für diese drei Bereiche auch kurz skizziert werden.

2. Horizontalwirkung übergeordneten Rechts

a. Horizontalwirkung EG-rechtlicher Diskriminierungsverbote[1347]

Im EG-Recht stellt sich die Frage der Privatrechtswirkung von Primär- und Sekundärrecht nicht in der aus der nationalen Diskussion bekannten Schärfe. Das EG-Recht als eigenständige Rechtsordnung mit Vorranganspruch[1348] kennt die dem deutschen Juristen so vertraute strenge Trennung zwischen öffentlichem

---

[1346] Siehe I. B. 2. e.

[1347] Nicht behandelt werden an dieser Stelle die möglicherweise einschlägigen Grundrechte der Charta der Grundrecht der Europäischen Union Art. 20, 21 und 22 (in ABl. EG, Nr. C 364/1 vom 18. 12. 2000, einen Überblick über die einzelnen Rechte gibt Grabenwarter, in DVBl 2001, 3 ff.), da die Charta bislang nicht rechtsverbindlich in die bestehenden Gründungsverträge der Europäischen Union oder der Gemeinschaften aufgenommen wurde (vgl. Fischer, Der Vertrag von Nizza, 263) und nach Art. 51 I nur in Bezug auf „das Recht der Union" Wirkung zeitigt. Im übrigen wird sich auch aufgrund der tatbestandlichen Weite von Art. 52 (Einschränkbarkeit der Grundrechte) eine Parallelität mit der bekannten verfassungsrechtlichen Prüfung der Verhältnismäßigkeit ergeben (vgl. ebenso Dorau, Die Verfassungsfrage der Europäischen Union, 114 ff., 118 f.).

[1348] So schon EuGH, Urteil vom 15. 06. 1964, Rs. C 6/64 (Costa), in Slg. 1251 ff..

und Privatrecht nicht[1349]. So entscheidet der EuGH auch und gerade in klassisch zivilrechtlichen Bereichen[1350], was allerdings nicht bedeutet, dass dem EG-Recht stets auch Privatrechtswirkung zukommt. Die Direktwirkung der europarechtlichen Diskriminierungsverbote ist so auch kaum minder umstritten als im nationalen Bereich. Die für diese Arbeit relevanten Verbote der Diskriminierung aufgrund der Nationalität in den Art. 12, 39 II, 43 II, und 50 III EG[1351] können getrost als fundamentale Normen des gesamten EG-Rechts bezeichnet werden[1352] und sind in zahlreichen Fällen vom EuGH mit Horizontalwirkung ausgestattet worden[1353].

In der Literatur wird dieser Rechtsprechung teilweise das systematische Argument entgegengebracht, das Verhältnis Privater untereinander sei bereits in Art. 81 f. EG geregelt, für die Anwendung der Grundfreiheiten sei also insofern kein Raum mehr[1354]. Diesen Auffassungen liegt oftmals die Prämisse zugrunde, der Gegensatz zwischen Vertragsfreiheit und Gleichbehandlung sei unüberbrückbar. Dass dies nicht sein muss, wurde bereits von anderen überzeugend dargelegt[1355].

Für eine Privatrechtswirkung spricht zunächst schlicht der Wortlaut von Art. 12 EG. Während beispielsweise Art. 141 EG, der sich ausdrücklich nur an die Mitgliedstaaten wendet, in der Literatur durchweg Geltung auch für private Vereinbarungen zugesprochen wird[1356], deutet die allgemein gehaltene Formulierung des Art. 12 doch erst recht auf eine solche Wirkung hin, der ja *„jede Diskriminie-*

1349 Reich, Bürgerrechte, 74, fordert -auch mit Blick auf eine anzustrebende Verträglichkeit mit den Rechtsordnungen des common law-, in Bezug auf die Unterscheidung öffentliches/privates Recht die Paradigmen deutschen Rechtsdenkens grundsätzlich neu zu formulieren.

1350 Vgl. die Darstellung von Klauer mit dem Titel: Die Europäisierung des Privatrechts, „Der EuGH als Zivilrichter.".

1351 Es mag zunächst undifferenzierend erscheinen, diese Diskriminierungsverbote nicht getrennt zu behandeln. Die einheitliche Zweckbestimmung dieser Normen gebietet es aber, die Frage der Horizontalwirkung des Verbotes der nationalen Diskriminierung einheitlich zu beantworten, vgl. EuGH, Urteil vom 14. 07. 1994, Rs. C 379/92 (Peralta), in Slg. 3456, Rn. 18; Generalanwalt Jacobs, Schlussanträge vom 30. 06. 1003 in der Rs. Phil Collins, in Slg. 1993, I-5160, Rn. 9; Roth, in FS für Everling, Bd. II, 1231.

1352 Grabitz/Hilf-Bogdandy, Bd.I, Art. 6, Rn. 1; Reich, A European Constitution for Citizens: Reflections on the Rethinking of Union and Comunity Law, 3 European Law Journal 1997, 131 ff..

1353 zwar bis dato nicht für Art. 12 EG, aber in Streitigkeiten zu den Grundfreiheiten: EuGH vom 15.12.1995, C-415/93, in Slg 1996, I-4921 (Bosman); EuGH vom 6.6.2000, C-281/98 (Angonese); EuGH vom 9.6.1977, Rs. 90/76, in Slg. 1091; EuGH vom 13.12.1984, Rs. 251/83, in Slg. 4277

1354 Roth, in Dauses (Hrsg.), Handbuch des EG-Wirtschaftsrechts, Art. 12, Rn. 17.

1355 In seiner umfassenden Bearbeitung schlägt Steindorff vor, diskriminierende private Abreden möglicherweise nach Art. 30 II EG zu rechtfertigen, EG-Vertrag und Privatrecht, 295 f.; Bogdandy verneint trotz der überragenden Bedeutung des Diskriminierungsverbotes eine Drittwirkung im Sinne eines Kontrahierungszwanges, es sei denn der Vertragspartner hat eine überlegene Machtposition inne, in Grabitz/Meinhard (Hrsg.), Art. 6 EGV, Rn. 31.

1356 Schiek, Differenzierte Gerechtigkeit, 83.

rung aufgrund der Staatsangehörigkeit" verbietet. Obwohl der EuGH zur Horizontalwirkung von Art. 12 EG bislang keine Gelegenheit zur Äusserung hatte, erkannte er in Bezug auf den ähnlich offen formulierten Art. 39 II EG eine Geltung in einem Privatrechtsverhältnis an, das zu der Konstellation eines Verbrauchers etwa zu einer Großbank einige Parallelen aufweist. In der Rechtssache Bosman[1357] gewährte das Gericht einem Berufsfußballspieler in seiner Eigenschaft als Arbeitnehmer einen Anspruch gegenüber einem privaten Arbeitgeber auf Nichtanwendung ausländerdiskriminierender Quotensysteme. In Weiterentwicklung der bisherigen Rechtsprechung[1358] in Bezug auf die Niederlassungs- und Arbeitnehmerfreizügigkeit im Sport stellt der EuGH insbesondere auf die Art und Wirkung der kollektiven Regelungen jener privaten Sportverbände ab, die unter den Betroffenen gleichsam wie Normen wirken[1359].

Eine aus sprachenrechtlicher Sicht interessante Entscheidung aus jüngster Zeit weitet diese Privatrechtswirkung auf ein Verhältnis ohne Beteiligung eines Verbandes aus. In der Rechtssache Angonese[1360] ging es um die Bewerbung des Beschwerdeführers um eine Stelle bei einem privaten Geldinstitut in Bozen, das die Einstellung an den Nachweis der Zweisprachigkeit koppelt. Der Bewerber legte zwar verschiedene Unterlagen vor, die eine solche Zweisprachigkeit dokumentierten, aber nicht den seitens des Geldinstituts geforderten Nachweis, den die lokale Behörde ausstellt. Der EuGH subsumierte diesen Fall unter die Gruppe der mittelbaren Diskriminierung aufgrund der Staatsangehörigkeit, obwohl der Bewerber Italiener ist. Dabei sollen die Vorgaben des EG-Vertrags mit Bezug auf Diskriminierungen wegen der Staatsangehörigkeit auch für Privatpersonen verbindlich sein, so dass es für die Anwendung von Art. 39 II EG unerheblich sei, ob entsprechende Rechtsnormen staatlich oder vertraglich gesetzt seien[1361].

Auch der Rechtsnormcharakter beisielsweise von Allgemeinen Geschäftsbedingungen ist augenfällig, so dass es in Ansehung dieser Rechtsprechung angezeigt erscheint, das EG-rechtliche Verbot der Diskriminierung wegen der Staatsangehörigkeit in die Diskussion miteinzubeziehen. Für Versicherungsbedingungen erkannte der EuGH eine Drittwirkung auch bereits an[1362].

[1357] EuGH, Urteil vom 15. 12. 1995, Rs. C 415/93, Slg. 1996, I-4921.

[1358] Vgl. die vorangehende Rechtsprechung in den Rechtssachen Dona/Matero und Walrave (EuGH, Urteil vom 14. 07. 1976, Rs. C 13/76, in Slg. 1976, 1333; vom 12. 12. 1974, Rs. C 36/74, in Slg. 1974, 1405).

[1359] Die Bosman-Rechtsprechung wurde zuletzt (Urteil vom 13. 04. 2000) bestätigt in der Rechtssache C 176/96 (Lehtonen), in EuZW 2000, 375.

[1360] EuGH, Urteil vom 06. 06. 2000, Rs. C 281/98, in RdA 2001, 180 ff..

[1361] Insgesamt kritisch in Bezug auf diese Rechtsprechungsentwicklung Körber, in EuZW 2001, 353.

[1362] EuGH, Urteil vom 13. 12. 1984, Rs. C 251/83 (Haug-Adrion/Frankfurter Versicherungs AG), in Slg. 1984, 4277, 4288; vgl. zu der breiten positiven Resonanz in der Literatur: Martiny, in ZEuP 2001, 574 mit weiteren Nachweisen.

Eine zu den Grundfreiheiten parallele Diskussion -freilich mit anderem Ausgang- findet sich auf der Ebene des Sekundärrechts. Den bereits erwähnten Verbraucherschutzrichtlinien kommt regelmäßig eine mittelbar antidiskriminierende Wirkung zu. Einen sogar unmittelbaren Diskriminierungsschutz bezüglich der Rasse und der ethnischen Herkunft bietet die erwähnte, auf der Basis des Art. 13 EG[1363] erlassene Richtlinie 2000/43 EG. Soweit derartige Richtlinien nicht oder verspätet umgesetzt werden, stellt sich auch hier die Frage der Horizontalwirkung. Der EuGH hat jedoch stets mit dem Hinweis auf die Rechtsnatur der Richtlinie eine Wirkung unter Privaten abgelehnt[1364]. Allerdings kommt dem Richtlinienrecht bei der Auslegung nationaler Vorschriften eine starke Ausstrahlungswirkung zu[1365], so dass auch die Wertungen dieser Richtlinie in die unten erfolgende Abwägung mit einfließen.

b. Horizontalwirkung völkerrechtlicher Diskriminierungsverbote

Im Gegensatz zu sogenannten unselbständigen Diskriminierungsverboten wie etwa dem in Art. 2 der Allgemeinen Erklärung der Menschenrechte[1366] oder Art. 14 der EMRK[1367], denen eine Horizontalwirkung im Zivilrecht nicht entnommen werden können soll[1368], wird dies für Art. 26 des Internationalen Paktes für politische und bürgerliche Rechte und die Rassendiskriminierungskonvention zumindest angedacht. Indem Art. 2 I e der Rassendiskriminierungskonvention die unterzeichnenden Staaten auch auf Maßnahmen im Privatrechtsverkehr verpflichtet, kommt dieser Norm wie Art. 26 IPBPR eine Wirkung zu, die sich nicht auf das vertikale Verhältnis des Staates zu seinen Bürgern beschränkt[1369]. Aller-

---

1363 Selbst dieser Norm wurde bereits Horizontalwirkung beigemessen, wenn auch die Äusserung von Cirkel, Gleichheitsrecht im Gemeinschaftsrecht, in NJW 1998, 3332 f., eher als absolute Ausnahme zu werten ist. Viel eher wird auch Art. 13 wie Art. 12 dann horizontale Wirkung zukommen, wenn dieser durch Gemeinschaftsrechtssätze konkretisiert wurde, vgl. EuGH, Urteil vom 15. 05. 1978, Rs. C 149/77 (Defrenne III), in Slg. 1365.

1364 EuGH, Urteil vom 14. 07. 1994, Rs. C 91/92 (Faccini Dori), in Slg. I-3325, Rn. 24, ausführlich vgl. oben II. 2. c. aa..

1365 EuGH, Urteil vom 16. 12. 1993, Rs. C 334/92 (Wagner-Miret), in Slg I-6911, Rn.20; Basedow, in FS für Brandner, 651; Grundmann, Richtlinienkonforme Auslegung, in ZEuP 1996, 398 ff..

1366 Res 217 III, United Nations, General Assembly 10. 12. 1948, Official Records third Session (part I 9 Resolutions, Doc A/810, 71).

1367 Art. 14 EMRK ist eher ein akzessorisches Recht als ein selbständiges Diskriminierungsverbot, vgl. Nowak, CCPR-Commentary, Art. 26, Rn. 12. Umso erstaunlicher erscheint, dass das Kölner Amtsgericht in der zitierten Entscheidung ausgerechnet Art. 14 EMRK herangezogen hat.

1368 Denninger, Die Wirksamkeit der Menschenrechte in der deutschen Verfassungsrechtsprechung, in JZ 1998, 1129 ff.

1369 Partsch, Discrimination, in Macdonald (ed.), The European System for the Protection of Human Rights, 561 ff.; a. A. Tomuschat, in FS für Schlochauer, 691 ff. (710 ff.), der mit einer Parallele ins Familienrecht eine Horizontalwirkung ablehnt.

dings genießen völkerrechtliche Abkommen zwar nach Art. 25 GG grundsätzlich Vorrangwirkung gegenüber nationalem Recht, zwischen Privaten bedarf es - neben der Ratifizierung nach Art. 59 II GG[1370]- aber gerade erst einer nationalen Gesetzgebung, die die von den genannten Abkommen lediglich geforderte Horizontalwirkung auch realisiert[1371]. Sollte dies nicht geschehen sein, muss die maßgebliche völkerrechtliche Norm wie bereits erwähnt jedenfalls bei der Auslegung des übrigen nationalen Rechts -also auch des Zivilrechts- beachtet werden[1372]. Dass dies insbesondere bei der Interpretation zivilrechtlicher Generalklauseln in der Rechtsprechung geradezu in toto ignoriert wird, blieb in der völkerrechtlichen Literatur im übrigen nicht unbemerkt[1373].

Gerade im Völkerrecht spielt aber neben den individuellen Rechten auch der Minderheitenschutz mit seiner starken kollektiven Seite eine bedeutende Rolle. Wenn auch durch völkerrechtlichen Minderheitenschutz individuelle Rechte begründet werden können[1374], richtet sich Minderheitenschutz weniger an Private als vielmehr eine Verpflichtung der Staaten statuiert wird, den Schutz „ihrer" Minderheiten durch entsprechende Normen zu verwirklichen. Daher sind in den seltensten Fällen Normen des völkerrechtlichen Minderheitenschutzes *„self-executing"*[1375]. Dabei bietet das Völkerrecht einen reichhaltigen Fundus an antidiskriminierenden Vorschriften des Minderheitenrechts[1376]. An exponierter Stelle sind insbesondere zu nennen Art. 27 des IPBPR und das Rahmenübereinkommen des Europarats zum Schutz nationaler Minderheiten vom 10. 11. 1994[1377]. Beide Übereinkommen beziehen in ihren Schutzbereich auch die Sprache der Minderheiten mit ein[1378]. Ausdrücklich dem Sprachenschutz widmet sich die die Euro-

---

[1370] Mit der dann unmittelbaren Wirkung als innerstaatliches Recht, vgl. BVerfG, Urteil vom 20. 10. 1981, in BVerfGE 58, 233 (255).

[1371] Im Rahmen des IPBPR besteht daneben nach Art. 2 des Fakultativprotokolls vom 19. 12. 1966 (BGBl. II 1992, 1247) die Möglichkeit der individuellen Beschwerde gegen unzureichende staatliche Maßnahmen, die an das Human Rights Committee, c/o Human Rights Centre, United Nations Office, Palais de Nations, CH-1211, Genève 10, zu richten ist. Ausgerechnet in der Bundesrepublik Deutschland besteht aber keine Möglichkeit für den Einzelnen, gesetzgeberisches Unterlassen in Bezug auf Art. 26 des IPBPR vor dem UN-Menschenrechtsausschuss zu rügen, siehe Vorbehalt der BRD zu Art. 2 des ersten Fakultativprotokolls, in BGBl. II 1994, 311.

[1372] BVerfG vom 26. 03. 1987, in BVerfGE 74, 358 (370).

[1373] Wolfrum, in FS für Schneider, 515 ff..

[1374] Murswiek, in HdStR, Bd. VIII, 664 ff. (669, Rn. 9).

[1375] Murswiek, a. a. O. (666, Rn. 5).

[1376] Übersicht bei Scherer-Leydecker, Minderheiten und sonstige ethnische Gruppen, 2. und 3. Kapitel.

[1377] Siehe in EuGRZ 1995, 268 ff. und Umsetzung des deutschen Gesetzgebers im Gesetz vom 22. 07. 1997 zu dem Rahmenübereinkommen des Europarats vom 01. 02. 1995 zum Schutz nationaler Minderheiten, BGBl. II, 1406.

[1378] Art. 27 IPBPR lautet: „In Staaten mit ethnischen, religiösen oder sprachlichen Minderheiten darf Angehörigen solcher Minderheiten nicht das Recht vorenthalten werden, gemeinsam päische Charta der Regional- oder Minderheitensprachen des Europarats vom 05. 11. 1992[1379], die aber für diese Arbeit jedenfalls unmittelbar keine Anwendung findet, da sie sich nach Art. 1 a explizit nicht auf die Sprache von Zuwanderern bezieht. Dem entsprechend fasst die BRD nach ihrer Erklärung zur Vorbereitung der Ratifizierung der Europäischen Charta vom 23. 01. 1998[1380] als Minderheitensprachen in Deutschland das Dänische, das Obersorbische, das Niedersorbische, das Nordfriesische, das Saterfriesische und das Romanes der deutschen Sinti und Roma auf. Regionalsprache im Sinne der Charta ist nur das Niederdeutsche.

Art. 27 IPBPR entfaltet zwar keine unmittelbare Privatrechtswirkung, verpflichtet aber die Staaten wie Art. 26 auf Maßnahmen zum Schutz vor Beeinträchtigungen durch Privatpersonen[1381], was insofern auch Sinn macht, als Diskriminierungen von Minderheiten mindestens ebenso häufig von privater Seite ausgehen wie von staatlicher[1382].

Trotz dieser Maßgeblichkeit der Norm auch für den privatrechtlichen Bereich, bereitet schon die Prüfung des Tatbestands von Art. 27 IPBPR an dieser Stelle große Schwierigkeiten, wenn von der Pflege der eigenen Kultur und dem Recht, sich der eigenen Sprache zu bedienen, gesprochen wird[1383]. Denn Art. 27 IPBPR betont doch sehr stark die kollektive Seite des Minderheitenschutzes, indem das Recht der Pflege der eigenen Kultur *„gemeinsam mit anderen Angehörigen ihrer Gruppe"* zugesprochen wird, so dass eine Wirkung auf die Mehrheitskultur nicht intendiert sein könnte.

Daran schließt sich die bis heute nicht geklärte Frage an, wie der Begriff der Minderheit zu verstehen ist. Gestritten wird insbesondere darüber, ob Art. 27 IPBPR nur für Staatsangehörige gilt und ob der Schutz zusätzlich nur solche

---

mit anderen Angehörigen ihrer Gruppe ihr eigenes kulturelles Erbe zu pflegen, ihre eigene Religion zu bekennen und auszuüben oder sich ihrer eigenen Sprache zu bedienen.

Art. 5 des Rahmenübereinkommens zum Schutz nationaler Minderheiten lautet:

„(1) Die Vertragsparteien verpflichten sich, die Bedingungen zu fördern, die es Angehörigen nationaler Minderheiten ermöglichen, ihre Kultur zu pflegen und weiterzuentwickeln und die wesentlichen Bestandteile ihrer Identität, nämlich ihre Religion, ihre Sprache, ihre Traditionen und ihr kulturelle Erbe zu bewahren.

(2) Unbeschadet der Maßnahmen, die im Rahmen ihrer allgemeinen Integrationspolitik getroffen werden, sehen die Vertragsparteien von Zielsetzungen oder Praktiken ab, die auf die Assimilierung von Angehörigen nationaler Minderheiten gegen deren Willen gerichtet sind, und schützen diese Personen vor jeder auf eine solche Assimilierung gerichteten Maßnahme."

[1379] Umgesetzt durch Gesetz zu der Europäischen Charta der Regional- oder Minderheitensprachen des Europarats vom 05. 11. 1992, vom 09. 07. 1998, in BGBl. II, 1314 ff..

[1380] BGBl. II, 1334.

[1381] Scherer-Leydecker, a. a. O. (104, 252 ff.).

[1382] Nowak, in CCPR-Commentary, Art. 27, Rn. 45, weist insbesondere auf die Bedrohung von Urbevölkerungen durch Siedler und multinationale Unternehmen hin.

[1383] In einem noch weiteren Sinne muss wohl die englische Fassung in Bezug auf die Kultur verstanden werden, die „a right to enjoy their own culture" konstituiert.

Gruppen erfasst, die einen Aufenthalt von gewisser Dauer und Kontinuität in dem Staat begründet haben. Die Unterschiedlichkeit der hierzu vertretenen Ansichten wurde bereits in den Vorarbeiten zum IPBPR deutlich. Während sich beispielsweise der sowjetische Delegierte *Morozov* in Bezug auf die kulturelle Entwicklung autochthoner Bevölkerungen in den Kolonien für einen sehr weitgehenden Minderheitenbegriff aussprach, vertrat der Delegierte Chiles, eine strikte Assimilationspolitik von Urbevölkerungen zu verfolgen. Alles andere sei „*romanticism*". Der australische Staatenvertreter *Witlam* war gar der Auffassung - einmütig mit dem chilenischen Kollegen-, dass in seinem Land gar keine Minderheiten leben[1384]. In der völkerrechtlichen Literatur kann als wohl noch herrschend die Definition von *Capotorti* gelten, nach dem eine Minderheit jede Gruppe ist, die in ethnischer, religiöser oder sprachlicher Hinsicht Merkmale aufweist, die sie von der übrigen Bevölkerung unterscheiden, keine beherrschende Stellung aufweist und zumindest ein Gefühl der Solidarität zeigt, das auf die Bewahrung der Gruppenbesonderheiten gerichtet ist. Zudem müssen die Gruppenmitglieder die Staatsangehörigkeit des Staates haben, in dem sie leben[1385]. Diese Ansicht gerät allerdings durch umfangreiche Arbeiten zum Minderheitenbegriff zunehmend unter Druck. Vor allem *Scherer-Leydecker* kritisiert, dass *Capotorti* nicht einmal eine klassiche Auslegung von Art. 27 IPBPR vornimmt[1386]. Nach einer umfassenden Analyse von Entstehungsgeschichte und Teleologie der Norm[1387] kommt *Scherer-Leydecker* zu einem Verständnis des Minderheitenbegriffs, der auch Immigranten erfasst, wenn auch erforderlich sein soll, dass die geschützten Personen ihren Lebensmittelpunkt in dem schutzpflichtigen Staat haben[1388]. Eine vergleichbare Haltung nimmt das Komitee für Menschenrechte in einer allgemeinen Stellungnahme vom 06. 04. 1994 ein, in dem von dem Erfordernis des Merkmals der Staatsangehörigkeit abgesehen wird, zugleich aber sogar der Aspekt der Permanenz entbehrlich sein soll[1389].

[1384] "There were, of course, the aborigines, but they had no separate competing culture of their own, for as a group the had only reached the level of food-gatherers.", zit. nach Scherer-Leydecker, Minderheiten und sonstige ethnische Gruppen, 60 f., mit weiteren Hinweisen auch auf die tatsächliche Situation in Australien.

[1385] Capotorti, Study on the Rights of Persons belonging to Ethnic, Religious and Linguistic Minorities, UN-Doc. E/CN. 4/Sub. 2/384 vom 20. 06. 1977, Übersetzung in ders., Die Rechte von Angehörigen von Minderheiten, in VN 28 (1980), 118, Anmerkung 30; vgl. zu dieser Ansicht Franke/Hofmann, Nationale Minderheiten, in EuGRZ 19 (1992), 409, Fn. 74; Stopp, Die Behandlung ethnischer Minderheiten als Gleichheitsproblem, 20, Fn. 49; Thornberry, The Rights of Minorities, 603, 606 f..

[1386] Scherer-Leydecker, a. a. O. (243).

[1387] Scherer-Leydecker, a. a. O. (227 ff.).

[1388] Scherer-Leydecker, a. a. O. (337 f.).

[1389] General Comment No. 23 vom 06. 04. 1994, HRC Annual Report, 1994: "Article 27 confers rights on persons belonging to minorities which exist in a State party. Given the nature and the scope of the rights envisaged under that Article, it is not relevant to determine the degree of permanence ... Just as they (members of minorities) need not to be nationals or citizens, they

In sprachenrechtlicher Hinsicht hat sich auch der Menschenrechtsausschuss in einem Individualbeschwerdeverfahren mit dem Minderheitenbegriff auseinandergesetzt.
Die Beschwerdeführer *John Ballantyne*, *Elizabeth Davidson* und *Gordon McIntyre* gingen gegen ein Gesetz der Provinz Quebec („Charte de la langue francaise") vor, das ihnen verbietet, Schilder in englischer Sprache an der Außenseite ihrer Läden anzubringen. Alle drei Beschwerdeführer sind kanadische Staatsangehörige, deren Muttersprache Englisch ist. Zwar wurde in dieser Entscheidung vom 31. 03. 1993 ein Verstoß gegen Art. 27 IPBPR verneint, weil die englischssprachigen Einwohner keine „*minorities in States*" bilden und unter Staaten die Vertragsstaaten und nicht die Gliedstaaten eines Bundestaates zu verstehen sind[1390], auch in dem Ausschuss war man aber bezüglich des Minderheitenbegriffs keineswegs einhelliger Auffassung. In abweichenden Sondervoten wurde etwa vertreten, dass der Begriff der Minderheit nicht einmal voraussetze, dass sich die Gruppe in dem Gesamtstaat zahlenmäßig in der Minderheit befinde[1391]. Leider konnten auch die bretonischen Sprachenfälle gegen Frankreich den Begriff der Minderheit in sprachenrechtlicher Sicht nicht exakt klären, da eine Erklärung Frankreichs zu Art. 27 IPBPR vom Menschenrechtsausschuss als Vorbehalt ausgelegt wurde, so dass dieser seine Unzuständigkeit feststellen musste[1392].

Während also der Minderheitenbegriff des Art. 27 IPBPR eine gewisse Offenheit aufweist, wird der Begriff der „*nationalen Minderheit*" im Rahmenübereinkommen des Europarats zum Schutz nationaler Minderheiten in dem oben zitierten engen Sinne verstanden, so dass jedenfalls Immigranten nicht erfasst werden[1393]. Auch sind die auf den ersten Blick sehr weitgehend erscheinenden Rechte aus Art. 4 II, 5 I, 12 III und 15 allesamt als Verpflichtung des Staates zum Tätigwerden formuliert und enthalten von daher keine Ansprüche des Einzelnen. Zudem unterliegen die Rechte des Übereinkommens diversen Möglichkeiten der Einschränkung durch Gesetze bzw. durch die öffentliche Ordnung[1394].

---

need not be permanent residents. Thus, migrant workers or even visitors in a State party constituting such minorities are entitled not to be denied the exercise of ... (minority) rights."

[1390] Mitteilungen 359/1989 & 385/1989, Entscheidung vom 31. 03. 1993, in UN Doc. A/48/40 (Part II), S. 91 ff., XII.P.. Im Ergebnis hatte die Beschwerde allerdings Erfolg, da das Verbot des Anbringens von Schildern in der Heimatsprache einen Eingriff in Art. 19 IPBPR („freedom of expression") fällt, der auch nicht durch die Rechte der französischsprachigen Minderheit gerechtfertigt werden kann, da diese durch das Anbringen von Schildern nicht beeinträchtigt würden, UN Doc., a. a. O. (102 f.).

[1391] UN Doc. A/48/40 (Part II), S. 91 ff. (109), XII.P. Appendix E..

[1392] Mitteilungen 220/1987 & 222/1987, Entscheidung vom 08. 11. 1989, in UN Doc. A/45/40 (Part II), 127 ff., X.A. & B.; dazu vgl. auch Nowak, in Human Rights Law Journal 14 (1993), 9 ff. (16).

[1393] Scherer-Ledecker, a. a. O. (338).

[1394] Überblick bei Britz, Kulturelle Rechte und Verfassung, 166 ff. (168).

Im übrigen wurde auch im Entstehungsverfahren des IPBPR deutlich, dass Art. 27 dieses Abkommens den Schranken der öffentlichen Sicherheit, der öffentlichen Ordnung, Gesundheit, Moral und insbesondere den Grundrechten anderer unterlieget[1395].

c. Verfassungsrechtliche Diskriminierungsverbote im Zivilrecht

Noch in der Rechtsprechung des Bundesarbeitsgerichts der siebziger Jahre wurde eine unmittelbare Wirkung bestimmter Grundrechte vertreten[1396], während sich in der Folgezeit der Fokus von Rechtsprechung und Lehre eher darauf richtete, wie eine indirekte Horizontalwirkung der Grundrechte über zivilrechtliche Normen im einzelnen auszusehen hat[1397]. So sollen nach der Lehre von der mittelbaren Drittwirkung Grundrechte nur über die Einfallstore der zivilrechtlichen Generalklauseln ihre Wirkung entfalten können[1398].
Eine neuere Lehre überträgt die vertikale Wirkung der Grundrechte als Abwehrrecht in das Zivilrecht, so dass jedenfalls die objektive Schutzdimension eines Grundrechts unmittelbar, d.h. ohne das Bedürfnis einer mediatisierenden Generalklausel zwischen Privaten wirkt[1399]. Dabei muss die Vertragsfreiheit der Parteien gegeneinander abgewogen werden, wobei auch eine strukturelle Unterlegenheit eines Vertragspartners mit einbezogen werden muss[1400].

1395 S. die Stellungnahmen der verschiedenen Staaten in Thornberry, The Rights of Minorities, 203 f.; a. A. Nowak, CCPR-Commentary, Art. 27, Rn. 47 f., der nur konventionsimmanente Schranken gelten lassen will; zustimmend Britz, Kulturelle Rechte und Verfassung, 166.

1396 Erstmals BAG, Urteil vom 10. 03. 1957, in BAGE 4, 274.

1397 Diederichsen in AcP 1998, 171 ff; Classen, Die Drittwirkung der Grundrechte in der Rechtsprechung des Bundesverfassungsgerichts, in AöR 1997, 65 ff.; Höfling, Vertragsfreiheit. Eine grundrechtsdogmatische Studie, 48 ff., umfangreiche Nachweise in Stern, Staatsrecht III/1, Das Staatsrecht der Bundesrepublik Deutschland, § 76 I 2.

1398 Grundlegend der Beitrag von Dürig, Grundrechte und Zivilrechtsrechtsprechung, in Maunz (Hrsg.), FS für Nawiasky, 157 ff., 176 f..

1399 Als Vertreter der Schutzgebotslehre als Variante der Lehre von der mittelbaren Drittwirkung verstehen sich Höfling, a.a.O.; Classen a.a.O.; vgl. auch Rittner, Die gestörte Vertragsparität und das Bundesverfassungsgericht, in NJW 1994, 3330 f.; Dreier, in ders. (Hrsg.) Grundgesetz, Band I, Rn. 57 ff..

1400 Von einer solchen typisierten Unterlegenheit geht das höchste Gericht jedenfalls im Miet-, Bürgschafts- und Arbeitsrecht aus, BVerfG, Urteil vom 09. 02. 1994 , in BVerfGE 90, 27; vom 19. 10. 1993, in BVerfGE 89, 214; vom 16. 11. 1993, in BVerfGE 89, 276. Aus dieser Horizontalwirkung der Grundrechte aber auch ein Diskriminierungschutz bezüglich der Vertragssprache abzuleiten, kann diesen Entscheidungen allerdings wohl kaum entnommen werden. Für das Arbeitsrecht liegt aber bereits eine Entscheidung vor, die auch zur Grundrechtswirkung bei der Vertragsbegründung Stellung nimmt: BVerfG, Urteil vom 16. 11. 1993, in BVerfGE 88, 203.

Für eine Horizontalwirkung der Diskriminierungsverbote gerade des Art. 3 III der bundesrepublikanischen[1401] Verfassung sprechen eine Reihe guter Argumente, die sich von der Diskussion in Bezug auf Art. 3 I GG doch deutlich unterscheiden. Ohne grundsätzlich zu der Diskussion Stellung nehmen zu wollen, ist sicherlich von Belang, dass Art. 3 III GG gerade nicht ausdrücklich den Staat als Adressat seines Schutzauftrags nennt, sondern diesen schlicht offen lässt. So soll insbesondere auch der intensive Menschenwürdegehalt[1402] von Art. 3 III GG eine Horizontalwirkung für den Bereich des Arbeitsrechts und des Verbrauchervertragsrechts begründen können[1403]. Die Diskussion um die Privatrechtswirkung von grundgesetzlichen Diskriminierungsverboten wird zudem mit der Umsetzung der bereits erwähnten Richtlinie 2000/43/EG eine grundsätzlich andere Richtung finden. Das Bundesministerium für Justiz legte am 10. 12. 2001 einen Gesetzesentwurf zur Verhinderung von Diskriminierungen im Zivilrecht vorgelegt. Nach dessen in das Bürgerliche Gesetzbuch einzufügendem § 319 a I darf bei der „Begründung, Beendigung und Ausgestaltung" von öffentlich angebotenen Verträgen niemand aus „Gründen des Geschlechts, der Rasse, der ethnischen Herkunft, der Religion oder Weltanschauung, einer Behinderung, des Alters oder der sexuellen Identität ... unmittelbar oder mittelbar benachteiligt oder belästigt werden". Bei Zuwiderhandlungen ist eine „angemessene Entschädigung in Geld" zu leisten (§ 319 e I). Die Beweislast dafür, dass keine Benachteiligung vorliegt bzw. dass diese durch einen sachlichen Grund gerechtfertigt ist, trägt, angelehnt an die Struktur des Rechts der mittelbaren Diskriminierung, der (potentielle) Vertragspartner. Ob der Entwurf in dieser Form allerdings auch Gesetz wird, darf nach einer ersten Anmerkung in der Literatur bezweifelt werden[1404]. Insbesondere für den Bereich der rassisitischen Diskriminierung muss zuletzt der Einfluss der oben analysierten Nichtdiskriminierungspakte beachtet werden. Angesichts

---

[1401] Beispielsweise in Frankreich und Großbritannien besteht ein deutlich ausgreifenderer Schutz gegen Diskriminierung im Privatrecht vgl. etwa Art. L 122-45 Code du Travail und den Race Relations Act 1976, der jede rassische Diskriminierung bei Vertragsabschluss z. B. bei der Leistung von Diensten verbietet, vgl. insgesamt den Überblick von Martiny, in ZEuP 2001, 578 ff..

[1402] Vgl. Neuner, Die Stellung Körperbehinderter im Privatrecht, in NJW 2000, 1822 ff..

[1403] Dieterich, in Dieterich/Hanau/Schaub/Glöge-Müller/Preis (Hrsg.), Erfurter Kommentar zum Arbeits- und Sozialrecht, Vorbemerkung zu Art. 1 GG, Rn. 45.

[1404] Auf welche Weise der deutsche Gesetzgeber seinen europarechtlichen Verpflichtungen gerecht werden kann, erwähnt Braun in seinem Votum, in JuS 2002, S. 424 f., allerdings nicht. Weder der Titel (Forum: Übrigens – Deutschland wird wieder totlitär) noch die Anlayse der Rechtslage anhand einiger Beispiele lässt aber den Schluss zu, dass der Autor eine ernstzunehmende Stellungnahme abgeben wollte. Beispielsweise nimmt der Autor keinerlei Anstrengungen vor, seine weitgehende These zu begründen, dass sich bei der Beauftragung eines pädophilen Klavierlehrers kein sachlicher Grund finden ließe, diesen als Vertragspartner abzulehnen. Es ist nicht ersichtlich, weshalb das Wohl des zu unterrichtenden Kindes kein solcher sachlicher Grund sein soll.

des Grundsatzes der völkerrechtskonformen Auslegung kann das Ergebnis hier sicher nicht anders lauten als dort.
Daran kann auch nichts ändern, dass mit der Gewährleistung des Art. 3 III GG zumindest auch der Aspekt des Minderheitenschutzes angesprochen ist, der ja primär staatsgerichtet ist[1405]. Dies hat aber keinen Einfluss auf die Diskussion der Horizontalwirkung von Art. 3 III GG, denn Minderheitenschutz als eine Art bevorzugender Gruppenschutz geht weit über die Gewährung individueller Freiheitsrechte (wie Art. 3 III, Art. 4 oder Art. 7 IV GG) hinaus und wird vor allem unabhängig von diesen bzw. zusätzlich zugesprochen[1406]. Zudem ist auch hier nach noch ganz überwiegender Meinung ein ausländischer, nach Deutschland immigrierter Verbraucher nicht vom Minderheitenbegriff umfasst[1407]. Im übrigen sind aber bereits erste Ansätze, einen echten ethnischen, kulturellen sowie sprachlichen Minderheitenschutz jenseits von Art. 3 III im Grundgesetz zu verankern, in der Literatur erkennbar[1408]. Wie auch in der Diskussion im Völkerrecht wird aber auch hier als sehr problematisch gesehen, daß der „klassische" Minderheitenschutz in Teilen der Landesverfassungen[1409] sowie im Einigungsvertrag[1410] lediglich die sogenannten autochthonen Minderheiten erfaßt, die insbesondere die deutsche Staatsbürgerschaft besitzen. „Minderheiten"[1411], die mehr oder weniger freiwillig nach Deutschland immigriert sind, sollen da aus den verschiedensten Gründen weniger schutzwürdig sein[1412].

Nach dieser kursorischen Betrachtung des übergeordneten Rechts, das hier auf die Diskussion um das Verständigungsrisiko im Privatrecht von Einfluss sein kann, ist jedenfalls deutlich geworden, dass derartige Vorschriften in den seltens-

---

1405 Murswiek, a. a. O. (666, Rn. 5).
1406 Murswiek, a. a. O. (670).
1407 Mäder, in JuS 2000, 1150 ff. (1153), ist speziell in Bezug auf sprachlichen Minderheitenschutz der Ansicht, dass Zuwanderer eine Assimilationspflicht trifft, und die Gewährung von Minderheitenschutz diesem Ziel grundsätzlich entgegensteht. Soweit sich Mäder mit dieser Ansicht noch mit der überwiegenden Völkerrechtslehre im Einklang befindet, so werden die von diesem Autor artikulierten Folgen bisher so nicht prognostiziert, wenn er feststellt, dass eine immigrantenfreundliches Minderheitenkonzept „den Abschied vom deutschen Bundesstaat" bedeutet. Auch die von Mäder zitierte Arbeit von Murswiek erwähnt mit keinem Wort ein Verstoß gegen Art. 20 GG.
1408 Murswiek, a. a. O. (688).
1409 Gemeint ist der Minderheitenschutz von Sorben, Dänen und Friesen in Brandenburg (Art. 25 I, S. 2, 3, 4 LV), Schleswig-Holstein (Art. 5 II, S. 2 LV) und Sachsen (Art. 6 I, S. 2 LV). In Bezug auf das Bundesverfassungsrecht hat die Gemeinsame Verfassungskommission den Entwurf eines neuen Art. 20 b erarbeitet, der lauten sollte: „Der Staat achtet die Identität der ethnischen, kulturellen und sprachlichen Minderheiten." (BTDrs. 12/6000, 71).
1410 Einigungsvertrag, Protokollnotiz Nr. 14 zu Art. 35; Anlage I, Kapitel III, Sachgebiet A, Abschnitt III, lit. R.
1411 Allein die Volksgruppe der Türken ist sieben Mal größer als alle anerkannten Minderheiten in Deutschland zusammen, zitiert nach Murswiek, a.a.O. (679).
1412 Murswiek a.a.O. (685).

ten Fällen unmittelbar zwischen Privatpersonen wirken. Am weitesten gediehen ist da sicherlich die Entwicklung im Bereich der europarechtlichen Grundfreiheiten, zurückhaltender mit individuellen Rechten gegenüber dem Staat und insbesondere in Privatrechtsverhältnissen muss dagegen im Rahmen des Minderheitenschutzrechts agiert werden. Wenn auch in dieser Arbeit kein grundlegender Beitrag zur Begründung von Immigrantenrechten geleistet werden kann, so ist jedenfalls die Feststellung angezeigt, dass die bislang durchgeführte, sehr enge Grenzziehung im Minderheitenschutzrecht den zukünftigen rechtlichen und gesellschaftlichen Entwicklungen nur schwer standhalten können wird.
Unabhängig von der Auseinandersetzung um die Horizontalwirkung weisen die behandelten Vorschriften aber jedenfalls eine Gemeinsamkeit auf. Gegenüber anderen Rechte postulieren sie keinen Absolutheitsanspruch, sondern ermöglichen die Einschränkung durch konfligierende Rechtsgüter, soweit diese Einschränkung eine weitestmögliche Entfaltung beider Rechtsgüter gewährleistet. Es muss also abschließend die Frage beantwortet werden, ob sich eine Diskriminierung -und sei diese auch nur mittelbar- wegen der Sprache, oder damit einhergehend der Rasse, Ethnie oder Nationalität mit entgegenstehenden Rechtsgütern rechtfertigen lässt.

3. Diskriminierungsschutz versus Privatautonomie

Um die Frage zu beantworten, ob die Auferlegung der Übersetzungslast die angemessene Reaktion auf eine möglicherweise vorliegende Diskriminierung darstellt, soll nochmals auf die Zieldimensionen und die dogmatische Struktur von Antidiskriminierungsrecht eingegangen werden.
Eine Diskriminierung aufgrund eines neutral formulierten Merkmals wie die schlichte Pflicht zur Information oder einer solchen in einer klaren und verständlichen Weise wird in der Diskriminierungsdogmatik als mittelbare Diskriminierung erfasst, die eigenen Regeln unterliegt. Erforderlich ist vor allem ein statistischer Nachweis der primären nachteiligen Betroffenheit einer bestimmten Gruppe durch die Anwendung der merkmalsneutral formulierten Regel. Dagegen nicht notwendig ist eine Art subjektiver Tatbestand beim Informationsverpflichteten, von dem die Diskriminierung auszugehen scheint.
Was den statistischen Nachweis einer vorwiegenden nachteiligen Betroffenheit von nicht deutsch sprechenden Verbrauchern durch die unterschiedslose Anwendung der Informationstatbestände angeht, so fehlt es hier an gesicherten empirischen Erkenntnissen. Die Vergleichsgruppen sind hier deutsch sprechende Verbraucher einerseits und der deutschen Sprache nicht mächtige Verbraucher andererseits. Wenn aber oben erwähnt wurde, dass es allein auf Prozentzahlen nicht ankommen kann, sondern auch wertende Gesichtspunkte eine Rolle spielen müssen, dann kann das Fehlen einer statistischen Untersuchung nicht heissen, dass sich der Exeget nun mit einer vermuteten Diskriminierung abfinden muss. Schließlich ist es auch dem bundesdeutschen Richter nicht immer vergönnt, auf

der Basis von, nach den Regeln der Statistik gewonnenen, Erkenntnissen zu iudizieren, vielmehr muss er sich häufig auf eine eigene Einschätzung oder Prognose verlassen. Wenn dies nun auf den ersten Blick als eine Rechtfertigung richterlicher und auch wissenschaftlicher Willkür erscheinen mag, so ist dieser Vorwurf für die vorliegende Arbeit jedenfalls unbegründet. Die Untersuchung eines doch nicht unbedeutenden Teils der Rechtsprechung unter I. B. 1. hat gezeigt, dass die Entscheidungen, die im Ergebnis die Übersetzungslast dem nicht deutsch sprechenden Verbraucher auferlegen, die absolute Mehrzahl darstellen, und dass davon abweichende Urteile eine seltene Ausnahme bilden. Wenn zusätzlich davon ausgegangen werden kann, dass es in einer großen Zahl von sprachlichen Verständnisproblemen schon gar nicht zu gerichtlichen Auseinandersetzungen kommen wird, dann kann angenommen werden, dass eine auch statistisch überwiegende nachteilige Betroffenheit vorliegt. Diese Annahme kann auch nicht dadurch entkräftet werden, dass deutsch sprechende Verbraucher unter Umständen in vergleichbarem Maße von -eben nur intellektuell bedingten-Verständnisproblemen, beispielsweise bei der Konfrontation mit umfangreichen AGB-Werken, betroffen sind. Denn solche intellektuellen Verständnisprobleme liegen bei nicht oder radebrecht deutsch sprechenden Verbrauchern ja zusätzlich zu den sprachlichen Schwierigkeiten vor.

Danach soll an dieser Stelle also davon ausgegangen werden, dass nicht deutsch sprechende Verbraucher durch merkmalsneutral formulierte Informationstatbestände vorwiegend nachteilig betroffen sind.

Diese mittelbare Diskriminierung könnte aber dadurch gerechtfertigt sein, dass es einerseits einen Verstoß gegen Art. 3 III GG in Bezug auf die Anbieterseite bedeuten könnte, wenn deren sichere Deutschkenntnisse als Anknüpfungspunkt für eine Übersetzungspflicht -sprich eine Ungleichbehandlung- herangezogen werden würden. Entsprechend der oben zitierten Rechtsprechung des Bundesverfassungsgerichts[1413] muss allerdings festgestellt werden, dass sich diese Vergleichsgruppen gerade wegen ihrer unterschiedlichen Sprachkenntnisse schon nicht in einer vergleichbaren Siuation befinden.

Für die Frage der Rechtfertigung sicherlich relevanter ist das entgegenstehende Rechtsgut der Privatautonomie des Anbieters, in die durch die Übersetzungslast eingegriffen sein könnte. Die Privatautonomie genießt grundrechtlichen Schutz nach Art. 2 I und Art. 1 I[1414]. Ihre Haupterscheinungsform ist die Vertragsfreiheit[1415], aus der sich als Unterformen wiederum die Abschluss- und die Inhaltsfreiheit herausgebildet haben[1416]. Da es hier darum geht, welche Gestalt ein (vor) vertragliches Verhältnis in Bezug auf die Pflichtenverteilung unter den Parteien

---

1413 BVerfG, Beschluss vom 09. 02. 1994, in BVerfGE 90, 27.

1414 BVerfG, Urteil vom 04. 06. 1985, in BVerfGE 70, 115 ff., 123; vom 13. 05. 1986, in BVerfGE 72, 155 ff., 170.

1415 Palandt-Heinrichs, Überblick vor § 104, Rn. 1, Einführung vor § 145, Rn. 7 mit weiteren Nachweisen.

1416 Palandt-Heinrichs, Einführung vor § 145, Rn. 8 ff., 13 ff..

annimmt, ist die Freiheit inhaltlicher Gestaltung des Anbieters betroffen. In diese Kategorie der Vertragsfreiheit werden allgemein auch die zahlreichen Normen des Verbraucherschutzes eingeordnet[1417].
Zu fragen ist also, ob der Eingriff in die Vertragsinhaltsfreiheit durch die Auferlegung einer Übersetzungslast angesichts einer mittelbaren Diskriminierung des nicht deutsch sprechenden Verbrauchers noch als verhältnismäßig erscheint.
Zunächst ist daran zu denken, ob Mittel von geringerer Eingriffsintensität zur Verfügung stehen, als das der Auferlegung der Übersetzungslast auf den Anbieter. Eine nur untergeordnete Rolle kann dabei die Frage spielen, ob den Anbieter nicht nur die Pflicht zur Übersetzung und die Folgen von Verständnisproblemen treffen, sondern dieser auch die Kosten der Übersetzung trägt. In Frage käme ja auch eine Teilung der Kosten. Regelmäßig ist dies aber nicht der problematische -und streitige- Gesichtspunkt. Die Übersetzungskosten machen im Vergleich zu dem insbesondere auch der Nachfragerseite drohenden, finanziellen Schaden einen häufig marginalen Anteil aus, so dass über die Verteilung der Übersetzungskosten leicht Einigung erzielt werden könnte. Insbesondere im Bereich der AGB fielen die ohnehin nur anteilig pro geschäftlicher Transaktion anfallenden Kosten für die Übersetzung wohl kaum ins Gewicht. Obwohl also über eine gerechte Verteilung dieser Kosten nachgedacht werden kann, heisst dies keinesfalls, dass damit ein milderes Mittel in Bezug auf die Übersetzungspflicht gefunden wäre. Denn hier geht es weniger um die Frage der Kosten als darum, wer das Verständigungsrisiko trägt, wenn gerade keine Übersetzung erfolgt ist. Zu dieser Pflichtenverteilung existiert daher keine weniger intensiv belastende Alternative.
Damit verbleibt die Frage des angemessenen Verhältnisses der verschiedenen Grundrechtsgewährleistungen zueinander. Dabei sei nochmals an den verschärften Maßstab bei lediglich begrenzt beeinflussbaren askriptiven Persönlichkeitsmerkmalen wie der Sprache erinnert, und dass nach der diskriminierungsrechtlichen Dogmatik zur Vermeidung von Diskriminierung auch eine Kompensation von Nachteilen notwendig sein kann. Zudem darf eine Assimilierung nur in engen Grenzen Voraussetzung für den wirtschaftlichen und sozialen Erfolg sein, ohne dabei einen Gruppenwechsel zu erschweren.
Angesichts dieser diskriminierungsrechtlichen Vorgaben und Ziele kann es sicherlich nicht erstrebenswert sein, auch im Privatrechtsverkehr, eine umfassende Rücksichtnahme der Vertragspartner auf die kulturelle Diversität zu statuieren und insofern die Privatautonomie der anderen Partei stets als nachrangig zu behandeln. Dies kann diskriminierungsrechtlich damit begründet werden, dass dies bedeutete, auf jeglichen Assimilierungsdruck zu verzichten und damit auch vorhandene Gruppenzuordnungen zu perpetuieren. Im übrigen hätte ein solch weitgehender sprachenrechtlicher Diskriminierungsschutz erhebliche praktische Schwierigkeiten zu bewältigen und ist im Rahmen von Alltagsgeschäften des täglichen Lebens auch kaum durchführbar und auch lebensfremd.

[1417] Palandt-Heinrichs, a. a. O. (Rn. 14).

Andererseits bewirkte die vollständige Ignoranz der sprachlichen Unterschiedlichkeit durch das Recht, die Beherrschung der deutschen Sprache zum Gradmesser wirtschaftlichen und sozialen Erfolgs zu machen, was das unlängst skizzierte Ziel konterkariert. Der Hinweis auf die Geschäfte des Alltags zeigt dann aber, wo die Grenzlinie zwischen gebotener Anpassung an örtliche Gepflogenheiten -wenn die Verwendung der deutschen Sprache als solche bezeichnet werden darf- und verbotener Ignoranz der mangelnden Sprachkenntnis zu verlaufen hat. Eine Information über die vertraglichen Essentialia in der Sprache des Vertragspartners bei jeder Transaktion im Alltagsleben zu verlangen, hieße auch die Reibungslosigkeit und Geschwindigkeit des geschäftlichen Verkehrs zu gefährden. Wenn diese aber bereits ohnehin durch die Festlegung gesetzlicher Informationstatbestände wie der der richtlinienrechtlichen Verbraucherschutzvorschriften eingeschränkt sind, dann erscheint es jedenfalls für diesen Bereich vertretbar, auch eine Übersetzung dieser Information zu verlangen. Dies entlastete auch nicht den der deutschen Sprache nicht mächtigen Verbraucher, von dem vor allem gesellschaftlich weiterhin existenten Druck, sich mit den Gepflogenheiten der Kultur des Aufenthaltsstaates -hier im speziellen der Sprache- zu beschäftigen. Es wird lediglich verhindert, dass es zu Vertragsabschlüssen kommt, die eine Partei so nicht gewollt hat. Die einseitige Auferlegung des Verständigungsrisikos führt nämlich nicht nur zu einem Assimilationsanreiz, sondern zu einem Assimilationszwang, wenn nicht erhebliche wirtschaftliche Nachteile in Kauf genommen werden wollen.

Zuletzt darf nicht verkannt werden, dass die Notwendigkeit von Assimilationsanreizen bei der Beurteilung des aktuellen Verhältnisses zwischen dem Anbieter und dem diskriminierten Verbraucher nur sekundär relevant sein kann. Im Augenblick des Vertragsschlusses bzw. der vorvertraglichen Phase verfügt der Verbraucher über keine oder geringe Sprachkenntnisse. Es ist vorwiegend die Frage zu beantworten, ob ihm dies zum Nachteil gereichen darf, und nicht ob er gehalten ist, seine Sprachkenntnisse zu verbessern, wenn es auch dem Privatrecht nicht verwehrt sein muss, dahingehende Anreize zu schaffen.

Diskriminierungsrechtlich ist folglich kein Grund erkennbar, warum entsprechend dem unter II. gefundenen Ergebnis, die Übersetzungspflicht auf Geschäfte, bei denen ein großer wirtschaftlicher Schaden erkennbar ist, zu begrenzen sein soll.

Aber auch das Kriterium der Erkennbarkeit der mangelnden Sprachkenntnisse seitens des Anbieters ist mit den Vorgaben eines Verbots der mittelbaren Diskriminierung schwer zu vereinbaren, zumal gerade in diesen Fällen aufgrund der erschwerten Beweisbarkeit von dem Erfordernis subjektiver Elemente Abstand genommen wird. Darauf, dass es für den Informationsverpflichteten in irgendeiner Weise erkennbar gewesen sein muss, dass der nachfragende Verbraucher die deutsche Sprache nicht oder nur mangelhaft beherrscht, kann aber nach der hier vertretenen Ansicht sogar im Lichte des Diskriminierungsschutzes nicht vollständig verzichtet werden. In Anlehnung an das US-amerikanische Verständnis der mittelbaren Diskriminierung als Beweislastregel[1418], die dem „Diskriminierer“ den Entlastungsbeweis hinsichtlich subjektiver Elemente aufbürdet, erscheint es hier sachgerechter, von der grundsätzlichen Erkennbarkeit der mangelnden Sprachkenntnis auszugehen, es sei denn der Anbieter beweist das Gegenteil. Ein solches Vorgehen ginge auch konform mit Art. 8 der Richtlinie 2000/43/EG und förderte damit einen Gleichlauf zwischen Diskriminierungsschutz und zivilrechtlichen Sprachregelungen. Auch soweit sich der jüngst vorgelegte Diskussionsentwurf zur Verhinderung von Diskrimnierung im Privatrecht durchsetzt, könnte hier mit § 319 c und d I Nr. 2 eine Kohärenz erzielt werden.

Wesentliche Ergebnisse/sprachenrechtliche Rahmenrichtlinie

• Die vorrangig zu klärende Frage des anwendbaren Rechts ergibt, dass für den für diese Arbeit zugrunde gelegten Sachverhalt Art. 28 II, I EGBGB einschlägig ist, unbeschadet der Ausnahmen nach Art. 29 und 29 a EGBGB.
Damit beurteilt sich die Problematik des Verständigungsrisikos bzw. einer Übersetzungspflicht in Konflikten zwischen einem der deutschen Sprache nicht mächtigen Verbraucher und einem inländischen Anbieter nach deutschem Recht.
Sollte sich der Sitz des Anbieters im Ausland befinden, so führt auch die Anwendung der Art. 11 I, 31 II und 34 EGBGB regelmäßig nicht zum deutschen Recht. Im übrigen ist der Ansatz von einem eigenen Sprachenstatut unter der heute geltenden kollisionsrechtlichen Gesetzeslage nicht mehr vertretbar.

• In der Behandlung der Rechtsprechung zur Sprachenfrage wurde die Unvereinbarkeit des Grundsatzes der Branchenüblichkeit mit Art. 2 des AGBG dargelegt. Auch der Grundsatz der Verhandlungs- und Vertragssprache ist aus konsenstheoretischen Gründen zu modifizieren. Für eine stillschweigende Zustimmung zu einer Wahl der deutschen Sprache bedarf es danach besonderer Anhaltspunkte.
Die Bearbeitung der Rechtsprechung zum Grundsatz der Unterschrift unter eine ungelesene Urkunde bringt erstmals das Kriterium der Erkennbarkeit hervor. Konnte der Vertragspartner –hier das Bankinstitut- die mangelnden Deutschkenntnisse des Verbrauchers erkennen, dann fehlt es an einer zurechenbaren Erklärung.
Auch der von der Rechtsprechung vertretene Ausschluss der Irrtumsanfechtung ist so nicht begründbar. Unterschieden werden muss vielmehr danach, ob der jeweilige Inhalt des Vertrags nicht verstanden werden kann oder aber verstanden werden will, und somit schon das Vorliegen eines Irrtums ausgeschlossen ist.

1418 Wisskirchen, Mittelbare Diskriminierung von Frauen im Erwerbsleben, 40 ff. mit weiteren Nachweisen.

Die erkennbare Tendenz in der versicherungsrechtlichen Rechtsprechung dagegen, eine Übersetzungspflicht der Versicherer zu bejahen, sollte auch mit Blick auf die Förderung von Rechtsklarheit und Einheitlichkeit mit den Normen der §§ 10 a II VAG und 3 TzWrG weiter verfolgt und auf den bankenrechtlichen Bereich ausgeweitet werden.

• In der Literatur findet sich eine höchst unterschiedliche, aber jedenfalls dogmatisch begründbare Herangehensweise an die Sprachenproblematik. Dabei werden auch Aspekte der Schutzwürdigkeit im Rahmen der Behandlung von Problemen der Auslegung, des Zugangs und der Anfechtbarkeit mit einbezogen. Auch hier taucht wieder das Erfordernis der Erkennbarkeit auf, wenn nur solche Irrtümer zur Anfechtung berechtigen, die für den Anfechtungsgegner erkennbar waren. Dieser Auffassung wird auch hier gefolgt.

• Die vertiefte Untersuchung des AGB-Rechts ergab, dass das auf die Normen der §§ 2 I Nr. 2, 3, 5 und 9 I zurückzuführende Transparenzgebot eine Übersetzung erfordern kann. Dies bestimmt sich danach, mit welchem Empfängerkreis der Anbieter rechnen muss. Die Bestimmung des „Durchschnittskunden" hat dabei so genau wie möglich zu erfolgen, und der Informationsverpflichtete darf nicht allein auf die Bedürfnisse eines „deutschen Durchschnittskunden" abstellen. Wenn mit einer derart abgegrenzten Zielgruppe nicht deutsch sprechender Verbraucher gerechnet werden muss, führt dies zu einer Übersetzungspflicht des Anbieters.

• Die vertragstheoretische Fundierung einer sprachlichen „Färbung" von Informationspflichten erforderte die Auseinandersetzung mit dem einzelnen Vertragsverhältnis wie mit den gesamtwirtschaftlichen Folgen. Die Feststellung, dass dem maßgeblich durch die Geschäftsmoral präformierten Recht eine allgemeine Übersetzungspflicht des Anbieters auch zukünftig wohl nicht entnommen werden wird, ändert aber nichts an der Tatsache, dass die Information in deutscher Sprache gegenüber einem fremdsprachigen Verbraucher nahezu allen makroökonomischen Zielsetzungen des Vertragsrecht widerspricht. Die Unterlassung einer Übersetzung ist pareto-ineffizient, wirkt marktdestabilsierend und enttäuscht Vertrauen des Verbrauchers in den Geschäftsverkehr.
Aus diesen Erwägungen heraus ergeben sich auch Folgerungen für Informationen in deutscher Sprache, die entsprechend dem englischen Vorbild einfach und verständlich unter Vermeidung juristischer Fachbegriffe gefasst sein sollten.
Zur Begründung dieser Auffassung wird einer modifizierten Konsenstheorie gefolgt, die eine Übersetzungspflicht mit der Verbrauchererwartung begründet. Dieser rechnet grundsätzlich mit inhaltlich unverfänglichen Vertragsinhalten, so dass seinerseits von einer Übersetzung regelmäßig abgesehen wird. Diese sollte aufgrund der ungleich besseren finanziellen und organisatorischen Möglichkeiten des Anbieters gegenüber einem Verbraucher –zumal einem fremdsprachigen-

gleichsam zentralisiert erledigt werden, und zwar unzweifelhaft dann, wenn dem Verbraucher ein hoher ökonomischer Schaden droht. Die Rechtsfolgen einer Übersetzungspflichtverletzung sind der culpa in contrahendo zu entnehmen, ermöglichen also die Vertragsaufhebung ebenso wie einen Schadensersatz in Geld.

• Sprachregelungen im Sekundärrecht offenbaren bislang keine einheitliche Systematik, die auch aufgrund der positiven Wirkung auf die nationale Umsetzungsgesetzgebung verfolgt werden sollte, beipielsweise durch den Erlass einer sprachenrechtlichen Rahmenrichtlinie. Eine solche Richtlinie sollte sich bezüglich der Verteilung von Informations- und Übersetzungspflichten weniger am Verbraucherbegriff orientieren, als an Vertragstypen.
Aus dem Zusammenspiel von Artikel 95 und Artikel 153 EG, dessen „Recht auf Information" zumindest sprachenrechtliche Elemente enthält, ergibt sich dabei eine Zuständigkeit der EG für den Erlass sprachenrechtlicher Mindeststandards. Die Art. 153 in Verbindung mit 151 und 13 EG begründen zwar keine Alleinkompetenz, sind aber als primärrechtliche Wertentscheidungen für die Auslegung der Umsetzungsgesetzgebung von Bedeutung. Dies führt zu einer Übersetzungspflicht im AGB-Recht, Pauschalsreise- und Fernabsatzrecht, nicht dagegen -mangels dahingehend auslegungsfähigen Wortlauts- im Haustürwiderufs- und Verbraucherkreditrecht.

• Aspekte des Minderheiten- und Diskriminierungsschutzes führen zu einer Modifizierung des soeben formulierten Ergebnisses für die speziellen Informationspflichten und im Informationsrecht im allgemeinen. Eine Begrenzung der Übersetzungspflicht auf Verträge mit erwarteten hohen ökonomischen Schäden hält einer diskriminierungsrechtlichen Überprüfung nicht stand. Soweit die mangelnde Sprachkenntnis für den Vertragspartner erkennbar ist, für das Nichtvorliegen der Erkennbarkeit ist dieser selbst beweispflichtig, hat die Information stets in der Sprache des Verbrauchers zu erfolgen. Dies muss dann auch für die Informationspflichten des Haustürwiderrufs- und Verbraucherkreditgesetzes gelten.

Rahmenrichtlinie zur Information des Verbrauchers in Vertragsverhältnissen mit Unternehmern

...

§ X: I) Die Mitgliedstaaten sehen in ihren Vorschriften vor, dass der Vertrag und die nach der jeweiligen nationalen Rechtsordnung bezüglich des Vertragsverhältnisses zu gewährenden Informationen nach Wahl des Verbrauchers in dessen Muttersprache oder in eine der Amtssprachen des Mitgliedsstaates, in dem der Verbrauchers seinen Wohnsitz hat, durch den Unternehmer und auf dessen Kos-

ten übersetzt werden müssen, es sei denn der Unternehmer konnte die mangelnde Sprachfähigkeit des Verbrauchers in einer der Amtssprachen des Mitgliedsstaates, in dem der Verbraucher seinen Wohnsitz hat, nicht erkennen.
II) Der Beweis, dass der Unternehmer die mangelnde Sprachfähigkeit des Verbrauchers nicht kannte, ist ausgeschlossen, wenn der Gegenstand des abgeschlossenen oder angebahnten Vertragsverhältnisses für den Verbraucher von erheblicher wirtschaftlicher Bedeutung ist.

...

Literaturverzeichnis

In den Fussnoten bereits vollständig nachgewiesene Veröffentlichungen sind nicht aufgeführt.

Adams, John N./Brownsword, Roger: Understanding Contract Law, Second Edition, London 1996, zit.: ebenso, Seite.

Adams, Michael: Irrtümer und Offenbarungspflichten im Vertragsrecht, in AcP 186 (1986), Seite 453 ff., zit.: Adams, in AcP 186 (1986), Seite.

Adams, Michael: Ökonomische Analyse des Gesetzes zur Regelung des Rechts der Allgemeinen Geschäftsbedingungen, in Neumann, Manfred (Hrsg.), Ansprüche, Eigentums- und Verfügungsrechte, Berlin 1984, Seite 655 ff., zit.: Adams, in Neumann (Hrsg.), Ansprüche, Eigentums- und Verfügungsrechte, Seite.

Aden, Menno: Die neuen AGB-Sparkassen, in NJW 1993, Seite 832 ff., zit.: Aden, in NJW 1993, Seite.

Alexandridou, Elisa: Implementation of the EC directive on unfair contract terms in Greece, in ERPL 5 (1997), Seite 173 ff., zit.: Alexandridou, in ERPL 5 (1997), Seite.

Alexy, Robert: Theorie der Grundrechte, Frankfurt am Main 1985, zit.: ebenso, Seite.

Alisse, Jean : L'obbligation de renseignements dans les contrats, Paris 1975, zit.: ebenso.

Allen, Beth: Information as an Economic Commodity, 89 Am. Econ. Rev. (1990), Papers and Proceedings 268, zit.: Allen, 89 Am. Econ. Rev.(1989), Papers and Proceedings 268.

Allen, William T.: Professor Scheppele's Middle Way: On Minimizing Normativity and Economics in Securities Law, 56 Law & Contemp. Prob. 175 (1993), zit.:Allan, 56 Law & Contemp. Prob. 175 (1993).

Alpa, Guido: The implementation of the EC directive in unfair contract terms in Italy, in EPL 5 (1997), Seite 181 ff., zit.: Alpa, in ERPL 5 (1997), Seite.

Amaryllis Verhoeven: Privatisation and EC law: is the European Commission „neutral" with respect to public versus private ownership of companies, 45 International and Comparative Law Quarterly 1996, 861 ff., zit.: ebenso, Seite.

Anwaltkommentar Schuldrecht: Dauner-Lieb, Barabara/Heidel, Thomas/Lepa, Manfred/Ring, Gerhard (Hrsg.), Erläuterungen der Neuereglungen zum Verjährungsrecht, Schuldrecht, Schadensersatzrecht und Mietrecht, Bonn 2002, zit.: Bearbeiter, in Anwaltkommentar, §, Rn..

Anweiler, Jochen: Die Auslegungsmethoden des Gerichtshofes der Europäischen Gemeinschaft, Frankfurt am Main 1997, zugleich Diss. Göttingen 1996, zit.: ebenso, Seite.

Aquin, Thomas v.: Summa Theologiae, vollständige, ungekürzte deutsch-lateinische Ausgabe, herausgegeben von der Albertus-Magnus-Akademie Walberberg bei Köln, Heidelberg u.a.1953, zit.: Aquin, Summa Theologiae.

Armbrüster, Klaus: Rechtliche Folgen von Übersetzungsfehlern oder Unrichtigkeiten in EG-Dokumenten, in EuZW 1990, 246 ff., zit.: Armbrüster, in EuZW 1990, Seite.

Arnull, Anthony: The European Union and its Court of Justice, Oxford 1999, zit.: Arnull, The European Union and its Court of Justice, Seite.

Arrow, Kenneth: Economic Welfare and the Allocation of Resources for Invention, in National Bureau of Economic Research (Hrsg.), The Rate and Direction of Inventive Activity: Economic and Social Factors, Princeton 1962, Seite 609 ff., zit.: Arrow, The Rate and Direction of Inventive Activity, Seite.

Arrow, Kenneth: The Limits of Organisation, Deutsche Übersetzung von Thomas Münster, Wiesbaden 1980, zit.: Arrow, The Limits of Organisation, Seite.

Asscher-Vonk, Irene/Groenendijk, Christian (Hrsg.): Gelijke Behandeling: regels en realiteit, Den Haag 1999, zit.: ebenso.

Assmann, Heinz-Dieter/Kirchner, Christian/Schanze, Erich: Ökonomische Analyse des Rechts, 2. Auflage, Tübingen 1993, zit.: Bearbeiter, in Assmann/Kirchner/Schanze, Ökonomische Analyse des Rechts, Seite.

Atiyah, Patrick S.: The Rise and Fall of Freedom of Contract, Oxford 1979, zit.: ebenso.

Backert, Wolfram: Kollisionsrechtlicher Verbraucherschutz im Mosaik der Sonderanknüpfungen des deutschen internationalen Schuldvertragsrechts. Eine Darstellung am Beispiel der „Gran Canaria-Fälle“, München 2000, zugleich Diss. München 1999, zit.: Backert, Kollisionsrechtlicher Verbraucherschutz.

Baldus, Christian/Becker, Rainer: Haustürgeschäfte und richtlinienkonforme Auslegung, in ZEuP 1997, 874 ff., zit.: Baldus/Becker, in ZEuP 1997, Seite.

Ballerstedt, Kurt: Zur Haftung für culpa in contrahendo, in AcP 151 (1951), Seite 501 ff., zit.: Ballerstedt, in AcP 151 (1951), Seite.

Ballwieser, Wolfgang: Aggregation, Komplexion und Komplexitätsreduktion Ballwieser, in HWB Stuttgart 1993, zit.: Ballwieser, in HWB, Stichwort: Aggregation, Komplexion und Komplexitätsreduktion.

Bamberg, Günther/Coenenberg, Adolf G.: Betriebswirtschaftliche Entscheidungslehre, 10. Auflage, München 2000, zit.: ebenso.

Bangemann, Martin: Privatrechtsangleichung in der EU, in ZEuP 1994, Seite 377 ff., Bangemann, in ZEuP 1994, Seite.

Bar, Christian v.: Internationales Privatrecht, Band 2, Besonderer Teil, München 1991, zit.: v. Bar, IPR, Bd. 2, Rn.

Bar, Christian v.: Vertrauenshaftung ohne Vertrauen. Zur Prospekthaftung bei der Publikums-KG in der Rechtsprechung des BGH, in ZGR 1983, Seite 476 ff., zit.: v. Bar, in ZGR 1983, Seite

Barnert, Thomas: Die formelle Vertragsethik des BGB im Spannungsverhältnis zum Sonderprivatrecht und zur judikativen Kompensation der Vertragsdisparität. Zugleich ein Befund judikativer Entwicklungsphasen materieller Vertragsethik im Interzessionsrecht, Heidelberg 1999, zugleich Diss. Augsburg 1998, zit.: Barnert, Seite.

Barnett, Randy: A Consent Theory of Contract, in 86 Col. L. Rev. 269 (1986), zit.: Barnett, in 86 Col. L. Rev., Seite.

Barzel, Yoram: Transaction Costs: Are They Just Costst, in JITE 141 (1985), Seite 4 ff., zit.: Barzel, in JITE 141 (1985), Seite.

Basedow, Jürgen (Hrsg.): Europäische Vertragsrechtsvereinheitlichung und deutsches Recht, Tübingen 2000, zit.: Basedow, Europäische Vertragsrechtsvereinheitlichung.

Basedow, Jürgen: Das BGB im künftigen europäischen Privatrecht: der hybride Kodex, in AcP 200 (2000), Seite 445 ff, zit.: Basedow, in AcP 200 (2000), Seite.

Basedow, Jürgen: Der Bundesgerichtshof, seine Rechtsanwälte und die Verantwortung für das europäische Privatrecht, in Festschrift für Hans Erich Brandner zum 70. Geburtstag, Seite 651 ff., zit.: Basedow, in FS für Brandner, Seite.; Grundmann, Richtlinienkonforme Auslegung, in ZEuP 1996, 398 ff.

Baumgärtel, Gert: Das Sprachrisiko oder das Aufeinandertreffen unterschiedlicher Sprachen im deutschen materiellen und internationalen Schuldrecht, Diss. Augsburg 1982, zit.: Baumgärtel, Das Sprachrisiko, Seite.

Baurmann, Michael: Der Markt der Tugend: Recht und Moral in der liberalen Gesellschaft; eine soziologische Untersuchung, Tübingen 1996, zit.: Baurmann, Markt der Tugend, Seite.

Beales, Howard/Craswell, Richard/Salop, Steven C.: The Efficient Regulation of Information, in 24 J. L. & Econ. 491 (1981), zit.: Beales/Craswell/Salop, 24 J. L. & Econ. 491 (1981).

Beatson, Jack: Anson's Law of Contract, Twenty-Seventh Edition, Oxford 1998, zit.: ebenso, Seite

Becker, Rainer: Integration und kulturelle Identiät - Entwicklungen des IPR in Europa, Symposium in Trier, IPRax 1992, Seite 336, zit. ebenso, Seite.

Beckmann, Klaus: Das Sprachenstatut bei internationalen Geschäftsverträgen, Diss. Bochum 1980, zit.: Beckmann, Das Sprachenstatut, Seite.

Beckmann, Klaus: Die Bedeutung der Vertragssprache im internationalen Wirtschaftsverkehr, in RIW/AWD 1981, Seite 79 ff., zit.: Beckmann, in RIW/AWD 1981, Seite.

Beckmann, Klaus: in Sandrock, Otto (Hrsg.), Handbuch der internationalen Vertragsgestaltung, Band 1, Heidelberg 1980, zit.: Beckmann, in Sandrock (Hrsg.), Handbuch der internationalen Vertragsgestaltung, Seite.

Behrends, Okko: Die rechtsethischen Grundlagen des Privatrechts, in Bydlinski/Mayer-Maly (Hrsg.), Die ehtischen Grundlagen des Privatrechts, Wien, New York 1994, Seite 1 ff., zit.: Behrends, in Bydlinski/Mayer-Maly (Hrsg.), Die ehtischen Grundlagen des Privatrechts, Seite.

Behrens, Peter: Die ökonomischen Grundlagen des Rechts, Tübingen 1986, zit.: ebenso, Seite.

Beise, Herward: Rechtswahlklauseln in Time-Sharing-Verträgen, in NJW 1995, 1724, zit.: Beise, in NJW 1995, Seite.

Beitzke, Günther: Probleme der Privatrechtsangleichung in der Europäischen Wirtschaftsgemeinschaft, in ZfRV 5 (1964), Seite 80 ff., zit.: Beitzke, in ZfRV 5 (1964), Seite.

Bell, Derrick: Race, Racism and American Law, Fourth Edition, Boston u. a. 1992, zit.: ebenso.

Bengoetxea, Joxerramon: The Legal Reasoning of the European Court of Justice, Oxford 1993, zit.: ebenso, Seite.

Bergh, Roger van den: Wer schützt die europäischen Verbraucher vor dem Brüsseler Verbraucherschutz ? Zu den möglichen adversen Effekten der europäischen Richtlinien zum Schutz der Verbraucher, in Ott, Claus/Schäfer, Hans-Bernd (Hrsg.), Effiziente Verhaltenssteuerung und Kooperation im Vertragsrecht, Tübingen 1996, Seite 77 ff., zit.: van den Bergh, in Ott/Schäfer(Hrsg.), Effiziente Verhaltenssteuerung und Kooperation im Vertragsrecht, Seite.

Bernstein, Herbert: Kollisionsrechtliche Fragen der culpa in contrahendo, in RabelsZ 41 (1977), 281 ff., zit.: Bernstein, in RabelsZ 41 (1977), Seite.

Bieback, Karl-Jürgen: Die mittelbare Diskriminierung wegen des Geschlechts, Baden-Baden 1997, zit.: ebenso, Seite.

Bitter, Jan Willem/Drion, Coen/Groenewegen, Pieter Sippens: Kaufvertragsrecht in den Niederlanden, in Friedrich Graf v. Westphalen (Hrsg.), Handbuch des Kaufvertragsrechts in den EG-Staaten einschließlich Österreich, Schweiz und UN-Kaufrecht, Köln 1992, Seite 683 ff. ff., zit.: Bitter/Drion/Groenewegen, in v. Westphalen (Hrsg.), Handbuch des Kaufvertragsrechts der EG-Staaten, Seite.

Blaurock, Uwe: Europäisches Privatrecht, in JZ 1994, Seite 270 ff., zit.: Blaurock, in JZ 1994, Seite.

Bleckmann, Albert: Die Wahrung der „nationalen Identität“ im Unions-Vertrag, in JZ 1997, 265 ff.

Bleckmann, Albert: Europarecht, Köln u. a. 1997, zit.: ebenso.

Bleckmann, Albert: Probleme der Auslegung europäischer Richtlinien, in ZGR 1992, Seite 364 ff., zit.: Bleckmann, in ZGR 1992, Seite.

Böhm, Franz: Die Idee des Ordo. Im Denken Walter Euckens, ORDO, Jahrbuch für die Ordnung von Wirtschaft und Gesellschaft, Bd. 3 Godesberg 1950, Seite XV ff., zit.: Böhm, in Ordo, Bd. III, Seite.

Böhm, Helmut: Das Abgehen von rechtsgeschäftlichen Formgeboten, in AcP 179 (1979), Seite 425 ff., zit.: Böhm, in AcP 179 (1979), Seite.

Bonnell, Joachim: Die allgemeinen Geschäftsbedingungen nach italienischem Recht, in ZVglRWiss 1979, Seite 1 ff., zit.: Bonell, in ZVglRWiss. 1979, Seite.

Borchert, Günter: Verbraucherschutzrecht, München 1994, zit.: ebenso, Seite.

Bourgoignie, Thierry/Domont-Naert, Francoise: Le contrôle des clauses abusives dans l'intérêt du consommateur dans les pays de la C. E. E., Belgique, in Revue internationale de droit comparé 1982, Seite 519 ff., zit.: Bourgoignie/Domont-Naert, in Revue internationale de droit comparé 1982, Seite.

Bourgoignie, Thierry: Le contrôle des conditions générale et de clauses abusives en droit belge, in Les clauses abusives dans les contrats-types en France et en Europe, Actes de la Table ronde du 12 décembre 1990 sous la direction des Jacques Ghestin, Centre de Droit des Obligations de L'Université Paris I, L.G.D.J. 1991, Seite 239 ff., zit.: Bourgoignie, in Les clauses abusives dans les contrats-types en France et en Europe, Seite.

Brandner, Hans Erich: Transparenz als Maßstab der Inhaltskontrolle ? – Eine Problemskizze, in Festschrift für Horst Locher, herausgegeben von Peter Löffelmann und Hermann Korbion, Düsseldorf 1990, zit.: Brandner, in FS für Locher, Seite.

Brandner, Hans-Erich: Maßstab und Schranken der Inhaltskontrolle bei Verbraucherverträgen, in MDR 1997, Seite 312 ff., zit.: Brandner, in MDR 1997, Seite.

Brechmann, Winfried: Die richtlinienkonforme Auslegung – ein Beitrag zur Dogmatik der EG-Richtlinie, München 1994, zit.: Brechmann, Die richtlinienkonforme Auslegung, Seite.

Brechmann, Winfried: Die richtlinienkonforme Auslegung; München 1994, zugleich Diss. München 1993, zit.: ebenso, Seite.

Breidenbach, Stephan: Die Voraussetzungen von Informationspflichten beim Vertragsschluss, München 1989, zit.: ebenso.

Brinkmann, Franz-Josef: Der Zugang von Willenserklärungen, Berlin 1984, zit.: Brinkmann, Der Zugang von Willenserklärungen, Seite.

Britz, Gabriele: Kulturelle Rechte und Verfassung: Über den rechtlichen Umgang mit kultureller Differenz, Tübingen 2000, zugleich Habilitation Frankfurt a. Main 2000, zit.: Britz, Kulturelle Rechte und Verfassung, Seite.

Brüggemeier, Gert/Reich, Norbert: Europäisierung des BGB durch große Schuldrechtsreform ?, in BB 2001, Seite 213 ff., zit.: Brüggemeier/Reich, in BB 2001, Seite.

Bucher, Eugen: Für mehr Aktionendenken, in AcP 186 (1986), Seite 1 ff., zit.: Bucher, in AcP 186 (1986), Seite.

Bueso Guillen, Pedro-Jose: Die Kriterien der Mißbräuchlichkeit in der EG-Richtlinie über mißbräuchliche Klauseln in Vebraucherverträgen, in VuR 1994, Seite 309 ff., zit.: Bueso-Guillen, in VuR 1994, Seite.

Bunte, Hermann-Josef: Das Transparenzgebot in der Rechtsprechung des XI. Zivilsenats, in Horn, Norbert/Lwowski, Hans-Jürgen/ders. (Hrsg.): Bankrecht – Schwerpunkte und Perspektiven: Festschrift für Herbert Schimansky, Köln 1999, Seite 19 ff., zit.: Bunte, in FS Schimansky, Seite.

Bunte, Hermann-Josef: Mandatsbedingungen der Rechtsanwälte und das AGB-Gesetz, in NJW 1981, Seite 2657 ff., zit.: Bunte, in NJW 1981, Seite.

Bydlinski, Franz: Fundamentale Rechtsgrundsätze, Wien 1988, zit.: ebenso, Seite.

Bydlinski, Franz: Privatautonomie und objektive Grundlagen des verpflichtenden Rechtsgeschäftes, Wien 1967, zit.: ebenso, Seite.

Bydlinski, Franz: System und Prinzipien des Privatrechts, Wien 1996, zit.: Bydlinski, System und Prinzipien des Privatrechts, Seite.

Calais-Auloy, Jean/Steinmetz, Frank: Droit de la Consommation, 4° édition, Paris 1996, zit. : ebenso.

Calais-Auloy, Jean: Code de la Consommation, 4 ° édition, Paris 1999, zit.: ebenso.

Calamari, John D./Perillo, Joseph: The Law of Contracts, Fourth Edition, St. Paul 1998, zit.: ebenso.

Callies, Chrisian/Ruffert, Matthias (Hrsg.): Kommentar des Vertrages über die Europäische Union und des Vertrages zur Gründung der Europäischen Gemeinschaft, Neuwied u. a. 1999, zit.: Bearbeiter, in Callies/Ruffert, Kommentar zum EU-Vertrag und EG-Vertrag, Art., Rn..

Campana, Marie-Jeanne: Vers un langage juridique commun en Europe ?, in European Review of Private Law 2000, Seite 33 ff., zit.: Campana, in ERPL 2000, Seite.

Canaris, Claus-Wilhelm: Bankvertragsrecht, 2. Auflage, Berlin, New-York 1981, zit.: Canaris, Bankvertragsrecht, Rn..

Canaris, Claus-Wilhelm: Die Bedeutung der iustitia distributiva im deutschen Vertragsrecht, München 1997, zit.: ebenso, Seite.

Canaris, Claus-Wilhelm: Die Vertrauenshaftung im deutschen Privatrecht, München 1971, zit.: ebenso.

Canaris, Claus-Wilhelm: Zivilrechtliche Probleme des Warenhausdiebstahls, in NJW 1974, Seite 521 ff., zit.: Canaris, in NJW 1974, Seite.

Capotorti, Francesco: Die Rechte von Angehörigen von Minderheiten – Kommt es zu einer Erklärung der Vereinten Nationen, in VN 28 (1980), Seite 113 ff., zit.: Capotorti, Die Rechte von Angehörigen von Minderheiten, Seite.

Capotorti, Francesco: Study on the Rights of Persons belonging to Ethnic, Religious and Linguistic Minorities, in UN-Doc. E/CN. 4/Sub. 2/384 Rev. 1, zit.: ebenso.

Carlton, Dennis W./Perloff, Jeffrey M.: Modern Industrial Organization, Second Edition, New York 1994, zit.: ebenso, Seite.

Catala, P.: Ebauche d'une théorie juridique de l'information, D. 1984, Seite 97 ff., zit.: ebenso.

Cezanne, Wolfgang: Allgemeine Volkswirtschaftslehre, München/Wien 1993, zit.: ebenso, Seite.

Chaldoupis, Charis: Kaufvertragsrecht in Griechenland, in Friedrich Graf v. Westphalen (Hrsg.), Handbuch des Kaufvertragsrechts in den EG-Staaten einschließlich Österreich, Schweiz und UN-Kaufrecht, Köln 1992, Seite 481 ff., zit.: Chaldoupis, in v. Westphalen (Hrsg.), Handbuch des Kaufvertragsrechts der EG-Staaten, Seite.

Chitty On Contracts, The Law of Contracts, Vol. I, General Principles, Twenty-Eighth Edition, London 1999, General Editor H. G. Beale, zit.: ebenso, Seite.

Cicero, Marcus Tullius: De officiis, Vom pflichtgemäßen Handeln, Lateinisch und Deutsch, übersetzt, kommentiert und herausgegeben von Heinz Gunermann, Stuttgart 1992, zit.: Cicero, de officiis, Rz..

Cicero, Marcus Tullius: De re publica, zitiert aus Ziegler, Konrat, Cicero, Staatstheoretische Schriften, Lateinisch und Deutsch, 3. Auflage, Berlin 1984, zit.: Cicero, De re publica, Buch, Rz..

Cirkel, Johannes: Gleichheitsrecht im Gemeinschaftsrecht, in NJW 1998, Seite 3332 f., zit.: ebenso.

Classen, Claus Dieter: Die Drittwirkung der Grundrechte in der Rechtsprechung des Bundesverfassungsgerichts, in AöR 122 (1997), Seite 65 ff., zit.: ebenso, Seite.

Coester-Waltjen, Dagmar: Der Eskimo-Mantel aus Spanien – Ist der kollisionsrechtliche Verbraucherschutz zu kurz gestrikt, in Festschrift für Werner Lorenz, herausgegeben von Bernhard Pfister und Michael Will, Tübingen 1991, Seite 297 ff., zit.: Coester-Waltjen, in FS für Lorenz, Seite.

Coing, Helmut: Bemerkungen zum überkommenen Zivilrechtssystem, in Caemmerer, Ernst v./Nikisch, Arthur/Zweigert, Konrad, Vom deutschen zum europäischen Recht, Festschrift für Hans Dölle, Bd. I, Tübingen 1963, Seite 25 ff., zit.: Coing, in FS für Dölle, Seite.

Coleman, Jules: The Normative Basis of Economic Analysis: A Critical Review of Richard Posner's The Economics of Justice, 34 Stan. L. Rev. 1105 ff., (1982), zit.: Coleman, in 34 Stan. L. Rev., Seite.

Collins, Hugh: Dislosure of Information and Welfarism, in Brownsword/Howells/Wilhelmsson (Hrsg.), Welfarism in Contract Law, 1994, Seite 97 ff., zit.: Collins, in Brownsword/Howells/Wilhelmsson (Hrsg.), Welfarism in Contract Law, Seite.

Conard, Alfred F.: Macrojustice: A Systematic Approach to Conflict Resolution, 5 Georgia Law Rev. 415 ff. (1971), zit.: Conard, 5 Georgia L. Rev. 415 (1971).

Conrads/Hassel: in Friedrich Graf v. Westphalen (Hrsg.), Handbuch des Kaufvertragsrechts in den EG-Staaten einschließlich Österreich, Schweiz und UN-Kaufrecht, Köln 1992, Seite 537 ff., zit.: Conrads/Hassel, in v. Westphalen (Hrsg.), Handbuch des Kaufvertragsrechts der EG-Staaten, Seite.

Cooter, Robert/Ulen, Thomas: Law and Economics, Second Edition, Reading u. a. 1997, zit.: ebenso.

Corbin, Arthur L.: Corbin on Contracts. A Comprehensive Treatise on the Rules of Contract Law, St. Paul 1951, zit.: Corbin, Corbin on Contracts, §.

Cosack, Konrad: Lehrbuch des deutschen bürgerlichen Rechts, 5. Auflage 1910, 206

Craswell, Richard/Schwarz, Alan: Foundations of Contract Law, New York/Oxford 1994, zit.: ebenso, Seite.

Crome, Friedrich: System des deutschen bürgerlichen Rechts, Bd. 1 (1900), Tübingen, zit.: ebenso.

Dänzer-Vanotti, Wolfgang: Richtlinienkonforme Auslegung und Rechtsfortbildung, in StVj 1991, 1 ff., zit.: Dänzer-Vanotti, in StVj 1991, Seite.

Darby Michael R./Karni, Edi: Free Competition and the Optimal Amount of Fraud, in 16 J. L. & Econ. 67 (1973), zit.: Darby/Karni, 16 J. L. & Econ. 67 (1973).

Dauner-Lieb, Barbara: Verbraucherschutz durch Ausbildung eine Sonderprivatrechtes für Verbraucher, Berlin 1983, zit.: ebenso.

Dauses, Manfred (Hrsg.): Handbuch des EU-Wirtschaftsrechts, München Dezember 1997, zit.: Bearbeiter, in Dauses, Handbuch des EU-Wirtschaftsrechts, Art., Rn..

Deckert, Martina Renate: Folgenorientierung in der Rechtsanwendung, München 1995, zugleich Diss. München 1994, zit.: ebenso, Seite.

Degner, Egbert: Kollisionsrechtliche Anknüpfung der Geschäftsführung ohne Auftrag, des Bereicherungsrechts und der culpa in contrahendo, in RIW 1983, Seite 825 ff., zit.: Degner, in RIW 1983, Seite.

Delaporte, Vincent: La loi relative à l'emploi de la langue francaise, in Revue critique de droit international privé 1976, Seite 447 ff., zit.: Delaporte, in Revue critique de droit international privé 1976, Seite.

Delebecque, Philippe: Contrats et conventions. Objet. Prix. Détermination. Déterminabilité. Bonne foi. Nécessité., in Répertoire du Notariat Défrénois 1995, Seite 335 ff., zit.: Delebecque, in Rép. Défrénois 1995, Seite.

Denninger, Erhard: Die Wirksamkeit der Menschenrechte in der deutschen Verfassungsrechtsprechung. Zur Geltung der Menschenrechte jenseits von Naturrecht und Positivismus, in JZ 1998, Seite 1129 ff., zit.: Denninger, Die

Wirksamkeit der Menschenrechte in der deutschen Verfassungsrechtsprechung, in JZ 1998, Seite.

Deutsch, Erwin: Versicherungsvertragsrecht, 6. Auflage, Karlsruhe 1999.

Di Majo, Francesco M.: Efficacia diretta delle direttive inattuate – dall'interpretatzione conforme del diritto interno alla responsabilità dello Stato per la mancata attuazione delle direttive, in Riv. dir. Europ. 1994, Seite 501 ff., zit.: di Majo, Efficacia diretta delle direttive inattuale, in Riv. dir. Europ. 1994, Seite.

Diederichsen, Uwe: Das Bundesverfassungsgericht als oberstes Zivilgericht – ein Lehrstück der juristischen Methodenlehre, in AcP 1998, Seite 171 ff., zit.: Diederichsen in AcP 1998, Seite.

Dieterich, Thomas/Hanau, Peter/Schaub, Günther/Glöge-Müller, Rudi/Preis, Ulrich (Hrsg.): Erfurter Kommentar zum Arbeits- und Sozialrecht, München 1998, zit.: Bearbeiter, in Dieterich/Hanau/Schaub/Glöge-Müller/Preis (Hrsg.), Erfurter Kommentar zum Arbeits- und Sozialrecht.

Dinkelbach, Werner: in HWB, Stichwort: Entscheidungstheorie, Stuttgart 1993, zit.: ebenso, Spalte.

Dorau, Christoph: Die Verfassungsfrage der Europäischen Union, Möglichkeiten und Grenzen der Verfassungsentwicklung nach Nizza, Baden-Baden 2001, zugleich Diss. Freiburg 2001, zit.: Dorau, Die Verfassungsfrage der Europäischen Union, Seite.

Dörner, Heinrich/Hofmann, Stefan: Der Abschluss von Versicherungsverträgen nach § 5 a VVG, in NJW 1996, Seite 153 ff., zit.: Dörner/Hofmann, in NJW 1996, Seite.

Dougan, Michael: Minimun harmonization and the Internal Market, in Common Market Law Review 2000, Seite 853 ff., zit.: Dougan, in CMLRev. 2000, Seite.

Downes, Noemi/Heiss, Helmut: Ausschluss des favor offerentis bei Formvorschriften des (europäisierten) Verbrauchervertragsrechts: Art. 9 EVÜ und komplexe Schutzformen, in IPRax 1999, Seite 137 ff., zit.: Downes/Heiss, in IPRax 1999, Seite.

Downes, Noemi/Heiss, Helmut: Sprachregulierungen im Vertragsrecht: Europa- und internationalprivatrechtliche Aspekte, in ZVglRWiss 98 (1999), Seite 28 ff., zit.: Downes/Heiss, in ZVglRWiss 98 (1999), Seite.

Dreher, Meinhard: Der Verbraucher: Phantom in der opera des europäischen und deutschen Rechts?, in JZ 1997, Seite 167 ff., zit.: Dreher, in JZ 1997, Seite.

Dreher, Meinrad: Die Auslegung von Rechtsbegriffen in Allgemeinen Geschäftsbedingungen, in AcP 189 (1989), Seite 342 ff, zit.: Dreher, in AcP 189 (1989), Seite.

Dreher, Meinrad: Die Versicherung als Rechtsprodukt, Tübingen 1991, zugleich Habilitation Freiburg 1990, zit.: ebenso, Seite.

Dreier, Horst (Hrsg.): Kommentar zum Grundgesetz, Band I, Art. 1-19, Tübingen 1996, zit.: Bearbeiter, in Dreier (Hrsg.), Grundgesetz, Art., Rn..

Drexl, Josef: Die wirtschaftliche Selbstbestimmung des Verbrauchers, Tübingen 1996, zugleich Habilitation München 1996, zit.: ebenso, Seite.

Drobnig, Ulrich: Allgemeine Geschäftsbedingungen im internationalen Handelsverkehr, Internationales Recht und Wirtschaftsordnung, Festschrift für

Fritz A. Mann zum 70. Geburtstag, herausgegeben von Werner Flume, München 1977, 590 ff., zit.: Drobnig, in FS für Mann, Seite.

Drobnig, Ulrich: Ein Vertragsrecht für Europa, in Baur, Jürgen/Hopt, Klaus/Mailänder, Peter (Hrsg.), Festschrift für Ernst Steindorff zum 70. Geburtstag, Berlin/New York 1990, Seite 1141 ff., zit.: Drobnig, in FS für Steindorff 1990, Seite.

Drobnig, Ulrich: Neue rechtliche Konzepte für den europäischen Verbraucherschutz, in Heusel, Wolfgang (Hrsg.), Neues europäisches Vertragsrecht und Verbraucherschutz. Köln 1999, Seite 201 ff., zit.: Drobnig, in Heusel, Vertragsrecht, Seite.

Druey, Jean Nicolas: Information als Gegenstand des Rechts, Zürich/Baden-Baden 1995, zit.: Druey, Information als Gegenstand des Rechts, Seite.

Du Plessis, Lourens M.: Report on Language and Law, in Jayme (Hrsg.), Langue et Droit, XVe Congrès International de Droit Comparé Bristol 1998, Brüssel 1999, Seite 37 ff., zit.: Du Plessis, in Jayme (Hrsg.), Langue et Droit, Seite.

Duggan, Anthony/Bryan, Michael/Hanks, Frances: Contractual Nondisclosure. An Applied Study in Modern Contract Theory, Melbourne 1994, zit.: Duggan/Bryan/Hanks: Contractual Nondisclosure.

Dupuy, René-Jean: La clôture du système international-La cité terrestre, Paris 1989, zit.: ebenso, Seite.

Dürig, Günther: Grundrechte und Zivilrechtsrechtsprechung, in Maunz, Theodor (Hrsg.), Vom Bonner Grundgesetz zur gesamtdeutschen Verfassung, Festschrift zum 75. Geburtstag von Hans Nawiasky zum 75. Geburtstag, Seite 156 ff., München 1956, zit.: Dürig, in FS für Nawiasky, Seite.

Dworkin, Ronald: in Kupferberg, Mark/Beitz, Charles (Hrsg.): Law, Economics an Philosophy, Savage 1983, Seite123 ff., zit.: ebenso.

Dworkin, Ronald: Umgekehrte Diskriminierung, in Beate Rössler (Hrsg.), Quotierung und Gerechtigkeit: eine moralphilosophische Kontroverse, Seite 74 ff., Frankfurt a. Main 1993, zit.: Dworkin, in Rössler (Hrsg.) Quotierung und Gerechtigkeit: eine moralphilosophische Kontroverse, Seite.

Easterbrook, Frank H.: Insider Trading, Secrets Agents, Evidentiary Privileges, And the Production of Information, 11 Supreme Ct. Rev. 309 ff. (1981), zit.: Easterbrook, 11 Supreme Ct. Rev. Seite (1981).

Eckert, Hans-Werner: Europäisierung des Privatrechts. Die Bedeutung der Richtlinien des Europäischen Union für die Schaffung einer einheitlichen Rechtsordnung, in Europas universale rechtsordnungspolitische Aufgabe im Recht des dritten Jahrtausends, Festschrift für Alfred Söllner, herausgegeben von Gerhard Köbler, Meinhard Heinze und Wolfgang Hromadka, München 2000, Seite 239 ff., zit.: Eckert, in FS für Söllner, Seite.

Eckmann, Horst: Rechtspositivismus und sprachanalytische Philosophie, Berlin 1969, zit.: ebenso.

Eco, Umberto: La ricerca della lingua perfetta nella cultura europea, Rom 1996, zit.: ebenso, Seite.

Egeler, Simone: Konsensprobleme im internationalen Schuldvertragsrecht, Diss. St. Gallen 1994, zit.: Egeler, Konsensprobleme, Seite.

Eidenmüller, Horst: Effizienz als Rechtsprinzip, Tübingen 1995, zugleich Diss. München 1994, zit.: ebenso.

Eisenberg, Melvin A.: The Nature of the Common Law, Cambridge/London 1988, zit.: ebenso.

Emmerich, Volker: Das Recht der Leistungsstörungen, 4. Auflage, München 1997, zit.: ebenso, Seite.

Emmerich, Volker: Das Recht des unlauteren Wettbewerbs, 5. Auflage, München 1998, zit.: ebenso, Seite.

Emmerich, Volker: in Immenga, Ulrich/Mestmäcker, Ernst-Joachim, EG-Wettbewerbsrecht, Kommentar, München 1997, zit.: Emmerich, in Immenga/Mestmäcker.

Emmerich, Volker: Kartellrecht, 8. Auflage, München 1999, zit.: ebenso, Seite.

Emmert, Frank: Horizontale Wirkung von Richtlinien ? –lieber ein Ende mit Schrecken als ein Schrecken ohne Ende, in EWS 1992, Seite 56 ff., zit.: Emmert, in EWS 1992, Seite.

Ende, Monika: Kulturelle Identität als notwendige Ergänzung des gemeinschaftsrechtlichen Gleichheitssatzes - Die UN-Kinderkonvention im Kontext der Unionsbürgerschaft, in IPRax 1998, Seite 244 ff., zit. ebenso, Seite.

Endrös, Florian: Das französische Sprachschutzgesetz und seine Vereinbarkeit mit EG-Recht, in RIW 1995, Seite 17 ff., zit.: Endrös, in RIW 1995, Seite.

Ennecerus, Ludwig/Nipperdey, Hans Carl: Allgemeiner Teil des Bürgerlichen Rechts, 15. Auflage, Tübingen 1960, zit.: Ennecerus-Nipperdey, Allgemeiner Teil.

Ermacora, Felix: Diskriminierungsschutz und Diskriminierungsverbot in der Arbeit der Vereinten Nationen, Wien/Stuttgart 1971, zit.: Ermacora, Diskriminierungsschutz und Diskriminierungsverbot, Seite.

Erman: Handkommentar zum Bürgerlichen Gesetzbuch, herausgegeben von Harm Peter Westermann, Bd. 1 und 2, 10. Auflage, Münster 2000, zit.: Erman-Bearbeiter, §, Rn..

Esser, Josef/Schmidt, Eike: Schuldrecht Allgemeiner Teil, Band I, Teilband 1, 8. Auflage, Heidelberg 1995, Teilband 2, 8. Auflage Heidelberg 2000, zit.: Esser/Schmidt, Schuldrecht Allgemeiner Teil, Bd., Teilbd., Seite.

Everling, Ulrich: Zur Auslegung des durch Richtlinien angeglichenen nationalen Rechts, in ZGR 1992, Seite 376 ff., zit.: Everling, in ZGR 1992, Seite.

Fabio, Udo di: Richtlinienkonforme Auslegung als ranghöchstes Normauslegungsprinzip ?, in NJW 1990, Seite 947 ff., zit.: ebenso, Seite.

Fabre-Magnan, Muriel: De l'obligation d'information dans les contrats, Paris 1992, zit.: ebenso.

Farnsworth, E. Allan: Contracts, Second Edition, Boston u. a. 1990, zit.: ebenso.

Felke, Klaus: Internationale Konsumentenkredite – Sonderanknüpfung des VerbrKrG über Art. 34 EGBGB ?, in RIW 2001, Seite 30 ff., zit.: Felke, in RIW 2001, Seite.

Fell, Wolfgang: Hintereinandergeschaltete Allgemeine Geschäftsbedingungen, in ZIP 1987, Seite 690 ff., zit.: Fell, in ZIP 1987, Seite.

Ferid, Murad: Methoden, Möglichkeiten und Grenzen der Privatrechtsvereinheitlichung, in ZfRV 3 (1962), Seite 193 ff., zit.: Ferid, in ZfRV 3 (1962), Seite.

Fiedler, Herbert/Ullrich, Hanns (Hrsg.): Information als Wirtschaftsgut, Köln 1996, zit.: ebenso.

Fikentscher, Wolfgang: Schuldrecht, 9. Auflage, Berlin/New York 1997, zit.: ebenso, Rn..

Fikentscher, Wolfgang: Methoden des Recht in vergleichender Darstellung, Bd. III, Mitteleuropäischer Rechtskreis, Tübingen 1976, zit.: Fikentscher, Methoden des Recht, Bd. III, Seite.

Fischer, Gerfried: Verkehrsschutz im internationalen Vertragsrecht, Köln 1990, zugleich Habilitation Göttingen 1987, zit.: Fischer, Verkehrsschutz im internationalen Vertragsrecht, Seite.

Fischer, Klemens H.: Der Vertrag von Nizza, Baden-Baden 2001, zit.: ebenso, Seite.

Fleischer, Holger: Informationsasymmetrien im Privatrecht, München 2001, zugleich Habilitation Köln 1998/99, zit.: Fleischer, Informationsasymmetrien, Seite.

Fleischer, Holger: Konkurrenzproblem um die culpa in contrahendo: Fahrlässige Irreführung versus arglistige Täuschung, in AcP 200 (2000), Seite 91 ff., zit.: Fleischer, in AcP 200 (2000), Seite.

Fleischer, Holger: Vertragsschlussbezogene Informationspflichten im Gemeinschaftsprivatrecht, in ZEuP 2000, Seite 772 ff., zit.: Fleischer, Vertragsschlussbezogene Informationspflichten, in ZEuP 2000, Seite.

Flume, Werner: Allgemeiner Teil des Bürgerlichen Rechts, Band 2, Das Rechtsgeschäft, 4. Auflage, Berlin, Heidelberg u. a. 1992, zit.: Flume, Allgemeiner Teil des Bürgerlichen Rechts, Bd. 2, Seite.

Ford, Richard Thompson: The Boundaries of Race: Political Geography in Legal Analysis, 107 Harvard Law Review (1994), 1844 ff., zit.: Ford, 107 Harvard Law Review (1994), Seite.

Foucault, Michel: The Order of Things, New York 1970, zit.: ebenso, Seite.

Francke, Robert/Hart, Dieter: Ärztliche Verantwortung und Patienteninformation. Eine Untersuchung zu privatem und öffentlichen Recht der Arzt-Patient-Beziehung. (Medizin in Recht und Ethik; BD. 16. Stuttgart 1987, zit.: Francke/Hart: Ärztliche Verantwortung und Patienteninformation, Seite.

Franke, Dietrich/Hofmann, Rainer: Nationale Minderheiten – ein Thema für das Grundgesetz ? – Verfassungs- und völkerrechtliche Aspekte des Schutzes nationaler Minderheiten, in EuGRZ 19 (1992), Seite 401 ff., zit.: Franke/Hofmann, Nationale Minderheiten, in EuGRZ 19 (1992), Seite.

Franzen, Martin: Privatrechtsangleichung durch die Europäische Gemeinschaft, Berlin u. a. 1999, zugleich Habilitation Berlin 1999.

Freitag, Robert/Leible, Stefan: Von den Schwierigkeiten der Umsetzung kollisionsrechtlicher Richtlinienbestimmungen. Einige Anmerkungen zum Entwurf eines Art. 29 a EGBGB, in ZIP 1999, Seite 1296 ff., zit.: Freitag/Leible, in ZIP 1999, Seite.

Freitag, Robert: Sprachenzwang, Sprachrisiko und Formanforderungen im IPR, in IPRax 1999, 148 ff., zit.: Freitag, in IPRax 1999, Seite.

Fried, Charles: Contract as a Promise, Cambridge/London 1981, zit.: ebenso, Seite.

Friedman, Milton: Capitalism and Freedom, Chicago 1962, zit.: ebenso, Seite.

Friedman, Milton: Kapitalismus und Freiheit, München 1976, zit.: ebenso, Seite.

Frohlich N./Oppenheimer J.A./Eavey, C.L.: Laboratory Results on Rawl' Distributive Justice, 17 Journal of Political Science, 1 ff. (1987), zit.: ebenso.

Frohlich Norman/Oppenheimer Joe A./Eavey, Cheryl L.: Choice of Principles of Distributive Justice in Experimental Groups, 31 American Journal of Political Science, 606 ff. (1987), zit.: Frohlich/Oppenheimer/Eavey, 31 American Journal of Political Science, 606 ff. (1987).

Fuchs, Andreas: Das Fernabsatzgesetz im neuen System des Verbraucherschutzrechts, in ZIP 2000, Seite 1273 ff., zit.: Fuchs, in ZIP 2000, Seite.

Fuchsloch, Christine: Das Verbot der mittelbaren Geschlechterdiskriminierung, Baden-Baden 1995, zugleich Diss. Hamburg 1994, zit.: ebenso, Seite.

Gabriel, Yiannis/Lang, Tim: The Unmanageable Consumer, Contemporary Consumption and its Fragmentation, London 1995, zit.: ebenso, Kapitel.

Galenkamp, Marlies: Individualism versus Collectivism. The concept of collective rights. Faculteit der Rechtsgeleerdheid, Erasmus Universiteit Rotterdam 1998, zit.: Galenkamp, Individualism versus Collectivism, Seite.

Garrn, Heino: Zur Zulässigkeit der salvatorischen Klausel bei der Vereinbarung Allgemeiner Geschäftsbedingungen, in JA 1981, Seite 151 ff., zit.: Garrn, in JA 1981, Seite.

Gärtner, Wolfram/Hempel, Mirek: Das Gesetz über die polnische Sprache im Lichte des Europäischen Rechts, in ZfRV 2001, Seite 9 ff., zit.: Gärtner/Hempel, in ZfRV 2001, Seite.

Gaudemet-Tallon, Hélène: Anmerkung zu Cour de cassation vom 11. 03. 1997 (in Revue critique de droit international privé 1997, 537 ff.), in Revue critique de droit international privé 1997, Seite 544 ff., zit.: Gaudemet-Tallon, in Revue critique de droit international privé 1997, Seite.

Gebauer, Martin: Grundfragen der Europäisierung des Privatrechts. Eine Untersuchung nationaler Ansätze unter Berücksichtigung des italienischen und des deutschen Rechts, Heidelberg 1998, zugleich Diss. Heidelberg 1995, zit.: Gebauer, Grundfragen der Europäisierung des Privatrechts.

Gellermann, Martin: Beeinflussung des bundesdeutschen Rechts durch Richtlinien der EG: dargestellt am Beispiel des deutschen Umweltrechts, Köln u. a. 1994, zugleich Diss. Osnabrück 1993/94, zit.: Gellermann, Beeinflussung des bundesdeutschen Rechts durch Richtlinien der EG, Seite.

Gernhuber, Joachim: Das Schuldverhältnis, Handbuch des Schuldrechts in Einzeldarstellungen, Bd. 8, Tübingen 1989, zit.: Gernhuber, Das Schuldverhältnis.

Ghersi, Carlos A.: La posmodernidad jurídica-Una aproximación al analisis de los excluidos en el Derecho, in La Ley (Buenos Aires), LXI Nr.88 (08. 05. 1997), Seite 1 ff., zit.: ebenso, Seite.

Ghestin, Jacques/Marchessaux, Isabelle: Les techniques d'élimination des clauses abusives en Europe, in Les clauses abusives dans les contrats-types en France et en Europe, Actes de la Table ronde du 12 décembre 1990 sous la direction des Jacques Ghestin, Centre de Droit des Obligations de L'Université Paris I, L.G.D.J. 1991, Seite 1 ff., zit.: Ghestin/Marchessaux, in Les clauses abusives dans les contrats-types en France et en Europe, Seite.

Ghestin, Jacques: Traité de Droit Civil, La formation du contrat, 3° édition, Paris 1993, zit.: Ghestin, La formation du contrat, Gliederungsnummer.

Gordely, James: Equality in Exchange, 69 Cal. L. Rev. 1587 (1981), zit.: Gordely, 69 Cal. L. Rev. 1587 (1981).

Grabenwarter, Christoph: Die Charta der Grundrechte der Europäischen Union, in DVBl 2001, Seite 1 ff., zit.: Grabenwarter, in DVBl 2001, Seite.

Grabitz, Eberhard/Meinhard Hilf (Hrsg.): Kommentar zur Europäischen Union. Vertrag über die Europäische Union. Vertrag zur Gründung der Europäischen Gemeinschaft, Bd. 1, München, Stand Juli 2000, Bd. 2 (herausgegeben von M. Wolf), Frankfurt am Main, Stand Mai 1999, zit.: Grabitz/Hilf-Bearbeiter, Kommentar zur Europischen Union, Bd., Art., Rn. bzw. Abschnitt, Rn.

Grigoleit, Hans Christoph: Vorvertragliche Informationshaftung, München 1997, zugleich Diss. München 1996, zit.: ebenso, Seite.

Grigoleit, Hans-Christoph: Rechtsfolgenspezifische Analyse „besonderer" Informationspflichten am Beipiel der Reformpläne für den E-Commerce, in WM 2001, Seite 597 ff., zit.: Grigoleit, in WM 2001, Seite.

Grigolli, Stephan: Sprachliche Minderheiten in Italien, insbesondere Südtirol, und in Europa. Der Gebrauch der Sprache vor Behörden und Gerichten und die Vergabe öffentlicher Stellen, Frankfurt a. M. 1997, zit.: ebenso, Seite.

Grisi, Guiseppe: L'obbligo precontrattuale di informazione, Napoli 1990, zit.: ebenso.

Groeben, Hans von der/Thiesing, Jochen/Ehlermann, Claus-Dieter (Hrsg.): Handbuch des Europäischen Rechts, Systematische Sammlung mit Erläuterungen, 406. Lieferung, Baden-Baden, November 2000, zit.: Bearbeiter, in von der Groeben (Hrsg.), Kommentar zum EG-Vertrag, Art., Rn..

Groeben, Hans von der/Thiesing, Jochen/Ehlermann, Claus-Dieter: Kommentar zum EU-EG-Vertrag, 5. Auflage, Baden-Baden 1997, zit.: Bearbeiter, in GTE-EU-EG-Vertrag, Art., Rn..

Großfeld, Bernhard: Examensvorbereitung und Jurisprudenz, in JZ 1992, Seite 22 ff., zit.: Großfeld, in JZ 1992, Seite.

Großfeld, Bernhard: Kernfragen der Rechtsvergleichung, Tübingen 1996, zit.: ebenso, Seite.

Großfeld, Bernhard: Zivilrecht als Gestaltungsaufgabe, Heidelberg/Karlsruhe 1977, zit.: ebenso.

Grotius, Hugo: De iure belli ac pacis, Hagae Comitis 1680, zit.: ebenso.

Gruber, Urs Peter: Kollisionsrechtliche Implikationen des neuen Staatsangehörigkeitsrechts, in IPRax 1999, Seite 426 ff., zit.: ebenso, Seite.

Gruber, Utta/Kleber, Michaela: Grundlagen der Volkswirtschaftslehre, 4. Auflage, München 2000, zit.: ebenso, Seite.

Grundmann, Stefan: Die Auslegung angeglichenen Kapitalmarktrechts – insbesondere der Sanktionsregeln, in Schulze, Reiner (Hrsg.): Auslegung europäischen Privatrechts und angeglichenen Rechts, Baden-Baden 1999, Seite 63 ff., zit.: Grundmann, in Schulze, Reiner (Hrsg.), Auslegung europäischen Privatrechts, Seite.

Grundmann, Stefan: Europäisches Schuldvertragsrecht, in NJW 2000, Seite 14 ff., zit.: Grundmann, in NJW 2000, Seite.

Grundmann, Stefan: Europäisches Schuldvertragsrecht. Das europäische Recht der Unternehmensgeschäfte, ZGR Sonderheft Nr. 15, Berlin 1999, zit.: Grundmann, Europäisches Schuldvertragsrecht, Seite.

Grundmann, Stefan: Methodenpluralismus als Aufgabe. Zur Legalität von ökonomischen und rechtsethischen Argumenten in Auslegung und Rechtsanwendung, in RabelsZ 61 (1997), Seite 423 ff., zit.: ebenso.

Grundmann, Stefan: Qualifikation gegen die Sachnorm, deutsch-portugiesische Beiträge zur Autonomie des Internationalen Privatrechts, München 1985, zugleich Diss. München 1984, zit. Grundmann, Qualifikation gegen die Sachnorm, Seite.

Grundmann, Stefan: Richtlinienkonforme Auslegung im Bereich des Privatrechts -insbesondere: Kanon der nationalen Auslegungsmethoden als Grenze ? in ZEuP 1996, Seite 399 ff., zit.: Grundmann, in ZEuP 1996, Seite.

Grunsky, Wolfgang: Urteilsanmerkung zu BGH vom 26.9.1997-VZR 29/96, ZIP 1998, 154, in EWiR 1998, Seite 727 ff., zit.: Grundsky, in EWiR 1998, Seite.

Gschnitzer, Franz/Faistenberger, Christoph/Barta, Heinz: Allgemeiner Teil des Bürgerlichen Rechts, 2. Auflage, Wien, New-York 1992, zit.: ebenso, Seite

Gundel, Jörg: Neue Grenzlinien für die Direktwirkung nicht umgesetzter EG-Richtlinien unter Privaten, in EuZW 2001, 143 ff., zit.: Gundel, in EuZW 2001, Seite.

Günther, Ludwig: Recht und Sprache, Berlin 1898, zit.: ebenso.

Häberle, Peter: Besprechung von Blanke, Europa auf dem Weg zu einer Bildungs- und Kulturgemeinschaft, in DVBl. 1995, 762 Häberle, in DVBl. 1995, Seite 761 ff., zit.: Häberle, in DVBl 1995, Seite.

Habersack, Mathias/Mayer, Christian: Die überschießende Umsetzung von Richtlinien. Normauslegung und Rechtsweg im Grenzweg zwischen deutschem und europäischen Recht, in JZ 1999, Seite 913 ff., zit.: Habersack/Mayer, in JZ 1999, Seite.

Hadding, Walther: Zur Abgrenzung von Unterrichtung, Aufklärung, Auskunft, Beratung und Empfehlung als Inhalt bankenrechtlicher Pflichten, in Horn, Norbert/Lwowski, Hans-Jürgen/ders. (Hrsg.): Bankrecht – Schwerpunkte und Perspektiven: Festschrift für Herbert Schimansky, Köln 1999, Seite 67 ff., zit.: Hadding, in FS Schimansky, Seite.

Hadfield, Gillian R.: The Second Wave of Law and Economics. A Review od Freedom of Contract by Michael Trebilcock, 46 U. Toronto L. J., 181 (1996), zit.: Hadfield, 46 U. Toronto L. J., 181 (1996).

Hallstein, Walter: Angleichung des Privat- und Prozessrechts in der Europäischen Wirtschaftsgemeinschaft, in RabelsZ 28 (1964), Seite 211 ff., zit.: Hallstein, in RabelsZ 28 (1964), Seite.

Hart, Herbert L.A.: The Concept of Law, Oxford 1961, zit.: ebenso.

Hattenhauer, Christian: Zur Zukunft des Deutschen als Sprache der Rechtswissenschaft, in JZ 2000, S. 551, zit.: ebenso, Seite.

Hauschka, Christoph: Grundprobleme der Privatrechtsfortbildung durch die Europäische Wirtschaftsgemeinschaft, in JZ 1990, Seite 521 ff., zit.: Hauschka, in JZ 1990, Seite.

Häusser, Otto/Kapinos, Alois/Christ, Rudolf: Die Statusfeststellung nach dem Bundesvertriebenengesetz, Stuttgart 1990, zit.: ebenso.

Heinrichs, Helmut: Das Gesetz zur Änderung des AGB-Gesetzes, in NJW 1996, Seite 2190 ff., zit.: Heinrichs, in NJW 1996, Seite.

Heinrichs,Helmut: Das Transparenzgebot und die EG-Richtlinie über missbräuchliche Klauseln in Verbraucherverträgen, in Westphalen, Friedrich Graf v./Sandrock, Otto (Hrsg.), Lebendiges Recht – Von den Sumerern bis zur Gegenwart, Festschrift für Reinhold Trinkner zum 65. Geburtstag, Heidelberg 1995, Seite 157 ff., zit.: Heinrichs, in FS für Trinkner, Seite.

Heinrichsmeier, Paul: Die Einbeziehung einkommens- und vermögensloser Familienangehöriger in die Haftung für Bankkredite: eine unendliche Geschichte ? –Anmerkung zu BGH, FamRZ 1993, 407 und BVerfG, FamRZ 1994, 151-, in FamRZ 1994, Seite 129 ff., zit.: Heinrichsmeier, in FamRZ 1994, Seite.

Heiss, Helmut: Verbraucherschutz im Binnenmarkt: Art. 129a EGV und die wirtschaftlichen Verbraucherinteressen, in ZEuP 1996, Seite 625 ff., zit.: ebenso, Seite.

Heldrich, Karl: Die Form des Vertrags, in AcP 147 (1941), Seite 89 ff., zit.: Heldrich, in AcP 147 (1941), Seite.

Heller, Kurt: Kaufvertragsrecht in Österreich, in Friedrich Graf v. Westphalen (Hrsg.), Handbuch des Kaufvertragsrechts in den EG-Staaten einschließlich Österreich, Schweiz und UN-Kaufrecht, Köln 1992, Seite 765 ff., zit.: Heller, in v. Westphalen (Hrsg.), Handbuch des Kaufvertragsrechts der EG-Staaten, Seite.

Hellner, Thorwald: Quo vadis AGB-Recht, in Baur, Jürgen/Hopt, Klaus/Mailänder (Hrsg.), Peter, Festschrift für Ernst Steindorff zum 70. Geburtstag, Berlin/New York 1990, Seite 573 ff., zit.: Hellner, in FS für Steindorff, Seite.

Henrich, Dieter: Die Unterschrift unter einer nichtgelesenen Urkunde, in RabelsZ, 35 (1971), Seite 55 ff., zit.: Henrich, in RabelsZ, 35 (1971), Seite.

Henssler, Martin: Risiko als Vertragsgegenstand, Tübingen 1994, zugleich Habilitation Konstanz 1990, zit.: ebenso, Seite.

Heß, Burkhard: Anmerkung zu EuGH vom 14. 07. 1994, Rs. C 91/92 (Faccini Dori), in JZ 1995, Seite 150 ff., zit.: Heß, in JZ 1992, Seite.

Heyne, Paul: The Economic Way of Thinking, Sixth Edition, New York 1991, zit.: ebenso.

Hicks: The Foundation of Welfare Economics, in 49 Econ. J. 696 (1939).

Hildenbrand, Thomas: Effizienter Verbraucherschutz durch das Teilzeit-Wohnrechtegesetz ?, in NJW 1998, Seite 2940 ff., zit.: Hildenbrand, in NJW 1998, Seite.

Hippel, Eike von: Verbraucherschutz, 3. Auflage, Tübingen 1986, zit.: Hippel, Verbraucherschutz, Seite.

Hippel, Fritz v.: Zum Aufbau und Sinneswandel unseres Privatrechts, Tübingen 1957, zit.: ebenso, Seite.

Hirsch, Werner Z.: Law and Economics, An Indroductory Analysis, New York u. a. 1979, zit.: Hirsch, Law and Economics, Seite.

Hirshleifer, Jack: The Private and Social Value of Information and the Reward to Inventive Activity, 61 Am. Econ. Rev. 561 (1971), zit.: Hirshleifer, 61 Am. Econ. Rev. 561 (1971).

Hirte, Heribert: Wege zu einem europäischen Zivilrecht, Stuttgart 1996, zit.: ebenso

Hochbaum, Ingo: Der Begriff der Kultur im Maastrichter und Amsterdamer Vertrag, in BayVBl. 1997, 641 ff., 680 ff., zit.: ebenso, Seite.

Hoffmann, Bernd v.: Internationales Privatrecht, 6. Auflage, München 2000, zit.: ebenso, §, Randnummer.

Hoffmann, Bernd v.: Über den Schutz des Schwächeren bei Internationalen Schuldverträgen, in RabelsZ 38 (1974), Seite 396 ff, zit.: v. Hoffmann, in RabelsZ 38 (1974), Seite.

Hoffmann-Becking, Gerhard: Normaufbau und Methode, Tübingen 1973, zit.: Hoffmann-Becking, Normaufbau und Methode, Seite.

Höfling, Wolfram: Vertragsfreiheit. Eine grundrechtsdogmatische Studie, Heidelberg 1991, zit.: ebenso, Seite.

Höland, Armin: Leitbilder des europäischen Verbraucherrechts, in Krämer, Ludwig/Micklitz, Hans-W./Tonner, Klaus (Hrsg.), Law and diffuse Interests in the European Legal Order, Liber amicorum Norbert Reich, Baden-Baden 1997,195 ff., zit.: Höland, in Krämer/Micklitz/Tonner, (Hrsg.), Law and diffuse Interests, Seite.

Holmes, Oliver Wendell: The Path of the Law, 10 Harv. L. Rev. 457 (1897), zit.: ebenso.

Hommelhoff, Peter: Die Auslegung angeglichenen Gesellschaftsrechts –eine Analyse der EuGH-Rechtsprechung-, in Schulze, Reiner (Hrsg.), Auslegung europäischen Privatrechts und angeglichenen Rechts, Baden-Baden 1999, zit.: Hommelhoff, in Schulze (Hrsg.), Auslegung europäischen Privatrechts, Seite.

Hommelhoff, Peter: Zivilrecht unter dem Einfluss europäischer Rechtsangleichung, in AcP 192 (1992), Seite 71 ff., zit.: Hommelhoff, in AcP 192 (1992, Seite.

Hondius, Ewoud: Niederländisches Verbraucherrecht –vom Sonderrecht zum integrierten Zivilrecht, zit.: Hondius, in VuR 1996, Seite.

Honsell, Heinrich: Berliner Kommentar zum VVG, Berlin 1999, zit.: Bearbeiter, in Honsell, VVG, §, Rn..

Honsell, Heinrich: Bürgschaft und Mithaftung einkommens- und vermögensloser Familienmitglieder, in NJW 1995, Seite 565 ff., zit.: Honsell, in NJW 1995, Seite.

Honsell, Thomas: Zweifel bei der Auslegung Allgemeiner Geschäftsbedingungen, in JA 1985, Seite 260 ff., zit.: Honsell, in JA 1985, Seite.

Hopt, Klaus: Der Kapitalanlegerschutz im Recht der Banken, München 1975, zit.: ebenso, Seite.

Horn, Dieter: Rechtssprache und Kommunikation, Berlin 1966, zit.: ebenso.

Horn, Norbert: Culpa in contrahendo, in JuS 1995, Seite 377 ff., zit.: Horn, in JuS 1995, Seite.

Horn, Norbert: Der Ausschluss von Aufklärung und Beratung im Anlegerschutzrecht, in Horn, Norbert/Lwowski, Hans-Jürgen/ders. (Hrsg.): Bankrecht – Schwerpunkte und Perspektiven: Festschrift für Herbert Schimansky, Köln 1999, Seite 653 ff., zit.: Horn, in FS Schimansky, Seite.

Horn, Norbert: Zur ökonomischen Rationalität des Privatrechts – Die privatrechtstheoretische Verwertbarkeit der "Economic Analysis of Law", in AcP 176 (1976), Seite 307 ff., zit.: Horn, in AcP 176 (1976), Seite.

Hosková, Mahulena: Das slowakische Staatsprachegesetz vom 15. November 1995, WGO-Monatshefte für Osteuropäisches Recht 1996, Seite 177 ff., zit.: Hosková, in WGO-Monatshefte für Osteuropäisches Recht 1996, Seite.

Hoyningen-Huene, Gerrick v.: Unwirksamkeit von AGB bei bloßer Intransparenz, in Westphalen, Friedrich Graf v./Sandrock, Otto (Hrsg.), Lebendiges

Recht – Von den Sumerern bis zur Gegenwart, Festschrift für Reinhold Trinkner zum 65. Geburtstag, Heidelberg 1995, Seite 179 ff., zit.: Hoyningen-Huene, in FS für Trinkner, Seite.

Hübner, Heinz: Rechtsgeschäftslehre und Verbraucherschutz, in Festschrift für Bodo Börner, herausgegeben von Jürgen B. Baur, Peter-Christian Müller-Graff und Manfred Zuleeg, Köln/Berlin u. a. 1992, Seite 717 ff., zit.: Hübner, in FS für Börner, Seite.

Hübner, Ulrich: Allgemeine Geschäftsbedingungen und Internationales Privatrecht, in NJW 1980, Seite 2601 ff., zit.: Hübner, in NJW 1980, Seite.

Huls, Nick: Critical Insurance Law, in Thomas Wilhelmsson (Hrsg.), Perspectives of Critical Contract Law, Newcastle upon Tyne 1992, Seite 149 ff., zit.: ebenso, Seite.

Huster, Stefan: Rechte und Ziele, Berlin 1993, zugleich Diss. Heidelberg 1993, zit.: ebenso, Seite.

Imping, Andreas: Anmerkung zu BGH, Urteil vom 29.6.1997 – V ZR 29/96, in MDR 1998, Seite 27 ff., zit.: Imping, in MDR 1998, Seite.

Ingerl, Reinhard E.: Sprachrisiko im Verfahren, zur Verwirklichung der Grundrechte deutschunkundiger Beteiligter im Gerichts- und Verwaltungsverfahren, München 1988, zugleich Diss. München 1988, zit.: Ingerl, Sprachrisiko im Verfahren.

Jancke, Ulrich: Das Sprachrisiko des ausländischen Arbeitnehmers im Arbeitsrecht, Diss. München 1987, zit. Jancke, Das Sprachrisiko des ausländischen Arbeitnehmers, Seite.

Jarass, Hans D./Pieroth, Bodo: Grundgesetz für die Bundesrepublik Deutschland, Kommentar, 5. Auflage, München 2000, zit.: Bearbeiter, in Jarass/Pieroth, Art., Rn..

Jarass, Hans D.: Folgen der innerstaatlichen Wirkung von EG-Richtlinien, in NJW 1991, Seite 2665 ff., zit.: Jarass, in NJW 1991, Seite.

Jarass, Hans D.: Grundfragen der innerstaatlichen Bedeutung des EG-Rechts, Köln 1994, zit.: ebenso.

Jauernig, Othmar: Bürgerliches Gesetzbuch, 8. Auflage, München 1997, zit.: Jauernig-Bearbeiter, §, Rn..

Jayme, Erik : Identité culturelle et integration : Le droit international privé postmoderne, Recueil des Cours, 251 (1995), Seite 9 ff., zit.: ebenso, Seite.

Jayme, Erik/Kohler, Christian: Europäisches Kollisionsrecht 1999 – Die Abendstunde der Staatsverträge, in IPRax 1999, Seite 401 ff., zit.: Jayme/Kohler, in IPRax 1999, Seite.

Jayme, Erik/Kohler, Christian: Europäisches Kollisionsrecht 1995 – Der Dialog der Quellen, in IPRax 1995, Seite 343 ff., zit.: Jayme/Kohler, in IPRax 1995, Seite.

Jayme, Erik: Allgemeine Geschäftsbedingungen und internationales Privatrecht, in 142 ZHR (1978), Seite 105 ff., zit.: ebenso, Seite.

Jayme, Erik: Multicultural Society and Private Law – German Experiences, Rom 1999, zit.: ebenso, Seite.

Jayme, Erik: Osservazioni per una teoria postmoderna della comparazione giuridica, Rivista di diritto civile 1997, Seite 813 ff., zit.: ebenso, Seite.

Jayme, Erik: Rechtsvergleichung - Ideengeschichte und Grundlagen von Emerico Amari zur Postmoderne, Heidelberg 1999, zit.: ebenso, Seite.

Jayme, Erik: Sprachrisiko und internationales Privatrecht beim Bankverkehr mit ausländischen Kunden, in Recht und Wirtschaft in Geschichte und Gegenwart, Festschrift für Johannes Bärmann zum 70. Geburtstag, herausgegeben von Marcus Lutter, Helmut Kollhoser und Winfried Trusen, München 1975, Seite 509 ff., zit.: Jayme, in FS für Bärmann, Seite.

Jellinek, Georg: Die sozialethische Bedeutung von Recht, Unrecht und Strafe, 2. Auflage, Berlin 1908, 45.

Jochum, Georg: Der neue Art. 13 EGV oder „political correctness" auf europäisch ?, in ZRP 1999, Seite 279 ff., zit.: ebenso, Seite.

Joerges, Christian/Brüggemeier, Gert: Europäisierung des Vertrags- und Haftungsrechts, in Müller-Graff, Peter-Christian (Hrsg.), Gemeinsames Privatrecht in der Europäischen Gemeinschaft, 2. Auflage, Baden-Baden 1999, Seite 301 ff., zit.: Joerges/Brüggemeier, in Müller-Graff (Hrsg.), Gemeinsames Privatrecht in der Europäischen Gemeinschaft, Seite.

Joerges, Christian: Die Europäisierung des Privatrechts als Rationalisierungsprozess und als Streit der Disziplinen, in ZEuP 1995, Seite 181 ff., zit.: Joerges, in ZEuP 1995, Seite

John, Uwe: Grundsätzliches zum Wirksamwerden empfangsbedürftiger Willenserklärungen, in AcP 184 (1984), Seite 385 ff., zit.: John, in AcP 184 (1984), Seite.

Jürgens, Andreas: Der Diskriminierungsschutz im Grundgesetz, in DVBl 1995, Seite 410 ff., zit.: Jürgens, in DVBl 1995, Seite.

Kaldor: Welfare Propositions of Economics and Interpersonal Comparisons of Utility, in 49 Econ. J. 549 (1939).

Kalisch, Ines: Die Entwicklung des Verbots der mittelbaren Diskriminierung wegen des Geschlechts im Sozialrechts unter exemplarischer Anwendung auf Regelungen im Rentenrecht, Frankfurt am Main u.a. 1999, zugleich Diss. Bremen 1997, zit.: Kalisch, Die Entwicklung des Verbots der mittelbaren Diskriminierung wegen des Geschlechts im Sozialrechts, Seite.

Kallenborn,Gerald: Das Sprachenproblem bei Vertragsabschlüssen mit ausländischen Verbrauchern, Dissertation Rostock 1997, zit.: Kallenborn, Sprachenproblem, Seite.

Kantorowicz, Hermann: Der Begriff des Rechts, Göttingen 1957, zit.: ebenso, Seite.

Kapnopoulou, Elissavet N.: Das Recht der missbräuchlichen Klauseln in der Europäischen Union, das griechische Verbraucherschutzgesetz als Beitrag zum europäischen Privatrecht, Tübingen 1997, zugleich Diss. Saarbrücken, zit.: Kapnopoulou, Das Recht der missbräuchlichen Klauseln in der Europäischen Union.

Kappus, Andreas: EG-Richtlinie über mißbräuchliche Vertragsklauseln und notarielle Verträge – Steht den deutschen Notaren ihr gemeinschaftsrechtliche Waterloo bevor ?, in NJW 1994, Seite 1847 ff., zit.: Kappus, in NJW 1994, Seite.

Kaser, Max: Das römische Privatrecht, Erster Abschnitt: Das altrömische, das vorklassische und klassische Recht, 2. Auflage, München 1971, zit.: Kaser, Das römische Privatrecht.

Kegel, Gerhard: Internationales Privatrecht, 8. Auflage, München 2000, zit.: Kegel, Internationales Privatrecht, Seite.

Kemper, Rainer: Anmerkung zu BGH, Urteil vom 12. 06. 1990, VIII ZR 178/90, in JA 1992, Seite 88 ff., zit.: Kemper, in JA 1992, Seite.

Kemper, Rainer: Verbraucherschutzinstrumente, 1. Auflage 1994, Baden-Baden, zugleich Diss. Münster, zit.: Kemper, Verbraucherschutzinstrumente, Seite.

Kent, Joseph: Commentaries on Equity Jurisprudence, Third Edition 1842, zit.: ebenso.

Keßler, Jürgen: European Consumer Law – zu den dogmatischen und didaktischen Konzepten des europäischen Verbraucherrechts, in VuR 1999, Seite 415 ff., zit.: Keßler, European Consumer Law, Seite.

Kind, Sandra: Die Grenzen des Verbraucherschutzes durch Information – aufgezeigt am Teilzeitwohnrechtegesetz, Berlin 1998, zit.: Kind, Die Grenzen des Verbraucherschutzes durch Information, Seite.

Kirchner, Chritian: Effizienz als Rechtsprinzip ?, in Ott, Claus/Schäfer, Hans-Bernd (Hrsg.), Effiziente Verhaltenssteuerung und Kooperation im Zivilrecht, Tübingen 1996, Seite 44 ff., zit.: Kirchner, in Ott/Schäfer (Hrsg.), Effiziemte Verhaltenssteuerung und Kooperation im Zivilrecht, Seite.

Kirchner,Christian: Europäisches Vertragsrecht, in Weyers, Hans-Leo (Hrsg.), Europäisches Vertragsrecht, Baden-Baden 1997, Seite 103 ff., zit.: Kirchner, in Weyers (Hrsg.), Europäisches Vertragsrecht, Seite.

Kitch, Edmund W.: Law and Economics of Rights in Valuable Information, 9 J. Legal Stud. 683 (1980), zit.: Kitch, 9 J. Legal Stud. 683 (1980).

Klauer, Irene: Die Europäisierung des Privatrechts: Der EuGH als Zivilrichter, Baden-Baden 1998, zugleich Diss. St. Gallen 1997, zit.: ebenso.

Klemperer, Victor: Walter Nowojski (Hrsg.), Klemperer, Ich will Zeugnis ablegen bis zum letzten - Tagebücher 1942-1945, 9. Auflage, Berlin 1997, zit.: ebenso, Seite.

Klingsporn, Burkard: Der Schutz des Verbrauchers im internationalen Privatrecht, in WM 1994, Seite 1093 ff., zit.: Klingsporn, in WM 1994, Seite.

Knight, Frank H.: Risk, Uncertainty and Profit, Chicago 1921, zit.: ebenso, Seite.

Koch, Harald: Legal aspects of a language policy for the European Communities: Language risks, equal opportunities, and legislating a language, in Joshua A. Fishman (Hrsg.) A language policy for the European Community, Seite 147 ff., Berlin, New York 1991, zit.: Koch, in Fishman (Hrsg.), A language policy for the European Community, Seite.

Kochs, Herrmann: Probleme deutscher Richter bei der Auslegung europäischen Privatrechts, in Schulze, Reiner (Hrsg.), Auslegung europäischen Privatrechts und angeglichenen Rechts, Baden-Baden 1999, zit.: Kochs, in Schulze (Hrsg.), Auslegung europäischen Privatrechts, Seite.

Köhler, Helmut: Vertragsrecht und „Property Rights“-Theorie, in ZHR 144 (1980), Seite 589 ff., zit.: Köhler, in ZHR 144 (1980), Seite.

Koller, Alfred: Schweizerisches Obligationenrecht, Allgemeiner Teil, Bd. I, Bern 1996, zit.: ebenso, Rn..

Koller, Ingo: Das Transparenzgebot als Kontrollmaßstab Allgemeiner Geschäftsbedingungen, in Bauer, Jürgen/Hopt, Klaus/Mailänder, Peter (Hrsg.), Festschrift für Ernst Steindorff zum 70.Geburtstag, Berlin/New York 1990, Seite 667 ff., zit.: Koller, in FS für Steindorff, Seite.

Kollhosser, Helmut: Zur Tilgungsverrechnung bei Amortisationsdarlehen, in ZIP 1986, Seite 1429 ff., zit.: Kollhosser, in ZIP 1986, Seite.

Köndgen, Johannes: Grund und Grenzen des Transparenzgebots im AGB-Recht, in NJW 1989, Seite 943 ff., zit.: Köndgen, in NJW 1989, Seite.

Köndgen, Johannes: Selbstbindung ohne Vertrag, Tübingen 1981, zugleich Habilitation Tübingen 1980, zit.: ebenso, Seite.

Körber, Torsten: Europäisierung des Privatrechts durch Direktwirkung des Gemeinschaftsrechts ?, in EuZW 2001, Seite 353, zit.: Körber, in EuZW 2001, Seite.

Kost, Manfred: Konsensprobleme im internationalen Schuldvertragsrecht, Frankfurt a. Main, Berlin u. a. 1995, zugleich Diss. Trier 1994, zit.: Kost, Konsensprobleme, Seite.

Kothe, Wolfhard: Die rechtfertigende Einwilligung, in AcP 185 (1985), Seite 105 ff., zit.: Kothe, in AcP 185 (1985), Seite.

Kothe, Wolfhard: Verbraucherschutz im Lichte des europäischen Wirtschaftsrechts, in EuZW 1990, Seite 150 ff., zit.: Kothe, in EuZW 1990, Seite.

Kötz, Hein: Europäisches Vertragsrecht, Bd. 1, Tübingen 1996, zit.: ebenso, Seite.

Kötz, Hein: Gemeineuropäisches Zivilrecht, in Festschrift für Konrad Zweigert zum 70. Geburtstag, herausgegeben von Herbert Bernstein, Ulrich Drobnig und Hein Kötz, Tübingen 1981, Seite 481 ff., zit.: Kötz, in FS für Zweigert.

Kötz, Hein: Rechtsvereinheitlichung -Nutzen, Kosten, Methoden, Ziele, in RabelsZ 50 (1986), Seite 1 ff., zit.: Kötz, in RabelsZ 50 (1986), Seite.

Kramer, Ernst A.: Grundfragen der vertraglichen Einigung. Konsens, Dissens und Erklärungsirrtum als dogmatisches Problem des österreichischen, schweizerischen und deutschen Vertragsrechts, München 1972, zugleich Habilitation Salzburg 1971, zit.: Kramer, Grundfragen der vertraglichen Einigung, Seite.

Kreienbaum, Birgit: Transparenz und AGB-Gesetz, Berlin 1998, zugleich Diss. Münster 1997, zit.: ebenso, Seite.

Kretschmar, Christian: Die Richtlinie 93/13/EWG des Rates vom 05. 04. 1993 über missbräuchliche Klauseln in Verbraucherverträgen und das deutsche AGB-Gesetz, Europäische Hochschulschriften Reihe 2, Rechtswissenschaften, Frankfurt am Main, zit.: Kretschmar, Die Richtlinie 93/13/EWG, Seite.

Kronman, Anthony T./Posner, Richard A.: The Economics of Contract Law, Boston/Toronto 1979, zit.: ebenso, Seite.

Kronman, Anthony T.: Mistake, Disclosure, Information, and the Law of Contracts, 7 J. Legal Stud. 1 (1978), zit.: Kronman, 7 J. Legal Stud. 1 (1978).

Kropholler, Jan: Das kollisionsrechtliche System des Schutzes der schwächeren Vertragspartei, in RabelsZ 42 (1978), Seite 634 ff., zit.: Kropholler, in RabelsZ 42 (1978), Seite.

Kropholler, Jan: Internationales Privatrecht, 4. Auflage, Tübingen 2001, zit.: Kropholler, IPR, Seite.

Kübler, Friedrich: Effizienz als Rechtsprinzip. Überlegungen zum rechtspraktischen Gebrauch ökonomischer Argumente, in Baur, Jürgen/Hopt, Klaus/Mailänder, Peter (Hrsg.), Festschrift für Ernst Steindorff zum 70. Geburtstag, Berlin/New York 1990, Seite 687 ff., zit.: Kübler, in FS für Steindorff, Seite.

Lahmann, Kai: Insiderhandel. Ökonomische Analyse eines ordnungspolitischen Dilemmas, Berlin 1994, zugleich Diss. Münche 1993 zit.: Lahmann, Insiderhandel.

Lamberterie, Isabelle de/Rieg, Alfred/Tallon, Dennis: Le contrôle des clauses abusives dans l'intérêt du consommateur dans les pays de la C. E. E., Rapport General, in Revue internationale de droit comparé 1982, Seite 1059 ff., zit.: Lamberterie/Rieg/Tallon, in Revue internationale de droit comparé 1982, Seite.

Lando, Ole: European Contract Law, in Weyers, Hans-Leo (Hrsg.), Europäisches Vertragsrecht, Baden-Baden 1997, Seite 81 ff., zit.: Lando, in Weyers (Hrsg.), Seite.

Larenz, Karl/Canaris, Claus-Wilhelm: Methodenlehre der Rechtswissenschaft, 3. Auflage, Heidelberg 1995, zit.: Larenz/Canaris, Methodenlehre der Rechtswissenschaft, Seite.

Larenz, Karl/Wolf, Manfred: Allgemeiner Teil des deutschen Bürgerlichen Rechts, 8. Auflage, München 1997, zit.: Larenz, AT.

Larenz, Karl: Bemerkungen zur Haftung für „culpa in contrahendo", in Beiträge zum Zivil- und Wirtschaftsrecht, Festschrift für Kurt Ballerstedt zum 70. Geburtstag, herausgegeben von Werner Flume, Berlin 1975, Seite 397 ff., zit.: Larenz, in FS für Ballerstedt, Seite.

Lauer, Jürgen: Vorvertragliche Informationspflichten (insbesondere gegenüber Verbrauchern) nach schweizerischem, deutschem und französichen Recht, Bern 1983, zit.: Lauer, Vorvertragliche Informationspflichten, Seite.

Laufs, Adolf: Die Entwicklung des Arztrechts 1990/1991, in NJW 1991, Seite 1516 ff., zit.: Laufs, in NJW 1991. Seite.

Laux, Helmut: Entscheidungstheorie, 3. Auflage, Bd. I (1995) und II (1993), Berlin.

Lawson, Gary: The Ethics of Insider Trading, 11 Harv J.L. & Pub. Pol'y 727 (1988), zit.: ebenso.

Lee Whorf, Benjamin: Language, Thought and Reality, New York 1956, zit.: ebenso, Seite.

Leenen, Detlef: Die Funktionsbedingungen vón Verkehrssystemen in der Dogmatik des Privatrechts, in Rechtsdogmatik und praktische Vernunft, Symposion zum 70. Geburtstag von Franz Wieacker, herausgegeben von Okko Behrends u. a. , Göttingen 1990, Seite 108 ff., zit.: Leenen, in: Symposion Wieacker, Seite.

Lehmann, Michael: Vertragsanbahnung durch Werbung, München 1981, zugleich Habilitation München 1981, zit.: ebenso, Seite.

Leible, Stefan: Kollisionsrechtlicher Verbraucherschutz im EVÜ und in EG-Richtlinien, in Schulte-Nölke, Hans/Schulze, Reiner (Hrsg.): Europäische Rechtsangleichung und nationale Privatrechte, Seite 353 ff., zit.: Leible, in Schulte-Nölke/Schulze (Hrsg.), Europäische Rechtsangleichung und nationale Privatrechte, Seite.

Lemor, Ulf: Die rechtlichen Rahmenbedingungen für die Kraftfahrtversicherung nach der Deregulierung, in VW 1994, Seite 1133 ff., zit.: Lemor, VW 1994, Seite.

Lemouland, Jean-Jacques: Le pluralisme et le droit de la famille, postmodernité ou pré-déclin ?, Dalloz, Chronique, 1997, Seite 133 ff., zit.: ebenso, Seite.

Lenz, Carl Otto (Hrsg.): Kommentar zu dem Vertrag zur Gründung der Europäischen Gemeinschaften, in der durch den Amstderdamer Vertrag geänderten Fassung, 2. Auflage, Köln 1999, zit.: Bearbeiter, in Lenz, Art., Rn..

Lin Yutang, (Hrsg.): Laotse, Das Buch vom Tao, Fischer Bücherei, Bd. 89, 1. Buch, Das Wesen des Tao, zit. ebenso.

Linke, Hartmut: Sonderanknüpfung der Willenserklärung ? – Auflösungstendenzen im internationalen Schuldvertragsrecht, in ZVR 79 (1980), Seite 1 ff., zit.: Linke, in ZVR 79, Seite.

Loewenheim, Ulrich: Irrtumsanfechtung bei Allgemeinen Geschäftsbedingungen, in AcP 180 (1980), Seite 433 ff., zit.: Loewenheim, in AcP 180 (1980), Seite.

Loges, Rainer: Die Begründung neuer Erklärungspflichten und der Gedanke des Vertrauensschutzes, Berlin 1991, zugleich Diss. Göttingen 1990, zit.: ebenso, Seite.

Lorenz, Stephan: Der Schutz vor dem unerwünschten Vertrag. Eine Untersuchung von Möglichkeiten und Grenzen der Abschlusskontrolle im geltenden Recht, München 1997, zugleich Habilitation München 1997, zit.: Lorenz, Der Schutz vor dem unerwünschten Vertrag, Seite.

Lorenz, Stephan: Vetragsaufhebung wegen culpa in contrahendo: Schutz der Entscheidungsfreiheit oder des Vermögens ? Eine Besprechung des Urteils des BGH vom 26. September, ZIP 1998, 154, in ZIP 1998, Seite 1053 ff., zit.: Lorenz, in ZIP 1998, Seite.

Lorenz, Werner: Zum Abschluss eines Versicherungsvertrages nach § 5 a VVG, in VersR 1995, Seite 616 ff., zit.: Lorenz, in VersR 1995, Seite.

Löwe, Walter: Bürgen in Sippenhaftung dürfen aufatmen, in ZIP 1993, Seite 1759, zit.: Löwe, in ZIP 1993, Seite.

Lüderitz, Alexander: Internationaler Verbraucherschutz in Nöten, in IPRax 1990, Seite 218 ff., zit.: Lüderitz, in IPRax 1990, Seite.

Lüderitz, Alexander: Internationales Privatrecht, 2. Auflage, Neuwied 1992, zit.: Lüderitz, Internationales Privatrecht, Randnummer.

Luhmann, Niklas: Das Recht der Gesellschaft, Frankfurt a. Main 1995, zit.: ebenso.

Luhmann, Niklas: Vertrauen. Ein Mechanismus zur Reduktion sozialer Komplexität, Stuttgart 1968, zit.: ebenso, Seite.

Luhmann, Niklas: Zweckbegriff und Systemrationalität: über die Funktion von Zwecken in sozialen Systemen, Tübingen 1968, zit.: Luhmann, Zweckbegriff und Systemrationalität, Seite.

Lurger, Brigitta: Vertragliche Solidarität. Entwicklungschancen für das allgemeine Vertragsrecht in Österreich und in der Europäischen Union, Baden-Baden 1998, zit.: Lurger, Vertragliche Solidarität, Seite.

Lutter, Marcus: Die Auslegung angeglichenen Rechts, in JZ 1992, Seite 593, zit.: Lutter, Die Auslegung angeglichenen Rechts, in JZ 1992, Seite.

Lutter, Marcus: Zum Umfang der Bindung durch Richtlinien, in Due, Ole/ders./Schwarze, Jürgen (Hrsg.), Festschrift für Ulrich Everling, Band 1, Baden-Baden 1995, Seite 765 ff., zit.: Lutter, in Due/Lutter/Schwarze, FS für Everling, Seite.

Lyons, David: Ethics and the Rule of Law (Cambridge 1984), zit.: ebenso.

Lyotard, Jean-Francois : La condition postmoderne, rapport sur le savoir, Paris 1994, zit. : ebenso, Seite.

MacEwan, Martin: Promoting equal opportunity: the enforcement agency, in ders. (Hrsg.), Anti-Discrimination Law Enforcement: A Comparative Perspective, Ashgate 1998, Seite 1 ff., zit.: MacEwan, in ders. (Hrsg.), Anti-Discrimination Law Enforcement, Seite.

Macey, Jonathan R.: Comment. Ethics, Economics, and Insider Trading: Ayn Rand Meets the Theory of the Firm, 11 Harv. J.L. & Pub. Pol'y 785 (1988), zit.: Macey, 11 Harv. J.L. & Pub. Pol'y 785 (1988).

Mackaay, Evert J.P.: Economics of Information and Law, Boston/The Hague/London 1982, zugleich Diss. Amsterdam 1980, zit.: ebenso.

Mäder, Werner: Sprache und Recht, Minderheitenschutzrecht in Deutschland, in JuS 2000, Seite 1150 ff., zit. Mäder, in JuS 2000, Seite.

Maidl, Johannes: Ausländische AGB im deutschen Recht, Reihe Europäisches Wirtschaftsrecht, München 2000, zit.: Maidl, Ausländische AGB im deutschen Recht, Seite.

Mangoldt, Herrmann v./Klein, Friedrich/Starck, Christian: Grundgesetz, Band 1, Art. 1-5, 3. Auflage, München 1985, zit.: Bearbeiter, in Mangoldt/Klein/Starck, Grundgesetz, Band 1, Art., Rn..

Mankowski, Peter: Das Internet im Internationalen Vertrags- und Deliktsrecht, in RabelsZ 1999, Seite 203 ff., zit.: Mankowski, in RabelsZ 1999, Seite.

Mankowski, Peter: Strukturfragen des Internationalen Verbrauchervertragsrechts, in RIW 1993, Seite 453 ff., zit: Mankowski, in RIW 1993, Seite.

Mankowski, Peter: Time-Sharing-Verträge und Internationales Vertragsrecht, in RIW 1995, Seite 364 ff., zit.: Mankowski, in RIW 1995, Seite.

Mankowski, Peter: Widerrufsrecht und Art. 31 II EGBGB, in RIW 1996, Seite 382 ff., zit.: Mankowski, in RIW 1996, Seite

Marko, Joseph: Autonomie und Integration: Rechtsinstitute des Nationalitätenrechts im funktionalen Vergleich, Wien u. a. 1995, zugleich Habilitation Wien 1994, zit.: Marko, Autonomie und Integration, Seite.

Markwardt, Karsten: Die Rolle des EuGH bei der Inhaltskontrolle vorformulierter Verbraucherverträge, Baden-Baden 1999, zugleich Diss. Heidelberg 1998/99, zit.: Markwardt, Verbraucherverträge, Seite.

Marschak, Jakob: Towards an Economic Theory of Organisation and Information, in Thrall, Robert M. /Coombs, Clyde H./Davis, Robert L. (Hrsg.), Decision Processes, New York u.a. 1954, Seite 187 ff., zit.: Marschak, in Thrall/Coombs/Davis (Hrsg.), Decision Processes, Seite.

Marshall, Birke: A Comment on the Nondiscrimination Principle in a "Nation of Minorities", in 93 Yale Law Journal (1984), 1006 ff., zit.: Marshall, 93 Yale Law Journal (1984), Seite.

Martí, Juan Hernández: Kaufvertragsrecht in Spanien, in Friedrich Graf v. Westphalen (Hrsg.), Handbuch des Kaufvertragsrechts in den EG-Staaten einschließlich Österreich, Schweiz und UN-Kaufrecht, Köln 1992, Seite 977 ff., zit.: Martí, in v. Westphalen (Hrsg.), Handbuch des Kaufvertragsrechts der EG-Staaten, Seite.

Martinek, Michael: Das neue Teilzeit-Wohnrechtegesetz – missratener Verbraucherschutz bei Time-Sharing-Verträgen, in NJW 1997, Seite 1393 ff., zit.: Martinek, in NJW 1997, Seite.

Martinek, Michael: Verbraucherschutz im Fernabsatz – Lesehilfe mit Merkpunkten zur neuen EU-Richtlinie, in NJW 1998, Seite 207 ff., zit.: Martinek, in NJW 1998, Seite.

Martiny, Dieter: Babylon in Brüssel ?, in ZEuP 1998, Seite 227 ff., zit.: Martiny, in ZEuP 1998, Seite.

Martiny, Dieter: Ausländerdiskriminierung beim Vertragsabschluß, in ZEuP 2001, Seite 563 ff., zit.: Martiny, in ZEuP 2001, Seite.

Mäsch, Gerald: Gran Canaria und kein Ende: zur Sonderanknüpfung vorkonsensualer Elemente im internationalen Vertragsrecht, in IPRax 1995, Seite 371 ff., zit.: Mäsch, in IPRax 1995, Seite.

Mäsch, Gerald: Rechtswahlfreiheit und Verbraucherschutz. Eine Untersuchung zu den Art. 29 I, 27 III und 34 EGBGB. Diss. Passau, 1992. Schriften zum Internationalen Recht Bd. 62, Berlin 1993, zit.: Mäsch, Rechtswahlfreiheit und Verbraucherschutz, Seite.

Mason,Richard O./Mitroff, Ian I.: Challenging Strategic Planning Assumptions: theory, cases and techniques, New York 1981, zit.: Mason/Mitroff, Challenging Strategic Planning Assumptions.

Maunz, Theodor/Dürig, Günter./Herzog, Roman/Scholz, Rupert: Kommentar zum Grundgesetz, München Loseblatt, Stand 6/1998, zit.: Bearbeiter, Maunz/Dürig/Herzog/Scholz, Grundgesetz, Art., Rn..

Mayer, Ulrich: Die Vereinbarung Allgemeiner Geschäftsbedingungen bei Geschäften mit ausländischen Kontrahenten, Diss. Tübingen 1984, zit.: Mayer, Vereinbarung Allgemeiner Geschäftsbedingungen.

Mayer-Maly, Theo: Einführung in die Rechtswissenschaft, Berlin/Heidelberg u. a. 1995, zit.: Mayer-Maly, Rechtswissenschaft, Seite.

Medicus, Dieter: Allgemeiner Teil des BGB, Lehrbuch, 7. Auflage, Heidelberg 1997, zit.: Medicus, AT, Rn..

Medicus, Dieter: Verbraucherrecht und Verbrauchsgüterkauf in einem kodifikatorischen System – Bürgerrecht, Handelsrecht und Sonderprivatrecht, in Grundmann, Stefan/Medicus, Dieter/Rolland, Walter: Europäisches Kaufgewährleistungsrecht, Reform und Internationalisierung des deutschen Schuldrechts, Seite 219 ff., zit.: Medicus, in Grundmann, Europäisches Kaufgewährleistungsrecht, Seite.

Medicus, Dieter: Anspruch und Einrede als Rückgrat einer zivilistischen Lehrmethode, in AcP 174 (1974), Seite 313 ff., zit.: Medicus, in AcP 174 (1974), Seite.

Meier, Klaus/Wehlau, Andreas: Aspekte zum Schutz marktwirtschaftlich ungeübter Verbraucher – dargestellt am Beispiel von Geschäften mit Aussiedlern, in VuR 1991, Seite 141 ff., zit.: Meier/Wehlau, in VuR 1991, Seite.

Mennicke, Petra: Sanktionen gegen Insiderhandel. Eine rechtsvergleichende Untersuchung unter Berücksichtigung des US-amerikanischen und britischen Rechts, Berlin 1996, zit.: Mennicke, Sanktionen gegen Insiderhandel.

Mercuro, Nicholas/Medema, Steven G.: Economics and the Law. From Posner to Postmodernism, Priceton 1997, zit.: ebenso, Seite.

Merkt, Hanno: Europäische Rechtsdurchsetzung und strengeres autonomes Recht zur Auslegung von Gemeinschaftsnormen als Mindeststandard, in RabelsZ 61 (1997), Seite 647 ff., zit.: Merkt, in RabelsZ 61 (1997), Seite.

Mertens de Wilmars, Josse: Le droit comparé dans la jurisprudence de la Cour de Justice des Communautés Européennes, in Journal des Tribunaux 110 (1991), Seite 37 ff., zit.: ebenso.

Mertens de Wilmars, Josse: Réflexions sur les méthodes d'interprétation de la Cour de Justice des Communautés Européennes, Cahiers de Droit Européen 1986, Seite 5 ff., zit.: ebenso.

Meyer, Alfred Hagen: Das Verbraucherleitbild des Europäischen Gerichtshofs - Abkehr vom flüchtigen Verbraucher, in WRP 1993, seite 215 ff., zit.: ebenso.

Micklitz, Hans/Reich, Norbert: Verbraucherschutz im Vertrag über die Europäische Union – Perspektiven für 1993, in EuZW 1992, Seite 593 ff., zit.: Micklitz/Reich, in EuZW 1992, Seite.

Micklitz, Hans-W: Die Fernabsatzrichtlinie 97/7/EG, in ZEuP 1999, Seite 875 ff., zit. Micklitz, in ZEuP 1999, Seite.

Milgrom, Paul/Roberts, John: Economics, Organization and Management, Englewood Cliffs 1992, zit.: ebenso, Seite.

Millet, Timothy: Rules of Interpretation of E.E.C. Legislation, in Statute Law Review 1989, Seite 163 ff., zit.: ebenso, Seite.

Minow, Martha: Making All the Difference, Exclusion, Inclusion and American Law, London 1991, zit.: ebenso, Seite.

Monteiro, António Pinto: La transposition de la directive europeene sur les clauses abusives au Portugal, in ERPL 5 (1997), Seite 197 ff., zit. : Monteiro, in ERPL 5 (1997), Seite.

Moons, Eric: Kaufvertragsrecht in Belgien, in Friedrich Graf v. Westphalen (Hrsg.), Handbuch des Kaufvertragsrechts in den EG-Staaten einschließlich Österreich, Schweiz und UN-Kaufrecht, Köln 1992, Seite 65 ff., zit.: Moons, in v. Westphalen (Hrsg.), Handbuch des Kaufvertragsrechts der EG-Staaten, Seite.

Müller, Holger/Otto, Hans-Herrmann: Allgemeine Geschäftsbedingungen im internationalen Wirtschaftsverkehr, Neuwied 1994, zit.: Müller/Otto, Seite.

Müller-Graff, Peter-Christian (Hrsg.): Gemeineuropäisches Privatrecht in der Europäischen Gemeinschaft, zit. ebenso.

Müller-Graff, Peter-Christian: Binnenmarktauftrag und Subsidiaritätsprinzip ?, in ZHR 159 (1995), Seite 34 ff., zit.: ebenso, Seite.

Müller-Graff, Peter-Christian: Die Rechtsangleichung zur Verwirklichung des Binnenmarktes, in EuR 1989, Seite 107 ff., zit.: Müller-Graff, in EuR 1989, Seite.

Müller-Graff, Peter-Christian: Europäisches Gemeinschaftsrecht und Privatrecht, in NJW 1993, Seite 13 ff., zit.: Müller-Graff, in NJW 1993, Seite

Müller-Graff, Peter-Christian: Gemeinsames Privatrecht in der Europäischen Gemeinschaft: Ebenen und gemeinschaftsprivtrechtliche Grundfragen, in Europarecht, Energierecht, Wirtschaftsrecht, Festschrift für Bodo Börner, herausgegeben von Jürgen Bauer, Peter-Christian Müller-Graff, Köln, Berlin u. a. 1992, Seite 303 ff., zit.: Müller-Graff, in FS für Börner.

Münch, Ingo v./Kunig, Philip (Hrsg.): Grundgesetz-Kommentar, Bd. 1, Präambel bis Art. 20, zit.: Bearbeiter, in v. Münch/Kunig, Grundgesetz, Bd. 1, Art., Rn..

Münchener Kommentar zum Bürgerlichen Gesetzbuch, herausgegeben von Rebmann, Kurt/Säcker, Jürgen,/Rixecker, Roland, Bd. 1 (Allgemeiner Teil), 4. Auflage, München 2001, Bd. 2 (Schuldrecht Allgemeiner Teil), 3. Auflage, München 1994, Bd. 3 (Schuldrecht Besonderer Teil), 1. Halbband, 2. Auflage, München 1995, 2. Halbband, 3. Auflage 1995, Bd. 10 (Internationales Privatrecht), 3. Auflage, München 1998, zit.: MüKo-Bearbeiter, §, Rn..

Murswiek, Dietrich: Minderheitenschutz in Deutschland, in Josef Isensee/Paul Kirchhof (Hrsg.), Handbuch des Staatsrechts der Bundesrepublik Deutschland, Bd. VIII: Die Einheit Deutschlands, Heidelberg 1995, Seite 664 ff., zit.: Murswiek, in HdStR, Bd. VIII, Seite, Rn..

Neuner, Jörg: Die Stellung Körperbehinderter im Privatrecht, in NJW 2000, Seite 1822 ff., zit.: ebenso, Seite.

Niebling, Jürgen: Die Schranken der Inhaltskontrolle nach § 8 AGBG, in BB 1984, Seite 1713 ff., zit.: Niebling, in BB 1984, Seite.

Niedobitek, Mathias: Kultur und Europäisches Gemeinschaftsrecht, Berlin 1992, zugleich Diss. Speyer 1992, zit.: Niedobitek, Kultur, Seite.

Niedobitek, Matthias: Die kulturelle Dimension im Vertrag über die europäische Union, in EuR 1995, 349 ff., zit.: ebenso.

Niemöller, Stefan: Das Verbraucherleitbild in der deutschen und europäischen Rechtsprechung, München 1999, zugleich Diss. Augsburg 1999, zit.: ebenso.

Nörenberg, Helmut: Internationale Verträge und Allgemeine Geschäftsbedingungen, in NJW 1978, Seite 1082 ff., zit.: Nörenberg, in NJW 1978, Seite.

Nowak, Manfred: The Activities of the UN–Human Rights Committee: Developments from 1 August 1989 through 31 July 1992, in Human Rights Law Journal 11 (1990), Seite 9 ff., zit.: Nowak, in Human Rights Law Journal 14 (1993), Seite.

Nowak, Manfred: U.N. Convenant on Civil and Political Rights: CCPR-Commentary, Kehl am Rhein u. a. 1993, zit.: Nowak, CCPR-Commentary, Art., Rn..

Nybergh, Frey: Dissonance in Freedom of Contract ? – How to make Sense of it, in Thomas Wilhelmsson/Samuli Hurri, From Dissonance to Sense: Welfare State Expectations, Privatisation and Private Law, Darmouth 1999, Seite 373 ff., zit.: ebenso, Seite.

Okun, Arthur M.:Equality and Efficiency. The Big Tradeoff, Washington 1975, zit.: ebenso.

Oppermann, Thomas/Classen, Claus Dieter: Die EG vor der Europäischen Union, in NJW 1993, Seite 5 ff., zit.: Oppermann/Classen, in NJW 1993, Seite.

Oppermann, Thomas: Europarecht, 2. Auflage, München 1999, zit.: Oppermann, Europarecht, Rn..

Ott, Claus: Die Relevanz der Rechtsökonomie für die Anwendung und Fortbildung des Zivilrechts, in Assmann, Heinz Dieter/Tomas Brinkmann/Gounalakis, Georgios, Wirtschafts- und Medienrecht in der offenen Demokratie, Freundesgabe für Friedrich Kübler, Heidelberg 1997, Seite 21 ff., zit.: Ott, in Freundesgabe für Kübler, Seite.;

Otto, Hans-Hermann: Allgemeine Geschäftsbedingungen und internationales Privatrecht, Göttingen 1984, zugleich Diss. Osnabrück 1983, zit.: Otto, Allgemeine Geschäftsbedingungen, Seite.

Palandt: Bürgerliches Gesetzbuch, 60. Auflage, München 2001, zit.: Palandt-Bearbeiter, §, Rn..

Palandt: Gesetz zur Modernisierung des Schuldrechts, Ergänzungsband zu Palandt BGB, 61. Auflage, München 2002, zit.: Bearbeiter, in Palandt-Ergänzungsband, §, Rn.
Partsch, Jürgen: Discrimination, in Macdonald R. u.a. (ed.), The European System for the Protection of Human Rights, Deventer 1993, Seite 561 ff., zit.: Partsch, Discrimination, in Macdonald (ed.), The European System for the Protection of Human Rights, Seite.
Pawlowski, Hans-Martin: Allgemeiner Teil des BGB, 5. Auflage, Heidelberg 1997, zit.: Pawlowski, Allgemeiner Teil, Rn.
Pawlowski, Hans-Martin: Methodenlehre für Juristen, 3. Auflage, Heidelberg 1999, zit.: Pawlowski, Methodenlehre für Juristen, Rn..
Perels, Joachim: Der Gleichheitssatz zwischen Hierarchie und Demokratie, in ders. (Hrsg.), Grundrechte als Fundament der Demokratie, Frankfurt a. Main 1997, zit.: Perels, in ders. (Hrsg.), Grundrechte als Fundament der Demokratie, Seite.
Pescatore, Pierre: Interprétation des lois et conventions plurilingues dans la Communauté Européenne, in Les Cahiers de Droit 25 (1984), 989 ff., zit.: Pescatore, in Les Cahiers de Droit 25 (1984), Seite.
Petzold, Eckart: Das Sprachrisiko im deutsch-italienischen Rechtsverkehr, in Jahrbuch für italienisches Recht 2, Heidelberg 1989, 77 ff., zit.: Petzold, Das Sprachrisiko im deutsch-italienischen Rechtsverkehr, Jahrbuch für italienisches Recht 2, Seite.
Pfeiffer, Thomas: Der Verbraucherbegriff als zentrales Merkmal im europäischen Privatrecht, in Schulte-Nölke, Hans/Schulze, Reiner (Hrsg.), Europäische Rechtsangleichung und nationale Privatrechte, Baden-Baden 1999, Seite 21 ff., zit.: ebenso, Seite.
Pfeiffer, Thomas: Die Entwicklung des Internationalen Vertrags-, Schuld- und Sachenrecht, in NJW 1999, Seite 3674 ff., zit.: Pfeiffer, in NJW 1999, Seite.
Pfeiffer, Thomas: Ein zweiter Anlauf des deutschen Bürgschaftsrechts zum EuGH, in NJW 1996, Seite 3297 ff., zit.: Pfeiffer, in NJW 1996, Seite.
Pfeil, Werner: Der Aspekt der Mehrsprachigkeit in der Union und sein Einfluss auf die Rechtsfortbildung des Europäischen Gemeinschaftsrecht, in ZfRV 1996, Seite 11 ff., zit.: Pfeil, in ZfRV 1996, Seite.
Pflug, Hans-Joachim: Allgemeine Geschäftsbedingungen und „Transparenzgebot", in Die AG 1992, Seite 1 ff., zit.: Pflug, in Die AG 1992, Seite.
Phelps, Edmund S. (Hrsg.): Altruism morality and economic theory, New York 1975, zit.: ebenso, Seite.
Pieper, Josef: Was heisst Interpretation ?, Opladen 1979, zit.: ebenso, Seite.
Pieper, Stefan: Subsidiaritätsprinzip – Strukturprinzip der Europäischen Union, in DVBl. 1993, Seite 705 ff., zit.: Pieper, in DVBl. 1993, Seite.
Pleyer, Klemens/Ungnade, Dieter: Anmerkung zu BGH, Urteil vom 18. 06. 1971, in NJW 1972, Seite 681 ff., zit.: Pleyer/Ungnade, in NJW 1972, Seite.
Polinsky, A. Mitchell: An Introduction to Law and Economics, Second Edition, Boston/Toronto 1989, zit.: ebenso, Seite.
Portalis, Frédéric: Discours préliminaire sur le projet de Code civil, in ders. : Discours, Rapports et Trauvaux inédits sur le Code civil, Paris 1844 (Nachdruck 1992), Seite 1 ff., zit.: Portalis, Discours Preliminaire, Seite.

Posner, Richard A.: Economic Analysis of Law, Fifth Edition, New York 1998, zit.: ebenso.

Pothier, Robert : Traité du contrat de vente, in: Œuvres de Pothier annotées et mises en corrélation avec le Code Civil et la législation actuelle par M. Buget, 2° édition, Paris 1861, zit.: Pothier, Traité du contrat de vente.

Preis, Ulrich/Rolfs, Christian: Gestörte Vertragsparität und richterliche Inhaltskontrolle – zugleich Anmerkung zum Beschluss des Bundesverfassungsgerichts vom 19. 10. 1993, in DB 1994, Seite 261 ff., zit.: Preis/Rolfs, in DB 1994, Seite.

Prölss, Erich/Martin, Anton: Versicherungsvertragsgesetz, von: Knappmann, Ulrich/Kollhosser, Helmut/Prölss, Jürgen/Voit, Wolfgang, 26. Auflage, München 1998, zit.: Prölss/Martin, Versicherungsvertragsgesetz.

Pufendorf, Samuel A.: De iure naturae et gentium, Frankfurt und Leipzig 1759 (unveränderter Nachdruck Frankfurt a. Main 1967, Ed. G. Mascovius), zit.: ebenso.

Quigley, Conor: European Community contract law, Vol. I, The Effect of EC Legislation on Contractual Rights, Obligations and Remedies, London u. a. 1997, zit.: Quigley, European Community Law, Seite.

Raiser, Rolf: Schadenshaftung bei verstecktem Dissens, in AcP 127 (1927), Seite 1 ff., zit.: Raiser, in AcP 127 (1927), Seite.

Rau, Markus: Haftung privater Unternehmen für Menschenrechtsverletzungen (zu Doe v. Unocal Corp., 2000 WL 1239935 (C.D. Cal. 2000), in IPRax 2001, Seite 372 ff., zit.: Rau, in IPRax 2001, Seite.

Rauscher, Thomas: Neue verbraucherfreundliche „Spielregeln" im spanischen Markt, in RIW 1998, Seite 26 ff., zit.: Rauscher, in RIW 1998, Seite.

Rawls, John: A Theory of Justice, revised Edition, Oxford 1999, zit.: ebenso.

Reich, Hermann: Eigennutz und Kapitalismus. Die Bedeutung des Gewinnstrebens im klassischen ökonomischen Denken, Berlin 1991, zugleich Diss. Frankfurt/a. Main 1990, zit.: Reich, Eigennutz und Kapitalismus, Seite.

Reich, Norbert: Verbraucherrechte als –unverzichtbare- subjektive Rechte passiver Marktbürger, in Grundmann, Stefan (Hrsg.), Systembildung und Systemlücken in Kerngebieten des Europäischen Privatrechts, Tübingen 2000, Seite 481 ff., zit.: Reich, in Grundmann, Systembildung, Seite.

Reich, Norbert: „A European Constitution for Citizens of Bits and Pieces", in Academy of European Law, Vol VI/1, 1998, 157 ff., zit.: ebenso.

Reich, Norbert: A European Constitution for Citizens: Reflections on the Rethinking of Union and Comunity Law, 3 European Law Journal 1997, Seite 131 ff., zit.: Reich, in European Law Journal 1997, Seite.

Reich, Norbert: Bürgerrechte in der Europäischen Union, Baden-Baden 1999, zit.: Reich, Bürgerrechte, Seite.

Reich, Norbert: Das Phantom „Verbraucher" (endlich !?) im Gral des BGB, in VuR 2000, Seite 261 ff. (Editorial), zit.: ebenso.

Reich, Norbert: Das Privatrecht im 21. Jahrhundert im Umbruch, in Europas universale rechtsordnungspolitische Aufgabe im Recht des dritten Jahrtausends, Festschrift für Alfred Söllner, herausgegeben von Gerhard Köbler, Meinhard Heinze und Wolfgang Hromadka, München 2000, Seite 867 ff., zit.: Reich, in FS für Söllner, Seite.

Reich, Norbert: Die AGB-Banken 1993, in Walter Hadding, Klaus Hopt und Herbert Schimansky (Hrsg.), Schriftenreihe der Bankenrechtlichen Vereinigung, Band 4, Berlin/NewYork 1994, Seite 43 ff., zit.: Reich, Die AGB-Banken, Seite.

Reich, Norbert: Die neue Richtlinie 97/7/EG über den Verbraucherschutz bei Vertragsschlüssen im Fernabsatz, EuZW 1997, Seite 581 ff., zit.: ebenso, Seite.

Reich, Norbert: Europäisches Verbraucherrecht, Baden-Baden 1996, zit.: Reich, Europäisches Verbraucherrecht, Seite.

Reich, Norbert: Kreditbürgschaft und Transparenz, in NJW 1995, 1857 ff., zit.: Reich in NJW 1995, Seite.

Reich, Norbert: Markt und Recht, Theorie und Praxis des Wirtschaftsrechts in der Bundesrepublik Deutschland, Neuwied, Darmstadt 1977, zit.: Reich, Markt und Recht, Seite.

Reich, Norbert: Schuldrechtliche Informationspflichten gegenüber Endverbrauchern, in NJW 1978, Seite 513 ff., zit.: Reich, in NJW 1978, Seite.

Reich, Norbert: Verbraucherpolitik und Verbraucherschutz im Vertrag von Amsterdam, in VuR 1999, Seite 3 ff., zit.: Reich, in VuR 1999, Seite.

Reich, Norbert: Zur Theorie des Europäischen Verbraucherrechts, in ZEuP 1994, Seite 381 ff., zit.: Reich, in ZEuP 1994, Seite.

Reifner, Udo/Brutschke, Henning/Alleyne, Jascha: Zugang zum Girokonto: zu den Ansprüchen von Privatpersonen auf Einrichtung eines Mindestkontos, Hamburg: Institut für Finanzdienstleistungen 1994, zit.: Reifner/Brutschke/Alleyne, Zugang zum Girokonto, Seite.

Reifner, Udo: Alternatives Wirtschaftsrecht am Beispiel der Verbraucherverschuldung. Realitätsverleugnung oder soziale Auslegung im Zivilrecht, Neuwied/Darmstadt 1979, zit.: ebenso, Seite.

Reifner, Udo: Soziale und ökologische Marktwirtschaft, Werkstattpapier, Stand 2/14/1996, zit.: ebenso, Seite.

Reinhart, Gert: Verwendung fremder Sprachen als Hindernis beim Zustandekommen von Kaufverträgen, in RIW/AWD 1977, Seite 16 ff., zit.: Reinhart, in RIW/AWD 1977, Seite.

Reinhart, Gert: Zum Sprachenproblem im grenzüberschreitenden Handelsverkehr (zu OLG Frankfurt, 28. 04. 1981, 5 U 119/80), in IPRax 1982, Seite 226 ff., zit.: Reinhart, in IPRax 1982, Seite.

Reithmann, Christoph/Martiny, Dieter: Internationales Vertragsrecht – Das internationale Privatrecht der Schuldverträge, 4. Auflage, Köln 1988, zit.: Reithmann/Martiny, Randnummer.

Ress, Georg: Die neue Kulturkompetenz der EG, in DÖV 1992, Seite 944 ff., zit.: Ress, in DÖV 1992, Seite.

Reuter, Dieter: Die ethischen Grundlagen des Privatrechts – Formale Freiheitsethik oder materiale Verantwortungsethik ?, in AcP 189 (1989), Seite 199 ff., zit.: Reuter, in AcP 189 (1989), Seite.

Reuter, Dieter: Freiheitsethik und Privatrecht, in Bydlinski/Mayer-Maly (Hrsg.), Die ethischen Grundlagen des Privatrechts, Berlin/New York 1994, Seite 105 ff., zit.: Reuter, in Bydlinski/Mayer-Maly (Hrsg.), Die ethischen Grundlagen des Privatrechts, Seite.

Richter, Rudolf/Furubotn, Eirik G.: Neue Institutionenökonomik: Eine Einführung und kritische Würdigung, Tübingen 1996, zit.: Richter/Furubotn, Neue Institutionenökonomik, Seite.

Ripert, Georges: La règle morale dans les obligations civiles, 4° édition, Paris 1949, zit.: ebenso.

Ripperger, Tanja: Ökonomik des Vertrauens, Analyse eine Organisationsprinzips, Tübingen 1998, zugleich Diss. München 1997, zit.: Ripperger, Ökonomik des Vertrauens, Seite.

Rittner, Fritz: Das Gemeinschaftsprivatrecht und die europäische Integration, in JZ 1995, Seite 849 ff., zit.: Rittner, in JZ 1995, Seite.

Rittner, Fritz: Die gestörte Vertragsparität und das Bundesverfassungsgericht, in NJW 1994, Seite 3330 f., zit.: ebenso, Seite.

Rittner, Fritz: Wettbewerbs- und Kartellrecht, 5. Auflage, Heidelberg 1995, zit.: ebenso.

Roland, Henri/Boyer, Laurent: Adages du droit francais, 4° édition, Paris 1999, zit.: ebenso, Rn..

Roth, Birgit/Schulze, Götz: Verbraucherschutz im Electronic Commerce, in RIW 1999, Seite 924 ff., zit.: Roth/Schulze, in RIW 1999, Seite.

Roth, Herbert: EG-Richtlinien und Bürgerliches Recht, in JZ 1999, Seite 529 ff., zit.: Roth, in JZ 1999, Seite.

Roth, Herbert: Funktion und Anwendungsbereich der Unklarheitenregel des § 5 AGBG, in WM 1991, Seite 2085 ff., zit.: Roth, in WM 1991, Seite.

Roth, Wulf-Henning: Der nationale Transformationsakt: Vom Punktuellen zum Systematischen, in Grundmann, Stefan/Medicus, Dieter/Rolland, Walter: Europäisches Kaufgewährleistungsrecht, Reform und Internationalisierung des deutschen Schuldrechts, Seite 113 ff., München 2000, zit.: Roth, in Grundmann, Europäisches Kaufgewährleistungsrecht, Seite.

Roth, Wulf-Henning: Die Vollendung des europäischen Binnenmarkts für Versicherungen, in NJW 1993, Seite 3028 ff., zit.: Roth, in NJW 1993, Seite.

Roth, Wulf-Henning: Europäischer Verbraucherschutz und BGB, in JZ 2001, Seite 475 ff., zit.: Roth, in JZ 2001, Seite.

Roth, Wulf-Henning: Internationales Versicherungsrecht: das Versicherungsverhältnis im internationalen Vertragsrecht – zugleich ein Beitrag zum Schutz des schwächeren Vertragspartners im IPR und zur Dienstleistungsfreiheit in der Europäischen Gemeinschaft, Tübingen 1985, zugleich Habilitation München 1983, zit.: Roth, Internationales Versicherungsrecht, Seite.

Roth, Wulf-Henning: Zum Verhältnis von Art. 7 II und Art. 5 der Römer Schuldvertragskonvention, in: Schnyder, Anton/Heiss, Helmut/Rudisch, Bernhard (Hrsg.), Internationales Verbraucherschutzrecht, Referate und Diskussionsberichte des Kolloquiums zu Ehren von Fritz Reichert-Facilides, Tübingen 1995, zit.: W.-H. Roth, in Schnyder-Heiss-Rudisch, Seite.

Rott, Peter: Informationspflichten in Fernabsatzverträgen als Paradigma für die Sprachenproblematik im Vertragsrecht. Trägt das Gemeinschaftsrecht zu ihrer Lösung bei ?, in ZVglRWiss 98 (1999), Seite 382 ff., zit.: Rott, in ZVglRWiss 98 (1999), Seite.

Sacco, Rodolfo/de Nova, Giorgio: Il contratto, Tomo primo, Torino 1993, zit.: ebenso, Seite.

Sacco, Rodolfo: Langue et Droit, in Jayme (Hrsg.), Langue et Droit, XVe Congrès International de Droit Comparé Bristol 1998, Brüssel 1999, Seite 223 ff., zit.: Sacco, in Jayme (Hrsg.), Langue et Droit, Seite.

Sachs, Michael (Hrsg.): Grundgesetz, Kommentar, 2. Auflage, München 1999, zit.: Bearbeiter, in Sachs (Hrsg.), GG, Art., Rn..

Sachs, Michael: Der Bestand an besonderen Gleichheitsgarantien im Grundgesetz, in Isensee, Josef/Kirchhof, Paul (Hrsg.), Handbuch des Staatsrechts der Bundesrepublik Deutschland, Band V, Allgemeine Grundrechtslehren, Heidelberg 1992, Seite 1017 ff., zit.: Sachs, in HdStR Band V, §, Rn..

Sacksofsky, Ute: Das Grundrecht auf Gleichberechtigung, 2. Auflage, Baden-Baden 1996, zit.: ebenso, Seite.

Salvat, Odile/Tallon, Dennis: Le contrôle des clauses abusives dans l'intérêt du consommateur dans les pays de la C. E. E., Royaume-Uni, in Revue internationale de droit comparé 1982, Seite 959 ff., zit.: Salvat/Tallon, in Revue internationale de droit comparé 1982, Seite.

Salzwedel, Jürgen: Gleichheitsgrundsatz und Drittwirkung, in Festschrift für Hermann Jahrreiß zu seinem 70. Geburtstag, herausgegeben von Carstens, Karl/Peters, Hans, Köln u. a. 1964, Seite 339 ff., zit.: Salzwedel, in FS Jahrreiß, Seite.

Savigny, Friedrich Carl v.: System des heutigen römischen Rechts, Band VII 1848, Band I 1840, Berlin, zit.: ebenso, Seite.

Sendler, Horst: Wohlüberlegte Sprachverfälschung durch Rechtschreibereform ?, in NJW 2001, 2449, zit.: Sendler, in NJW 2001, Seite.

Schäfer, Hans-Bernd/Ott, Claus: Lehrbuch der ökonomischen Analyse des Zivilrechts, 2. Auflage, Berlin u. a., 1995, zit.: ebenso, Seite.

Schäfer, Jürgen: Das Transparenzgebot im Recht der allgemeinen Geschäftsbedingungen, Reihe 2 Europäischer Hochschulschriften, Rechtswissenschaft, Band 1228, zugleich Diss. Frankfurt am Main 1992, zit. Schäfer, Das Transparenzgebot, Seite.

Scheppele, Kim Lane: „It's Just Not Right": The Ethics of Insider Trading, 56 Law & Contemp. Prob. 123 (1993), zit.: ebenso.

Scheppele, Kim Lane: Legal Secrets. Equality an Effieciency in the Common Law, Chicago/London 1988, zit.: Scheppele, Legal Secrets, Seite.

Scherer-Leydecker, Christian: Minderheiten und sonstige ethnische Gruppen. Eine Studie zur kulturellen Identität im Völkerrecht, Berlin 1997, zugleich Diss. Köln 1997, zit.: Scherer-Leydecker, Minderheiten und sonstige ethische Gruppen, Seite.

Scherzberg, Arno: Die innerstaatlichen Wirkungen von EG-Richtlinien, in Jura 1993, Seite 225 ff., zit.: Scherzberg, in Jura 1993, Seite.

Schiek, Dagmar: Differenzierte Gerechtigkeit, Diskriminierungsschutz und Vertragsrecht, Baden-Baden 2000, zugleich Habilitation Bremen 1999, zit.: Schiek, Differenzierte Gerechtigkeit, Seite.

Schlachter, Monika: Probleme der mittelbaren Diskriminierung im Anwendungsbereich des Art. 119 EGVin NZA 1995, 393 ff., zit.: Schlachter, in NZA 1995, Seite.

Schlechtriem, Peter: Das „Sprachrisiko" - ein neues Problem ?, in Privatautonomie, Eigentum, Verantwortung, Festgabe für Hermann Weitnauer zum 70. Geburtstag, herausgegeben von Horst Ehmann, Wolfgang Hefermehl und Adolf Laufs, Berlin 1980, Seite 129 ff., zit.: Schlechtriem, in Festgabe für Weitnauer, Seite.

Schlechtriem, Peter: Schuldrecht Allgemeiner Teil, 4. Auflage, Tübingen 2000, zit.: ebenso.

Schlosser, Hans: Grundzüge der neueren Privatrechtsgeschichte, 7. Auflage, Heidelberg 1993, zit.: ebenso, Seite.

Schlosser, Peter: Haftungsgrund, Haftungsmaßstab und AGB-Gesetz, in WM 1978, Seite 562 ff., zit.: Schlosser, in WM 1978, Seite
Schmalzl, Franz: Anmerkung zu OLG Köln, Urteil vom 16. 06. 1994, 5 U 117/93, in VersR 1995, 1223 ff., zit.: Schmalzl, in VersR 1995, Seite.
Schmid, Christoph: Legitimitätsbedingungen eines Europäischen Zivilgesetzbuchs, in JZ 2001, Seite 674 ff., zit.: Schmid, in JZ 2001, Seite.
Schmid, Gregor: Der aufmerksame Verbraucher beim Eierkauf, zugleich Besprechung des Urteils des EuGH vom 16. 08. 1998, Rs. C 210/96, in European Law Reporter 1998, Seite 463 ff., zit.: ebenso.
Schmid, Walter: Privatrechtsangleichung in den Europäischen Gemeinschaften: technische Alternativen im Recht der Produktenhaftpflicht, Frankfurt am Main 1975, zugleich Diss. Tübingen 1975, zit.: Schmid, Privatrechtsangleichung in den Europäischen Gemeinschaften.
Schmidt, Eike: Grundlagen und Grundzüge der Inzidentkontrolle allgemeiner Geschäftsbedingungen nach dem AGB-Gesetz, in JuS 1987, Seite 929 ff., zit.: Schmidt, in JuS 1987, Seite.
Schmidt, Ingo: Wettbewerbspolitik und Kartellrecht, 5. Auflage, Stuttgart 1996, zit.: ebenso, Seite.
Schmidt, Karsten: Handelsrecht, 5. Auflage, Köln 1999, zit.: ebenso.
Schmidt, Marek: Privatrechtsangleichende EU-Richtlinien und nationale Auslegungsmethoden, in RabelsZ 59 (1995), 569 ff., zit.: Schmidt, in RabelsZ 59 (1995), Seite.
Schmidt-Salzer, Joachim: Allgemeine Geschäftsbedingungen, 2. Auflage, München 1977, zit.: ebenso, Seite.
Schmidt-Salzer, Joachim: EG-Richtlinie über mißbräuchliche Klauseln in Verbraucherverträgen, Inhaltskontrolle von AVB und Deregulierung der Versicherungsaufsicht, in VersR 1995, Seite 1261 ff., zit.: Schmidt-Salzer, in VersR 1995, Seite.
Schmidt-Salzer, Joachim: Produkthaftung, Band II: Freizeichnungsklauseln, 2. Auflage, Heidelberg 1985, zit.: Schmidt-Salzer, Produkthaftung, Bd. 2, Seite.
Schneider, Dieter: Betriebswirtschaftslehre, Bd. 3, Theorie der Unternehmung, München/Wien 1997, zit.: ebenso, Seite.
Schneiders, Werner: Naturrecht und Liebesethik: zur Geschichte der praktischen Philosophie im Hinblick auf Christian Thomasius, Hildesheim 1971, zit.: ebenso, Seite.
Schöpflin, Martin: Besprechung von BGH, Urteil vom 29.6.1997, - V ZR 29/96, in JA 1998, Seite 356 ff., zit.: Schöpflin, in JA 1998, Seite.
Schörner, Peter: Gesetzliches Insiderhandelsverbot. Eine ordnungspolitische Analyse, Wiesbaden 1991, zugleich Diss. Bochum 1991, zit.: Schörner, Gesetzliches Insiderhandelsverbot.
Schroth, Peter W.: Language and Law, in Jayme (Hrsg.), Langue et Droit, XVe Congrès International de Droit Comparé Bristol 1998, Brüssel 1999, Seite 153 ff., zit.: Schroth, in Jayme (Hrsg.), Langue et Droit, Seite.
Schuhmacher, Rolf: Vertragsaufhebung wegen fahrlässiger Irreführung unerfahrener Vertragspartner, Bonn 1979, zit.: ebenso, Seite.
Schuhmacher, Wolfgang: Verbraucherschutz bei Vertragsanbahnung, Wien 1983, zit.: ebenso, Seite.

Schulte, Dieter: Rechtsfragen der Ausgleichsquittung bei Beendigung des Arbeitsverhältnisses, in DB 1981, Seite 937 ff., zit.: Schulte, in DB 1981, Seite.

Schulte-Nölke, Hans: Elf Amtssprachen, ein Recht ? Folgen der Mehrsprachigkeit für die Auslegung von Verbraucherschutzrichtlinien, in Schulze, Reiner (Hrsg.): Auslegung europäischen Privatrechts und angeglichenen Rechts, Baden-Baden 1999, Seite 143 ff., zit.: Schulte-Nölke, in Schulze, Reiner (Hrsg.), Auslegung europäischen Privatrechts, Seite.

Schurig, Klaus: Schiffbruch beim Eigentumsvorbehalt – Sachenrechtsstatut, Vertragsstatut, Sprachenrisiko – (zu OLG Koblenz, 16. 01. 1992, 5 U 534/91), in IPRax 1994, Seite 27 ff., zit.: Schurig, in IPRax 1994, Seite.

Schütze, Rolf: AGB bei Auslandsgeschäften, in DB 1978, Seite 2301 ff., zit.: Schütze, in DB 1978, Seite.

Schütze, Rolf: Praktizierte Lieferbedingungen im internationalen Geschäftsverkehr, in DWiR 1992, Seite 89 ff., zit.: Schütze, in DWiR 1992, Seite.

Schwalbe, Hans: Japan, 2. Auflage, München 1979, zit.: Schwalbe, Japan, Seite.

Schwarz, Eckhard: Das „Sprachrisiko" im internationalen Geschäftsverkehr – ein deutsch-portugiesischer Fall, zu OLG Stuttgart, 16. 06. 1987, 2 U 291/86, in IPRax 1988, 278 ff., zit.: Schwarz, in IPRax 1988, Seite.

Schwarze, Jürgen (Hrsg.): EU-Kommentar, Baden-Baden 2000, zit.: Bearbeiter, in Schwarze (Hrsg.), EU-Kommentar, Art., Rn..

Schweizer, Thilo: Insiderverbote, Interessenkonflikte und Compliance, Berlin 1996, zugleich Diss. Köln 1996, zit.: ebenso.

Schwenzer,Ingeborg: Einbeziehung von Spediteurbedingungen sowie Anknüpfung des Schweigens bei grenzüberschreitenden Verträgen, Anmerkung zu OLG Frankfurt vom 16. 12. 1986 – 5 U 28/86 -, in IPRax 1988, Seite 86, zit.: Schwenzer, in IPRax 1986, Seite.

Schwintowski, Hans-Peter: Ökonomische Theorie des Rechts, in JZ 1998, Seite 581 ff., zit.: ebenso, Seite.

Sieben, Günter/Schildbach, Thomas: Betriebswirtschaftliche Entscheidungstheorie, 4. Auflage (1994)

Siegel, Julius: Die privatrechtlichen Funktionen der Urkunde, in AcP 111 (1914), Seite 1 ff., zit.: Siegel, in AcP 111 (1914), Seite.

Simon, Herbert A.: Models of Men, New York 1957, zit.: ebenso, Seite.

Siol, Joachim: Beratungs- und Aufklärungspflichten der Discount Broker, in Horn, Norbert/Lwowski, Hans-Jürgen/ders. (Hrsg.): Bankrecht – Schwerpunkte und Perspektiven: Festschrift für Herbert Schimansky, Köln 1999, Seite 781 ff., zit.: Siol, in FS Schimansky, Seite

Skibbe, Manfred: Zur Aufklärungspflicht bei Kaufvertragsverhandlungen, in Festschrift für Rebmann, München 1989, Seite 807 ff., zit.: Skibbe, in FS für Rebmann, Seite.

Smith, Adam: Der Wohlstand der Nationen, herausgegeben von Horst Claus Recktenwald, 5. Auflage, München 1974, zit.: ebenso.

Soergel: Bürgerliches Gesetzbuch, Band 1, 13. Auflage 2000; Band 2, Schuldrecht I, 13. Auflage 1999; Band 3, Schuldrecht II, 12. Auflage, Stuttgart u. a. 1991, zit.: Soergel-Bearbeiter, §, Rn..

Somma, Alessandro: Sprachgesetzgebung in Frankreich und Italien: Rechtsnationalismus oder Schutz des Schwächeren, in ZEuP 1998, Seite 701 ff., zit.: Somma, in ZEuP 1998, Seite.

Sonnenberger, Hans Jürgen: Bemerkungen zum Internationalen Privatrecht, in Festschrift für Murad Ferid, herausgegeben von Andreas Heldrich, Dieter Henrich und Hans Jürgen Sonnenberger, München 1978, Seite 393 ff., zit.: Sonnenberger, in FS für Ferid, Seite.

Sonnenberger, Hans Jürgen: Das Internationale Privatrecht im dritten Jahrtausend – Rückblick und Ausblick, in ZVglRWiss 2001, Seite 107 ff., zit.: Sonnenberger, in ZVglRWiss 2001, Seite.

Spellenberg, Ulrich: Fremdsprache und Rechtsgeschäft, in Festschrift für Murad Ferid zum 80. Geburtstag, herausgegeben von Andreas Heldrich, Dieter Henrich und Hans Jürgen Sonnenberger, Frankfurt a. Main 1988, Seite 463 ff., zit.: Spellenberg, in FS für Ferid, Seite.

Spencer Bower George/Turner, Alexander Kingcome/Sutton, Richard John: The Law Relating to Actionable Nondisclosure and Other Breaches of Duty in Relations of Confidence, Influence and Advantage, London 1915, zit.: Spencer/Turner/Sutton: The Law Relating to Actionable Nondisclosure.

Stahlhacke, Eugen: Ausgleichsquittung und Kündigungsschutz, in NJW 1968, Seite 580 ff., zit.: Stahlhacke, in NJW 1968, Seite.

Staudenmayer, Dirk: Die Richtlinien des Verbraucherprivatrechts-Bausteine für ein europäisches Privatrecht, in Schulte-Nölke, Hans/Schulze, Reiner (Hrsg.) Europäische Rechtsangleichung und nationale Privatrechte, Baden-Baden 1999, Seite 63 ff., zit.: Staudenmayer, Dirk: Die Richtlinien des Verbraucherprivatrechts-Bausteine für ein europäisches Privatrecht, in Schulte-Nölke/Schulze (Hrsg.), Europäische Rechtsangleichung, Seite.

Staudenmayer, Dirk: Europäisches Verbraucherschutzrecht nach Amstderdam – Stand und Perspektiven, in RIW 1999, Seite 733 ff., zit.: Staudenmayer, in RIW 1999, Seite.

Staudinger, Ansgar: Die ungeschriebenen Regelungsgebote der Handelsvertreter-, Haustürwiderrufs- und Produkthaftungsrichtlinie, in NJW 2001, Seite 1974 ff., zit.: Staudinger, in NJW 2001, Seite.

Staudinger, Ansgar: Internationales Verbraucherschutzrecht made in Germany, in RIW 2000, 416 ff., zit.: Staudinger, in RIW 2000, Seite.

Staudinger, Julius v.: Kommentar zum Bürgerlichen Gesetzbuch mit Einführungsgesetz, 13. Auflage: Martinek, Michael (Redaktor), Gesetz zur Auslegung des Rechts der Allgemeinen Geschäftsbedingungen, Berlin 1998, Haberman, Norbert (Redaktor), Erstes Buch, Allgemeiner Teil zu §§ 134-163, 13. Bearbeitung, Berlin 1996, Horn, Norbert (Redaktor), Zweites Buch, Recht der Schuldverhältnisse §§ 765-778, 13. Bearbeitung, Berlin 1997, Kropholler, Jan (Redaktor), IPR, Art. 7-12, 13. Bearbeitung, Berlin 2000, v. Hoffmann, Bernd/Magnus, Ulrich (Redaktor), Art. 27-37, Art. 10, 12. Auflage, Berlin 1998, Dörner, Heinrich (Redaktor), Art. 219-222, 230-236 IPR, 13. Bearbeitung, Berlin 1996, Reuter, Dieter (Redaktor), VerbrKrG, HausTWG, TzWrG, Neubearbeitung, Berlin 2001, zit.: Staudinger-Bearbeiter, §, Rn..

Steindorff, Ernst: EG-Vertrag und Privatrecht, Baden-Baden 1996, zit.: ebenso, Seite.

Steindorff, Ernst: Mehr staatliche Identität, Bürgernähe und Subsidiarität in Europa, in ZHR 163 (1999), Seite 395 ff., zit.: Steindorff, in ZHR 163 (1999), Seite.

Steindorff, Ernst: Unvollkommener Binnenmarkt, in ZHR 158 (1994), Seite 149 ff., zit.: Steindorff, in ZHR 158 (1994), Seite.

Stern, Klaus: Staatsrecht III/1, Das Staatsrecht der Bundesrepublik Deutschland, München 1998, zit.: ebenso, §.

Stigler, George J.: The Economics of Information, 69 J. Pol. Econ. 213 (1961), zit.: ebenso.

Stopp, Alexander H.: Die Behandlung ethnischer Minderheiten als Gleichheitsproblem, Baden-Baden 1994, zugleich Diss. Augsburg 1993, zit.: Stopp, Die Behandlung ethnischer Minderheiten als Gleichheitsproblem, Seite.

Story, Joseph: Commentaries on Equity Jurisprudence as adminsistered in England and America, Third Edition (1842), zit.: Story, Commentaries on Equity Jurisprudence, Seite.

Streinz, Rudolf: Mindestharmonisierung im Binnenmarkt, in Everling, Ulrich/Roth, Wulf-Henning (Hrsg.), Mindestharmonisierung im Europäischen Binnenmarkt, Baden-Baden 1997, Seite 9 ff., zit.: Streinz, in Everling/Roth, Mindestharmonisierung, Seite.

Streissler, Erich: Sozialevolutorische Ethik und Privatrecht, in Bydlinski/Mayer-Maly (Hrsg.), Die ehtischen Grundlagen des Privatrechts, Wien, New York 1994, Seite 131 ff., zit.: Streissler, in Bydlinski/Mayer-Maly (Hrsg.), Die ehtischen Grundlagen des Privatrechts, Seite.

Surminski, Arno: Annahmerichtlinien gegen Ausländer, in ZfV 1994, Seite 669 ff., zit.: Surminski, in ZfV 1994, Seite.

Taguieff, Pierre-André: From Race to Culture, The New Right's View of European Identity, in Telos Nr. 98-99, 1993, Seite 115 ff., zit.: Taguieff, From Race to Culture, in Telos Nr. 98-99, Seite.

Taupitz, Jochen: Europäische Privatrechtsvereinheitlichung heute und morgen, Tübingen 1993, zit.: ebenso.

Taupitz, Jochen: Kaffeefahrten deutscher Urlauber auf Gran Canaria: Deutscher Verbraucherschutz im Urlaubsgepäck ?, in BB 1990, Seite 642 ff., zit.: Taupitz, in BB 1990, Seite.

Taupitz, Jochen: Ökonomische Analyse und Haftungsrecht – Eine Zwischenbilanz, in AcP 196 (1996), Seite 114 ff., zit.: Taupitz, in AcP 196 (1996), Seite.

Taupitz, Jochen: Privatrechtsvereinheitlichung durch die EG. Sachrechts- oder Kollisionsrechtsvereinheitlichung ?, in JZ 1993, Seite 533 ff., zit.: Taupitz, in JZ 1993, Seite.

Terré, Francois/Simler, Philippe/Lequette, Yves: Droit civil. Les obligations, 1999, zit.: Terré/Simler/Lequette, Les obligations, Rn..

Teubner, Gunther: After Privatisation: The Many Autonomies of Private Law, in Thomas Wilhelmsson/Samuli Hurri, From Dissonance to Sense: Welfare State Expectations, Privatisation and Private Law, Darmouth 1999, Seite 51 ff., zit.: ebenso, Seite.

Theme, Anne: Sprache und Gesetzgeber: Grenzen sprachgesetzlicher Regelungen in Deutschland und Frankreich nach dem EG-Vertrag und nationalem Verfassungsrecht, Berlin 2002, zugleich Dissertation Bochum 2001, zit.: Theme, Sprache und Gesetzgeber, Seite.

Thiel, Carine/Mersch, Paule: Kaufvertragsrecht in Luxemburg, in Friedrich Graf v. Westphalen (Hrsg.), Handbuch des Kaufvertragsrechts in den EG-Staaten einschließlich Österreich, Schweiz und UN-Kaufrecht, Köln 1992,

Seite 645 ff., zit.: Thiel/Mersch, in v. Westphalen (Hrsg.), Handbuch des Kaufvertragsrechts der EG-Staaten, Seite.

Thorn, Karsten: Verbraucherschutz bei Verträgen im Fernabsatz, in IPRax 1999, Seite 1 ff., zit.: Thorn, in IPRax 1999, Seite.

Thornberry, Patrick: International Law and the Rights of Minorities, Oxford 1991, zit.: Thornberry, The Rights of Minorities, Seite.

Thornberry, Patrick: The Rights of Minorities, in Harris/Joseph (Hrsg.), The International Convenant on Civil and Political Rights and United Kingdom Law, Oxford 1995, 597 ff..

Thornton, Margaret: The Liberal Promise. Anti-Discrimination Legislation in Australia, Melbourne u. a., zit.: Thornton, The Liberal Promise, Seite.

Tilmann, Winfried: Zur Entwicklung eines europäischen Zivilrechts, in Festschrift für Walter Oppenhoff zum 80. Geburtstag, herausgegeben von Jagenburg, Walter/Meier-Reimer, Georg/Verhoeven, Thomas, München 1985, Seite 495 ff., zit.: Tilmann, in FS für Oppenhoff, Seite.

Tirole, Jean: Industrieökonomik, München/Wien 1995, zit.: ebenso, Seite.

Titze, Heinrich: Die Lehre vom Mißverständnis, Berlin 1910, zit.: ebenso, Seite.

Tomuschat, Christian: Equality and Non-Discrimination under the CCPR, in Münch, Ingo v. (Hrsg.), Staatsrecht-Völkerrecht-Europarecht, Festschrift für Hans-Jürgen Schlochauer zum 75. Geburtstag, Berlin/New York 1981, Seite 691 ff., zit.: Tomuschat, in FS für Schlochauer, Seite.

Trebilcock, Michael: The Limits of Freedom of Contract, Cambridge (Mass.) 1993, zit.: ebenso, Seite.

Trinkner, Reinhold: Anmerkung zum Urteil des ArbG Gelsenkirchen vom 04. 01. 1967, in BB 1967, Seite 999 ff., zit.: Trinkner, Urteilsanmerkung in BB 1967, Seite.

Tschirch, Fritz: Weltbild, Denkform und Sprachgestalt, Berlin 1954, zit. ebenso, Seite.

Tuhr, Andreas v.: Der Allgemeine Teil des Deutschen Bürgerlichen Rechts, Bd. II, München/Leipzig 1914, zit.: v. Tuhr, Allgemeiner Teil, Bd. II/1 (1914).

Tuori, Kaarlo: Post-Modern-Law ?, in Thomas Wilhelmsson/Samuli Hurri (ed.), From Dissonance to Sense: Welfare State Expectations, Privatisation and Private Law, Darmouth 1999, 39 ff., zit.: ebenso, Seite.

Ulmer, Peter von/Brandner, Erich/Hensen, Horst-Diether (Hrsg.): Kommentar zum AGBG, 9. Auflage, Köln 2001, zit.: Bearbeiter, in Ulmer/Brandner/Hensen, §, Rn..

Ulmer, Peter: Das AGB-Gesetz – ein eigenständiges Kodifikationswerk, in JZ 2001, Seite 491 ff., zit.: Ulmer, in JZ 2001, Seite.

Ulmer, Peter: Vom deutschen zum europäischen Privatrecht, in JZ 1992, Seite 1 ff., zit.: Ulmer, in JZ 1992, Seite.

Urban, Nikolaus: One legal language and the maintenance of cultural linguistic diversity, in ERPL 2000, Seite 51 ff., zit.: ebenso, Seite.

Van den Bergh, Roger/Lehmann, Michael: Informationsökonomie und Verbraucherschutz im Wettbewerbs- und Warenzeichenrecht, in GRUR Int. 1992, Seite 588 ff., Van den Bergh/Lehmann, in GRUR Int. 1992, Seite.

Voll, Doris: Die Einwilligung im Arztrecht. Eine Untersuchung zu den straf-, zivil- und verfassungsrechtlichen Grundlagen, insbesondere bei Sterilisation und Transplantation unter Berücksichtigung des Betreuungsgesetzes.

Diss. Heidelberg 1995, Bd. 35 Recht und Medizin, Frankfurt a. M. 1996, zit.: Voll, Die Einwilligung im Arztrecht, Seite.

Vortmann, Jürgen: Aufklärungs- und Beratungspflichten der Banken, 6. Auflage, Köln 1999, zit. : ebenso.

Voulgaris, Jean: Le contrôle des clauses abusives dans l'intérêt du consommateur dans les pays de la C. E. E., Grèce, in Revue internationale de droit comparé 1982, Seite 757 ff., zit.: Voulgaris, in Revue internationale de droit comparé 1982, Seite.

Wacke, Andreas: Circumscribere, gerechter Preis und die Arten der List, ZSS 94 (1977), Seite 184 ff., zit. Wacke, in ZSS 94 (1977), Seite.

Wagner-Wieduwilt, Klaus: Das „Transparenzgebot" als Angemessenheitsvoraussetzung im Sinne des § 9 AGBG, in WM 1989, Seite 37 ff., zit.: Wagner-Wieduwilt, in WM 1989, Seite.

Wahrenberger, André: Vorvertragliche Aufklärungspflichten im Schuldrecht (unter besonderer Berücksichtigung des Kaufrechts). Zugleich ein Beitrag zu der Lehre von der culpa in contrahendo, Zürich 1992, zugleich Diss. Zürich, zit.: Wahrenberger, Vorvertragliche Aufklärungspflichten im Schuldrecht.

Weber, Manfred: Die Bedeutung des AGBG für die Versicherungswirtschaft, in VersR 1986, Seite 1 ff., zit:: Weber, in VersR 1986, Seite.

Weede, Erich: Wirtschaft, Staat und Gesellschaft. Zur Soziologie der kapitalistischen Marktwirtschaft und der Demokratie, Tübingen 1990, zit.: Weede, Wirtschaft, Staat und Gesellschaft, Seite.

Weichert, Thilo: Lebensversicherung für Homosexuelle, in VersR 1997, Seite 1465 ff., zit.: Weichert, in VersR 1997, Seite.

Weimar, Wilhelm: Die vom Verwender von AGB anzuwendende Sprache bei Ausländern als Vertragspartner, in DB 1978, Seite 243, zit.: Weimar, in DB 1978, Seite.

Wellkamp, Ludger: Aufklärungspflichten der Kreditinsitute im Kreditgeschäft, in VuR 1994, Seite 61 ff., zit.: Wellkamp, in VuR 1994, Seite.

Welser, Rudolf: Vertretung ohne Vollmacht. Zugleich ein Beitrag zur Lehre von der culpa in contrahendo, Wien 1970, zit.: Welser, Vertretung ohne Vollmacht, Seite.

Wemmer, Benedikt: Die neuen Kulturklauseln des EG-Vertrags, Frankfurt a. Main u. a. 1996, zugleich Diss. Heidelberg 1995, zit.: Wemmer, Die neuen Kulturklauseln des EG-Vertrags

Westermann, Harm Peter: Das Transparenzgebot – ein neuer Oberbegriff der AGB-Inhaltskontrolle ?, in Baur, Jürgen/Hopt, Klaus/Mailänder, Peter (Hrsg.), Festschrift für Ernst Steindorff zum 70. Geburtstag, Berlin/New York 1990, Seite 817 ff., zit.: Westermann, in FS für Steindorff, Seite.

Westermann, Harm Peter: Verbraucherschutz, in Bundesminister der Justiz (Hrsg.), Gutachten und Vorschläge zur Überarbeitung des Schuldrechts, Band III, Köln 1983, zit.: Westermann, Verbraucherschutz, Seite.

Westphalen, Friedrich Graf v.: Produkthaftung – Haftungsfreizeichnung und Haftungsfreistellung nach dem AGB-Gesetz, in NJW 1979, Seite 838 ff., zit.: v. Westphalen, in NJW 1979, Seite.

Westphalen, Friedrich Graf v.: Vertragsrecht und AGB-Klauselwerke, München 2001, Stichwort Transparenzgebot, zit.: v. Westphalen, Vertragsrecht und AGB-Klauselwerke, „Transparenzgebot", Rn..

Weyers, Hans-Leo: Versicherungsvertragsrecht, 2. Auflage, Neuwied 1995, zit.: Weyers, Versicherungsvertragsrecht, Rn.

Wieacker, Franz: Das bürgerliche Recht im Wandel der Gesellschaftsordnungen, Karlsruhe 1960, zit.: ebenso.

Wieacker, Franz: Das Sozialmodell der klassischen Privatrechtsgesetzbücher und die Entwicklung der modernenen Gesellschaft, Karlsruhe 1953, zit.: ebenso.

Wieacker, Franz: Industriegesellschaft und Privatrechtsordnung, Frankfurt am Main 1974, zit.: ebenso.

Wieacker, Franz: Privatrechtsgeschichte der Neuzeit unter besonderer Berücksichtigung der deutschen Entwicklung, 2. Auflage, Göttingen 1967, zit.: ebenso.

Wiedemann, Herbert: Probleme der Gleichberechtigung im europäischen und deutschen Arbeitsrecht, in Wendt, Rudolf/Höfling, Wolfram/Karpen, Ulrich/Oldiges, Martin (Hrsg.), Staat, Wirtschaft, Steuern, Festschrift für Karl Heinrich Friauf zum 65. Geburtstag, Heidelberg 1996, Seite 135 ff., zit.: Wiedemann, in FS für Friauf 1996, Seite.

Wildt, Andreas: Zum Verhältnis von Recht und Moral bei Kant, in ARSP 83 (1997), 159 ff., zit.: Wildt, in ARSP 83 (1997), Seite.

Wilhelmsson, Thomas: Social Contract Law and European Integration, Aldershot 1995, zit.: ebenso.

Willenbruch, K.: Fällt die AGB-Klausel „soweit gesetzlich zulässig" unter die Unklarheitsregel des AGBG ?, in BB 1977, Seite 1976 ff., zit.: Willenbruch, in BB 1977, Seite.

Williamson, Oliver E.: Die ökonomische Institutionen des Kapitalismus, Tübingen 1990, zit.: ebenso, Seite.

Williston, Samuel: On Contract, Third Edition, New York 1970, zit.: ebenso.

Windscheid, Bernhard: Leipziger Rektoratsrede vom 31. 10. 1884, in ders.: Gesamelte Reden und Abhandlungen (1904), zit.: ebenso.

Wisskirchen, Gerlind: Mittelbare Diskriminierung von Frauen im Erwerbsleben: Die Rechtsprechung des Bundesarbeitsgerichts, des Europäischen Gerichtshofs und des US Supreme Court, Berlin 1994, zugleich Diss. Bonn 1993, zit.: Wisskirchen, Mittelbare Diskriminierung von Frauen im Erwerbsleben, Seite.

Witte Eberhard (Hrsg.): Das Informationsverhalten in Entscheidungsprozessen, Tübingen 1972, zit.: ebenso.

Wittgenstein, Ludwig: Tractatus logico-philosophicus, Frankfurt am Main 1984, zit.: ebenso, Gliederungsnummer.

Witz, Claude/Wolter, Gerhard: Das neue französische Verbrauchergesetzbuch, in ZEuP 1995, Seite 35 ff., zit.: Witz/Wolter, in ZEuP 1995, Seite.

Wolf, Manfred/Horn, Norbert/Lindacher, Walter (Hrsg.): AGB-Gesetz: Gesetz zur Regelung des Rechts der Allgemeinen Geschäftsbedingungen, Kommentar, 4. Auflage, München 1999, zit.: Bearbeiter, in Wolf/Horn/Lindacher, AGB-Gesetz, §, Rn.

Wolf, Manfred: Rechtsgeschäftliche Entscheidungsfreiheit und vertraglicher Interessenausgleich, Tübingen 1970, zit.: Wolf, Rechtsgeschäftliche Entscheidungsfreiheit, Seite.

Wolfrum, Rüdiger: Das Verbot der Rassendiskriminierung im Spannungsfeld zwischen dem Schutz individueller Freiheitsrechte und der Verpflichtung des Einzelnen im Allgemeininteresse, in Erhard Denninger (Hrsg.), Kritik und Vertrauen, Festschrift für Peter Schneider zum 70. Geburtstag, Frankfurt a. Main 1990, Seite 515 ff., zit.: Wolfrum, in FS für Schneider, Seite.

Wyatt, Derrick/Dashwood, Alan: Wyatt and Daswood's European Community law, Third Edition, London 1993.

Yeun, Kee-Young: Verbraucherschutz im internationalen Vertragsrecht, in IPRax 1994, Seite 257 ff., zit: Yeun in IPRax 1994, Seite..

Zöckler, Markus: Probleme der richtlinienkonformen Auslegung des nationalen Zivilrechts, in Jahrbuch Junger Zivilrechtswissenschaftler 1992, Seite 140 ff., zit.: Zöckler, in JJZ 1992, Seite.

Abkürzungsverzeichnis

Bezüglich nicht aufgeführter Abkürzungen wird verwiesen auf Kirchner, Abkürzungsverzeichnis der Rechtssprache (4. Auflage, Berlin 1993).

a. a. O.	an angegebenem Ort
a.A.	andere Ansicht
ABGB	(österreichisches) Allgemeines Bürgerliches Gesetzbuch
ABl. EG	Amtsblatt der Europäische Gemeinschaft
AcP	Archiv für die civilistische Praxis
AG	Amtsgericht
AGBG	Gesetz über die allgemeinen Geschäftsbedingungen
Am. Econ. Rev.	American Economic Review
ArbG	Arbeitsgericht
ARSP	Archiv für Rechts- und Sozialphilosophie
AT	Allgemeiner Teil
AWD	Aussenwirtschaftsdienst des Betriebs-Beraters. Recht der internationalen Wirtschaft
BAV	Bundesaufsichtsamt für das Versicherungswesen
BB	Betriebs-Berater
Bd.	Band
BeurkG	Beurkundungsgesetz
BGB	Bürgerliches Gesetzbuch
BGBl I, II	Bundesgesetzblatt, Teil I, Teil II
BGH	Bundesgerichtshof
BGHZ	Amtliche Entscheidungssammlung des Bundesgerichtshofs in Zivilsachen
BTDrucks	Drucksachen des Deutschen Bundestages
BVerfG	Bundesverfassungsgericht
BVerfGE	Entscheidungen des Bundesverfassungsgerichts
BVFG	Bundesvertriebenengesetz
Cal. L. Rev.	California Law Review
CConsomm	Code de la Consommation
CMLRev	Common Market Law Review
DB	Der Betrieb
Diss.	Dissertation
DWiR	Deutsche Zeitschrift für Wirtschaftsrecht
Econ. J.	Economic Journal
EG	Zitierung für den Vertrag zur Gründung der Europäischen Gemeinschaft in der Fassung des Amsterdamer Vertrags
EGBGB	Einführungsgesetz zum Bürgerlichen Gesetzbuch
EGV	Zitierung für den Vertrag zur Gründung der Europäischen Gemeinschaft in der Fassung des Masstrichter Vertrags
EMRK	Europäische Konvention zum Schutz der Menschenrechte und Grundfreiheiten
ERPL	European Review of Private Law
EU	Europäische Union
EuR	Europarecht
EuGH	Gerichtshof der Europäischen Gemeinschaften

EuZW	Zeitschrift für Europäisches Wirtschaftsrecht
EVÜ	Römisches EWG-Übereinkommen über das auf vertragliche Schuldverhältnisse anzuwendende Recht vom 19. 06. 1980
EWG	Europäische Wirtschaftsgemeinschaft
EWiR	Entscheidungssammlung zum Wirtschaftsrecht
Fn	Fussnote
FS	Festschrift
Georgia L. Rev.	Georgia Law Review
GG	Grundgesetz
GRUR Int.	Gewerblicher Rechtsschutz und Urheberrecht, Internationaler Teil
GVG	Gerichtsverfassungsgesetz
h.M.	herrschende Meinung
Harv. J. L. & Pub. Pol'y	Harvard Journal of Law and Public Policy
Harv. L. Rev.	Harvard Law Review
HausTWG	Gesetz über den Widerruf von Haustürgeschäften und ähnlichen Geschäften
HGB	Handelsgesetzbuch
Hrsg.	Herausgeber
HWB	Handwörterbuch der Betriebswirtschaftslehre
ICERD	Internationale Convention for the Elimination of All Forms of Racial Discrimination
IPBPR	Internationaler Pakt für bürgerliche und politische Rechte
IPRax	Praxis des Internationalen Privat- und Verfahrensrechts
IPRspr.	Die deutsche Rechtsprechung auf dem Gebiete des internationalen Privatrechts im Jahre ...
J. L. & Econ.	Journal of Law and Economics
JA	Juristische Arbeitsblätter
JBl	Juristische Blätter (Wien)
JJZ	Jahrbuch Junger Zivilrechtswissenschaftler
JW	Juristische Wochenschrift
JZ	Juristen Zeitung
JITE	Journal of Institutional and Theoretical Economics
KG	Kammergericht
KOM	Kommission der Europäischen Gemeinschaften, offizielles Dokument
LAG	Landesarbeitsgericht
Law & Contemp. Prob.	Law and Contemporary Problems
Legal Stud.	Legal Studies
LM	Nachschlagewerk des Bundesgerichtshofs, hrsg. von Lindenmaier und Möhring u.a.
m. Anm.	mit Anmerkung
MDR	Monatszeitschrift für deutsches Recht
MüKo	Münchener Kommentar zum Bürgerlichen Gesetzbuch
NJW	Neue Juristische Wochenschrift
NJW-RR	NJW-Rechtsprechungs-Report-Zivilrecht
OLG	Oberlandesgericht

RabelsZ	Zeitschrift für ausländisches und internationales Privatrecht
Rass. dir. civ.	Rivista di diritto civile
RG	Reichsgericht
RGZ	Amtliche Entscheidungssammlung des Reichsgerichts in Zivilsachen
Riv. trim. dir. civ.	Rivista trimestriale di diritto e procedura civile
RIW	Recht der internationalen Wirtschaft
RL	Richtlinie
Rn.	Randnummer
Rs.	Rechtssache
S.	Seite
s.	siehe
StAG	Staatsangehörigkeitsgesetz
Stan. L. Rev.	Stanford Law Review
TGI	Tribunal de Grande Intstance
TransportR	Transportrecht
Trib	Tribunal
Trib	ComTribunal de Commerce
TzWrG	Gesetz über die Veräusserung von Teilzeitnutzungsrechten an Wohngebäuden
U. Tor. L. J.	University of Toronto Law Journal
u.U.	unter Umständen
VAG	Versicherungsaufsichtsgesetz
VerBAV	Veröffentlichungen des Bundesaufsichtsamtes für das Versicherungswesen
VerbrGüKRL	Richtlinie über den Verbrauchsgüterkauf
VerbrKrG	Verbraucherkreditgesetz
VersR	Versicherungsrecht
Vgl.	Vergleichen Sie
VuR	Verbraucher und Recht
VVG	Gesetz über den Versicherungsvertrag
VW	Versicherungswirtschaft
WM	Wertpapier-Mitteilungen
WRP	Wettbewerb in Recht und Praxis
ZEuP	Zeitschrift für Europäisches Privatrecht
ZfRV	Zeitschrift für Rechtsvergleichung, Internationales Privatrecht und Europarecht
ZfS	Zeitschrift für Schadensrecht
ZHR	Zeitschrift für das gesamte Handels- und Wirtschaftsrecht
ZIP	Zeitschrift für Wirtschaftsrecht
ZVglRWiss	Zeitschrift für vergleichende Rechtswissenschaft
ZVR	Zeitschrift für Verkehrsrecht

STUDIEN ZUM VERGLEICHENDEN UND INTERNATIONALEN RECHT

Herausgeber: Bernd von Hoffmann und Erik Jayme

- Band 1 Ferdinand Henke: Die Datenschutzkonvention des Europarates. 1986.
- Band 2 Peter Czermak: Der express trust im internationalen Privatrecht. 1986.
- Band 3 Peter Kindler: Der Ausgleichsanspruch des Handelsvertreters im deutsch-italienischen Warenverkehr. Eine rechtsvergleichende und kollisionsrechtliche Untersuchung. 1987.
- Band 4 Wilhelm Denzer: Stellung und Bedeutung des Engineers in den FIDIC-Bauvertragsbedingungen. 1988.
- Band 5 Marijan-Maximilian Lederer: Die internationale Enteignung von Mitgliedschaftsrechten unter besonderer Berücksichtigung der französischen Enteignungen 1982. 1989.
- Band 6 Rainer Esser: Klagen gegen ausländische Staaten. 1990.
- Band 7 Chang Jae-Ok: Auf dem Weg zu einer Materialisierung des Immateriellen ? Personen-, Persönlichkeitsschutz und Geldersatz des immateriellen Schadens in rechtsvergleichender Hinsicht am Beispiel des koreanischen und japanischen Zivilrechts unter besonderer Berücksichtigung des deutschen Rechts. 1990.
- Band 8 Paul-Frank Weise: Lex mercatoria. Materielles Recht vor der internationalen Handelsschiedsgerichtbarkeit.1990.
- Band 9 Werner Born: Der Auftrittsvertrag für Musikgruppen im Bereich der Rock- und Popmusik. 1990.
- Band 10 Ralf Erich Jürgens: IPR und Verfassung in Italien und in der Bundesrepublik Deutschland. 1990.
- Band 11 Rainer Gildeggen: Internationale Schieds- und Schiedsverfahrensvereinbarungen in Allgemeinen Geschäftsbedingungen vor deutschen Gerichten. 1991.
- Band 12 Klaus Grabinski: Die kollisionsrechtliche Behandlung des Durchgriffs bei rechtlich verselbständigten Unternehmen in privater oder öffentlicher Hand. 1991.
- Band 13 Dieter Stummel: Konkurs und Integration. Konventionsrechtliche Wege zur Bewältigung grenzüberschreitender Insolvenzverfahren. 1991.
- Band 14 Joachim Güntzer: Die Rechtsstellung des Geschäftsführers im spanischen Aktienrecht. Die Neuregelung des spanischen Aktienrechts nach dem Beitritt Spaniens zur EG. 1991.
- Band 15 Sabine Isenburg-Epple: Die Berücksichtigung ausländischer Rechtshängigkeit nach dem Europäischen Gerichtsstands- und Vollstreckungsübereinkommen vom 27.9.1968. Untersuchungen zum Anwendungsbereich von Art. 21 EuGVÜ unter schwerpunktmäßiger Behandlung der Frage nach der Bestimmung eines europäischen Streitgegenstandsbegriffs. 1992.
- Band 16 Ulrich Nickl: Die Qualifikation der culpa in contrahendo im Internationalen Privatrecht. 1992.
- Band 17 Theo Rauh: Leistungserschwerungen im Schuldvertrag. Eine rechtsvergleichende Untersuchung des englischen, US-amerikanischen, französischen und deutschen Rechts unter besonderer Berücksichtigung der gerichtlichen Praxis. 1992.
- Band 18 Bernadette Chaussade-Klein: Vorvertragliche "obligation de renseignements" im französichen Recht. 1992.
- Band 19 Josef Sievers: Verbraucherschutz gegen unlautere Vertragsbedingungen im französischen Recht. Vom Code civil zum "Code de la consommation" – die Entstehung eines Sonderprivatrechts für Verbraucher. 1993.

Band 20 Achim Schäfer: Grenzüberschreitende Kreditsicherung an Grundstücken, unter besonderer Berücksichtigung des deutschen und italienischen Rechts. 1993.

Band 21 Eugenio Hernández-Breton: Internationale Gerichtsstandsklauseln in Allgemeinen Geschäftsbedingungen. Unter besonderer Berücksichtigung des deutsch-südamerikanischen Rechtsverkehrs (dargestellt am Beispiel Argentinien, Brasilien und Venezuela). 1993.

Band 22 Ingo Reng: Unterhaltsansprüche aufgrund nichtehelicher Lebensgemeinschaft – Internationales Privatrecht und ausländisches materielles Recht. 1994.

Band 23 Stefanie Roloff: Die Geltendmachung ausländischer öffentlicher Ansprüche im Inland. 1994.

Band 24 Katharina Ludwig: Der Vertragsschluß nach UN-Kaufrecht im Spannungsverhältnis von Common Law und Civil Law. Dargestellt auf der Grundlage der Rechtsordnungen Englands und Deutschlands. 1994.

Band 25 Malte Diesselhorst: Mehrparteienschiedsverfahren. Internationale Schiedsverfahren unter Beteiligung von mehr als zwei Parteien. 1994.

Band 26 Manfred Kost: Konsensprobleme im internationalen Schuldvertragsrecht. 1995.

Band 27 Wolff-Heinrich Fleischer: Das italienische Wettbewerbsrecht und die Probleme des selektiven Parfümvertriebs unter Berücksichtigung der Rechtslage in Frankreich und Deutschland. 1995.

Band 28 Angelika Fuchs: Lateinamerikanische Devisenkontrollen in der internationalen Schuldenkrise und Art. VIII Abschn. 2 b) IWF-Abkommen. 1995.

Band 29 Jacques Matthias Aull: Der Geltungsanspruch des EuGVÜ: "Binnensachverhalte" und Internationales Zivilverfahrensrecht in der Europäischen Union. Zur Auslegung von Art. 17 Abs. 1 S. 1 EuGVÜ. 1996.

Band 30 Hartmut Ost: EVÜ und fact doctrine. Konflikte zwischen europäischer IPR-Vereinheitlichung und der Stellung ausländischen Rechts im angelsächsischen Zivilprozeß. 1996.

Band 31 Stefan Wagner: Die Testierfähigkeit im Internationalen Privatrecht. 1996.

Band 32 Wolfgang Jakob Hau: Positive Kompetenzkonflikte im Internationalen Zivilprozeßrecht. Überlegungen zur Bewältigung von *multi-fora disputes*. 1996.

Band 33 Markus Schütz: UN-Kaufrecht und *Culpa in contrahendo*. 1996.

Band 34 Volker Geyrhalter: Das Lösungsrecht des gutgläubigen Erwerbers. Ein "vergessener" Kompromiß und die Auswirkungen auf das heutige deutsche Recht unter besonderer Berücksichtigung des internationalen Sachenrechts. 1996.

Band 35 Andreas Kramer: Abwicklungsstörungen bei Kaufverträgen. Die Lieferung vertragswidriger Sachen im deutschen und italienischen Recht. 1996.

Band 36 Petra Krings: Erfüllungsmodalitäten im internationalen Schuldvertragsrecht. 1997.

Band 37 Tonja Gaibler: Der rechtsgeschäftliche Irrtum im französischen Recht. 1997.

Band 38 Dirk Otto: Rechtsspaltung im indischen Erbrecht. Bedeutung und Auswirkungen auf deutsch-indische Nachlaßfälle. 1997.

Band 39 Gregor W. Decku: Zwischen Vertrag und Delikt. Grenzfälle vertraglicher und deliktischer Haftung dargestellt am Beispiel der Berufs- und Expertenhaftung zum Schutze des Vermögens Dritter im deutschen und englischen Recht. 1997.

Band 40 Ulrike Höpping: Auswirkungen der Warenverkehrsfreiheit auf das IPR unter besonderer Berücksichtigung des Internationalen Produkthaftungsrechts und des Internationalen Vertragsrechts. 1997.

Band 41 Andreas Bartosch: Die vermögensrechtlichen Beziehungen der Ehegatten bei bestehender Ehe im englischen Recht – Eigentum, Besitz, Schuldvertrag. 1997.

Band 42 Helene Boriths Müller: Die Umsetzung der europäischen Übereinkommen von Rom und Brüssel in das Recht der Mitgliedstaaten. Dargestellt am Beispiel Deutschlands und Dänemarks. 1997.

Band 43 Bernd von Hoffmann / Myong-Chang Hwang (eds.): The Public Concept of Land Ownership. Reports and Discussions of a German-Korean Symposium held in Seoul on October 7-9, 1996. 1997.

Band 44 Oliver Heeder: Fraus legis. Eine rechtsvergleichende Untersuchung über den Vorbehalt der Gesetzesumgehung in Deutschland, Österreich, der Schweiz, Frankreich und Belgien unter besonderer Berücksichtigung des Internationalen Privatrechts. 1998.

Band 45 Heinrich Schütt: Deliktstyp und Internationales Privatrecht. Dargestellt an grenzüberschreitenden Problemen der Arzthaftung. 1998.

Band 46 Axel Steiner: Die stillschweigende Rechtswahl im Prozeß im System der subjektiven Anknüpfungen im deutschen Internationalen Privatrecht. 1998.

Band 47 Martina Schulz: Der Eigentumsvorbehalt in europäischen Rechtsordnungen. Rechtsvergleichende Untersuchung des deutschen, englischen und französischen Rechts unter besonderer Berücksichtigung von Erweiterungen und Verlängerungen. 1998.

Band 48 Karin Dreher: Die Rechtswahl im internationalen Erbrecht. Unter besonderer Berücksichtigung des italienischen IPR-Reformgesetzes N. 218 vom 31. Mai 1995. 1999.

Band 49 Giuliano Gabrielli: Das Verhältnis zwischen der Anfechtung wegen Eigenschaftsirrtums und den Gewährleistungsansprüchen im deutschen, österreichischen und italienischen Recht. 1999.

Band 50 Bernd von Hoffmann / Myong-Chan Hwang (eds.): Developments in Land Law. Reports and Discussions of a German-Korean Symposium held in Berlin and Trier on July 21-24, 1997. 1999.

Band 51 Volker Heidbüchel: Das UNCITRAL-Übereinkommen über unabhängige Garantien und Standby Letters of Credit. Vergleiche mit den Richtlinien der Internationalen Handelskammer, dem deutschen, englischen und US-amerikanischen Recht. 1999.

Band 52 Jan Christoph Nordmeyer: Pflichtteilsansprüche und Wiedervereinigung. Eine systematische Analyse der Ausgleichsansprüche nach BGB-Pflichtteilsrecht unter besonderer Berücksichtigung der durch den Wiedervereinigungsprozeß eingetretenen Wertveränderungen. 1999.

Band 53 Bettina Linder: Vertragsabschluß beim grenzüberschreitenden Verbraucherleasing. 1999.

Band 54 Almontasser Fetih: Die zivilrechtliche Haftung bei Vertragsverhandlungen. Eine rechtsvergleichende Studie zum deutschen, französischen, ägyptischen und islamischen Recht. 2000.

Band 55 Sona Rajani: Die Geltung und Anwendung des Gemeinschaftsrechts im Vereinigten Königreich von Großbritannien und Nordirland. Der Grundsatz der Parlamentssouveränität im Wandel. 2000.

Band 56 Joachim Kayser: Gegenmaßnahmen im Außenwirtschaftsrecht und das System des europäischen Kollisionsrechts. Eine Analyse der EU-Abwehrverordnung gegen die Auswirkungen extraterritorialer Rechtserstreckung eines Drittlandes. 2001.

Band 57 Albrecht Conrad: Qualifikationsfragen des Trust im Europäischen Zivilprozeßrecht. 2001.

Band 58 Bernd Borgmann: Die Entsendung von Arbeitnehmern in der Europäischen Gemeinschaft. Wechselwirkungen zwischen Kollisionsrecht, Grundfreiheiten und Spezialgesetzen. 2001.

Band 59 Aleksandar Jaksic: Arbitration and Human Rights. 2002.

Band 60 Islamisches und arabisches Recht als Problem der Rechtsanwendung. Symposium zu Ehren von Professor Emeritus Dr. iur. Omaia Elwan. Veranstaltet vom Institut für ausländisches und internationales Privat- und Wirtschaftsrecht der Universität Heidelberg und der Gesellschaft für Arabisches und Islamisches Recht e.V. Herausgegeben von Herbert Kronke, Gert Reinhart und Nika Witteborg. 2001.

Band 61 Patrick Fiedler: Stabilisierungsklauseln und materielle Verweisung im internationalen Vertragsrecht. 2001.

Band 62 Werner Mangold: Die Abtretung im Europäischen Kollisionsrecht. Unter besonderer Berücksichtigung des spanischen Rechts. 2001.

Band 63 Eike Dirk Eschenfelder: Beweiserhebung im Ausland und ihre Verwertung im inländischen Zivilprozess. Zur Bedeutung des US-amerikanischen discovery-Verfahrens für das deutsche Erkenntnisverfahren. 2002.

Band 64 Bernd Ehle: Wege zu einer Kohärenz der Rechtsquellen im Europäischen Kollisionsrecht der Verbraucherverträge. 2002.

Band 65 Heiko Lehmkuhl: Das Nacherfüllungsrecht des Verkäufers im UN-Kaufrecht. 2002.

Band 66 Jochen Nikolaus Schlotter: Erbrechtliche Probleme in der Société Privée Européenne. IPR-Harmonisierung im einheitlichen Europäischen Rechtsraum. 2002.

Band 67 Konrad Ost: Doppelrelevante Tatsachen im Internationalen Zivilverfahrensrecht. Zur Prüfung der internationalen Zuständigkeit bei den Gerichtsständen des Erfüllungsortes und der unerlaubten Handlung. 2002.

Band 68 Tobias Bosch: Die Durchbrechungen des Gesamtstatuts im internationalen Ehegüterrecht. Unter besonderer Berücksichtigung deutsch-französischer Rechtsfälle. 2002.

Band 69 Ursula Philipp: Form im amerikanischen Erbrecht. Zwischen Formalismus und harmless error. 2002.

Band 70 Christian Stefan Wolf: Der Begriff der wesentlich engeren Verbindung im Internationalen Sachenrecht. 2002.

Band 71 André Fomferek: Der Schutz des Vermögens Minderjähriger. Ein Vergleich des deutschen und des englischen Rechts unter Berücksichtigung des schottischen und irischen Rechts. 2002.

Band 72 Nicolas Blanchard: Die prozessualen Schranken der Formfreiheit. Beweismittel und Beweiskraft im EG-Schuldvertragsübereinkommen in deutsch-französischen Vertragsfällen. 2002.

Band 73 Markus Dreißigacker: Sprachenfreiheit im Verbrauchervertragsrecht. Der Verbraucher im Spannungsfeld zwischen kultureller Identität und Privatautonomie. 2002.

Janine Engelhardt

Europäisches Verbraucher-vertragsrecht im BGB

Eine systematische Untersuchung der §§ 13, 14, 361a und 361b BGB und Induktion weiterführender Ansätze aus HTWG, VerbrKrG, AGBG, TzWrG und FernAG

Frankfurt/M., Berlin, Bern, Bruxelles, New York, Oxford, Wien, 2001.
XXVI, 469 S.
Europäische Hochschulschriften: Reihe 2, Rechtswissenschaft. Bd. 3365
ISBN 3-631-39131-5 · br. € 65.40*

Gegenstand der Arbeit ist eine Untersuchung des Verbraucher- und des Unternehmerbegriffes der §§ 13 und 14 BGB und des in den §§ 361a und 361b BGB enthaltenen verbraucherschützenden Widerrufs- bzw. Rückgaberechts. Diese Vorschriften europäischen Ursprungs stellen den Beginn der Systematisierung des Verbraucherrechts dar. Die Vorschriften werden systematisch dargestellt, auf ihre Richtlinienkonformität geprüft und die Auswirkungen ihrer Einfügung in das BGB untersucht. Darüber hinaus wird der mit der Schaffung dieser Normen verfolgte Ansatz der Systematisierung des Verbraucherrechts weiterentwickelt. Die in den verbraucherschützenden Sondergesetzen enthaltenen Informationspflichten werden auf Möglichkeiten einer weiteren Strukturierung überprüft. Es werden allgemeine Informationsgrundsätze herausgearbeitet.

Aus dem Inhalt: Untersuchung des Verbraucher- und des Unternehmerbegriffes der §§ 13 und 14 BGB · Darstellung des verbraucherschützenden Widerrufs- bzw. Rückgaberechts der §§ 361a und 361b BGB · Herausarbeitung allgemeiner Grundsätze aus den verbraucherschützenden Informationspflichten

Frankfurt/M · Berlin · Bern · Bruxelles · New York · Oxford · Wien
Auslieferung: Verlag Peter Lang AG
Moosstr. 1, CH-2542 Pieterlen
Telefax 00 41 (0) 32 / 376 17 27

*inklusive der in Deutschland gültigen Mehrwertsteuer
Preisänderungen vorbehalten

Homepage http://www.peterlang.de

Kolibri 360 GmbH
Ferdinand-Jühlke-Straße 7
99095 Erfurt, Deutschland
produktsicherheit@kolibri360.de

Druck:
CPI Druckdienstleistungen GmbH
im Auftrag der
Kolibri 360 GmbH
Ferdinand-Jühlke-Str. 7
99095 Erfurt